复旦卓越·经济学系列

高等院校公共课《经济法》教学用书

（第七版）

市场经济法律教程

田立军　主　编
荣建华　马兆瑞　副主编

复旦大学 出版社

内容提要

本书在第六版的基础上，结合《民法总则》的出台和其他相关法律、法规及司法解释的陆续修改与推出等最新立法动向，对内容进行再次修订，以保持并突出法律教材的前沿性和时效性，更好地满足读者和用户学习与教学的需要。

本书分为七编，共二十三章，主要介绍了市场主体法律制度、市场行为法律制度、市场管理法律制度、市场调控法律制度、市场保障法律制度与市场争议处理法律制度。

本书编写注重体系的完整，更注重内容的实用。在内容编排上充分考虑了不同专业教学对象对法律知识的共性需求，特别选取了市场经济运行过程中各个领域及环节最直接相关、最为常见和常用的法律制度集于本书，且文字表述言简意赅，通俗适读，对非法律专业教学而言，具有较强的适用性。

第七版修订说明

《市场经济法律教程》一书于2005年9月首次出版发行后,已随我国一系列相关法律、法规的陆续修改或出台,历经2006年8月(第二版)、2007年9月(第三版)、2009年10月(第四版)、2014年8月(第五版)和2018年2月(第六版)共五次修订,对相关内容及时进行了更改和补充。自第六版问世后,我国又有《外商投资法》出台及三部外商投资企业法的同时废止、《公司法》、《证券法》等多部法律的修改、《公司法》司法解释(五)和与《反垄断法》等若干法律配套的法规与规章的推出或修正等。鉴于这些最新立法动向与本书内容密切关联,加之教材使用中发现的问题与疏漏,我们决定对本书进行第六次修订,以保持作为法律类教材的前沿性和时效性,更好地满足读者学习、教学等需要。

本次修订的主要内容是:(1)依据2019年3月新颁《外商投资法》,删除了原第四章《外商投资企业法》,增加了《外商投资法》一章内容,并将其列为第十八章归入"市场调控法律制度"编;(2)依据2019年10月国务院公布的《优化营商环境条例》等法规及规章,修正了第二章中企业登记制度的相关内容;(3)依据2018年10月修订的《公司法》及该法司法解释(五),细化了第三章中公司股份收购及股利分配规则;(4)依据即将颁行的《民法典》,将原第七章担保法的内容整合至现第五章,并更名为"合同法律制度",且重新构建了该章的内容体系①;(5)对第七章知识产权法,依据2019年4月修正的《商标法》及其配套规章,变更了商标注册、商标代理、注册商标使用、商标侵权责任、驰名商标的法律保护等部分内容;依据现行《专利法》订正了职务发明创造权属、专利权的授予、期限、许可使用与保护等部分内容;(6)依据2019年12月修订的《证券法》全面更新了第八章证券法的相关内容;(7)对第十一

---

① 《民法典》(草案)已经2019年12月28日闭幕的第十三届全国人大常委会第十五次会议审议,并正在公开向社会公众征集意见,将提请2020年召开的第十三届全国人大第三次会议审议。《民法典》出台后,我国现行的《民法总则》《民法通则》《物权法》《合同法》《担保法》《婚姻法》《收养法》《继承法》《侵权责任法》将被替代,不再保留。故本书所涉及的合同与担保法律制度内容体系据此重构。

章竞争法，依据 2019~2019 年颁行的《反垄断法》一系列相关配套法规与规章，订正了反垄断法中的相关概念、细化了反垄断法规制对象、变更了反垄断执法机构及违法责任部分内容；依据 2019 年 4 月《反不正当竞争法》，修改了关于商业秘密保护的内容；(8) 依据 2018 年 12 月修正的《产品质量法》，对第十二章中产品质量监督管理制度作了充实与完善，整合了认证制度体系，增加了产品生产许可制度和缺陷产品召回制度；(9) 依据现行《银行业监督管理法》和 2019 年 9 月修正的《外资银行管理条例》，对第十四章中我国银行业金融机构监管制度的体系构架作了调整，去掉了已渐无实际意义的"农村信用社的监管"部分，增补了"外资银行监管制度"；(10) 依据 2018 年 8 月和 12 月分别修正的《个人所得税法》《企业所得税法》，修改了第十五章中所得税法部分的相关内容；(11) 根据 2018 年 12 月修正的《劳动法》，对第二十章劳动法的工资制度、劳动安全卫生制度和劳动合同范围部分内容作了细化和订正（天津财经大学法学院潘晓滨老师承担了此部分的修订工作）。另外，按中国共产党第十九次全国代表大会的会议精神，对第一章中关于我国社会主义市场经济特征的描述做了修正；根据 2018 年 4 月开始实行的国务院机构改革和市场监管模式的变革，修正了第二、三、七、十一、十二、十三章中的相关法律执法机构的名称和第九、十四章中金融监管机构的名称表述；根据 2019 年 11 月最高人民法院印发的《全国法院民商事审判工作会议纪要》和《关于审理行政协议案件若干问题的规定》，对涉及市场经济法律概述、公司法、企业破产法、保险法和行政诉讼法的相关内容做了相应调整与补充。

本次修订沿袭了前版表述相关法律文件名称及出台时间、背景的行文格式，力求统一、简明。本版体系结构、编写体例较之第六版亦无实质性变化，只因在第二编中去掉了原第四章外商投资企业法、在第三编中去掉了原第七章担保法、在第五编中新增了现第十八章外商投资法，而对部分章的章次序位作了相应调整。

特别说明的是，本书问世 14 年，已有 7 个版次和 13 个印次，累计发行 5 万余册，且已形成较为稳定的读者群。能赢得广大读者的如此肯定、支持与厚爱，我们倍受鼓舞与激励，在此深表谢意！我们将继续密切关注相关立法和学术动态，努力提升编写水平，对本书不断进行更新、补充和完善，倾心竭力奉献于教育、惠馈于读者。

编　者

2019 年 12 月

前　　言

我国《宪法》明文规定:"国家实行社会主义市场经济","中华人民共和国实行依法治国,建设社会主义法治国家"。在宪法精神的指导下,我国当前的经济体制已经基本步入了市场经济的轨道。计划经济向市场经济的转变,客观上要求国家管理经济的手段必须由以行政指令为主转换为以法律规制为主。社会主义市场经济体制的建立与发展,必然伴随着社会主义法治特别是经济法治的建设与完善。市场经济就是法治经济,只有在法治环境下,社会主义市场经济才能得以平稳、有序地运行和健康、迅速地发展。

在社会主义市场经济法治化的进程中,我国已经制定并颁布实施了若干经济法律、法规及规章,经济法律制度及其体系在不断完善。然而,徒法不能自行,我们必须要做且须常抓不懈的一项重要的基础性工作,就是加强法治宣传教育,普及法律知识,强化全社会的法律意识和法治观念,促使人们了解和熟悉现行法律制度,并自觉依法行事,积极以法维权,使经济生活步入法治化轨道。同时,我国亟须培养和造就一大批既有专业知识,又熟悉相关法律制度的复合型的市场经济管理人才和经营人才,以适应市场经济建设和发展的需要,推动社会主义市场经济的法治化进程。高等院校是传播知识的殿堂,是培养市场经济建设高级人才的基地,在实现社会主义市场经济的法治化方面,肩负着重要的历史使命。目前,全国高等院校特别是经济类院校已经普遍开设了《经济法》课程,且许多院校已将其列为必修课程甚至核心课程。为进一步满足高等院校非法律专业公共课《经济法》教学的需要,我们依据我国现行的经济法律制度,参考和借鉴国内外相关领域的一些最新研究成果,并结合多年的经济法课程教学经验,特别编写了这本《市场经济法律教程》。

比较而言,本书具有以下三个特点:(1)涵盖更广,更具包容性。经济法属于我国法律体系中的一个独立的法律部门,其所涵盖的法律制度是很有限的,对非法律专业学生的法律知识需求来说,仅仅了解经济法一个部门的内容是远远不够的。在已有的以经济法命名的教材中,大多从这一客观需要出发,但又不顾法律部门之间的固有界线,在经济法中强行掺入民法、商法以及其他法律部门的内容,从而导致教材内容与其名称不符。本书突破了教材命题的狭义经济法的局限,采用了广义经济法(即市场经济法律)的概念,既析清了不同法律部门的界线,又将多个法律部门的内容汇于一书;既使学生对市场经济法律体系有个完整的印象,又突出了主要的法律部门(本书主要涉及经济法、民法、商法、行政法、社会法及相关程序法等)的内容;既避免了公共课《经济法》教材的名实不符、不伦不类,又满足了开阔学生法律视野、优化知识结构、实现市场经济条件下人才培养目标的需要。(2)内容更新,更具前沿性。本书的编写努力站在市场经济立法与法学理论研究的最前沿,向学生介绍现行的、最新的经济法律制度与动向以及相关的学术观点和研究成果,使教材内容更具现实性和前瞻性。在本书编写和修订过程中,国家已经并将陆续颁布和修改一些法律、法规,这些相关的最新立法动向及其相关理论研究成果已经且会继续在本书中及时得以反映。(3)选材更精,更具实用性。本书编写既注重体系的完整,更注重内容的实用。在内容编排上,充分考虑了不同专业教学对象对法律知识的共性需求,特别选取了市场经济运行过程中各个领域及环节最直接相关、最为常见和常用的法律制度集于本书,且文字表述言简意赅,通俗适读,对非法律专业教学而言,具有较强的实用性和适用性。

本书编者为天津财经大学法学院从事公共课《经济法》教学的骨干教师,由田立军任主编,荣建华、马兆瑞任副主编。参编人员及编写分工情况如下:

田立军:第一、三、五、七、九、十、十三章;

荣建华:第二、四、十一、十二、十四、十六章;

马兆瑞:第六、十五、二十二、二十三章;

葛歆:第十九、二十章;

李丽红:第八、十七、十八章;

栗明辉:第二十一章。

在本书的编写过程中,我们参考了国内一些专家、学者的有关论著、教材等资料(已附录于书后),从中深受启发和教益,并适当吸收了其中一些成果,特此说明并深表谢意!

受笔者水平所限,书中疏漏与错误之处恳望读者批评指正。

目　　录

第一编　导论 …………………………………………………………… 1
　第一章　市场经济法律概述 ………………………………………… 3
　　第一节　市场经济与法律 ………………………………………… 3
　　第二节　市场经济法律制度 ……………………………………… 11
　　第三节　市场经济法律关系 ……………………………………… 16
　　第四节　市场经济法律责任 ……………………………………… 22

第二编　市场主体法律制度 …………………………………………… 25
　第二章　个人独资企业法与合伙企业法 …………………………… 27
　　第一节　个人独资企业法 ………………………………………… 27
　　第二节　合伙企业法 ……………………………………………… 34
　第三章　公司法 ……………………………………………………… 54
　　第一节　公司法概述 ……………………………………………… 54
　　第二节　公司的设立 ……………………………………………… 59
　　第三节　公司组织机构 …………………………………………… 65
　　第四节　公司资本 ………………………………………………… 72
　　第五节　公司财务会计 …………………………………………… 80
　　第六节　公司的变更与终止 ……………………………………… 81
　　第七节　违法责任 ………………………………………………… 84
　第四章　企业破产法 ………………………………………………… 86
　　第一节　企业破产法概述 ………………………………………… 86
　　第二节　破产申请与受理 ………………………………………… 90
　　第三节　管理人与债务人财产 …………………………………… 95
　　第四节　债权申报与债权人会议 ………………………………… 100

第五节　重整与和解 …… 104
第六节　破产清算 …… 110
第七节　违反《企业破产法》的法律责任 …… 116

第三编　市场行为法律制度 …… 119

第五章　合同法律制度 …… 121
第一节　合同法律制度概述 …… 121
第二节　合同的订立 …… 124
第三节　合同的效力 …… 129
第四节　合同的履行 …… 134
第五节　合同的担保 …… 140
第六节　合同的变更、转让与终止 …… 154
第七节　违约责任 …… 159

第六章　知识产权法 …… 164
第一节　知识产权法概述 …… 164
第二节　著作权法 …… 165
第三节　专利法 …… 178
第四节　商标法 …… 190

第七章　证券法 …… 205
第一节　证券法概述 …… 205
第二节　证券发行 …… 208
第三节　证券上市 …… 215
第四节　证券交易 …… 217
第五节　上市公司收购 …… 225
第六节　信息披露制度 …… 229
第七节　投资者保护 …… 232
第八节　证券机构 …… 235
第九节　违反证券法的法律责任 …… 244

第八章　保险法 …… 247
第一节　保险法概述 …… 247
第二节　保险合同 …… 251
第三节　保险业法 …… 263

第九章　票据法 …… 269
第一节　票据法概述 …… 269

第二节　票据行为 …………………………………………… 274
　　第三节　票据权利 …………………………………………… 281
　　第四节　涉外票据的法律适用 ……………………………… 286
　　第五节　票据法律责任 ……………………………………… 287

第四编　市场管理法律制度 …………………………………… 289

第十章　竞争法 …………………………………………………… 291
　　第一节　竞争法概述 ………………………………………… 291
　　第二节　反垄断法 …………………………………………… 294
　　第三节　反不正当竞争法 …………………………………… 319

第十一章　产品质量法 …………………………………………… 327
　　第一节　产品质量法概述 …………………………………… 327
　　第二节　产品质量的监督管理 ……………………………… 328
　　第三节　生产者、销售者的产品质量责任和义务 ………… 334
　　第四节　违反产品质量法的法律责任 ……………………… 336

第十二章　消费者权益保护法 …………………………………… 341
　　第一节　消费者权益保护法概述 …………………………… 341
　　第二节　消费者的权利和经营者的义务 …………………… 343
　　第三节　消费者权益的法律保护 …………………………… 347

第五编　市场调控法律制度 …………………………………… 353

第十三章　金融法 ………………………………………………… 355
　　第一节　金融法概述 ………………………………………… 355
　　第二节　金融调控法 ………………………………………… 359
　　第三节　金融监管法 ………………………………………… 365

第十四章　税收法 ………………………………………………… 381
　　第一节　税收法概述 ………………………………………… 381
　　第二节　税收实体法 ………………………………………… 383
　　第三节　税收程序法 ………………………………………… 404
　　第四节　税收法律责任 ……………………………………… 409

第十五章　价格法 ………………………………………………… 413
　　第一节　价格法概述 ………………………………………… 413
　　第二节　经营者的价格行为 ………………………………… 415
　　第三节　政府的价格行为 …………………………………… 417

第四节　价格法律责任 420

第十六章　统计、会计与审计法 422
　　第一节　统计法 422
　　第二节　会计法 425
　　第三节　审计法 431

第十七章　对外贸易法 437
　　第一节　对外贸易法律制度概述 437
　　第二节　货物进出口与技术进出口法律制度 439
　　第三节　国际服务贸易法律制度 440
　　第四节　进出口商品检验制度 441
　　第五节　对外贸易秩序与促进法律制度 444
　　第六节　违反对外贸易法的法律责任 446

第十八章　外商投资法 448
　　第一节　外商投资法概述 448
　　第二节　外商投资的促进和保护 450
　　第三节　外商投资的管理 455
　　第四节　外商投资法律责任 457

第六编　市场保障法律制度 459

第十九章　劳动法 461
　　第一节　劳动法概述 461
　　第二节　基本劳动法律制度 462
　　第三节　劳动合同法律制度 469
　　第四节　就业促进法律制度 478
　　第五节　劳动争议调解与仲裁法律制度 482

第二十章　社会保障法 489
　　第一节　社会保障法概述 489
　　第二节　社会保障法的主要内容 492

第七编　市场争议处理法律制度 501

第二十一章　行政复议法与行政诉讼法 503
　　第一节　行政复议法 503
　　第二节　行政诉讼法 510

第二十二章　民事诉讼法 … 522
第一节　民事诉讼法概述 … 522
第二节　管辖 … 523
第三节　诉讼参加人 … 525
第四节　第一审普通程序 … 528
第五节　第二审程序与审判监督程序 … 532
第六节　督促程序与公示催告程序 … 535
第七节　执行程序 … 537

第二十三章　仲裁法 … 541
第一节　仲裁法概述 … 541
第二节　仲裁机构 … 543
第三节　仲裁协议 … 544
第四节　仲裁程序 … 545
第五节　仲裁裁决的撤销和执行 … 547

参考文献 … 549

第一编

导 论

第一部

第一章 市场经济法律概述

第一节 市场经济与法律

一、经济与法律的关系

经济是人类社会物质资料的生产和再生产活动的总和,是人类生活的基本形式和永恒主题。自人类有了阶级和国家,经济与法律就有了不解之缘。

法律是体现统治阶级意志的、由国家制定或认可、并以国家强制力保证实施的各种行为规则(范)的总和[①]。经济与法律的关系,从根本上讲是经济基础和上层建筑的关系。

在一定的社会条件下,人类从事的各种经济活动都归属于社会生产的某一个环节,包括生产、交换、分配、消费。因此,人类在从事社会生产活动的过程中,彼此之间必然发生和存在着一定的联系,而且这种联系随着生产力水平的提高、生产规模的扩大、特别是社会分工的细化而变得日益频繁和复杂。马克思指出:"人们在生产中不仅仅同自然界发生关系。他们如果不以一定的方式结合起来共同活动和互相交换其活动,便不能进行生产。为了进行生产,人们便发生一定的联系和关系;只有在这些社会联系和社会关系的范围内,才会有他们对自然界的关系,才会有生产。"[②]"生产关系总和起来就构成所谓的社会关系,构成所谓的社会,并且是构成一个处于一定历史发展阶段上的社会,具有独特的特征的社会。"[③]生产关系表明社会生产中人与人之间的关系,它是人们之间最基本的社会关系,它决定着人们在政治、思想、文化等其他方面的社会关系。生产关系不仅是在与生产力一定发展阶段相联系的社会生产过程中发生的一定的、必然的、不以人们意志为转移的社会关系,而且,更重要的是,它是以物质利益为核心内容的社会关系,其实质是一种物质利益关系。所谓物质利益,

---

① 法律的概念有广义与狭义之分,此为广义。狭义的法律是指由特定的立法机关制定的、构成国家基本法的各种规范性文件的总和,是成文法国家法的渊源(形式)之一。所谓成文法国家法,是指以各种规范性文件为法的渊源的国家。广义上的法律简称为法,在通常情况下,"法"与"法律"可以混用而不必作严格的区分,只有在特定的语境下才有区分的必要,如在表述"宪法、法律、法规和规章"等国内法的渊源时。

② 《马克思恩格斯全集》第6卷,人民出版社1972年版,第486页。

③ 《马克思恩格斯选集》第2卷,人民出版社1972年版,第362—363页。

是指社会主体为了满足自己的物质生活和精神生活的需要而占有一定数量和质量的物质产品,其中包括生活资料和生产资料。"人们奋斗所争取的一切,都与他们的利益有关"①,所以,"每一个社会的经济关系首先是作为利益表现出来"②,而在各种利益中,物质利益是最重要、最基本的利益,是决定其他利益的基础。因此,一切生产关系本质上均属于社会经济关系,并构成一定社会的经济基础。

一定的经济基础必然产生一定的上层建筑。在有国家统治的前提下,法律则是上层建筑的基本形态之一。

(一) 经济是法律的本源

1. 法律的生成来源于经济

每一个处于社会生产过程中的人,都是一个特定的物质利益主体,都有自己的独立意志和利益追求。当每个主体都各自任意行事时,社会生产将是混乱无序的,特别是在商品经济条件下,很难形成市场交易秩序。因此,必须有一定的为人们共同遵守的规则的存在,以统一规范人们的行为、协调各种主体间的利益关系、维系一定的社会生产过程和经济秩序。这些规则最初表现为约定俗成的习惯,进而因国家的产生而演变成法律。正如恩格斯所言:"在社会发展的某个很早的阶段,产生了这样一种需要,把每天重复着的生产、分配和交换产品的行为用一个共同的规则概括起来,设法使个人服从生产和交换的一般条件。这个规则首先表现为习惯,后来便成了法律。"③"如果一种方式持续了一个时期,它就会作为习惯和传统固定下来,最后被作为明文的法律加以神圣化。"④显然,法律尽管是一种国家意志化了的意识形态,但其本源不是国家的主观意愿,而是社会经济生活的客观需要和一般要求,"无论是政治的立法或市民的立法,都只是表明和记载经济关系的要求而已"⑤。从这个意义上讲,没有经济便没有法律;离开了经济基础,法律也就成了无源之水、无本之木。

当然,形成于一定时期经济基础之上的上层建筑的形态不仅仅限于习惯及法律,还包括政治、道德、宗教、艺术、哲学等复杂的意识形态体系。这些范畴"在任何时候都是生产关系和交换关系的产物,一句话,都是自己时代的经济关系的产物;因而,每一时代的社会经济结构形成现实基础,每一个历史时期由法律设施和政治设施以及宗教的、哲学的和其他的观点所构成的全部上层建筑,归根到底都是应由这个基础来说明的"⑥。

---

① 《马克思恩格斯全集》第 1 卷,人民出版社 1956 年版,第 82 页。
② 《马克思恩格斯选集》第 2 卷,人民出版社 1972 年版,第 537 页。
③ 《马克思恩格斯选集》第 2 卷,人民出版社 1972 年版,第 538 页。
④ 《马克思恩格斯全集》第 25 卷,人民出版社 1974 年版,第 893—894 页。
⑤ 《马克思恩格斯选集》第 4 卷,人民出版社 1958 年版,第 121—122 页。
⑥ 《马克思恩格斯选集》第 3 卷,人民出版社 1972 年版,第 66 页。

2. 法律的性质决定于经济

法律既因调整社会关系的客观需要而生成,也就决定了有什么样的经济基础,就会有什么性质的法律。任何国家、任何社会形态下的法律的本质都是相同的,都是统治阶级意志的体现;但其法律的性质则不尽相同,根本上取决于所处的具体社会形态,即其所保护的具体生产关系的性质。毋庸置疑,谁在生产关系领域居于主导地位,谁就必然要在政治和思想领域中居于统治地位。因此,法律不过是"由社会上一部分人积极地按照自己的意志规定下来并由另一部分人消极地接受下来的秩序"①。任何法律都是用来确认和保护有利于统治阶级利益的生产关系、维护统治地位的工具。"法的关系正像国家的形式一样,既不能从它们的本身来理解,也不能从所谓人类精神的一般发展来理解,相反,它们根源于物质的生活条件。"②

3. 法律的变化服从于经济

表现为法律的规则是定型了的社会规范,具有相对稳定性。但是,决定经济基础的生产要素,特别是最活跃的、最革命性的要素——生产力总是处于不断变化的过程之中,"各个人借以进行生产的社会关系,即社会生产关系,是随着物质生产资料、生产力的变化和发展而变化和改变的。……古典古代社会、封建社会和资产阶级社会都是这样的生产关系的总和,而其中每一个生产关系的总和同时又标志着人类历史发展中的一个特殊阶段"③。当一种新的经济基础代替旧的经济基础之后,反映旧经济基础的旧上层建筑必然或迟或早地要为新的上层建筑所代替。法律产生以后,人类社会先后经历了奴隶制、封建制、资本主义和社会主义四种不同的历史阶段,也相应地形成了奴隶制法、封建制法、资本主义法和社会主义法四种不同性质和类型的法律。这种社会制度和法律制度的更替,就是由生产关系的革命性变革所导致的经济基础的根本性变化所决定的。不仅经济基础的根本变化会使法律发生根本变化,即使在同一社会形态里,经济基础发生局部变化也会引起法律的相应调整,表现为新法的制定和原法的修改以及某些法律规范的相应废除。

需要指出的是,经济基础并非法律发展变化的唯一决定性因素,对法律发生重要影响甚至在某些特定情形下起决定性作用的因素还有历史传统、民族习惯、道德观念、哲学理论等。对此,恩格斯指出:"根据唯物史观,历史过程中的决定性因素归根结底是现实生活的生产和再生产。无论马克思和我都从来没有肯定过比这更多的东西。如果有人在这里加以歪曲,说经济因素是唯一的因素,他是把这个命题变成毫无

---

① 《马克思恩格斯全集》第 2 卷,人民出版社 1960 年版,第 515 页。
② 《马克思恩格斯选集》第 2 卷,人民出版社 1972 年版,第 82 页。
③ 《马克思恩格斯选集》第 2 卷,人民出版社 1972 年版,第 362—363 页。

内容的、抽象的、荒诞无稽的空话。"①

(二) 法律是经济的保障

法律取决于经济,但又不仅仅是对经济的消极地、机械地反映;相反,法律作为一种上层建筑、特别是作为一种具有国家强制力的统治工具,必然对其经济具有积极的、能动的反作用,即服务于经济。这既是法律的使命,也是经济对法律的内在要求。

法律服务于经济,主要体现在以下两个方面:

(1) 确认经济关系,使经济关系制度化。通过法律规范,确认经济关系的制度框架,并在此框架下构建人们经济行为的模式,即赋予人们相应的法律权利与法律义务,使经济关系上升为法律关系,使符合一定时期生产力发展需要的基本经济关系以制度形态合法地存在,从而促进相应的经济基础构建与运行。

(2) 维护经济关系,使经济关系秩序化。通过国家构建的"法律设施",督促社会主体规范其经济行为,并对违反规范的行为实行强制、予以制裁,使经济运行中的矛盾和障碍得以消除、经济关系得以协调、经济秩序得以维护,从而巩固和完善相应的经济基础。

特别应该注意的是,法律对经济的反作用并非都是积极的。一方面,当其滞后于经济的发展变化而不及时和有效地变革时,就会成为生产力及社会经济发展的桎梏,成为阻碍社会进步的消极力量;另一方面,法律是借助于国家意志的形式表现出来的,其形成的过程受多种因素影响,法律本身在某些方面的缺陷也不可避免。因此,注重法律的动态与静态、体系与内容的不断完善,追求"良法善治",做到法律同经济和社会的变革与时俱进,与现实相符相契,使之规范适度、调整有效,乃为上层建筑领域的长期性任务。

二、市场经济的法律规制

(一) 市场经济的含义

市场经济作为一种客观存在,是以商品生产和交换为内涵的社会活动体系,是社会经济发展到一定历史阶段的必然现象。从经济的角度看,它既是一种社会经济运行形式,又是一种经济运行调节机制。作为前者,市场经济是指市场调节在社会经济运行过程中占主导地位,社会资源的配置主要由市场来进行的一种社会经济形式,它是人类社会步入商品经济阶段并已走向成熟的表现,即商品经济的高级形态;作为后者,市场经济则是一种以市场手段为主的社会经济运行的调节机制,是相对于计划手段为主调节社会经济运行的计划经济而言的,它表明市场已成为商品经济运行的基本载体,通过市场要素自发地有机运转进行资源配置,表现为"看不见的手"对社会

---

① 《马克思恩格斯选集》第4卷,人民出版社1972年版,第477页。

经济活动的引导与调节。其实,两者的区分并非本质性的,仅仅为表述市场经济的不同侧面而已,其共性都是对市场经济的不依赖于人的主观意志而存在的客观性的诠释。

市场经济是当今世界发达国家以及多数发展中国家基本的经济运行形式。我国为了变革新中国成立初始建立的、经实践证明是制约中国当代生产力发展的单一计划经济体制,于1992年通过中国共产党第十四次全国代表大会报告提出了中国经济体制改革的目标是建立社会主义市场经济体制,并于1993年3月29日第八届全国人大第一次会议将其载入《宪法》修正案,明确规定了"国家实行社会主义市场经济",从而形成了我国现行的经济体制模式。因而,探讨并完善市场经济的法律规制,既具有现实的本土意义,又具有普遍的世界意义。

(二) 市场经济的特征

1. 市场经济的一般特征

(1) 资源的商品性。市场经济的本能是资源配置的市场化。所谓资源配置,是指各种资源在各种不同领域(区域、产业、行业等)、不同主体、不同使用方式之间的分配。要使资源配置市场化,则须将一切可供分配的社会资源作为商品推向市场,不仅要求一般消费品和生产资料商品化,而且要求各种生产要素(如劳动力、资本、技术、信息以及可有偿转让的权利等)均商品化,使之成为市场配置资源的标的并以此构成完备的要素市场。

(2) 分配的竞争性。分配机制是市场经济的核心,竞争是市场经济的内在属性。市场"不承认任何别的权威,只承认竞争的权威"。[①] 市场化资源的配置正是通过充分而公平的市场竞争进行并实现配置的优化。

(3) 主体的多元性。市场活动的参与者是构成市场的主体,市场资源配置通过众多市场主体参与市场竞争而流向不同方面,因此市场主体是市场的核心要素。市场的竞争性本身要求市场主体的多元化,即应有覆盖各个方面的广泛的主体参与。唯有多元才有竞争,唯有竞争才有压力,唯有压力才有动力,唯有动力才有创新,唯有创新才有经济的发展与社会的进步。

(4) 经营的自主性。市场主体均为经营者,均有自己的独立意志与利益主张,市场经济要求主体经营决策自主、自由、自愿,这是保证市场分配公正合理的基础。

(5) 地位的平等性。市场经济要求参加市场交换活动的当事人在商品和货币面前都是平等的,只有交换者地位的平等,才能保证市场交换行为的自由、交换条件的对等以及交换结果的公平。

(6) 调节的双重性。市场经济的内在驱动力无疑是以价值规律为核心的客观经

---

① 《马克思恩格斯全集》第23卷,人民出版社1972年版,第394页。

济规律,由这只"看不见的手"主导社会经济的运行。但是,实践表明,市场调节机制有其固有的盲目性、局限性和滞后性,其在自行实现社会总量平衡过程中要求社会付出的成本往往是高昂的,特别是当经济运行呈现周期性时,每一轮自动平衡都伴随着社会财富的巨大浪费和对经济发展进程的破坏性影响;而且,有些市场缺陷(如"外部性""马太效应"等)所带来的社会问题靠其自身是不可克服的。这就需要国家及其政府对市场经济的运行进行适度干预,运用法律化了的经济手段,伸出"看得见的手"进行市场管理与宏观调控,以弥补市场缺陷,拯救"市场失灵"。因此,现代市场经济运行并非仅靠单一、纯粹的市场调节机制,而是需要构建"二元化"、"两只手"的双重调节机制。然而,实践也表明,政府干预也难免缺陷,因干预的主观意志性以及具体干预领域、时机、措施等的或有失误,甚至因干预主体的公共权力身份的滥用与失范,用"看得见的手"来束缚住"看不见的手",也可形成人为的市场障碍,即"政府失灵"。因此,有政府干预的市场经济并非政府主导的市场经济,而应该是以市场调节机制为主、政府适度干预的市场经济。

(7)市场的开放性。现代市场经济应该是一个统一、开放的经济运行系统。为实现资源的充分有效配置,市场要面向所有具有资源需求的主体和领域,这就要求实现市场的统一和开放,不仅国内的各个地区之间要统一和开放,还要逐步实现国家之间的统一和开放,使国内市场接轨于国际市场。

(8)保障的社会性。市场在按其自身规律的运行过程中,主体间个体禀赋的差异以及信息不对称等因素必然形成一定的竞争失败者及弱势群体。因此,市场需要完善的社会保障体系与机制,以抵御市场风险,维护主体生存,保护劳动力资源,消除优胜劣汰结果给市场运行带来的不稳定因素,实现社会公平。

2. 我国社会主义市场经济的特征

我国社会主义市场经济由计划经济过渡而来,因此,除了具有市场经济的一般特征外,还有以下3个显著特征。

(1)在所有制结构上,实行以公有制为主导,多种所有制经济并存与共同发展。我国《宪法》明文规定:"社会主义制度是中华人民共和国的根本制度";"中华人民共和国的社会主义经济制度的基础是生产资料的社会主义公有制,即全民所有制和劳动群众集体所有制";"国有经济,即社会主义全民所有制经济,是国民经济中的主导力量。国家保障国有经济的巩固和发展";"在法律规定范围内的个体经济、私营经济等非公有制经济,是社会主义市场经济的重要组成部分。国家保护个体经济、私营经济等非公有制经济的合法的权利和利益。国家鼓励、支持和引导非公有制经济的发展,并对非公有制经济依法实行监督和管理"。公有制是社会主义经济制度赖以存在的基础,发展市场经济也当然不能游离这一基础。社会主义市场经济体制所需构建和完善的是经济运行的方式而不是重构所有制。公有制是社会主义的本质特征,也就决定了它同时也是社会主义市场经济的特征。

(2) 在分配制度上,实行按劳分配为主、完善按要素分配机制。我国现在处于并将长期处于社会主义初级阶段,适应生产力发展水平和社会主义市场经济运行的分配制度,要求我们必须坚持以按劳分配为基本原则,同时完善按要素分配的体制机制。按劳分配是劳动参与分配的直接形式,将其作为主导分配制度的基本原则,对尊重和肯定劳动的价值与贡献、激发劳动者的生产积极性和创造性当然是必要和重要的;但若否定其他生产要素的价值与贡献并排除其参与分配,显然也是不公平、不合理的。因此,必须在坚持按劳分配原则的同时,构建和完善多要素分配的体制机制,让劳动、资本、技术、智力成果以及管理技能等生产要素均按其贡献参与分配,以促进收入分配更合理、更有序。按劳分配为主、兼顾要素分配,根本上有别于按资本分配为主的资本主义制度,其既为社会主义经济制度的重要组成部分,同时也是社会主义市场经济的基本特征之一。

(3) 在宏观调控方式上,实行间接调控与直接调控并举。在市场经济条件下,政府对社会经济运行的宏观调控一般是以间接调控为主要形式的,在以私有制为基础的西方市场经济国家尤为如此。直接调控是政府直接干预市场行为的调控方式,主要表现为行政命令、行政监管、指令性计划等;间接调控则是政府通过市场传导机制干预市场行为的调控方式,表现为政府通过税收、信贷、价格、投资等经济杠杆对各种市场进行干预,即将政府的决策转换成各种信号输入市场,再由市场信号去引导各市场主体的经济行为,即所谓"国家引导市场、市场引导企业"。我国实行社会主义市场经济体制后,政府宏观调控的方式也已逐渐从原计划经济体制下的单一直接调控逐渐转为直接调控与间接调控并举,这与我国初级阶段的市场经济的具体国情是相适应的。但是,随着我国市场经济的不断发展与成熟,客观上要求政府的宏观调控应逐步向"以间接调控为主,直接调控为辅"的综合调控机制过渡。

(三) 市场经济的法治化

1. 法治的含义

法治是指以"法律至上""法律主治"为基本理念,以"制约权力""保障权利"为价值追求的国家治理模式和社会治理状态。法治从不同的角度定义,具有不同的内涵及要求:形式意义上的法治即法的统治,强调法律作为一种国家统治和社会治理工具在社会生活中的至上地位,要求法律被尊崇,严格以法治国、依法办事,无法外特权存在;实质意义的法治则是一种法律原则、法律精神及目标追求,强调对民主、人权、自由等价值关切,要求公权力被制约、私权利被保障[①],并做到良法善治。

法治是相对于人治而言的,两者的区别有如我国近代思想家梁启超所言:"圣人

---

① "公权力"指政府的权力;"私权利"指公民和社会组织的权利。

之治出于己,圣法之治出于理",即圣人之治为人治,圣法之治为法治。人治是独治,法治是众治。人治强调治国的主体是个别人或少数人,法律要受最高掌权者的控制,是君明臣贤民顺的社会治理状态;法治强调治国的依据是法律,任何人都在法律约束之下行事,是体现人民大众意志的法律被普遍得以遵行的社会治理状态。人治往往充满着统治者的个人情感,而法治却是蕴含着规则的理性。法治的理性不仅在于法律所固有的规则性及其内在的逻辑力量,而且在于法律运行中严格的程序性,更显公平与正义。正可谓"圣人者,自己出也;圣法者,自理出也。理出于己,己非理也;己能出理,理非己也。故圣人之治,独治者也;圣法之治,则无不治矣"。① 法治是人类社会文明、进步的象征和国家治理的理想境界。

法治非同法制。法制是统治阶级按照自己的意志通过国家权力建立的用以维护本阶级专政的法律及其制度,其基本要求是有法可依、有法必依、执法必严、违法必究。法治包含法制的含义,但不仅仅限于法制,更不等同于法制;法制的建立并不意味着法治的形成。作为一种制度安排,法制并不必然地排斥人治,法制既可以与法治相结合,也可以与人治相结合。当法制与人治相结合时,政府权威是第一位的,法律权威是第二位的,法律制度是为人治理念服务的;当法制与法治相结合时,法律权威是第一位的,是一种超越一切特权的社会权威,法律成了社会所有群体、个人的行为准则。在法治社会里,法律权威源于大多数社会成员对法律的"合理性"的认同,用西方古代哲人亚里士多德的话说:"法治应包含两重意义:已成立的法律获得普遍的服从,而大家所服从的法律又应该本身是制订得良好的法律。"②我国北宋政治家王安石亦云:"立善法于天下,则天下治;立善法于国,则一国治。"所以,法治社会不仅是法治意识与法律制度相结合的产物,往往也是与民主制度相结合的产物。"科学立法、严格执法、公正司法、全民守法",是新时代人们对法治社会的目标追求。

2. 市场经济对法治化的诉求

市场经济的形成与历史选择必然要求构建与其特性相适应的上层建筑,其中最为重要的就是法治的构建与完善。我国《宪法》在确立社会主义市场经济体制模式的同时,明确提出"中华人民共和国实行依法治国,建设社会主义法治国家",以为市场经济的运行提供应有的法治化环境。这也强化了这样一个理念:市场经济就是法治经济。

市场经济对于法治化的客观要求及其内在联系主要体现在以下 8 个方面。

(1) 资源的商品性要求法律确立商品准入规则,确认各种要素市场的合法性;同时确立各种要素市场的特殊交易规则,规范交易行为,使各种要素市场的运行科学、

---

① 古人鼓蒙语,载于《尹文子·大道介》。
② 亚里士多德:《政治学》,商务印书馆 1965 年版,第 199 页。转引自夏勇论文:"法治是什么?——渊源、规诫与价值",《中国社会科学》1999 年第 4 期。

合理、平稳、有序。

（2）分配的竞争性要求法律确立市场竞争规则，界定竞争行为的有效边界，禁止垄断和不正当竞争，消除市场障碍，建立和维护自由、公平的市场竞争秩序。

（3）主体的多元性要求法律确立市场主体准入规则，确认各类市场主体参与市场活动的资格与条件的合法性。在我国公有制为主导的多种所有制成分并存的所有制结构下，特别需要通过法律确认各种成分与形式的主体独立的市场地位，尤其是国有经营主体和私营主体的独立的市场地位。

（4）经营的自主性要求法律确认市场交易中的主体意思自治原则，赋予主体参与市场活动的自主权，并保证其权利不受非法干涉。在我国现阶段，法律在解决市场主体之间妨碍竞争自由、经营自主的问题的同时，还须通过法律特别解决政企职责不分以及"婆婆"政府越权干预国有企业经营权的问题。

（5）地位的平等性要求法律赋予各种市场主体以平等的法律人格。在我国，特别需要法律在授权性规范上，慎重授予和严格限制某些市场主体特别是国有企业的市场经营特权，同时避免对非国有主体的歧视性待遇，消除源头上的不平等。

（6）政府的干预性要求法律确定政府干预的权力与权限以及干预的方式与程序，以保证干预的有效、适度，避免因弥补"市场失灵"而出现"政府失灵"现象。在我国，法律应特别关注传统的"官本位"观念对市场经济的消极影响，应建立完备的法律监督机制，约束政府的公共权力的行使，有效遏制权力寻租和行政腐败。

（7）市场的开放性要求法律限定地方各级政府及各类政府机构对市场活动进行干预的职责与权限，禁止地方政府及行业主管部门各自为政、实行市场割据，消除商品流通障碍，保障地区间、行业间的自由贸易和有效竞争，使资源流动与经济增长符合国家和社会正常的、合理的需求，合乎市场经济自身发展的规律。

（8）保障的社会性要求法律建立健全劳动与社会保障规范，确认和保护劳动者的权益，尊重和保护弱者的权益，增进社会福利，实现经济与社会的协调发展。

第二节　市场经济法律制度

一、市场经济法律的概念及其与经济法的关系

（一）经济法与市场经济法律的概念

提到市场经济法律制度，人们会自然地想到经济法，甚至有人将两者混为一谈。从法学意义上讲，经济法与市场经济法律实为两个既有联系又有区别的概念。

1. 经济法的概念

法由若干法律规范构成，以社会关系为其调整对象。不同的社会关系需要有不同的法律规范调整,调整相同种类社会关系的法律规范即构成一个独立的法律部门；一国的法律体系就是由若干个相互独立又有机联系的法律部门组成的法律整体①。经济法是指调整在国家干预经济运行中所发生的社会关系的法律规范的总称,是我国现行法律体系中的宪法之下的一个独立的法律部门。经济法的调整对象具有特定性,即在国家干预经济运行中的所发生的特定经济关系,主要包括宏观经济调控关系和市场监督管理关系。由此决定,经济法的内容体系主要由宏观调控法和市场监管法构成②。

2. 市场经济法律的概念

市场经济法律是指直接调整市场经济关系的法律规范的总称,它并非一个独立的法律部门,而是若干相关法律部门中有关市场经济的法律规范的集合体③。市场经济关系即市场运行中发生的各种经济关系,其内涵是相当广泛和复杂的,是构成市场经济时代的社会经济基础的基本社会关系,凭借单一法律部门显然不能对其进行全面而有效地调整。市场经济运行中所产生的不同领域、不同性质的社会关系需要由不同的法律部门调整,既包括私法性质的民法、商法等法律部门,又包括宪法、刑法、行政法、经济法④等公法性质的法律部门以及被称为第三法域的社会法⑤；既包括上述法律部门构成的实体法部门,又包括诉讼法、仲裁法等程序法部门。

(二) 经济法的产生及其对市场经济关系的调整

调整社会关系的客观要求导致了法律从无到有；社会关系的日益复杂化和多样化导致了法律体系由"诸法合一"到分门别类。当某一性质和种类的社会关系发展到需要由某一类专门的法律规范特别调整时,就会独立出一个新的法律部门,这便是法律本身演化的规律。与其他法律部门一样,作为一个独立法律部门的经济法也是

---

① 法律体系是否健全是衡量一国法制状况的重要指标。依据我国十届人大制定的立法规划,我国现行法律体系由七个法律部门构成：宪法及相关法、民商法、行政法、经济法、社会法、刑法、诉讼与非诉讼法。

② 关于经济法的调整对象及体系构成,学界观点不一、颇具争议,但就宏观经济调控和市场监督管理归属经济法范畴,尚已形成共识。

③ 严格地说,市场经济法律的概念并不是法理学意义上的通识概念,更非独立的法律部门及法学分支学科。但是,基于本教材的编写宗旨,特别是考虑读者与用户的特定性以及普及市场经济法律知识、推动社会主义市场经济的法治化进程的需要,本书在命题及内容体系构建上,特意使用了"市场经济法律"这一概念。

④ 经济法的法域属性问题在学理上是存在争议的。通常认为其属公法范畴,但也有学者认为其分属公法和私法两大法域,还有学者认为"经济法是相对于公法和私法两大法域而言的第三法域"(程信和："公法、私法与经济法",《中外法学》1997 年第 1 期)。

⑤ 社会法的研究是当今法学界的一个热门论题,其研究成果颇丰且在研究社会法的学者中已达致一些基本共识：社会法是以社会利益为取向的社会本位法,是调整自然人基本生活权利保障而衍生的社会关系的法律规范的总称；社会法是与公法、私法并列的第三法域,即社会法域；社会法的内容应包括弱势群体保护、公益事业发展、儿童和老年人扶养与扶助、教育权利保障以及社会保障等规范。但是,法学界对社会法的内涵与外延及其法域定位等理论问题一直处在争论中,尚无权威、统一的定论。

依循这一规律生成的;但有所不同的是,其他法律部门大多生成于现代市场经济形成之前并沿革到市场经济法律体系中来,而经济法则是现代市场经济特有的产物,是现代市场经济催生出的一个新兴的法律部门。

当人类社会处于原始经济和自然经济阶段时,经济活动以生产为主且方式单一,经济关系特别是商品交换关系简单而又偶然,客观上无需国家制定专门而系统的经济法律规范对社会的经济关系进行特别调整,因而国家的法律体系也呈现出"诸法合一"或"民刑不分""重刑轻民"的状态。

进入商品经济发展阶段后,生产日益社会化,经济活动表现为市场行为,并以"生产—交换—分配—消费"为轨迹无限循环往复,社会的经济关系随之复杂化、多样化和经常化,这就需要国家建立专门的经济法律制度予以调整,国家的法律体系也因此而分门别类。从历史的角度看,商品经济是在资本主义自由竞争时期得以长足发展的,而竞争必须以主体地位平等、意思自治为前提,以等价有偿、安全有序为条件,这就促成了体现自主、平等、自由理念的民法和商法的出现。在这一进程中,首先是商品经济较为发达的国家纷纷颁布民法典,对基本民事关系特别是财产关系、债权债务关系进行调整;随后,一些国家又有了作为民法之特别法的商法典,以专门调整商事关系。

当商品经济发展到社会资源的配置主要通过市场机制来进行时,人类即进入了市场经济阶段,社会生产力得以迅猛发展,生产的社会化程度不断提高;与此同时,价值规律的自发作用和以自由意志、个体利益为主导的市场机制的自发运行也日益显现出其固有的盲目性、局限性,甚至是某种程度的滞后性和破坏性,特别是市场经济发展到资本主义垄断时期呈现出许多弊端。然而,面对市场经济关系的新变化,已有的民商法的调整作用已经显得非常有限。此时,人们开始注意到市场主体的个体利益应当与社会公共利益协调,强调经济效率的同时也应力求公平,极端的个人本位主义观念应适当让位于社会本位主义。于是,为适应这种变化了的市场经济的客观需要,国家不得不伸出"看得见的手"对市场经济进行适当干预,即制定和实施相应的专门法律来积极规制市场、调控经济运行。为此,一个调整市场经济关系的新的法律部门——经济法便应运而生。世界上最早的国家干预经济的专门立法出现于19世纪末的北美国家,其中,最有影响的是美国国会于1890年通过的《谢尔曼法》(全称为《抵制非法限制与垄断保护贸易及商业法》),标志着国家干预法制化的开始;而国家运用法律全面干预社会经济生活,且在立法中最早使用"经济法"概念并使之成为一个独立法律部门的,是20世纪初的德国。德国于一战中后期,为战时经济保障和战后经济恢复的特别需要而对社会经济生活施以全面统制,并为此集中施行了一系列专门法律、法令及临时管制措施,有些甚至直接以"经济法"命名(如《钾盐经济法》《煤炭经济法》等),因其规范的特殊性而独立成为一个新的法律部门并称为"经济法"。

经济法的产生,是以市场经济的形成为基础的,只有当市场经济的发展不能单纯依靠市场机制自发调节,或者说不能通过民商法给予充分保障时,作为一个独立法律部门的经济法才有产生的必要。经济法的产生标志着市场经济法律制度体系的进一步完善,也标志着市场双重调节机制的形成。然而,经济法的产生并不意味着民商法在法律体系中的地位及其在市场经济中的作用的降低或丧失,恰恰相反,现代市场经济关系更加需要系统而完善的民商法的调整。民商法,特别是民法,永远是规范市场经济的基本法律。因此,在对经济关系的调整上,经济法与民商法不是互相替代的关系,更不是相互对立的关系,而是相互配合与补充的关系,作为现代市场经济得以健康发展的法律保障,都是不可或缺的。与此同时,与之相关的其他法律部门也为现代市场经济所必需,并与经济法和民商法共同构成了现代市场经济的完整法律体系。

二、市场经济法律制度体系

健全的经济法律制度是实行市场经济法治化的前提与基础,是市场经济规范、健康运行的依据和保障。我国社会主义市场经济法治化的进程中须建立和完善以下6类法律制度。

(一) 市场主体法律制度

所谓市场主体,是指以自己的名义并以营利为目的参与市场活动的社会组织和个人。市场主体法律制度则是指规范各类市场主体的组织与行为的一类法律制度。

市场主体法律制度的主要任务:① 确立市场主体准入制度,即明确各类市场主体的法定名义、设立条件、设立程序等,以确保市场主体资格的合法;② 确认各类市场经营主体的权利能力和行为能力,以界定各类市场主体的行为边界;③ 赋予不同市场主体以平等、独立的市场地位,以保障交易的自主与公平;④ 确立各类市场主体的变更与市场退出制度,以维护市场主体资格和相关主体的利益。

在现代社会化大生产条件下,市场主体的主要形式是各类企业,因此市场主体法律制度主要由各类企业法构成。目前,我国已有《全民所有制工业企业法》《公司法》《合伙企业法》《个人独资企业法》《乡镇企业法》《中小企业促进法》《企业破产法》等一系列企业立法,构成了这一法律制度的基本体系①。

(二) 市场行为法律制度

市场行为泛指一切以营利为目的的交易活动。市场行为法律制度是规范市场主体

---

① 中外合资经营企业、中外合作经营企业和外资企业法概称外商投资企业(俗称"三资企业"),是我国重要的企业形式和对外开放载体,我国改革开放初期为之颁行的《中外合资经营企业法》《中外合作经营企业法》和《外资企业法》也曾为我国市场主体法律制度体系的重要组成部分,但将于2020年1月1日随我国新颁《外商投资法》生效而废止。

各类交易行为的一类法律制度。

市场行为法律制度的主要任务：① 确定各类市场行为的形式,引导和规范市场主体的行为选择；② 确立各类交易规则,设定交易行为模式,以保证市场交易的安全、快捷和规范有序；③ 确认各种市场行为的法律效力,保障主体实现其合法的交易目的及市场利益。

市场行为在法理上一般归类于民事、商事行为,因而主要受民商法的规制。我国已有的相关立法主要包括《民法典》《专利法》《商标法》《著作权法》《证券法》《证券投资基金法》《商业银行法》《保险法》《信托法》《票据法》等。

（三）市场监管法律制度

市场监管也称市场运行规制、市场秩序规制,是政府对市场经济运行秩序的监督与管理活动的总称。市场监管法律制度即是规范政府主管机构对市场经济运行秩序的监督与管理活动的一类法律制度。

市场监管法律制度的主要任务：① 确立市场竞争规则,维护竞争的自由性、公平性、正当性,防止和消除市场的垄断障碍及不正当竞争的弊害,保障市场竞争的有效和有益；② 确立生产、经营规则,维护消费者权益和社会公共利益。

我国的市场监管法律制度正在逐步建立和完善,已经颁布的主要法律有《反垄断法》《反不正当竞争法》《产品质量法》《消费者权益保护法》《广告法》《招投标法》等。

（四）市场调控法律制度

市场调控即宏观经济调控,是指国家从市场经济运行的全局出发,运用经济的和行政的手段,对国民经济总体结构及运行进行调节和控制。市场调控法律制度即是规范市场宏观调控体系与行为的一类法律制度。

市场调控法律制度的主要任务：① 确认经济发展的总体目标,保障经济总量的平衡和结构的合理；② 明确宏观调控的方式、手段与措施,保障干预的适当、有序；③ 明确政府在宏观调控中的职权与职责以及行权程序,保证干预的适度、有效,防止"政府失灵"。

在市场调控法律制度的构建方面,我国现已颁布实施了《预算法》《中国人民银行法》《银行业监督管理法》《企业所得税法》《个人所得税法》《税收征收管理法》《会计法》《统计法》《审计法》《价格法》《对外贸易法》《外商投资法》等。

（五）市场保障法律制度

所谓市场保障,是指市场经济运行中的劳动与社会经济保障机制的总称。市场保障法律制度即是劳动法律制度与社会保障法律制度的总和。

市场保障法律制度的主要任务：① 确认劳动关系,促进合法用工和劳动保护,保护劳动者的合法权益；② 确认社会保障方式,完善各类保障措施,促进社会公平和社会安定。

我国在市场保障法律制度建设方面已制定有《劳动法》《劳动合同法》和《社会保险法》,在劳动者权益保护及其养老、失业、医疗、工伤、生育等社会保险方面已有制度保障。

（六）市场争议处理法律制度

所谓市场争议,是指市场经济运行中各种主体之间的权益纷争,包括经济争议和行政争议。经济争议是平等的市场主体之间在各种市场活动中发生的争议;行政争议是指政府主管机关在管理和调控市场经济的过程中与各种市场主体之间发生的争议。市场争议处理法律制度是规范市场争议解决方式与程序的法律制度的总和。

市场争议处理法律制度属于程序法的范畴,其主要任务是建立健全解决市场争议的程序规范,对权利施以救济,对违法施以制裁,保障实体权利义务关系的实现。具体包括：① 确定不同争议的不同解决方式以及管辖制度,以合理利用法律设施资源,提高办案效率。现行规定是：行政争议可以通过行政复议和行政诉讼方式解决,经济争议可以通过和解、调解、仲裁或诉讼解决。② 确定诉讼和仲裁的法定程序,以利于争议及时、公正地解决。③ 明确争议当事人程序法上的权利与义务,维护其合法权益的行使。④ 确立审判与仲裁的监督程序,维护司法权威与司法正义。

我国市场争议处理法律制度由诉讼法律制度和仲裁与调解法律制度构成,已经颁行的法律有《行政复议法》《行政诉讼法》《民事诉讼法》《仲裁法》。另外,我国的诉讼法体系中还包括已颁行的《刑事诉讼法》,适用于各种类型的刑事案件的处理,其主要任务是打击各种类型的犯罪,维护国家利益和社会安全。

第三节 市场经济法律关系

一、市场经济法律关系的概念

法律关系是指由法律确认的具有权利和义务内容的社会关系。任何法律规范调整特定的社会关系,都形成相应的法律关系,即该类社会关系因被法律规范所调整而具有了法律上的权利与义务关系的属性。

不同的社会关系被不同的法律部门调整而形成不同性质的法律关系,如民事关系为民法调整而形成民事法律关系、商事关系为商法调整而形成商事法律关系、刑事关系为刑法调整而形成刑事法律关系等。以此类推,市场经济法律关系即是市场经济关系为市场经济法律调整而形成的一种特定性质的法律关系。当然,因市场经济法律的多部门属性,市场经济法律关系也不是一种单一性质的法律关系,而是多种相关性质的法律关系的总和。

社会关系通过法律规范的调整而上升为法律上的权利与义务的关系,从而取得法律的确认和保护,使之得以在主体间强制实现。法律关系实现的过程即是法律实施的过程,也是统治阶级体现在法律中的意志得以在现实社会生活中贯彻落实的过程。

二、市场经济法律关系的特征

相对于被法律调整的市场经济关系本身(即本源的社会关系)而言,市场经济法律关系具有如下3个特征。

(1) 市场经济法律关系是一种思想性社会关系,属于上层建筑的范畴。根据社会关系的产生是否受人的主观意志的支配,可分为物质性社会关系和思想性社会关系两大类:前者是指不以人的意志为转移而必然发生的社会关系;后者是指受人们意志支配而发生的社会关系。法律关系是由法律调整社会关系而形成,并由法律予以确认的,是受国家意志支配的;而且每一具体法律关系的发生、变更和消灭,也必须受当事人意志的支配。所以说,任何法律关系都是一种思想性社会关系,市场经济法律关系亦然。市场经济法律关系是被主观意志化了的市场经济关系,市场经济关系因被法律调整而从经济基础范畴转化为上层建筑范畴。

(2) 市场经济法律关系是由市场经济法律所确认的具有法定权利和法定义务内容的社会关系。市场经济关系是在当事人之间实施特定的市场行为过程中得以表现的,法律在对其调整中,将当事人可以为的行为确认为权利(或权力,下同),将当事人应当为、必须为和禁止为的行为确认为义务(或职责,下同),从而形成法律关系。市场经济法律关系是被法律赋予了权利和义务内容的市场经济关系。

(3) 市场经济法律关系是为国家强制力保证实现的社会关系。某一社会关系的客观存在或依当事人的自由意志而发生时,并不具有当然的强制力,但若法律对该类关系有明确规范时,该法律化了的社会关系便被置于了法律的保护之下,具有了被强制实现的效力。市场经济法律关系就是被经济法律确认和保护的、具有强制实现效力的市场经济关系。

三、市场经济法律关系的构成

依据法理,考察任何法律关系都要确认其构成要素。法律关系的构成要素包括:① 主体。它是指法律关系的参加者,统称当事人。一项具体法律关系的当事人至少有两个,分别构成权利主体和义务主体。② 内容。它是指法律赋予主体的权利和义务,是法律关系的核心要素。③ 客体。它是指主体的权利和义务所共同指向的对象,即表现和承载权利义务的具体事物。任何法律关系都由上述三个要素构成,缺少任何一个,法律关系则不能成立;改变任何一个要素,法律关系即发生相应变化;失去任何一个要素,法律关系即归于消灭。市场经济法律关系的构成也当如此。

(一) 市场经济法律关系的主体

1. 市场经济法律关系主体的含义

市场经济法律关系主体是指依法参加市场活动、享有法定权利和负有法定义务的人。

2. 市场经济法律关系主体的范围

市场经济法律关系的主体具有广泛性、多样性、多层次的特点。其范围包括自然人、法人、非法人组织和其他主体。

（1）自然人是具有自然生命的个体社会成员。

（2）法人是具有民事权利能力和民事行为能力，依法独立享有民事权利和承担民事义务的组织。国家机关、企业、事业单位、社会团体、基金会、社会服务机构等均可依法取得法人资格。

（3）非法人组织是指不具有法人资格，但是能够依法以自己的名义从事民事活动的组织。包括个人独资企业、合伙企业、不具有法人资格的专业服务机构等。

（4）其他主体即自然人、法人和非法人之外的实体形式，如个体工商户和农村承包经营户等。

3. 市场经济法律关系的主体资格及其取得

市场经济法律关系主体资格是指主体在法律上的权利能力和行为能力。权利能力是指主体依法享有法定权利和承担法定义务的资格；行为能力是指主体能够自己独立实施法律行为、享有法定权利和承担法定义务的资格。换言之，权利能力是一种权利义务的归属资格；行为能力是权利义务的承受资格。

（1）自然人的民事主体资格[①]

自然人的民事权利能力一律平等，不因性别、年龄、智力、健康状况等不同而有所区别；且始于出生、终于死亡，随附生命、终身享有。

法律赋予自然人的行为能力则不同等，而是根据自然人年龄、智力、精神健康状况等方面的不同，将自然人在民事行为能力上分为三类，并分别设定其民事行为的法律后果：① 完全民事行为能力人。18周岁以上的自然人为成年人；成年人为完全民事行为能力人，可以独立实施民事法律行为；16周岁以上的未成年人，以自己的劳动收入为主要生活来源的，视为完全民事行为能力人。② 限制民事行为能力人。八周岁以上的未成年人以及不能完全辨认自己行为的成年人为限制民事行为能力人，实施民事法律行为须由其法定代理人（即监护人，下同）代理或者经其法定代理人同意、追认，但是可以独立实施纯获利益的民事法律行为或者与其智力、精神健康状况

[①] 主体实施不同性质的法律行为须具有不同主体资格，基于广义经济法概念下经济法律行为的多样性及其所致民事法律后果的普适性，此处权以民事主体资格为范（下同）。

相适应的民事法律行为。③ 无民事行为能力人。不满8周岁的未成年人、不能辨认自己行为的8周岁以上的未成年人以及不能辨认自己行为的成年人为无民事行为能力人，不能独立实施而应由其法定代理人代理实施民事法律行为。

(2) 法人的民事主体资格

法人是自然人的对称，是社会组织体在法律上的拟人化和人格化。法人的本质特征及制度价值是人格独立，其表现在4个方面：① 名义独立，即具有自己的名称，以自身名义表达意志、行使权利和履行义务；② 组织独立，即法人必须是一个组织体，具有健全的组织机构；③ 财产独立，即有归该法人所有、由其独立支配、与其设立人(投资人)的相分离的财产；④ 责任独立，即法人以其全部财产为限独立承担民事责任。

法人非自然生命体，其主体人格是由法律拟制、创设的，依法产生和消亡；但并非所有组织体都当然具有法人格。我国《民法典》(草案)规定，"法人应当依法成立"；"法人成立的具体条件和程序，依照法律、行政法规的规定"。据此，成立法人组织，首先应当符合法定条件，即"应当有自己的名称、组织机构、住所、财产或者经费"；其次应当履行法定程序，依法办理登记、审批①等手续。法人的民事权利能力和民事行为能力，从法人成立时产生，到法人终止时消灭。

法人的民事权利能力也不是生而平等的，不同类型的法人因设立目的、性质及活动范围的不同而具有不同的民事权利能力。依据《民法典》(草案)，我国法人分为三类：① 营利法人，即以取得利益分配给股东等出资人为目的成立的法人，包括有限责任公司、股份有限公司和其他企业法人等；② 非营利法人，即为公益目的或者其他非营利目的成立，不向出资人、设立人或者会员分配所取得利润的法人，包括事业单位、社会团体、基金会、社会服务机构②等；③ 特别法人，即上述以外的其他法人，包括机关法人、农村集体经济组织法人、城镇农村的合作经济组织法人、基层群众性自治组织法人。法人的权利能力各具特定性，仅限于其登记或法律授权的范围。

法人以其全部财产为限独立承担民事责任。除法律、法规有明确规定外，法人的民事责任不与其投资人、设立人连带。法人可以依法设立分支机构。法律、行政法规规定分支机构应当登记的，依照其规定。分支机构以自己的名义从事民事活动，产生的民事责任由法人承担；也可以先以该分支机构管理的财产承担，不足以承担的，由法人承担。

---

① 并非所有法人的成立均须登记或审批。《民法典》(草案)规定："设立法人，法律、行政法规规定须经有关机关批准的，依照其规定"。具备法人条件，为适应经济社会发展需要，提供公益服务设立的事业单位"依法不需要办理法人登记的，从成立之日起，具有事业单位法人资格"；特殊社会团体"依法不需要办理法人登记的，从成立之日起，具有社会团体法人资格"；成立特别法人法律也无登记要求。

② 《民法典》(草案)规定："具备法人条件，为公益目的以捐助财产设立的基金会、社会服务机构等，经依法登记成立，取得捐助法人资格。"

法人具有与其民事权利能力相一致的民事行为能力,二者同时产生、同时消灭。但法人作为组织体和拟制人,自身并无对外表意能力,须由特定自然人代表其具体实施法律行为、行使权利和履行义务。我国《民法典》(草案)规定,"依照法律或者法人章程的规定,代表法人从事民事活动的负责人,为法人的法定代表人[①]";"法定代表人以法人名义从事的民事活动,其法律后果由法人承受"。法人章程或者法人权力机构对法定代表人代表权的限制,不得对抗善意相对人。"法定代表人因执行职务造成他人损害的,由法人承担民事责任";法人承担民事责任后,依照法律或者法人章程的规定,可以向有过错的法定代表人追偿。

(3) 非法人组织的民事主体资格

非法人组织应当依照法律的规定登记。设立非法人组织,法律、行政法规规定须经有关机关批准的,依照其规定。非法人组织可以确定一人或者数人代表该组织从事民事活动。非法人组织的财产不足以清偿债务的,其出资人或者设立人承担无限责任。法律另有规定的,依照其规定。

(4) 其他主体的民事主体资格

自然人从事工商业经营,经依法登记,为个体工商户。个体工商户可以起字号。个体工商户的债务,个人经营的,以个人财产承担;家庭经营的,以家庭财产承担;无法区分的,以家庭财产承担。

农村集体经济组织的成员,依法取得农村土地承包经营权,从事家庭承包经营的,为农村承包经营户。农村承包经营户的债务,以从事农村土地承包经营的农户财产承担;事实上由农户部分成员经营的,以该部分成员的财产承担。

(二) 市场经济法律关系的内容

市场经济法律关系的内容是指各类主体在参与市场活动中依法享有的权利和所承担的义务。各类主体的行为往往因为其被法律赋予权利或义务的属性而具有法律意义并构成法律行为。

1. 市场经济法律关系主体的权利

市场经济法律关系主体的权利是指主体在参与市场活动中,可以自己为或不为以及要求他人为或不为一定行为的法定资格。市场经济法律关系主体的权利由法律以授权性或者任意性规范规定,不同法律赋予不同主体的权利不尽相同。于国家机关及其工作人员而言,基于其职能和职务而拥有的权利也称"权力"亦或"职权"。

主体的行为被赋予权利属性,意味着该行为的自主与自由,即为法律所允许、主体依法可以为或可不为。

---

① 法定代表人不等同于"法人代表"。法人代表可以是法定的,即依法律或者法人章程取得代表法人的资格;也可以是非法定的,即由法人委托或专门授权而取得代表法人的资格。

2. 市场经济法律关系主体的义务

市场经济法律关系主体的义务是指主体在参与市场活动中,依法必须为或不为一定行为的资格。市场经济法律关系主体的义务由法律以强制性规范规定,不同法律赋予不同主体的义务不尽相同。于国家机关及其工作人员而言,基于其职能和职务而负有的义务通常表述为"职责"。

主体的行为被赋予义务属性,意味着该行为的拘束与限制,即为法律所强制或禁止、主体依法必须为或不得为。

3. 权利与义务的关系

权利的实现有赖于义务的履行;义务的履行则以权利实现为目的。因此,在市场经济法律关系中,权利和义务总是相对应的,一方主体的权利就是另一方主体的义务,一方主体的义务就是另一方主体的权利。市场交易中的主体之间的权利义务一般是双向、对等的,市场干预中的主体之间的权利义务一般是单向、不对等的。

主体的权利义务依其相对应的主体特定与否,又有绝对与相对之分:绝对权利义务是对应非特定的主体的权利义务,又称"对世权利义务";相对权利义务是对应特定的主体的权利义务,又称"对人权利义务"。绝对权利(即"对世权利",如物权)对应不特定的义务主体享有和行使,所有人均对其负有义务;相对权利(即"对人权利",如债权)对应特定的义务主体享有和行使,只有确定的义务人对其负有义务。绝对义务(即"对世义务",如守法义务)对应不特定的权利人履行;相对义务(即"对人义务",如履约、纳税等义务)对应特定的权利人履行。

(三) 市场经济法律关系的客体

市场经济法律关系的客体是指经济法主体的权利和义务所共同指向的对象,是承载和表现权利义务的客观事物,一般包括物、行为和智力成果。

四、市场经济法律关系的发生、变更与终止

市场经济法律关系的发生是指特定主体之间具体权利义务关系的形成;市场经济法律关系的变更是指特定主体之间具体权利义务关系的改变;市场经济法律关系的终止是指特定主体之间具体权利义务关系的消灭。

市场经济法律关系虽然由法律规范所确认,但却不能因法律规范而在特定主体间当然发生、变更或终止。任何一项具体法律关系的发生、变更和终止都必须以法律规范为依据,以一定的法律事实为原因。凡依法能够引起特定法律关系发生、变更、终止的客观情况均称为法律事实。市场经济法律关系的发生、变更与终止同样是由一定的法律事实引起的。

作为法律事实的客观情况必须是一种现实存在,必须具有客观性和法定性。其客观性是指其必须是既存的、能够被人感知的;其法定性是指该客观情况必须是由法

律规定的并且与一定的法律后果相联系的。法律事实依其发生是否与当事人的意志有关,可分为事件和行为两大类:① 事件。它是指与当事人意志无关的法律事实,主要表现为灾害性事故、出生、死亡、时间、经过等事实。② 行为。它是指受人们意志支配的法律事实,表现为人们有意识的活动,既包括当事人的行为(如订立合同),也包括非当事人的行为(如司法行为、行政行为等);既可是合法行为,也可是违法行为。

第四节 市场经济法律责任

一、市场经济法律责任的含义

"责任"一词通常有两种解释:一是指应做之事,或称"本分";二是指应做而未做或者做而不当所应当承担的否定性后果。前者之意等同于义务,法律上的责任显取后者之意。确切地说,法律责任是指法律所规定的、行为人因其行为违反法律规范所导致的否定性法律后果。这里所谓违反法律规范,一般是指违反法定义务①。法律责任不等同于法律义务,但两者有着密切的内在联系:义务是责任的前提,责任是悖反义务的法定后果;有义务不一定有责任;有责任一定基于有义务而不履行。

法律责任是法律规范的逻辑要素之一,没有配置法律责任的规范不能体现国家强制性,因而不构成法律规范。法律责任的设定与实现,具体体现法律规范的国家强制性。市场经济法律责任是指由经济法律所规定的、主体因其行为违反市场经济法律规范所导致的否定性法律后果。

二、市场经济法律责任的种类与形式

市场经济法律责任的基本形式是法律制裁,即由享有裁判权的国家机关及仲裁机构对违法行为人依法施以强制性惩罚措施。实施违法行为必须承担法律责任,而追究法律责任则表现为对行为人施以法律制裁。法律制裁意在强制主体承担违法行为的后果,迫使侵害人付出或者丧失一定的利益,以恢复和保障被侵害的权利,矫正失衡的法律关系,维护市场经济的正常秩序。法律制裁措施因违法行为的性质以及由此而构成的法律责任的性质的不同而有不同安排。与我国现行的程序法体系相对应,市场活动中的违法行为在性质上一般分为民事违法、行政违法和刑事违法;相应地,法律责任的性质通常也分为民事责任、行政责任和刑事责任;而法律制裁措施则据此设有不同的具体形式。

---

① 于公权主体而言,亦可表现为职权的不行使和滥用,即失职和渎职。

（一）民事责任及其形式

民事责任是违法行为所导致的民法上的法律后果，即承受民事制裁。民事制裁是由人民法院或仲裁机构以及当事人依据民法对违法行为人采取的惩罚措施。其形式主要有停止侵害、排除妨碍、消除危害、返还财产、恢复原状、赔偿损失、支付违约金、更换、修理重做、消除影响、恢复名誉、赔礼道歉等。民事制裁侧重于补偿性，是适用范围最为广泛的法律责任形式。

（二）行政责任及其形式

行政责任是违法行为所导致的行政法上的法律后果，即承受行政制裁。行政制裁是国家行政机关依据行政法对违法行为人采取的惩罚措施。行政制裁分为行政处分和行政处罚两种：行政处分是国家行政机关及其授权的机构依照行政隶属关系，对违反行政法的行政机关工作人员所实施的制裁措施，包括警告、记过、记大过、降级、撤职和开除六种形式；行政处罚是指由特定的行政机关及其授权的机构对违反行政法律的公民、法人或者其他组织所实施的行政制裁，包括警告、罚款、没收违法所得或非法财物、责令停产停业、暂扣或者吊销许可证、暂扣或者吊销执照、行政拘留等。

（三）刑事责任及其形式

刑事责任是违法行为所导致的刑法上的法律后果，即承受刑事制裁。刑事制裁又称为刑罚，是指人民法院依据刑法对犯罪行为人采取的惩罚措施。刑罚分为主刑和附加刑：主刑包括管制、拘役、有期徒刑、无期徒刑、死刑；附加刑包括罚金、没收财产和剥夺政治权利。刑事制裁是最为严厉的一种法律制裁。

三、市场经济法律责任的适用原则

（一）责任法定原则

法律责任必须在法律上有明确、具体的规定，当违法行为发生后，必须按照法律事先规定的性质、范围、程度、期限、方式，追究行为人的责任，使其承受制裁性法律后果。任何主张或适用责任的主体都无权向行为人主张和追究法律明文规定以外的责任；任何责任主体都有权拒绝承担法外责任。责任法定原则是对责任擅断的否定，同时，就其逻辑性而言，责任法定原则也意味着对法律的类推适用和比照适用的慎用。

（二）责任自负原则

法律责任是针对违法者的违法行为而设置的，凡是实施了违法行为的人，必须独立承担其应负的法律责任。行权机关不得株连设罚，即不得追究与违法行为人虽有特定关系而无违法事实的人的责任。

（三）责任适当原则

法律责任的性质、种类以及轻重应该与违法行为及其危害结果的性质和状态相适应。具体说，就是有责必究、无责不究、轻责轻究、重责重究；相同的违法行为追究相同的责任,不同的违法行为要分别追究不同的责任。

（四）责任平等原则

按照法律面前人人平等的法治精神,在确认追究法律责任时,应该对责任主体不分种族、民族、性别、职业、出身、财产状况等一律平等地追究责任,不允许任何组织和个人享有规避法律责任的特权,不允许同错异罚、差别对待。

（五）民责优先原则

民事主体因同一行为应当承担民事责任、行政责任和刑事责任的,承担行政责任或者刑事责任不影响承担民事责任;民事主体的财产不足以支付的,优先用于承担民事责任。

（六）重在教育的原则

在法律责任体系中,行政责任和刑事责任具有明显的惩罚性,而民事责任大多具有救济性和补偿性。追究责任意味着对责任主体在生命、自由、财产、资格等方面的剥夺,但惩罚并非最终目的,而只是一种手段,其主要目的在于通过罚则的适用促使责任主体知法、守法,依法办事,妥当行使权利,忠实履行义务。

本章复习思考题

1. 何为法律？经济与法律关系如何？
2. 何为法治？为什么说"市场经济就是法治经济"？
3. 如何理解经济法与市场经济法律？二者关系如何？
4. 市场经济法律制度体系如何？
5. 何为市场经济法律关系？其构成如何？
6. 何为法人？其主体资格与类型如何？
7. 如何理解法律责任？其适用原则有哪些？

第二编

市场主体法律制度

第二章 个人独资企业法与合伙企业法

第一节 个人独资企业法

一、个人独资企业法概述

(一) 个人独资企业的概念和特征

从所有制角度来看,个人独资企业是私有制企业的一种形式。我国传统的企业立法将企业分为国有企业、集体企业、私营(私有制)企业,在私营企业中又分为个人独资企业、合伙企业、有限责任公司三种形式。随着我国市场经济体制改革的进一步深入,按所有制形式划分企业的意义日渐淡化,而按企业组织形式完善企业立法体系已成主流,即将企业按责任形式(即法定风险)的不同分为独资企业、合伙企业、公司企业三种基本组织形式。就独资企业而言,又因投资主体的不同分为国有独资、个人独资和外商独资等不同形式。我国于1999年8月30日第九届全国人大常委会第11次会议通过的《个人独资企业法》明确规定:个人独资企业"是指依照本法在中国境内设立,由一个自然人投资,财产为投资人个人所有,投资人以其个人财产对企业债务承担无限责任的经营实体"。

个人独资企业是企业组织形式中最简单且最古老的一种,其产生和发展往往与投资者个人职业选择及谋生手段相符合,如投资者决定开一家餐馆或理发店,他就成为餐馆或理发店的业主,他有权决定该餐馆或理发店的所有事务,并对其成败负全部责任。也就是说,个人独资企业的全部财产及盈利归业主个人所有,业主承担企业的全部亏损,企业对外所欠的债务当企业资产不足以偿还时,业主以其个人财产负清偿责任,即企业债务实际上就是业主个人的债务,因此个人独资企业的商业信誉比较好。

个人独资企业与其他企业形式相比,具有以下4个法律特征。

(1) 个人独资企业是由一个自然人投资的企业。根据《个人独资企业法》的规定,设立个人独资企业只能是一个自然人,国家机关、国家授权投资的机构或者国家授权的部门、企业、事业单位等都不能作为个人独资企业的设立人。《个人独资企业法》第47条规定:"外商独资企业不适用本法。"因此,《个人独资企业法》中讲的自然人显然是指中国公民。

（2）个人独资企业的投资人对企业的债务承担无限责任。由于个人独资企业的投资人是一个自然人，对企业的出资多少、是否追加资金或减少资金、采取什么样的经营方式等事项均由投资人一人做主，从权利和义务上看，出资人与企业是不可分割的，企业的财产即是投资人的财产，企业的责任即是投资人个人的责任。投资人对企业的债务承担无限责任，即当企业的资产不足以清偿到期债务时，投资人应以自己个人的全部财产用于清偿。

（3）个人独资企业的内部机构设置简单，经营管理方式的灵活性较大。个人独资企业的投资人既是企业的所有者，又可以是企业的经营者，对企业事务有绝对的控制权和支配权，完全可以按照自己的意志去经营企业。因此，法律对其内部机构和经营管理方式不像公司和其他企业那样加以严格的规定。

（4）个人独资企业是非法人企业。由于个人独资企业的责任与投资人的责任是连为一体的，企业只是自然人进行经济活动的特殊形态，其本身并无独立承担民事责任的能力，因而不具有法人资格。但是，它作为企业，具备独立的法律主体资格，可依法以自己的名义从事民事、经济活动，其合法行为受法律保护。

（二）个人独资企业法的概念及基本原则

个人独资企业法是规定独资企业的设立、事务管理、解散清算和投资人及其委托聘用人的权利义务的法律规范的总称。个人独资企业法旨在规范个人独资企业的行为，保护个人独资企业投资人和债权人的合法权益，维护社会经济秩序，促进社会主义市场经济的发展。

个人独资企业法的基本原则：

（1）遵守法律、行政法规，遵守诚实信用原则。个人独资企业从事生产经营活动必须遵守法律、行政法规，遵守诚实信用原则，不得损害社会公共利益。

（2）个人独资企业的合法权益受法律保护原则。国家依法保护个人独资企业的财产和其他合法权益。

（3）职工的合法权益受法律保护原则。个人独资企业应当依法招用职工，职工的合法权益受法律保护。个人独资企业的职工依法建立工会，工会依法开展活动。

二、个人独资企业的设立

（一）个人独资企业的设立条件

设立个人独资企业应当具备下列5个条件：

（1）投资人为一个自然人，且只能是中国公民。个人独资企业不同于公司企业和合伙企业，它只能有一个投资人，而且必须是具有中国国籍的自然人。由于投资是一种经营行为，因此要求自然人也应该具有相应的民事行为能力。

(2) 有合法的企业名称。名称是企业的标志,企业必须有相应的名称,并应符合法律、法规的要求。个人独资企业的名称应当符合国家关于企业名称登记管理的有关规定,企业名称应与其责任形式及从事的营业相符合。个人独资企业的名称中不得使用"有限""有限责任"或者"公司"字样,在企业名称中也不得标明与其从事的营业不相符的内容。

(3) 有投资人申报的出资。个人独资企业法没有对出资方式和出资数额作限制性规定,只是规定要有出资。根据国家工商行政管理局《关于贯彻实施〈个人独资企业登记管理办法〉有关问题的通知》的规定,设立个人独资企业可以用货币出资,也可以用实物、土地使用权、知识产权或者其他财产权利出资,采取实物、土地使用权、知识产权或者其他财产权利出资的,应将其折算成货币数额。投资人申报的出资额应当与企业的生产经营规模相适应。

(4) 有固定的生产经营场所和必要的生产经营条件。生产经营场所包括企业的住所和与生产经营相适应的处所。住所是企业的主要办事机构所在地,是企业的法定地址。

(5) 有必要的从业人员。即要有与其生产经营范围、规模相适应的从业人员。

(二) 个人独资企业的设立程序

1. 申请设立登记

申请设立个人独资企业,应当由投资人或者其委托的代理人向个人独资企业所在地的登记机关①提出设立申请。申请设立个人独资企业,应当提交相应的法律文件:(1) 设立申请书。设立申请书应载明的事项主要包括:企业的名称和住所、投资人的姓名和居所、投资人的出资额和出资方式、生产经营范围等。(2) 投资人身份证明,即投资人的居民身份证及相关证件。(3) 生产经营场所的使用证明。另外,从事法律、行政法规规定须报经有关部门审批的业务,如烟草、旅店、印刷、音像制品等,须在申请设立登记之前或其后履行相关审批或许可手续。

需要说明的是:为了降低市场主体准入门槛,激发人们的创业积极性,加速政府职能转变,推动市场监管方式创新,促使监管重心由事前向事中事后转移、全面提高市场监管效,我国自2013年初实行工商登记制度改革,逐步取消和调整了工商登记

---

① 办理设立登记、领取营业执照,是企业等各类市场主体准入的必经程序。我国主管企业设立登记的机关原为工商行政管理部门(即国家和地方各级工商行政管理局)。为改革市场监管体系,实行统一的市场监管,根据2018年3月第十三届全国人大第一次会议审议批准的国务院机构改革方案和《国务院关于机构设置的通知》以及其后相应修正的相关部门规章的规定,将原国家工商行政管理总局、国家质量监督检验检疫总局、国家食品药品监督管理总局、国家发展和改革委员会的价格监督检查与反垄断执法职责、商务部的经营者集中反垄断执法以及国务院反垄断委员会办公室等机构的职责进行整合,由新组建的国家市场监督管理总局统一行使。因此,我国现企业登记机关为市场监督管理部门。

前置审批事项,对一般企业设立将"先证后照"改为"先照后证",并放宽了工商登记其他条件①。为了进一步厘清政府与市场关系,全面改革审批方式,精简涉企证照,加强事中事后综合监管,创新政府管理方式,营造稳定、公平、透明、可预期的市场准入环境,充分释放市场活力,推动经济高质量发展,在前期试点基础上,国务院发布《关于在全国推开"证照分离"改革的通知》,自2018年11月10日起,在全国范围内对第一批106项涉企行政审批事项分别按照直接取消审批、审批改为备案、实行告知承诺、优化准入服务等四种方式实施"证照分离"改革,有效区分"证""照"功能,让更多市场主体持照即可经营,着力解决"准入不准营"问题。但对关系国家安全、公共安全、金融安全、生态安全和公众健康等重大公共利益的行政审批事项,保留审批,优化准入服务。②

2. 核准登记与备案

登记机关应当在收到设立申请文件之日起15日内,对符合个人独资企业法规定条件的予以登记,发给营业执照;对不符合个人独资企业法规定条件的,不予登记,并发给企业登记驳回通知书。个人独资企业的营业执照的签发日期为个人独资企业成立日期,在领取个人独资企业营业执照前,投资人不得以个人独资企业名义从事经营活动。个人独资企业设立分支机构,应当由投资人或者其委托的代理人向分支机构所在地的登记机关申请登记,领取营业执照。分支机构经核准登记后,应将登记情况报该分支机构隶属的个人独资企业的登记机关备案。分支机构的民事责任由设立该分支机构的个人独资企业承担。个人独资企业在存续期间登记事项发生变更的,应当在作出变更决定之日起15日内依法向登记机关申请办理变更登记。

三、个人独资企业的投资人及事务管理

(一) 个人独资企业投资人的资格、权利及责任

根据《个人独资企业法》的规定,个人独资企业的投资人为一个具有中国国籍的、具有完全民事行为能力的自然人,但法律、行政法规禁止从事营利性活动的人,不得作为投资人申请设立个人独资企业。我国有关法律、行政法规对党政机关领导干

---

① 我国对企业及其他市场主体的准入,以往一直依"先证后照"规则实行工商登记和行政监管,对相关法律、行政法规规定须经行政审批或许可的企业,要求开办者在申领营业执照之前取得政府主管部门的批准文件或颁发的许可证件,即将审批前置。2013年全国两会通过了《国务院机构改革和职能转变方案》,提出改革工商登记制度,在实行注册资本认缴登记制的同时,对企业设立程序实行"先照后证",即开办者先申领营业执照后再办理有关许可证,将一些工商登记前置审批事项调整或明确为后置审批。

② 2019年10月23日,国务院公布的《优化营商环境条例》进一步明确:国家推进"证照分离"改革,持续精简涉企经营许可事项,依法采取直接取消审批、审批改为备案、实行告知承诺、优化审批服务等方式,对所有涉企经营许可事项进行分类管理,为企业取得营业执照后开展相关经营活动提供便利。除法律、行政法规规定的特定领域外,涉企经营许可事项不得作为企业登记的前置条件。

部、国家公务员、现役军人等人员的经营性活动资格均有限制,其不得作为个人独资企业的投资人。

个人独资企业投资人对本企业的财产依法享有所有权,其有关权利可以依法进行转让或继承。企业的财产不论是投资人的原始投入还是经营所得,均归投资人所有。

个人独资企业投资人在申请企业设立登记或变更登记时,明确以其家庭共有财产作为个人出资的,应当依法以家庭共有财产对企业债务承担无限责任。由于出资人与其家庭的特殊关系,出资人的财产与其家庭财产是难以划清的。家庭成员允许出资人将家庭财产用于投资办企业本身就意味着许诺将这部分财产用于承担风险,而出资人取得的收益也是全家共同享有,这就意味着个人独资企业的收益是家庭共同财产的一部分。但是,投资人未明确登记为家庭财产出资的,其对企业债务承担责任则应以其个人部分的财产为限。

(二)个人独资企业的事务管理

个人独资企业投资人可以自行管理企业事务,也可以委托或者聘用其他具有民事行为能力的人负责企业的事务管理。投资人委托或者聘用他人管理个人独资企业事务,应当与受托人或者被聘用的人签订书面合同,明确委托的具体内容和授予的权利范围。但是,投资人对受托人或者被聘用的人员职权的限制不得对抗善意第三人。所谓善意第三人,是指与该受托人或者被聘用的人员进行业务交往但对其权限不知情的相对人。个人独资企业的投资人与受托人或者被聘用的人员之间有关权利义务的限制只对受托人或者被聘用的人员有效,对第三人并无约束力,受托人或者被聘用的人员超出投资人的限制与善意第三人的有关业务交往应当有效。

受托人或者被聘用的人员依法应当履行诚信、勤勉义务,按照与投资人签订的合同,负责个人独资企业的事务管理,不得有下列行为:① 利用职务上的便利,索取或者收受贿赂;② 利用职务或者工作上的便利侵占企业财产;③ 挪用企业的资金归个人使用或者借贷给他人;④ 擅自将企业资金以个人名义或者以他人名义开立账户储存;⑤ 擅自以企业财产提供担保;⑥ 未经投资人同意,从事与本企业相竞争的业务;⑦ 未经投资人同意,同本企业订立合同或者进行交易;⑧ 未经投资人同意,擅自将企业商标或者其他知识产权转让给他人使用;⑨ 泄露本企业的商业秘密;⑩ 法律、行政法规禁止的其他行为。

四、个人独资企业的权利和义务

(一)个人独资企业的权利

个人独资企业享有以下主要权利。

1. 生产经营自主权

个人独资企业在依法核定的生产经营范围内,无论采取何种经营方式,对企业的生产经营活动都享有完全的决策权、指挥权和管理权。

2. 依法申请贷款权

个人独资企业有权根据《商业银行法》《合同法》和中国人民银行发布的《贷款通则》等一系列法律、法规的规定申请取得贷款。

3. 依法取得土地使用权

个人独资企业有权按照《土地管理法》等有关法律、法规的规定取得土地使用权。

4. 拒绝摊派权

任何单位和个人不得违反法律、行政法规的规定，以任何方式强制个人独资企业提供财力、物力、人力。对于违法强制提供财力、物力、人力的行为，个人独资企业有权拒绝。

5. 法律、行政法规规定的其他权利

个人独资企业除享有上述权利外，还依法享有十分广泛的权利。例如，根据《外贸法》的规定，企业可以依法取得外贸经营权或根据业务需要，委托具有外贸经营权的单位代为办理进出口业务；根据《专利法》，企业可以取得专利保护；根据《商标法》，企业可以取得商标保护等。

(二) 个人独资企业的义务

个人独资企业主要承担以下4项义务。

(1) 遵守法律、法规，依法经营，不得损害国家利益、社会公共利益以及其他组织或个人的合法权益。

(2) 依法建立企业财务会计制度。个人独资企业应当按照《会计法》的有关规定设置会计账簿，依法进行会计核算。

(3) 依法履行纳税义务。个人独资企业应当按照税法的有关规定，缴纳相关税款，依法履行纳税义务。

(4) 保障和维护企业职工的合法权益。个人独资企业招用职工的，应当依法与职工签订劳动合同，保障职工的劳动安全，按时足额发放职工工资。个人独资企业应当按照国家规定参加社会保险，为职工缴纳社会保险费。

五、个人独资企业的解散和清算

(一) 个人独资企业的解散

个人独资企业的解散是指个人独资企业终止活动使其民事主体资格消灭的行为。《个人独资企业法》第26条规定，个人独资企业有下列情形之一时，应当解散：① 投资人决定解散；② 投资人死亡或者被宣告死亡，无继承人或者继承人决定放弃继承；③ 被依法吊销营业执照；④ 法律、行政法规规定的其他情形。

（二）个人独资企业的清算

个人独资企业解散时，应当进行清算。《个人独资企业法》对个人独资企业清算作了如下规定。

1. 通知和公告债权人

《个人独资企业法》第 27 条规定，个人独资企业解散，由投资人自行清算或者由债权人申请人民法院指定清算人进行清算。投资人自行清算的，应当在清算前 15 日内书面通知债权人，无法通知的，应当予以公告。债权人应当在接到通知之日起 30 日内，未接到通知的应当在公告之日起 60 日内，向投资人申报其债权。

2. 财产清偿顺序

《个人独资企业法》第 29 条规定，个人独资企业解散的，财产应当按照下列顺序清偿：① 所欠职工工资和社会保险费用；② 所欠税款；③ 其他债务。个人独资企业财产不足以清偿债务的，投资人应当以其个人的其他财产予以清偿。

3. 清算期间对投资人的要求

《个人独资企业法》第 30 条规定，清算期间，个人独资企业不得开展与清算目的无关的经营活动。在按前述财产清偿顺序清偿债务前，投资人不得转移、隐匿财产。

4. 投资人的持续偿债责任

《个人独资企业法》第 28 条规定，个人独资企业解散后，原投资人对个人独资企业存续期间的债务仍应承担偿还责任，但债权人在 5 年内未向债务人提出偿债请求的，该责任消灭。

5. 注销登记

个人独资企业清算结束后，投资人或者人民法院指定的清算人应当编制清算报告，并于清算结束之日起 15 日内向原登记机关申请注销登记。个人独资企业办理注销登记时，应当缴回营业执照。

六、违反《个人独资企业法》的法律责任

（一）个人独资企业及其投资人违法行为的法律责任

（1）个人独资企业投资人提交虚假文件或采取其他欺骗手段取得企业登记的，责令改正，处以 5 000 元以下的罚款；情节严重的，并处吊销营业执照。

（2）个人独资企业使用的名称与其在登记机关登记的名称不相符的，责令限期改正，处以 2 000 元以下的罚款。

（3）个人独资企业投资人涂改、出租、转让营业执照的，责令改正，没收违法所得，处以 3 000 元以下的罚款；情节严重的，吊销营业执照。投资人伪造营业执照的，责令停业，没收违法所得，处以 5 000 元以下的罚款。构成犯罪的，依法追究刑事责任。

(4) 个人独资企业成立后无正当理由超过6个月未开业的,或者开业后自行停止连续6个月以上的,吊销营业执照。

(5) 个人独资企业投资人未领取营业执照,以个人独资企业名义从事经营活动的,责令停止经营活动,处以3 000元以下的罚款。个人独资企业登记事项发生变更时,未按有关规定办理变更登记的,责令限期办理变更登记;逾期不办理的,处以2 000元以下的罚款。

(6) 个人独资企业侵犯职工合法权益,未保障职工劳动安全,不缴纳社会保险费用的,按照有关法律、行政法规的规定予以处罚,并追究有关责任人员的责任。

(7) 个人独资企业及其投资人在清算前或清算期间隐匿或者转移财产,逃避债务的,依法追回其财产,并按照有关规定予以处罚;构成犯罪的,依法追究刑事责任。

(8) 个人独资企业投资人违反《个人独资企业法》的规定,应当承担民事赔偿责任和缴纳罚款、罚金,其财产不足以支付的,或者被判处没收财产的,应当先承担民事赔偿责任。

(二) 个人独资企业的管理人员违法行为的法律责任

(1) 投资人委托或者聘用的人员管理个人独资企业事务时违反双方订立的合同,给投资人造成损害的,承担民事赔偿责任。

(2) 投资人委托或者聘用的人员违反《个人独资企业法》第20条的规定,侵犯个人独资企业财产权益的,责令退还侵占的财产;给企业造成损失的,依法承担赔偿责任;有违法所得的,没收违法所得;构成犯罪的,依法追究刑事责任。

第二节 合 伙 企 业 法

一、合伙企业法概述

(一) 合伙企业的概念和特征

合伙企业是指由两个以上的自然人、法人或者其他组织根据合伙协议,共同出资、共享收益、共担风险,并且至少有一名合伙人对企业债务承担无限责任或者无限连带责任的经济组织。

合伙企业是一种以合伙关系为基础的企业组织形式。合伙制度起源于罗马法,在罗马法上,合伙是一种合意契约。传统上,大陆法系国家把合伙界定为契约,不承认或回避合伙的组织性;英美法系国家则突出合伙的主体性,强调合伙是一种2人以上共有的形式从事营利活动的组织。现代意义上的合伙更强调契约性与主体性的统一,契约性反映的是合伙人之间的内部关系,主体性反映的是合伙人整体与第三人的外部关系。大陆法系国家一般将合伙分为普通合伙与隐名合伙;英美法系国家一般将合伙分为普通合伙与有限合伙。普通合伙是指各合伙人共同出资、共同经营、共享利润、共担亏损,对合伙债务均承担无限连带责任的合伙形式。普通合伙不仅具有契约性质,而且具有团体人格。隐名合伙是指当事人一方对另一方经营的事业出资但不参与经营,分享营利并可约定不分担亏损,隐名合伙人对合伙债务仅以其出资为限承担责任的合伙形式。在大陆法上,隐名合伙只是一种契约关系,没有团体人格,成立方式比较简单,无须在登记机构注册登记。有限合伙是指由至少一名普通合伙人与至少一名有限合伙人组成的合伙形式。在有限合伙中,普通合伙人负责合伙业务经营,并对合伙债务负无限连带责任;有限合伙人则不参加合伙业务经营,只按出资比例分享利润和分担亏损,并以其认缴的出资为限对合伙债务承担有限责任。在英美法上,有限合伙是一种独立的合伙形式,其与隐名合伙的主要区别在于它具有明显的实体性,即具有一定的团体人格,必须在登记机构注册登记才能依法成立。

我国于1997年2月23日第八届人大常委会第24次会议通过了《合伙企业法》,并于2006年进行了修订。该法规定,合伙企业是指自然人、法人和其他组织依照法律在中国境内设立的普通合伙企业和有限合伙企业。普通合伙企业由普通合伙人组成,合伙人对合伙企业债务承担无限连带责任。有限合伙企业由普通合伙人和有限合伙人组成,普通合伙人对合伙企业债务承担无限连带责任,有限合伙人以其认缴的出资额为限对合伙企业债务承担责任。

合伙企业与其他企业形式相比,具有以下法律特征。

(1) 合伙企业由合伙人(普通合伙人、有限合伙人)组成。合伙企业不是单个人的行为,而是多个人的联合。合伙企业的合伙人为2人以上,合伙人可以是自然人,也可以是法人和其他组织。外国企业或者个人在中国境内设立合伙企业的管理办法由国务院另行规定。

(2) 合伙企业以合伙协议为法律基础。合伙协议是各合伙人共同协商而达成的具有法律约束力的协议。合伙协议是合伙人建立合伙关系,确定合伙人各自的权利义务,使合伙企业得以设立的前提,也是合伙企业的法律基础。合伙协议依法由全体合伙人协商一致,以书面形式订立。订立合伙协议、设立合伙企业,应当遵循自愿、平等、公平、诚实信用原则。

(3) 合伙企业的内部关系属于合伙关系。合伙企业是一种以合伙关系为基础的企业组织形式。所谓合伙关系,就是共同出资、共同经营、共享收益、共担风险的关系。可以说,合伙企业是以共同出资为根本、以共同经营为标志、以共享收益为动力、以共担风险为保证的利益共同体和责任共同体。

(4) 合伙人对合伙企业债务承担无限责任、无限连带责任或者有限责任。合伙企业是以合伙人财产为基础建立的,合伙人的共同出资构成合伙企业的财产。因此,合伙人必须以其财产承担合伙企业的债务,即当合伙企业的财产不足以清偿其债务时,普通合伙人对合伙企业债务承担无限责任或者无限连带责任,有限合伙人以其认缴的出资额为限对合伙企业债务承担责任。

(二) 合伙企业法的概念和基本原则

合伙企业法是规定合伙企业的设立、事务执行、解散清算以及合伙企业与第三人关系的法律规范的总称。合伙企业法旨在规范合伙企业的行为,保护合伙企业及其合伙人、债权人的合法权益,维护社会经济秩序,促进社会主义市场经济的发展。

合伙企业法的基本原则如下。

(1) 遵循自愿、平等、公平和诚实信用原则。订立合伙协议,设立合伙企业,应当遵循自愿、平等、公平、诚实信用原则。

(2) 遵守法律法规、社会公德、商业道德和承担社会责任原则。合伙企业及其合伙人必须遵守法律、行政法规,遵守社会公德、商业道德,承担社会责任。

(3) 合伙人依法分别纳税原则。合伙企业的生产经营所得和其他所得,按照国家有关税收规定,由合伙人分别缴纳所得税。

(4) 合伙企业及合伙人的合法权益受法律保护原则。合伙企业及其合伙人的合法财产及其权益受法律保护。严禁任何单位和个人侵犯合伙企业及其合伙人合法占有的财产和依法享有的权益。

二、普通合伙企业

普通合伙企业是指由普通合伙人组成,合伙人对合伙企业债务承担无限连带责任的企业。所谓无限连带责任,包括两个方面:一是普通合伙人对合伙企业的债务承担无限责任,即合伙人不是以投入合伙企业的出资额为限,而是以合伙人自己的全部财产对合伙企业的债务向债权人承担责任;二是普通合伙人对合伙企业的债务承担连带责任,即全体合伙人对合伙企业的债务都有责任向债权人清偿,而不考虑自己在合伙协议中所应承担的比例,但当合伙人偿还合伙企业的债务超过自己在合伙协议中约定的比例时,有权向其他合伙人追偿。

(一) 合伙企业的设立

1. 合伙企业的设立条件

根据《合伙企业法》第 14 条的规定,设立普通合伙企业应当具备下列条件。

(1) 有 2 个以上合伙人。合伙人为自然人的,应当具有完全民事行为能力。无民事行为能力人和限制民事行为能力人不得成为合伙企业设立时的合伙人。国有独资公司、国有企业、上市公司以及公益性的事业单位、社会团体不得成为普通合伙人。

(2) 有书面合伙协议。合伙协议应当载明下列事项:① 合伙企业的名称和主要经营场所的地点;② 合伙目的和合伙经营范围;③ 合伙人的姓名或者名称、住所;④ 合伙人的出资方式、数额和缴付期限;⑤ 利润分配、亏损分担方式;⑥ 合伙事务的执行;⑦ 入伙与退伙;⑧ 争议解决办法;⑨ 合伙企业的解散与清算;⑩ 违约责任。合伙协议经全体合伙人签名、盖章后生效。合伙人按照合伙协议享有权利,履行义务。修改或者补充合伙协议,应当经全体合伙人一致同意;但是,合伙协议另有约定的除外。

(3) 有合伙人认缴或者实际缴付的出资。合伙人应当按照合伙协议约定的出资方式、数额和缴付期限,履行出资义务。合伙人可以用货币、实物、知识产权、土地使用权或者其他财产权利出资,也可以用劳务出资。合伙人以实物、知识产权、土地使用权或者其他财产权利出资,需要评估作价的,可以由全体合伙人协商确定,也可以由全体合伙人委托法定评估机构评估。合伙人以劳务出资的,其评估办法由全体合伙人协商确定,并在合伙协议中载明。

(4) 有合伙企业的名称和生产经营场所。合伙人在成立合伙企业时,必须确定其名称。根据《合伙企业法》和《企业名称管理规定》的有关规定,在确定合伙企业的名称时,应注意以下几点:① 企业名称应当在企业申请登记时,由企业名称登记主管机关即各级工商行政管理机关加以核定;② 企业只准登记使用一个名称,在登记主管机关辖区内不得与已登记的同行业其他企业的名称相同或相近;③ 企业名称一般应由企业所在地行政区划名称、字号(商号)、行业或者经营特点、组织形式等部分组成;④ 合伙企业名称中应当标明"普通合伙"字样。同时,合伙企业要经常、持续地从事生产经营活动,就必须拥有一定的营业场所和具备从事合伙经营的必要条件。

(5) 法律、行政法规规定的其他条件①。

2. 合伙企业的设立程序

申请设立合伙企业,应当向企业登记机关提交登记申请书、合伙协议书、合伙人身份证明等文件。合伙企业的经营范围中有属于法律、行政法规或者国务院规定在登记前须经批准的项目的,应当向企业登记机关提交批准文件。申请人提交的登记申请材料齐全、符合法定形式,企业登记机关能够当场登记的,应予当场登记,发给营业执照。不能当场登记的,企业登记机关应当自受理申请之日起20日内,作出是否登记的决定。予以登记的,发给营业执照;不予登记的,应当给予书面答复,并说明理由。合伙企业的营业执照签发日期,为合伙企业成立日期。合伙企业领取营业执照前,合伙人不得以合伙企业名义从事合伙业务。合伙企业设立分支机构,应当向分支机构所在地的企业登记机关申请登记,领取营业执照。合伙企业登记事项发生变更

---

① 法条中类似这样的条款,既是一项兜底性规定,也是一个例外性规定。所谓兜底性规定,是指法律、行政法规有其他条件要求的,还必须同时遵守其他法律、行政法规的要求。所谓例外性规定,是指其他法律、行政法规有不同于本法的例外规定或者有其他特殊要求的,应当符合其他法律、行政法规的规定。

的,执行合伙事务的合伙人应当自作出变更决定或者发生变更事由之日起15日内,向企业登记机关申请办理变更登记。

(二)合伙企业的财产

1. 合伙企业财产的构成

《合伙企业法》第20条规定:"合伙人的出资、以合伙企业名义取得的收益和依法取得的其他财产,均为合伙企业的财产。"从这一规定可以看出,合伙企业财产由以下3个部分构成。

(1)合伙人的出资。合伙企业法规定,合伙人可以用货币、实物、土地使用权、知识产权或者其他财产权利出资,经全体合伙人协商一致,也可以用劳务出资。当合伙人的出资转入合伙企业时,就构成合伙企业的财产。

(2)以合伙企业名义取得的收益。合伙企业作为一个独立的经济实体,可以有自己的独立利益,因此,以其名义取得的收益作为合伙企业获得的财产,当然归属于合伙企业,成为合伙财产的一部分。

(3)依法取得的其他财产。依法取得的(如接受捐赠等)其他财产,也属于合伙企业的财产。

2. 合伙企业财产的性质

合伙企业的合伙财产具有共有财产性质,即对合伙企业财产的占有、使用、收益和处分,均应依据全体合伙人的共同意志进行;合伙人在合伙企业清算前,除有合伙人退伙等法律另有规定的情形外,不得请求分割合伙企业的财产。合伙人在合伙企业清算前私自转移或者处分合伙企业财产的,合伙企业不得以此对抗善意第三人。

3. 合伙企业财产的转让

合伙企业财产的转让是指合伙人将自己在合伙企业中的财产份额转让给其他合伙人或者合伙人以外的人。由于普通合伙企业是由各合伙人共同出资、合伙经营、共享收益、共担风险,并对合伙企业债务承担无限连带责任的企业,合伙企业财产的转让将会影响到合伙企业以及各合伙人的切身利益,因此,《合伙企业法》对合伙企业财产的转让作了以下限制性规定:

(1)除合伙协议另有约定外,合伙人向合伙人以外的人转让其在合伙企业中的全部或者部分财产份额时,须经其他合伙人一致同意。

(2)合伙人之间转让在合伙企业中的全部或者部分财产份额时,应当通知其他合伙人。

(3)合伙人向合伙人以外的人转让其在合伙企业中的财产份额的,在同等条件下,其他合伙人有优先购买权;但是,合伙协议另有约定的除外。合伙人以外的人依法受让合伙人在合伙企业中的财产份额的,经修改合伙协议即成为合伙企业的合伙人,依照合伙企业法和修改后的合伙协议享有权利,履行义务。

此外，由于合伙人以财产份额出质可能导致该财产份额依法发生权利转移，因此《合伙企业法》第25条规定：合伙人以其在合伙企业中的财产份额出质的，须经其他合伙人一致同意；未经其他合伙人一致同意，其行为无效，由此给善意第三人造成损失的，由行为人依法承担赔偿责任。

(三) 合伙事务执行

1. 合伙事务执行的形式

根据《合伙企业法》的规定，合伙人执行合伙企业事务，可以有2种形式。第一，全体合伙人共同执行合伙企业事务。这是合伙企业事务执行的基本形式，也是在合伙企业中经常使用的一种形式，尤其是在合伙人较少的情况下更为适宜。在采取这种形式的合伙企业中，按照合伙协议的约定，各个合伙人都直接参与经营，处理合伙企业的事务，对外代表合伙企业。第二，委托一个或数个合伙人执行合伙企业事务。按照合伙协议的约定或者经全体合伙人决定，可以委托一个或者数个合伙人对外代表合伙企业，执行合伙事务。作为合伙人的法人、其他组织执行合伙事务的，由其委派的代表执行。委托一个或者数个合伙人执行合伙事务的，其他合伙人不再执行合伙事务。

合伙人可以将合伙企业事务委托一个或者数个合伙人执行，但并非所有的合伙事务都可以委托给部分合伙人决定。根据《合伙企业法》第31条的规定，除合伙协议另有约定外，合伙企业的下列事项应当经全体合伙人一致同意：① 改变合伙企业的名称；② 改变合伙企业的经营范围、主要经营场所的地点；③ 处分合伙企业的不动产；④ 转让或者处分合伙企业的知识产权和其他财产权利；⑤ 以合伙企业名义为他人提供担保；⑥ 聘任合伙人以外的人担任合伙企业的经营管理人员。

2. 合伙人在合伙事务执行中的权利和义务

(1) 合伙人在合伙事务执行中的权利。根据《合伙企业法》的规定，合伙人在合伙事务执行中的权利主要有如下7种。

① 平等权，即合伙人平等享有合伙事务执行权。合伙企业的重要特点之一就是合伙经营，各合伙人无论其出资多少，都有权平等享有执行合伙企业事务的权利。

② 代表权，即执行合伙事务的合伙人对外代表合伙企业。合伙人在代表合伙企业执行事务时，不是以个人的名义为一定的民事行为，而是以企业事务执行人的身份组织实施企业的生产经营活动。合伙企业事务执行人与代理人不同，代理人以被代理人的名义行事，代理权源于被代理人的授权；而合伙企业事务执行人员以企业名义活动，但其权利来自法律的直接规定。合伙企业事务执行人与法人的法定代表人也不同，法定代表人是法律规定的并经过一定登记手续而产生的法人单位的代表，他不一定是该法人单位的出资者；而合伙企业事务执行人则是因其出资行为取得合伙人身份，并可以对外代表合伙企业。

③ 监督权,即不执行合伙事务的合伙人有权监督执行事务合伙人执行合伙事务的情况。《合伙企业法》第 27 条第 2 款规定,不执行合伙事务的合伙人有权监督执行事务合伙人执行合伙事务的情况。这一规定既有利于维护全体合伙人的共同利益,也可以促进合伙事务执行人更加认真谨慎地处理合伙企业事务。

④ 查阅权,即合伙人为了解合伙企业的经营状况和财务状况,有权查阅合伙企业会计账簿等财务资料。无论是全体合伙人共同执行合伙事务,还是委托一个或数个合伙人执行合伙事务,各合伙人均有权随时了解有关合伙事务和合伙财产的一切情况,包括有权查阅合伙企业的会计账簿等有关财务资料。

⑤ 异议权,即合伙人分别执行合伙事务的,执行事务合伙人可以对其他合伙人执行的事务提出异议。提出异议时,应暂停该项事务的执行。如果发生争议,可由全体合伙人共同决定。

⑥ 撤销权,即受委托执行合伙事务的合伙人不按照合伙协议或者全体合伙人的决定执行事务的,其他合伙人可以决定撤销该委托。

⑦ 增减出资权,即合伙人按照合伙协议的约定或者经全体合伙人决定,可以增加或者减少对合伙企业的出资。

(2) 合伙人在合伙事务执行中的义务。根据《合伙企业法》的规定,合伙人在合伙事务执行中的义务主要有如下 4 个方面。

① 合伙事务执行人向不参加执行事务的合伙人报告企业经营状况和财务状况。《合伙企业法》第 28 条特别规定了合伙事务执行人的报告义务,即由一个或者数个合伙人执行合伙事务的,执行事务合伙人应当定期向其他合伙人报告事务执行情况以及合伙企业的经营和财务状况。这一规定要求合伙事务执行人接受其他不执行事务的合伙人的监督,定期向行使监督权的合伙人报告情况。

② 合伙人不得自营或者同他人合作经营与本合伙企业相竞争的业务。各合伙人组建合伙企业是为了合伙经营、共享收益,如果一合伙人自己又从事或者与他人合作从事与合伙企业相竞争的业务,势必影响合伙企业的效益,背离合伙的初衷;还可能形成不正当竞争,使合伙企业处于不利地位,损害其他合伙人的利益。所以,《合伙企业法》第 32 条第 1 款规定,合伙人不得自营或者同他人合作经营与本合伙企业相竞争的业务。

③ 合伙人不得同本合伙企业进行交易。合伙企业中每一合伙人都是合伙企业的投资者,如果自己与合伙企业交易,就包含了与自己交易,也包含了与别的合伙人交易,而这种交易极易损害他人利益。因此,《合伙企业法》第 32 条第 2 款规定,除合伙协议另有约定或者经全体合伙人一致同意外,合伙人不得同本合伙企业进行交易。

④ 合伙人不得从事损害本合伙企业利益的活动。合伙人在执行合伙事务过程

中,不得为了自己的私利,损害其他合伙人利益,也不得与其他人恶意串通,损害合伙企业的利益。

3. 合伙事项的表决办法和企业损益分配原则

《合伙企业法》第30条规定:"合伙人对合伙企业有关事项作出决议,按照合伙协议约定的表决办法办理。合伙协议未约定或者约定不明确的,实行合伙人一人一票并经全体合伙人过半数通过的表决办法。本法对合伙企业的表决办法另有规定的,从其规定。"这一规定确立了合伙事项决议表决的三种办法:① 由合伙协议对决议表决办法作出约定;② 合伙协议未约定或者约定不明确的,实行合伙人一人一票并经全体合伙人过半数通过的表决办法;③ 合伙企业法另行规定的表决办法。例如,《合伙企业法》第31条规定,除合伙协议另有约定外,处分合伙企业的不动产、改变合伙企业的名称等事项,应当经全体合伙人一致同意。

《合伙企业法》第33条规定:合伙企业的利润分配、亏损分担,按照合伙协议的约定办理;合伙协议未约定或者约定不明确的,由合伙人协商决定;协商不成的,由合伙人按照实缴出资比例分配、分担;无法确定出资比例的,由合伙人平均分配、分担。但是,合伙协议不得约定将全部利润分配给部分合伙人或者由部分合伙人承担全部亏损。

4. 非合伙人参与经营管理

在合伙企业中,往往由于合伙人经营管理能力不足,需要在合伙人共同经营之外,聘任非合伙人担任合伙企业的经营管理人员,参与合伙企业的经营管理工作。根据《合伙企业法》第31条的规定,经全体合伙人一致同意,可以聘任合伙人以外的人担任合伙企业的经营管理人员。这项法律规定表明了以下含义:① 合伙企业可以从合伙人之外聘任经营管理人员;② 聘任非合伙人的经营管理人员必须经全体合伙人一致同意;③ 被聘任的经营管理人员,仅是合伙企业的经营管理人员,不是合伙企业的合伙人,因而不具有合伙人的资格。关于被聘任的经营管理人员的职责,《合伙企业法》第35条作了明确规定,主要有下列两项:① 被聘任的合伙企业的经营管理人员,应当在合伙企业授权范围内履行职责;② 被聘任的合伙企业的经营管理人员,超越合伙企业授权范围履行职务,或者在履行职务过程中因故意或者重大过失给合伙企业造成损失的,依法承担赔偿责任。

(四) 合伙企业与第三人关系

合伙企业与第三人关系是指有关合伙企业的对外关系,涉及合伙企业对外代表权的效力、合伙企业和合伙人的债务清偿等问题。

1. 合伙企业对外代表权的效力

合伙企业在运作过程中,必然与第三人发生关系,这就会产生合伙企业的对外代表权问题。《合伙企业法》第26条规定,按照合伙协议的约定或者经全体合伙人决定,可以委托一个或者数个合伙人对外代表合伙企业,执行合伙事务。执行合伙企业事务的合伙人,在取得对外代表权后,即可以以合伙企业的名义进行经营活动,在其授权的范围内作出法律行为。但是,合伙人执行合伙事务的权利和对外代表合伙企业的权利,往往会受到一定的内部限制。如果这种内部限制对第三人发生效力,必须以第三人是恶意第三人作为成立要件,否则该内部限制不对第三人发生抗辩力。对此,《合伙企业法》第37条规定,合伙企业对合伙人执行合伙事务以及对外代表合伙企业权利的限制,不得对抗善意第三人。这里所指的合伙人,是指在合伙企业中有合伙事务执行权与对外代表权的合伙人;这里所指的限制,是指合伙企业对合伙人所享有的事务执行权与对外代表权权利能力的一种界定;这里所指的对抗,是指合伙企业否定第三人的某些权利和利益,拒绝承担某些责任;这里所指的善意第三人,是指本着合法交易的目的,诚实地通过合伙企业的事务执行人,与合伙企业之间建立民事、商事法律关系的法人、非法人团体或自然人。如果第三人与合伙企业事务执行人恶意串通、损害合伙企业利益,则不属善意之情形。

2. 合伙企业的债务清偿与合伙人的关系

(1) 合伙人的连带清偿责任。《合伙企业法》第38条规定:"合伙企业对其债务,应先以其全部财产进行清偿。"《合伙企业法》第39条规定:"合伙企业不能清偿到期债务的,合伙人承担无限连带责任。"这一法律规定包括以下三层含义:第一,债务清偿的标的必须是合伙企业到期债务。第二,债务清偿的顺序必须是先以合伙企业的全部财产进行清偿,只有当合伙企业财产不足清偿时,才由合伙人以其各自财产进行清偿。也就是说,当合伙企业财产能够清偿债务时,债权人不得向合伙人追索。第三,合伙人承担无限连带清偿责任。各合伙人所拥有的财产,除去依法不可执行的财产外,如合伙人及其家属的生活必需品、已设定抵押权的财产等,均可用于清偿。

(2) 合伙人之间的债务分担和追偿。《合伙企业法》第40条规定,合伙人由于承担无限连带责任,其清偿数额超过约定或法定亏损分担比例的,有权向其他合伙人追偿。这一规定,在重申合伙人对合伙债务负无限连带责任的基础上,明确了合伙人分担合伙债务的比例,以合伙企业分担亏损的比例为准。但是,合伙人之间的亏损分担比例对债权人没有约束力。债权人可以根据自己的清偿利益,请求全体合伙人中的一人或数人承担全部清偿责任,也可以按照自己确定的比例向各合伙人分别追索。

3. 合伙人的债务清偿与合伙企业的关系

在合伙企业存续期间,可能发生个别合伙人因不能偿还其自身债务而被追索的情况。由于合伙人在合伙企业中拥有财产利益,合伙人的债权人可能向合伙企业提出各种清偿请求。为了保护合伙企业和其他合伙人的合法权益,也为了保护债权人的合法权益,《合伙企业法》对此作了如下规定:

(1) 合伙人发生与合伙企业无关的债务,相关债权人不得以其债权抵销其对合伙企业的债务；也不得代位行使合伙人在合伙企业中的权利。这一规定表明：① 相关债权人不得行使抵销权。因为债权人对合伙企业的负债，实质上是对全体合伙人的负债，而合伙企业中合伙人对债权人的负债，只是该合伙人的自身债务与合伙企业的债权无关。如果允许两者抵销，就等于强迫合伙企业其他合伙人对个别合伙人的自身债务承担责任。这不仅违反了合伙制度的本意，加大了合伙人的风险，也不利于合伙企业这种经济组织形式的发展。因此，合伙企业法规定合伙人的债权人不得对合伙企业主张抵销权。② 相关债权人不得行使代位权。因为合伙具有人合性质，合伙人之间相互了解和信任是合伙关系稳定的基础。如果允许合伙人的债权人代位行使该合伙人在合伙企业中的权利，如参与管理权、事务执行权等，则不利于合伙企业的稳定和合伙企业的正常运营。况且，该债权人因无合伙人身份，其行使合伙人的权利而不承担无限连带责任，这无异于允许他将自己行为的责任风险转嫁于合伙企业的全体合伙人，这显然是不公平的。

(2) 合伙人的自有财产不足清偿其与合伙企业无关的债务的，该合伙人可以以其从合伙企业中分取的收益用于清偿；债权人也可以依法请求人民法院强制执行该合伙人在合伙企业中的财产份额用于清偿。这既保护了债权人的清偿利益，也无损于全体合伙人的合法权益。当然，这里要注意以下两点：第一，这种清偿必须通过民事诉讼法规定的强制执行程序进行，债权人不得自行接管债务人在合伙企业中的财产份额；第二，人民法院在强制执行合伙人的财产份额时，应当通知全体合伙人，其他合伙人有优先购买权，其他合伙人未购买且又不同意将该财产份额转让给他人的，依照《合伙企业法》的规定为该合伙人办理退伙结算，或者办理削减该合伙人相应财产份额的结算。

(五) 入伙与退伙

1. 入伙

入伙是指在合伙企业存续期间，合伙人以外的第三人加入合伙企业，从而取得合伙人资格的法律行为。新合伙人通常以下列两种方式入伙：一是新合伙人在征得原合伙人一致同意的情况下，通过购买合伙人的部分或者全部合伙财产份额的方式加入合伙企业；二是新合伙人在征得原合伙人一致同意的情况下，通过直接向合伙企业进行投资的方式加入合伙企业。

(1) 入伙的条件和程序。《合伙企业法》第 43 条规定："新合伙人入伙，除合伙协议另有约定外，应当经全体合伙人一致同意，并依法订立书面入伙协议。订立入伙协议时，原合伙人应当向新合伙人如实告知原合伙企业的经营状况和财务状况。"这一规定包括三项规则：① 新合伙人入伙，除合伙协议另有约定外，必须以全体合伙人一致同意为条件，未获得一致同意的，不得入伙；② 新合伙人入伙，应当订立书面入伙协议，入伙协议应当以原合伙协议为基础，并对原合伙协议事项做相应变更；

③ 新合伙人入伙时，原合伙人应当就原合伙企业的经营状况和财务状况履行如实告知义务。

（2）新合伙人的权利和责任。一般地讲，入伙的新合伙人与原合伙人享有同等的权利，承担同等的责任。但是，如果原合伙人愿意以更优越的条件吸引新合伙人入伙，或者新合伙人愿意以较为不利的条件入伙，也可以在入伙协议中另行约定。关于新入伙人对入伙前合伙企业的债务承担问题，《合伙企业法》第44条第2款规定："新合伙人对入伙前合伙企业的债务承担无限连带责任。"

2. 退伙

退伙是指合伙人退出合伙企业，从而丧失合伙人资格的法律行为。合伙人退伙，对退伙人而言，意味着合伙人身份的消灭、共有人资格的取消；对合伙企业而言，意味着部分出资的返还、盈余的分配或者亏损的分担；对其他合伙人而言，意味着合伙企业能否继续存在以及是否要求退伙人承担赔偿责任；对合伙企业的债权人而言，意味着债务担保人和债务担保财产的减少。

（1）退伙的原因。退伙的原因是指合伙人身份归于消灭的法律事实。退伙的原因可以是基于合伙人的意思表示，也可以是基于与合伙人意志无关的事件。合伙人退伙一般有两种原因：一是自愿退伙；二是法定退伙。

自愿退伙是指合伙人基于自愿的意思表示而退伙。自愿退伙包括协议退伙和通知退伙两种。关于协议退伙，《合伙企业法》第45条规定，合伙协议约定合伙企业的经营期限的，有下列情形之一时，合伙人可以退伙：① 合伙协议约定的退伙事由出现；② 经全体合伙人一致同意；③ 发生合伙人难以继续参加合伙企业的事由；④ 其他合伙人严重违反合伙协议约定的义务。合伙人违反上述规定擅自退伙的，应当赔偿由此给其他合伙人造成的损失。关于通知退伙，《合伙企业法》第46条规定："合伙协议未约定合伙企业的经营期限的，合伙人在不给合伙企业事务执行造成不利影响的情况下，可以退伙，但应当提前30日通知其他合伙人。"由此可见，法律对通知退伙有一定的限制，即附有以下三项条件：① 必须是合伙协议未约定合伙企业的经营期限；② 必须是合伙人的退伙不给合伙企业事务执行造成不利影响；③ 必须提前30日通知其他合伙人。这三项条件必须同时具备，缺一不可。合伙人违反上述规定擅自退伙的，应当赔偿由此给其他合伙人造成的损失。

法定退伙是指合伙人因出现法律规定的事由而退伙。法定退伙包括当然退伙和除名退伙两种。关于当然退伙，《合伙企业法》第48条规定，合伙人有下列情形之一的，当然退伙：① 作为合伙人的自然人死亡或者被依法宣告死亡；② 个人丧失偿债能力；③ 作为合伙人的法人或者其他组织依法被吊销营业执照、责令关闭撤销，或者被宣告破产；④ 法律规定或者合伙协议约定合伙人必须具有相关资格而丧失该资格；⑤ 合伙人在合伙企业中的全部财产份额被人民法院强制执行。合伙人被依法认定为无民事行为能力人或者限制民事行为能力人的,经其他合伙人一致同意,可以依法转为有限合伙人,普通合伙企业依法转为有限合伙企业。其他合伙人未能一致同意的,该无民事行为能力或者限制民事行为能力的合伙人退伙。当然退伙以退伙事由实际发生之日为退伙生效日。关于除名退伙,《合伙企业法》第49条规定,合伙人有下列情形之一的,经其他合伙人一致同意,可以决议将其除名:① 未履行出资义务;② 因故意或者重大过失给合伙企业造成损失;③ 执行合伙事务时有不正当行为;④ 发生合伙协议约定的事由。对合伙人的除名决议应当书面通知被除名人。被除名人接到除名通知之日,除名生效,被除名人退伙。被除名人对除名决议有异议的,可以自接到除名通知之日起30日内,向人民法院起诉。

(2) 退伙的效果。退伙的效果是指退伙时退伙人在合伙企业中的财产份额和民事责任的归属变动。分为两种情况:一是财产继承;二是退伙结算。

关于财产继承,《合伙企业法》第50条规定,合伙人死亡或者被依法宣告死亡的,对该合伙人在合伙企业中的财产份额享有合法继承权的继承人,按照合伙协议的约定或者经全体合伙人一致同意,从继承开始之日起,取得该合伙企业的合伙人资格。有下列情形之一的,合伙企业应当向合伙人的继承人退还被继承合伙人的财产份额:① 继承人不愿意成为合伙人;② 法律规定或者合伙协议约定合伙人必须具有相关资格,而该继承人未取得该资格;③ 合伙协议约定不能成为合伙人的其他情形。合伙人的继承人为无民事行为能力人或者限制民事行为能力人的,经全体合伙人一致同意,可以依法成为有限合伙人,普通合伙企业依法转为有限合伙企业。全体合伙人未能一致同意的,合伙企业应当将被继承合伙人的财产份额退还该继承人。

关于退伙结算,除合伙人死亡或者被依法宣告死亡的情形外,合伙企业法对退伙结算作了以下规定:① 合伙人退伙,其他合伙人应当与该退伙人按照退伙时的合伙企业财产状况进行结算,退还退伙人的财产份额。退伙人对给合伙企业造成的损失负有赔偿责任的,相应扣减其应当赔偿的数额。退伙时有未了结的合伙企业事务的,待该事务了结后进行结算。② 退伙人在合伙企业中财产份额的退还办法,由合伙协议约定或者由全体合伙人决定,可以退还货币,也可以退还实物。③ 合伙人退伙时,合伙企业财产少于合伙企业债务的,如果合伙协议约定亏损分担比例的,退伙人应当按照约定的比例分担亏损;如果合伙协议未约定亏损分担比例或者约定不明确的,由退伙人与其他合伙人协商决定;协商不成的,由退伙人按照实缴出资比例分担亏损;无法确定出资比例的,退伙人应当与其他合伙人平均分担亏损。

合伙人退伙以后,并不能解除对合伙企业既往债务的连带责任。《合伙企业法》第53条规定,退伙人对基于其退伙前的原因发生的合伙企业债务,承担无限连带责任。

（六）特殊的普通合伙企业

1. 特殊的普通合伙企业的概念及特殊性

特殊的普通合伙企业一般是指以专业知识和专门技能为客户提供有偿服务的专业服务机构性质的合伙企业。特殊的普通合伙企业是普通合伙企业的一种特殊形式，其特殊性表现为：① 一个合伙人或者数个合伙人在执业活动中因故意或者重大过失造成合伙企业债务的，应当承担无限责任或者无限连带责任，其他合伙人以其在合伙企业中的财产份额为限承担责任。② 合伙人在执业活动中非因故意或者重大过失造成的合伙企业债务以及合伙企业的其他债务，由全体合伙人承担无限连带责任。③ 合伙人执业活动中因故意或者重大过失造成的合伙企业债务，以合伙企业财产对外承担责任后，该合伙人应当按照合伙协议的约定对给合伙企业造成的损失承担赔偿责任。

特殊的普通合伙企业与一般普通合伙企业的主要区别在于：一般普通合伙企业的全体合伙人对合伙企业的全部债务都承担无限连带责任；而在特殊的普通合伙企业中，对于合伙人在执业活动中因故意或重大过失所造成的合伙企业债务，该合伙人应当承担无限责任或无限连带责任，其他合伙人则以其在合伙企业中的财产份额承担有限责任。因此，特殊普通合伙企业的名称中应当标明"特殊普通合伙"字样，以区别于一般普通合伙企业。

2. 特殊的普通合伙企业的执业风险防范与保障机制

在特殊的普通合伙企业中，合伙人对合伙企业债务所承担的无限连带责任仅局限于合伙人本人的业务范围及其过错，即对合伙企业形成的债务属于本人的职责范围且由本人的过错所导致的才承担无限责任，对属于其他合伙人的职责范围或者过错所导致的合伙企业的债务则不负连带责任。这种制度将使有关专业服务机构的合伙人避免承担过度风险，有利于其发展壮大和异地发展业务。例如，律师事务所、会计师事务所、资产评估事务所等专业服务机构，由于这些专业服务机构资本很少，仅以其专业知识和信息为客户提供专业服务，如果采用普通合伙制要求每个合伙人都对合伙企业的债务承担无限连带责任，将导致无过错合伙人承担由于其他合伙人的过错所致债务的连带责任，特别是要求全体合伙人对异地分支机构合伙人独立开展业务所引起的债务也要承担无限连带责任，很显然，普通合伙制对无过错合伙人是不公平的，从而限制了专业服务机构的健康发展。因此，《合伙企业法》第55条规定："以专业知识和专门技能为客户提供有偿服务的专业服务机构，可以设立为特殊的普通合伙企业。"

为了减轻专业服务机构的特殊普通合伙的风险，《合伙企业法》第59条规定，特殊的普通合伙企业应当建立执业风险基金，办理职业保险。执业风险基金是指为了化解经营风险，特殊的普通合伙企业从其经营收益中提取相应比例的资金留存或者根据相关规定上缴至指定的机构所形成的资金。执业风险基金用于偿付合伙人执业活动造成的债务。执业风险基金应当单独立户管理，具体管理办法由国务院规定。执业风险基金制度在国外比较普遍，它是降低特殊的普通合伙企业经营风险以及提高行业信誉的重要保障。职业保险又称职业责任保险，是指承保各种专业技术人员因工作上的过失或者疏忽大意所造成的他方人身或者财产损失的经济赔偿责任保险。当被保险人依法需要对第三者负损害赔偿责任时，由保险人代其赔偿损失的一种保险，是投保人转嫁行业风险的一种有效手段。

三、有限合伙企业

有限合伙企业由普通合伙人和有限合伙人组成，普通合伙人对合伙企业债务承担无限连带责任，有限合伙人以其认缴的出资额为限对合伙企业债务承担责任。有限合伙企业是合伙企业发展到较为成熟阶段后出现的新型企业组织形式。有限合伙企业引入有限责任制度，有利于调动各方的投资热情，鼓励风险投资，实现投资者与创业者的最佳结合[①]。有限合伙企业与普通合伙企业相比，既有同一性又有差异性。同一性表现为：有限合伙企业和普通合伙企业具有相同的法律地位，享受相同的税收待遇，承担相同的法律责任。差异性表现为：普通合伙企业的合伙人均为普通合伙人，对合伙企业债务均承担无限连带责任；而有限合伙企业的合伙人分为普通合伙人和有限合伙人，这两部分合伙人在主体资格、权利享有、义务承受与责任承担方面都存在着明显差异，特别是有限合伙人仅以其认缴的出资额为限对合伙企业债务承担责任。

（一）有限合伙企业的设立

根据《合伙企业法》的规定，设立有限合伙企业应当符合下列要求：

（1）有限合伙企业由 2 个以上 50 个以下合伙人设立；但是，法律另有规定的除外。有限合伙企业至少应当有一个普通合伙人。

（2）合伙协议除符合普通合伙企业的规定外，还应当载明下列事项：① 普通合伙人和有限合伙人的姓名或者名称、住所；② 执行事务合伙人应具备的条件和选择程序；③ 执行事务合伙人权限与违约处理办法；④ 执行事务合伙人的除名条件和更换程序；⑤ 有限合伙人入伙、退伙的条件、程序以及相关责任；⑥ 有限合伙人和普通合伙人相互转变程序。

[①] 有限合伙企业是目前国际上通行的适合于风险投资的企业组织形式。在有限合伙企业中，投入资金但承担有限责任的合伙人与承担无限连带责任的具有良好风险投资意识的普通合伙人有机地结合起来。前者负责资金的提供，不直接参与企业的经营管理；后者负责企业的经营管理。这样，既可以激励企业管理者全力创业，又能够使资金投入者在承担与公司制企业同样责任的条件下，获得更高的投资收益。

(3) 有限合伙人可以用货币、实物、知识产权、土地使用权或者其他财产权利作价出资,但有限合伙人不得以劳务出资。在有限合伙企业中,由于有限合伙人并不参与有限合伙企业的日常经营管理活动,所以有限合伙人无法以劳务出资。

(4) 有限合伙企业的名称中应当标明"有限合伙"字样。按照企业名称登记管理的有关规定,企业名称中应当含有企业的组织形式。因此,有限合伙企业的名称中应当标明"有限合伙"字样,而不能标明"普通合伙""特殊普通合伙""有限公司"或者"有限责任公司"等字样。

(5) 法律、行政法规规定的其他条件。也就是说,凡是《合伙企业法》对有限合伙企业有特殊规定的,应当适用特殊规定;无特殊规定的,适用有关普通合伙企业的规定。其他法律、行政法规对有限合伙企业有不同规定的,还应当符合其相应的规定。

有限合伙企业的设立程序与普通合伙企业的设立程序相同。为保障有限合伙人全面履行出资义务,进一步强化有限合伙人的出资责任,《合伙企业法》第 66 条规定:"有限合伙企业登记事项中应当载明有限合伙人的姓名或者名称及认缴的出资数额。"

(二) 有限合伙企业的事务执行和利润分配

1. 有限合伙企业的事务执行

有限合伙企业由普通合伙人执行合伙事务。执行事务合伙人可以要求在合伙协议中确定执行事务的报酬及报酬提取方式。有限合伙人不执行合伙事务,不得对外代表有限合伙企业。但是,有限合伙人的下列行为,不视为执行合伙事务:① 参与决定普通合伙人入伙、退伙;② 对企业的经营管理提出建议;③ 参与选择承办有限合伙企业审计业务的会计师事务所;④ 获取经审计的有限合伙企业财务会计报告;⑤ 对涉及自身利益的情况,查阅有限合伙企业财务会计账簿等财务资料;⑥ 在有限合伙企业中的利益受到侵害时,向有责任的合伙人主张权利或者提起诉讼;⑦ 执行事务合伙人怠于行使权利时,督促其行使权利或者为了本企业的利益以自己的名义提起诉讼;⑧ 依法为本企业提供担保。

2. 有限合伙企业的利润分配

在一般情况下,有限合伙企业不得将全部利润分配给部分合伙人;但是,合伙协议另有约定的除外。也就是说,有限合伙企业可以在合伙协议中对此进行特别约定,如有特别约定的,则按照特别约定执行。在实践中,采用有限合伙形式的风险投资企业,大多在合伙协议中约定允许有限合伙人在前几年分配合伙企业的全部利润,以此来尽快收回有限合伙人的投资。

(三) 有限合伙人的权利、责任和债务清偿

1. 有限合伙人的权利

根据《合伙企业法》的规定,有限合伙人的权利主要有如下 4 个方面。

(1) 有限合伙人可以同本有限合伙企业进行交易;但是,合伙协议另有约定的除外。与普通合伙人不同,有限合伙人并不参与有限合伙企业的事务执行,也就是说,对有限合伙企业的对外交易行为,有限合伙人无直接或者间接的控制权,因此,有限合伙人与本有限合伙企业进行交易时,一般不会损害有限合伙企业的利益。当然,如果禁止有限合伙人同本有限合伙企业进行交易的,应当在合伙协议中作出约定。

(2) 有限合伙人可以自营或者同他人合作经营与本有限合伙企业相竞争的业务;但是,合伙协议另有约定的除外。与普通合伙人不同,有限合伙人一般不承担竞业禁止义务,允许有限合伙人竞业自由。因为有限合伙人并不参与有限合伙企业的事务执行,对有限合伙企业的重大决策并无实质的控制权,所以,有限合伙人如果自营或者同他人合作经营与本有限合伙企业相竞争的业务,一般不会对有限合伙企业产生不利影响。当然,如果禁止有限合伙人自营或者同他人合作经营与本有限合伙企业相竞争业务的,应当在合伙协议中作出约定。

(3) 有限合伙人可以将其在有限合伙企业中的财产份额出质;但是,合伙协议另有约定的除外。有限合伙人将其在有限合伙企业中的财产份额出质,产生的直接后果是有限合伙人在一定条件下可能发生变更,这对有限合伙企业的财产基础影响不是很大,因此法律允许有限合伙人将其在有限合伙企业中的财产份额进行出质。当然,如果禁止有限合伙人将其在有限合伙企业中的财产份额出质的,应当在合伙协议中作出约定。

(4) 有限合伙人可以按照合伙协议的约定向合伙人以外的人转让其在有限合伙企业中的财产份额,但应当提前30日通知其他合伙人。有限合伙企业属于人资两合企业,其中有限合伙人与普通合伙人之间的联合属于资本的联合,而普通合伙人之间的联合属于信用的联合。由于有限合伙人向合伙人以外的人转让其在有限合伙企业中的财产份额,并不影响有限合伙企业的财产基础和有限合伙企业债权人的利益,所以,有限合伙人的财产份额可以依法对外转让。当然,有限合伙人对外转让财产份额应当提前30日通知其他合伙人。

2. 有限合伙人的责任

根据《合伙企业法》的规定,有限合伙人的责任主要有如下3个方面。

(1) 有限合伙人应当按照合伙协议的约定按期足额缴纳出资;未按期足额缴纳的,应当承担补缴义务,并对其他合伙人承担违约责任。也就是说,有限合伙人未按照合伙协议约定的出资方式、出资金额、出资期限足额缴纳出资的,首先应当向有限合伙企业承担补缴出资的义务,其次还应当对其他合伙人承担违约责任。

(2) 有限合伙人未经授权以有限合伙企业名义与他人进行交易,给有限合伙企业或者其他合伙人造成损失的,该有限合伙人应当承担赔偿责任。也就是说,有限合伙人在没有获得有限合伙企业事务执行人授权的情况下,以有限合伙企业或者普通合伙人的名义与他人进行的交易属于无权代理行为,由此造成的损失由有限合伙人自行承担赔偿责任。

(3) 第三人有理由相信有限合伙人为普通合伙人并与其交易的,该有限合伙人对该笔交易承担与普通合伙人同样的责任。也就是说,当第三人有理由相信有限合伙人为普通合伙人并与其交易时,此种交易行为属于表见代理行为,为保护善意第三人的合法权益,该有限合伙人对该笔交易应承担与普通合伙人同样的责任,即无限连带责任。

3. 有限合伙人的债务清偿

有限合伙人的自有财产不足清偿其与合伙企业无关的债务的,该合伙人可以以其从有限合伙企业中分取的收益用于清偿;债权人也可以依法请求人民法院强制执行该合伙人在有限合伙企业中的财产份额用于清偿。人民法院强制执行有限合伙人的财产份额时,应当通知全体合伙人。人民法院强制执行有限合伙人在有限合伙企业中的财产份额时,可以采取折价、竞价、拍卖等多种方式,并且在同等条件下,其他合伙人有优先购买权。

(四) 有限合伙人的入伙和退伙

1. 入伙

有限合伙人入伙是指在有限合伙企业存续期间,第三人加入有限合伙企业,从而取得有限合伙人资格的法律行为。

有限合伙人入伙的条件和程序适用普通合伙人入伙的条件和程序的相关规定,并在合伙协议中具体约定。

新入伙的有限合伙人对入伙前有限合伙企业的债务承担,不同于新入伙的普通合伙人对入伙前普通合伙企业的债务承担。由于有限合伙人仅以其认缴的出资额为限对有限合伙企业的债务承担责任,因此,《合伙企业法》第77条规定:"新入伙的有限合伙人对入伙前有限合伙企业的债务,以其认缴的出资额为限承担责任。"

2. 退伙

有限合伙人退伙是指有限合伙人退出有限合伙企业,从而丧失有限合伙人资格的法律行为。

有限合伙人退伙的条件和程序适用普通合伙人退伙的条件和程序的相关规定,并在合伙协议中具体约定。但是,对有限合伙人的当然退伙,《合伙企业法》第78条作出了相应调整,即有限合伙人有下列情形之一的,当然退伙:① 作为合伙人的自然人死亡或者被依法宣告死亡;② 作为合伙人的法人或者其他组织依法被吊销营业执照、责令关闭撤销,或者被宣告破产;③ 法律规定或者合伙协议约定合伙人必须具有相关资格而丧失该资格;④ 合伙人在合伙企业中的全部财产份额被人民法院强制执行。然而,作为有限合伙人的自然人在有限合伙企业存续期间丧失民事行为能力的,其他合伙人不得因此要求其退伙;作为有限合伙人的自然人死亡、被依法宣告死亡或者作为有限合伙人的法人及其他组织终止时,其继承人或者权利承受人可以依法取得该有限合伙人在有限合伙企业中的资格。

有限合伙人退伙后,对基于其退伙前的原因发生的有限合伙企业债务,以其退伙时从有限合伙企业中取回的财产承担责任。有限合伙企业仅剩有限合伙人的,应当解散;有限合伙企业仅剩普通合伙人的,转为普通合伙企业。

(五)有限合伙人和普通合伙人相互转变的条件和效果

除合伙协议另有约定外,普通合伙人转变为有限合伙人,或者有限合伙人转变为普通合伙人,应当经全体合伙人一致同意。有限合伙人转变为普通合伙人的,对其作为有限合伙人期间有限合伙企业发生的债务承担无限连带责任。普通合伙人转变为有限合伙人的,对其作为普通合伙人期间合伙企业发生的债务承担无限连带责任。

四、合伙企业的解散和清算

(一)合伙企业的解散

合伙企业的解散是指各合伙人解除合伙协议,合伙企业终止活动。《合伙企业法》第85条规定,合伙企业有下列情形之一的,应当解散:① 合伙期限届满,合伙人决定不再经营;② 合伙协议约定的解散事由出现;③ 全体合伙人决定解散;④ 合伙人已不具备法定人数满三十天;⑤ 合伙协议约定的合伙目的已经实现或者无法实现;⑥ 依法被吊销营业执照、责令关闭或者被撤销;⑦ 法律、行政法规规定的其他原因。

(二)合伙企业的清算

合伙企业解散应当由清算人进行清算。《合伙企业法》对合伙企业清算作了以下五方面的规定。

(1)清算人的确定。合伙企业解散的清算人由全体合伙人担任;经全体合伙人过半数同意,可以自合伙企业解散事由出现后15日内指定一个或者数个合伙人,或者委托第三人,担任清算人。自合伙企业解散事由出现之日起15日内未确定清算人的,合伙人或者其他利害关系人可以申请人民法院指定清算人。

(2)清算人的职责。《合伙企业法》第87条规定,清算人在清算期间执行下列事务:① 清理合伙企业财产,分别编制资产负债表和财产清单;② 处理与清算有关的合伙企业未了结事务;③ 清缴所欠税款;④ 清理债权、债务;⑤ 处理合伙企业清偿债务后的剩余财产;⑥ 代表合伙企业参加诉讼或者仲裁活动。

(3)清算通知和债权登记。清算人自被确定之日起10日内将合伙企业解散事项通知债权人,并于60日内在报纸上公告。债权人应当自接到通知书之日起30日内,未接到通知书的自公告之日起45日内,向清算人申报债权。债权人申报债权,应当说明债权的有关事项,并提供证明材料。清算人应当对债权进行登记。

(4)财产清偿。清算期间,合伙企业存续,但不得开展与清算无关的经营活动。合伙企业财产在支付清算费用和职工工资、社会保险费用、法定补偿金以及缴纳所欠税款、清偿债务后的剩余财产,按照合伙协议的约定进行分配。合伙协议未约定分配比例或者约定不明确的,由合伙人协商决定;协商不成的,由合伙人按照实缴出资比例分配;无法确定出资比例的,由合伙人平均分配。合伙企业不能清偿到期债务的,债权人可以依法向人民法院提出破产清算申请,也可以要求普通合伙人清偿。合伙企业依法被宣告破产的,普通合伙人对合伙企业债务仍应承担无限连带责任。

(5)清算结束。清算结束,清算人应当编制清算报告,经全体合伙人签名、盖章后,在15日内向企业登记机关报送清算报告,申请办理合伙企业注销登记。合伙企业注销后,原普通合伙人对合伙企业存续期间的债务仍应承担无限连带责任。

五、违反《合伙企业法》的法律责任

(一)合伙人违法行为的法律责任

(1)合伙人提交虚假文件或者采取其他欺骗手段,取得合伙企业登记的,由企业登记机关责令改正,处以5千元以上5万元以下的罚款;情节严重的,撤销企业登记,并处5万元以上20万元以下的罚款。

(2)合伙企业未在其名称中标明"普通合伙""特殊普通合伙"或者"有限合伙"字样的,由企业登记机关责令限期改正,处以2千元以上1万元以下的罚款。

(3)未领取营业执照,而以合伙企业或者合伙企业分支机构名义从事合伙业务的,由企业登记机关责令停止,处以5千元以上5万元以下的罚款。合伙企业登记事项发生变更时,未依法办理变更登记的,由企业登记机关责令限期登记;逾期不登记的,处以2千元以上2万元以下的罚款。合伙企业登记事项发生变更,执行合伙事务的合伙人未按期申请办理变更登记的,应当赔偿由此给合伙企业、其他合伙人或者善意第三人造成的损失。

(4)合伙人执行合伙事务,或者合伙企业从业人员利用职务上的便利将应当归合伙企业的利益据为己有的,或者采取其他手段侵占合伙企业财产的,应当将该利益和财产退还合伙企业;给合伙企业或者其他合伙人造成损失的,依法承担赔偿责任。

(5)合伙人对《合伙企业法》规定或者合伙协议约定必须经全体合伙人一致同意始得执行的事务擅自处理,给合伙企业或者其他合伙人造成损失的,依法承担赔偿责任。

(6)不具有事务执行权的合伙人擅自执行合伙事务,给合伙企业或者其他合伙人造成损失的,依法承担赔偿责任。

(7)合伙人违反《合伙企业法》规定或者合伙协议的约定,从事与本合伙企业相竞争的业务或者与本合伙企业进行交易的,该收益归合伙企业所有;给合伙企业或者其他合伙人造成损失的,依法承担赔偿责任。

(8) 合伙人违反合伙协议的,应当依法承担违约责任。合伙人履行合伙协议发生争议的,合伙人可以通过协商或者调解解决。不愿通过协商、调解解决或者协商、调解不成的,可以按照合伙协议约定的仲裁条款或者事后达成的书面仲裁协议,向仲裁机构申请仲裁。合伙协议中未订立仲裁条款,事后又没有达成书面仲裁协议的,可以向人民法院起诉。

(二) 清算人违法行为的法律责任

(1) 清算人未依照《合伙企业法》规定向企业登记机关报送清算报告,或者报送清算报告隐瞒重要事实,或者有重大遗漏的,由企业登记机关责令改正。由此产生的费用和损失,由清算人承担和赔偿。

(2) 清算人执行清算事务,牟取非法收入或者侵占合伙企业财产的,应当将该收入和侵占的财产退还合伙企业;给合伙企业或者其他合伙人造成损失的,依法承担赔偿责任。

(3) 清算人违反《合伙企业法》规定,隐匿、转移合伙企业财产,对资产负债表或者财产清单作虚假记载,或者在未清偿债务前分配财产,损害债权人利益的,依法承担赔偿责任。

另外,《合伙企业法》第106条规定:"违反本法规定,应当承担民事赔偿责任和缴纳罚款、罚金,其财产不足以同时支付的,先承担民事赔偿责任。"

本章复习思考题

1. 简述个人独资企业与合伙企业的法律特征。
2. 试述个人独资企业的事务管理。
3. 简述合伙人在合伙事务执行中的权利和义务。
4. 试述合伙企业与第三人的关系。
5. 简述入伙与退伙的条件及其法律效果。
6. 试述有限合伙人的权利、责任和债务清偿。
7. 试比较普通合伙企业和有限合伙企业的异同。

第三章 公司法

第一节 公司法概述

一、公司的概念与特征

公司是目前世界上普遍存在的一种企业组织形式,一般定义为"依法设立的营利性社团法人"。

公司具有以下4个法律特征。

(1) 公司是社团,构成具有集合性。早期公司的主要功能就是通过数人募集资本,其产生之初就被打上了社团性的烙印,"为有团体名义之多数人集合"①。尽管随着公司组织形式自身的演变,传统的公司观念已早有所突破,许多国家已逐步有条件地认可了"一人公司"的合法存在,我国也在 1993 年颁布的《公司法》中特别允许设立国有独资公司,并于 2005 年修订该法时普遍承认了一人公司,但从整体上看,一般国家的公司法通常都是以多元主体投资的公司为组织常态、而以"一人公司"为特殊形态②来构建公司企业制度的。

(2) 公司是法人,地位(人格)具有独立性。公司是一个法人团体,具有完全独立的人格。公司的独立性相对其投资人而言,在事实上具有独立的财产及组织机构,在法律上具有独立的民事主体资格,能依法独立享有民事权利和承担民事义务,并能以其财产独立承担民事责任。我国《公司法》明文规定:"公司是企业法人,有独立的法人财产,享有法人财产权。公司以其全部财产对公司的债务承担责任。"

(3) 公司是企业,目的具有营利性。在市场经济条件下,企业均为商品生产和经营单位,均以营利为目的。投资者集合或单独出资设立公司企业,主要目的在于通过公司特有的法人治理结构和有限责任制度来运营其资本,以求降低和分散投资风险,实现收益的最大化,因而具有当然且典型的营利性特征。

(4) 公司由特别法规制,适法具有专门性。公司是一种商事主体,在世界上,无论民商合一还是民商分立立法体例下的国家,一般都制定有专门的公司法,对公司的

---

① 江平:《法人制度论》,中国政法大学出版社,1994 年版。
② 详见本章第二节关于"一人公司"设立的特别规定。

组织与行为予以特别规制,即便是以判例法为主导的英美法系国家,公司法一般也以单行成文法的形式存在,因而赋予了公司法较为典型的专门性和严格的规范性。

二、公司的类型

公司自 17 世纪初出现至今,在长期的发展演变过程中形成了多种类型。按不同的标准,可作不同分类。

(一)按股东所负责任的不同,分为无限责任公司、有限责任公司、股份有限公司和两合公司

无限责任公司简称无限公司,它是由对公司债务负无限连带清偿责任的股东所组成的公司。当公司的资本不足以清偿债务时,公司的债权人可以向公司的任何一个股东要求清偿全部债务,而股东不论出资多少都对公司债务负有无限清偿责任。

有限责任公司简称有限公司,是指由符合法定数目的股东所组成的,股东以其认缴的出资额对公司承担责任,公司以其全部财产对公司债务承担责任的企业法人。有限责任公司是现代公司的一种基本形式,其主要特征是:① 股东人数有法律限制,一般均有最高限,故其法定规模相对较小;② 股东仅以其出资额为限对公司负有限责任,股东的出资额就是股东为公司经营失败而承担责任的法定界限,在一般情况下股东无须在其出资额以外承担公司债务;③ 股东可以转让其出资额(即股权),但受法律及公司章程的限制[①];④ 公司行为具有非公开性,不能向社会募集自有资本,不能发行股票,其财务和经营状况也不必对外界公开。其后两个特征使其具有封闭性,有限责任公司因而也称"封闭式"公司。

股份有限公司简称股份公司,是指由法定数目以上的发起人组织设立的,其全部资本划分为若干等额股份并以股票形式向股东发行,股东以其所认购的股份对公司承担责任,公司以其全部财产对公司债务承担责任的企业法人。其主要特征是:① 发起人人数有法律限制,一般规定有最低限,但股东人数无最高限,故其法定规模相对较大;② 股东以所持有的股份为限对公司承担责任,股东的投资责任界限为其股份价值,而不限于其用于认购及购买股份的出资额;③ 股东转让其股份相对自由,一般不得以公司章程或者股东协议等予以限制;④ 公司行为具有公开性,公司可以通过发行股票的方式定向募集(即私募)或者向社会公开募集(即公募)股份而筹集资本,而且向社会公开募股的公司依法须将其公司财务及经营状况向社会公众公开。其后两个特征使其具有开放性,股份有限公司因而也称"开放式"公司。

两合公司是指由承担无限责任的股东和承担有限责任的股东共同投资设立的公司。这类公司的股东中必须依章程约定有一个以上股东对公司债务承担无限责任

---

① 详见本章第四节"有限责任公司的股权变动"。

（该类股东若为两个以上，则其对公司债务承担无限连带责任），同时也必须有一个以上股东对公司债务承担有限责任。两合公司中的有限责任股东以其出资额为限对公司负责；如若以其所持股份对其股份公司负责的，则该公司称为股份两合公司。

在我国，股东责任的不同，是法律上对公司分类所采用的基本标准，我国现行《公司法》明确规定："本法所称公司是指依照本法在中国境内设立的有限责任公司和股份有限公司。"据此，我国不存在无限公司和两合公司。

（二）按公司信用基础的不同，分为人合公司、资合公司和人资兼合公司

法律上的公司信用是指对公司所具有的债务偿付能力的外部信赖与评价，不同公司法定的信用基础有所不同。

人合公司是指以股东资信作为公司信用基础的公司。人合公司在商业事务中，不以公司资产取信他人，而以股东个体或者整体资信状况取信于相对人，公司的债务清偿不以公司自身的资产为限而及于股东出资额之外的个人财产。人合公司的人格与其股东的人格没有分离，是一种较为原始的公司形式，无限公司为其典型。

资合公司是指以公司资产作为公司信用基础的公司。这种公司在商业事务中，以公司资产状况取信于相对人，公司依法以其全部资产为限对公司债务负责，一般不涉及股东出资额或股份以外的个人财产，因而公司信用与股东个人资信无关。因此，资合公司人格独立、与股东分离，因而是典型的企业法人和现代公司形式。资合公司以股份公司最为典型。

人资兼合公司即兼具人合和资合特点的公司，是指同时以公司资产和股东资信作为公司信用基础的公司，其典型形式为两合公司。在这类公司中，有限责任股东的出资或股本为公司提供了较稳定的资本，无限责任股东则以其能力和信用从事经营活动，从而将资本信用和人的信用结合有机在一起。

资产信用是现代企业信用的核心，就法定的信用评价标准而言，我国现行《公司法》确认的有限责任公司和股份有限公司一般均属资合公司[①]。

（三）按公司体系的不同，分为母公司和子公司、总公司和分公司

规模较大的公司依其不同的投资和经营战略，往往形成不同的体系结构，大体分为两种模式[②]：一是"控制—依附"型，该模式下的公司由母公司和子公司构成；二是

---

① 有限责任公司作为法人，一般以公司名义并以公司法人财产为限对公司债务负责，公司信用基础呈现资合性；但随我国公司法人格否认制度的确立，在股东滥权及股东与公司财产混同等法定情形下，股东亦须与公司连带承担公司债务，此时的公司信用则关联了股东资信状况，因而兼具了人合性。据此，许多学者认为我国现行公司法下的有限责任公司可归类为人资兼合公司。笔者对此持保留意见，理由是：公司法人格否认制度是公司法人制度下的一种例外，只在特殊法定情形下适用，不具常态化和普适性；若将其整体归类为人资兼合公司，则是对有限公司法人格的一般否定，无疑悖反我国公司制度的设计理念。

② 该两种模式可以独立构建，也可容后者于前者之中。

"管辖—隶属"型,该模式下的公司由总公司和分公司构成。

1. 母公司和子公司

母公司是指在一公司体系中处于控制地位的公司;子公司则是指在一公司体系中处于依附(被控制)地位的公司①。母、子公司关系的主要特点是:① 母子关系的形成基于母公司对子公司的投资,且子公司的资本大部分(一般应为51%以上)或者全部来源于母公司②;② 母、子公司均具有独立的法人资格,其法律地位平等;③ 子公司独立承担民事责任。

2. 总公司和分公司

总公司又称"本公司",是在一公司体系中处于管辖地位的公司;分公司则是指在一公司体系中处于隶属(被管辖)地位的公司。总、分公司关系的主要特点是:① 总分关系的形成基于总公司对分公司的营运资金的拨付,且分公司的全部营运资金均来源于总公司;② 总公司具有独立法人资格,分公司为法人的分支机构,二者法律地位不平等;③ 总公司为分公司的行为承担民事责任。

(四)按公司属地(国籍)的不同,分为本国公司和外国公司

相对于一国而言,本国公司是指依本国法律在本国境内登记注册、取得独立法人资格的公司;外国公司是指依外国法律在中国境外登记注册、取得独立法人资格的公司。

我国《公司法》规定,外国公司依照本法规定可以在中国境内设立分支机构,从事生产经营活动。外国公司属于外国法人,其在中国境内设立的分支机构不具有中国法人资格。外国公司对其分支机构在中国境内进行经营活动承担民事责任。

三、我国的公司立法及其基本原则

公司法是调整公司在设立、变更、终止及其运营过程中所发生的社会关系的法律规范的总称。简言之,公司法是关于公司组织和行为的法律规范之和。我国在社会主义市场经济体制确立以后,为了推动现代企业制度的建立,促进社会主义市场经济的发展,第八届全国人大常委会第5次会议于1993年12月29日通过了《公司法》,并分别于1999年、2004年、2005年、2013年、2018年做了修正。

---

① 子公司若再单独设立或控制他公司,相对于母公司来说,他公司则为孙公司;进而,孙公司可以设立和控制曾孙公司;……在该类公司体系中,每两个相邻层次的公司关系,均同于母、子公司关系。
② 对于股权较为分散的公司来说,一个股东的出资额或者持有股份的比例虽然不足51%,但依其出资额或者持有的股份所享有的相对多数表决权也足以对股东会、股东大会的决议产生重大影响,形成对该公司的事实上的控制。但是,持股比例低于51%的投资公司及持股比例50%以上的非公司(如自然人、合伙企业等)股东,法律上可称其为"控股股东"而不构成母公司。我国《公司法》第216条所定义的控股股东"是指其出资额占有限责任公司资本总额百分之五十以上或者其持有的股份占股份有限公司股本总额百分之五十以上的股东;出资额或者持有股份的比例虽然不足百分之五十,但依其出资额或者持有的股份所享有的表决权已足以对股东会、股东大会的决议产生重大影响的股东"。显然,母公司当然是控股股东,但控股股东不一定是母公司。

该法确立了以下基本原则。

1. 公司法人财产权与股东所有权相分离原则

公司法人财产由股东投资构成,为公司所有,由股东选择的管理者经营管理;股东对公司享有所有者权利(即股权),在公司存续过程中,任何股东均不得以自己的名义对公司财产直接占有、使用或处分。

2. 有限责任原则

公司法人格和股东有限责任是公司制度的两大基石。法律赋予公司以法人资格,令股东以其认缴的出资额或所认购的股份为限对公司负责,公司以其全部财产对公司的债务(债权人)承担责任;股东一般不直接对公司债务承担民事责任。有限责任制度的确立旨在限定股东的投资风险、刺激投资,促进社会生产力的发展。但与此同时,股东的有限责任及其公司法人资格如同遮盖在股东头上的一层"面纱",隔离了公司股东与公司债权人之间的责任关系,排除了公司债权人对公司债务向公司股东求偿的权利,而这恰恰隐藏着股东在面纱的遮掩下滥用公司法人资格和有限责任逃避债务、向公司债权人转嫁风险的内在冲动,以致对公司债权人造成损害时股东得以规避责任而显失公正。于是,西方国家通过司法判例创设了"揭开公司法人面纱"(在日本称为"法人格之否认"、在德国称为"直索责任")原则,即在特定场合下否认公司的独立人格,令股东放弃有限责任,对公司的债务直接承担责任,以救济受到损害的债权人,实现"矫正的正义"。我国《公司法》于 2005 年修订时采纳了这一原则,规定:"公司股东滥用公司法人独立地位和股东有限责任,逃避债务,严重损害公司债权人利益的,应当对公司债务承担连带责任";"一人有限责任公司的股东不能证明公司财产独立于股东自己财产的,应当对公司债务承担连带责任"。"揭开公司法人面纱"原则主要针对股东特别是控制股东滥用公司法人格及有限责任制度①导致对公司债权人利益损害的不公平情形而设,它并非构成对有限责任原则及其法人资格的一般和彻底的否认,即一公司不因在个案中被"揭开法人面纱"而影响其独立法人资格的存续,而只是基于具体法律关系中的特定事实"一时一事"地特别适用,旨在矫正有限责任制度在特定法律事实发生时对债权人保护的失衡,体现了公司制度的发展与完善。

3. 权责明确、权力制约、科学运作原则

公司依法应设置权力、执行和监督三种性质的内部组织机构,明确各种机构的职权与职责,形成决策权、管理权、监督权的"三权分立"、相互制衡、自我约束、自我发展的科学、规范的内部经营管理机制,即公司法人治理结构。

4. 保护公司、股东、债权人及公司职工的合法权益原则

《公司法》确认和保护公司及与公司相关的各种主体的合法权益:公司依法享有

---

① 实践中常见的情形有人格混同、过度支配与控制、资本显著不足等。

法人财产权、自主经营权、对外投资与担保权以及其他民事权利;股东作为出资者以其出资份额或章程的规定享有资产受益、参与重大决策和选择与监督管理者等自益性和共益性权利;债权人以公司全部财产为限享有求偿权和获偿权及诉讼、仲裁等请求权;公司职工享有依法组织工会、获得劳动保障、接受职业教育及岗位培训、参与公司民主管理等权利。

我国《公司法》作为国内法,其适用范围为"依照本法在中国境内设立的有限责任公司和股份有限公司";"外商投资的有限责任公司和股份有限公司适用本法;有关外商投资的法律另有规定的,适用其规定"。外国公司的分支机构(如分公司、办事处、代表处、商务处等)也适用该法。

第二节 公司的设立

一、有限责任公司的设立

(一) 设立有限公司的条件

(1) 股东符合法定人数。有限责任公司应由50个以下股东共同出资设立。一般有限责任公司的股东可以为法人,也可以为自然人或非法人组织,但国有独资公司的唯一股东则只能是国家。

(2) 有符合公司章程规定的全体股东认缴的出资额。有限责任公司须有注册资本,为在公司登记机关登记的全体股东认缴的出资额之和。我国2013年年底修正的《公司法》改革了注册资本登记制度,实行注册资本认缴登记制,取消公司注册资本的最低限额,公司的注册资本数额及股东缴付期限改由公司章程具体规定。但是,法律、行政法规以及国务院决定对有限责任公司注册资本实缴、注册资本最低限额另有规定的,从其规定[①]。

(3) 股东共同制定公司章程。公司章程是关于公司内部组织及其活动的基本准则,对公司股东、董事、监事、高级管理人员均具有约束力。制定公司章程既为公司内部经营管理所必须,也是外界了解公司的重要途径和有关国家机关监督、管理公司的重要依据,因而为公司所必备。

(4) 有公司名称,建立符合有限责任公司要求的组织机构。公司应依照法律、行政法规的有关规定选用特定的、规范的公司名称。有限责任公司必须在其名称中标明"有限责任公司"字样。公司名称经登记后,即受法律保护,公司享有对其名称的

[①] 依国务院2014年2月7日公布实施的《注册资本登记制度改革方案》,现行法律、行政法规以及国务院决定明确规定实行注册资本实缴登记制的金融等行业的27类公司实行注册资本认缴登记制问题,另行研究决定;在法律、行政法规以及国务院决定未修改前,暂按现行规定执行。

专用权。同时,有限责任公司作为法人,必须设有健全的组织机构,包括股东会、董事会或执行董事、监事会或监事,并可设经理。

(5) 有公司住所。公司住所即公司"户籍地",公司应有明确而固定的住所,以确定公司的行政属地关系及税收、诉讼等相关法律管辖。公司以其主要办事机构所在地为住所。

(二) 有限责任公司的设立程序

(1) 制定公司章程。公司章程由股东共同制定,每个股东均应在章程上签名、盖章。有限责任公司的章程应当载明下列事项:① 公司名称和住所;② 公司经营范围;③ 公司的注册资本;④ 股东的姓名或名称;⑤ 股东的出资方式、出资额和出资时间;⑥ 公司的机构及其产生办法、职权、议事规则;⑦ 公司的法定代表人;⑧ 股东会会议认为需要规定的其他事项。

(2) 报经批准。批准即政府主管部门对设立公司施以行政许可,其形式为签发批准文件或者颁发生产、经营许可证。对于一般有限责任公司来说,报经审批并非必经的法律程序,只有"法律、行政法规规定设立公司必须报经批准的,应当在公司登记前依法办理批准手续"。目前,我国依法应进行工商登记前置审批的公司有两大类:一是特定性质的公司,如涉外公司,包括采取公司组织形式的部分外商投资企业及外国公司的分支机构;二是特定行业的公司,如金融、航空、邮政、快递、广播电视、出版、危险品等关系国计民生重大以及产品或者服务关乎国家安全、人身健康的行业的公司。

(3) 股东出资。股东应当按期足额缴纳公司章程中规定的各自认缴的出资额,股东可以用货币出资,也可以用实物、知识产权、土地使用权等可以用货币估价并可以依法转让的非货币财产作价出资;但是,法律、行政法规规定不得作为出资的财产除外。因有限责任制度下的股东出资即为股东对公司的担责财产,该财产须具有可变现性,故我国《公司登记管理条例》明确规定:"股东不得以劳务、信用、自然人姓名、商誉、特许经营权或者设定担保的财产等作价出资。"对作为出资的非货币财产应当评估作价,核实财产,不得高估或者低估作价。法律、行政法规对评估作价有规定的,从其规定。股东以货币出资的,应当将作为出资的货币足额存入准备设立的有限责任公司在银行开设的账户;以非货币财产作价出资的,应当依法办理其财产权的转移手续。

(4) 办理公司设立登记。股东认足公司章程规定的出资后,由全体股东指定的代表或者共同委托的代理人向公司登记机关报送公司登记申请书、公司章程等文件,申请设立登记①。公司营业执照的签发日期为公司成立日期。

---

① 依《注册资本登记制度改革方案》,"公司登记时,无需提交验资报告"。以往实施的针对企业登记事项的企业年度检验制度改为企业年度报告公示制度,企业应当按年度在规定的期限内,通过市场主体信用信息公示系统向市场监督管理机关报送年度报告,并向社会公示,任何单位和个人均可查询相关市场主体的登记、备案信息。

设立有限责任公司的同时设立分公司的,应当就所设分公司向登记机关申请登记,领取营业执照;公司成立后设立分公司的,应当由公司法定代表人向公司登记机关申请登记,领取营业执照。

有限责任公司成立后,应当向股东签发出资证明书。出资证明书应当载明下列事项:(1)公司名称;(2)公司成立日期;(3)公司注册资本;(4)股东的姓名或者名称、缴纳的出资额和出资日期;(5)出资证明书的编号和核发日期;出资证明书由公司盖章。有限责任公司应当置备股东名册,记载下列事项:(1)股东的姓名或者名称及住所;(2)股东的出资额;(3)出资证明书编号。记载于股东名册的股东,可以依股东名册主张行使股东权利。

(三)关于一人公司设立的特别规定

1. 一人公司的形态

一人公司即只有一名股东的公司。一人公司也有多种形态:依其产生方式分为原生型一人公司和演生型一人公司,前者即由一名股东注册成立的一人公司,后者为成立后的非一人公司因股权/股份的转让与收购而演变成的一人公司;依其表现形态分为形式上的一人公司和实质上的一人公司,前者是指公司注册的法定股东为一人,后者是指虽然公司注册的股东为两人以上,但实际上只有一人是股份或出资的真正所有人,其余股东是依据信托协议而产生的名义股东;依其股东身份分为一人有限责任公司、国有独资公司和外商独资公司[①]。

我国2005年修订的《公司法》普遍认可了一人公司。将一人有限责任公司形式法定化,拓宽了单一投资者对企业形式的选择范围,有利于扩大就业,促进竞争,繁荣市场,促进经济发展;可以在股权集中于一人时,延续公司主体资格,保持公司经营及债的关系的稳定性;特别是对因规避公司法对普通一人公司的禁止而大量涌现的挂名股东[②]现象可以起到疏浚作用。但是,由于一人公司不存在股东间的相互监督,易使公私财产混同,明显对传统公司法的标准具有对抗性;一人公司特别是自然人一人公司的股东往往自行其是,缺乏约束,易使公司法人治理结构缺失或形同虚设。"一人股东"明显难以完成传统公司的复数行为,动摇了传统公司制度的社团性根基。因此,作为有限公司的特殊形式,在设立方面必然有不同于一般有限公司的特别规定。

2. 一人有限责任公司的设立

所谓一人有限责任公司,是指只有一个自然人股东或者一个法人股东的有限责

---

① 我国的外商独资公司优先适用《外资企业法》的特别规定;该法无规定的也适用公司法关于一人公司的规定。

② 所谓挂名股东即名义出资人,是指在各种形式的公司设立过程中或者股权转让中,产生的那些虽然具备了股东法定形式要件,但其名下之出资为他人所有,从而缺乏出资之实质要件的自然人或法人"股东"。

任公司。《公司法》对其设立有以下特别规定。

（1）一人有限责任公司是由一个自然人股东或者一个法人股东单独出资①设立。

（2）一个自然人只能投资设立一个一人有限责任公司；该一人有限责任公司不能投资设立新的一人有限责任公司。

（3）一人有限责任公司应当在公司登记中注明自然人独资或者法人独资，并在公司营业执照中载明。

（4）一人有限责任公司章程由股东制定。

3. 国有独资公司的设立

所谓国有独资公司，是指国家单独出资、由国务院或者地方人民政府委托本级人民政府国有资产监督管理机构履行出资人职责的有限责任公司。《公司法》对其设立有以下特别规定。

（1）国有独资公司由国家单独出资设立，并由国务院或者地方人民政府委托本级人民政府国有资产监督管理机构履行出资人职责。

（2）国有独资公司章程由国有资产监督管理机构制定，或者由董事会制定并报国有资产监督管理机构批准。

二、股份有限公司的设立

（一）股份有限公司的设立条件

（1）发起人符合法定人数。所谓发起人，是指为设立公司而签署公司章程、向公司认购出资或者股份并履行公司设立职责的人。股份有限公司的发起人应为2人以上200人以下②，其中须有过半数的发起人在中国境内有住所，以便实际履行发起人的职责和承担发起人的责任。股份有限公司发起人承担公司筹建事务，并有义务认购所筹建公司的法定比例的股份。

（2）有符合公司章程规定的全体发起人认购的股本总额或者募集的实收股本总额。新修《公司法》取消了对股份有限公司最低注册资本数额的限制，但法律、行政法规以及国务院决定对股份有限公司注册资本实缴、注册资本最低限额另有规定的，从其规定。

（3）股份发行、筹办事项符合法律规定。指股份有限公司在股份发行条件、程序、办法以及其他筹建手续方面均应合法，不仅要符合《公司法》，同时还要符合《证

---

① 2013年新修《公司法》取消了"一人有限责任公司的注册资本最低限额为人民币十万元。股东应当一次足额缴纳公司章程规定的出资额"的规定。

② 《公司法》设定发起人人数的200人的最高限，旨在与我国《证券法》规定的私募发行的界定标准相一致。在实践中，因发起人的筹建职责所限，一般难达此限；而在公募发行下，则须按此标准确定发起人（详见本书第八章第二节）。

券法》以及其他有关法律、法规的规定。

(4) 发起人制定公司章程，并经创立大会通过。股份有限公司也须有公司章程，但其只需由发起人制定，募集设立的须经设立程序中的创立大会以决议的方式通过。

(5) 有公司名称，建立符合股份有限公司要求的组织机构。股份有限公司的名称中必须标明"股份有限公司"的字样，其他规定与关于有限责任公司名称的规定相同。股份有限公司应依法设置股东大会、董事会、经理、监事会为其组织机构。

(6) 有公司住所。其具体要求与有限责任公司相同。

(二) 股份有限公司的设立方式

按发起人所确定的公司股份发行对象及范围的不同，股份有限公司的设立可以采取以下两种方式。

(1) 发起设立，是指由发起人认购公司应发行的全部股份而设立公司。股份有限公司采取发起设立方式设立的，注册资本为在公司登记机关登记的全体发起人认购的股本总额。在发起人认购的股份缴足前，不得向他人募集股份。

(2) 募集设立，是指发起人认购公司应发行股份的一部分，其余股份向社会公开募集或者向特定对象募集而设立公司。以募集设立方式设立股份有限公司的，发起人认购的股份不得少于公司股份总数的35%；但是，法律、行政法规另有规定的，从其规定。

(三) 股份有限公司的设立程序

(1) 签订发起人协议。发起人应当签订发起人协议，明确各自在公司设立过程中的权利和义务。

(2) 制定公司章程。股份有限公司章程由其发起人制定，应载明下列事项：① 公司名称和住所；② 公司经营范围；③ 公司设立方式；④ 公司股份总数、每股金额和注册资本；⑤ 发起人的姓名或者名称、认购的股份数，出资方式和出资时间；⑥ 董事会的组成、职权和议事规则；⑦ 公司法定代表人；⑧ 监事会的组成、职权和议事规则；⑨ 公司利润分配办法；⑩ 公司的解散事由与清算办法；⑪ 公司的通知和公告办法；⑫ 股东大会会议认为需要规定的其他事项。

(3) 法律、行政法规规定设立公司必须报经批准且属前置审批范围的，应报政府主管机关审批。以募集方式设立股份有限公司公开发行股票的，还应当报请国务院证券监督管理机构核准。

(4) 认股、募股与缴股。以发起设立方式设立股份有限公司的，发起人应当书面认足公司章程规定其认购的股份，并按照公司章程规定缴纳出资①。以非货币财产

---

① 新修《公司法》取消了"公司全体发起人的首次出资额不得低于注册资本的百分之二十，其余部分由发起人自公司成立之日起两年内缴足；其中，投资公司可以在五年内缴足"的缴付期限要求。

出资的,应当依法办理其财产权的转移手续;以募集方式设立股份有限公司的,则应先由发起人以书面认足法律和公司章程规定的应该认购的部分股份,然后就其余部分股份向特定对象或向社会公开招募。发起人向社会公开募集股份必须履行下列手续:① 与依法设立的证券公司签订承销协议,由承销人以包销或者代销的方式承销其向社会公开募集的股份,另须同银行签订代收股款协议;② 向国务院证券管理部门提交募股申请,经其审查核准,未经其核准或者未获核准的,发起人不得擅自向社会公开募股;③ 制作并公告招股说明书;④ 制作认股书,由依法确定的认股人填写所认股数、金额、住所,并签名盖章。

发起人和公众认股人应分别在章程规定的期限内按书面认股协议或认股书中所认股数足额缴纳股款。发起人可以用货币缴纳,也可以以实物、知识产权、土地使用权等可以用货币估价并可以依法转让的非货币财产作价缴股;而公众认股人则应以货币方式缴股。对以非货币方式缴股的,必须进行评估作价,核实财产,并折合股份,不得高估或者低估作价。国有企业改建为股份有限公司时,严禁将国有资产低价折股、低价出售或者无偿分给个人。有限责任公司依法经批准变更为股份有限公司的,折合的股份总额应当等于公司净资产额。募集设立公司发行股份的股款缴足后,须经法定的机构验资并出具证明。

(5) 召开创立大会。创立大会是由认股人组成,在股份有限公司设立过程中代表全体认股人的意志和利益的临时机构。以募集方式设立的发起人应当在股款缴足后 30 日内主持召开创立大会,并应当在会议召开 15 日前将会议日期通知各认股人或者公告;有代表股份总数过半数的认股人出席,创立大会方可举行。创立大会行使下列职权:① 审议发起人关于公司筹办事项的报告;② 通过公司章程;③ 选举董事会成员;④ 选举监事会成员;⑤ 对公司的设立费用进行审核;⑥ 对发起人用于抵作股款的财产进行审核;⑦ 发生不可抗力或者经营条件发生重大变化直接影响公司设立的,可以作出不设立公司决议。创立大会对上述事项作出决议,必须经出席会议的认股人所持表决权过半数通过。创立大会按期召开并且决议设立公司的,发起人及认股人均不得抽回其股本。

(6) 办理设立登记。发起设立的,发起人认足公司章程规定的出资后,应当选举董事会和监事会,由董事会向公司登记机关报送公司章程以及法律、行政法规规定的其他文件,申请设立登记;募集设立的,应由董事会于创立大会结束后 30 日内,向公司登记机关申请设立登记。公司以营业执照签发日期为成立日期。

股份有限公司设立分公司的,其程序与有限责任公司的规定相同。

(四) 发起人的设立责任

设立股份有限公司,直接表现为发起人实施的法律行为,为防止发起人盲目募股,滥设公司,我国《公司法》明确规定了发起人对设立公司应负的责任。

（1）承担设立债务与费用的连带责任。公司不能成立时,发起人对设立行为所产生的债务和费用承担连带责任。

（2）返还股款加算利息的连带责任。公司不能成立时,发起人对认股人已缴纳的股款负返还股款并加算银行同期存款利息的连带责任。

（3）过失赔偿责任。在公司设立过程中,由于发起人的过失致使公司利益受到损害的,应当对公司承担赔偿责任。

另外,发起人还负有补缴股款的连带责任。《公司法》规定,股份有限公司成立后,发现发起人未按照公司章程的规定缴足出资,或者发起人作为设立公司出资的非货币财产的实际价额显著低于公司章程所定价额的,应当由该发起人补缴或补足其差额,其他发起人与之承担连带责任。

第三节 公司组织机构

公司作为法人组织,依法应当设置权力、执行、监督三种性质的机关,以形成相互分工、相互制约的内部运营机制,从而保障公司决策的科学化,维护公司各方面的利益。

一、有限责任公司的组织机构

（一）股东会

股东会是有限责任公司的权力机构,决定公司的重大事项。股东会由全体股东组成,严格体现"谁投资,谁决策"。股东会依法行使下列职权：① 决定公司的经营方针和投资计划；② 选举和更换非由职工代表担任的董事、监事,决定有关董事、监事的报酬事项；③ 审议批准董事会的报告；④ 审议批准监事会或监事的报告；⑤ 审议批准公司的财务预算方案、决算方案；⑥ 审议批准公司的利润分配方案和弥补亏损方案；⑦ 对公司增加或者减少注册资本作出决议；⑧ 对发行公司债券作出决议；⑨ 对公司合并、分立、变更公司形式、解散和清算等事项作出决议；⑩ 修改公司章程；⑪ 公司章程规定的其他职权。

股东会分为定期会议和临时会议。定期会议按公司章程的规定按时召开；代表1/10以上表决权的股东、1/3以上的董事、监事会或者不设监事会的公司的监事,可以提议召开临时会议。召开股东会会议,应当于会议召开15日以前通知全体股东,但公司章程另有规定或者全体股东另有约定的除外。股东会的首次会议由出资最多的股东召集和主持；其后的股东会会议由董事会召集,董事长主持。董事长不能履行职务或者不履行职务的,由副董事长主持；副董事长不能履行职务或者不履行职务的,由半数以上董事共同推举一名董事主持。有限责任公司不设董事会的,股东会会议由执行董事召集和主持。董事会或者执行董事不能履行或者不履行召集股东会会议职责的,由监事会或者不设监事会的公司的监事召集和主持;监事会或者监事不召集和主持的,代表 1/10 以上表决权的股东可以自行召集和主持。

股东出席股东会参与公司决策。股东会议事和表决实行"股权多数决",也即"资本多数决",即由股东按照出资比例行使表决权;但是,公司章程另有规定的除外。股东会对公司增加或者减少注册资本、合并、分立、解散或者变更公司形式作出决议以及修改公司章程,必须经代表 2/3 以上表决权的股东通过;除上述规定外,股东会的其他议事方式和表决程序,均由公司章程具体规定。股东会应当对所议事项的决定作成会议记录,出席会议的股东应当在会议记录上签名。对股东会职权内的事项,如果股东以书面形式一致表示同意的,可以不召开股东会会议而直接作出决定,并由全体股东在决定文件上签名、盖章。

(二) 董事会或执行董事

董事会是公司的执行机构,执行公司业务并对股东会负责。董事会由 3—13 名董事组成;股东人数较少和规模较小的有限责任公司,可以设 1 名执行董事而不设董事会。董事一般应由自然人担任,由股东会选举产生。两个以上的国有企业或者两个以上的国有投资主体投资设立的有限责任公司,其董事会成员中应当有由公司职工民主选举产生的公司职工代表,其他有限责任公司董事会成员中也可以有公司职工代表。董事的任期由公司章程规定,但每届不得超过 3 年;任期届满的,连选可以连任。董事会设董事长 1 人,可以设副董事长,产生办法由公司章程规定。公司应通过章程确定法定代表人,可由董事长、执行董事或者经理担任。

有限责任公司的董事会行使下列职权:① 召集股东会会议,并向股东会报告工作;② 执行股东会的决议;③ 决定公司的经营计划和投资方案;④ 制定公司的年度财务预算方案、决算方案;⑤ 制定公司的利润分配方案和弥补亏损方案;⑥ 制定公司的增加或者减少注册资本以及发行公司债券的方案;⑦ 制定公司合并、分立、变更公司形式、解散的方案;⑧ 决定公司内部管理机构的设置;⑨ 决定聘任或者解聘公司经理及其报酬事项,并根据经理的提名决定聘任或者解聘公司副经理、财务负责人及其报酬事项;⑩ 制定公司的基本管理制度;⑪ 公司章程规定的其他职权。执行董事的职权,应当参照董事会的职权,由公司章程规定。

董事会会议由董事长召集和主持;董事长不能履行职务或者不履行职务的,由副董事长召集和主持;副董事长不能履行职务或者不履行职务的,由半数以上董事共同推举一名董事召集和主持。董事会的议事方式和表决程序,除本法有规定的外,由公司章程规定。董事会应当对所议事项的决定作成会议记录,出席会议的董事应当在会议记录上签名。董事会决议的表决,实行"一人一票"制。

(三) 经理

经理是公司的日常经营管理机构的负责人,具体处理公司的日常事务并对董事会负责。有限责任公司可以设经理,由公司董事会聘任或解聘,连聘可以连任。董事会的成员、小公司的执行董事可以兼任经理。

经理对董事会负责,行使下列职权:① 主持公司的生产经营管理工作,组织实施董事会决议;② 组织实施公司年度经营计划和投资方案;③ 拟订公司内部管理机构设置方案;④ 拟订公司的基本管理制度;⑤ 制定公司的具体规章;⑥ 提请聘任或解聘公司副经理、财务负责人;⑦ 决定聘任或解聘除应由董事会聘任或解聘以外的负责管理人员;⑧ 董事会授予的其他职权。公司章程对经理职权另有规定的,从其规定。另外,经理列席董事会会议。

(四)监事会或监事

监事会是公司的内部监督机构。有限责任公司一般应设监事会,由不少于3名的监事组成,监事会设主席一人,由全体监事过半数选举产生;股东人数较少和规模较小的,可以设1—2名监事而不设监事会。监事会成员由股东代表和适当比例的公司职工代表组成,其中,职工代表的比例不得低于1/3,具体比例由公司章程规定。股东代表由股东会选举产生,职工代表由公司职工通过职工代表大会、职工大会或者其他形式民主选举产生,但公司的董事、高级管理人员不得兼任监事。监事的任期每届为3年,任期届满的,连选可以连任。

监事会会议每年至少召开1次,监事可以提议召开临时监事会会议,监事会的决议应当经半数以上监事通过。监事会的议事方式和表决程序除《公司法》有规定的外,由公司章程规定。监事会应当对所议事项的决定作成会议记录,出席会议的监事应当在会议记录上签名。

监事会或者监事依法行使下列职权:① 检查公司财务;② 对董事、高级管理人员执行公司职务的行为进行监督,对违反法律、行政法规、公司章程或者股东会决议的董事、高级管理人员提出罢免的建议;③ 当董事、高级管理人员的行为损害公司的利益时,要求董事、高级管理人员予以纠正;④ 提议召开临时股东会会议,在董事会不履行《公司法》规定的召集和主持股东会会议职责时召集和主持股东会会议;⑤ 向股东会会议提出提案;⑥ 对董事、高级管理人员提起诉讼;⑦ 公司章程规定的其他职权。另外,监事可以列席董事会会议,并对董事会决议事项提出质询或者建议。

监事会或者监事发现公司经营情况异常,可以进行调查;必要时,可以聘请会计师事务所等协助其工作,费用由公司承担。监事会、不设监事会的公司的监事行使职权所必需的费用,也由公司承担。

二、股份有限公司的组织机构

(一)股东大会

股东大会是股份有限公司的权力机构,由股东组成。股东大会的职权与有限责任公司股东会的职权相同。

股东大会分为定期会议和临时会议。定期会议应当每年召开1次,故称年会;临时会议在有下列情形之一时的两个月内召开:① 董事人数不足法定人数或者公司章程所定人数的2/3时;② 公司未弥补的亏损达实收股本总额的1/3时;③ 单独或者合计持有公司股份10%以上的股东请求时;④ 董事会认为必要时;⑤ 监事会提议召开时;⑥ 公司章程规定的其他情形。另外,《公司法》和公司章程规定公司转让、受让重大资产或者对外提供担保等事项必须经股东大会作出决议的,董事会应当及时召集股东大会会议,由股东大会就该类事项进行表决。

股东大会由董事会负责召集,由董事长主持;董事长不能履行职务或者不履行职务的,由副董事长主持;副董事长不能履行职务或者不履行职务的,由半数以上董事共同推举一名董事主持;董事会不能履行或者不履行召集股东大会会议职责的,监事会应当及时召集和主持;监事会不召集和主持的,连续90日以上单独或者合计持有公司10%以上股份的股东可以自行召集和主持。召开股东大会会议,应当将会议召开的时间、地点和审议的事项于会议召开20日前通知各股东;临时股东大会应当于会议召开15日前通知各股东;发行无记名股票的,应当于会议召开30日前公告会议召开的时间、地点和审议事项。单独或者合计持有公司3%以上股份的股东,可以在股东大会召开10日前提出临时提案并书面提交董事会;董事会应当在收到提案后两日内通知其他股东,并将该临时提案提交股东大会审议。临时提案的内容应当属于股东大会职权范围,并有明确议题和具体决议事项。股东大会不得对通知中未列明的事项作出决议。无记名股票持有人出席股东大会会议的,应当于会议召开5日前至股东大会闭会时将股票交存于公司。股东可以委托代理人出席股东大会,代理人应当向公司提交股东授权委托书,并在授权范围内行使表决权。

股东出席股东大会参与公司决策,其所持有的每一股份有一表决权,即实行"一股一票"表决制;但是,公司持有的本公司股份没有表决权。股东大会决议实行"股份多数决",作出普通决议,必须经出席会议的股东所持表决权的过半数通过;作出特别决议,则须经出席会议的股东所持表决权的2/3以上通过,特别决议的事项包括修改公司章程、增加或者减少注册资本的决议以及公司合并、分立、解散或者变更公司形式。股东大会应当对所议事项的决定作成会议记录,主持人、出席会议的董事应当在会议记录上签名。

为了在董事会和监事会中达到权力相对平衡,在一定程度上弥补"资本多数决"原则的缺陷,维护中小股东的利益,现行《公司法》规定,股东大会选举董事、监事时,可以根据公司章程的规定或者股东大会的决议,实行累积投票制,即股东大会选举董事或者监事时,每一股份拥有与应选董事或者监事人数相同的表决权,股东拥有的表决权可以集中使用。

（二）董事会

股份有限公司设立董事会作为公司的业务执行机构，其成员为5—19人。董事由股东大会选举产生，其任期由公司章程规定，但每届任期不得超过3年；任期届满，连选可以连任。

董事会设董事长1人，可以设副董事长，其人选由董事会的全体董事的过半数选举产生。董事长召集和主持董事会会议，检查董事会决议的实施情况。副董事长协助董事长工作，董事长不能履行职务或者不履行职务的，由副董事长履行职务；副董事长不能履行职务或者不履行职务的，由半数以上董事共同推举一名董事履行职务。股份有限公司董事会的职权与有限责任公司董事会的职权基本相同。

董事会每年度至少召开两次会议，每次会议应当于会议召开10日前通知全体董事和监事。代表1/10以上表决权的股东、1/3以上董事或者监事会，可以提议召开董事会临时会议。董事长应当自接到提议后10日内，召集和主持董事会会议。董事会会议应由过半数的董事出席方可举行。董事会会议应由董事本人出席，因故不能出席的，可以书面委托其他董事代为出席，并应在委托书中载明授权范围。董事会决议的表决，实行"一人一票"制；董事会作出决议，必须经全体董事过半数通过。董事会应当对所议事项的决定作成会议记录，出席会议的董事在会议记录上签名。董事会的决议违反法律、行政法规或者公司章程，致使公司遭受严重损失的，参与决议的董事对公司负赔偿责任；但经证明在表决时曾表明异议并记载于会议记录的，该董事可以免除责任。

（三）经理

股份有限公司设经理，作为公司的日常经营管理机构的负责人，由董事会决定聘任或者解聘，公司董事会可以决定由董事会成员兼任经理。关于经理职权的规定，与有限责任公司的经理基本相同。

（四）监事会

股份有限公司设监事会，作为公司的内部监督机构，其成员不得少于3人。监事会每6个月至少召开一次会议。关于监事会的其他规定，与有限责任公司的监事会基本相同。

三、关于一人公司组织机构的特别规定

（一）一人有限责任公司的组织机构

一人有限责任公司不设股东会。股东作出属于有限公司股东会职权范围的决定时，应当采用书面形式，并由股东签字后置备于公司。

一人有限责任公司组织机构的其他内容适用一般有限责任公司的规定。

（二）国有独资公司的组织机构

（1）国有独资公司不设股东会，故不以股东会为其权力机构。由国有资产监督

管理机构行使股东会职权。国有资产监督管理机构可以授权公司董事会行使股东会的部分职权,决定公司的重大事项,但公司的合并、分立、解散、增减注册资本和发行公司债券,必须由国有资产监督管理机构决定;其中,重要的国有独资公司合并、分立、解散、申请破产的,应当由国有资产监督管理机构审核后,报本级人民政府批准。

(2) 国有独资公司必须设董事会,其董事会具有权力机构和业务执行机构的双重性质,既被授权行使公司部分重大事项的决策权,又依法享有和行使一般有限责任公司董事会的职权。董事会每届任期不得超过 3 年。董事会成员中应有由公司职工民主选举产生的公司职工代表。董事会设董事长 1 人,可以视需要设副董事长;董事长和副董事长由国有资产监督管理机构从董事会成员中指定。

(3) 国有独资公司设经理,由董事会聘任或者解聘,经国有资产监督管理机构同意,可以由董事会成员兼任。国有独资公司的经理依法行使一般有限责任公司经理的职权。

(4) 国有独资公司设监事会,其成员不得少于 5 人,其中职工代表的比例不得低于 1/3,具体比例由公司章程规定。监事会成员由国有资产监督管理机构委派;但其中职工代表担任的监事由公司职工代表大会选举产生。监事会主席由国有资产监督管理机构从监事会成员中指定。国有独资公司监事会行使一般有限公司监事会的职权和国务院规定的其他职权。

四、上市公司组织机构的特别规定

(1) 上市公司在一年内购买、出售重大资产或者担保金额超过公司资产总额 30%的,应当由股东大会作出决议,并经出席会议的股东所持表决权的 2/3 以上通过。

(2) 上市公司设立独立董事[①]。所谓独立董事,是指不在公司担任董事以外的其他职务,并与其所受聘的上市公司及其主要股东不存在可能妨碍其进行独立客观判断的关系的董事。中国证监会 2001 年 8 月发布的《关于在上市公司建立独立董事制度的指导意见》规定,上市公司董事会成员中应当至少包括 1/3 独立董事,其中,至少应当有一名会计专业人员。独立董事拥有以下特别职权:① 重大关联交易[②]应由独立董事认可后,提交董事会讨论;独立董事作出判断前,可以聘请中介机构出具独立财务顾问报告,作为其判断的依据;② 向董事会提议聘用或解聘会计师事务

---

① 独立董事制度发源于美国,创设主旨在于解决公司内部监督机制缺位的问题。我国上市公司在依法设有监事会监督机制的基础上引入独立董事制度,旨在从大股东控制下的董事会内部实施事中监督,以求弥补监事会从董事会外部实施事后监督的局限性,解决公司"一股独大"和"内部人控制"等所生弊端,进而完善公司法人治理结构,保护中小股东利益。

② 指上市公司拟与关联人达成的总额高于 300 万元或高于上市公司最近经审计净资产值的 5%的交易。

所；③ 向董事会提请召开临时股东大会；④ 提议召开董事会；⑤ 独立聘请外部审计机构和咨询机构；⑥ 可以在股东大会召开前公开向股东征集投票权。

(3) 上市公司设立董事会秘书，负责公司股东大会和董事会会议的筹备、文件保管以及公司股权管理、办理信息披露事务等事宜。

(4) 上市公司董事与董事会会议决议事项所涉及的企业有关联关系①的，不得对该项决议行使表决权，也不得代理其他董事行使表决权。该董事会会议由过半数的无关联关系董事出席即可举行，董事会会议所作决议须经无关联关系董事过半数通过。出席董事会的无关联关系董事人数不足 3 人的，应将该事项提交上市公司股东大会审议。

五、董事、监事、高级管理人员②的任职资格、义务与责任

(一) 董事、监事、高级管理人员的任职资格限制

公司的董事、监事、高级管理人员一般由自然人担任。我国《公司法》对自然人担任这些职务的任职资格作了限制性规定，凡有下列情形之一的，不得担任公司的董事、监事、高级管理人员：① 无民事行为能力或者限制行为能力；② 因贪污、贿赂、侵占财产、挪用财产或者破坏社会主义市场经济秩序，被判处刑罚，执行期满未逾 5 年，或者因犯罪被剥夺政治权利，执行期满未逾 5 年；③ 担任破产清算的公司、企业的董事或者厂长、经理，对该公司、企业的破产负有个人责任的，自该公司、企业破产清算完结之日起未逾 3 年；④ 担任因违法被吊销营业执照、责令关闭的公司、企业的法定代表人，并负有个人责任的，自该公司、企业被吊销营业执照之日起未逾 3 年；⑤ 个人所负数额较大的债务到期未清偿。公司违反前述规定选举、委派董事、监事或者聘任高级管理人员的，该选举、委派或者聘任无效。董事、监事、高级管理人员在任职期间出现上述所列情形的，公司应当解除其职务。

(二) 董事、监事、高级管理人员的义务

1. 忠实、勤勉的义务

董事、监事、高级管理人员应当遵守法律、行政法规和公司章程，对公司负有忠实义务和勤勉义务。董事、监事、高级管理人员不得利用职权收受贿赂或者其他非法收入，不得侵占公司的财产。董事、高级管理人员不得有下列行为：① 挪用公司资金；② 将公司资金以其个人名义或者以其他个人名义开立账户存储；③ 违反公司章程的规定，

---

① 关联关系是指公司控股股东、实际控制人、董事、监事、高级管理人员与其直接或者间接控制的企业之间的关系以及可能导致公司利益转移的其他关系。但是，国家控股的企业之间不仅仅因为同受国家控股而具有关联关系。

② 现行《公司法》中所称"高级管理人员"，是指公司的经理、副经理、财务负责人，上市公司董事会秘书和公司章程规定的其他人员。

未经股东会、股东大会或者董事会同意,将公司资金借贷给他人或者以公司财产为他人提供担保;④ 违反公司章程的规定或者未经股东会、股东大会同意,与本公司订立合同或者进行交易;⑤ 未经股东会或者股东大会同意,利用职务便利为自己或者他人谋取属于公司的商业机会,自营或者为他人经营与所任职公司同类的业务;⑥ 接受他人与公司交易的佣金归为己有;⑦ 擅自披露公司秘密;⑧ 违反对公司忠实义务的其他行为。董事、高级管理人员违反前述规定所得的收入应当归公司所有。

2. 接受监督的义务

股东会或者股东大会要求董事、监事、高级管理人员列席会议的,董事、监事、高级管理人员应当列席并接受股东的质询。董事、高级管理人员应当如实向监事会或者不设监事会的有限责任公司的监事提供有关情况和资料,不得妨碍监事会或者监事行使职权。

(三)董事、监事、高级管理人员的职务责任与究责诉讼

董事、监事、高级管理人员执行公司职务时违反法律、行政法规或者公司章程的规定,给公司造成损失的,应当承担赔偿责任。

董事、高级管理人员有应究责情形的,有限责任公司的股东、股份有限公司连续180日以上单独或者合计持有公司1%以上股份的股东,可以书面请求监事会或者不设监事会的有限责任公司的监事向人民法院提起诉讼;监事有应究责情形的,前述股东可以书面请求董事会或者不设董事会的有限责任公司的执行董事向人民法院提起诉讼。监事会、不设监事会的有限责任公司的监事,或者董事会、执行董事收到股东书面请求后拒绝提起诉讼,或者自收到请求之日起30日内未提起诉讼,或者情况紧急、不立即提起诉讼将会使公司利益受到难以弥补的损害的,前述规定的股东有权为了公司的利益以自己的名义直接向人民法院提起诉讼①,其诉讼请求部分或全部得到人民法院支持的,公司应当承担股东因参加诉讼支付的合理费用。

董事、高级管理人员违反法律、行政法规或者公司章程的规定,损害股东利益的,股东可以向人民法院提起诉讼。另外,他人侵犯公司合法权益,给公司造成损失的,前述规定的股东可以依照前述规定向人民法院提起诉讼。

第四节 公 司 资 本

一、公司资本的概念

公司作为经营实体,资本是其存在和经营的物质基础。广义的公司资本泛指可

---

① 在本应由公司提起诉讼而公司不起诉时,股东为了公司的利益,以自己的名义对公司董事、监事、高级管理人员提起的诉讼,学理上称作"派生诉讼"。

供公司长期支配或使用的全部资产的价值总额,即公司营运资本,包括股权资本、债权资本和自生资本。债权资本和自生资本分别由公司通过举债方式所筹集的财产和公司在经营期间获得的其他收入构成;股权资本则"是公司为设立及存在所必需的观念上的资本"[①],其由股东出资构成,且须在公司章程中载明并在公司登记机关登记,因而也称"名义资本""法定资本"和"注册资本"。

股权资本对公司而言,它既是公司获取独立人格的必备要件,又是公司得以营运和发展的物质基础;对股东而言,它既是股东多公司享有相应权益的依据,又是股东对公司承担有限责任的法定财产;对债权人而言,它是公司债务的总担保,是债权人实现其债权的基本保障。因此,公司资本制度重在规范公司的股权资本亦即注册资本。我国现行公司法的规定:有限责任公司的注册资本为在公司登记机关登记的全体股东认缴的出资额;股份有限公司采取发起设立方式设立的,注册资本为在公司登记机关登记的全体发起人认购的股本总额;采取募集方式设立的,注册资本为在公司登记机关登记的实收股本总额。

二、公司资本原则及制度模式

（一）公司资本三原则

公司有限责任制度的确立,致使公司债权人在交易中处于不利地位,为有效保护债权人利益,维持公司的正常经营,各国的公司立法中逐渐奉行资本确定、资本维持和资本不变三大原则,这些原则也贯穿于我国公司法的相关制度之中。

1. 资本确定原则

该原则要求公司在设立时,必须在章程中对公司的资本总额做出明确规定,并须由发起人全部认足或募足。资本确定原则为传统大陆法国家所采用,我国《公司法》关于注册资本登记制度的相关规定,直接体现了资本确定原则的要求。

2. 资本维持原则

该原则又称资本的充实原则,即要求公司在其存续过程中,应经常保持与其资本额相当的财产。公司注册资本实缴后即代表公司的实有财产,但在公司经营过程中,实际财产价值可能出现注册资本发生价值负偏离,从而使影响公司运营及商业信用。资本维持原则的立法目的在于防止资本的实质性减少,保护债权人利益,同时也防止股东对盈利分配的不当要求,确保公司本身业务活动的正常开展。我国《公司法》中关于禁止股东撤资退股、不得折价发行股份、非货币出资在价值评估、出资方式限制、股东补缴及连带认缴出资义务、公积金提取与使用、公司持股与回购及对外投资与担保限制等规定,均为该原则的具体体现。

[①] 施天涛:《公司法论》,法律出版社,2005年版,第199页。

3. 资本不变原则

该原则要求公司注册资本一经确定，即不得随意改变，如需增减，必须严格按法定程序进行。我国公司法对公司增减资本规定了严格的条件和程序，体现了该原则的要求。

(二) 公司资本制度模式

公司资本既是公司设立、运营的前提条件和物质基础，也是资合性质的公司对其债权人的法定信用担保，进而影响对公司债权人利益的保护及社会交易秩序的稳定。因此，公司资本制度尤其是资本形成制度的科学设计，使其兼顾股东、债权人及社会公共利益，是各国公司法孜孜以求的目标。在资本确定原则下，现代各国公司法中，并行着以下三种不同的公司资本制度。

1. 法定资本制

法定资本制也称实缴资本制，是指公司在设立时须在公司章程中确定公司的资本数额，在公司成立时由股东或发起人一次性全部认足、缴足并经登记注册的公司资本制度。该制度由法国、德国公司法首创，后为意大利、瑞士、奥地利等国家公司法所继受，是大陆法系国家公司法中的一种典型的资本制度，更多地体现了"社会本位"的价值观念和对"公平"的追求。法定资本制的核心是资本实缴，以确保公司资本的真实、可靠，使公司信用有看得见的财产保障，有利于防止公司设立中的欺诈、投机等不法行为，维护债权人的合法权益和社会交易的安全。但其缺陷亦显而易见：其一，一次性大量投资增加了设立公司的难度；其二，公司未开展经营即汇集大量资金可能导致资本闲置，形成浪费；其三，公司设立后如需增加资本时还需要启动增资程序，手续繁琐影响公司运营效率。

2. 授权资本制

授权资本制也称认缴资本制，是指公司设立时，股东或发起人只须认购公司章程中确定的资本总额的一部分，其余授权董事会根据公司经营情况和市场状况随时向股东或公众筹集的公司资本制度。该制度为英、美公司法所创设，盛行于英美法系国家，更多地体现了"个人本位"的价值观念和对"效率"的追求。授权资本制度的核心是授权董事会决定剩余资本的发行，旨在简化公司的设立程序、刺激人们的投资热情，凸显了公司资本运用的灵活、节约与高效。其缺点在于：一是容易产生以设立公司为盈利手段的欺诈和投机等非法行为；二是因公司的实收资本由董事会自主决定，公司章程中规定的公司注册资本往往是一种名义资本，不能彰示公司信用，因而不利于保障债权人利益和维护交易安全。

3. 折中资本制

折中资本制也称认可资本制，是指在公司设立时，股东无须将其章程中确定的资本总额一次全部筹足，但公司首次筹集或发行的部分不得少于法定比例且须缴足,其余须在法定期限内限期缴足的公司资本制度。该制度对法定资本制和授权资本制的改良,将法定资本制的严格性与授权资本制的灵活性有机地结合在一起,既有利于公司的设立,又在一定程度上避免了设立欺诈行为,无论是对于公司还是对于公司债权人利益的保护及交易安全的维护,都不失为一种较为周全的公司资本制度。

我国 1993 年年初始颁行的《公司法》严格采用了法定资本制,要求所有公司的章载资本均须与设立时实缴并需出具验资证明;2005 年修订的《公司法》对一般有限责任公司和发起设立的股份有限公司确立了折中资本制,但对一人有限责任公司和募集设立的股份有限公司仍实行法定资本制;2013 年底修订的现行《公司法》则规定对一般公司注册资本实行认缴登记制①,而对金融等特殊行业的公司例外,仍行既定的法定资本制或折中资本制。

三、注册资本的变更与股权变动

(一) 公司注册资本的变更

出于维持公司独立财产及其信用和保障债权人利益的考虑,公司在存续期间,应保持注册资本的相对稳定,非经法定程序不得增加或者减少,且不允许股东在公司成立后从公司抽逃其出资或抽回其股本。

公司确须增加或者减少注册资本数额的,依法须经以下程序:① 由公司权力机关作出增资或者减资的决议;② 决定减资的,须编制资产负债表和财产清单;③ 公司应当自作出减少注册资本决议之日起 10 日内通知债权人,并于 30 日内在报纸上公告,债权人自接到通知书之日起 30 日内,未接到通知书的自公告之日起 45 日内,有权要求公司清偿债务或者提供相应的担保;④ 有限责任公司增加注册资本时,股东认缴新增资本的出资,依照设立有限责任公司缴纳出资的有关规定执行;⑤ 股份有限公司为增加注册资本发行新股时,股东认购新股,依照本法设立股份有限公司缴纳股款的有关规定执行;⑥ 依法向原公司登记机关办理变更登记。

公司增资的,原股东享有优先增资或者优先认股权;法律、行政法规以及国务院决定规定公司注册资本有最低限额的公司减资时,其减少后的注册资本不得低于法定的最低限额。

---

① 我国现行公司法对一般公司虽不再行法定资本制和折中资本制,但谓之"授权资本制"仍显牵强:一方面,我国《公司法》并未将设立后的公司资本发行与筹集明确授予公司董事会;另一方面,《公司法》规定公司章程中必须载明"公司注册资本"和股东的"出资额和出资时间",且界定"有限责任公司的注册资本为在公司登记机关登记的全体股东认缴的出资额",进而要求"股东应当按期足额缴纳公司章程中规定的各自所认缴的出资额",仍然带有分期实缴的折中色彩,但其又不同于法定首缴比例及期限的折中资本制,此处权且使用官文称谓。

(二) 有限责任公司的股权变动

股东对公司的出资和缴股,于公司成立后即构成了公司的法人财产而独立于股东,因而公司在存续中是不对股东还本的,股东则相应负有不撤资、不退股的法定义务。股东需要将其出资或股份变现的,只能通过转让的方式进行;股权发生其他变动,也须符合法律规定。

1. 股权的转让

有限责任公司的股东之间可以相互转让其全部或者部分股权。股东向股东以外的人转让股权,应当经其他股东过半数同意;经股东同意转让的股权,在同等条件[1]下,其他股东有优先购买权。其他股东半数以上不同意转让的,不同意的股东应当购买该转让的股权;不购买的,视为同意转让。

股东应就其向股东以外的人股权转让事项以书面或者其他能够确认收悉的合理方式通知其他股东征求同意,其他股东应当在收到通知后,在公司章程规定的行使期间内提出购买请求。公司章程没有规定行使期间或者规定不明确的,以通知确定的期间为准;通知确定的期间短于30日或者未明确行使期间的,行使期间为30日。股东未就其股权转让事项征求其他股东意见,或者以欺诈、恶意串通等手段,损害其他股东优先购买权,其他股东可以主张按照同等条件购买该转让股权[2]。两个以上股东主张行使优先购买权的,协商确定各自的购买比例;协商不成的,按照转让时各自的出资比例行使优先购买权。股东以外的股权受让人,因股东行使优先购买权而不能实现合同目的的,可以依法请求转让股东承担相应民事责任。

公司章程对股权转让另有规定的,从其规定。

2. 股权的其他变动

(1) 强制执行。人民法院依照法律规定的强制执行程序转让股东的股权时,应当通知公司及全体股东,其他股东在同等条件下有优先购买权。其他股东自人民法院通知之日起满20日不行使优先购买权的,视为放弃优先购买权。

(2) 异议收购。有下列情形之一的,对股东会该项决议投反对票的股东可以请求公司按照合理的价格收购其股权:① 公司连续5年不向股东分配利润,而公司该5年连续盈利,并且符合本法规定的分配利润条件的;② 公司合并、分立、转让主要财产的;③ 公司章程规定的营业期限届满或者章程规定的其他解散事由出现,股东会会议通过决议修改章程使公司存续的。自股东会会议决议通过之日起60日内,股

---

[1] 应当考虑转让股权的数量、价格、支付方式及期限等因素予以判断。

[2] 但是,其他股东自知道或者应当知道行使优先购买权的同等条件之日起30日内没有主张,或者自股权变更登记之日起超过一年的除外。

东与公司不能达成股权收购协议的,股东可以自股东会会议决议通过之日起 90 日内向人民法院提起诉讼。

(3) 股权继承。自然人股东死亡后,其合法继承人可以继承股东资格;但是,公司章程另有规定的除外。自然人股东因继承发生变化时,其他股东主张行使优先购买权的,人民法院不予支持,但公司章程另有规定或者全体股东另有约定的除外。

四、公司股份

(一) 股份的含义及其与股票的关系

股份是股份有限公司按照相等金额划分其资本的单位(即资本单位),是公司资本的成分,也是确定股东权利和义务的依据。股票是股份有限公司签发的证明股东所持股份的凭证。股份是股票的实质内容,股票则是股份的表现形式,在非特定情形下,股份与股票含义相同。

股票采用纸面形式或者国务院证券管理机构规定的其他形式,其票面应当记载下列主要事项: ① 公司名称; ② 公司成立日期; ③ 股票种类、票面金额及代表的股份数; ④ 股票的编号。股票由法定代表人签名,公司盖章。发起人的股票应当标明"发起人股票"的字样。

公司发行的股票可以为记名股票,也可以为无记名股票。记名股票在票面上记载股东的姓名或名称,并在公司备置股东名册;无记名股票则不对股东的姓名或名称作记载,但公司应记载其股票数量、编号及发行日期。公司向发起人、法人发行的股票,应当为记名股票,并应当记载该发起人、法人的名称或者姓名,不得另立户名或者以代表人姓名记名。

(二) 股份的发行

1. 发行原则

股份的发行实行公平、公正的原则,同种类的每一股份应当具有同等权利。同次发行的同种类股票,每股的发行条件和价格应当相同;任何单位或者个人所认购的股份,每股应当支付相同价额。

2. 发行价格

股份的发行价格既可以为股票票面金额(即平价),也可以超过股票的票面金额(即溢价),但不得低于票面金额(如折价)。

3. 发行条件

股份有限公司发行股份的目的在于取得公司自有资本,或为公司设立,或为公司扩张。在不同情形下发行股份,其发行条件各不相同。具体的发行条件现由《证券法》加以规定(详见本书第七章第二节)。

(三) 股份的转让与收购

1. 股份的转让

股份有限公司的股东可以自由转让其股份,公司不得以章程或者其他方式予以限制,这是股票的流通性所要求的。但是,股东转让股份不是绝对自由,而是"依法转让"的相对自由,即应符合以下4项规定。

(1) 股东转让其股份,应当在依法设立的证券交易场所进行或者按照国务院规定的其他方式进行。上市公司的股票,依照有关法律、行政法规及证券交易所交易规则上市交易。

(2) 记名股票由股东以背书方式或者法律、行政法规规定的其他方式转让;转让后由公司将受让人的姓名或者名称及住所记载于股东名册。股东大会召开前20日内或者公司决定分配股利的基准日前5日内,不得进行前款规定的股东名册的变更登记。但是,法律对上市公司股东名册变更登记另有规定的,从其规定。无记名股票的转让由股东将该股票交付给受让人后即发生转让的效力。

(3) 发起人持有的本公司股份自公司成立之日起1年内不得转让。公司公开发行股份前已发行的股份,自公司股票在证券交易所上市交易之日起1年内不得转让;公司董事、监事、高级管理人员应当向公司申报所持有的本公司的股份及其变动情况,在任职期间每年转让的股份不得超过其所持有本公司股份总数的25%;所持本公司股份自公司股票上市交易之日起1年内不得转让。上述人员离职后半年内,不得转让其所持有的本公司股份。公司章程可以对公司董事、监事、高级管理人员转让其所持有的本公司股份作出其他限制性规定。

(4) 公司不得收购本公司股份,也不得接受本公司的股票作为质押权的标的。

2. 股份的收购

公司股份的所有者是股东,因此公司一般不得收购和持有本公司股份,但有下列情形之一的除外:① 减少公司注册资本;② 与持有本公司股份的其他公司合并;③ 将股份用于员工持股计划或者股权激励;④ 股东因对股东大会作出的公司合并、分立决议持异议,要求公司收购其股份;⑤ 将股份用于转换上市公司发行的可转换为股票的公司债券;⑥ 上市公司为维护公司价值及股东权益所必需。公司因前述第①、②项规定的情形收购本公司股份的,应当经股东大会决议;公司因前述第③、⑤、⑥项规定的情形收购本公司股份的,可以依照公司章程的规定或者股东大会的授权,经2/3以上董事出席的董事会会议决议。公司依照前述规定收购本公司股份后,属于第①项情形的,应当自收购之日起10日内注销;属于第②、④项情形的,应当在6个月内转让或者注销;属于第③、⑤、⑥项情形的,公司合计持有的本公司股份数不得超过本公司已发行股份总额的10%,并应当在3年内转让或者注销。上市公司收购本公司股份的,应当依照《证券法》的规定履行信息披露义务。上市公司因前述第③、⑤、⑥项规定的情形收购本公司股份的,应当通过公开的集中交易方式进行。

五、公司债券

(一) 公司债券的概念与种类

公司债券是指公司依照法定程序发行的,约定在一定期限还本付息的有价证券,是公司用以筹集债权资本的一种方式。公司发行公司债券必须在债券上载明公司的名称、债券票面金额、利率、偿还期限等事项,并由法定代表人签名,公司盖章。公司债券按券面上记载持券人的姓名或者名称与否,分为记名债券和无记名债券。公司发行债券应当置备公司债券存根簿,记名债券应当在券面上记载持券人的姓名或名称及住所,并将其记入存根簿。公司债券按其能否在一定条件下转换为股票,分为可转换公司债券和不可转换公司债券。所谓可转换公司债券,是指发行公司依法发行、在一定期间内依据约定的条件可以转换成股份的公司债券。发行可转换公司债券,应当在券面上标明可转换公司债券字样,并在公司债券存根簿上载明可转换公司债券的数额。

(二) 公司债券的发行

公司发行公司债券应当符合《证券法》规定的发行条件及程序(详见本书第七章第二节)。

(三) 公司债券的转让与转换

公司债券可以转让,转让价格由转让人与受让人约定。公司债券在证券交易所上市交易的,按照证券交易所的交易规则转让。记名公司债券由债券持有人以背书方式或者法律、行政法规规定的其他方式转让;转让后由公司将受让人的姓名或者名称及住所记载于公司债券存根簿。无记名公司债券的转让由债券持有人将该债券交付给受让人后即发生转让的效力。

发行可转换为股票的公司债券的,公司应当按照其转换办法向债券持有人换发股票,但债券持有人对转换股票或者不转换股票有选择权。

六、公司对外投资与担保

公司可以向其他企业投资;但是,除法律另有规定外,不得成为对所投资企业的债务承担连带责任的出资人。

公司向其他企业投资或者为他人提供担保,按照公司章程的规定由董事会或者股东会、股东大会决议;公司章程对投资或者担保的总额及单项投资或者担保的数额有限额规定的,不得超过规定的限额。

公司为公司股东或者实际控制人[①]提供担保的,必须经股东会或者股东大会决

[①] 实际控制人是指虽不是公司的股东,但通过投资关系、协议或者其他安排,能够实际支配公司行为的人。

议。被担保的股东或者受实际控制人支配的股东,不得参加该担保事项的表决。该项表决由出席会议的其他股东所持表决权的过半数通过。

法定代表人未经授权擅自为他人提供担保的,构成越权代表,债权人善意的,该担保有效;反之,无效。

第五节 公司财务会计

一、公司财务会计的一般要求

公司应当依照法律、行政法规和国务院财政部门的规定建立本公司的财务、会计制度。

公司除法定的会计账簿外,不得另立会计账簿。对公司资产,不得以任何个人名义开立账户存储。

公司聘用、解聘承办公司审计业务的会计师事务所,依照公司章程的规定,由股东会、股东大会或者董事会决定。公司股东会、股东大会或者董事会就解聘会计师事务所进行表决时,应当允许会计师事务所陈述意见。公司应当向聘用的会计师事务所提供真实、完整的会计凭证、会计账簿、财务会计报告及其他会计资料,不得拒绝、隐匿、谎报。

二、公司财务会计报告的编制与报送

公司一般应当在每一会计年度终了时制作财务会计报告,并依法经会计师事务所审计。财务会计报告应当依照法律、行政法规和国务院财政部门的规定制作。

公司财务会计报告是反映公司一定时期的财务和经营状况的重要书面资料,公司应当按下列规定报送或者公开其财务会计报告:① 有限责任公司应当按照公司章程规定的期限,将财务会计报告送交各股东;② 股份有限公司的财务会计报告应当在召开股东大会年会的 20 日前置备于本公司,供股东查阅;③ 公开发行股票的股份有限公司必须公告其财务会计报告。

三、公司的利润分配

(一) 公司利润分配的顺序

公司的利润是公司在一定时期内从事生产经营活动的财务成果,包括营业利润、投资收益和营业外收支净额。公司的年度利润在依法缴纳所得税后,应当按照下列顺序进行分配:① 弥补以前年度的公司亏损;② 提取法定公积金;③ 向股东分配利润。股东会、股东大会或者董事会违反前款规定,在公司弥补亏损和提取法定公积

金之前向股东分配利润的,股东必须将违反规定分配的利润退还公司。公司持有的本公司股份不得分配利润。

(二) 公积金的提取与使用

公积金是公司在法定资本金之外所保留的自有资本金,又称准备金或储备金。公积金按来源不同,分为盈余公积金和资本公积金。盈余公积金是从公司盈余(即补亏和纳税后的利润余额)中提取的专项基金,包括法定公积金和任意公积金。法定公积金是依《公司法》规定必须提取的公积金,其提取比例为税后利润(盈余)的10%。法定公积金累计额超过公司注册资本的50%的,可不再提取。任意公积金是经股东(大)会决议从税后利润中提取的公积金。资本公积金是直接由资本原因形成的公积金,如超过票面金额发行股份所得的溢价款、法定财产价值重估的增值额、接受捐赠的财产价值等,均应列入资本公积金。

公司的公积金用于弥补公司的亏损、扩大公司生产经营或者转为增加公司资本(指注册资本)。但是,资本公积金不得用于弥补公司的亏损。股份有限公司股东大会决议将公积金转为资本时,按股东原有股份比例派送新股,但将法定公积金转为资本时,所留存的该项公积金不得少于转增前注册资本的25%。

(三) 股利的分配

公司依法补亏、纳税并提取公积金后的剩余利润为可向股东分配的利润,简称股利。分配利润的股东会或者股东大会决议作出后,公司应当在决议载明的时间内完成利润分配。决议没有载明时间的,以公司章程规定的为准。决议、章程中均未规定时间或者时间超过1年的,公司应当自决议作出之日起1年内完成利润分配。股利分为股息和红利两种形式,有限责任公司股东按照实缴的出资比例分取红利,但是,全体股东约定不按照出资比例分取红利的除外。股份有限公司按照股东持有的股份比例分配,但股份有限公司章程规定不按持股比例分配的除外。一般公司应以货币方式分配股利;上市公司可以采用现金或者送红股方式分配股利。

第六节 公司的变更与终止

一、公司的变更

公司的变更是指构成公司的基本要素的变化。构成公司的基本要素主要是指其登记事项,包括公司名称、住所、法定代表人、注册资本、公司类型、经营范围、营业期限、有限责任公司的股东姓名或名称和股份有限公司发起人的姓名或名称、分支机构等。公司变更须依法进行,《公司法》特别对公司的组织和资本变更作了具体规范。关于公司资本变更在前已述,此处仅述公司的组织变更,包括公司的合并、分立和变更公司形式。

（一）公司的合并、分立

（1）公司合并、分立的含义及形式。公司合并是指两个或两个以上的公司依法变为一个公司。公司合并采取吸收合并和新设合并两种形式：一个公司吸收其他公司为吸收合并（也称兼并），被吸收的公司解散；两个或两个以上的公司合并设立一个新的公司为新设合并，合并各方均告解散。公司分立是指一个公司依法分为两个或两个以上的公司。公司分立的形式一般也有两种：一是派生分立，即公司以其部分财产或业务另设一个新公司，原公司仍存续；二是新设分立，即公司以全部财产分别设立或者归入两个或者两个以上的新设公司，原公司解散。

（2）公司合并、分立的程序。① 由公司权力机构作出合并或者分立的特别决议；② 公司合并的，应由合并各方签订合并协议；③ 编制资产负债表及财产清单；④ 公司应当自作出合并决议之日起 10 日内通知债权人，并于 30 日内在报纸上公告。债权人自接到通知书之日起 30 日内，未接到通知书的自公告之日起 45 日内，可以要求公司清偿债务或者提供相应的担保；⑤ 公司合并的，进行财产组合；公司分立的，对财产作出相应的分割；⑥ 公司合并或分立致使登记事项发生变更的，应当依法向公司登记机关办理变更登记；公司解散的，应当依法办理注销登记；合并、分立中设立新公司的，应当依法办理公司设立登记。

（3）公司合并、分立时债权债务的处理。公司的合并与分立不直接导致其原有债权债务关系的消灭。公司合并前各方的债权债务，应当由合并后存续或者新设的公司承继；公司分立前的债权债务，按所达成的协议由分立后的公司分享和分担，协议未约定的，由分立后的公司享有连带债权，承担连带债务。

（二）公司形式的变更

所谓公司形式的变更，是指有限责任公司依法变更为股份有限公司或者股份有限公司依法变更为有限责任公司。有限责任公司变更为股份有限公司，应当符合《公司法》规定的股份有限公司的条件；股份有限公司变更为有限责任公司，应当符合《公司法》规定的有限责任公司的条件。有限责任公司变更为股份有限公司的，或者股份有限公司变更为有限责任公司的，公司变更前的债权、债务由变更后的公司承继。

公司登记事项发生变更的，应当办理变更登记。未经登记或者变更登记的，不得对抗善意第三人。

二、公司的终止与清算

公司的终止是指公司组织的解体及其法人资格的消灭。公司因破产或者解散而终止；公司终止时，须依法进行清算。

(一) 公司破产与清算

公司因不能清偿到期债务,被依法宣告破产的,依照有关企业破产的法律实施破产清算。(详见本书第四章)

(二) 公司解散与清算

1. 公司解散的原因

公司因下列原因解散:① 公司章程规定的营业期限届满或者公司章程规定的其他解散事由出现时;② 股东(大)会决议解散;③ 因公司合并或分立需要解散的;④ 依法被吊销营业执照、责令关闭或者被撤销;⑤ 公司经营管理发生严重困难,继续存续会使股东利益受到重大损失,通过其他途径不能解决的,持有公司全部股东表决权 10% 以上的股东,可以请求人民法院解散公司。公司有上述第①项情形的,可以通过修改公司章程而存续。

2. 清算组及其职权与职责

公司因上述①②④⑤所列情形而解散的,应当在解散事由出现之日起 15 日内成立清算组,开始清算。有限责任公司的清算组由股东组成,股份有限公司的清算组由董事或者股东大会确定的人员组成。逾期不成立清算组进行清算的,债权人可以申请人民法院指定有关人员组成清算组进行清算。人民法院应当受理该申请,并及时组织清算组进行清算。

清算组在清算期间行使下列职权:① 清理公司财产,编制资产负债表和财产清单;② 通知和公告债权人;③ 处理与清算有关的公司未了结的业务;④ 清缴所欠税款以及清算过程中产生的税款;⑤ 清理债权、债务;⑥ 处理和分配公司清偿债务后的剩余财产;⑦ 代表公司参与民事诉讼活动。清算组成员应当忠于职守,依法履行清算义务,不得利用职权收受贿赂或者其他非法收入,不得侵占公司财产。清算组成员因故意或者重大过失给公司或者债权人造成损失的,应当负赔偿责任。

3. 清算程序

(1) 通知、公告债权人。清算组应当自成立之日起 10 日内通知债权人,并于 60 日内在报纸上公告。债权人应当自接到通知书之日起 30 日内,未接到通知书的自公告之日起 45 日内,向清算组申报其债权。

(2) 清理公司财产,编制清算方案。清算组应先清理公司财产,编制资产负债表和财产清单,然后制定清算方案,并报股东(大)会或者人民法院确认。

因公司解散而清算,清算组在清理公司财产、编制资产负债表和财产清单后,发现公司资产不足以清偿公司债务时,应当依法向人民法院申请宣告破产。公司经人民法院裁定宣告破产后,清算组应当将清算事务移交给人民法院。

(3) 清偿公司债务。公司财产优先支付清算费用后,按下列法定顺序偿债:① 支付职工工资、劳动保险费用和法定补偿金;② 缴纳所欠税款;③ 清偿公司其他债务。

（4）分配剩余财产。公司财产作上述清偿后的剩余财产，应按出资比例或者股权比例分配给股东。

4. 清算的终结

公司清算结束后，清算组应当制作清算报告，报股东会、股东大会或者人民法院确认，并报送公司登记机关，申请注销公司登记，公告公司终止。

第七节 违法责任

一、发起人及股东的违法行为及法律责任

（1）办理工商登记时，虚报注册资本、提交虚假材料或者采取其他欺诈手段隐瞒重要事实取得公司登记的，由公司登记机关责令改正，对虚报注册资本的公司，处以虚报注册资本金额5%以上15%以下的罚款；对提交虚假材料或者采取其他欺诈手段隐瞒重要事实的公司，处以5万元以上50万元以下的罚款；情节严重的，撤销公司登记或者吊销营业执照。

（2）公司的发起人、股东虚假出资，未交付或者未按期交付作为出资的货币或者非货币财产的，由公司登记机关责令改正，处以虚假出资金额5%以上15%以下的罚款。

（3）公司的发起人、股东在公司成立后，抽逃其出资的，由公司登记机关责令改正，处以所抽逃出资金额5%以上15%以下的罚款。

发起人及股东违反公司法规定，构成犯罪的，依法追究刑事责任。

二、公司的违法行为及法律责任

（1）公司违反法律规定，在法定的会计账簿以外另立会计账簿的，由县级以上人民政府财政部门责令改正，处以5万元以上50万元以下的罚款。

（2）公司在依法向有关主管部门提供的财务会计报告等材料上作虚假记载或者隐瞒重要事实的，由有关主管部门对直接负责的主管人员和其他直接责任人员处以3万元以上30万元以下的罚款。

（3）公司不依照法律规定提取法定公积金的，由县级以上人民政府财政部门责令如数补足应当提取的金额，可以对公司处以20万元以下的罚款。

（4）公司在合并、分立、减少注册资本或者进行清算时，不依照法律规定通知或者公告债权人的，由公司登记机关责令改正，对公司处以1万元以上10万元以下的罚款。公司在进行清算时，隐匿财产，对资产负债表或者财产清单作虚假记载或者在未清偿债务前分配公司财产的，由公司登记机关责令改正，对公司处以隐匿财产或者未清偿债务前分配公司财产金额5%以上10%以下的罚款；对直接负责的主管人员

和其他直接责任人员处以1万元以上10万元以下的罚款。

（5）公司在清算期间开展与清算无关的经营活动的，由公司登记机关予以警告，没收违法所得。

（6）未依法登记为有限责任公司或者股份有限公司，而冒用有限责任公司或者股份有限公司名义的，或者未依法登记为有限责任公司或者股份有限公司的分公司，而冒用有限责任公司或者股份有限公司的分公司名义的，由公司登记机关责令改正或者予以取缔，可以并处10万元以下的罚款。

（7）公司成立后无正当理由超过6个月未开业的，或者开业后自行停业连续6个月以上的，可以由公司登记机关吊销营业执照。公司登记事项发生变更时，未依照本法规定办理有关变更登记的，由公司登记机关责令限期登记；逾期不登记的，处以1万元以上10万元以下的罚款。

（8）外国公司违反本法规定，擅自在中国境内设立分支机构的，由公司登记机关责令改正或者关闭，可以并处5万元以上20万元以下的罚款。

（9）利用公司名义从事危害国家安全、社会公共利益的严重违法行为的，吊销营业执照。

公司违反《公司法》规定，构成犯罪的，依法追究刑事责任。公司违反《公司法》规定，应当承担民事赔偿责任和缴纳罚款、罚金的，其财产不足以支付时，先承担民事赔偿责任。

三、公司董事、监事、经理以及其他高级管理人员的违法行为及法律责任

董事、监事、高级管理人员执行公司职务时违反法律、行政法规或者公司章程的规定，给公司造成损失的，应当承担赔偿责任。

此外，公司法还对清算人、有关中介机构、政府有关主管部门（机关）及其工作人员等主体的违法行为及法律责任作了明确规定。

本章复习思考题

1. 公司有哪些法律特征？
2. 有限责任公司与股份有限公司有何不同？
3. 设立有限责任公司和股份有限公司各须具备哪些条件？经过哪些程序？
4. 有限责任公司和股份有限公司各应设置哪些组织机构？有何不同？
5. 《公司法》对"一人公司"有哪些特别规定？
6. 《公司法》对公司的资本有何规定？
7. 《公司法》对股权和股份转让各有何规定？
8. 公司应如何分配利润？
9. 如何解散公司？

第四章 企业破产法

第一节 企业破产法概述

一、破产的概念和特征

破产作为法律上的用语,可以从实体和程序两个方面来理解。从实体的角度来理解,破产是指债务人无力清偿债务的一种事实状态;从程序的角度来理解,破产是指在债务人不能清偿到期债务时,由法院宣告其破产并主持对其全部财产进行清算分配,公平清偿全体债权人,或者在法院监督下由债务人与债权人会议达成和解协议以清偿债务避免破产清算,或者通过企业重整以清偿债务避免企业破产的法律程序,包括以企业再建为目标的重整程序、和解程序和以变价分配为目标的清算程序。

破产作为一种经济现象,是商品经济条件下市场竞争的必然产物;而作为一种法律制度,则是在体现对债务人进行有效救济的同时,为公平保护债权人的利益而设定的一种司法上的特殊偿债程序。破产具有以下法律特征。

1. 破产是一种特殊的执行程序

破产程序是为全体债权人的利益而对债务人的全部财产依法强制执行的程序。普通民事执行程序则是为个别债权人的利益而对债务人的部分财产依法强制执行的程序。另外,作为一种执行程序,破产程序与普通执行程序一样,不具有解决当事人之间实体民事争议的功能。破产程序中没有设置解决当事人之间实体争议的相应程序,对债权人与债务人或者其他利害关系人之间的实体民事争议,各国破产立法均规定在破产程序之外通过诉讼程序来解决。只有那些无争议的或者已经法院或仲裁机构生效裁判确定的债权债务关系,才能在破产程序中得到执行。

2. 破产是在特定情况下适用的一种执行程序

适用破产程序清偿债务必须具有法定的事实依据,即债务人无力清偿债务从而严重影响债权人的利益和整个社会的经济秩序与经济安全。破产正是通过及时消灭债务人的民事主体资格,以遏制其财产的进一步耗损,抑制其经营失败对社会经济秩序的冲击,疏通因债务人拖欠债务所引起的经济运行障碍。因此,在不具备法定事实依据的前提下,不能适用破产程序。

3. 破产是在法院主持下对债务人全部债权债务关系的彻底清算

通过破产程序对债务人的全部财产进行清算,必然使其丧失继续经营的财产基础和民事主体资格,并因终止经营从而导致对其全部债权债务关系的彻底清算。破产清算是破产管理人在法院主持下依法进行的,不能由当事人自行清算。

4. 破产既强调对债权人的公平清偿,也注重对债务人的公平保护

在债务人破产的情况下,债务人的破产财产通常不能满足全体债权人的清偿要求,因而必须通过破产程序公平地清偿债务,使各债权人得到的清偿同其债权的性质和债权的数额相适应。因此,破产制度是对民事债权救济制度的延伸和完善,一般民事债权救济制度体现的是对个别债权人的法律保护,而破产法则是对全体债权人的一种公平救济。同时,破产程序对债务人的正当利益同样给予公平的保护。现代破产法赋予了债务人作为破产申请人主动启动破产程序的资格,并在破产程序中通过设置和解制度、重整制度、免责制度等特别保护制度,达到拯救债务人避免破产以及免除诚实债务人未能清偿的剩余债务的公平保护的目的。

二、破产法的概念及其立法

破产法是调整破产关系的法律规范的总称。所谓破产关系,是指对债务人适用破产程序中其与债权人、管理人以及其他相关主体之间发生的特定社会关系。破产法的根本任务在于公平救济债权人和淘汰或拯救债务人,其在内容上既包括破产程序规范,也包括破产实体规范。破产程序规范主要规定破产案件管辖、破产申请与受理、破产管理人、债权人会议、和解程序、重整程序、破产清算程序等;破产实体规范主要规定破产原因、债务人财产、破产费用和共益债务、破产债权、破产无效行为、破产取回权、破产抵销权、破产别除权、破产免责、破产罚则等。

我国关于企业破产的立法始于改革开放初期。1986年12月2日,第六届全国人大常委会第18次会议通过了《企业破产法(试行)》,其适用范围仅限于全民所有制企业;1991年4月9日,第七届全国人大第四次会议通过的《民事诉讼法》,又专设第19章"企业法人破产还债程序",适用于全民所有制企业以外的具有法人资格的其他企业的破产案件。随着市场经济体制的确立与发展,特别是企业制度的不断改革与完善,需要对企业破产法体系实行整合、实现统一,为此,2006年8月27日,第十届全国人大常委会第23次会议通过了《企业破产法》,该法自2007年6月1日起施行。

三、破产法的基本原则

(一)债权人公平受偿原则

破产法最基本的原则在于公平地对待所有债权人,平等地分配债务人的财产。

在众多的债权人之间公平分配有限的破产财产正是破产法创设的最初目的,也是破产法与一般的民事强制执行程序的最大区别。通过民事强制执行程序也能实现债权人的债权,但它有一个最大的缺失,就是当债务人的财产不足清偿所有债权人时,面对众多债权人,无法将有限的财产进行公平地清偿。如果只是使部分债权人甚至是个别债权人受偿,就会造成债权人内部的分配不公。因此,债权人公平受偿原则是保障所有债权人公平实现债权的基本准则,是破产法的最基本原则。破产债权人公平受偿原则主要有两层含义:一是保障各债权人都有公平受偿的机会;二是性质相同的债权在受偿权利方面一律平等,按照债权数额的比例进行清偿。

(二) 破产与拯救相结合原则

破产与拯救相结合原则是指在破产程序中,一方面,对于无力清偿债务并且挽救无望的企业,应当通过破产宣告及时进行破产清算,最大限度地保护债权人、债务人与企业职工的合法权益;另一方面,对于无力清偿债务但有挽救希望的企业,应当通过和解、重整程序使其焕发生机,实现债务人的复兴,避免因破产清算给当事人及整个社会造成动荡。破产与拯救相结合原则是破产法现代化的一个重要标志。传统的破产法仅着眼于对债务人财产的清理与分配,即破产清算,忽视了破产的巨大破坏力给社会整体利益带来的不良影响。现代破产法在完善破产清算制度的同时,更加强调和解与重整等债务人拯救制度。在破产程序中对债务人的积极拯救制度既符合债务人的根本利益,也符合债权人的团体利益,更符合社会整体利益的要求。

(三) 破产域外效力原则

破产域外效力是一个存在争议的问题。长期以来,各国的立法与实践可以归纳为两种主张:一是地域性原则;二是普遍性原则。地域性原则主张域内破产程序不对债务人位于域外的财产直接发生效力,域外的破产程序也不对债务人位于域内的财产直接发生效力。地域性原则的优点在于保护本国债权人的利益,使他们免受外国破产程序的风险和额外费用的增加,并有利于保护他们的优先权的实现。普遍性原则既承认域内破产程序的域外效力,也承认域外破产程序的域内效力,从而避免破产程序在各国的重复提起,使债权人的财产分配额比在每个财产所在国分别提起破产程序所得到的分配额要多,这样更有利于所有债权人利益的充分保护。与普遍性原则相比,在跨国破产合作普遍受到重视的今天,地域性原则遭到了更多批评。从实际执行来看,地域性原则否定了对所有债权人进行公平分配的破产法原则,导致债权人之间的不公平以及对破产财产管理的混乱。同时,地域性原则所导致的多重破产程序还加剧了国际破产合作的难度,减少了债务人可供分配的财产。因此,考虑到目前跨国破产问题的国际实践以及我国的现实情况,我国破产法采取了有限度的普遍性原则,即本国破产程序的域外效力和外国破产程序的有条件的域内效力。具体来说:依照《企业破产法》开始的破产程序,对债务人在中华人民共和国领域外的财产发生效力;对外国法院作出的发生法律效力的破产案件的判决、裁定,涉及债务人在中华人民共和国领域内的财产,申请或者请求人民法院承认和执行的,人民法院依照中华人民共和国缔结或者参加的国际条约,或者按照互惠原则进行审查,认为不违反中华人民共和国法律的基本原则,不损害国家主权、安全和社会公共利益,不损害中华人民共和国领域内债权人的合法权益的,裁定承认和执行。

(四)破产豁免原则

破产豁免原则又称破产免责原则,是指在破产财产全部分配完毕之后,免除债务人对债权人未予清偿的债务责任。这项原则起源于英国法,现在已经由英美法国家扩及大陆法国家。破产免责原则又可分为许可免责和当然免责。许可免责是指当破产人符合破产法规定的免责条件时,可以向法院申请免责,未经法院许可,不产生免责的法律效果。当然免责是指破产人在破产程序终结时,除非犯有欺诈破产罪,否则,无须申请并经法院许可,即当然享有免责利益。破产免责原则着眼于破产人的更生与社会经济秩序的稳定,但不能否认它在一定程度上可能成为不诚实破产人逃避债务的手段,因此在推行破产免责的国家,一般都设有比较完善的防止利用破产免责原则损害债权人利益的救济制度,如债权人会议的异议制度、破产法上的撤销权制度、对破产企业经营管理人的制裁与资格限制制度等,没有这些配套制度,破产免责原则就无法推行。

(五)职工权益保障与破产责任追究原则

人民法院审理破产案件,应当依法保障企业职工的合法权益,依法追究破产企业经营管理人员的法律责任。这是一项重要的破产立法原则,并贯穿企业破产法始终。企业破产法对保障职工合法权益的问题规定了一系列具体措施:① 规定债务人所欠职工的工资和医疗、伤残补助、抚恤费用,所欠的应当划入职工个人账户的基本养老保险、基本医疗保险费用以及法律、行政法规规定应当支付给职工的补偿金,不用进行债权申报,直接按规定行使权利;② 规定职工参加债权人会议和债权人委员会;③ 将职工作为讨论通过重整计划草案的专门债权人组;④ 将债务人所欠职工的工资和医疗、伤残补助、抚恤费用,所欠的应当划入职工个人账户的基本养老保险、基本医疗保险费用以及法律、行政法规规定应当支付给职工的补偿金作为第一清偿顺序等。企业破产法在追究破产企业经营管理人员的法律责任中明确规定:① 债务人的董事、监事和高级管理人员利用职权从企业获取的非正常收入和侵占的企业财产,管理人应当追回;② 企业董事、监事或者高级管理人员违反忠实义务、勤勉义务,致使所在企业破产的,依法承担民事责任,并且自破产程序终结之日起3年内不得担任任何企业的董事、监事、高级管理人员。

第二节 破产申请与受理

一、破产申请

破产申请是指债权人、债务人或者其他申请人基于法定原因向有管辖权的法院提出对债务人进行重整、和解或者破产清算的意思表示。破产申请是启动破产程序的绝对要件，没有债权人、债务人或者其他申请人的破产申请，法院不得依职权启动破产程序。

（一）破产申请人

破产申请就其性质而言，属于当事人的一项诉讼权利。依《企业破产法》的规定，有权申请债务人破产的民事主体包括债权人、债务人和其他申请人。

1. 债权人

债务人不能清偿到期债务，债权人可以向人民法院提出对债务人进行重整或者破产清算的申请。债权人的利益保护始终是破产法的最主要的功能之一，无论是约定之债还是法定之债，都不影响债权人提出破产申请，依法启动破产程序。

2. 债务人

债务人不能清偿到期债务，并且资产不足以清偿全部债务或者明显缺乏清偿能力的，债务人可以向人民法院提出重整、和解或者破产清算申请。

3. 其他申请人

除了债权人和债务人以外，特定范围内的第三人也依法享有提出破产申请的权利。《企业破产法》第7条第3款规定："企业法人已解散但未清算或者未清算完毕，资产不足以清偿债务的，依法负有清算责任的人应当向人民法院申请破产清算"；第134条规定，商业银行、证券公司、保险公司等金融机构达到破产界限的，"国务院金融监督管理机构可以向人民法院提出对该金融机构进行重整或者破产清算的申请"。

（二）破产申请要件

破产申请人行使破产程序请求权必须具备相应的法律要件，依据《企业破产法》及相关司法解释，行使破产程序请求权必须具备下列破产申请要件。

1. 破产能力

破产能力是指民事主体依法能够适用破产程序的资格。就其法律意义而言，是限定破产人的范围，即只有具备破产能力的债务人才能适用破产程序解决债务清偿问题。

《企业破产法》第2条规定："企业法人不能清偿到期债务，并且资产不足以清偿全部债务或者明显缺乏清偿能力的,依照本法规定清理债务。企业法人有前款规定情形,或者有明显丧失清偿能力可能的,可以依照本法规定进行重整。"这一规定表明,我国现行的《企业破产法》仅适用于企业法人破产,排除适用自然人(包括个体工商户)破产和个人消费信贷破产。但是,该法第 135 条规定:"其他法律规定企业法人以外的组织的清算,属于破产清算的,参照适用本法规定的程序。"这一规定表明,该法的适用范围不排除有关立法明确规定可实行破产清算的非法人组织。例如,《合伙企业法》第 92 条即规定:"合伙企业不能清偿到期债务的,债权人可以依法向人民法院提出破产清算申请,也可以要求普通合伙人清偿。合伙企业依法被宣告破产的,普通合伙人对合伙企业债务仍应承担无限连带责任。"据此,合伙企业破产可以参照适用《企业破产法》所规定的破产程序,而不能直接适用《企业破产法》规定的全部内容。

2. 破产界限

破产界限也称破产原因,是债权人、债务人或其他申请人得以启动破产程序的事实依据。基于该事实,申请人有申请破产的理由、法院才有审查和决定是否受理破产案件的依据。破产界限主要表现为债务人对债权人的欠债以及债务人的资产负债状况。

《企业破产法》第 2 条规定:"企业法人不能清偿到期债务,并且资产不足以清偿全部债务或者明显缺乏清偿能力的,依照本法规定清理债务。企业法人有前款规定情形,或者有明显丧失清偿能力可能的,可以依照本法规定进行重整。"这一规定表明,申请企业法人适用破产程序的原因包括:① 不能清偿到期债务,即债务的履行期限已经届满而债务人并未实际履行债务。不能清偿到期债务是判断债务人适用破产程序的主要标准,但并非唯一标准,如果债务人的资产总额大于或等于负债总额或者并不缺乏债务清偿能力,即使债务人不能清偿到期债务,也不能适用破产程序清理债务。② 资产不足以清偿全部债务,即资不抵债,也就是说企业法人因经营不善出现亏损,从而导致其全部财产不足以清偿全部债务。但是,资产不足以清偿全部债务应与不能清偿到期债务一并作为判断债务人适用破产程序的标准,而不能单独作为判断标准。③ 明显缺乏清偿能力,即债务人的资产状况表明其明显不具有清偿全部债务的能力。明显缺乏清偿能力不能单独作为判断债务人适用破产程序的标准,它与资产不足以清偿全部债务构成选择条件,只有当债务人不能清偿到期债务并且明显缺乏清偿能力的,才能作为适用破产程序的依据。④ 有明显丧失清偿能力的可能,即债务人虽然目前尚未出现不能清偿到期债务以及资产不足以清偿全部债务或者明显缺乏清偿能力的情况,但有证据表明其在近期内可能出现丧失清偿能力的情形。债务人有明显丧失清偿能力可能的,债权人或债务人可以向法院申请对债务人进行重整。

（三）破产申请的形式

1. 破产申请请求

申请人向人民法院提出破产申请，应当提出具体的程序要求，虽然总体上说，申请人提出债务人破产申请都是为解决债务清偿问题，但由于企业破产法规定的破产程序包括重整、和解和破产清算三种程序，所以申请人在申请债务人破产时应明确提出具体的要求，即明确申请人提出的申请是重整申请还是和解申请或者破产清算申请，以便法院根据不同情况决定采用相应的破产程序。当然，在具体的案件处理中，申请人申请的程序可能由于案情的发展变化而改用另一种程序。例如，申请人申请对债务人进行破产清算，而在案件审理中，根据债务人或者债权人的请求，人民法院认为债务人尚有挽救可能，也可以裁定终止破产清算程序，而进行和解或者重整。也就是说，三种破产申请在一定条件下可以相互转换，即破产清算程序在一定条件下可以转化为重整、和解程序，重整、和解程序在一定条件下也可以转化为破产清算程序。由于重整与和解的性质相近，都属于企业拯救程序，所以重整程序与和解程序之间不能相互转化。

2. 破产申请文件

破产申请文件是申请人向法院提出债务人破产申请时应当向法院提交的法定文件，是法院依法审查申请人提出的申请是否符合法律要求的依据。

申请人向人民法院提出破产申请，应当提交破产申请书和有关证据。破产申请书应当载明下列事项：① 申请人、被申请人的基本情况；② 申请目的；③ 申请的事实和理由；④ 人民法院认为应当载明的其他事项。债务人提出申请的，还应当向人民法院提交财产状况说明、债务清册、债权清册、有关财务会计报告、职工安置预案以及职工工资的支付和社会保险费用的缴纳情况。

（四）破产申请的管辖

破产申请的管辖是指人民法院系统内各级人民法院之间以及同级的各个人民法院之间受理破产案件的分工和权限。当事人的破产申请只有向有管辖权的人民法院提出，人民法院才能受理。我国破产申请的管辖主要包括地域管辖和级别管辖。地域管辖是指按照地域标准来确定不同区域的人民法院受理破产案件的分工和权限。破产案件由债务人住所地人民法院管辖。债务人住所地是指债务人的主要办事机构所在地。债务人无办事机构的，由其注册地人民法院管辖。级别管辖是指按照级别标准来确定不同级别的人民法院受理破产案件的分工和权限。基层人民法院一般管辖县、县级市或区的工商行政管理机关核准登记企业的破产案件；中级人民法院一般管辖地区、地级市（含本级）以上工商行政管理机关核准登记的企业破产案件；纳入国家计划调整的企业破产案件，由中级人民法院管辖。

（五）破产申请的撤回

《企业破产法》第9条规定："人民法院受理破产申请前，申请人可以请求撤回申请。"人民法院对于申请人提出的撤回申请的请求,有权审查其处分权利的正当性以及考虑其撤回行为是否存在恶意的权利滥用、是否有害于其他当事人的合法权益等,并最终以裁定的形式决定是否准许其撤回申请。当然,申请人请求撤回申请只能在人民法院受理破产申请之前,在人民法院受理破产案件后,申请人请求撤回破产申请的,人民法院应当予以驳回。

二、破产受理

破产受理又称破产立案,是指人民法院在收到破产申请后,经审查认为破产申请符合法定的立案条件而予以接受,并由此启动破产程序的司法行为。

(一)破产受理的程序规则

人民法院收到申请人提出的破产申请后,应当依照《企业破产法》规定的程序对申请人的请求进行审查,从而作出是否受理债务人破产申请的裁定。由于破产程序开始具有一系列的法律效果,有关破产案件的程序规则在破产法上具有重要意义。

1. 受理时限

债权人提出破产申请的,人民法院应当自收到申请之日起 5 日内通知债务人。债务人对申请有异议的,应当自收到人民法院的通知之日起 7 日内向人民法院提出。人民法院应当自异议期满之日起 10 日内裁定是否受理。债务人或者其他申请人提出破产申请的,人民法院应当自收到破产申请之日起 15 日内裁定是否受理。有特殊情况需要延长裁定受理期限的,经上一级人民法院批准,可以延长 15 日。

2. 法院审查

对于申请人的破产申请,接受法院应当进行必要的审查,以便依法作出是否受理债务人破产申请的裁定。法院对破产申请的审查一般包括:① 破产原因的审查,即债务人是否达到破产界限;② 申请文件的审查,即文件内容是否符合要求,证据是否齐全;③ 申请程序的审查,即申请人提出的是清算程序还是重整或者和解程序;④ 法院管辖范围的审查,即破产申请是否属于本法院的管辖范围。

3. 作出裁定

对于申请人的破产申请,人民法院依法审查后可以作出受理、不予受理或者驳回申请的裁定。

(1) 人民法院受理破产申请的,应当自裁定作出之日起 5 日内送达申请人。债权人提出申请的,人民法院应当自裁定作出之日起 5 日内送达债务人。债务人应当自裁定送达之日起 15 日内,向人民法院提交财产状况说明、债务清册、债权清册、有关财务会计报告以及职工工资的支付和社会保险费用的缴纳情况。人民法院裁定受理破产申请的,应当同时指定管理人。人民法院应当自裁定受理破产申请之日起 25 日内通知已知债权人,并予以公告。通知和公告应当载明下列事项:① 申请人、被申请人的名称或者姓名;② 人民法院受理破产申请的时间;③ 申报债权的期限、地点和注意事项;④ 管理人的名称或者姓名及其处理事务的地址;⑤ 债务人的债务人或者财产持有人应当向管理人清偿债务或者交付财产的要求;⑥ 第一次债权人会议召开的时间和地点;⑦ 人民法院认为应当通知和公告的其他事项。

(2) 人民法院裁定不受理破产申请的,应当自裁定作出之日起5日内送达申请人并说明理由。申请人对裁定不服的,可以自裁定送达之日起10日内向上一级人民法院提起上诉。人民法院裁定受理破产申请前,提出破产申请的债权人的债权因清偿或者其他原因消灭的,因申请人不再具备申请资格,人民法院应当裁定不予受理。但该裁定不影响其他符合条件的主体再次提出破产申请。

(3) 人民法院受理破产申请后,申请人请求撤回破产申请的,人民法院不予准许。但人民法院受理破产申请后至破产宣告前,经审查发现债务人不符合《企业破产法》第2条规定的破产原因的,可以裁定驳回申请。申请人对裁定不服的,可以自裁定送达之日起10日内向上一级人民法院提起上诉。

(二) 破产受理的效力

人民法院受理破产申请意味着破产程序的开始。破产程序开始后,债务人的财产进入保全状态,为保障债务人财产的安全与完整,维护债权人的利益,《企业破产法》规定了破产申请受理对有关当事人的权利、义务以及相关民事程序上的限制。

1. 对债务人的效力

自人民法院受理破产申请的裁定送达债务人之日起至破产程序终结之日,债务人的有关人员(企业的法定代表人)应承担下列义务:① 妥善保管其占有和管理的财产、印章和账簿、文书等资料;② 根据人民法院、管理人的要求进行工作,并如实回答询问;③ 列席债权人会议,并如实回答债权人的询问;④ 未经人民法院许可,不得离开住所地;⑤ 不得新任其他企业的董事、监事、高级管理人员。人民法院受理破产申请后,债务人对个别债权人的债务清偿无效。

2. 对债务人的债务人或财产持有人的效力

人民法院受理破产申请后,债务人的债务人或者财产持有人应当向管理人清偿债务或者交付财产。债务人的债务人或者财产持有人故意违反规定直接向债务人清偿债务或者交付财产,不向管理人清偿债务或者交付财产从而使债权人受到损失的,不免除其向管理人清偿债务或者交付财产的义务。

3. 对管理人的效力

人民法院受理破产申请后,管理人对破产申请受理前成立而债务人和对方当事人均未履行完毕的合同有权决定解除或者继续履行,并通知对方当事人。管理人自破产申请受理之日起两个月内未通知对方当事人,或者自收到对方当事人催告之日起30日内未答复的,视为解除合同。管理人决定继续履行合同的,对方当事人应当履行；但是，对方当事人有权要求管理人提供担保。管理人不提供担保的，视为解除合同。

4. 对相关民事程序的效力

人民法院受理破产申请后，有关债务人财产的保全措施应当解除，执行程序应当中止；已经开始而尚未终结的有关债务人的民事诉讼或者仲裁应当中止；在管理人接管债务人的财产后，该诉讼或者仲裁继续进行。人民法院受理破产申请后，债权人新提起的要求债务人清偿的民事诉讼，人民法院不予受理，同时告知债权人应当向管理人申报债权。另外，国务院金融监督管理机构依法对出现重大经营风险的金融机构采取接管、托管等措施的，可以向人民法院申请中止以该金融机构为被告或者被执行人的民事诉讼程序或者执行程序。

第三节 管理人与债务人财产

一、管理人

管理人是指破产案件受理后成立的，全面接管债务人企业并负责其财产管理和破产事务的专门机构。破产案件受理后指定管理人是当前国际上普遍采用的做法。由于破产立法的重心由清算主义转向再建主义，各国破产法关于破产程序开始的立法准则已普遍采用受理开始主义。这样，接管债务人财产和事务的时间起点就不能以破产宣告为准，而必须以破产案件受理为准。《企业破产法》第13条规定："人民法院裁定受理破产申请的，应当同时指定管理人。"在破产程序开始时，由人民法院直接指定管理人，由管理人直接接管债务人的财产和事务，这样更有利于保护债权人的合法权益以及积极开展企业拯救和维护公平清偿秩序。

（一）管理人的确定方式和范围

《企业破产法》第22条规定："管理人由人民法院指定，债权人会议认为管理人不能依法公正执行职务或者有其他不能胜任职务情形的，可以申请人民法院予以更换。"这一规定从维护债务人财产的角度，将管理人的决定权交给了受理破产申请的法院。

根据《企业破产法》第24条的规定，管理人可以由有关部门、机构的人员组成的清算组或者依法设立的律师事务所、会计师事务所、破产清算事务所等社会中介机构担任。人民法院根据债务人的实际情况，可以在征询有关社会中介机构的意见后，指定该机构具备相关专业知识并取得执业资格的人员担任管理人。个人担任管理人的，应当参加执业责任保险。但有下列情形之一的，不得担任管理人：① 因故意犯罪受过刑事处罚；② 曾被吊销相关专业执业证书；③ 与本案有利害关系；④ 人民法院认为不宜担任管理人的其他情形。管理人经人民法院许可,可以聘用必要的工作人员。管理人的报酬由人民法院确定。债权人会议对管理人的报酬有异议的,有权向人民法院提出。

(二) 管理人的职责和监督

管理人一般履行下列职责:① 接管债务人的财产、印章和账簿、文书等资料;② 调查债务人的财产状况,制作财产状况报告;③ 决定债务人的内部管理事务;④ 决定债务人的日常开支和其他必要开支;⑤ 在第一次债权人会议召开之前,决定继续或者停止债务人的营业;⑥ 管理和处分债务人的财产;⑦ 代表债务人参加诉讼、仲裁或者其他法律程序;⑧ 提议召开债权人会议;⑨ 人民法院认为管理人应当履行的其他职责。管理人应当勤勉尽责,忠实执行职务。管理人没有正当理由不得辞去职务,管理人辞去职务应当经人民法院许可。

管理人应当依照法定职责执行职务,向人民法院报告工作,并接受债权人会议和债权人委员会的监督。管理人应当列席债权人会议,向债权人会议报告职务执行情况,并回答询问。

二、债务人财产

债务人财产是指人民法院受理破产申请时债务人所拥有的全部财产以及破产申请受理后至破产程序终结前债务人所取得的财产。债务人财产既是债务人申请重整或者和解程序的基础,也是进行破产清算的依据。人民法院裁定受理破产申请时,应当同时指定管理人并由管理人接管债务人财产。

(一) 债务人财产的范围

《企业破产法》第30条规定:"破产申请受理时属于债务人的全部财产,以及破产申请受理后至破产程序终结前债务人取得的财产,为债务人财产。"这一规定表明债务人财产主要包括两部分:

一是破产申请受理时属于债务人的全部财产,即债务人在破产申请受理时所有的或者经营管理的全部财产,包括有形财产、无形财产、货币和有价证券、投资收益。

二是破产申请受理后至破产程序终结前债务人取得的财产,包括因债务人的债务人清偿债务或者财产持有人交付财产而取得的财产、因债务人享有的投资权益而取得的收益、因债务人未履行合同的继续履行而取得的财产、债务人财产所生孳息、债务人继续营业的收益、出资人补足注册资本所取得的财产、因债务人财产被错误执行而执行回转的财产以及因其他合法原因而取得的财产。

(二) 债务人财产的管理

债务人财产的管理和保护对维护债务人财产的安全与完整,防止债务人、出资人以及债务人的高级管理人员的不当行为损害债务人的财产,保证公平清偿以及维护全体债权人的合法权益都具有非常重要的意义。对此,《企业破产法》规定了破产撤销权、破产抵销权、破产取回权、破产追回权和破产无效行为等旨在管理和保护债务人财产的规则。

1. 破产撤销权

破产撤销权是指管理人对债务人在法院受理破产申请前一定期限内所为的有损于债务人财产从而损害债权人利益的行为,有请求人民法院予以撤销的权利。管理人行使撤销权可带来两个后果:一是债务人所实施的撤销行为归于无效;二是因撤销行为所取得的债务人财产,管理人有权依法追回。《企业破产法》第31条规定:"人民法院受理破产申请前1年内,涉及债务人财产的下列行为,管理人有权请求人民法院予以撤销:① 无偿转让财产的;② 以明显不合理的价格进行交易的;③ 对没有财产担保的债务提供财产担保的;④ 对未到期的债务提前清偿的;⑤ 放弃债权的。"《企业破产法》第32条规定:"人民法院受理破产申请前6个月内,已达破产界限的债务人仍对个别债权人进行清偿的,管理人有权请求人民法院予以撤销。但是,个别清偿使债务人财产受益的除外。"

2. 破产抵销权

破产抵销权是指在破产申请受理前,债权人对债务人同时负有债务的,不论其债权债务的种类是否相同,也不论债权债务是否到期,债权人都有权不依破产程序而直接向管理人主张以其债权抵销其对债务人所负的债务。在通常情况下,抵销免除双方的债务,双方是同等受益的。也就是说,以抵销的方法实现清偿的结果与双方分别向对方履行给付的结果是一致的。但是,在受理破产申请的情况下,债权人与债务人所受的利益是不均等的。因为债权人通过破产程序获得不足额清偿是正常的,而债务人向债权人的追偿应当是足额的。所以,破产抵销所实现的清偿结果与各自分别清偿的结果是不一致的,破产抵销权的行使有利于主张抵销权的债权人而不利于债务人,会导致债务人财产的减少,有损于全体破产债权人的一般清偿利益。为防止债权人利用破产抵销权损害债务人财产,影响全体破产债权人一般利益的公平清偿,《企业破产法》第40条规定:"债权人在破产申请受理前对债务人负有债务的,可以向管理人主张抵销。但是,有下列情形之一的,不得抵销:① 债务人的债务人在破产申请受理后取得他人对债务人的债权的;② 债权人已知债务人有不能清偿到期债务或者破产申请的事实,对债务人负担债务的;但是,债权人因为法律规定或者有破产申请一年前所发生的原因而负担债务的除外;③ 债务人的债务人已知债务人有不能清偿到期债务或者破产申请的事实,对债务人取得债权的;但是,债务人的债务人因为法律规定或者有破产申请一年前所发生的原因而取得债权的除外。"

3. 破产取回权

取回权是以物权为基础的特定物返还请求权,也就是说,取回权的发生依据是物权而不是债权,取回权是物权人向占有人提出的特定物返还请求权。破产取回权分为管理人取回权和权利人取回权。

管理人取回权是指管理人从财产占有人处取回属于债务人的财产的请求权。《企业破产法》第 37 条规定:"人民法院受理破产申请后,管理人可以通过清偿债务或者提供为债权人接受的担保,取回质物、留置物。前款规定的债务清偿或者替代担保,在质物或者留置物的价值低于被担保的债权额时,以该质物或者留置物当时的市场价值为限。"

权利人取回权是指权利人从管理人接管的财产中取回不属于债务人的财产的请求权。我国《企业破产法》规定了一般取回权和特别取回权。一般取回权是指适用破产法一般规定的取回权。《企业破产法》第 38 条规定:"人民法院受理破产申请后,债务人占有的不属于债务人的财产,该财产的权利人可以通过管理人取回。但是,本法另有规定的除外。"特别取回权是指适用破产法特别规定的取回权。《企业破产法》第 39 条规定:"人民法院受理破产申请时,出卖人已将买卖标的物向作为买受人的债务人发运,债务人尚未收到且未付清全部价款的,出卖人可以取回在运途中的标的物。但是,管理人可以支付全部价款,请求出卖人交付标的物。"

4. 破产别除权

别除权是指债权人在债务人破产时,对其于破产受理前设立的有财产担保的债权可以不经破产程序而优先以担保物价值受偿的权利。别除权不是破产法创设的实体权利,而是破产法给予某些既成的实体权利的特殊待遇。享有这种特殊待遇的权利基础是担保权,也就是说,只有在破产申请受理前已经合法取得担保权的债权人才能够享有别除权。别除权具有三个基本特征:其一,是担保物权的权利人对破产财产所享有的一种权利;其二,这种权利的行使以担保标的物为限;其三,这种权利的行使不依据破产程序,权利人可在破产程序之外通过民事执行程序随时对权利标的物行使权利,不受破产程序的约束。《企业破产法》第 109 条规定:"对破产人的特定财产享有担保权的权利人,对该特定财产享有优先受偿的权利。"

5. 补足出资和非正常收入追回权

补足出资是指管理人在债务人的出资人未履行出资义务的情况下,依法要求其继续履行出资义务,补足出资金额的行为。为维护债务人财产的完整性,《企业破产法》第 35 条规定:"人民法院受理破产申请后,债务人的出资人尚未完全履行出资义务的,管理人应当要求该出资人缴纳所认缴的出资,而不受出资期限的限制。"

非正常收入追回权是指管理人对债务人的高级管理人员利用职务从企业获取的非正常收入和侵占的企业财产有追回的权利。《企业破产法》第 36 条规定:"债务人的董事、监事和高级管理人员利用职权从企业获取的非正常收入和侵占的企业财产,管理人应当追回。"

6. 破产无效行为

破产无效行为是指债务人在破产状态下实施的使债务人财产不当减少，或违反公平清偿原则从而使债权人的一般清偿利益受到损害，依法应被确认无效的财产处分行为。为防止债务人财产不当减少和制止个别清偿对全体债权人的损害，《企业破产法》第33条规定："涉及债务人财产的下列行为无效：① 为逃避债务而隐匿、转移财产的；② 虚构债务或者承认不真实的债务的。"《企业破产法》第16条规定："人民法院受理破产申请后，债务人对个别债权人的债务清偿无效。"同时，《企业破产法》第34条还规定，因无效行为而取得的债务人的财产，管理人有权追回。

三、破产费用和共益债务

（一）破产费用和共益债务的范围

破产费用是指破产程序开始后，为保证破产程序的顺利进行以及为全体债权人的共同利益而在破产程序中发生的各项费用。《企业破产法》第41条规定："人民法院受理破产申请后发生的下列费用，为破产费用：① 破产案件的诉讼费用；② 管理、变价和分配债务人财产的费用；③ 管理人执行职务的费用、报酬和聘用工作人员的费用。"

共益债务又称财团债务是指破产程序开始后，为全体债权人的共同利益而在破产程序中发生的各种债务。《企业破产法》第42条规定："人民法院受理破产申请后发生的下列债务，为共益债务：① 因管理人或者债务人请求对方当事人履行双方均未履行完毕的合同所产生的债务；② 债务人财产受无因管理所产生的债务；③ 因债务人不当得利所产生的债务；④ 为债务人继续营业而应支付的劳动报酬和社会保险费用以及由此产生的其他债务；⑤ 管理人或者相关人员执行职务致人损害所产生的债务；⑥ 债务人财产致人损害所产生的债务。"

（二）破产费用和共益债务的清偿

根据《企业破产法》第43条的规定，破产费用和共益债务的清偿应当遵循下列原则。

（1）破产费用和共益债务由债务人财产随时清偿。也就是说，破产费用的支付和共益债务的清偿，不必等到相关程序的结束，也无须进行债权申报，只要清偿期限届满，管理人随时以债务人财产负责清偿。

（2）债务人财产不足以清偿所有破产费用和共益债务的，先行清偿破产费用。也就是说，当破产费用和共益债务不能同时清偿时，破产费用优先于共益债务得到清偿。因为破产费用是保障破产程序顺利进行的必要费用，如果破产费用不能清偿，破产程序就难以正常进行。

(3) 债务人财产不足以清偿所有破产费用或者共益债务的,按照比例清偿。也就是说,当债务人财产不足以清偿所有破产费用时,破产费用中的各项开支由债务人财产按比例进行清偿,共益债务就不再清偿;当债务人财产可以清偿所有破产费用,但不足以清偿所有共益债务的,在优先清偿破产费用后,由债务人的剩余财产在共益债务的各项开支中按比例进行清偿。

(4) 债务人财产不足以清偿破产费用的,管理人应当提请人民法院终结破产程序。人民法院应当自收到请求之日起15日内裁定终结破产程序,并予以公告。

第四节 债权申报与债权人会议

一、债权申报

债权申报是债权人在人民法院受理破产申请后依照法定程序向管理人主张并证明其债权,以便参加破产程序的法律行为。债权申报是债权人参加破产程序行使相应权利的必要条件。债权人申报债权并经依法确认后,即具有参加债权人会议的资格,并依法享有相应的程序权利。债权人未依法申报债权的,不得依照破产程序行使权利。

(一) 债权申报的一般规定

1. 债权申报期限

债权申报期限是债权人向管理人申报债权的有效期限。债权申报期限的立法体例有法定主义和法院酌定主义两种。我国企业破产法对债权申报期限采用了法院酌定主义原则。《企业破产法》第45条规定:"人民法院受理破产申请后,应当确定债权人申报债权的期限。债权申报期限自人民法院发布受理破产申请公告之日起计算,最短不得少于三十日,最长不得超过三个月。"这一规定对债权申报期限的确定具有较大的弹性,即在30日至3个月内由法院自由裁量。

2. 债权申报方式及内容

债权人应当在人民法院确定的债权申报期限内向管理人申报债权。债权人申报债权时,应当书面说明债权的数额和有无财产担保,并提交有关证据。申报的债权是连带债权的,应当说明。

3. 未申报债权的后果

在人民法院确定的债权申报期限内,债权人未申报债权的,可以在破产财产最后分配前补充申报;但是,此前已进行的分配,不再对其补充分配。为审查和确认补充申报债权而产生的费用,由补充申报人承担。债权人未依法申报债权的,不得依照企业破产法规定的程序行使权利。

(二) 特殊债权的申报与免申报

1. 未到期债权的申报

未到期债权是指在破产申请受理时尚未到期的债权。未到期的债权在破产申请受理时视为到期,可以向管理人申报债权。附利息的债权自破产申请受理时开始停止计息。

2. 附条件、附期限、仲裁未决债权(统称或然性债权)的申报

附条件债权是指以将来不确定事实的成就或者不成就决定生效或者消灭的请求权。附期限债权是指以将来确定期限的到来为条件决定债权的发生或者消灭的债权。仲裁未决债权是指处于诉讼或者仲裁过程中,尚未形成处理结果的债权。附条件、附期限的债权和诉讼、仲裁未决的债权,债权人可以申报债权。

3. 连带和担保债权的申报

连带债权是指债务人的多个债权人均可以请求债务人履行全部债务的债权。《企业破产法》第50条规定:"连带债权人可以由其中一人代表全体连带债权人申报债权,也可以共同申报债权。"担保债权是指债务人的担保人因代替债务人清偿债务而形成的对债务人的求偿权。《企业破产法》第51条规定:"债务人的保证人或者其他连带债务人已经代替债务人清偿债务的,以其对债务人的求偿权申报债权。债务人的保证人或者其他连带债务人尚未代替债务人清偿债务的,以其对债务人的将来求偿权申报债权。但是,债权人已经向管理人申报全部债权的除外。"

4. 其他特殊债权的申报

根据《企业破产法》的规定,其他特殊债权的申报主要包括:① 连带债务人数人被裁定适用破产程序的,其债权人有权就全部债权分别在各破产案件中申报债权;② 管理人或者债务人依照企业破产法规定解除合同的,对方当事人以因合同解除所产生的损害赔偿请求权申报债权;③ 债务人是委托合同的委托人,被裁定适用破产程序的,受托人不知道该事实,继续处理委托事务的,受托人以由此产生的请求权申报债权;④ 债务人是票据的出票人,被裁定适用破产程序的,该票据的付款人继续付款或者承兑的,付款人以由此产生的请求权申报债权。

5. 职工工资和社会保险费用的免申报

债务人所欠职工的工资和医疗、伤残补助、抚恤费用,所欠的应当划入职工个人账户的基本养老保险、基本医疗保险费用以及法律、行政法规规定应当支付给职工的补偿金,不必申报,由管理人调查后列出清单并予以公示。职工对清单记载有异议的,可以要求管理人更正;管理人不予更正的,职工可以向人民法院提起诉讼。

(三) 债权申报的审查与确认

管理人收到债权申报材料后,应当登记造册,对申报的债权进行审查,并编制债权表。债权表和债权申报材料由管理人保存,供利害关系人查阅。管理人编制的债

权表应当提交第一次债权人会议核查。债务人、债权人对债权表记载的债权无异议的,由人民法院裁定确认。债务人、债权人对债权表记载的债权有异议的,可以向受理破产申请的人民法院提起诉讼。

二、债权人会议

债权人会议是全体债权人参加破产程序并集体行使权利的破产议决机构。全体债权人通过债权人会议,对破产程序中涉及债权人利益的重大事项作出决议,协调债权人的行为,监督破产程序的运行,维护全体债权人的共同利益。

(一)债权人会议的性质和组成

1. 债权人会议的性质

债权人会议属于一种自治性机构。在破产程序中,债权人会议具有独立的法律地位。有关债权人权利行使和权利处分的一切事项,均由债权人会议独立地作出决议。债权人在债权人会议上享有充分的自由表达和自主表决的权利。

2. 债权人会议的组成

(1)债权人会议成员。依法申报债权的债权人为债权人会议的成员,有权参加债权人会议,享有表决权。但是,债权尚未确定的债权人,除人民法院能够为其行使表决权而临时确定债权额的外,不得行使表决权。对债务人的特定财产享有担保权的债权人(即别除权人),未放弃优先受偿权利的,对债权人会议通过的和解协议,以及破产财产的分配方案等事项不享有表决权。债权人可以委托代理人出席债权人会议,行使表决权。代理人出席债权人会议,应当向人民法院或者债权人会议主席提交债权人的授权委托书。另外,债权人会议应当有债务人的职工和工会的代表参加,对有关事项发表意见。

(2)债权人会议主席。债权人会议设主席一人,由人民法院从有表决权的债权人中指定,其职责为负责主持和召集债权人会议。

(二)债权人会议的职权

根据《企业破产法》第61条的规定,债权人会议行使下列职权:① 核查债权;② 申请人民法院更换管理人,审查管理人的费用和报酬;③ 监督管理人;④ 选任和更换债权人委员会成员;⑤ 决定继续或者停止债务人的营业;⑥ 通过重整计划;⑦ 通过和解协议;⑧ 通过债务人财产的管理方案;⑨ 通过破产财产的变价方案;⑩ 通过破产财产的分配方案;⑪ 人民法院认为应当由债权人会议行使的其他职权。债权人会议应当对所议事项的决议作成会议记录。

(三)债权人会议的召开和决议

1. 债权人会议的召开程序

第一次债权人会议由人民法院召集,自债权申报期限届满之日起15日内召开。

以后的债权人会议,在人民法院认为必要时,或者管理人、债权人委员会、占债权总额1/4以上的债权人向债权人会议主席提议时召开。召开债权人会议,管理人应当提前15日通知已知的债权人。

2. 债权人会议的决议规则

债权人会议的决议由出席会议的有表决权的债权人过半数通过,并且其所代表的债权额占无财产担保债权总额的1/2以上。债权人认为债权人会议的决议违反法律规定,损害其利益的,可以自债权人会议作出决议之日起15日内,请求人民法院裁定撤销该决议,责令债权人会议依法重新作出决议。债权人会议的决议对全体债权人均有约束力。对于债务人财产的管理方案和破产财产的变价方案,经债权人会议表决未通过的,由人民法院裁定。对于破产财产的分配方案,经债权人会议二次表决仍未通过的,由人民法院裁定。债权人对人民法院关于债务人财产的管理方案和破产财产的变价方案作出的裁定不服的,债权额占无财产担保债权总额1/2以上的债权人对人民法院关于破产财产的分配方案作出的裁定不服的,可以自裁定宣布之日或者收到通知之日起15日内向该人民法院申请复议。复议期间不停止裁定的执行。

(四) 债权人委员会

1. 债权人委员会的组成

债权人会议是以会议形式开展活动的机构,债权人只有在开会期间才能行使其法定职权,在闭会期间则无法行使其职权,也不能对破产程序进行有效监督。因此,为保障债权人会议职能的全面有效实施以及对破产程序和管理人的必要监督,就需要设立一个债权人会议的常设机构代行相关职能,这个常设机构就是债权人委员会,也称破产监督人。根据《企业破产法》第67条的规定,债权人会议可以决定设立债权人委员会。债权人委员会由债权人会议选任的债权人代表和1名债务人的职工代表或者工会代表组成。债权人委员会成员不得超过9人。债权人委员会成员应当经人民法院书面决定认可。

2. 债权人委员会的职权

根据《企业破产法》第68条的规定,债权人委员会行使下列职权:① 监督债务人财产的管理和处分;② 监督破产财产分配;③ 提议召开债权人会议;④ 债权人会议委托的其他职权。债权人委员会执行职务时,有权要求管理人、债务人的有关人员对其职权范围内的事务作出说明或者提供有关文件。管理人、债务人的有关人员违反规定拒绝接受监督的,债权人委员会有权就监督事项请求人民法院作出决定,人民法院应当在5日内作出决定。

3. 债权人委员会对管理人的监督

根据《企业破产法》第69条的规定,管理人实施下列行为,应当及时报告债权人委员会:① 涉及土地、房屋等不动产权益的转让;② 探矿权、采矿权、知识产权等财产权的转让；③ 全部库存或者营业的转让；④ 借款；⑤ 设定财产担保；⑥ 债权和有价证券的转让；⑦ 履行债务人和对方当事人均未履行完毕的合同；⑧ 放弃权利；⑨ 担保物的取回；⑩ 对债权人利益有重大影响的其他财产处分行为。未设立债权人委员会的，管理人实施上述行为的应当及时向人民法院报告。

第五节 重整与和解

一、重整制度

重整是指在企业无力偿债的情况下，依照法律规定的程序，保护企业继续经营，实现债务调整和企业整理，使之摆脱困境，走向复兴的再建型债务清理制度。重整是一种企业挽救制度，即对于濒临破产或者已出现破产原因的企业进行债务、资产等经营的重新整合，对债务人的经营和债务履行作出重新安排。重整制度是对传统的以破产清算为中心的破产制度的重大变革。传统破产制度的最大缺陷是容易造成资产价值流失和失业救济、连锁破产等社会成本的增加，导致社会资源的浪费以及社会公平的缺失。因此，建立重整制度不仅能够及时地拯救企业、维护债权人的利益，而且还能够有效地保护和利用社会资源、维护社会正义。

（一）重整申请和重整期间

1. 重整申请

（1）重整申请的提出。当企业法人不能清偿到期债务，并且资产不足以清偿全部债务或者明显缺乏清偿能力或者有明显丧失清偿能力可能的，债务人或者债权人可以向人民法院申请对债务人进行重整。债权人申请对债务人进行破产清算的，在人民法院受理破产申请后、宣告债务人破产前，债务人或者出资额占债务人注册资本1/10以上的出资人，可以向人民法院申请重整。

（2）重整申请的审查与裁定。申请人申请重整的，应当向人民法院提交重整申请书及有关证据材料。人民法院经审查认为重整申请符合法律规定的，应当裁定债务人重整，并予以公告。

2. 重整期间

（1）重整期间的确定。重整期间是指重整程序开始后至重整程序终止这段时间，又称重整保护期。《企业破产法》第72条规定："自人民法院裁定债务人重整之日起至重整程序终止，为重整期间。"破产法规定重整期间的目的在于，防止债权人在重整期间对债务人采取诉讼或其他程序行动，以便保护企业的运营价值和制定报批重整计划。在重整期间，债务人要进行债务和营业的重新整合，债务人或者管理人要制定重整计划草案报债权人会议表决或者申请人民法院批准。因此，重整期间关系到债务人能否重整、债权人的利益能否得到保障、债务人能否得以重生的重要期间。这里须注意的是,重整期间不同于重整计划的执行期间。重整期间是法院裁定重整至重整程序结束的期间,而重整计划的执行期间是重整程序终止后债务人执行重整计划的期间。

(2) 重整期间的财产与事务管理。在重整期间,债务人同时符合下列条件的,经债务人申请,人民法院批准,债务人可以在管理人的监督下自行管理财产和营业事务,已接管债务人财产和营业事务的管理人应当向债务人移交财产和营业事务:① 债务人的内部治理机制仍正常运转;② 债务人自行管理有利于债务人继续经营;③ 债务人不存在隐匿、转移财产的行为;④ 债务人不存在其他严重损害债权人利益的行为。债务人提出重整申请时可以一并提出自行管理的申请。经人民法院批准由债务人自行管理财产和营业事务的,企业破产法规定的管理人职权中有关财产管理和营业经营的职权应当由债务人行使,如果债务人并未向法院提出自行管理财产和营业事务的申请,或者虽提出申请但法院未予批准的,管理人继续负责管理财产和营业事务,并可聘任债务人的经营管理人员负责营业事务。

(3) 重整期间的营业保护措施。在重整期间,为支持债务人继续经营,促使债务人实现重整,破产法规定了一系列的保护措施:① 在重整期间,对债务人的特定财产享有的担保权暂停行使。但是,担保物有损坏或者价值明显减少的可能,足以危害担保权人权利的,担保权人可以向人民法院请求恢复行使担保权。为依法平衡保护担保物权人的合法权益和企业重整价值,重整申请受理后,管理人或者自行管理的债务人应当及时确定设定有担保物权的债务人财产是否为重整所必需。如果认为担保物不是重整所必需,管理人或者自行管理的债务人应当及时对担保物进行拍卖或者变卖,拍卖或者变卖担保物所得价款在支付拍卖、变卖费用后优先清偿担保物权人的债权。② 在重整期间,债务人或者管理人为继续营业而借款的,可以为该借款设定担保。③ 债务人合法占有的他人财产,该财产的权利人在重整期间要求取回的,应当符合事先约定的条件。④ 在重整期间,债务人的出资人不得请求投资收益分配。⑤ 在重整期间,债务人的董事、监事、高级管理人员不得向第三人转让其持有的债务人的股权。但是,经人民法院同意的除外。

(4) 重整程序的终止。在重整期间,有下列情形之一的,经管理人或者利害关系人请求,人民法院应当裁定终止重整程序,并宣告债务人破产:① 债务人的经营状况和财产状况继续恶化,缺乏挽救的可能性;② 债务人有欺诈、恶意减少债务人财产或者其他显著不利于债权人的行为;③ 由于债务人的行为致使管理人无法执行职务。

(二) 重整计划的制定和批准

重整计划是重整程序中最重要的法定文件。它是债务人、债权人和其他利害关系人在协商基础上就债务清偿和企业拯救作出的安排。重整计划一方面确定以让步为基础的债务清偿方案,另一方面确定有助于企业复兴的经营方案,力求避免破产清算。

1. 重整计划草案的制作和提交

债务人自行管理财产和营业事务的,由债务人制作重整计划草案。管理人负责管理财产和营业事务的,由管理人制作重整计划草案。债务人或者管理人应当自人民法院裁定债务人重整之日起6个月内,同时向人民法院和债权人会议提交重整计划草案。在6个月内未提交的,经债务人或者管理人请求,有正当理由的,人民法院可以裁定延期3个月。债务人或者管理人未按期提出重整计划草案的,人民法院应当裁定终止重整程序,并宣告债务人破产。

2. 重整计划草案的主要内容

重整计划草案应当包括下列内容:① 债务人的经营方案;② 债权分类(有财产担保的债权、职工债权、税收债权、普通债权);③ 债权调整方案;④ 债权受偿方案;⑤ 重整计划的执行期限;⑥ 重整计划执行的监督期限;⑦ 有利于债务人重整的其他方案。

3. 重整计划草案的表决和批准

(1) 划分债权人表决组。为了对重整计划草案进行表决,首先要按照一定的标准对各种债权人进行分组,然后分组进行表决。将各种债权人分组,分别表决是各国破产重整制度的通例。根据《企业破产法》第82条的规定,下列各类债权的债权人参加讨论重整计划草案的债权人会议,依照下列债权分类,分组对重整计划草案进行表决:① 对债务人的特定财产享有担保权的债权;② 债务人所欠职工的工资和医疗、伤残补助、抚恤费用,所欠的应当划入职工个人账户的基本养老保险、基本医疗保险费用以及法律、行政法规规定应当支付给职工的补偿金;③ 债务人所欠税款;④ 普通债权。也就是说,债权人会议通过重整计划草案,依照法定的债权分类,即有财产担保的债权、职工债权、税收债权、普通债权,分组表决。人民法院在必要时可以决定在普通债权组中设小额债权组对重整计划草案进行表决。

(2) 召开债权人会议分组表决。人民法院应当自收到重整计划草案之日起30日内召开债权人会议,对重整计划草案进行表决。债务人或者管理人应当向债权人会议就重整计划草案作出说明,并回答询问。债务人的出资人代表可以列席讨论重整计划草案的债权人会议。重整计划草案涉及出资人权益调整事项的,应当设出资人组,对该事项进行表决。出席会议的同一表决组的债权人过半数同意重整计划草案,并且其所代表的债权额占该组债权总额的2/3以上的,即为该组通过重整计划草案。各表决组均通过重整计划草案时,重整计划即为通过。人民法院受理重整申请前,债务人和部分债权人已经达成的有关协议与重整程序中制作的重整计划草案内容一致的,有关债权人对该协议的同意视为对该重整计划草案表决的同意。但重整计划草案对协议内容进行了修改并对有关债权人有不利影响,或者与有关债权人重大利益相关的,受到影响的债权人有权对重整计划草案重新进行表决。

(3) 提请人民法院批准重整计划。自重整计划通过之日起10日内,债务人或者管理人应当向人民法院提出批准重整计划的申请。人民法院经审查认为符合法律规定的,应当自收到申请之日起30日内裁定批准,终止重整程序,并予以公告。部分表决组未通过重整计划草案的,债务人或者管理人可以同未通过重整计划草案的表决组协商。该表决组可以在协商后再表决一次,但双方协商的结果不得损害其他表决组的利益。未通过重整计划草案的表决组拒绝再次表决或者再次表决仍未通过重整计划草案,但重整计划草案符合下列条件的,债务人或者管理人可以申请人民法院批准重整计划草案:① 按照重整计划草案,对债务人的特定财产享有担保权的债权就该特定财产将获得全额清偿,其因延期清偿所受的损失将得到公平补偿,并且其担保权未受到实质性损害,或者该表决组已经通过重整计划草案;② 按照重整计划草案,债务人所欠职工的工资和医疗、伤残补助、抚恤费用,所欠的应当划入职工个人账户的基本养老保险、基本医疗保险费用,法律、行政法规规定应当支付给职工的补偿金以及债务人所欠税款都将获得全额清偿,或者相应表决组已经通过重整计划草案;③ 按照重整计划草案,普通债权所获得的清偿比例,不低于其在重整计划草案被提请批准时依照破产清算程序所能获得的清偿比例,或者该表决组已经通过重整计划草案;④ 重整计划草案对出资人权益的调整公平、公正,或者出资人组已经通过重整计划草案;⑤ 重整计划草案公平对待同一表决组的成员,并且所规定的债权清偿顺序不违反破产法的规定;⑥ 债务人的经营方案具有可行性。人民法院经审查认为未通过的重整计划草案符合上述条件的,应当自收到申请之日起30日内裁定批准,终止重整程序,并予以公告。重整计划草案未获得通过,并且债务人或者管理人依法直接申请人民法院批准也未获得批准,或者已通过的重整计划未获得人民法院批准的,人民法院应当裁定终止重整程序,并宣告债务人破产。

(三) 重整计划的执行

1. 重整计划执行的监督

重整计划由债务人负责执行。人民法院裁定批准重整计划后,已接管财产和营业事务的管理人应当向债务人移交财产和营业事务。自人民法院裁定批准重整计划之日起,在重整计划规定的监督期内,由管理人监督重整计划的执行。在监督期内,债务人应当向管理人报告重整计划执行情况和债务人财务状况。监督期届满时,管理人应当向人民法院提交监督报告。自监督报告提交之日起,管理人的监督职责终止。管理人向人民法院提交的监督报告,重整计划的利害关系人有权查阅。经管理人申请,人民法院可以裁定延长重整计划执行的监督期限。

2. 重整计划执行的效力

经人民法院裁定批准的重整计划，对债务人和全体债权人均有约束力。债权人未依法申报债权的，在重整计划执行期间不得行使权利；在重整计划执行完毕后，可以按照重整计划规定的同类债权的清偿条件行使权利。债权人对债务人的保证人和其他连带债务人所享有的权利，不受重整计划的影响。按照重整计划减免的债务，自重整计划执行完毕时起，债务人不再承担清偿责任。

3. 重整计划执行的终止

债务人不能执行或者不执行重整计划的，人民法院经管理人或者利害关系人请求，应当裁定终止重整计划的执行，并宣告债务人破产。人民法院裁定终止重整计划执行的，债权人在重整计划中作出的债权调整的承诺失去效力。但是，债务人或者第三人为重整计划的执行提供的担保继续有效。也就是说，债权人可以就此向债务人或者第三人主张权利。人民法院裁定终止重整计划执行的，债权人因执行重整计划所受的清偿仍然有效，债权未受清偿的部分作为破产债权行使权利，但只有在其他同顺位债权人同自己所受的清偿达到同一比例时，才能继续接受分配。

二、和解制度

和解是指具备破产原因的债务人，为避免破产清算而与债权人会议达成的以让步方法了结债务的协议，该协议经人民法院认可后生效执行的一项程序制度。和解制度所遵循的法律政策是尽可能地减少破产清算事件的发生，以避免破产清算可能带来的一系列消极后果[①]。因此，和解程序与重整程序一样，都是以避免破产清算为目的而设计的破产程序。但是，和解程序与重整程序各有自身的优势：和解程序充分尊重当事人的意思自治，具有简便灵活的特点，适合规模较小、拯救难度低的债务人企业；重整程序比较复杂，法律干预较多，是一种力度较大、费用较高的企业拯救制度，适合规模较大、困境较严重的债务人企业。

（一）和解申请的提出和许可

和解申请是指债务人向人民法院提出的意图与债权人和解清理债权债务的意思表示。当债务人不能清偿到期债务，并且资产不足以清偿全部债务或者明显缺乏清偿能力时，债务人可以直接向人民法院提出和解申请；债务人也可以在人民法院受理破产申请后、宣告债务人破产前，向人民法院提出和解申请。债务人申请和

[①] 这些消极后果主要包括：普通债权人由于只能得到很低比例的清偿，使其因债务人破产而蒙受的巨大损失；债务人企业的破产倒闭对其他企业造成的不利影响，可能会引起连锁反应；债务人企业的破产清算导致劳动者失业，从而加重社会负担，影响社会稳定。参见《商法学》，覃有土主编，中国政法大学出版社，2002年版第260页。

解,是请求人民法院主持,以与全体债权人达成和解协议的方式实现债务清偿,无论是直接向人民法院申请和解,还是在破产程序开始后、宣告破产前向人民法院申请和解,都应当向人民法院提交和解申请书与和解协议草案。和解申请书应当载明下列事项:债务人的基本情况;申请和解的目的;申请和解的事实和理由;以及法院认为债务人应当记载的其他事项。和解协议草案应当包括下列内容:债务人的财产状况;和解债权的总额;清偿和解债权的方式、比例、时间;执行和解协议的担保等。

人民法院经审查认为和解申请符合法律规定的,应当裁定和解,予以公告,并召集债权人会议讨论和解协议草案。对债务人的特定财产享有担保权的权利人,自人民法院裁定和解之日起可以行使权利。人民法院经审查认为和解申请不符合法律规定的,可以责令申请人作相应的补正。申请人拒不补正或者经补正仍不符合法律规定的,人民法院应当裁定驳回和解申请。

(二) 和解协议的成立和效力

和解协议成立的方式是债务人以提出和解协议草案的形式向债权人团体发出要约,债权人会议以通过和解协议草案决议的形式作出承诺。债务人提出和解申请,经人民法院裁定和解后,应当召集债权人会议讨论和解协议草案。债权人会议讨论和解协议草案,可以要求债务人就和解协议的有关内容作出解释、说明。债权人会议认为和解条件应当修订时,可以和债务人进行协商谈判。债权人会议对和解协议草案以表决的方式确定是否通过。债权人会议通过和解协议的决议,由出席会议的有表决权的债权人过半数同意,并且其所代表的债权额占无财产担保债权总额的2/3以上。债权人会议通过和解协议的,由人民法院裁定认可,终止和解程序,并予以公告。管理人应当向债务人移交财产和营业事务,并向人民法院提交执行职务的报告。和解协议草案经债权人会议表决未获得通过,或者已经债权人会议通过的和解协议未获得人民法院认可的,人民法院应当裁定终止和解程序,并宣告债务人破产。

经人民法院裁定认可的和解协议,对债务人和全体和解债权人均有约束力。所谓和解债权人是指人民法院受理破产申请时对债务人享有无财产担保债权的人。和解债权人未依法申报债权的,在和解协议执行期间不得行使权利;在和解协议执行完毕后,可以按照和解协议规定的清偿条件行使权利。和解债权人对债务人的保证人和其他连带债务人所享有的权利,不受和解协议的影响。

(三) 和解协议的执行和终止

债务人应当按照和解协议规定的条件清偿债务。按照和解协议减免的债务,自和解协议执行完毕时起,债务人不再承担清偿责任。因债务人的欺诈或者其他违法行为而成立的和解协议,人民法院应当裁定无效,并宣告债务人破产。和解债权人因执行无效和解协议所受的清偿,在其他债权人所受清偿同等比例的范围内,不予返还。如果和解债权人因执行无效和解协议所受的清偿超出其他债权人所受清偿同等比例的,超过部分应当返还债务人。

债务人不能执行或者不执行和解协议的,人民法院经和解债权人请求,应当裁定终止和解协议的执行,并宣告债务人破产。人民法院裁定终止和解协议执行的,和解债权人在和解协议中作出的债权调整的承诺失去效力。但是,债务人或者第三人为和解协议的执行提供的担保继续有效。也就是说,债权人可以就此向债务人或者第三人主张权利。人民法院裁定终止和解协议执行的,和解债权人因执行和解协议所受的清偿仍然有效,和解债权未受清偿的部分作为破产债权行使权利,但只有在其他债权人同自己所受的清偿达到同一比例时,才能继续接受分配。

（四）法庭外的自行和解

法庭外自行和解是指在人民法院受理破产申请后,债务人和全体债权人在法庭之外就债权债务的处理自行达成和解协议而终止破产程序的方式。在破产程序中,无论人民法院受理的破产申请属于何种类型,债务人和全体债权人均可以在法庭之外进行协商自行和解。自行和解没有特定的程序要求,只要债务人和全体债权人有自行和解的愿望,均可协商自行和解。自行和解不限于法院宣告债务人破产前,宣告破产后仍可自行和解。也就是说,自行和解适用于人民法院终结破产程序前的任何阶段。《企业破产法》第105条规定:"人民法院受理破产申请后,债务人与全体债权人就债权债务的处理自行达成协议的,可以请求人民法院裁定认可,并终结破产程序。"这一规定表明,债务人和全体债权人自行达成和解协议的,债务人或者债权人均可以请求人民法院裁定认可和解协议,并终结破产程序。人民法院对自行和解协议进行审查后,认为符合法律规定的,应当裁定认可和解协议,并终结破产程序。人民法院在裁定认可自行和解协议后,应当及时通知债务人和管理人,并发布公告。管理人自收到人民法院通知之日起终止执行职务,并向人民法院提交执行职务报告。破产程序终结后,债务人应当按照自行和解协议规定的条件清偿债务。债务人不能执行或者不执行自行和解协议的,债权人可以申请人民法院强制执行,也可以向人民法院提出对债务人进行破产清算申请。

第六节 破产清算

破产清算程序是指对破产程序中无可挽救的债务人企业通过宣告破产,并对其债权债务进行清理,以其全部财产依法公平清偿债务后,注销企业法人资格使企业归于消灭的程序。破产清算程序是破产程序中的一个最重要程序,也是企业法人破产倒闭的最后程序。

一、破产宣告

破产宣告是法院依照破产申请人的申请,确认债务人确有无法消除的破产原因,从而裁定宣告债务人破产并对债务人进行清算的司法活动。破产宣告作为一种司法行为,直接导致债务人进入破产清算程序,不可能再通过重整程序或者和解程序来拯救债务人,是债务人破产倒闭的法律标志。

（一）破产宣告的裁定

债务人具备破产原因是破产宣告的基本依据和必要条件。根据《企业破产法》第2条的规定,人民法院裁定债务人破产的根本原因是"债务人不能清偿到期债务,并且资产不足以清偿全部债务或者明显缺乏清偿能力的",因此当债务人达到破产界限,债务人、债权人或者其他申请人向人民法院提出破产清算申请时,人民法院应当宣告债务人破产。同时,在重整程序与和解程序中,债务人有下列情形之一的,人民法院应当宣告债务人破产,从而使重整程序或者和解程序转入破产清算程序：

（1）在重整期间,有下列情形之一的,经管理人或者利害关系人请求,人民法院应当裁定终止重整程序,并宣告债务人破产：① 债务人的经营状况和财产状况继续恶化,缺乏挽救的可能性；② 债务人有欺诈、恶意减少债务人财产或者其他显著不利于债权人的行为；③ 由于债务人的行为致使管理人无法执行职务。

（2）债务人或者管理人未按期提出重整计划草案的,人民法院应当裁定终止重整程序,并宣告债务人破产。

（3）重整计划草案未获得通过,并且债务人或者管理人依法直接申请人民法院批准也未获得批准的,或者已通过的重整计划未获得人民法院批准的,人民法院应当裁定终止重整程序,并宣告债务人破产。

（4）债务人不能执行或者不执行重整计划的,人民法院经管理人或者利害关系人请求,应当裁定终止重整计划的执行,并宣告债务人破产。

（5）和解协议草案经债权人会议表决未获得通过,或者已经债权人会议通过的和解协议未获得人民法院认可的,人民法院应当裁定终止和解程序,并宣告债务人破产。

（6）因债务人的欺诈或者其他违法行为而成立的和解协议,人民法院应当裁定无效,并宣告债务人破产。

（7）债务人不能执行或者不执行和解协议的,人民法院经和解债权人请求,应当裁定终止和解协议的执行,并宣告债务人破产。

但是,破产宣告前,有下列情形之一的,人民法院应当裁定终结破产程序,并予以公告：① 第三人为债务人提供足额担保或者为债务人清偿全部到期债务的；② 债务人已清偿全部到期债务的。

人民法院依法宣告债务人破产的,应当自裁定作出之日起 5 日内送达债务人和管理人,自裁定作出之日起 10 日内通知已知债权人,并予以公告。

(二) 破产宣告的效力

破产宣告意味着破产案件已经进入破产清算程序,债务人(即破产人)应当按照破产清算程序清理财产、清偿债务。破产宣告的效力是指破产宣告对债务人、债权人所产生的法律效果。

1. 破产宣告对债务人的效力

破产宣告对债务人的效果主要表现在:① 债务人称为破产人;② 债务人财产称为破产财产;③ 债务人的法定代表人承担与清算有关的法定义务。

2. 破产宣告对债权人的效力

破产宣告对债权人的效果主要表现在:① 人民法院受理破产申请时对债务人享有的债权称为破产债权;② 对破产人的特定财产享有担保权的权利人,对该特定财产享有优先受偿的权利;③ 有担保权的权利人行使优先受偿权利未能完全受偿的,其未受偿的债权作为普通债权,放弃优先受偿权利的,其债权作为普通债权;④ 职工债权、税收债权和普通破产债权依破产财产分配方案得到公平清偿。

二、破产财产的变价和分配

(一) 破产财产的变价

破产财产的变价是指在破产清算程序中,将拟用于分配的破产财产中的非货币性财产,以拍卖或者债权人会议决定的其他方式转为货币财产,以便进行破产分配的行为。非货币性财产不经过评估作价难以确定实际市场价格,不便于进行破产分配,因此对实物性财产进行变价是破产分配的基本前提。破产财产的变价方案应当由管理人拟订并提交债权人会议讨论决定。管理人应当按照债权人会议通过的或者人民法院依法裁定的破产财产变价方案,适时变价出售破产财产。

变价出售破产财产应当通过拍卖进行。破产财产的拍卖是指将破产财产以公开竞买的方式,确定被拍卖财产的底价,并将其出卖给出价最高的买受人的一种特殊出售方式。拍卖是一种公平合理的出售变价方式,可以避免其他出售方式中可能存在的弄虚作假的问题,从而使破产财产的价值最大化。当然,拍卖变价只是破产财产变价出售的主要方式,如果债权人会议对变价方式另有选择的,应当按照债权人会议的另行决议执行。

破产企业可以全部或者部分变价出售。也就是说,破产企业既可以整体变价出售,也可以就部分破产财产变价出售。企业变价出售时,可以将其中的无形资产和其他财产单独变价出售。按照国家规定不能拍卖或者限制转让的财产,应当按照国家规定的方式处理。

（二）破产财产的分配

1. 破产财产的清偿顺序

破产财产在优先清偿破产费用和共益债务后，依照下列顺序清偿：① 破产人所欠职工的工资和医疗、伤残补助、抚恤费用，所欠的应当划入职工个人账户的基本养老保险、基本医疗保险费用以及法律、行政法规规定应当支付给职工的补偿金；② 破产人欠缴的除前项规定以外的社会保险费用和破产人所欠税款；③ 普通破产债权。破产财产不足以清偿同一顺序的清偿要求的，按照比例分配。破产企业的董事、监事和高级管理人员的工资按照该企业职工的平均工资计算。

2. 破产财产分配方案的拟订和执行

管理人应当及时拟订破产财产分配方案，提交债权人会议讨论。破产财产分配方案应当载明下列事项：① 参加破产财产分配的债权人名称或者姓名、住所；② 参加破产财产分配的债权额；③ 可供分配的破产财产数额；④ 破产财产分配的顺序、比例及数额；⑤ 实施破产财产分配的方法。债权人会议通过破产财产分配方案后，由管理人将该方案提请人民法院裁定认可。破产财产分配方案经人民法院裁定认可后，由管理人执行。管理人按照破产财产分配方案对破产财产实施多次分配的，每次都应当公告本次分配的财产额和债权额。管理人实施最后分配的，应当在公告中指明，并载明对于附条件债权提存的分配额要说明条件成就的情况以及提存财产的处理情况。破产财产的分配应当以货币分配方式进行。但是，债权人会议另有决议的除外。

3. 破产财产分配额的提存

（1）附条件债权分配额的提存。附条件债权包括附生效条件的债权和附解除条件的债权。附生效条件的债权是已经依法成立的债权，只是在破产程序开始时条件尚未成就因而尚未发生效力的债权。在破产清算程序中，该债权可能因条件成就而随时发生效力，对于这种债权，如果不给予受偿机会，将来条件成就时很可能无财产可供清偿。因此，附生效条件的债权在接受破产财产分配时尚未成就的，管理人应当将其应受偿的财产分配额予以提存。附解除条件的债权是已经生效的债权，并处于可以行使的状态，但该债权随时可能因解除条件的成就而归于无效。因此，对这部分债权的受偿应当加以限制，除非债权人提供相应的担保，否则管理人应当将其应受偿的财产分配额予以提存，待最后分配时解除条件未成就的才能交付给该债权人。对此，《企业破产法》第117条规定："对于附生效条件或者解除条件的债权，管理人应当将其分配额提存。管理人依照前款规定提存的分配额，在最后分配公告日，生效条件未成就或者解除条件成就的，应当分配给其他债权人；在最后分配公告日，生效条件成就或者解除条件未成就的，应当交付给债权人。"

（2）债权人未受领分配额的提存。《企业破产法》第118条规定："债权人未受领的破产财产分配额,管理人应当提存。债权人自最后分配公告之日起满 2 个月仍不领取的,视为放弃受领分配的权利,管理人或者人民法院应当将提存的分配额分配给其他债权人。"

(3) 诉讼或者仲裁未决债权分配额的提存。诉讼、仲裁未决债权是指处于诉讼或者仲裁过程中,尚未形成处理结果的债权。对于这部分债权一旦确认就应当予以分配,因此,在破产财产分配中对这部分债权的分配应当预留分配额。《企业破产法》第 119 条规定:"破产财产分配时,对于诉讼或者仲裁未决的债权,管理人应当将其分配额提存。自破产程序终结之日起满 2 年仍不能受领分配的,人民法院应当将提存的分配额分配给其他债权人。"

三、破产程序的终结

破产程序的终结是指人民法院受理破产申请后,由于法定事由的出现,人民法院根据管理人的请求依法裁定结束破产程序,从而导致破产程序不可逆转地归于消灭。破产程序的终结,表明破产程序的彻底结束,债务人或者破产人不再受破产程序的约束。

(一) 破产程序终结的法定情形

根据《企业破产法》的规定,破产程序终结的法定情形如下。

(1) 人民法院受理破产申请后,债务人财产不足以清偿破产费用的,管理人应当提请人民法院终结破产程序。

(2) 人民法院受理破产申请后,债务人与全体债权人就债权债务的处理自行达成协议的,可以请求人民法院裁定认可,并终结破产程序。

(3) 破产宣告前,有下列情形之一的,人民法院应当裁定终结破产程序,并予以公告:① 第三人为债务人提供足额担保或者为债务人清偿全部到期债务的;② 债务人已清偿全部到期债务的。

(4) 破产宣告后,破产人无财产可供分配的,管理人应当请求人民法院裁定终结破产程序。

(5) 破产宣告后,管理人按照破产财产分配方案在最后分配完成之后,应当及时向人民法院提交破产财产分配报告,并提请人民法院裁定终结破产程序。

人民法院应当自收到管理人终结破产程序的请求之日起 15 日内作出是否终结破产程序的裁定。裁定终结的,应当予以公告。

(二) 破产程序终结的法律效果

1. 破产人法律人格的消灭

我国《企业法人登记管理条例》及其实施细则规定,企业解散、清算后必须办理注销登记,缴销企业法人营业执照,注销企业法人的资格和地位。为此,《企业破产法》第 121 条规定:"管理人应当自破产程序终结之日起 10 日内,持人民法院终结破产程序的裁定,向破产人的原登记机关办理注销登记。"注销登记的意义是破产企业的法律人格归于消灭。

2. 管理人管理职责的终止

管理人是人民法院指定的在破产程序中负责债务人的财产管理和其他事务的组织、机构或者个人。管理人的主要职责是从事债务人的财产管理、债权债务的清理、破产财产的变价和分配等事务。当债务人或者破产人被人民法院依法裁定终结破产程序后,管理人便完成了其存在的历史使命,管理人的管理职责就此结束。《企业破产法》第 122 条规定:"管理人于办理注销登记完毕的次日终止执行职务。但是,存在诉讼或者仲裁未决情况的除外。"

3. 破产债权的追加分配

追加分配是指破产财产最后分配完毕或者破产程序终结后,又发现破产人有可供分配的财产而予以追回的,经人民法院许可所实施的补充分配。根据《企业破产法》第 123 条的规定,因债务人财产不足以清偿破产费用、破产人无财产可供分配或者管理人在最后分配完结后向法院提交破产财产分配报告等三种情形下而被人民法院依法裁定终结破产程序的,自破产程序终结之日起 2 年内,有下列情形之一的,债权人可以请求人民法院按照破产财产分配方案进行追加分配:① 发现有在人民法院受理破产申请前 1 年内,因债务人无偿转让财产、以明显不合理的价格进行交易、对没有财产担保的债务提供财产担保、对未到期的债务提前清偿、放弃债权等而应当追回的财产。② 发现有在人民法院受理破产申请前 6 个月内,债务人在已经达到破产界限的情况下,仍对个别债权人进行清偿,由此应当依法撤销并予以追回的财产。但是,个别清偿使债务人财产受益的除外。③ 发现破产人有为逃避债务而隐匿、转移的财产以及因虚构债务或者承认不真实债务而应当依法追回的财产。④ 发现有债务人的董事、监事和高级管理人员利用职权从企业获取的非正常收入和侵占的企业财产。⑤ 发现破产人有应当供分配的其他财产的。但是,如果追回的财产数量不足以支付分配费用的,不再进行追加分配,由人民法院将其上交国库。

4. 破产人的保证人及其他连带债务人承担连带清偿责任

由于破产人的保证人和其他连带债务人是破产人履行债务的连带责任人,破产人不能清偿债务时,应当由连带责任人负责清偿债务。在破产清算程序中,如果债权人已从破产财产分配中得到足额清偿,则保证人和其他连带债务人的连带责任自然免除。但是,如果债权人从破产财产分配中并未得到足额清偿,在破产程序终结后对债权人未受清偿的债权,应当由保证人和其他连带债务人继续承担连带清偿责任。为此,《企业破产法》第 124 条的规定:"破产人的保证人和其他连带债务人,在破产程序终结后,对债权人依照破产清算程序未受清偿的债权,依法继续承担清偿责任。"

第七节 违反《企业破产法》的法律责任

法律责任是指债务人、破产人、管理人在破产程序中违反企业破产法的规定应承担的法律制裁。依据承担责任的主体不同,可分为债务人及相关人员应承担的法律责任与管理人应承担的法律责任。

一、债务人及相关人员的法律责任

(1) 企业董事、监事或者高级管理人员违反忠实义务、勤勉义务,致使所在企业破产的,依法承担民事责任,并且自破产程序终结之日起3年内不得担任任何企业的董事、监事、高级管理人员。构成犯罪的,依法追究刑事责任。

(2) 有义务列席债权人会议的债务人的有关人员,经人民法院传唤,无正当理由拒不列席债权人会议的,人民法院可以拘传,并依法处以罚款。债务人的有关人员违反企业破产法规定,拒不陈述、回答,或者作虚假陈述、回答的,人民法院可以依法处以罚款。构成犯罪的,依法追究刑事责任。

(3) 债务人违反企业破产法规定,拒不向人民法院提交或者提交不真实的财产状况说明、债务清册、债权清册、有关财务会计报告以及职工工资的支付情况和社会保险费用的缴纳情况的,人民法院可以对直接责任人员依法处以罚款。构成犯罪的,依法追究刑事责任。

(4) 债务人违反企业破产法规定,拒不向管理人移交财产、印章和账簿、文书等资料的,或者伪造、销毁有关财产证据材料而使财产状况不明的,人民法院可以对直接责任人员依法处以罚款。构成犯罪的,依法追究刑事责任。

(5) 在人民法院受理破产申请前1年内,债务人有无偿转让财产、以明显不合理的价格进行交易、对没有财产担保的债务提供财产担保、对未到期的债务提前清偿、放弃债权等行为,损害债权人利益的,债务人的法定代表人和其他直接责任人员依法承担赔偿责任。构成犯罪的,依法追究刑事责任。

(6) 在人民法院受理破产申请前6个月内,债务人已达到破产界限,仍对个别债权人进行清偿,损害债权人利益的,债务人的法定代表人和其他直接责任人员依法承担赔偿责任。构成犯罪的,依法追究刑事责任。

(7) 债务人有为逃避债务而隐匿、转移财产以及虚构债务或者承认不真实债务的行为,损害债权人利益的,债务人的法定代表人和其他直接责任人员依法承担赔偿责任。构成犯罪的,依法追究刑事责任。

(8) 债务人的有关人员违反企业破产法规定,擅自离开住所地的,人民法院可以予以训诫、拘留,可以依法并处罚款。

二、管理人的法律责任

管理人未依照企业破产法规定勤勉尽责并忠实执行职务的,人民法院可以依法处以罚款;给债权人、债务人或者第三人造成损失的,依法承担赔偿责任。

本章复习思考题

1. 简述破产制度的概念和特征。
2. 试述破产受理的法律效果。
3. 试说明破产撤销权和破产抵销权。
4. 简述债权人会议的职权和决议。
5. 试说明和解协议的成立和效力。
6. 试说明破产财产的变价和分配。
7. 试述破产程序终结的法律效果。
8. 试说明重整程序、和解程序和破产清算程序的关系。

第三编

市场行为法律制度

第五章　合同法律制度[①]

第一节　合同法律制度概述

一、合同的概念与分类

（一）合同的概念与特征

合同又称契约，是商品经济的产物，是商品交换得以实现的基本法律形式。关于合同的定义，古今中外表述众多。罗马法将合同定义为"得到法律承认的债的协议"；大陆法中的《法国民法典》规定"合同作为一种合意，是一人或数人对于其他一人或数人负担给付、作为或不作为的债务"；英美法把合同看作可以依法执行的诺言，称合同为"按照充分的对价去做或不去做某一特殊事情的协议"；我国《民法典》（草案）规定，"合同是民事主体之间设立、变更、终止民事法律关系的协议"。

合同在现实社会生活中运用广泛、形式多样，除民法上的民事合同外，还包括行政法上的行政合同、劳动法上的劳动合同以及国际法上的国家合同等。本章所称合同特指民事合同，其法律特征如下。

（1）合同是一种民事法律行为。民事法律行为是民事主体实施的能够引起民事法律关系、导致民事法律后果的行为。民事法律关系即民事权利和民事义务关系，亦即债权、债务关系；民事合同作为债因，直接在其主体之间设立、变更、终止民事法律关系。

（2）合同双方或多方法律行为。合同须由两个或者两个以上主体共同而为，即须有两个或两个以上当事人参加并表意。

（3）合同是当事人之间一致的意思表示。意思表示即主体内在意志的外在表达，是构成法律行为的核心要素。合同谓之"协议"，即当事人之间经过协商而形成的合意，是当事人共同意志的产物；只有合同当事人之间意思表示一致，方为合同。

[①] 我国《民法典》出台后，《合同法》将不再以单行立法形式存在，而被收归为民法典之一编，谓之"合同"，构成民法体系中的一项民事法律制度，故本章题目不再以"合同法"命名；同时《担保法》也将不独立存在，其内容将被分别归入民法典的"物权"编和"合同"编，故本书亦不再设"担保法"专章，而在本章增设"合同的担保"一节表述担保法律制度。

(4) 合同当事人法律地位平等。合同的主体可以为各类民事主体,包括自然人、法人和非法人组织,"民事主体在民事活动中的法律地位一律平等"。

(5) 合同具有法律效力。"依法成立的合同,对当事人具有法律约束力。当事人应当按照约定履行自己的义务,不得擅自变更或者解除合同",否则就要承担违约责任的法律后果。

(二) 合同的分类

1. 按合同在债法体系中的定位,分为典型合同和准合同

我国民法典上的合同,有典型合同和准合同之分①。典型合同和准合同本无内在关联性,但从同为债因亦即特定给付关系的成因角度审视,二者有一定的比较价值。《民法典》(草案)规定,"民事法律行为可以基于双方或者多方的意思表示一致成立,也可以基于单方的意思表示成立"。"基于双方或者多方的意思表示一致成立"的民事法律行为一般为民事主体之间的有特定目的的交易类行为,其本质为当事人的合意;而"基于单方的意思表示成立"的民事法律行为一般则为单个民事主体的自主类行为,其本质为行为人的单独表意。但在法律效果上,二者均生成特定民事法律关系,因而在法律上视作两大合同类别,构成债法体系的不可或缺的两类债因,其前者可归于典型合同,后者可归于准合同②。

典型合同是为民法所确认的,基于当事人合意而成立的,具有现实频发性,内容确定,极具类型化和示范与类推效应的标准合同。《民法典》(草案)所列的典型合同包括:① 买卖合同;② 供用电、水、气、热力合同;③ 赠与合同;④ 借款合同;⑤ 保证合同;⑥ 租赁合同;⑦ 融资租赁合同;⑧ 保理合同;⑨ 承揽合同;⑩ 建设工程合同;⑪ 运输合同;⑫ 技术合同;⑬ 保管合同;⑭ 仓储合同;⑮ 委托合同;⑯ 物业服务合同;⑰ 行纪合同;⑱ 中介合同;⑲ 合伙合同。

准合同也称"类合同",是为民法确认的,基于行为人单独表意而成立,非属合同亦非侵权,但能产生类似合同效果的民事行为。《民法典》(草案)所列的准合同包括无因管理和不当得利等。

2. 依合同有无法定名目,分为有名合同和无名合同

有名合同是指法律、法规有明确规定,被赋予了特定名称的合同,既包括列入民

---

① 该分类是在我国《民法典》中未设置债法总则情形下的一种权宜安排。典型合同的对称应为非典型合同,而非典型合同并非等同于准合同。准合同本非合同,但属于合同和侵权行为之外的基本债因之一,在立法中因其内容不便独立成编,故权且置于合同编之下作为分编之一与典型合同并列,以保持债法体系的完整。另需说明的是:因教材篇幅所限,本章内容仅涉及合同通则,不涉及关于典型合同以及准合同的具体规定。

② 准合同是发源于罗马法的概念,本指非合同亦非侵权行为引起的、"无合意而成立"的另类之债。我国《民法典》(草案)对准合同概念的引入和体例安排主要借鉴了法国民事立法。《法国民法典》第三编之第四章的命题为"无合意而成立的义务",其中设置了"第一节:准合同""第二节:侵权行为及准侵权行为"。

法典的典型合同,也包括其他法律、法规有特别规定的合同,例如《保险法》规定的保险合同、《劳动合同法》规定的劳动合同、知识产权法规定的许可使用合同等。

无名合同是指存在并运用于现实生活,但法律、法规尚无规定,未被赋予法定名称的合同。无名合同在形成统一的交易习惯后,可经法律确认而转化为有名合同。无名合同适用《民法典》关于合同通则的规定,并可以参照适用典型合同或者其他法律最相类似合同的规定。

3. 依合同有无对价关系,分为有偿合同与无偿合同

有偿合同也称双务合同,是指当事人约定一方通过履行合同规定的义务而给付对方某种利益,对方必须履行相应的义务或给付对价的合同。有偿合同是商品交换的典型形式,是合同的主要类型。

无偿合同也称单务合同,是指当事人约定一方通过履行合同规定的义务而给付对方某种利益,无须对方履行合同相应的义务或给付对价的合同。实践中的赠与合同、捐助合同、借用合同等均为无偿合同。

4. 依合同成立是否以交付标的物为要件,合同分为诺成合同与实践合同

诺成合同,是指当事人各方意思表示一致之时,合同即告成立的合同。实践合同,是指在当事人各意思表示一致的基础上,须以一方交付特定标的物为生效要件的合同,如保管合同、定金合同①等。

5. 根据合同之间的关系,合同分为主合同与从合同

主合同是指不依附于其他合同而独立订立和存在的合同;从合同是指以其他合同为订立和存在前提的合同。如担保合同相对于被担保的主债务而言就是从合同。

二、我国合同法律规制演进

(一) 我国合同立法演进

与经济发展的进程相适应,我国于改革开放后,开始对合同进行专门立法。1982年、1985年、1987年相继出台的《经济合同法》《涉外经济合同法》和《技术合同法》,形成了我国合同法律制度的基本内容与体系构架。进入90年代以后,随着我国市场经济体制目标模式的确立以及依法治国方略的实行,市场经济要求统一市场活动的法律规则,使得统一合同立法成为必要。1999年《合同法》的颁行,终结了我国合同分类立法的历史,实现了合同法律制度的统一性和系统性。而随着我国民事立法的法典化进程的结束,作为债法核心内容的合同法律制度,又将结束单独立法的法律规制模式,终被纳入《民法典》的内容体系。

---

① 《民法典》(草案)规定,"保管合同自保管物交付时生效,但是当事人另有约定的除外";"定金合同自实际交付定金时生效"。

(二) 合同的基本原则

合同是一种最基本的民事活动,应该遵循《民法典》所确立的民事活动的基本原则,包括:

(1) 自愿原则。即要求合同当事人通过协商,自主确立相互之间的权利义务关系。"民事主体从事民事活动,应当遵循自愿原则,按照自己的意思设立、变更、终止民事法律关系。"

(2) 公平原则。即要求当事人确定合同权利义务时应追求正确性及合理性。"民事主体从事民事活动,应当遵循公平原则,合理确定各方的权利和义务。"有偿合同中当事人的权利义务应大小对等、价值相当。

(3) 诚实信用原则。即要求当事人参与合同关系应当报以善意,信守承诺,严格履约,充分维护各方的合同利益及相关利益。"民事主体从事民事活动,应当遵循诚信原则,秉持诚实,恪守承诺。"

(4) 遵守法律和公序良俗原则。即要求当事人在不违反法律规范和道德准则、符合公序良俗的基础上实施合同行为。"民事主体从事民事活动,不得违反法律,不得违背公序良俗。"

(5) 节约资源、保护环境原则。也称"绿色原则",即要求当事人在追求私本位关系的合理性同时,也应追求个人利益与自然生态利益关系的和谐。合同自由是合同的本能诉求,但在生态文明时代,这一自由应当受到来自生态环境的约束。"民事主体从事民事活动,应当有利于节约资源、保护生态环境"。

第二节 合同的订立

一、合同的内容和形式

(一) 合同的内容

合同的内容,是指当事人通过合同条款所明确的各方的权利与义务。合同的内容由当事人约定,一般应当包括以下条款:① 当事人的名称或者姓名和住所;② 标的;③ 数量;④ 质量;⑤ 价款或者报酬;⑥ 履行期限、地点和方式;⑦ 违约责任;⑧ 争议解决的方法①。当事人可以参照各类合同的示范文本订立合同。

(二) 合同的形式

合同的形式,是指合同当事人之间所采取的意思表示的具体形式。当事人订立

---

① 该条款相对独立,"合同不生效、无效、被撤销或者终止的,不影响合同中有关解决争议方法的条款的效力"。

合同,依法可以采用书面形式、口头形式或者其他形式。

(1) 书面形式。是指合同书、信件等可以有形地表现所载内容的形式。以电报、电传、传真、电子数据交换、电子邮件等方式能够有形地表现所载内容,并可以随时调取查用的数据电文,视为书面形式。书面形式可使当事人的权利与义务更为清晰、明确,因而为合同的主要形式。

(2) 口头形式。是指当事人以对话方式作出的意思表示的形式,如面谈或者通过电话交谈。口头形式无有形介质承载,易生纠纷且不便取证,通常适用于标的数额较小或者即时清结的交易。

(3) 其他形式。当事人未以书面形式或者口头形式订立合同,但从当事人特定行为等相关事实能够表明或者推定其有约意愿的,即可认定是以"其他形式"订立的合同,但法律另有规定的除外。例如,消费者在自动售货机上购物、乘客投币乘坐无人售票公交车等,均属此类合同形式。

关于合同形式的采用,一般由当事人自主选择。但是,法律、行政法规规定或者当事人约定采用特定形式的,应当采用特定形式①。法律、行政法规规定或者当事人约定合同应当采用书面形式订立,而当事人未采用书面形式,但是一方已经履行主要义务,对方接受的,该合同成立。

行为人可以明示或者默示作出意思表示,但沉默只有在有法律规定、当事人约定或者符合当事人之间的交易习惯时,才可以视为意思表示。

二、合同的订立程序

合同的订立始于要约,成于承诺。要约和承诺既是订立合同的法定方式,也是订立合同的法定步骤与程序,具体彰示当事人意思表示的一致。

(一) 要约

1. 要约的构成

要约是特定当事人作出的希望和他人订立合同的意思表示。发出要约者为要约人,要约的相对人为受要约人。

要约为当事人一方在先作出的意思表示;但一方在先作出的意思表示并不当然构成要约。有效的要约应符合下列规定:① 内容具体确定,即具备足以使对方决定是否承诺的基本条款;② 订约意图明确,即表明经受要约人承诺,要约人即受该意思表示约束。

不具备上述要件的一方当事人的意思表示可以构成要约邀请。要约邀请又称要

---

① 例如,依《民法典》(草案)规定,典型合同中的融资租赁合同、保理合同、建设工程合同、技术开发合同、物业服务合同、非自然人之间的借款合同、租赁期限6个月以上的租赁合同均应当以书面形式订立。

约引诱,是指希望他人向自己发出要约的意思表示,如拍卖公告、招标公告、招股说明书、债券募集说明书、基金招募说明书、商业广告和宣传、寄送的价目表等均为要约邀请。若商业广告和宣传的内容符合要约规定的,则构成要约。

2. 要约的生效、撤回与撤销

以对话方式作出的要约,相对人知道其内容时生效。以非对话方式作出的要约,到达相对人时生效。以非对话方式作出的采用数据电文形式的要约,相对人指定特定系统接收数据电文的,该数据电文进入该特定系统时生效;未指定特定系统的,相对人知道或者应当知道该数据电文进入其系统时生效。当事人对采用数据电文形式的要约的生效时间另有约定的,按照其约定。

要约生效即对要约人产生法律约束力,其对要约的内容不得任意反悔。但是,为使受要约人对订立合同有充分考虑及合理应变,实现利益最佳,在要约生效前或生效后,要约人可以依法撤回或撤销要约。

撤回要约是要约人阻止要约生效的行为。对已经发出但尚未生效的要约,要约人可以撤回要约,撤回要约的通知应当在要约到达受要约人之前或者与要约同时到达受要约人。

撤销要约是要约人消灭要约效力的行为。对已生效的要约,要约人可以撤销,撤销要约的意思表示以对话方式作出的,该意思表示的内容应当在受要约人作出承诺之前为受要约人所知道;撤销要约的意思表示以非对话方式作出的,应当在受要约人作出承诺之前到达受要约人。但是,有下列情形之一的要约不得撤销:① 要约人以确定承诺期限或者其他形式明示要约不可撤销;② 受要约人有理由认为要约是不可撤销的,并已经为履行合同做了合理准备工作。

3. 要约的失效

要约的失效,是指要约因法定事由而丧失其法律效力。有下列情形之一的,要约失效:① 要约被拒绝;② 要约依法被撤销;③ 承诺期限届满,受要约人未作出承诺;④ 受要约人对要约的内容作出实质性变更。

(二) 承诺

1. 承诺的构成

承诺是指受要约人作出的同意要约的意思表示。合同的订立程序因承诺而完成。

承诺是受要约人的意思表示,但并非对要约的回应均为承诺。有效的承诺应符合以下规定:① 承诺应当以通知的方式作出,但根据交易习惯或者要约表明可以通过行为作出承诺的除外。② 承诺的内容应当与要约的内容一致。受要约人对要约的内容作出实质性变更的,为新要约。有关合同标的、数量、质量、价款或者报酬、履行期限、履行地点和方式、违约责任和解决争议方法等的变更,是对要约内容的实质性变更。承诺对要约的内容作出非实质性变更的,除要约人及时表示反对或者要约表明承诺不得对要约的内容作出任何变更外,该承诺有效,合同的内容以承诺的内容为准。③ 承诺应当在要约确定的期限内到达要约人。要约没有确定承诺期限的,以对话方式作出的,应当即时作出承诺;以非对话方式作出的,承诺应当在合理期限内到达。要约以信件或者电报作出的,承诺期限自信件载明的日期或者电报交发之日开始计算。信件未载明日期的,自投寄该信件的邮戳日期开始计算。要约以电话、传真、电子邮件等快速通讯方式作出的,承诺期限自要约到达受要约人时开始计算。受要约人超过承诺期限发出承诺,或者在承诺期限内发出承诺,按照通常情形不能及时到达要约人的,为新要约;但是,要约人及时通知受要约人该承诺有效的除外。受要约人在承诺期限内发出承诺,按照通常情形能够及时到达要约人,但因其他原因承诺到达要约人时超过承诺期限的,除要约人及时通知受要约人因承诺超过期限不接受该承诺的以外,该承诺有效。

2. 承诺的生效与撤回

承诺于到达要约人时生效。承诺到达时间,分别按以下情形认定:① 承诺采用通知方式作出的,以对话方式作出的承诺,于相对人知道其内容时生效;以非对话方式作出的承诺,于到达相对人时生效。以非对话方式作出的采用数据电文形式的承诺,相对人指定特定系统接收数据电文的,该数据电文进入该特定系统时生效;未指定特定系统的,相对人知道或者应当知道该数据电文进入其系统时生效。当事人对采用数据电文形式的意思表示的生效时间另有约定的,按照其约定。② 承诺不需要通知的,根据交易习惯或者要约的要求作出承诺的行为时生效。

与要约同理,为使受要约人对订立合同有充分考虑及合理应变,实现利益最佳,对已经作出尚未生效的承诺,受要约人可以撤回。撤回承诺是受要约人阻止承诺生效的行为。撤回承诺的通知应当在承诺到达要约人之前或者与承诺同时到达要约人。

承诺生效后不能撤销,这是承诺效力所决定的。除法律另有规定或者当事人另有约定之外,承诺生效时合同成立,合同订立程序即告完结,任何一方当事人在合同成立后反悔,均不再属于合同订立的范畴。

三、合同的成立

(一) 成立时间

合同成立,意味着当事人之间法律关系的形成。如上所述,一般合同成立的认定,以"承诺生效时"为准,但法律另有规定或者当事人另有约定的除外。法律规定的情形包括:① 当事人采用合同书形式订立合同的,自当事人均签字、盖章或者按指印时合同成立;但在签字、盖章或者按指印之前,当事人一方已经履行主要义务,对方接受时,该合同成立。② 法律、行政法规规定或者当事人约定合同应当采用书面形式订立,当事人未采用书面形式但是一方已经履行主要义务,对方接受时,该合同成立。③ 当事人采用信件、数据电文等形式订立合同要求签订确认书的,签订确认书时合同成立。④ 当事人一方通过互联网等信息网络发布的商品或者服务信息符合要约条件的,对方选择该商品或者服务并提交订单成功时合同成立,但是当事人另有约定的除外。

(二) 合同成立的地点

承诺生效的地点为合同成立的地点。采用数据电文形式订立合同的,收件人的主营业地为合同成立的地点;没有主营业地的,其住所地为合同成立的地点。当事人另有约定的,按照其约定。当事人采用合同书形式订立合同的,最后签字、盖章或者按指印的地点为合同成立的地点;但是当事人另有约定的除外。

四、关于特殊合同订立的特别规定

(一) 任务合同

有关民事主体为完成国家下达的指令性任务或者国家订货任务而订立的合同为任务合同。《民法典》(草案)规定,国家根据需要下达指令性任务或者国家订货任务的,有关民事主体之间应当依照有关法律、行政法规规定的权利和义务订立合同。依照法律、行政法规的规定负有发出要约义务的当事人,应当及时发出合理的要约。依照法律、行政法规的规定负有作出承诺义务的当事人,不得拒绝对方合理的订立合同要求。

(二) 预约合同

按照传统民法理论,契约可分为本约和预约。当事人将来要订立的契约是本约,而约定将来订立一定契约之契约即为预约。预约合同是以订立本约为标的、明确当事人在将来一定期限内订立特定合同的权利与义务的协议。《民法典》(草案)规定,当事人约定在将来一定期限内订立合同的认购书、订购书、预订书、意向书等,构成预约合同。当事人一方不履行预约合同约定的订立合同义务的,对方可以请求其承担预约合同的违约责任。

(三) 格式合同

当事人采用格式条款订立的合同为格式合同。格式条款又称定式条款,是指当事人为了重复使用而预先拟定,并在订立合同时未与对方协商的条款。在我国,格式合同相当普遍,如公用、运输、通信、金融等行业、领域一般均用格式条款订立合同。

格式合同有利于交易规则的统一和操作的便捷,提高交易效率,但其订立须遵守法定规则;否则,即可能成为"霸王条款"及"霸王合同",导致交易不公平。

（1）提供格式条款的一方当事人应当遵循公平原则确定双方当事人之间的权利义务，不得利用自己的优势地位制定不公平的条款。有下列情形之一的，该格式条款无效：① 具有《民法典》规定的民事行为无效情形；② 提供格式条款一方不合理地免除或者减轻其责任、加重对方责任、限制对方主要权利；③ 提供格式条款一方排除对方主要权利。

（2）提供格式条款一方应当采取合理的方式提示对方注意免除或者减轻其责任等与对方有重大利害关系的条款，并应按照对方的要求对该条款予以说明。提供格式条款的一方未履行提示或者说明义务，致使对方没有注意或者理解与其有重大利害关系的条款的，对方可以主张该条款不成为合同的内容。

（3）对格式条款的理解发生争议的，应当按照通常理解予以解释。对格式条款有两种以上解释的，应当作出不利于提供格式条款一方的解释。

（4）格式条款和非格式条款不一致的，应当采用非格式条款。

另外，悬赏人以公开方式声明对完成特定行为的人支付报酬的，视为格式条款，完成该行为的人可以请求其支付。

五、缔约过失责任

缔约过失责任，是指一方当事人违反先合同义务，造成对方当事人的信赖利益损失，所应承担的损害赔偿责任。所谓先合同义务，是指在订立合同过程中、合同生效之前，当事人基于诚信原则而负有的合同附随义务，如协力、告知、保护、保密等。所谓信赖利益，是指当事人一方基于对另一方将与其订约的合理信赖所而付出的代价及预期的利益。当事人向另一方发出要约或要约邀请，双方为订立合同开始接触后，就有了基于诚信原则而生成的先合同义务，违反先合同义务即属于缔约过失，其可能造成的后果是合同不能成立、合同无效或者被撤销等，致使相对人的信赖利益遭受损害，因而导致损害赔偿责任。

依《民法典》（草案）规定，当事人在订立合同过程中有下列情形之一，造成对方损失的，应当承担赔偿责任：① 假借订立合同，恶意进行磋商；② 故意隐瞒与订立合同有关的重要事实或者提供虚假情况；③ 有其他违背诚实信用原则的行为。另外，当事人在订立合同过程中知悉的商业秘密或者其他应当保密的信息，无论合同是否成立，不得泄露或者不正当地使用。泄露、不正当地使用该商业秘密或者信息造成对方损失的，应当承担赔偿责任。

第三节 合同的效力

合同的效力是指合同内容对当事人的法律约束力。合同内容是当事人的意思表示,但当事人在具体合同中的表意未必都是合法、有益的,也未必符合各方当事人的真实意志,因而并非绝对当然有效。已成立的合同,分属有效、无效、可撤销、效力待定四类效力状态,应依法予以确认。

一、有效合同

(一) 有效合同的概念及其要件

有效合同是指法律予以承认和保护,对当事人直接产生法律约束力的合同。

有效合同应具备以下要件:

(1) 当事人合格。当事人订立合同,应当具有相应的民事行为能力。① 自然人订立合同时,须具有完全民事行为能力;② 法人或其他组织订立合同时,应符合其业务宗旨或登记的经营范围;③ 代理人订立合同的,须具有法定代理人身份,或者依法取得当事人的授权且在代理权限内。

(2) 意思表示真实。当事人订立合同出于其真实意愿,不得强加自己的意志于对方。

(3) 内容合法、无害公益。合同所约定的权利与义务不悖法律、行政法规的强制性规定及公序良俗。

(二) 有效合同的效力及生成

依法成立的合同,对当事人具有法律约束力。表现为:① 当事人须依据合同的约定享有合同权利,承担合同义务;② 当事人违反合同约定的义务的,应依法承担违约责任。

"依法成立的合同,自成立时生效";但法律另有规定或者当事人另有约定的除外。法律另有规定的情形包括:① 可以附条件,但是根据其性质不得附条件的除外。附生效条件的合同,自条件成就时生效;附解除条件的合同,自条件成就时失效。② 合同可以附期限,但是根据其性质不得附期限的除外。附生效期限的合同,自期限届至时生效;附终止期限的合同,自期限届满时失效。③ 法律、行政法规规定应当办理批准、登记等手续生效的,依照其规定[①]。未办理批准等手续的,该合同不生效,但是不影响合同中履行报批等义务条款以及相关条款的效力。应当办理申请批准等手续的当事人未履行义务的,对方可以请求其承担违反该义务的责任。法律、行政法规规定合同的变更、转让、解除等情形应当办理批准等手续生效的,适用前述规定。

---

① 如商业银行法、证券法、保险法等法律规定购买商业银行、证券公司、保险公司 5% 以上股权须经相关主管部门批准,批准是该类股权交易合同的法定生效条件。

二、无效合同

（一）无效合同的概念和特征

无效合同，是指虽经当事人协商成立，但因欠缺有效要件而不为法律承认和保护，不对当事人产生法律约束力的合同。

无效合同的主要特征是：① 无效合同在本质上违法，具有公共危害性。② 无效合同自始至终不生成法律效力，当事人无须履行，亦不产生违约责任。③ 无效合同绝对无效，当事人和非当事人均可提出效力确认主张，人民法院、仲裁机关和法律规定的行政机关可以不依当事人及第三人主张而主动认定其无效。

（二）合同无效的法定情形

有下列情形之一的，合同无效：① 无民事行为能力人订立的合同无效。② 内容违反法律、行政法规的强制性规定的合同无效。但是，该强制性规定不导致该合同无效的除外。③ 违背公序良俗的合同无效。④ 行为人与相对人以虚假的意思表示订立的合同无效。以虚假的意思表示隐藏的合同的效力，依照有关法律规定处理。⑤ 行为人与相对人恶意串通，损害他人合法权益的合同无效。

（三）合同无效的法律后果

无效的合同自始没有法律约束力，尚未履行的不得履行，已经履行的或部分得以履行的，导致以下法律后果：① 行为人因履行无效合同取得的财产，应当予以返还；不能返还或者没有必要返还的，应当折价补偿。② 有过错的一方应当赔偿对方由此所受到的损失；各方都有过错的，应当各自承担相应的责任。法律另有规定的，依照其规定。

合同部分无效的，不影响其他部分效力的，其他部分仍然有效。

三、可撤销的合同

（一）可撤销的合同的概念和特征

可撤销的合同也称相对无效合同，是指因订立时当事人意思表示不真实，而使其在成立后的一定期间处于效力不稳定状态，当事人有权请求将其撤销的合同。

可撤销合同具有如下特征：① 合同已经生效；② 合同订立时欠缺意思表示真实的有效要件，违背一方当事人的真实意思；③ 当事人可以请求撤销，但非当事人无权主张；④ 合同在被撤销前有效，被撤销后归于无效。

被撤销后的合同自始没有法律约束力，并导致与无效合同相同的法律后果。

（二）合同可撤销的法定情形

（1）基于重大误解订立的合同，行为人有权请求人民法院或者仲裁机构予以撤销。构成重大误解的要件是：① 当事人一方在订立合同时存在误解而非事后反悔；

② 必须是对合同的性质、对方当事人以及标的物的品种、质量、规格和数量等产生的错误认识；③ 误解达到重大程度，即履行该合同会导致有误解的当事人遭受重大损失。

（2）一方采取欺诈手段，使对方在违背真实意思的情况下订立的合同，受欺诈方有权请求人民法院或者仲裁机构予以撤销。此情形一般表现为一方以给法人的荣誉、名誉、财产造成损害或者以给公民及其亲友的生命健康、荣誉、名誉、财产等造成损害为要挟，迫使对方违背真实意愿而与其订立合同。

（3）第三人实施欺诈行为，使一方在违背真实意思的情况下订立合同，对方知道或者应当知道该欺诈行为的，受欺诈方有权请求人民法院或者仲裁机构予以撤销。

（4）一方或者第三人以胁迫手段，使对方在违背真实意思的情况下订立的合同，受胁迫方有权请求人民法院或者仲裁机构予以撤销。

（5）一方利用对方处于危困状态、缺乏判断能力等情形，致使合同成立时显失公平的，受损害方有权请求人民法院或者仲裁机构予以撤销。该情形的构成要件是：① 合同当事人在给付与对价之间构成明显的利益失衡；② 失衡的判断是基于与合同成立时的一般交易条件的比较而非合同成立时与成立后的比较；③ 合同的成立基于一方当事人显具优势和对方处境危困、判断能力缺失。

（三）撤销权的行使

1. 撤销的主体

对于可撤销合同，须由当事人提出撤销请求，由人民法院或者仲裁机关作出是否予以撤销的宣告，当事人无权自主撤销。

2. 撤销权的行使期限

为避免合同的效力长期处于不稳定状态，撤销请求权应在法定期限内行使。有下列情形之一的，撤销权消灭：① 当事人自知道或者应当知道撤销事由之日起1年内、重大误解的当事人自知道或者应当知道撤销事由之日起3个月内没有行使撤销权；② 当事人受胁迫，自胁迫行为终止之日起1年内没有行使撤销权；③ 当事人知道撤销事由后明确表示或者以自己的行为表明放弃撤销权。另外，当事人自民事法律行为发生之日起5年内没有行使撤销权的，撤销权消灭。

四、效力待定的合同

（一）效力待定合同的概念

效力待定合同又称可追认的合同，是指因在缔约主体资格上存在瑕疵，致使成立后的合同处于效力不确定状态，须有追认权的主体补正主体瑕疵后确定其效力的合同。

效力待定合同具有如下特征：① 合同尚未生效；② 合同订立时主体资格存在

瑕疵,致使合同不当然有效;③ 合同效力的确定取决于有追认权的主体追认与否,经追认的归于有效,未被追任的归于无效。

(二) 合同效力待定的法定情形及效力确认

1. 限制民事行为能力的人订立的合同

限制民事行为能力人因其缔约能力的欠缺,所订立的合同不当然有效,经其法定代理人同意或者追认有效;但其所订立的纯获利益的合同或者与其年龄、智力、精神健康状况相适应的合同有效。

须追认的合同,相对人可以催告法定代理人在 1 个月内予以追认。法定代理人未作表示的,视为拒绝追认。合同被追认之前,善意相对人有撤销该合同的权利。撤销应当以通知的方式作出。

2. 无权代理订立的合同

无权代理是指行为人没有代理权、超越代理权或者代理权终止后实施的代理行为[①]。无权代理人因代理资格的欠缺,其以被代理人名义订立的合同,须经被代理人追认而对被代理人发生效力;不被追认的,不对被代理人发生效力。

无权代理合同的相对人可以催告被代理人在收到通知之日起 1 个月内予以追认。被代理人未作表示的,视为拒绝追认。被代理人已经开始履行合同义务或者接受相对人履行的,视为对合同的追认。无权代理合同被追认前,善意相对人有撤销的权利。撤销应当以通知的方式作出。

无权代理合同未被追认的,善意相对人有权请求行为人履行债务或者就其受到的损害请求行为人赔偿,但是赔偿的范围不得超过被代理人追认时相对人所能获得的利益。相对人知道或者应当知道行为人无权代理的,相对人和行为人按照各自的过错承担责任。

3. 表见代理与表见代表订立的合同

(1) 表见代理订立的合同

表见代理是指代理人本无代理权,但基于被代理人的过失或其与无权代理人之间存在特殊关系等特定事实,使相对人有理由相信无权代理人享有代理权而与之为民事法律行为的代理行为。为了交易安全和保护善意相对人利益,法律规定,"行为人没有代理权、超越代理权或者代理权终止后,仍然实施代理行为,相对人有理由相信行为人有代理权的,代理行为有效"。因此,表见代理订立的合同无须被代理人追认而被认定为有效,后果直接归属被代理人,代理人取得合法授权后,以被代理人名义签订的合同,应当由被代理人承担责任。被代理人以代理人事后已无代理权、加盖

---

① 无权代理有广义和狭义两种解释,此解释显为广义。狭义的无权代理仅指广义中的第一种情形,即行为人没有取得代理权而以被代理人名义与第三人实施法律行为。

的是假章、所盖之章与备案公章不一致等为由否定合同效力的,人民法院不予支持。但被代理人可以向无权代理人追偿因代理行为而遭受的损失。

（2）表见代表订立的合同

表见代表即越权代表,是指法人的法定代表人或者非法人组织的负责人超越其代表权实施民事法律行为,而善意相对人基于一定客观事实有理由相信其没有超越代表权限的代表行为。为了交易安全和保护善意相对人利益,法律明确规定,"法人的法定代表人或者非法人组织的负责人超越权限订立的合同,除相对人知道或者应当知道其超越权限的以外,该合同对法人或者非法人组织发生效力"。表见代表订立的合同具有法律效力,且其法律后果归属该法人。法定代表人或者其授权之人在合同上加盖法人公章的行为,表明其是以法人名义签订合同,除《公司法》第16条等法律对其职权有特别规定的情形外,应当由法人承担相应的法律后果。法人以法定代表人事后已无代表权、加盖的是假章、所盖之章与备案公章不一致等为由否定合同效力的,人民法院不予支持。但若相对人"知道或者应当知道"代表人越权代表,则其属于恶意相对人,该代表行为不构成表见代表,所订合同应认定为无效。

4. 当事人超越经营范围订立的合同

当事人超越经营范围订立的合同,不得仅以超越经营范围确认其无效,但违反国家限制经营、特许经营以及法律、行政法规禁止经营规定的除外。

第四节 合同的履行

一、合同履行原则

合同履行原则是当事人在履行合同时所应遵循的基本准则,包括:

（1）全面履行原则。即要求当事人按照合同的约定全部、适当地履行自己的合同义务,充分实现当事人各方的合同利益。该原则是判定合同当事人是否存在违约事实、是否导致违约责任的重要法律准则。

（2）诚信履行原则。即要求当事人在履行合同义务时,根据合同的性质、目的和交易习惯履行通知、协助、保密等合同内容之外的义务,维护当事人对合同的信赖利益。该原则是判定违约责任以外的合同责任的法律准则。

（3）绿色履行原则。即要求当事人在履行合同过程中,应当避免浪费资源、污染环境和破坏生态。

（4）监督履行原则。即对当事人利用合同实施危害国家利益、社会公共利益行为的,市场监督管理和其他有关行政主管部门依照法律、行政法规的规定负责监督处理。

二、合同履行规则

（一）内容不明确的合同履行

合同生效后，当事人就质量、价款或者报酬、履行地点等内容没有约定或者约定不明确的，可以依次按照下列方法确定。

1. 协定

协定指当事人相互协商确定，就原合同的缺陷条款达成补充协议。

2. 推定

推定指按照合同有关条款、合同性质、合同目的或者交易习惯确定。

3. 法定

当事人不能达成协议，也不能推定的，适用法律规定。法律规定的情形包括：

（1）质量要求不明确的，按照强制性国家标准、行业标准履行；没有强制性国家标准的，按照推荐性国家标准履行；没有推荐国家标准的，按照行业标准履行；没有国家标准、行业标准的，按照通常标准或者符合合同目的的特定标准履行。

（2）价款或者报酬不明确的，按照订立合同时履行地的市场价格履行；依法应当执行政府定价或者政府指导价的，依照规定履行。以支付金钱为内容的债，除法律另有规定或者当事人另有约定外，债权人可以请求债务人以实际履行地的法定货币履行。

（3）履行地点不明确，给付货币的，在接受货币一方所在地履行；交付不动产的，在不动产所在地履行；其他标的，在履行义务一方所在地履行。

（4）履行期限不明确的，债务人可以随时履行，债权人也可以随时要求履行，但应当给对方必要的准备时间。通过互联网等信息网络订立的电子合同的标的为交付商品并采用快递物流方式交付的，收货人的签收时间为交付时间。电子合同的标的为提供服务的，生成的电子凭证或者实物凭证中载明的时间为交付时间；前述凭证没有载明时间或者载明时间与实际提供服务时间不一致的，实际提供服务的时间为交付时间。电子合同的标的为采用在线传输方式交付的，合同标的进入对方当事人指定的特定系统并且能够检索识别的时间为交付时间。电子合同当事人对交付方式、交付时间另有约定的，按照其约定。

（5）履行方式不明确的，按照有利于实现合同目的的方式履行。

（6）履行费用的负担不明确的，由履行义务一方负担。

（二）价格调整时的合同履行

按照全面履行的原则，一般合同约定的价格条款，履行中不因市场的变化而调整。但是对于少数依照国家计划及价格法的规定执行政府定价或者政府指导价的合同，政府定价与政府指导价的调整，则对合同价格条款的履行产生以下不同影响：

（1）在合同约定的交付期限内遇政府价格调整时，按照交付时的价格计价，即执行现价。(2) 在合同约定的交付期满后遇政府价格调整时,应执行"惩罚性价格",即:① 逾期交付标的物的,遇价格上涨时,按照原价格执行;价格下降时,按照新价格执行;② 逾期提取标的物或者逾期付款的,遇价格上涨时,按照新价格执行;价格下降时,按照原价格执行。

(三) 选择之债合同的履行

债务标的有多项而债务人只需履行其中一项的,债务人享有选择权,但是,法律另有规定、当事人另有约定或者另有交易习惯的除外。有选择权的当事人在约定期限内或者履行期限届满未作选择,经催告后在合理期限内仍未选择的,选择权转移至对方。

当事人行使选择权应当及时通知对方,通知到达对方时,债务标的确定。确定的债务标的不得变更,但是经对方同意的除外。可选择的债务标的之中发生不能履行情形的,享有选择权的当事人不得选择不能履行的标的,但是该不能履行的情形是由对方造成的除外。

(四) 共同之债的合同履行

1. 按份之债合同的履行

债权人为 2 人以上,标的可分,按照份额各自享有债权的,为按份债权;债务人为 2 人以上,标的可分,按照份额各自负担债务的,为按份债务。按份债权人或者按份债务人的份额难以确定的,视为份额相同。

2. 连带之债合同的履行

债权人为 2 人以上,部分或者全部债权人均可以请求债务人履行债务的,为连带债权;债务人为 2 人以上,债权人可以请求部分或者全部债务人履行全部债务的,为连带债务。连带债权或者连带债务,由法律规定或者当事人约定。连带债务人之间的份额难以确定的,视为份额相同;连带债权人之间的份额难以确定的,视为份额相同。

(1) 连带债务的履行规则:① 实际承担债务超过自己份额的连带债务人,有权就超出部分在其他连带债务人未履行的份额范围内向其追偿,并相应地享有债权人的权利,但是不得损害债权人的利益。其他连带债务人对债权人的抗辩,可以向该债务人主张。② 部分连带债务人履行、抵销债务或者提存标的物的,其他债务人对债权人的债务在相应范围内消灭;该债务人可以依据前述规定向其他债务人追偿。③ 部分连带债务人的债务被债权人免除的,在该连带债务人应当承担的份额范围内,其他债务人对债权人的债务消灭。④ 部分连带债务人的债务与债权人的债权同归于一人的,在扣除该债务人应当承担的份额后,债权人对其他债务人的债权继续存在。⑤ 债权人对部分连带债务人的给付受领迟延的,对其他连带债务人发生效力。

(2) 连带债权的行使规则:① 实际受领超过自己份额的连带债权人,应当按比例向其他连带债权人返还。② 连带债权参照连带债务的有关规定；但是，部分连带债权人免除债务人债务的，在扣除该连带债权人的份额后，不影响其他连带债权人的债权。

（五）涉及第三人的合同履行

1. 债务人向第三人履行

当事人约定由债务人向第三人履行债务的，债务人未向第三人履行债务或者履行债务不符合约定，应当向债权人承担违约责任。约定由第三人行使权利的合同（如承运人与托运人订立的运输合同，约定第三人作为收货人），其中的第三人是代替债权人接受履行，并只享受合同权利，不承担合同义务；同时，债务人也不对第三人负责。但是，法律规定或者当事人约定第三人可以直接请求债务人向其履行债务，第三人未在合理期限内明确拒绝，债务人未向第三人履行债务或者履行债务不符合约定的，第三人可以请求债务人承担违约责任；债务人对债权人的抗辩，可以向第三人主张。

2. 第三人向债权人履行

当事人约定由第三人向债权人履行债务的，第三人不履行债务或者履行债务不符合约定，债务人应当向债权人承担违约责任。约定由第三人履行义务的合同（如批发商与零售商签订的供货合同，约定由生产商向零售商交付货物），其中的第三人是代替债务人向债权人履行合同义务，第三人不享受合同权利，也不对债权人承担违约责任。债务人不履行债务，第三人对履行该债务具有合法利益的，第三人有权向债权人代为履行；但是，根据债务性质、按照当事人约定或者依照法律规定只能由债务人履行的除外。债权人接受第三人履行后，其对债务人的债权转让给第三人，但是债务人和第三人另有约定的除外。

（六）合同的提前履行或者部分履行

对债务人提前或者部分履行债务的，债权人可以拒绝，但提前或者部分履行不致损害债权人利益的除外。债务人提前或者部分履行债务给债权人增加的费用，由债务人负担。

（七）当事人变更时的合同履行

合同生效后，当事人不得因姓名、名称的变更或者法定代表人、负责人、承办人的变动的而不履行合同义务。

当事人订立合同后合并的，由合并后的法人或者其他组织行使合同权利，履行合同义务；当事人订立合同后分立的，除债权人和债务人另有约定的以外，由分立的法人或者其他组织对合同的权利和义务享有连带债权，承担连带债务。

（八）清偿履行顺序

债务人对同一债权人负担的数个债务种类相同，债务人的给付不足以清偿全部债务的，除当事人另有约定外，由债务人在清偿时指定其履行的债务。债务人未作指定的,应当优先履行已到期的债务;几项债务均到期的,优先履行对债权人缺乏担保或者担保最少的债务;担保数额相同的,优先履行债务负担较重的债务;负担相同的,按照债务到期的先后顺序履行;到期时间相同的,按照债务比例履行。

债务人在履行主债务外还应当支付利息和实现债权的有关费用,其给付不足以清偿全部债务的,除当事人另有约定外,应当按照下列顺序履行:(1)实现债权的有关费用;(2)利息;(3)主债务。

三、合同履行抗辩

合同中的债务并非绝对的和无条件履行的。为维护债务人的利益,在合同履行过程中,债务人依法享有抗辩权。抗辩权是指债权人行使债权时,债务人根据法定事由,对抗债权人行使请求权的权利。

(一)同时履行抗辩权

当事人互负债务,没有先后履行顺序的,应当同时履行。一方在对方履行之前有权拒绝其履行要求。一方在对方履行债务不符合约定时,有权拒绝其相应的履行要求。

同时履行抗辩权为双方当事人分别享有,行权要件是:① 必须是双方互负债务的双务合同;② 合同中没有约定先后履行顺序;③ 必须存在对方未履行或履行不合约定的事实;④ 双方债务已届清偿期。

(二)后履行抗辩权

当事人互负债务,有先后履行顺序,先履行一方未履行的,后履行一方有权拒绝其履行要求。先履行一方履行债务不符合约定的,后履行一方有权拒绝其相应的履行要求。

后履行抗辩权为在后履行的一方当事人享有,行权要件是:① 必须是双方互负债务的双务合同;② 合同中约定了先后履行顺序;③ 必须存在应在先履行义务的一方到期未履行或履行不合约定的事实;④ 对方已有履行要求。

(三)不安抗辩权

不安抗辩权实为先履行抗辩权,是指在有先后履行顺序的双务合同中,先履行一方当事人有证据证明后履行一方不能履行合同义务,或者有不能履行合同义务的可能时,在对方未履行或提供担保前享有的中止合同履行的权利。

不安履行抗辩权为在先履行的一方当事人享有。行使不安抗辩权,要求先履行合同义务的一方有确切证据证明后履行一方的履约能力严重恶化。履约能力严重恶化的表现有:① 经营状况严重恶化;② 转移财产、抽逃资金,以逃避债务;③ 丧失商业信誉;④ 有丧失或者可能丧失履行债务能力的其他情形。债权人分立、合并或者变更住所没有通知债务人,致使履行债务发生困难的,债务人可以中止履行或者将标的物提存。当事人没有证据中止履行的,应当承担违约责任。

当事人中止履行的,应当及时通知对方。对方提供适当担保时,应当恢复履行。中止履行后,对方未在合理期限内恢复履行能力并且未提供适当担保的,视为以自己的行为表明不履行合同主要义务,中止履行的一方可以解除合同并可以请求对方承担违约责任。

四、合同的保全

(一) 合同保全的概念与特征

所谓合同保全,是指因债务人的财产变动或其他情形而给债权人的债权实现带来危害,由债权人对债务人的相关责任财产采取保全措施的法律制度。其特征为:

(1) 合同保全的目的是保有债务人的责任财产,使其合理增加和阻止其不当减少,从而保障合同债务的履行与债权的实现。

(2) 合同保全发生在合同履行期间,即在合同生效之后、履行完毕之前。

(3) 合同保全的基本方式亦即保全措施是债权人行使代位权和撤销权。

(二) 债权人的代位权

1. 代位权的概念

债权人的代位权,是指因债务人怠于或者不能行使其对第三人的债权而影响债权人的到期债权实现的,债权人依法请求以自己的名义取代债务人的地位行使债务人对第三人的债权的权利。

2. 代位权行使的法定情形

(1) 因债务人怠于行使其债权以及与该债权有关的从权利,影响债权人的到期债权实现的,债权人可以向人民法院请求以自己的名义代位行使债务人对相对人的权利。但是该权利专属于债务人自身的除外。

(2) 债权人的债权到期前,债务人的权利存在诉讼时效期间即将届满或者未及时申报破产债权等情形,影响债权人的债权实现的,债权人可以代位向债务人的相对人请求其向债务人履行、向破产管理人申报或者作出其他必要的行为。

3. 代位权的行使范围及法律后果

代位权的行使范围以债权人的到期债权为限。债权人行使代位权的必要费用,由债务人负担。相对人对债务人的抗辩,可以向债权人主张。

人民法院认定代位权成立的,由债务人的相对人向债权人履行义务,债权人接受履行后,债权人与债务人、债务人与相对人之间相应的权利义务终止。债务人对相对人的权利被采取保全、执行措施,或者债务人破产的,依照相关法律的规定处理。

(三) 债权人的撤销权

1. 撤销权的概念

债权人的撤销权,是指因债务人实施特定的处分财产的行为,对债权人造成损害的,债权人请求人民法院撤销债务人的行为的权利。

2. 撤销权行使的法定情形

(1) 债务人放弃其债权、放弃债权担保、无偿转让财产等方式无偿处分财产权益,或者恶意延长其到期债权的履行期限,影响债权人的债权实现的,债权人可以请求人民法院撤销债务人的行为。

(2) 债务人以明显不合理的低价转让财产、以明显不合理的高价受让他人财产或者为他人的债务提供担保,影响债权人的债权实现,债务人的相对人知道或者应当知道该情形的,债权人可以请求人民法院撤销债务人的行为。债务人影响债权人的债权实现的行为被撤销的,自始没有法律约束力。

3. 撤销权的行使范围与期限

撤销权的行使范围以债权人的债权为限。债权人行使撤销权的必要费用,由债务人负担。

撤销权应自债权人知道或者应当知道撤销事由之日起 1 年内行使;自债务人的行为发生之日起 5 年内没有行使撤销权的,该撤销权消灭①。

第五节 合 同 的 担 保

一、合同担保概述

(一) 担保的概念与特征

担保是为使债权人的债权得以实现,依照法律的规定或者当事人的约定,用特定人的财产或者信用,保障债务人履行债务的法律制度。在合同法律关系中,债权人需要以担保方式保障其合同债权得以实现的,可以依法为之设定担保。

担保具有如下法律特征:

(1) 保障性。担保是当事人在主债之外设定从债并可通过从债的履行实现主债,目的是保障债权人债权的实现。

(2) 防范性。担保是当事人在设定债的关系时,为防范债务违约、保障债权实现而采取的法律措施。

(3) 替代性。担保的基础是特定人的信用或者财产。担保是将债务人或第三人的特定财产或信用设定为担保标的,作为实现债权的基础,当主债务履行不能时,债权人可以就担保物优先受偿或通过担保行为替代受偿。

---

① 由于撤销权的期间为除斥期间而不是诉讼时效,故不发生中止、中断或延长。期间届满的,撤销权即归于消灭。

(4) 补充性。担保的功能是补充和强化债务人的信用,但在主债因适当履行而实现的情形下,担保人并不实际履行担保义务;只有在主债务不能得到履行时,才需以履行担保义务作为补充。

(二) 担保的方式及分类

担保的法定方式有五种,即保证、抵押、质押、留置和定金。因不同需要,可对担保做如下归类。

(1) 按担保关系形成依据的不同,分为约定担保与法定担保。约定担保是基于当事人的自愿而约定设立的担保,约定的形式是订立担保合同、设定担保法律关系。保证、抵押、质权、定金均属约定担保。法定担保是基于法律规定而成立的担保,即当事人不需订立担保合同,只要主债关系发生并生效,担保法律关系即生成。留置属于法定担保。

(2) 依担保标的的不同,分为人的担保、物的担保与钱的担保。人的担保是指以保证人的信用为基础成立的担保(如保证),其实质是追加债务人;物的担保是指以债务人或者第三人的特定财产为基础设立的担保(如抵押、质权和留置),其实质是为主债权的标的设定替代物;钱的担保是指以一定数额的金钱作为实现主债权的担保(如定金),其实质是为主债权设定金钱补偿。

二、担保合同

(一) 担保合同的概念与性质

担保合同是约定担保的必备形式,是指为促使债务人履行其债务,保障债权人的债权得以实现,而在债权人和债务人之间,或在债权人、债务人和第三人之间协商形成的,当债务人不履行或无法履行债务时,以一定方式保证债权人债权得以实现的协议。

担保合同具有从属性,其为被担保的确立主债权债务关系的合同(即主合同)的从合同。主债权债务合同无效,担保亦合同无效,但是法律另有规定的除外①。担保合同被确认无效后,债务人、保证人、债权人有过错的,应当根据其过错各自承担相应的民事责任。

(二) 担保合同的形式

约定担保均须订立担保合同,因此形成定金合同、抵押合同、质押合同和保证合同。担保合同依法均应采取书面形式。

---

① 由银行或者非银行金融机构开立的独立保函除外。独立保函纠纷案件依据《最高人民法院关于审理独立保函纠纷案件若干问题的规定》处理。需要进一步明确的是:凡是由银行或者非银行金融机构开立的符合该司法解释第1条、第3条规定情形的保函,无论是用于国际商事交易还是用于国内商事交易,均不影响保函的效力。

担保合同可以在主合同之外单独订立,也可以为载于主债权债务合同中的保证条款,二者效力同等。

(三) 反担保

第三人为债务人向债权人提供担保的,可以要求债务人提供反担保。反担保又称担保之担保,是指第三人为债务人向债权人提供担保时,为确保第三人追偿权的实现而由债务人向第三人提供的担保。

于反担保而言,为主合同债权而设定的担保为本担保。本担保的债务人为反担保中的担保人,本担保的第三人为反担保的被担保人亦即担保权利人。在本担保中,提供担保的第三人承担担保责任后,有权向债务人追偿,反担保的目的就是为了保障第三人对债务人的追偿权的实现。因此,反担保的范围具有严格的限定性,只有第三人提供的本担保才有必要及可能设立反担保;反担保的担保对象仅限于本担保的第三人的追偿权。

反担保的规则适用本担保的规定。

三、合同的定金担保

(一) 定金的概念

定金是指为了确保合同的履行,约定由一方当事人在合同订立时或者订立后、履行前,按合同标的额的一定比例,先行给付对方当事人的金额。

合同当事人可以约定一方向对方给付定金作为债权的担保。定金担保的实质是预先设定违约成本,以督促履约,保障债权的实现。

(二) 定金担保的设立

定金应当以书面形式的定金合同约定。在定金合同中,当事人应当约定交付定金的期限,定金合同自实际交付定金时生效。

定金的数额由当事人约定,但是不得超过主合同标的额的20%,超过部分不产生定金的效力。实际交付的定金数额多于或者少于约定数额的,视为变更约定的定金数额。

(三) 定金担保的效力

1. 履约定金返还。债务人履行债务后,定金应当抵作价款或者收回,从而起到预付款的作用①。

2. 违约定金惩罚。主合同不能履行情况下的定金罚则。在发生违约的情况下,给付定金的一方不履行债务,或者履行债务不符合约定致使不能实现合同目的的,无

---

① 但定金不等同于预付款,其根本区别在于预付款作为预先给付属于提前履行约定的部分付款义务,具有资金垫付性质,且在债务人不履行债务时预付款项下不生成罚则,其给付方不因违约而当然丧失,其收受方也不因违约而加倍返还。

权请求返还定金;收受定金的一方不履行债务,或者履行债务不符合约定致使不能实现合同目的的,应当双倍返还定金。定金担保的显著特点是双向担保,即其罚则对任何一方当事人都适用,可以促使双方当事人信守合同、减少违约。

(四) 定金罚则的适用

依照有关司法解释,在适用定金罚则时,应注意以下问题:(1) 因当事人一方迟延履行或者其他违约行为,致使合同目的不能实现,可以适用定金罚则(但法律另有规定或者当事人另有约定的除外);(2) 当事人一方不完全履行合同的,应当按照未履行部分所占合同约定内容的比例,适用定金罚则;(3) 因合同关系以外第三人的过错,致使主合同不能履行的,适用定金罚则。受定金处罚的一方当事人,可以依法向第三人追偿;(4) 因不可抗力、意外事件致使主合同不能履行的,不适用定金罚则;(5) 定金性质不明确的,不适用定金罚则。当事人交付留置金、担保金、保证金、订约金、押金或者订金等,但没有约定定金性质的,当事人主张定金权利的,人民法院不予支持。

四、合同的物权担保

(一) 物权担保的一般规定

1. 物权担保的概念与适用范围

物权担保是以担保物权设定的担保,包括抵押、质押和留置三种担保形式。依《民法典》(草案)规定,担保物权是指"担保物权人在债务人不履行到期债务或者发生当事人约定的实现担保物权的情形,依法享有就担保财产优先受偿的权利";"债权人在借贷、买卖等民事活动中,为保障实现其债权,需要担保的,可以依照法律规定设立担保物权"。法条列举了借贷、买卖两种典型的民事活动可以设定担保物权,但并不排除物权担保在其他民事活动中的适用。一般合同均可采用物权担保,为合同债权实现设定保障。

2. 物权担保的范围

物权担保范围是指担保物权的所能担保实现的债权的范围。一般包括:主债权及其利息、违约金、损害赔偿金、保管担保财产和实现担保物权的费用。当事人另有约定的,按照其约定。

3. 担保物权的行使

(1) "物上受偿"。担保物权的标的是约定或法定的担保财产,当债务人不履行债务时,债权人可以该财产折价或者以拍卖、变卖该财产所得的价款优先受偿。

(2) "物上代位"。担保期间,担保财产毁损、灭失或者被征收等,担保物权人可以就获得的保险金、赔偿金或者补偿金等优先受偿。被担保债权的履行期未届满的,也可以提存该保险金、赔偿金或者补偿金等。

被担保的债权既有物的担保又有人的担保的,债务人不履行到期债务或者发生当事人约定的实现担保物权的情形,债权人应当按照约定实现债权;没有约定或者约定不明确,债务人自己提供物的担保的,债权人应当先就该物的担保实现债权;第三人提供物的担保的,债权人可以就物的担保实现债权,也可以请求保证人承担保证责任。提供担保的第三人承担担保责任后,有权向债务人追偿。

4. 担保物权的消灭

有下列情形之一的,担保物权消灭:(1) 主债权消灭;(2) 担保物权实现;(3) 债权人放弃担保物权;(4) 法律规定担保物权消灭的其他情形。第三人提供担保,未经其书面同意,债权人允许债务人转移全部或者部分债务的,担保人不再承担相应的担保责任。

(二) 抵押担保

1. 抵押的概念

抵押是为担保债务的履行,债务人或者第三人不转移财产的占有,以该财产为债权设押,当债务人不履行到期债务或者发生当事人约定的行权情形时,债权人有权就该财产优先受偿的担保形式。抵押担保是以抵押财产为标的设定的抵押权作为债权的担保,在抵押担保中,债务人或者第三人为抵押人,债权人为抵押权人,提供担保的财产为抵押财产。

2. 抵押权的标的

抵押权的标的为抵押财产。为保障抵押权的行使和实现,法律对作为抵押财产的范围有一定的限制。

(1) 可以设定抵押权的财产

可以设定抵押权的财产应当是债权人或者第三人有权处分的财产,包括:① 建筑物和其他土地附着物;② 建设用地使用权;③ 海域使用权;④ 生产设备、原材料、半成品、产品;⑤ 正在建造的建筑物、船舶、航空器;⑥ 交通运输工具;⑦ 法律、行政法规未禁止抵押的其他财产。

抵押人可以将前述所列财产一并抵押。以建筑物抵押的,该建筑物占用范围内的建设用地使用权一并抵押。以建设用地使用权抵押的,该土地上的建筑物一并抵押,抵押人未依照前述规定一并抵押的,未抵押的财产视为一并抵押。乡镇、村企业的建设用地使用权不得单独抵押。以乡镇、村企业的厂房等建筑物抵押的,其占用范围内的建设用地使用权一并抵押。

(2) 禁止设定抵押权的财产

抵押的功能决定了抵押财产必须是能够转让的财产,故下列财产不得抵押:① 土地所有权;② 耕地、宅基地、自留地、自留山等集体所有的土地使用权,但法律规定可以抵押的除外;③ 学校、幼儿园、医疗机构等以公益为目的成立的非营利法人的教育设施、医疗卫生设施和其他公益设施;④ 所有权、使用权不明或者有争议的财产;⑤ 依法被查封、扣押、监管的财产;⑥ 法律、行政法规规定不得抵押的其他财产。

3. 抵押权的设立

(1) 订立抵押合同

抵押担保为约定担保,设立抵押权,当事人应当采用书面形式订立抵押合同。

抵押合同一般包括下列条款:① 被担保债权的种类和数额;② 债务人履行债务的期限;③ 抵押财产的名称、数量等情况;④ 担保的范围。

(2) 实行抵押登记

抵押担保的特点是在抵押权生效后并不转移抵押财产的占有,故使抵押财产的物权易生变动。因此,为保护抵押权人和第三人的合法权益,遵循物权公示原则,法律设定并实行抵押权登记制度,以求公示效应、维护交易安全。但对不同类别的抵押财产,分别实行强制登记和自愿登记。

① 不动产类抵押权登记

以不动产类财产抵押的,依登记生效主义原则,实行强制抵押登记。此处所称不动产类财产包括现实不动产和在建不动产以及特定不动产的使用权,具体为前述法定可设抵押权财产的前三项和第五项规定的正在建造的建筑物。以该类抵押的,应当办理抵押登记;抵押权自登记时设立。

② 动产类抵押权登记

以动产抵押的,依登记对抗主义原则,实行自愿抵押登记。其抵押权自抵押合同生效时设立;未经登记,不得对抗善意第三人。

4. 抵押期间抵押财产的处分

(1) 以动产抵押的,不得对抗正常经营活动中已支付合理价款并取得抵押财产的买受人。

(2) 抵押权设立前抵押财产出租并转移占有的,原租赁关系不受该抵押权的影响。

(3) 抵押期间,抵押人可以转让抵押财产。当事人另有约定的,按照其约定。抵押财产转让的,抵押权不受影响。抵押人转让抵押财产的,应当及时通知抵押权人。抵押权人能够证明抵押财产转让可能损害抵押权的,可以请求抵押人将转让所得的价款向抵押权人提前清偿债务或者提存。转让的价款超过债权数额的部分归抵押人所有,不足部分由债务人清偿。

(4) 抵押人的行为足以使抵押财产价值减少的,抵押权人有权要求抵押人停止其行为。抵押财产价值减少的,抵押权人有权要求恢复抵押财产的价值,或者提供与减少的价值相应的担保。抵押人不恢复抵押财产的价值也不提供担保的,抵押权人有权要求债务人提前清偿债务。

5. 抵押权的行使

（1）债务人不履行到期债务或者发生当事人约定的实现抵押权的情形,抵押权人可以与抵押人协议以抵押财产折价或者以拍卖、变卖该抵押财产所得的价款优先受偿。协议损害其他债权人利益的,其他债权人可以请求人民法院撤销该协议。抵押权人与抵押人未就抵押权实现方式达成协议的,抵押权人可以请求人民法院拍卖、变卖抵押财产。抵押财产折价或者变卖抵押财产的,应当参照市场价格。抵押财产折价或者拍卖、变卖后,其价款超过债权数额的部分归抵押人所有,不足部分由债务人清偿。但是,抵押权人在债务履行期限届满前,与抵押人约定债务人不履行到期债务时抵押财产归债权人所有的[1],只能依法就抵押财产优先受偿。

（2）企业、个体工商户、农业生产经营者可以将现有的以及将有的生产设备、原材料、半成品、产品抵押,债务人不履行到期债务或者发生当事人约定的实现抵押权的情形,债权人有权就抵押财产确定时的动产优先受偿。抵押财产自下列情形之一发生时确定：① 债务履行期限届满,债权未实现；② 抵押人被宣告破产或者解散清算；③ 当事人约定的实现抵押权的情形；④ 严重影响债权实现的其他情形。

（3）债务人不履行到期债务或者发生当事人约定的实现抵押权的情形,致使抵押财产被人民法院依法扣押的,自扣押之日起抵押权人有权收取该抵押财产的天然孳息或者法定孳息,但是抵押权人未通知应当清偿法定孳息的义务人的除外。前述规定的孳息应当先充抵收取孳息的费用。

（4）抵押权人应当在主债权诉讼时效期间行使抵押权；未行使的,人民法院不予保护。[2]

6. 抵押权的实现顺序与规则

（1）同一财产向两个以上债权人抵押的,拍卖、变卖抵押财产所得的价款的清偿顺序为：① 抵押权已登记的,按照登记的时间先后确定清偿顺序；② 抵押权已登记的先于未登记的受偿；③ 抵押权未登记的,按照债权比例清偿。其他可以登记的担保物权,清偿顺序参照适用前款规定。

（2）同一财产既设立抵押权又设立质权的,拍卖、变卖该财产所得的价款按照登记、交付的时间先后确定清偿顺序；质权有效设立、抵押权办理了抵押登记的,按照公示先后确定清偿顺序；顺序相同的,按照债权比例清偿；质权有效设立,抵押权未办理抵押登记的,质权优先于抵押权；质权未有效设立,抵押权未办理抵押登记的,因此

---

[1] 该约定在学理上称为"流押条款",因其担保财产价值的变动性与可能发生的债务违约后果的不确定性而可能导致的对当事人（尤其是处于劣势地位的债务人）的不公平,故我国一直为法律所禁止；其在《民法典》（草案）中已被解禁。

[2] 以登记作为公示方法的权利质权,参照适用此规定。

时抵押权已经有效设立,故抵押权优先受偿。同一财产抵押权与留置权并存时,留置权人优先于抵押权人受偿。

(3)动产抵押担保的主债权是抵押物的价款,标的物交付后 10 日内办理抵押登记的,该抵押权人优先于抵押物买受人的其他担保物权人受偿,但是留置权人除外。

建设用地使用权抵押后,该土地上新增的建筑物不属于抵押财产。该建设用地使用权实现抵押权时,应当将该土地上新增的建筑物与建设用地使用权一并处分,但是新增建筑物所得的价款,抵押权人无权优先受偿。以集体所有土地的使用权依法抵押的,实现抵押权后,未经法定程序,不得改变土地所有权的性质和土地用途。

7. 抵押权的处分

(1)抵押权依法可以转让,不得与债权分离而单独转让或者作为其他债权的担保。债权转让的,担保该债权的抵押权一并转让,但是法律另有规定或者当事人另有约定的除外。

(2)抵押权人可以放弃抵押权或者抵押权的顺位。抵押权人与抵押人可以协议变更抵押权顺位以及被担保的债权数额等内容,但是抵押权的变更未经其他抵押权人书面同意,不得对其他抵押权人产生不利影响。

8. 最高额抵押

(1)最高额抵押的概念与特征

最高额抵押是指为担保债务的履行,债务人或者第三人对一定期间内将要连续发生的债权提供担保财产的,债务人不履行到期债务或者发生当事人约定的实现抵押权的情形的,抵押权人有权在最高债权额限度内就该担保财产优先受偿。

最高额抵押具有如下法律特征:① 最高额抵押是限额抵押。设定抵押时,抵押人与抵押权人协议约定抵押财产担保的最高债权限额,无论将来实际发生的债权如何增减变动,抵押权人只在最高债权额范围内对抵押财产享有优先受偿权;超过这一额度的债权,不属于抵押权担保的范畴。② 最高额抵押是为将来可能发生的债权提供担保。一般的抵押权均是对已经确定的债权进行担保,而最高额抵押的设定,是针对在抵押期间将要发生的债权。③ 最高额抵押是对一定期间内连续发生的债权所作的担保。一定期间由当事人约定,既是债权发生的期间,也是抵押权担保的期间;连续发生的债权即所发生的债权次数不定,但在时间上有前后衔接、不能间断。

(2)最高额抵押担保范围的确定与抵押权的行使

1)最高额抵押担保的是最高额抵押权设立后一定期间发生的债权,其设立前已经存在的债权并不在担保范围内;但经当事人同意,可以转入最高额抵押担保的债权范围。

2)最高额抵押担保的债权确定前,抵押权人与抵押人可以通过协议变更债权确定的期间、债权范围以及最高债权额,但变更的内容不得对其他抵押权人产生不利影响。

3) 最高额抵押担保的债权确定前,部分债权转让的,最高额抵押权不得转让,但当事人另有约定的除外。

4) 有下列情形之一的,抵押权人的债权确定:① 约定的债权确定期间届满;② 没有约定债权确定期间或者约定不明确,抵押权人或者抵押人自最高额抵押权设立之日起满 2 年后请求确定债权;③ 新的债权不可能发生;④ 抵押权人知道或者应当知道抵押财产被查封、扣押;⑤ 债务人、抵押人被宣告破产或者解散清算;⑥ 法律规定债权确定的其他情形。

除上述特别规定外,最高额抵押权适用前述关于抵押担保的一般规定。

(三) 质押担保

1. 质押担保的概念

质押是指为担保债务的履行,债务人或者第三人将其特定财产移交给债权人占有,以该财产为债权设押,当债务人不履行到期债务或者发生当事人约定的行权情形时,债权人有权就该财产优先受偿的担保形式。质押担保是以质押财产为标的设定的质权作为债权的担保,在质押担保中,债务人或者第三人为出质人,债权人为质权人,交付的特定财产或者财产权利凭证为质物。

基于质物的特定范围和性质,法律将质权分为动产质权和权利质权,并对其担保规则分别予以规定。

2. 动产质权担保

(1) 动产质权的标的

动产质权的标的为有形物。为保障质权人的权利的实现,要求出质人交付的动产必须具有权属上的合法性和处分上的可流通性,法律、行政法规禁止转让的动产(如毒品、管制枪支等)不得出质。

(2) 动产质权的设立

1) 订立质押合同

设立质权,当事人应当采用书面形式订立质押合同。质权合同一般包括下列条款:① 被担保债权的种类和数额;② 债务人履行债务的期限;③ 质押财产的名称、数量等情况;④ 担保的范围;⑤ 质押财产交付的时间。

2) 交付质押财产。动产质押的典型特征是质押财产须移交占有,"质权自出质人交付质押财产时设立"。

(3) 动产质押中当事人的权利与义务

由于质押期间出质人须将质押财产移交占有,但质押财产所有权并不属于质权人,因而生成质押担保中质权人与出质人的特定权利与义务。① 质权人有权收取质押财产的孳息(孳息应当先充抵收取孳息的费用),但是合同另有约定的除外。② 质权人在质权存续期间,未经出质人同意,擅自使用、处分质押财产,造成出质人损害的,应当承担赔偿责任。③ 质权人负有妥善保管质押财产的义务;因保管不善致使质押财产毁损、灭失的,应当承担赔偿责任;质权人的行为可能使质押财产毁损、灭失的,出质人可以请求质权人将质押财产提存,或者请求提前清偿债务并返还质押财产。④ 因不能归责于质权人的事由可能使质押财产毁损或者价值明显减少,足以危害质权人权利的,质权人有权要求出质人提供相应的担保;出质人不提供的,质权人可以拍卖、变卖质押财产,并与出质人通过协议将拍卖、变卖所得的价款提前清偿债务或者提存。⑤ 质权人在质权存续期间,未经出质人同意转质,造成质押财产毁损、灭失的,应当承担赔偿责任。⑥ 债务人履行债务或者出质人提前清偿所担保的债权的,质权人应当返还质押财产。

(4) 动产质权的行使与实现

债务人不履行到期债务或者发生当事人约定的实现质权的情形,质权人可以与出质人协议以质押财产折价,也可以就拍卖、变卖质押财产所得的价款优先受偿。质押财产折价或者变卖的,应当参照市场价格。质押财产折价或者拍卖、变卖后,其价款超过债权数额的部分归出质人所有,不足部分由债务人清偿。

出质人可以请求质权人在债务履行期限届满后及时行使质权;质权人不行使的,出质人可以请求人民法院拍卖、变卖质押财产。出质人请求质权人及时行使质权,因质权人怠于行使权利造成出质人损害的,由质权人承担赔偿责任。

质权人可以放弃质权。债务人以自己的财产出质,质权人放弃该质权的,其他担保人在质权人丧失优先受偿权益的范围内免除担保责任,但是其他担保人承诺仍然提供担保的除外。

出质人与质权人可以协议设立最高额质权。最高额质权除适用动产质押担保的有关规定外,参照适用最高额抵押权的相关规定。

3. 权利质权担保

(1) 权利质权的标的

权利质权的标的是债务人或者第三人有权处分的具有财产性质的权利。下列权利可以出质:① 汇票、支票、本票;② 债券、存款单;③ 仓单、提单;④ 可以转让的基金份额、股权;⑤ 可以转让的注册商标专用权、专利权、著作权等知识产权中的财产权;⑥ 现有的以及将有的应收账款;⑦ 法律、行政法规规定可以出质的其他财产权利。

(2) 权利质权的设立

权利质权因其标的的特殊性,设立不尽相同:① 以汇票、支票、本票、债券、存款单、仓单、提单出质的,质权自权利凭证交付质权人时设立;没有权利凭证的,质权自办理出质登记时设立。② 以基金份额、股权、知识产权中的财产权、应收账款,出质的,质权自办理出质登记时设立。

(3) 权利质押中当事人的权利与义务:① 已出质的汇票、本票、支票、债券、存款单、仓单、提单的兑现日期或者提货日期先于主债权到期的,质权人可以兑现或者提货,并与出质人协议将兑现的价款或者提取的货物提前清偿债务或者提存。② 基金份额、股权、知识产权中的财产权、应收账款出质后,不得转让或者许可他人使用,但是经出质人与质权人协商同意的除外;出质人转让或者许可他人使用已出质权利所得的价款,应当向质权人提前清偿债务或者提存。

(4) 权利质权的行使与实现

权利质权的行使与实现,与动产质权的规定相同。

(四) 留置担保

1. 留置担保的概念与适用范围

留置是指债权人合法占有债务人的动产时,债务人不履行到期债务的,债权人可以留置该动产,并有权就该动产优先受偿的担保方式。留置担保是以债权人已占有的动产为标的设定的留置权作为债权的担保,在留置担保中,债权人为留置权人,占有的动产为留置财产。

留置担保范围的具有限定性。由于留置权以债权人合法占有的债务人的动产的既定事实而依法生成,只有实践性合同(如保管合同、运输合同、加工承揽合同等)才能适用留置担保。

2. 留置担保的标的

相对于其他物权担保,留置担保最显著的特征是其担保物权标的的特定性。即:① 留置财产首先须为动产,不动产或者权利均不能成为留置权的标的。② 留置财产须为债务人的动产,而非属第三人。③ 债务人的动产已为债权人实际占有。④ "债权人留置的动产,应当与债权属于同一法律关系",即担保物权标的与主债的标的具有同一性,非于主债之外设定的担保财产;但是企业之间留置的除外。⑤ 留置动产具有合法性。"法律规定或者当事人约定不得留置的动产,不得留置。"

3. 留置权的设立

留置担保为唯一的法定担保,留置权直接依据法律的规定设立,无须由订立担保合同约定。

4. 留置权人的权利与义务

(1) 留置权人有权收取留置财产的孳息。孳息应当先充抵收取孳息的费用。

(2) 留置权人负有妥善保管留置财产的义务;因保管不善致使留置财产毁损、灭失的,应当承担赔偿责任。

5. 留置权的行使与实现

（1）留置财产为可分物的,债权人留置的财产的价值应当相当于债务的金额;留置财产为不可分物的,留置权人可以对留置财产进行整体留置。

（2）留置权人与债务人应当约定留置财产后的债务履行期间;没有约定或者约定不明确的,留置权人应当给债务人2个月以上履行债务的期间,亦即留置期;但是鲜活易腐等不易保管的动产除外。债务人逾期未履行的,留置权人可以与债务人协议以留置财产折价,也可以就拍卖、变卖留置财产所得的价款优先受偿。留置财产折价或者变卖的,应当参照市场价格。

留置财产折价或者拍卖、变卖后,其价款超过债权数额的部分归债务人所有,不足部分由债务人清偿。

（3）债务人可以请求留置权人在债务履行期限届满后行使留置权;留置权人不行使的,债务人可以请求人民法院拍卖、变卖留置财产。

（4）同一动产上已设立抵押权或者质权,该动产又被留置的,留置权人优先受偿。

（5）留置权人对留置财产丧失占有或者留置权人接受债务人另行提供担保的,留置权消灭。

五、合同的保证担保

（一）保证担保的概念与特征

保证是指为保障债权的实现,保证人与债权人约定,当债务人不履行债务或者发生当事人约定的情形时,由保证人履行债务或者承担责任的担保方式。

保证担保具有如下法律特征：① 信用性。保证是人的担保,债权人所信赖的是保证人的信用,当被保证人不能履行合同义务时,保证人将代为履行或代为担责。② 间接性。相对其他担保而言,保证担保的债权人不能直接在担保标的上替代受偿,而是通过行使对保证人的担保请求权而实现主债权。换言之,保证担保的债权人无权直接支配和处置保证人的财产,只能请求其承担保证责任。③ 有偿性。保证担保是法定的第三人担保形式,保证人承担保证责任后,除当事人另有约定外,有权在其承担保证责任的范围内向债务人追偿,享有债权人对债务人的权利,但是不得损害债权人的利益。

（二）保证担保的设立

保证担保须保证人与债权人订立书面保证合同。第三人单方以书面形式向债权人作出保证的,债权人接收且未提出异议的,保证合同成立。

保证合同的内容一般包括被保证的主债权的种类、数额,债务人履行债务的期限,保证的方式、范围和期间等条款。保证人与债权人可以协商订立最高额保证合同,约定在最高债权额限度内就一定期间连续发生的债权提供保证。

(三) 保证人

保证人是主合同当事人以外的、为主合同债务人的债务履行向债权人提供担保的第三人。

保证人须为具有代为清偿债务能力的人。凡不在以下限制和禁止范围内的,均可以作保证人:① 机关法人不得为保证人,但经国务院批准为使用外国政府或者国际经济组织贷款进行转贷的除外;② 以公益为目的的非营利法人、非法人组织不得为保证人。

(四) 保证方式

保证有两种方式,即一般保证和连带责任保证。保证方式由当事人在保证合同中约定。当事人在保证合同中对保证方式没有约定或者约定不明确的,按照一般保证承担保证责任。

1. 一般保证

当事人在保证合同中约定,债务人不能履行债务时,由保证人承担保证责任的,为一般保证。

一般保证的保证人依法享有先诉抗辩权,即保证人在就债务人的财产依法强制执行仍不能履行债务前,有权拒绝承担保证责任。在一般保证方式下,债权人请求保证人承担保证责任,须有不能履行债务的事实;确认不能履行的认定标准是债权人已对债务人行使诉权、并已就债务人的财产依法强制执行但其债权仍未能受偿。但是,有下列情形之一的除外:(1) 债务人下落不明,且无财产可供执行;(2) 人民法院受理债务人破产案件;(3) 债权人有证据证明债务人的财产不足以履行全部债务或者丧失履行债务能力;(4) 保证人书面放弃先诉抗辩权。

2. 连带责任保证

当事人在保证合同中约定保证人和债务人对债务承担连带责任的,为连带责任保证。

在连带责任保证方式下,保证人无先诉抗辩权,连带责任保证的债务人不履行到期债务或者发生当事人约定的情形时,债权人可以要求债务人履行债务,也可以要求保证人在其保证范围内承担保证责任。连带责任保证的债权人请求保证人承担保证责任的,只须证明有债务人不履行到期债务或者发生当事人约定的情形的事实。

在保证担保中,一般保证和连带责任保证的保证人均可以主张债务人对债权人的抗辩。债务人放弃对债务的抗辩权的,保证人仍有权向债权人主张抗辩。

(五) 保证责任

1. 保证责任范围

保证责任范围是指保证人承担保证责任的内容与数量限度。法定的保证范围包括主债权及其利息、违约金、损害赔偿金和实现债权的费用。当事人在合同中另有约定的,按照约定。基于担保的从属性质,担保人承担的担保责任范围不应当大于主债务。当事人约定的担保责任的范围大于主债务的①,应当认定其约定无效,从而使担保责任缩减至主债务的范围。

同一债务有两个以上保证人的,保证人应当按照保证合同约定的保证份额,承担保证责任;没有约定保证份额的,保证人承担连带责任,债权人可以要求任何一个保证人承担全部保证责任。已经承担保证责任的保证人,有权向债务人追偿,或者要求承担连带责任的其他保证人清偿其应当承担的份额。

同一债权既有保证又有物的担保的,保证人对物的担保以外的债权承担保证责任;债权人放弃物的担保的,保证人在债权人放弃权利的范围内免除保证责任。

2. 保证期间

保证期间是保证人承担保证责任的时间维度;保证期间不发生中止、中断和延长。债权人与保证人可以约定保证期间,但是约定的保证期间早于主债务履行期限或者与主债务履行期限同时届满的,视为没有约定;没有约定或者约定不明确的,保证期间为主债务履行期届满之日起6个月。债权人与债务人对主债务履行期限没有约定或者约定不明确的,保证期间自债权人请求债务人履行债务的宽限期届满之日起计算。

一般保证的债权人在保证期间内未对债务人提起诉讼或者申请仲裁的,保证人不再承担保证责任;连带责任保证的债权人未在保证期间对保证人主张承担保证责任的,保证人不再承担保证责任。

一般保证的债权人在保证期间届满前对债务人提起诉讼或者申请仲裁的,从保证人拒绝承担保证责任的权利消灭之日起,开始计算保证债务的诉讼时效;连带责任保证的债权人在保证期间届满前请求保证人承担保证责任的,从债权人请求保证人承担保证责任之日起开始计算保证债务的诉讼时效。保证债务的诉讼时效届满,保证责任消灭。

3. 保证责任的关联影响

(1) 债权人和债务人未经保证人书面同意,协商变更主债权债务合同内容,减轻债务的,保证人仍对变更后的债务承担保证责任;加重债务的,保证人对加重的部分不承担保证责任。债权人与债务人对主债权债务合同履行期限作了变更,未经保证人书面同意的,保证期间不受影响。

(2) 债权人将全部或者部分债权转让给第三人,通知保证人后,保证人对受让人承担相应的保证责任。未经通知,该转让对保证人不发生效力。保证人与债权人约

---

① 如针对担保责任约定专门的违约责任、担保责任的数额高于主债务、担保责任约定的利息高于主债务利息、担保责任的履行期先于主债务履行期届满,等等。

定仅对特定的债权人承担保证责任或者禁止债权转让,债权人未经保证人书面同意转让全部或者部分债权的,保证人就受让人的债权不再承担保证责任。

(3) 债权人未经保证人书面同意,允许债务人转移全部或者部分债务,保证人对未经其同意转移的债务不再承担保证责任,但是债权人和保证人另有约定的除外。第三人加入债务的,保证人的保证责任不受影响。

(4) 一般保证的保证人在主债务履行期限届满后,向债权人提供债务人可供执行财产的真实情况,债权人放弃或者怠于行使权利致使该财产不能被执行的,保证人在其提供可供执行财产的价值范围内不再承担保证责任。

(5) 债务人对债权人享有抵销权或者撤销权的,保证人可以在相应范围内拒绝承担保证责任。

第六节 合同的变更、转让与终止

一、合同的变更

(一) 合同变更的概念

合同的变更,是指合同有效成立后,尚未履行或尚未完全履行之前,当事人就其内容进行的修改和补充。

(二) 合同变更规则

当事人协商一致,即可以变更合同。"协商一致"是变更合同的必备要件和基本要求。

当事人对合同变更的内容应明确约定;约定不明确的,推定为未变更。法律、行政法规规定变更合同应当办理批准、登记等手续的,依照其规定。

二、合同的转让

(一) 合同转让的概念

合同的转让,即合同主体的变更,是指合同的一方当事人将合同的全部或者部分权利义务转让给第三人的法律行为,包括合同权利的转让、合同义务转移以及合同权利义务的概括转让。

(二) 合同权利的转让

1. 合同权利转让的概念

合同权利的转让又称债权让与,是指合同债权人通过协议将其债权的全部或部分地转让给第三人的行为。

2. 合同权利转让的限制

有下列情形之一的,合同权利依法不得转让:① 根据合同性质不得转让;② 按照当事人约定不得转让;③ 依照法律规定不得转让。当事人约定非金钱债权不得转让的,不得对抗善意第三人。当事人约定金钱债权不得转让的,不得对抗第三人。

3. 合同权利转让的规则

债权人转让债权的应当通知债务人。未经通知,该转让对债务人不发生效力。债权转让的通知不得撤销,但是经受让人同意的除外。

因债权转让增加的履行费用,由让与人负担。

4. 合同权利转让的效力

(1) 对受让人的效力。债权人转让债权的,受让人取得与债权有关的从权利,但是该从权利专属于债权人自身的除外。受让人取得从权利不因该从权利未履行转移登记手续或者未转移占有而受到影响。

(2) 对债务人的效力。债务人接到债权转让通知后,债务人对让与人的抗辩,可以向受让人主张。债务人可行使的抗辩权包括:同时履行抗辩、不安抗辩、时效完成的抗辩、债权业已消灭的抗辩、债权从未发生的抗辩、债权无效的抗辩等权利。

有下列情形之一的,债务人可以向受让人主张抵销:① 债务人接到债权转让通知时,债务人对让与人享有债权,并且债务人的债权先于转让的债权到期或者同时到期;② 债务人的债权与转让的债权是基于同一合同产生。

(三) 合同义务的转移

1. 合同义务转移的概念

合同义务转移又称债务承受,是指在不改变合同义务的前提下,经债权人同意,债务人将合同的义务全部或者部分地转移给第三人承受。

2. 合同义务转移的规则

(1) 债务人将合同的义务全部或者部分转移给第三人的,应当经债权人同意。未经债权人同意的,转移无效。债务人或者第三人可以催告债权人在合理期限内予以同意,债权人未作表示的,视为不同意。

(2) 第三人与债务人约定加入债务并通知债权人,或者第三人向债权人表示愿意加入债务,债权人未在合理期限内明确拒绝的,债权人可以请求第三人在其愿意承担的债务范围内和债务人承担连带债务。

3. 合同义务转移的效力

(1) 债务人全部转移合同义务的,原债务人脱离合同关系,且不对新债务人的偿还能力负担保义务;部分转移合同义务的,第三人成为债务人后,与原债务人共同承担合同义务。

(2) 债务人转移债务的,新债务人可以主张原债务人对债权人的抗辩。原债务人对债权人享有债权的,新债务人不得向债权人主张抵销。

(3) 债务人转移债务的,新债务人应当承担与主债务有关的从债务,如售后服务等。但是该从债务专属于原债务人自身的除外。

（四）合同概括转让

1. 合同概括转让的概念

合同概括转让又称合同承受，是指合同的一方当事人经对方当事人同意，将自己在合同中的权利义务一并转让给第三人，由第三人概括地取得原合同的权利义务。

2. 合同概括转让的规则

（1）当事人一方经对方同意，可以将自己在合同中的权利和义务一并转让给第三人。

（2）合同的权利和义务一并转让的，适用债权转让、债务转移的有关规定。

三、合同的终止

（一）合同终止的概念

合同的终止，是指由于一定的法律事实的发生，使合同所设定的民事权利义务归于消灭的法律状态。

（二）合同终止的原因

1. 债务已经按照约定履行

合同各方当事人已经按照合同的约定履行了自己的义务，债务人全部履行了自己的义务，债权人完全实现了自己的权利。订立合同的目的已经实现，合同因此而终止。

2. 债务相互抵销

抵销是指合同当事人双方互付债务时，各以自己的债权冲抵其所负债务的，从而使其相互的债务在等额内消灭的行为。

当事人互负到期债务，该债务的标的物种类、品质相同的，任何一方可以将自己的债务与对方的债务抵销；但是，根据债务性质、当事人约定或者依照法律规定不得抵销的除外。当事人互负债务，标的物种类、品质不相同的，经双方协商一致，也可以抵销。

当事人主张抵销的，应当通知对方。通知自到达对方时生效。抵销一经生效，其效力溯及自抵销条件成就之时，双方互负的债务在同等数额内消灭。双方互负的债务数额，是截至抵销条件成就之时各自负有的包括主债务、利息、违约金、赔偿金等在内的全部债务数额。行使抵销权一方享有的债权不足以抵销全部债务数额，当事人对抵销顺序又没有特别约定的，应当根据实现债权的费用、利息、主债务的顺序进行抵销。抵销不得附条件或者附期限。

抵销权既可以通知的方式行使，也可以提出抗辩或者提起反诉的方式行使。当事人对债务抵销虽有异议，但在约定的异议期限届满后才提出异议并向人民法院起诉的,人民法院不予支持;当事人没有约定异议期间,在债务抵销通知到达之日起3个月以后才向人民法院起诉的,人民法院不予支持。

3. 债务人依法将标的物提存

（1）提存的概念

提存是指由于债权人的原因使债务人无法向其交付合同标的,债务人依法将标的物提交给提存机关留存待取的行为。提存产生债务履行的效果,因而导致合同终止。

（2）提存事由

有下列情形之一,难以履行债务的,债务人可以将标的物提存：① 债权人无正当理由拒绝受领；② 债权人下落不明；③ 债权人死亡未确定继承人、遗产管理人或者丧失民事行为能力未确定监护人；④ 法律规定的其他情形。

（3）提存方式与规则

债务人可将标的实物提存;如果标的物不适于提存或者提存费用过高的,债务人可以依法拍卖或者变卖标的物,提存所得的价款。债务人将合同标的物或者标的物拍卖、变卖所得价款交付提存部门时,提存成立。

标的物提存后,债务人应当及时通知债权人、遗产管理人、监护人、财产代管人。

标的物提存后,毁损、灭失的风险由债权人承担。提存期间,标的物的孳息归债权人所有。提存费用由债权人负担。

（4）提存的法律效果

标的物提存后,毁损、灭失的风险由债权人承担。提存期间,标的物的孳息归债权人所有。提存费用由债权人负担。

债权人可以随时领取提存物。但是,债权人对债务人负有到期债务的在债权人未履行债务或者提供担保之前,提存部门根据债务人的要求应当拒绝其领取提存物。债权人领取提存物的权利自提存之日起5年内不行使而消灭,提存物扣除提存费用后归国家所有。但是,债权人未履行对债务人的到期债务,或者债权人向提存部门书面放弃领取提存物权利的,债务人负担提存费用后有权取回提存物。

4. 债权人免除债务

债权人免除债务人部分或者全部债务的,债权债务部分或者全部终止,但是债务人在合理期限内拒绝的除外。免除具有使债务绝对消灭的效力,免除的效力还同时及于债权的从权利。如利息债权、担保权等,也随主债权同时归于消灭。

5. 债权债务同归于一人

债权和债务同归于一人的,债权债务终止,但是损害第三人利益的除外。例如,企业合并即可使参与合并的两个企业之间的债权债务因同归于合并后的企业而消灭;但若合并企业的合同权利已设为他人质权的标的时,则该债权不因合同当事人同一而消灭。

6. 合同解除

（1）合同解除的含义与分类

合同解除是指合同有效成立后，当事人一方或者双方依照法律规定或者当事人的约定，消灭合同法律效力的行为。合同具有法律约束力，当事人不得擅自变更或解除。但当主客观情况发生变化使合同履行成为不必要或不可能的情况下，当事人可以依法解除合同。

依解除依据的不同，分为约定解除和法定解除。

当事人以协议形式设定一方或双方合同解除权的，为约定解除。约定解除的依据是当事人的合意，属于双方自愿的解除。依解除权设定的时间不同，约定解除又分为两种情形：一是事先约定解除，即在订立合同时"当事人可以约定一方解除合同的事由。解除合同的事由发生时，解除权人可以解除合同"；二是事后约定解除，即在合同成立后、履行前，经"当事人协商一致，可以解除合同"。

当事人依据法律规定的一定事由行使合同解除权的，为法定解除。法定解除的依据是法定事由，属于单方强制的解除。当法定事由出现时，享有解除权的当事人即可依法单方行使解除权而解除合同。有下列情形之一的，当事人可以解除合同：① 因不可抗力致使不能实现合同目的；② 在履行期限届满之前，当事人一方明确表示或者以自己的行为表明不履行主要债务；③ 当事人一方迟延履行主要债务，经催告后在合理期限内仍未履行；④ 当事人一方迟延履行债务或者有其他违约行为致使不能实现合同目的；⑤ 法律规定的其他情形。另外，情势变迁也构成当事人解除合同的法定事由。

（2）合同解除权的行使

当事人一方主张解除合同的，应当通知对方。合同自通知到达对方时解除；通知载明债务人在一定期限内不履行债务则合同自动解除，债务人在该期限内未履行债务的，合同自通知载明的期限届满时解除。在法定解除下，以持续履行的债务为内容的不定期合同，当事人在合理期限之前通知对方后可以解除。对方对解除合同有异议的，任何一方当事人均可以请求人民法院或者仲裁机构确认解除合同的效力。

只有享有法定或者约定解除权的当事人才能以通知方式解除合同；不享有解除权的一方向另一方发出解除通知，另一方即便未在异议期限内提起诉讼，也不发生合同解除的效果。

当事人一方未通知对方，直接以提起诉讼或者申请仲裁的方式依法主张解除合同，人民法院或者仲裁机构确认该主张的，合同自起诉状副本或者仲裁申请书副本送达对方时解除。

法律规定或者当事人约定解除权行使期限，期限届满当事人不行使的，该权利消灭;法律没有规定或者当事人没有约定解除权行使期限,自解除权人知道或者应当知道解除事由之日起一年内不行使,或者经对方催告后在合理期限内不行使的,该权利消灭。

另外,发生情势变迁时,即合同成立以后客观情况发生了当事人在订立合同时无法预见的、不属于商业风险的重大变化,继续履行合同对于一方当事人明显不公平,受不利影响的当事人可以与对方重新协商;在合理期限内协商不成的,当事人可以请求人民法院请求人民法院或者仲裁机构变更或者解除合同。人民法院或者仲裁机构应当结合案件的实际情况,根据公平原则变更或者解除合同。

(3) 合同解除的效力

合同解除的,该合同的权利义务关系终止。合同解除后,尚未履行的,终止履行;已经履行的,根据履行情况和合同性质,当事人可以请求恢复原状或者采取其他补救措施,并有权请求赔偿损失。

合同因违约解除的,解除权人可以请求违约方承担违约责任,但是当事人另有约定的除外。合同解除时,一方依据合同中有关违约金、约定损害赔偿的计算方法、定金责任等违约责任条款的约定,请求另一方承担违约责任的,人民法院依法予以支持。

主合同解除后,担保人对债务人应当承担的民事责任仍应当承担担保责任,但是担保合同另有约定的除外。

三、合同终止的法律效力

(1) 合同的权利义务关系终止,不影响合同中结算和清理条款的效力。

(2) 债权债务终止时,债权的从权利同时消灭,但是法律另有规定或者当事人另有约定的除外。

(3) 债权债务终止后,当事人应当遵循诚信等原则,根据交易习惯履行通知、协助、保密、旧物回收等义务。

第七节 违约责任

一、违约责任概述

(一) 违约责任的概念和特征

违约责任是指合同当事人不履行合同义务或者履行合同义务不符合约定时,依法应负的合同责任。

违约责任具有如下法律特征:① 须以有效合同的存在为基础。如果双方签订的合同被确认为无效或者已被撤销,则无合同义务可言,自然亦不存在违约责任问题。② 须以债务人不履行合同义务为前提。③ 违约责任主体具有特定性和相对性。一般情况下,只有合同当事人才能成为违约责任的主体,违约责任的主张者和承担者均为合同当事人。④ 违约责任可以由当事人在法定范围内约定。⑤ 违约责任是民事责任,突出救济性和补偿性。

因当事人一方的违约行为,损害对方人身权益、财产权益的,受损害方有权选择请求其承担违约责任或者侵权责任。

(二) 违约责任的构成要件

违约责任的构成要件可分为一般要件和特殊要件。一般要件是违约当事人承担任何违约责任形式都必须具备的要件;特殊要件是各种不同的违约责任形式所要求的责任要件。

违约责任的一般要件只有一个,即违约行为。只要当事人一方有违约行为,即应承担违约责任。

违约责任的特殊构成要件因违约责任形式的不同而有所差异。如损害赔偿责任除应具备一般要件外,还要求有损害事实,且违约行为与损害事实之间存在因果关系。

(三) 违约行为

违约行为是构成违约责任的必备的客观要件,其具体表现形式为以下4个方面。

1. 不履行

不履行包括履行不能和拒绝履行。履行不能是指债务人在客观上已经没有履行能力。如在提供劳务的合同中,债务人丧失了劳动能力;在以特定物为标的合同中,该特定物灭失。拒绝履行是指债务人能够实际履行而故意不履行。

2. 履行迟延

履行迟延是指在合同履行期限届满而未履行债务。包括债务人迟延履行和债权人迟延履行,前者指债务人逾期履行,后者指债权人逾期受领。

3. 不完全履行

不完全履行是指债务人虽然履行了债务,但其履行不符合合同的约定。不完全履行有瑕疵给付和加害给付两种情形。瑕疵给付是指债务人履行的标的物在品种、规格、数量、内在质量等方面不符合合同约定的履行行为。如果因债务人交付的标的物的缺陷而造成他人的人身、财产损害,此种给付行为则为加害给付。如出卖人出售不符合保障人身及财产安全的产品导致了买受人的人身或财产损害。加害给付会导致违约责任与侵权责任的竞合。这时,受害人可以选择依照合同法要求对方承担违约责任或者依照其他法律要求其承担侵权责任。

4. 预期违约

预期违约,是指在合同订立之后履行期限届满之前,当事人一方明确表示或者以自己的行为表明不履行合同义务的行为。当事人一方预期违约的,对方当事人可以在履行期限届满之前要求其承担违约责任。

(四) 免责条款与免责事由

1. 免责条款

免责条款是指当事人在合同中约定的用以免除或者限制其未来合同责任的条款。根据合同中约定的免责条款,在某些条件下,当事人不履行合同义务或者履行合同义务不符合约定的条件时,将不承担违约责任。当事人约定的免责条款的内容须合法。合同中的下列免责条款无效:① 造成对方人身伤害的;② 因故意或者重大过失造成对方财产损失的。

2. 免责事由

免责事由又称免责条件,是指法律明文规定的当事人对其不履行合同或者迟延履行合同不承担违约责任的条件。免责事由包括:

(1) 不可抗力。不可抗力是指不能预见、不能避免并不能克服的客观情况。当事人一方因不可抗力不能履行合同义务的,根据不可抗力的影响,部分或者全部免除违约责任,但是法律另有规定的除外。当事人迟延履行后发生不可抗力的,不免除其违约责任。当事人一方因不可抗力不能履行合同的,应当及时通知对方,以减轻可能给对方造成的损失,并应当在合理期限内提供证明。

(2) 因物的自然性质或者合理损耗所致损失。在货物运输合同中,承运人能够证明货物因其本身的自然性质或者合理损耗而造成灭失、毁损的,不承担损害赔偿责任。

(3) 债权人的过错。如果由于债权人的过错致使合同不能按约履行,债务人不负违约责任。如仓储合同中,因仓储物的性质、包装不符合约定或者超过有效期造成仓储物变质、损坏的,保管人不承担损害赔偿责任。而且,债务人按照约定履行债务,债权人无正当理由拒绝受领的,债务人可以请求债权人赔偿增加的费用。在债权人受领迟延期间,债务人无须支付利息。

二、违约责任的形式

当事人一方不履行合同义务或者履行合同义务不符合约定的,应视不同情形承担不同形式的违约责任。

(一) 继续履行

继续履行也称强制履行,是指当事人一方不履行合同或者履行合同义务不符合约定时,应另一方当事人的要求,在合同履行期限届满或损害赔偿后,继续按照合同约定履行主要义务的行为。

当事人一方未支付价款、报酬、租金、利息,或者不履行其他金钱债务的,对方可以请求其支付。当事人一方不履行非金钱债务或者履行非金钱债务不符合约定的,对方也可以请求履行,但有下列情形之一的除外:① 法律上或者事实上不能履行;② 债务的标的不适于强制履行或者履行费用过高;③ 债权人在合理期限内未请求履行。

当事人一方不履行债务或者履行债务不符合约定,根据债务的性质不得强制履行的,对方可以请求其负担由第三人替代履行的费用。

(二) 采取补救措施

采取补救措施是当事人对履行合同不符合约定所应承担的实施补救性行为的责任。履行不符合约定的,应当按照当事人的约定承担违约责任。合同对违约责任没有约定或者约定不明确,按法律规定的内容不明条款的确认方法仍不能确定的,受损害方根据标的的性质以及损失的大小,可以合理选择要求对方承担修理、重作、更换、退货、减少价款或者报酬等违约责任。

在履行义务或者采取补救措施后,对方还有其他损失的,并不能免除承担赔偿损失、违约金等违约责任。

(三) 赔偿损失

赔偿损失是指违约方依据合同定或者法律规定承担的赔偿对方当事人所受损失的责任。

当事人一方不履行合同义务或者履行合同义务不符合约定,造成对方损失的,损失赔偿额应相当于因违约所造成的损失,包括合同履行后可以获得的利益;但是,不得超过违反合同一方订立合同时预见到或者应当预见到的因违反合同可能造成的损失。依"过错相抵"和"损益相抵"原则,买卖合同当事人一方违约造成对方损失,对方对损失的发生也有过错,违约方主张扣减相应的损失赔偿额的,人民法院应予支持;一方因对方违约而获有利益,违约方主张从损失赔偿额中扣除该部分利益的,人民法院应予支持。

当事人一方违约后,对方应当采取适当措施防止损失的扩大;没有采取适当措施致使损失扩大的,不得就扩大的损失要求赔偿。当事人因防止损失扩大而支出的合理费用,由违约方承担。

(四) 支付违约金

违约金,是指当事人在合同中约定的①一方违约后应向另一方支付的一定数量

---

① 违约金一般由合同约定,支付违约金属约定责任;合同中若无违约金条款的,对违约人不适用支付违约金的违约责任,但买卖合同逾期付款的违约情形除外。买卖合同没有约定逾期付款违约金或者该违约金的计算方法,出卖人以买受人违约为由主张赔偿逾期付款损失的,人民法院可以中国人民银行同期同类人民币贷款基准利率为基础,参照逾期罚息利率标准计算。

的金额。

当事人可以约定一方违约时应当根据违约情况向对方支付一定数额的违约金，也可以约定因违约产生的损失赔偿额的计算办法。约定的违约金低于造成的损失的，当事人可以请求人民法院或者仲裁机构可以根据当事人的请求予以增加，增加后的违约金数额以不超过实际损失额为限；约定的违约金过分高于造成的损失的，人民法院或者仲裁机构可以根据当事人的请求予以适当减少。当事人主张约定的违约金过高请求予以适当减少的，人民法院应当以实际损失为基础，兼顾合同的履行情况、当事人的过错程度以及预期利益等综合因素，根据公平原则和诚实信用原则予以衡量，并作出裁决。

由于违约金的支付足以弥补损失，因此，在约定有违约金的情形下，违约方对违约行为造成的损失应以违约金补偿而无需另行承担赔偿责任。"增加违约金以后，当事人又请求对方赔偿损失的，人民法院不予支持。"

当事人就迟延履行约定违约金的，违约方支付违约金后，还应当履行债务。

（五）适用定金罚则

合同约定有定金担保的，当事人一方违约的，依照定金罚则应承担的责任。

但是，定金罚则不能与支付违约金并用，当事人在合同中既约定违约金又约定定金的，一方违约时，对方可以选择适用违约金或者定金条款。

定金罚则可与赔偿损失并用，约定的定金不足以弥补一方违约造成的损失的，对方可以请求赔偿超过定金数额的损失。

本章复习思考题

1. 合同的基本原则有哪些？
2. 法律对合同的内容和形式有何要求？
3. 订立合同的程序如何？如何使用格式条款？
4. 合同履行抗辩权有哪些？如何行使不安抗辩权？
5. 如何对合同进行保全？
6. 物权担保的一般规定有哪些？物权担保的三种形式有何不同？
7. 简述保证担保的保证方式与保证责任。
8. 合同的终止原因有哪些？怎样解除合同？
9. 违约责任的形式有哪些？如何适用？

第六章 知识产权法

第一节 知识产权法概述

一、知识产权的概念与特征

（一）知识产权的概念与范围

知识产权是指智力成果的创造人对所创造的智力成果和工商活动的行为人对所拥有的标记依法所享有的权利的总称。

知识产权的范围根本上取决于各国对知识产权的立法和执法水平。根据我国法律的规定，知识产权包括著作权、专利权、商标权、发现权、发明权和其他科技成果权。

（二）知识产权的特征

知识产权是一种与物权、债权相并列的独立的民事权利，其具有以下特征。

1. 无形性

知识产权的客体是智力成果或具有财产价值的标记，是一种没有形体的财富。知识产权客体的非物质性是知识产权的本质属性，这是其与其他有形财产所有权最根本的区别。

2. 法定性

知识产权的法定性是指知识产权的范围和产生由法律规定。知识产权的法定性是由无形性决定的。由于其没有形体，可以同时为多个主体所共同占有，很难为拥有者所完全控制，因此知识产权必须通过法律加以确认。

3. 专有性

专有性即排他性。知识产权的专有性主要体现在两个方面：一是知识产权为权利人所独占，权利人垄断这种专有权并受到严格保护，没有法律规定或未经权利人许可，任何人不得使用权利人的知识产品；二是不允许有两个或两个以上的主体同时对同一属性的知识产品享有权利。

4. 地域性

知识产权作为专有权在空间上的效力并不是无限的，而要受到地域的限制，其效力仅限于本国境内。按照一国法律获得承认和保护的知识产权，只能在该国发生法律效力。

5. 时间性

知识产权作为一种民事权利,有时间上的限制。即知识产权只有在法律规定的期限内受到保护,一旦超过法律规定的有效期限,这一权利就自行消灭,而其客体就会成为整个社会的共同财富,为全人类所共同使用。

二、知识产权法的概念及体系

知识产权法是指调整在创造、利用智力成果和商业标记过程中所产生的各种权利义务的法律规范的总称。

我国没有专门就知识产权制定统一的法律,而是在《民法总则》规定的总的指导原则下,根据知识产权的不同类型制定不同的单项法律、法规以及规章。这些法律、法规和规章共同构成了我国知识产权法的法律体系。

自改革开放以来,我国十分重视知识产权的立法工作。特别是我国加入 WTO 以后,依国内外知识产权保护的需要和入世承诺,加快了相关法律、法规以及规章制定、修改和体系完善进程。1982 年 8 月 23 日第五届全国人大常委会第 23 次会议通过了《商标法》并分别于 1993 年、2001 年、2013 年和 2019 年修正;1984 年 3 月 12 日第六届全国人大常委会第 4 次会议通过了《专利法》,并分别于 1992 年、2000 年和 2008 年修正;1990 年 9 月 7 日第七届全国人大常委会第 15 次会议通过了《著作权法》并分别于 2001 年和 2010 年修正;2017 年 3 月 15 日第十二届全国人大五次会议通过的《民法总则》第五章对知识产权作了专门规定。在此基础上,国务院及有关机构陆续制定或修改了相关基本法的配套法规及规章,如《商标法实施条例》《著作权法实施条例》《计算机软件保护条例》《信息网络传播权保护条例》《专利法实施细则》等。此外,我国还先后加入了一系列的有关保护知识产权的国际公约,如《保护工业产权巴黎公约》《建立世界知识产权组织公约》《保护文学艺术作品伯尔尼公约》《世界版权公约》《商标注册国际马德里协定》《专利合作公约》《世界知识产权组织表演和录音制品条约》等,使我国在履行知识产权保护的国际义务的同时,实现了知识产权的国内保护与国际保护的逐步接轨。

第二节 著作权法

一、著作权法概述

(一) 著作权的概念与特征

著作权也称版权,是指作者及其他著作权人对其创作的文学、艺术和科学作品依法享有的权利。著作权包括人身权和财产权两个方面的内容。

著作权作为知识产权重要的组成部分,除了具有专有性、地域性、时间性等特征外,还具有以下显著特征。

1. 著作权因作品的创作完成而自动产生

专利权、商标权的取得必须经过申请、审批、登记和公告,即必须以行政确认程序来确认权利的取得和归属。著作权因作品的创作完成而自动产生,一般不必履行任何形式的登记或注册手续,也不论其是否已经发表。

2. 突出对人身权的确认与保护

著作权与作品的创作者密切相关,因此在著作权构成中作者对作品的人身性质的权利是其重要的内容。包括发表权、署名权、修改权、保护作品完整权在内的各项权利具有人身依附性,只能由作者享有,并予特别保护。

3. 保护期限相对较长

作者的署名权、修改权、保护作品完整权的保护期不受限制。公民的作品的发表权及著作权中的财产权的保护期为作者终生及其死亡后50年,截至作者死亡后第50年的12月31日;如果是合作作品,截至最后死亡的作者死亡后第50年的12月31日。法人或者其他组织的作品,著作权(署名权除外)由法人或者其他组织享有的职务作品,其发表权及著作权中的财产权的保护期为50年,截至作品首次发表后第50年的12月31日,但作品自创作完成后50年未发表的,不再受著作权法的保护。

(二)著作权法的概念及其基本原则

1. 著作权法的概念

著作权法是指调整因文学、艺术和科学作品的创作和使用而产生的人身关系和财产关系的法律规范的总称。

我国现行有关著作权的法律规范除《著作权法》外,还包括国家有关法律、行政法规和规章中关于著作权的法律规范,如《著作权法实施条例》《著作权行政处罚实施办法》《计算机软件保护条例》等。另外,我国参加缔结的有关著作权国际保护方面的条约、协定,经批准公布具有国内法效力的,也属著作权法范畴。

2. 著作权法的基本原则

(1)以鼓励创作、维护作者权益为核心的原则。作者是作品赖以产生的源泉,没有作者便没有作品的创作。因此,对作者权益的保护是著作权法的一项基本原则。著作权法对作者权益的保护,除了体现在对人身权利、财产权利的保护上外,还体现在调整作者与作品的再创作者、使用者或传播者的关系上。著作权法将鼓励创作、维护作者权益置于首要和核心的地位,激励作者的创作热情,鼓励有益于社会主义精神文明、物质文明建设的作品创作,以满足人民日益增长的文化生活的需要。

(2)著作权人利益与国家利益、社会公众利益协调一致的原则。作品是作者个人财富,作者对作品依法享有权利。同时,作品又是一种社会财富,作品的创作和传播与国家利益、社会公众利益有着密切的关系。任何一个作品的创作都是在吸收了前人的文学、艺术和科学成果的基础上进行的,且往往来源于生活,反映社会,又影响未来。因此,著作权法不仅只是保护作者权益,还应具有协调、平衡作者或者其他著作权人与国家利益、社会公众利益关系的作用。

(3) 符合著作权国际保护基本准则的原则。我国是一个独立主权国家,对作者权利的保护以及对著作权关系的调整应适用我国的著作权法。同时,我国又是国际社会中的一员,在国际交往中应遵循国际著作权保护的共同的基本准则。因此,我国著作权法在制定时就确立了符合著作权国际保护基本准则的原则,并将著作权国际保护的两大国际公约(即《保护文学艺术作品伯尔尼公约》和《世界版权公约》)的原则和有关规定引入我国著作权法中,为在我国建立与国际著作权保护接轨的著作权法奠定了基础。

二、著作权的主体和客体

(一) 著作权的主体

1. 著作权的原始主体

在一般情况下,著作权的原始主体为作者。所谓作者,是指文学、艺术和科学作品的创作人。根据我国《著作权法》的规定,作者按照以下标准进行认定。

(1) 创作作品的公民是作者。这是作者最基本的认定原则。创作是指直接产生文学、艺术和科学作品的智力活动。为他人创作进行组织工作,提供咨询意见、物质条件,或者进行其他辅助工作,均不视为创作。

(2) 由法人或者其他组织主持,代表法人或者其他组织意志创作,并由法人或者其他组织承担责任的作品,法人或者其他组织视为作者。

(3) 如无相反证明,在作品上署名的公民、法人或者其他组织为作者。相反证明的主张者可以是作品的真实作者,也可以是有利害关系或者无利害关系的第三人。相反证明的主张者应就其相反证明主张提供与作品署名事实相反的证据。

2. 著作权的继受主体

著作权的继受主体是指作者以外的其他依法享有著作权的公民、法人或者其他组织。继受的方式主要有两种。

(1) 因合同而取得著作权。包括三种情况:一是依委托合同取得著作权。《著作权法》规定:"受委托创作的作品,著作权的归属由委托人和受托人通过合同约定。合同未作明确约定或者没有订立合同的,著作权属于受托人。"如合同约定著作权由委托人享有,委托人即成为著作权的主体。二是依转让合同取得著作权。著作权人可以将其享有的著作权中的财产权利的全部或者部分转让给他人,著作财产权的受让人取得著作权后,即成为著作权主体。三是依许可使用合同取得著作权。著作权人许可作者以外的他人行使著作权中的财产权的,该接受许可的人在著作权许可使用合同的有效期内,依照约定取得著作权中的部分或者全部财产权,即成为著作权的主体。

(2)因继受而取得著作权。包括两种情况:一是依继承或者接受遗赠而取得著作权。《继承法》规定,公民所享有的著作权中的财产权利可作为遗产,在公民死亡后由其继承人继承。《著作权法》规定,著作权属于公民的,公民死亡后,其作品著作权中的财产权利在著作权法规定的保护期内,依照《继承法》的规定转移,由该公民的法定继承人或者遗嘱继承人或者受遗赠人享有。据此,因继承或者接受遗赠而取得著作权中财产权的人,即成为著作权的主体。二是依承受而取得著作权。《著作权法》规定,著作权属于法人或者其他组织的,法人或者其他组织变更、终止后,其作品著作权中的财产权利在著作权法规定的保护期内,由承受其权利义务的法人或者其他组织享有。没有承受其权利义务的法人或者其他组织的,由国家享有。据此,因承受权利义务而取得著作权中财产权的法人或者其他组织或者国家,即成为著作权的主体。

3. 著作权的归属

我国《著作权法》规定,著作权属于作者,法律另有规定的除外。据此,在一般情况下,作品的著作权均归属于作者,这是关于著作权归属的一般原则。但是,下列特殊作品的著作权归属,则须有法律特别规定。

(1)演绎作品著作权的归属。演绎作品是指改编、翻译、注释、整理已有作品而产生的作品。演绎作品的著作权由改编、翻译、注释、整理人享有,但其行使著作权时不得侵犯原作品的著作权。演绎作品的作者仅对演绎部分享有著作权,对被演绎的作品不享有著作权,并且无权阻止他人对同一原作进行演绎。

(2)合作作品著作权的归属。合作作品是指两人以上合作创作的作品。合作作品的著作权由合作者共同享有。没有参加创作的人,不能成为合作作者。合作作品可以分割使用的,作者对各自创作的部分可以单独享有著作权,但行使著作权时不得侵犯合作作品整体的著作权。合作作品不可以分割使用的,其著作权由各合作作者共同享有,通过协商一致行使;合作作者对著作权的行使如果不能协商一致,任何一方无正当理由不得阻止他方行使除转让以外的其他权利,所得收益应当合理分配给所有合作作者。

(3)汇编作品著作权的归属。汇编作品是指汇编若干作品、作品的片段或者不构成作品的数据或者其他材料,对其内容的选择或者编排体现独创性的作品。汇编作品的著作权由汇编人享有,但行使著作权时,不得侵犯原作品的著作权。由法人或者非法人单位组织人员进行创作,提供资金或者资料等创作条件,并承担责任的百科全书、辞书、教材、大型摄影画册等编辑作品,其整体著作权归法人或者非法人单位所有。

(4) 影视作品著作权的归属。影视作品是指电影、电视、录像作品和以类似摄制电影的方法创作的作品。影视作品的著作权由制片者享有,但编剧、导演、摄影、作词、作曲等作者享有署名权,并有权按照与制片者签订的合同获得报酬。影视作品中的剧本、音乐等可以单独使用的作品的作者有权单独行使其著作权。著作权人许可他人将其作品摄制成电影、电视、录像作品的,视为已同意对其作品进行必要的改动,但这种改动不得歪曲篡改原作品。

(5) 职务作品著作权的归属。职务作品是指公民为完成法人或者其他组织工作任务所创作的作品。职务作品的著作权由作者享有,但法人或者其他组织有权在其业务范围内优先使用。作品完成2年内,未经单位同意,作者不得许可第三人以与单位使用的相同方式使用该作品。作品完成2年内,如单位在其业务范围内不使用,作者可以要求单位同意由第三人以与单位使用的相同方式使用,单位没有正当理由不得拒绝。在作品完成2年内,经单位同意,作者许可第三人以与单位使用的相同方式使用作品所获报酬,由作者与单位按约定的比例分配。作品完成2年后,单位可以在其业务范围内继续使用。上述作品完成2年的期限,自作者向单位交付作品之日起计算。但是,有下列情形之一的职务作品,作者只享有署名权,著作权的其他权利由法人或者其他组织享有,法人或者其他组织可以给予作者奖励:一是主要是利用法人或者其他组织的物质技术条件创作,并由法人或者其他组织承担责任的工程设计图、产品设计图、地图、计算机软件等职务作品;二是法律、行政法规规定或者合同约定著作权由法人或者其他组织享有的职务作品。

(6) 委托作品著作权的归属。委托作品是指受他人委托而创作的作品。委托作品著作权的归属由委托人和受托人通过合同约定。合同未作明确约定或者没有订立合同的,著作权属于受托人。

(7) 美术作品著作权的归属。美术作品包括绘画、书法、雕塑、建筑等作品。美术作品原件所有权的转移,不视为作品著作权的转移,但美术作品原件的展览权由原件所有人享有。

(8) 作者身份不明的作品著作权的归属。作者身份不明的作品,由作品原件的合法持有人行使除署名权以外的著作权。作者身份确定后,由作者或者其继承人行使著作权。

(二) 著作权的客体

著作权的客体即著作权法保护的对象,概称为作品。

1. 作品的概念

著作权法所称的作品是指文学、艺术和科学领域内,具有独创性并能以某种有形形式复制的智力创作成果。由此可见,作品除必须是属于文学、艺术和科学领域外,还必须具备以下构成要件:① 作品必须是一种智力创作成果。作品首先是一种智力成果。作品是自然人智力劳动的结果。其次,作品是一种创作成果。所谓创作,是指直接产生文学、艺术和科学作品的智力活动。为他人创作进行组织工作,提供咨询意见、物质条件,或者进行其他辅助活动,均不视为创作。② 作品必须具有独创性。独创性也称原创性,是指作品由作者独立构思和创作而成的,而不是抄袭、剽窃、篡改他人作品。著作权法上的独创性与专利法上的创造性不同:一是独创性不以新颖性和显著的实质性进步为前提;二是独创性不具有排他性,即如果多位作者同时完成一件相同或类似的作品,只要他们都是作者独自创作完成的,就都享有著作权。③ 作品必须具有可复制性。作品具有可复制性是指作品应当能被一定的物质载体所固定并能由一份复制多份。这种复制不改变作品的内容,通过手工或者机械、电子等方式对作品进行重复性的利用,从而使作者获得相应的财产利益和精神利益并实现其社会价值。

2. 著作权法保护的作品

作为我国《著作权法》保护对象的作品,包括以各种形式创作的文学、艺术和自然科学、社会科学、工程技术等作品。其具体形式有:① 文字作品。这是指小说、诗词、散文、论文等以文字形式表现的作品。② 口述作品。口述作品是指即兴的演说、授课、法庭辩论等以口头语言创作、未以任何物质载体固定的作品。③ 音乐、戏剧、曲艺、舞蹈、杂技艺术作品。音乐作品是指交响乐、歌舞等能够演唱或者演奏的带词或者不带词的作品。戏剧作品是指话剧、歌剧、地方戏曲等供舞台演出的作品。曲艺作品是指相声、快书、大鼓、评书等以说唱为主要形式表演的作品。舞蹈作品是指通过连续的动作、姿势、表情表现的作品。杂技艺术作品是指杂技、魔术、马戏等通过形体动作表现的作品。④ 美术、建筑作品。美术作品是指绘画、书法、雕塑等以线条、色彩或者其他方式构成的有审美意义的平面或立体的造型艺术作品。建筑作品是指以建筑物或者构筑物形式表现的有审美意义的作品。⑤ 摄影作品。摄影作品是指借助器械,在感光材料上或者其他介质上记录客观物体形象的艺术作品。⑥ 电影作品和以类似摄制电影的方法创作的作品。电影作品是指摄制在一定介质上,由一系列有伴音或者无伴音的画面组成,并且借助适当装置放映或者以其他方式传播的作品。⑦ 工程设计图、产品设计图、地图、示意图等图形作品和模型作品。工程设计图、产品设计图是指为施工和生产绘制的图样及对图样的文字说明。地图、示意图是指地图、线路图、解剖图等反映地理现象、说明事物原理或者结构的图形。模型作品是指为展示、试验或者观测等用途,根据物体的形状和结构,按照一定比例制成的立体作品。⑧ 计算机软件。这是指计算机程序及其有关的文档。⑨ 法律、行政法规规定的其他作品。

3. 不受著作权法保护的对象

根据《著作权法》的规定,不受著作权法保护的对象分为以下两类。

(1) 不受著作权法保护的作品。是指依法禁止出版、传播的作品,如违背法律、宣传反科学和反人类、危害公共安全、破坏社会善良风俗的反动及淫秽言论等作品。

(2) 不适用于著作权法的对象。主要包括:① 法律、法规、国家机关的决议、决定、命令和其他具有立法、行政、司法性质的文件及其官方正式译文;② 时事新闻;③ 历法、通用数表、通用表格和公式。

三、著作权的内容

(一) 著作人身权

著作人身权又称精神权利,是指作者基于作品的创作而依法享有的以精神利益为内容的权利。著作人身权的实质是人身关系在著作权上的具体反映,它是独立于著作财产权利而存在的,本身没有直接的财产内容。

根据我国《著作权法》的规定,著作人身权包括以下内容:① 发表权,即决定作品是否公之于众的权利。② 署名权,即表明作者身份,在作品上署名的权利。③ 修改权,即修改或者授权他人修改作品的权利。④ 保护作品完整权,即保护作品不受歪曲、篡改的权利。

(二) 著作财产权

著作财产权是指著作权人通过各种方式利用其作品以及基于利用作品而依法享有的以获得财产利益为内容的权利。

根据我国《著作权法》的规定,著作财产权包括以下内容:① 复制权,即以印刷、复印、拓印、录音、录像、翻录、翻拍等方式将作品制作一份或者多份的权利。② 发行权,即以出售或者赠与方式向公众提供作品的原件或者复制件的权利。③ 出租权,即有偿许可他人临时使用电影作品和以类似摄制电影的方法创作的作品、计算机软件的权利,计算机软件不是出租的主要标的的除外。④ 展览权,即公开陈列美术作品、摄影作品的原件或者复制件的权利。⑤ 表演权,即公开表演作品以及用各种手段公开播送作品的表演的权利。⑥ 放映权,即通过放映机、幻灯机等技术设备公开再现美术、摄影、电影和以类似摄制电影的方法创作的作品等的权利。⑦ 广播权,即以无线方式公开广播或者传播作品,以有线传播或者转播的方式向公众传播广播作品,以及通过扩音器或者其他传送符号、声音、图像的类似工具向公众传播广播作品的权利。⑧ 信息网络传播,即以有线或者无线方式向公众提供作品,使公众可以在其个人选定的时间和地点获得作品的权利。⑨ 摄制权,即以摄制电影或者以类似摄制电影的方法将作品固定在载体上的权利。⑩ 改编权,即改编作品,创作出具有独创性的新作品的权利。⑪ 翻译权,即将作品从一种语言文字转换成另一种语言文字的权利。⑫ 汇编权,即将作品或者作品的片段通过选择或者编排,汇集成新作品的权利。⑬ 许可他人使用并获得报酬的权利,即著作权人可以许可他人行使上述规定的权利,并依照约定或者著作权法有关规定获得报酬。⑭ 转让权,即著作权人可以全部或者部分转让上述规定的权利,并依照约定或者著作权法有关规定获得报酬。⑮ 应当由著作权人享有的其他权利。

(三) 著作权的限制

著作权的限制主要是针对著作权人所享有的财产权利的限制,即对著作权人依法享有的使用作品以及许可他人使用其作品并因此获得报酬的权利的限制。著作权人依法享有的人身权利不受任何限制。

根据《著作权法》的规定,著作权的限制主要体现在以下两个方面。

1. 合理使用

所谓合理使用,是指在法律规定的情形下,按照法律规定的条件使用他人作品的,可以不经著作权人许可,不向其支付报酬,但应当指明作者姓名、作品名称,并且不得侵犯著作权人依照著作权法享有的其他权利。

依照我国《著作权法》的规定,下列情形属于合理使用:① 为个人学习、研究或者欣赏,使用他人已经发表的作品。② 为介绍、评论某一作品或者说明某一问题,在作品中适当引用他人已经发表的作品。③ 为报道时事新闻,在报纸、期刊、广播电台、电视台等媒体中不可避免地再现或者引用已经发表的作品。④ 报纸、期刊、广播电台、电视台等媒体刊登或者播放其他报纸、期刊、广播电台、电视台等媒体已经发表的关于政治、经济、宗教问题的时事性文章,但作者声明不许刊登、播放的除外。⑤ 报纸、期刊、广播电台、电视台等媒体刊登或者播放在公众集会上发表的讲话,但作者声明不许刊登、播放的除外。⑥ 为学校课堂教学或者科学研究,翻译或者少量复制已经发表的作品,供教学或者科研人员使用,但不得出版发行。⑦ 国家机关为执行公务在合理范围内使用已经发表的作品。⑧ 图书馆、档案馆、纪念馆、博物馆、美术馆等为陈列或者保存版本的需要,复制本馆收藏的作品。⑨ 免费表演已经发表的作品,该表演未向公众收取费用,也未向表演者支付报酬。⑩ 对设置或者陈列在室外公共场所的艺术作品进行临摹、绘画、摄影、录像。⑪ 将中国公民、法人或者其他组织已经发表的以汉语言文字创作的作品翻译成少数民族语言文字作品在国内出版发行。⑫ 将已经发表的作品改成盲文出版。以上合理使用作品的情形,同样适用于对出版者、表演者、录音录像制作者、广播电台、电视台的权利的限制。

2. 法定许可使用

所谓法定许可使用,是指在法律规定的范围内使用他人的作品,可以不经著作权人许可,但须向其支付报酬。

我国《著作权法》规定的法定使用许可的情形主要包括:① 为实施九年制义务

教育和国家教育规划而编写出版教科书,除作者事先声明不许使用的外,可以不经著作权人许可,在教科书中汇编已经发表的作品片段或者短小的文字作品、音乐作品或者单幅的美术作品、摄影作品,但应当按照规定支付报酬,指明作者姓名、作品名称,并且不得侵犯著作权人依照本法享有的其他权利。该规定同样适用于对出版者、表演者、录音录像制作者、广播电台、电视台的权利的限制。② 作品在报刊上刊登后,除著作权人声明不得转载、摘编的外,其他报刊可以转载或者作为文摘、资料刊登,但应当按照规定向著作权人支付报酬。③ 录音制作者使用他人已经合法录制为录音制品的音乐作品制作录音制品,可以不经著作权人许可,但应当按照规定支付报酬;著作权人声明不许使用的不得使用。④ 广播电台、电视台播放他人已发表的作品,可以不经著作权人许可,但应当支付报酬。⑤ 广播电台、电视台播放已经出版的录音制品,可以不经著作权人许可,但应当支付报酬。当事人有约定的除外。

四、著作权的取得、许可使用和转让

(一) 著作权的取得

在著作权的取得方式上,各国规定不同,概括起来有两种:一是注册取得,又称有手续主义,是指作品只有登记注册后才能产生著作权;二是自动取得,又称无手续主义或自动保护主义,是指当作品完成时,作者自动取得作品的著作权。我国著作权法实行自动取得制度。

(二) 著作权的许可使用

著作权的许可使用是指著作权人许可作品使用人在一定期间、一定范围内以一定方式使用其作品的行为。

根据《著作权法》的规定,使用他人作品应当同著作权人订立许可使用合同,法律规定可以不经许可的除外。许可使用合同一般包括下列主要内容:① 许可使用的权利种类。② 许可使用的权利是专有使用权或者非专有使用权。除著作权法另有规定外,合同未明确约定授予专有使用权的,使用者仅取得非专有使用权。取得某项专有使用权的使用者,有权排除著作权人在内的一切他人以同样的方式使用作品,如果许可第三人行使同一权利,必须取得著作权人的许可,合同另有约定的除外。③ 许可使用的地域范围、期间。④ 付酬标准和办法。⑤ 违约责任。⑥ 双方认为需要约定的其他内容。

著作权许可使用合同中著作权人未明确许可的权利,未经著作权人同意,另一方当事人不得行使。

(三) 著作权的转让

著作权的转让是指著作权人将其作品著作权中的财产权全部或者部分转让给他人的行为。著作权的转让是著作权人行使著作权的一种方式。

根据《著作权法》的规定,转让著作权中财产权利,应当订立书面合同。权利转让合同一般包括下列主要内容:① 作品的名称;② 转让的权利种类、地域范围;③ 转让价金;④ 交付转让价金的日期和方式;⑤ 违约责任;⑥ 双方认为需要约定的其他内容。

著作权转让合同中著作权人未明确转让的权利,未经著作权人同意,另一方当事人不得行使。

五、邻接权

(一)邻接权的概念

邻接权也称与著作权有关的权利,是指作品的传播者所享有的权利。

邻接权与作品的著作权不同,两者的区别主要表现在以下三个方面:① 权利主体不同。著作权的主体为创作作品的作者和作者以外依法取得著作权的公民、法人或者其他组织;邻接权的主体则是作品的传播者。② 权利内容不同。著作权的内容包括著作人身权和著作财产权;邻接权体现的主要是作品传播者对其传播劳动及传播作品的过程中投入资金的回报所享有的权利。③ 权利对象不同。著作权的对象是作品;邻接权的对象则为作品的传播行为。

(二)邻接权的内容

1. 图书出版者的权利与义务

(1)图书出版者出版图书应当和著作权人订立出版合同,并支付报酬。

(2)图书出版者对著作权人交付出版的作品,按照合同约定享有的专有出版权受法律保护,他人不得出版该作品。

(3)图书出版者有权要求著作权人按照合同约定期限交付作品。图书出版者应当按照合同约定的出版质量、期限出版图书。图书出版者不按照合同约定期限出版,应当依照著作权法的规定承担民事责任。

(4)图书出版者重印、再版作品的,应当通知著作权人,并支付报酬。图书脱销后,图书出版者拒绝重印、再版的,著作权人有权终止合同。

(5)图书出版者对其出版的图书的版式设计享有专有使用权,有权许可或禁止他人使用其出版的图书的版式设计。该权利的保护期为 10 年,截至使用该版式设计的图书首次出版后第 10 年的 12 月 31 日。

(6)作者主动投给图书出版者的稿件,出版者应在 6 个月内决定是否采用。采用的,应签订合同;不采用的,应及时通知作者。既不通知作者,又不签订合同的,6 个月后作者可以要求出版者返还原稿和给予经济补偿。该 6 个月期限,从出版者收到稿件之日起计算。

(7)图书出版者经作者许可,可以对作品修改、删节。

（8）图书出版者应当按照合同的约定向著作权人支付报酬。出版改编、翻译、注释、整理、汇编已有作品而产生的作品，应当取得改编、翻译、注释、整理、汇编作品的著作权人和原作品的著作权人许可，并支付报酬。

2. 报刊出版者的权利与义务

（1）著作权人向报社、期刊社投稿的，自稿件发出之日起 15 日内未收到报社通知决定刊登的，或者自稿件发出之日起 30 日内未收到期刊社通知决定刊登的，可以将同一作品向其他报社、期刊社投稿。双方另有约定的除外。

（2）作品刊登后，除著作权人声明不得转载、摘编的外，其他报刊可以转载或者作为文摘、资料刊登，但应当按照规定向著作权人支付报酬。

（3）报社、期刊社可以对作品作文字性修改、删节。对内容的修改，应当经作者许可。

（4）报刊出版者有权许可或者禁止他人使用其出版的期刊的版式设计。该权利的保护期为 10 年，截至使用该版式设计的期刊首次出版后第 10 年的 12 月 31 日。

3. 表演者的权利与义务

（1）表演者的权利。① 表明表演者身份；② 保护表演形象不受歪曲；③ 许可他人从现场直播和公开传送其现场表演，并获得报酬；④ 许可他人录音录像，并获得报酬；⑤ 许可他人复制、发行录有其表演的录音录像制品，并获得报酬；⑥ 许可他人通过信息网络向公众传播其表演，并获得报酬。

被许可人以上述第③项至第⑥项的方式使用作品，还应当取得著作权人许可，并支付报酬。此外，上述第①、②项权利的保护期不受限制；上述第③项至第⑥项权利的保护期为 50 年，截至该表演发生后第 50 年的 12 月 31 日。

（2）表演者的义务。① 表演者使用他人作品演出，表演者(演员、演出单位)应当取得著作权人许可，并支付报酬。演出组织者组织演出，由该组织者取得著作权人许可，并支付报酬；② 表演者使用改编、翻译、注释、整理已有作品而产生的作品进行演出，应当取得改编、翻译、注释、整理作品的著作权人和原作品的著作权人许可，并支付报酬。

4. 录音录像制作者的权利与义务

（1）录音录像制作者的权利。录音录像制作者对其制作的录音录像制品，享有许可他人复制、发行、出租、通过信息网络向公众传播并获得报酬的权利。该权利的保护期为 50 年，截至该制品首次制作完成后第 50 年的 12 月 31 日。

（2）录音录像制作者的义务。① 录音录像制作者使用他人作品制作录音录像制品，应当取得著作权人许可，并支付报酬；② 录音录像制作者使用改编、翻译、注释、整理已有作品而产生的作品，应当取得改编、翻译、注释、整理作品的著作权人和原作品著作权人许可，并支付报酬；③ 录音制作者使用他人已经合法录制为录音制品的音乐作品制作录音制品,可以不经著作权人许可,但应当按照规定支付报酬;著作权人声明不许使用的不得使用;④ 录音录像制作者制作录音录像制品,应当同表演者订立合同,并支付报酬;⑤ 被许可人复制、发行、通过信息网络向公众传播录音录像制品,还应当取得著作权人、表演者许可,并支付报酬。

5. 广播电台、电视台的权利与义务

(1) 广播电台、电视台的权利。① 有权禁止未经其许可,将其播放的广播、电视转播;② 有权禁止未经其许可,将其播放的广播、电视录制在音像载体上以及复制音像载体。广播电台、电视台享有的权利的保护期为50年,截至该广播、电视首次播放后第50年的12月31日。

(2) 广播电台、电视台的义务。① 广播电台、电视台播放他人未发表的作品,应当取得著作权人许可,并支付报酬。② 广播电台、电视台播放他人已发表的作品,可以不经著作权人许可,但应当支付报酬。③ 广播电台、电视台播放已经出版的录音制品,可以不经著作权人许可,但应当支付报酬,当事人另有约定的除外。④ 电视台播放他人的电影作品和以类似摄制电影的方法创作的作品、录像制品,应当取得制片者或者录像制作者许可,并支付报酬;播放他人的录像制品,还应当取得著作权人许可,并支付报酬。

六、著作权的法律保护

(一) 著作权的侵权行为

1. 应当承担民事责任的侵权行为

我国《著作权法》规定,行为人如有下列侵权行为,应承担民事责任:① 未经著作权人许可,发表其作品的。② 未经合作作者许可,将与他人合作创作的作品当作自己单独创作的作品发表的。③ 没有参加创作,为谋取个人名利,在他人作品上署名的。④ 歪曲、篡改他人作品的。⑤ 剽窃他人作品的。⑥ 未经著作权人许可,以展览、摄制电影和以类似摄制电影的方法使用作品,或者以改编、翻译、注释等方式使用作品的,著作权法另有规定的除外。⑦ 使用他人作品,应当支付报酬而未支付的。⑧ 未经电影作品和以类似摄制电影的方法创作的作品、计算机软件、录音录像制品的著作权人或者与著作权有关的权利人许可,出租其作品或者录音录像制品的,著作权法另有规定的除外。⑨ 未经出版者许可,使用其出版的图书、期刊的版式设计的。⑩ 未经表演者许可,从现场直播或者公开传送其现场表演,或者录制其表演的。⑪ 其他侵犯著作权以及与著作权有关的权益的行为。

2. 应当承担民事责任和行政责任的侵权行为

我国《著作权法》规定,行为人如有下列侵权行为,既应承担民事责任,还应承担行政责任;情节严重的,还须承担刑事责任:① 未经著作权人许可,复制、发行、表演、放映、广播、汇编、通过信息网络向公众传播其作品的,著作权法另有规定的除外。② 出版他人享有专有出版权的图书的。③ 未经表演者许可,复制、发行录有其表演的录音录像制品,或者通过信息网络向公众传播其表演的,著作权法另有规定的除外。④ 未经录音录像制作者许可,复制、发行、通过信息网络向公众传播其制作的录音录像制品的,著作权法另有规定的除外。⑤ 未经许可,播放或者复制广播、电视的,著作权法另有规定的除外。⑥ 未经著作权人或者与著作权有关的权利人许可,故意避开或者破坏权利人为其作品、录音录像制品等采取的保护著作权或者与著作权有关的权利的技术措施的,法律、行政法规另有规定的除外。⑦ 未经著作权人或者与著作权有关的权利人许可,故意删除或者改变作品、录音录像制品等的权利管理电子信息的,法律、行政法规另有规定的除外。⑧ 制作、出售假冒他人署名的作品的。

(二) 著作权侵权行为的法律责任

著作权侵权行为的法律责任包括民事责任、行政责任和刑事责任。

1. 民事责任

民事责任主要包括停止侵害、消除影响、赔礼道歉、赔偿损失等。其中,根据《著作权法》的规定,侵犯著作权或者与著作权有关的权利的,侵权人应当按照权利人的实际损失给予赔偿。实际损失难以计算的,可以按照侵权人的违法所得给予赔偿。赔偿数额还应当包括权利人为制止侵权行为所支付的合理开支。权利人的实际损失或者侵权人的违法所得不能确定的,由人民法院根据侵权行为的情节,判决给予50万元以下的赔偿。

2. 行政责任

行政责任主要包括责令停止侵权行为、没收违法所得以及没收、销毁侵权复制品,并可处以罚款;情节严重的,可以没收主要用于制作侵权复制品的材料、工具、设备等。

3. 刑事责任

刑事责任包括侵犯著作权罪、销售侵权复制品罪。《刑法》第217条规定,以营利为目的,有下列侵犯著作权情形之一,违法所得数额较大或者有其他严重情节的,处3年以下有期徒刑或者拘役,并处或者单处罚金;违法所得数额巨大或者有其他特别严重情节的,处3年以上7年以下有期徒刑,并处罚金:① 未经著作权人许可,复制发行其文字作品、音乐、电影、电视、录像制品、计算机软件及其他作品的;② 出版他人享有专有出版权的图书的;③ 未经录音录像制作者许可,复制发行其制作的录音录像的;④ 制作、出售假冒他人署名的美术作品的。《刑法》第218条规定,以营利为目的,销售明知是侵权复制品,违法所得数额巨大的,处3年以下有期徒刑或者拘役,并处或者单处罚金。

第三节 专 利 法

一、专利、专利制度及专利立法

（一）专利的含义

专利的英文为 patent，具有公开和垄断的双重意思。现代意义上的"专利"具有多种含义：一是指专利权，即由国家专利主管机关授予申请人在一定期限内对其发明创造所享有的独占实施的专有权；二是指获得专利的发明创造本身；三是指记载专利技术的公开的专利文献的总和。在一般情况下，"专利"多指"专利权"。

（二）专利制度的概念、特征和作用

专利制度是国际上通行的一种利用法律和经济手段保护发明创造、推动技术进步的管理制度，其基本内容是依据专利法对申请专利的发明创造，经过审查和批准，授予专利权。同时，把申请专利的发明创造公之于世，以便进行信息交流和技术的有偿转让，从而确保专利权人的合法权益，促进社会进步和发展。

专利制度具有以下特征：① 法律保护。通过专利法规定授予发明创造专利权的条件、范围和程序，确定专利权的基本内容，并以法律的强制力保障专利权人能正常行使权利。② 科学审查。即对申请专利的技术发明要进行审查，其中，最主要的是对发明创造的实质性技术内容的专利性审查，科学审查是保证专利质量的必要措施。③ 技术公开。就是将专利技术的内容以专利说明书的形式向社会公开通报，以便社会了解申请专利的发明创造，监督专利权的授予。④ 国际交流。即实行专利制度的国家必然要开展国际技术贸易和国际技术交流。

总之，专利制度是适应商品生产的要求和现代科学技术的特点的一种重要的技术管理制度，它对促进技术进步和推动社会发展具有非常重要的作用：① 依法保护发明、创造，促进科学技术进步；② 促进技术的商品化，繁荣技术市场；③ 加强国际间的技术交流，促进和发展技术合作与技术贸易。

二、专利权的主体和客体

（一）专利权的主体

专利权的主体是指可以申请并取得专利权的单位和个人，包括专利申请人及专利权人。专利权主体确认的基础是发明人、设计人的界定。我国专利法对发明人、设计人的定义是"对发明创造的实质性特点作出创造性贡献的人"。只负责组织和管理工作、为物质条件的获得提供方便的人以及从事辅助性工作的人，均不能被认定为发明人、设计人。但是，发明人、设计人并非当然的专利申请人和专利权人。根据

《专利法》规定,专利申请权及专利权的归属取决于发明创造的不同性质及情形。

1. 职务发明创造的专利主体

职务发明创造是指发明人或设计人执行本单位的任务或者主要是利用本单位的物质技术条件完成的发明创造。职务发明创造分为两类情形:

(1) 执行本单位任务过程中做出的发明创造。包括:① 在本职工作中完成的发明创造;② 履行本单位交付的本职工作之外的临时工作任务所完成的发明创造;③ 退职、退休或者调动工作后1年内完成的与其所任职的工作或交付的任务有关的发明创造。

(2) 主要利用本单位的物质技术条件完成的发明创造。这里所谓的物质技术条件包括资金、设备、零部件、技术情报或技术资料等。其中技术情报或资料是指该单位拥有的内部情报或资料,如技术档案、设计图纸和新技术信息等。单位图书馆或资料室对外公开的情报或资料不包括在内。

职务发明创造申请专利的权利属于发明人或设计人所在单位;申请被批准后,该单位为专利权人。但对利用本单位的物质技术条件所完成的发明创造,单位与发明人或者设计人订有合同,对申请专利的权利和专利权的归属作出约定的,从其约定。

2. 非职务发明创造的专利主体

非职务发明创造是指不是执行本单位的任务,也未利用本单位的物质技术条件,或者虽然利用了本单位的物质技术条件,但按照事先约定,以后返还资金或者使用费所完成的发明创造。

对于非职务发明创造,申请专利的权利属于发明人或者设计人。申请批准后,专利权归申请者个人所有。对发明人或者设计人的非职务发明创造专利申请,任何单位或者个人不得压制。

3. 委托发明与合作发明创造的专利主体

两个以上单位或者个人合作完成的发明创造、一个单位或者个人接受其他单位或者个人委托所完成的发明创造,除另有协议的以外,申请专利的权利属于完成或者共同完成的单位或者个人;申请被批准后,申请的单位或者个人为专利权人。

(二) 专利权的客体

专利权的客体是指专利法所保护的对象,即依法可以取得专利权的发明创造。在我国,专利权的客体包括发明、实用新型和外观设计三种。

1. 发明

发明是指对产品、方法或者其改进所提出的新的技术方案。在我国,可以申请并取得专利权的发明有三类:① 产品发明,即通过智力劳动创造出的以有形形式表现的各种制成品或产品。这种制成品或产品是自然界从未有过的,是人利用自然规律作用于特定事物的结果。各国专利法对产品发明的范围规定不尽相同。我国专利法对食品、饮料和调味品以及药品和用化学方法获得的物质可以授予专利权,但对动物和植物新品种以及用原子核变换方法获得的物质不给予专利保护。② 方法发明,即将一种物品或物质改变成另一种状态或另一种物品或物质所采用的手段和步骤的发明。目前,各国专利法对方法发明的保护程度不同。有的国家只保护方法发明本身,不保护使用方法发明生产的产品,如美国。有的国家的专利法既保护方法发明,也保护依该方法发明生产、制造的产品,即对方法专利的保护延及其制造的产品,如德国。我国《专利法》对方法发明的保护延及依照该方法所获得的产品。③ 改进发明,即对已有的产品发明或方法发明所作出的实质性革新的技术方案。其与产品发明或方法发明的区别在于,改进发明不是新产品或新方法的创造,而是在已有产品和方法的基础上进行的创造性的改善。它能给已有产品和方法带来新的特性、新的部分质变,但从根本上仍不能突破原有产品和方法的格局。改进发明对于技术进步有着非常明显的促进作用,因此,有很多国家的专利法都把改进发明作为专利法的保护对象。我国对于改进发明也给予专利保护。

2. 实用新型

实用新型是指对产品的形状、构造或者其结合所提出的适于实用的新的技术方案。实用新型也属于发明的范畴,但与发明的主要区别在于:一是实用新型只适用于产品形状、构造或者其结合所提出的适于实用的新的技术方案,不适用于方法发明;二是实用新型发明水平较低,因此,有人把它称为"小发明",把取得的专利称为"小专利"。

3. 外观设计

外观设计是指对产品的整体或者局部形状、图案或者其结合以及色彩与形状、图案的结合所作出的富有美感并适于工业应用的新设计。实用新型与外观设计都关系到形状,其区别在于:实用新型主要关系到产品的功能,外观设计主要关系到产品的外观而不涉及产品的制造和设计技术。

三、专利权的授予

(一)授予专利权的条件

1. 授予发明和实用新型专利的条件

取得发明专利或者实用新型专利,应同时具备新颖性、创造性和实用性三个条件。

(1)新颖性,是指该发明或者实用新型不属于现有技术(指申请日以前在国内外为公众所知的技术,下同);也没有任何单位或者个人就同样的发明或者实用新型在申请日以前向国务院专利行政部门提出过申请,并记载在申请日以后公布的专利申请文件或者公告的专利文件中。申请专利权的发明创造,在申请日以前6个月内,有下列情形之一的,不丧失新颖性:一是在中国政府主办或者承认的国际展览会上首次展出的;二是在规定的学术会议或者技术会议上首次发表的;三是他人未经申请人同意而泄露其内容的。

(2) 创造性,是指与现有技术相比,该发明具有突出的实质性特点和显著的进步,该实用新型具有实质性特点和进步。这是对授予专利的发明或者实用新型的质量要求。我国专利法对发明专利的创造性要求较高,而对实用新型专利的创造性要求较低。

(3) 实用性,是指该发明或者实用新型能够制造或者使用,并且能够产生积极效果。实用性是指一项发明或者实用新型能够在工业上或者产业上获得应用的本质特征。实用性的条件说明要申请专利的发明或者实用新型,不能是只停留在抽象思维阶段上的理论,而是能够在生产中实施应用的技术方案。

2. 授予外观设计专利的条件

授予专利权的外观设计,应符合以下要求。

(1) 不属于现有设计(指申请日以前在国内外为公众所知的设计,下同);也没有任何单位或者个人就同样的外观设计在申请日以前向国务院专利行政部门提出过申请,并记载在申请日以后公告的专利文件中。

(2) 与现有设计或者现有设计特征的组合相比,应当具有明显区别。

(3) 不得与他人在申请日以前已经取得的合法权利相冲突。

3. 不授予专利权的情形

基于促进基础科学知识应用和维护国家及社会公共利益等考虑,我国不授予以下智力成果以专利权:① 违反法律、社会公德或者妨害公共利益的发明创造;② 违反法律、行政法规的规定获取或者利用遗传资源,并依赖该遗传资源完成的发明创造;③ 科学发现;④ 智力活动的规则和方法;⑤ 疾病的诊断和治疗方法;⑥ 动物和植物品种(其生产方法除外);⑦ 原子核变换方法以及用原子核变换方法获得的物质;⑧ 对平面印刷品的图案、色彩或者二者的结合作出的主要起标识作用的设计。

(二) 授予专利权的程序

1. 专利申请

同样的发明创造只能授予一项专利权。但是,同一申请人同日对同样的发明创造既申请实用新型专利又申请发明专利,先获得的实用新型专利权尚未终止,且申请人声明放弃该实用新型专利权的,可以授予发明专利权。

(1) 申请原则。包括:① 申请在先原则。两个以上的申请人分别就同样的发明创造申请专利的,专利权授予最先申请的人。两个以上的申请人在同一日分别就同样的发明创造申请专利的,自行协商确定申请人。② 优先权原则。申请人自发明或者实用新型在外国第一次提出专利申请之日起12个月内,或者自外观设计在外国第一次提出专利申请之日起6个月内,又在中国就相同主题提出专利申请的,依照该外国同中国签订的协议或者共同参加的国际条约,或者依照相互承认优先权的原则,可以享有优先权,即可将申请人第一次在外国的申请日作为在我国的专利申请日。同时,我国《专利法》还规定:"申请人自发明或者实用新型在中国第一次提出专利申请之日起12个月内,或者自外观设计在中国第一次提出专利申请之日起6个月内,又向专利主管机关就相同主题提出专利申请的,可以享有优先权。"理论界通常将前者称为国外优先权,而将后者称为国内优先权或本国优先权。国外优先权第一次的专利申请不在我国,只要申请人符合国外优先权的条件,我国专利主管机关就要以申请人第一次在外国的申请日作为在我国的专利申请日。国内优先权要求申请人先后两次申请均在国内。国内优先权的设立有利于我国的发明创造人及时地对自己的发明创造进行完善和修改,有利于技术的发展和进步。申请人依照规定要求享有优先权的,应当按照规定提出书面声明,并且提交第一次提出的专利申请文件的副本;未按照规定提出书面声明或者提交专利申请文件副本的,即被视为未要求优先权。申请人享有优先权的,优先权日视为申请日。③ 一发明、一申请原则。一件发明或者实用新型专利申请应当限于一项发明或者实用新型,属于一个总的发明构思的两项以上的发明或者实用新型,可以作为一件申请提出。一件外观设计专利申请,应当限于一种产品所使用的一项外观设计。同一产品两项以上的相似外观设计,或者用于同一类别并且成套出售或者使用的产品的两项以上外观设计,可以作为一件申请提出。

(2)申请形式。申请专利应当采用书面形式,即向专利主管机关提交申请文件。申请发明或者实用新型专利的,应当提交请求书、说明书及其摘要、权利要求书等文件。申请外观设计专利的,应当提交请求书及该外观设计的图片或照片等文件。申请文件送达日或者寄出邮戳日为申请日。

请求书是申请人请求专利行政部门对其发明创造授予专利权的书面文件。请求书应当写明发明或者实用新型的名称、发明人的姓名、申请人姓名或者名称和地址以及其他事项。说明书是指用文字完整地写明发明创造具体内容的书面文件,也是申请人向社会公开发明创造的技术文件;其公开的程度必须达到使所属技术领域的技术人员能够实现的程度。说明书既是申请人要求权利的依据,又是申请人解释权利的方式。说明书应当对发明或者实用新型作出清楚、完整的说明,以所属技术领域的技术人员能够实现为准;必要的时候,应当有附图。摘要是对说明书内容的简短说明。它仅是一种技术情报,不具有法律效力;不能作为以后修改说明书或者权利要求书的根据,也不能用来解释专利权的保护范围。摘要应当简要说明发明或者实用新型的技术要点。摘要可以有化学式、反应式或者数学式,但不得有商业性宣传用语,字数一般不得超过 200 字。

权利要求书是申请人申请专利保护的范围。它是确定该发明或者实用新型专利权范围的根据,也是判断他人是否侵权的依据。权利要求书具有直接的法律效力,权利要求书应当以说明书为依据,清楚、简要地限定要求专利保护的范围。依赖遗传资源完成的发明创造,申请人应当在专利申请文件中说明该遗传资源的直接来源和原始来源;申请人无法说明原始来源的,应当陈述理由。

申请外观设计专利的,应当提交请求书、该外观设计的图片或者照片以及对该外观设计的简要说明等文件。申请人提交的有关图片或者照片应当清楚地显示要求专利保护的产品的外观设计。

申请人可以在被授予专利权之前随时撤回其专利申请。申请人可以对其专利申请文件进行修改,但是对发明和实用新型专利申请文件的修改不得超出原说明书和权利要求书记载的范围,对外观设计专利申请文件的修改不得超出原图片或者照片表示的范围。

国务院专利行政部门依照中华人民共和国参加的有关国际条约、专利法和国务院有关规定处理专利国际申请。任何单位或者个人将在中国完成的发明或者实用新型向外国申请专利的,应当事先报经国务院专利行政部门进行保密审查。保密审查的程序、期限等按照国务院的规定执行。

2. 专利的审查与批准

(1) 发明专利申请的审查与批准。① 初步审查,即形式审查。是指专利主管机关对申请文件的形式条件及申请手续的审查。② 早期公开。是指专利主管机关经初步审查认为符合专利法规定的,在申请日起 18 个月内,将申请专利的内容予以公布。从公布之日起,申请人享有临时性保护。③ 实质审查。发明专利申请自申请日起 3 年内,专利主管机关可以根据申请人随时提出的请求,对其申请进行实质审查;申请人无正当理由逾期不请求实质审查的,该申请即被视为撤回。此外,专利主管机关在认为必要时,可以自行对发明专利申请进行实质审查,但应通知申请人。④ 撤回或驳回。专利主管机关对发明专利申请进行实质审查后,认为不符合《专利法》规定的,应当通知申请人,要求其在指定的期限内陈述意见或者对其申请进行修改;无正当理由逾期不答复的,该申请即被视为撤回。发明专利申请经申请人陈述意见或者进行修改后,专利主管机关仍然认为不符合专利法规定的,应当予以驳回。⑤ 授予专利权。发明专利申请经实质审查没有发现驳回理由的,专利主管机关应当作出授予专利权的决定。发给发明专利证书,并予以登记和公告。发明专利权自公告之日起生效。

(2) 实用新型和外观设计专利申请的审查与批准。实用新型和外观设计专利申请经初步审查没有发现驳回理由的,专利主管机关应当作出授予实用新型专利权或者外观设计专利权的决定,发给相应的专利证书,并予以登记和公告。实用新型专利权和外观设计专利权自公告之日起生效。

(3) 专利复审。国务院专利行政部门设立专利复审委员会。专利申请人对国务院专利行政部门驳回申请的决定不服的,可以自收到通知之日起3个月内,向专利复审委员会请求复审。专利复审委员会对复审请求进行审查,必要的时候可以对专利申请是否符合本法有关规定的其他情形进行审查,作出决定,并通知专利申请人。专利复审委员会复审后,作出决定,并通知专利申请人。专利申请人对专利复审委员会的复审决定不服的,可以自收到通知之日起3个月内向人民法院起诉。

四、专利权人的权利和义务

(一) 专利权人的权利

1. 制造权

专利权人享有独占制造专利产品、禁止他人未经其许可制造相同或类似于专利产品的权利。

2. 使用权

专利权人享有使用专利产品或者专利方法以及依照专利方法直接获得的产品的专有权。

3. 许诺销售权

专利权人有明确表示愿意出售专利产品以及禁止他人未经专利权人许可许诺销售专利产品的权利。

4. 销售权

专利权人享有独自销售专利产品或者依照专利方法直接获得的产品的权利。

5. 进口权

专利权人有权阻止他人未经其许可,以生产经营为目的进口其专利产品或者进口依照专利方法直接获得的产品。

6. 转让权

专利权人有将自己的专利权转让给受让方从而获得转让费的权利。

7. 许可权

专利权人享有许可他人实施其专利的权利。实施许可是专利使用权的有偿转让,任何单位或者个人实施他人专利的,应当与专利权人订立实施许可合同,向专利权人支付专利使用费。被许可人无权允许合同规定以外的任何单位或者个人实施该专利。对于在专利权转让之前,专利权人已经和他人签订的许可合同,在转让之后,可视为继续有效。

8. 标记权

专利权人有在其专利产品或者该产品的包装上标明专利标识的权利。

9. 署名权

发明人或者设计人有在专利文件中写明自己是发明人或者设计人的权利。署名权属于与发明人或设计人人身不可分割的权利,无论是何种发明,署名权都应当归发明人或设计人享有。

(二) 对专利权的限制

所谓对专利权的限制,是指法律明文规定,不经专利权人许可就可以实施其专利而不被看作是侵犯专利权的各种情况,也称专利侵权的例外。

1. 合理使用行为

所谓合理使用,就是对一些作品在特定情况下使用者可以不经过专利权人的许可,并且不向其支付报酬而直接使用的合法行为。依照我国《专利法》的规定,以下情形属于合理使用,不视为侵权:① 首次销售原则,即专利产品或者依照专利方法直接获得的产品,由专利权人或者经其许可的单位、个人售出后,使用、许诺销售、销售、进口该产品的;② 在专利申请日前已经制造相同产品、使用相同方法或者已经作好制造、使用的必要准备,并且仅在原有范围内继续制造、使用的;③ 临时通过中国领陆、领水、领空的外国运输工具,依照其所属国同中国签订的协议或者共同参加的国际条约,或者依照互惠原则,为运输工具自身需要而在其装置和设备中使用有关专利的;④ 专为科学研究和实验而使用有关专利的;⑤ 为提供行政审批所需要的信息,制造、使用、进口专利药品或者专利医疗器械的,以及专门为其制造、进口专利药品或者专利医疗器械的。另外,为生产经营目的使用、许诺销售或者销售不知道是未经专利权人许可而制造并售出的专利侵权产品,能证明该产品合法来源的,不承担赔偿责任。

2. 强制实施许可

所谓强制实施许可,是指专利主管机关依照法律规定,可以不经专利权人的同意,直接允许申请人实施专利权人的发明或者实用新型专利的一种行政措施。《专利法》规定,有下列情形之一的,国务院专利行政部门根据具备实施条件的单位或者个人的申请,可以给予实施发明专利或者实用新型专利的强制许可:① 专利权人自专利权被授予之日起满3年,且自提出专利申请之日起满4年,无正当理由未实施或者未充分实施其专利的;② 专利权人行使专利权的行为被依法认定为垄断行为,为消除或者减少该行为对竞争产生的不利影响的;③ 在国家出现紧急状态或者非常情况时,或者为了公共利益的目的,国务院专利行政部门可以给予实施发明专利或者实用新型专利的强制许可;④ 为了公共健康目的,对取得专利权的药品,国务院专利行政部门可以给予制造并将其出口到符合中华人民共和国参加的有关国际条约规定的国家或者地区的强制许可;⑤ 一项发明或者实用新型此前已经取得专利权的发明或者实用新型具有显著经济意义的重大技术进步,其实施又有赖于前一发明或者实用新型的实施的,国务院专利行政部门根据后一专利权人的申请,可以给予实施前一发明或者实用新型的强制许可;在依照前款规定给予实施强制许可的情形下,国务院专利行政部门根据前一专利权人的申请,也可以给予实施后一发明或者实用新型的强制许可。国务院专利行政部门作出的给予实施强制许可的决定,应当及时通知专利权人,并予以登记和公告。给予实施强制许可的决定,应当根据强制许可的理由规定实施的范围和时间。强制许可的理由消除并不再发生时,国务院专利行政部门应当根据专利权人的请求,经审查后作出终止实施强制许可的决定。取得实施强制许可的单位或者个人不享有独占的实施权,并且无权允许他人实施。取得实施强制许可的单位或者个人应当付给专利权人合理的使用费,或者依照中华人民共和国参加的有关国际条约的规定处理使用费问题。付给使用费的,其数额由双方协商;双方不能达成协议的,由国务院专利行政部门裁决。专利权人对国务院专利行政部门关于实施强制许可的决定不服的,专利权人和取得实施强制许可的单位或者个人对国务院专利行政部门关于实施强制许可的使用费的裁决不服的,可以自收到通知之日起 3 个月内向人民法院起诉。

3. 开放许可

专利权人以书面方式向国务院专利行政部门声明愿意许可任何单位或者个人实施其专利,并明确许可使用费支付方式、标准的,由国务院专利行政部门予以公告,实行开放许可。就实用新型、外观设计专利提出开放许可声明的,应当提供专利权评价报告。专利权人撤回开放许可声明的,应当以书面方式提出,并由国务院专利行政部门予以公告。开放许可声明被公告撤回的,不影响在先给予的开放许可的效力。

任何单位或者个人有意愿实施开放许可的专利的,以书面方式通知专利权人,并依照公告的许可使用费支付方式、标准支付许可使用费后,即获得专利实施许可。开放许可期间,专利权人不得就该专利给予独占或者排他许可。

参与国家标准制定的专利权人在标准制定过程中不披露其拥有的标准必要专利的,视为其许可该标准的实施者使用其专利技术。许可使用费由双方协商;双方不能达成协议的,可以请求国务院专利行政部门裁决。当事人对裁决不服的,可以自收到通知之日起 15 日内向人民法院起诉。

(三) 专利权人的义务

(1) 缴纳专利年费。自被授予专利权当年开始缴纳。

(2) 不得滥用专利权。如向受让人提出限制竞争和技术发展的交易条件、非法垄断技术、妨碍技术进步等。

(3) 依照国家需要推广应用专利。基于国家公共利益,专利权人负有接受国家强制扩大应用的义务,对其专利技术进行推广、应用。

（4）被授予专利权的单位应当对职务发明创造的发明人或者设计人给予奖励；发明创造专利实施后，根据其推广应用的范围和取得的经济效益，对发明人或者设计人给予合理的报酬。

五、专利权的期限、终止和无效

（一）专利权的期限

专利权的期限是专利权存续的最长的有效期限。我国《专利法》规定，发明专利权的期限为20年，实用新型专利权的期限为10年，外观设计专利权的期限为15年，均自申请日起算。

专利权的起算日并不等同于专利权的生效日。专利权人并非自专利申请之日起就取得了专利权。一项专利权的生成，必须经过法定程序，因此专利权的法定生效日为专利公告日。但是，就发明而言，由于申请专利的发明的内容在专利权生效前已被依法要求公开而有可能为他人获知并实施，以致威胁专利权人的利益。为此，《专利法》规定："发明专利申请公布后，申请人可以要求实施其发明的单位或者个人支付适当的费用。"

（二）专利权的终止

专利权的终止是指专利权因期限届满或者其他原因在期限届满前失去法律效力。我国《专利法》规定，有下列情形之一的，专利权在期限届满前终止：① 没有按照规定缴纳专利年费的；② 专利权人以书面声明放弃其专利的。专利权在期限届满前终止的，由国务院专利行政部门登记和公告。

专利权终止后，该发明创造即进入公有领域，成为人类的共同财富，任何单位和个人都可以无偿使用。

（三）专利权的无效

专利权无效是指已经取得的专利权因不符合专利法的规定，根据有关单位或个人的请求，经专利复审委员会审核后被宣告无效。

请求宣告专利权无效的单位或个人，应当向专利复审委员会提出请求书，并说明理由。专利复审委员会收到请求宣告专利权无效的请求书后，应当及时审查和作出决定，并通知请求人和专利权人。宣告专利权无效的决定，由国务院专利行政部门登记和公告。对专利复审委员会宣告专利权无效或者维持专利权的决定不服的，可以自收到通知之日起3个月内向人民法院起诉。人民法院应当通知无效宣告请求程序的对方当事人作为第三人参加诉讼。

被宣告无效的专利权视为自始即不存在。宣告专利权无效的决定，在宣告专利权无效前人民法院作出并已执行的专利侵权的判决、裁定，已经履行或者强制执行的专利侵权纠纷处理决定，以及已经履行的专利实施许可合同和专利权转让合同，不具有追溯力。但因专利权人的恶意给他人造成的损失，应当给予赔偿；如果依照上述规定，专利权人或者专利权转让人不向被许可实施专利人或者专利权受让人返还专利使用费或者专利权转让费，明显违反公平原则，专利权人或者专利权转让人应当向被许可实施专利人或者专利权受让人返还全部或者部分专利使用费或者专利权转让费。

六、专利权的法律保护

（一）专利权的保护范围

1. 发明与实用新型专利权的保护范围

发明或者实用新型专利权的保护范围，以其权利要求的内容为准，说明书及附图可以用于解释权利要求。包括两层含义：（1）一项发明创造专利权的保护范围，须以其权利要求为准，即以由专利申请人提出的并经国务院专利行政主管部门批准的权利要求书中所记载的权利要求为准，不小于也不得超出权利要求书中所记载的权利要求的范围。（2）说明书及附图对权利要求具有解释的功能，可以作为解释权利要求的依据，但是相对权利要求而言，说明书及附图只具有从属的地位，不能单以其作为发明或者实用新型专利权保护的基本依据，基本依据只能是权利要求书。

2. 外观设计专利权的保护范围

外观设计专利权的保护范围，以表示在图片或者照片中的该外观设计专利产品为准。简要说明可以用于解释图片或者照片所表示的该产品的外观设计。外观设计专利权的保护范围，以体现该产品外观设计的图片或者照片为基本依据。须说明的是，外观设计专利权所保护的"表示在图片或者照片中的该外观设计专利产品"的范围，应当是同类产品的范围，不是同类产品，即使外观设计相同，也不能认为是侵犯了专利权。

（二）专利权的救济

（1）未经专利权人许可，实施其专利，即侵犯其专利权，引起纠纷的，由当事人协商解决；不愿协商或者协商不成的，专利权人或者利害关系人可以向人民法院起诉，也可以请求专利行政部门处理。专利行政部门处理时，认定侵权行为成立的，可以责令侵权人立即停止侵权行为，当事人不服的，可以自收到处理通知之日起 15 日内依照《中华人民共和国行政诉讼法》向人民法院起诉；侵权人期满不起诉又不停止侵权行为的，专利行政部门可以申请人民法院强制执行。

（2）对群体侵权、重复侵权等扰乱市场秩序的故意侵犯专利权行为，专利行政部门可以依法查处，责令侵权人立即停止侵权行为，并可以没收侵权产品、专门用于制造侵权产品或者使用侵权方法的零部件、工具、模具、设备等。对重复侵犯专利权的行为，专利行政部门可以处以罚款，非法经营额 5 万元以上的，可以处非法经营额 1 倍以上 5 倍以下的罚款；没有非法经营额或者非法经营额 5 万元以下的，可以处 25

万元以下的罚款。

(3) 明知有关产品系专门用于实施专利的原材料、中间物、零部件、设备,未经专利权人许可,为生产经营目的将该产品提供给他人实施了侵犯专利权的行为的,应当与侵权人承担连带责任。明知有关产品、方法属于专利产品或者专利方法,未经专利权人许可,为生产经营目的诱导他人实施了侵犯该专利权的行为的,应当与侵权人承担连带责任。

(4) 网络服务提供者知道或者应当知道网络用户利用其提供的网络服务侵犯专利权或者假冒专利,未及时采取删除、屏蔽、断开侵权产品链接等必要措施予以制止的,应当与该网络用户承担连带责任。专利权人或者利害关系人有证据证明网络用户利用网络服务侵犯其专利权或者假冒专利的,可以通知网络服务提供者采取前述必要措施予以制止。网络服务提供者接到合格有效的通知后未及时采取必要措施的,对损害的扩大部分与该网络用户承担连带责任。专利行政部门认定网络用户利用网络服务侵犯专利权或者假冒专利的,应当通知网络服务提供者采取前述必要措施予以制止,网络服务提供者未及时采取必要措施的,对损害的扩大部分与该网络用户承担连带责任。

(5) 假冒专利的,除依法承担民事责任外,由专利行政部门责令改正并予公告。非法经营额5万元以上的,可以处非法经营额1倍以上5倍以下的罚款;没有非法经营额或者非法经营额5万元以下的,可以处25万元以下的罚款;构成犯罪的,依法追究刑事责任。

(6) 侵犯专利权的赔偿数额按照权利人因被侵权所受到的实际损失确定;实际损失难以确定的,可以按照侵权人因侵权所获得的利益确定。权利人的损失或者侵权人获得的利益难以确定的,参照该专利许可使用费的倍数合理确定。对于故意侵犯专利权的行为,人民法院可以根据侵权行为的情节、规模、损害后果等因素,在按照上述方法确定数额的1倍以上3倍以下确定赔偿数额。赔偿数额还应当包括权利人为制止侵权行为所支付的合理开支。权利人的损失、侵权人获得的利益和专利许可使用费均难以确定的,人民法院可以根据专利权的类型、侵权行为的性质和情节等因素,确定给予10万元以上500万元以下的赔偿①。

(三) 不视为侵犯专利权的行为

(1) 权利穷竭。也称权利用尽,意指经专利权人或者专利权人许可出售专利产品之后,任何在此种情形下购买了该专利产品的人可以任何方式使用该专利产品,或

---

① 人民法院认定侵犯专利权行为成立后,为确定赔偿数额,在权利人已经尽力举证,而与侵权行为相关的账簿、资料主要由侵权人掌握的情况下,可以责令侵权人提供与侵权行为相关的账簿、资料;侵权人不提供或者提供虚假的账簿、资料的,人民法院可以参考权利人的主张和提供的证据判定赔偿数额。

者进一步转让、出售、赠与该专利产品,不构成侵权。我国《专利法》第69条第一项规定:专利产品或者依照专利方法直接获得的产品,由专利权人或者经其许可的单位、个人售出后,使用、许诺销售、销售、进口该产品的,不视为侵犯专利权。

(2) 在先使用。也称先用权制度,是指非专利权人在专利申请日前已经制造相同产品、使用相同方法或者已经作好制造、使用的准备,在专利权人获得专利权后,非专利权人有权在原有的范围内继续制造、使用该专利技术,不视为侵犯专利权。我国《专利法》第69条第二项规定:在专利申请日前已经制造相同产品、使用相同方法或者已经作好制造、使用的必要准备,并且仅在原有范围内继续制造、使用的,不视为侵犯专利权。

(3) 临时过境。临时通过中国领陆、领水、领空的外国运输工具,依照其所属国同中国签订的协议或者共同参加的国际条约,或者依照互惠原则,为运输工具自身需要而在其装置和设备中使用有关专利的,不视为侵犯专利权。

(4) 专为科学研究和实验而使用有关专利的,不视为侵犯专利权。

(5) 为提供行政审批所需要的信息,制造、使用、进口专利药品或者专利医疗器械的,以及专门为其制造、进口专利药品或者专利医疗器械的,不视为侵犯专利权。

第四节 商 标 法

一、商标与商标权

(一) 商标的概念及其特征

商标是使用于商品或者服务项目上的,用以识别或者确认该商品的生产者和服务的提供者的,由特定要素组成的标记。

商标具有如下特征。

(1) 商标是由特定要素构成的标志。构成商标的要素可以为文字、图形、字母、数字、三维标志、颜色组合和声音以及上述要素的组合。

(2) 商标是用于商品或者服务上的标记。商标也即商品或服务的"牌子",同类商品或者服务因其商标的不同而得以特定化。经营者使用商标,旨在使其生产的商品或者提供的服务与其他经营者生产的商品或者提供的服务区别开来,并使消费者可以凭借商标来区分商品或服务的出处、特点、信息等,进而根据各自的需要认牌购货、认牌消费。

(3) 商标是参与市场竞争的工具。不同商标代表着商品或服务的不同质量和信誉。经营者的竞争就是商品或服务质量与信誉的竞争,而商品或服务质量与信誉的好坏,直接体现在商标的知名度上。商标知名度越高,其商品或服务的市场竞争力就越强。

（4）商标是经营者的无形资产。具有较高知名度的商标，蕴含着较大的商业价值，是经营者的无形财富。商标信度的提高不仅提升商品和服务的价值，从而为经营者带来较大的经济利益，而且享有专用权的商标自身也可依法转让或有偿许可他人使用，使商标所有人获得行使商标权的收益。

（二）商标的分类

根据不同的划分标准，可以将商标分成不同的种类。

（1）按商标的表现形式，分为平面商标与立体商标。平面商标也称二维商标，指将特定的商标要素设计成平面视图标志的商标。立体商标也称三维商标，指将特定的商标要素设计成立体实物标志的商标。

（2）按商标的标识对象，分为商品商标与服务商标。商品商标是商品的生产者用在其生产的商品上的商标；服务商标则是服务的提供者用在其提供的服务上的商标。

（3）按商标的特殊功能，分为证明商标、集体商标、防御商标和联合商标。证明商标是指由对某种商品或者服务具有监督能力的组织所控制，而由该组织以外的单位或者个人使用于其商品或者服务，用以证明该商品或者服务的原产地、原料、制造方法、质量或者其他特定品质的标志。集体商标是指以团体、协会或者其他组织名义注册，供该组织成员在商事活动中使用，以表明使用者在该组织中的成员资格的标志。防御商标是将同一商标注册于不同的商品或服务上，构成一个防御体系，以防止他人在不同商品或服务上使用该商标可能给消费者造成的混淆。联合商标是指将与已注册商标相近似的商标在相同或类似商品或服务上加以注册。

（4）按商标的信誉程度，分为普通商标与驰名商标。驰名商标是指在市场上享有较高声誉并为相关公众所熟知的注册商标；普通商标是指所有未被认定为驰名商标的商标，包括注册商标与未注册商标。

（三）商标权与商标法

商标的基本功能是区分市场上的商品和服务，便于消费者识别和选择。而商标功能的发挥是以经营者享有商标权和避免商标被混同为前提的。所谓商标权，是指商标所有人对注册商标的专用权，即在指定商品或服务上独占地、排他地使用其注册商标的权利。

商标权由商标法赋予并受其保护。商标法是调整在商标注册、使用、管理以及保护商标权的过程中所发生的社会关系的法律规范的总称。依法注册和使用商标、保护注册商标和驰名商标的专用权的制度即构成了商标制度。

二、商标权的主体和客体

（一）商标权的主体

商标权的主体是指通过法定程序，在自己生产、制造、加工、拣选、经销的商品或者提供的服务上享有商标专用权的人。《商标法》规定："自然人、法人或者其他组织在生产经营活动中,对其商品或者服务需要取得商标专用权的,应当向商标局申请商标注册。"据此,商标权的主体包括自然人、法人或者其他组织。两个以上自然人、法人或者其他组织可以共同向商标局申请注册同一商标,共同享有和行使该商标专用权。

(二) 商标权的客体

商标权的客体是指经商标局核准注册的商标,即注册商标。商标所有人对注册商标享有的专用权受法律保护;未经注册的商标,其使用人不享有专用权且不受法律保护。

商标注册人使用注册商标,可以在商品、商品包装、说明书或者其他附着物上标明"注册商标"或者注册标记(圆圈内加汉字"注"和圆圈内加字母"R",标注在商标的右上角或者右下角),以表明对该商标的专用权。

经营者对其使用的商标在我国申请注册,应当具备以下条件。

1. 具备显著性

显著性是指商标所具有的标示商品或服务出处并使之区别于其他商品或服务的属性。显著性是商标的"灵魂",是决定商标能否通过审查、获准注册的实质性条件。《商标法》规定："申请注册的商标,应当有显著特征,便于识别,并不得与他人在先取得的合法权利相冲突。"据此,商标的显著性一方面要求商标标志的设计本身应该特征明显,易于识别和记忆;另一方面则要求使用的独特性,不与他人已在先注册的商标相同或者近似。

2. 不为法律禁止

出于对国家利益、社会公共利益以及经营者和消费者利益的考虑,《商标法》对商标标志的使用和申请注册作了一系列禁止性的规定。

(1) 禁止使用的标志。下列标志不得作为商标使用:① 同中华人民共和国的国家名称、国旗、国徽、国歌、军旗、军徽、军歌、勋章等相同或者近似的,以及同中央国家机关的名称、标志、所在地特定地点的名称或者标志性建筑物的名称、图形相同的;② 同外国的国家名称、国旗、国徽、军旗等相同或者近似的,但经该国政府同意的除外;③ 同政府间国际组织的名称、旗帜、徽记等相同或者近似的,但经该组织同意或者不易误导公众的除外;④ 与表明实施控制、予以保证的官方标志、检验印记相同或者近似的,但经授权的除外;⑤ 同"红十字""红新月"的名称、标志相同或者近似的;⑥ 带有民族歧视性的;⑦ 带有欺骗性,容易使公众对商品的质量等特点或者产地产生误认的;⑧ 有害于社会主义道德风尚或者有其他不良影响的;⑨ 县级以上行政区划的地名或者公众知晓的外国地名。但是,地名具有其他含义或者作为集体商标、证明商标组成部分的除外。已经注册的使用地名的商标继续有效。

（2）禁止注册的标志。下列标志可以作为商标使用,但不得注册：① 仅有本商品的通用名称、图形、型号的；② 仅直接表示商品的质量、主要原料、功能、用途、重量、数量及其他特点的；③ 其他缺乏显著特征的。但上述标志经过使用取得显著特征,并便于识别的,可以作为商标注册。此外,以三维标志申请注册商标的,仅由商品自身的性质产生的形状、为获得技术效果而需有的商品形状或者使商品具有实质性价值的形状,也不得注册。

（3）禁止注册和使用的商标。下列商标不予注册并禁止使用：① 就相同或者类似商品申请注册的商标是复制、模仿或者翻译他人未在中国注册的驰名商标,容易导致混淆的。② 就不相同或者不相类似商品申请注册的商标是复制、模仿或者翻译他人已经在中国注册的驰名商标,误导公众,致使该驰名商标注册人的利益可能受到损害的。③ 未经授权,代理人或者代表人以自己的名义将被代理人或者被代表人的商标进行注册,被代理人或者被代表人提出异议的；就同一种商品或者类似商品申请注册的商标与他人在先使用的未注册商标相同或者近似,申请人与该他人具有前款规定以外的合同、业务往来关系或者其他关系而明知该他人商标存在,该他人提出异议的。④ 商标中有商品的地理名称,而该商品并非来源于该标志所标志的地区,误导公众的。

三、商标注册

（一）商标注册的原则

1. 自愿注册与强制注册相结合的原则

自愿注册是指商标所有人根据自己的需要和意愿,自行决定是否申请商标注册。愿意取得商标专用权的,可以申请商标注册,其获准注册的商标受法律保护；不愿意申请商标注册,其商标也可以使用,但不享有商标权,也就不在法律保护之列。强制注册是指对某些商品或服务的商标,必须通过注册才能使用。《商标法》规定："法律、行政法规规定必须使用注册商标的商品,必须申请商标注册,未经核准注册的,不得在市场销售。"我国目前对一般商品或服务的商标均实行自愿注册的原则,只对直接涉及人民健康的少数商品(包括人用药品和烟草制品)实行强制注册原则。

2. 申请在先与使用在先相结合的原则

申请在先是指两个或者两个以上的商标注册申请人,在同一种商品或者类似商品上,以相同或者近似的商标申请注册的,初步审定并公告申请在先的商标；使用在先是指在同日申请注册的情形下,初步审定并公告使用在先的商标,驳回其他人的申请,不予公告。同日申请的各申请人应当自收到商标局通知之日起 30 日内提交其申请注册前在先使用该商标的证据。同日使用或者均未使用的,各申请人可以自收到商标局通知之日起 30 日内自行协商,并将书面协议报送商标局；不愿协商或者协商不成的,商标局通知各申请人以抽签的方式确定一个申请人,驳回其他人的注册申请。商标局已经通知但申请人未参加抽签的,视为放弃申请,商标局应当书面通知未参加抽签的申请人。

3. 优先权原则

商标注册申请程序中优先权表现在两个方面。一是商标注册申请人自其商标在外国第一次提出商标注册申请之日起6个月内,又在中国就相同商品以同一商标提出商标注册申请的,依照该外国同中国签订的协议或者共同参加的国际条约,或者按照相互承认优先权原则,可以享有优先权,即可将申请人第一次在外国的申请日作为在我国的申请日。申请人依照上述情形要求优先权的,应当在提出商标注册申请的时候提出书面声明,并且在3个月内提交第一次提出的商标注册申请文件的副本;未提出书面声明或者逾期未提交商标注册申请文件副本的,视为未要求优先权。二是商标在中国政府主办的或者承认的国际展览会展出的商品上首次使用的,自该商品展出之日起6个月内,该商标的注册申请人可以享有优先权,即可将该商品展出日作为在我国的商标注册申请日。申请人依照上述情形要求优先权的,应当在提出商标注册申请的时候提出书面声明,并且在3个月内提交展出其商品的展览会名称、在展出商品上使用该商标的证据、展出日期等证明文件;未提出书面声明或者逾期未提交证明文件的,视为未要求优先权。

4. 诚实信用原则

《商标法》规定:"申请注册和使用商标,应当遵循诚实信用原则。"商标注册申请是为了满足生产经营活动中对商标使用的需要,并通过商标注册取得专用权;反之,"不以使用为目的的恶意商标注册申请,应当予以驳回"。2019年10月10日国家市场监督管理总局发布的《规范商标申请注册行为若干规定》特别明确,申请商标注册,应当遵守法律、行政法规和部门规章的规定,具有取得商标专用权的实际需要,并且不得有下列行为:① 不以使用为目的恶意申请商标注册的;② 复制、摹仿或者翻译他人驰名商标的;③ 代理人、代表人未经授权申请注册被代理人或者被代表人商标的;基于合同、业务往来关系或者其他关系明知他人在先使用的商标存在而申请注册该商标的;④ 损害他人现有的在先权利或者以不正当手段抢先注册他人已经使用并有一定影响的商标的;⑤ 以欺骗或者其他不正当手段申请商标注册的;⑥ 其他违反诚实信用原则,违背公序良俗,或者有其他不良影响的。

对申请注册的商标,商标注册部门发现属于不以使用为目的的恶意商标注册申请,应当依法驳回,不予公告。商标注册部门在对此违法情形进行判断时,可以综合考虑以下因素:① 申请人或者与其存在关联关系的自然人、法人、其他组织申请注册商标数量、指定使用的类别、商标交易情况等;② 申请人所在行业、经营状况等;③ 申请人被已生效的行政决定或者裁定、司法判决认定曾从事商标恶意注册行为、侵犯他人注册商标专用权行为的情况；④ 申请注册的商标与他人有一定知名度的商标相同或者近似的情况；⑤ 申请注册的商标与知名人物姓名、企业字号、企业名称简称或者其他商业标识等相同或者近似的情况；⑥ 商标注册部门认为应当考虑的其他因素。

（二）商标注册的申请

商标注册申请人应当按规定的商品分类表①填报使用商标的商品类别和商品名称，提出注册申请。商标注册申请人可以通过一份申请就多个类别的商品申请注册同一商标。

注册商标需要在核定使用范围之外的商品上取得商标专用权的，应当另行提出注册申请。注册商标需要改变其标志的，应当重新提出注册申请；注册商标需要变更注册人的名义、地址或者其他注册事项的，应当提出变更申请。

商标注册申请等有关文件可以以书面方式或者数据电文方式提出。为申请商标注册所申报的事项和所提供的材料应当真实、准确、完整。

商标国际注册遵循中华人民共和国缔结或者参加的有关国际条约确立的制度，具体办法由国务院规定。

（三）商标注册的审查核准

商标注册的审查核准是商标主管机关就申请注册的商标是否符合商标法的规定所进行的一系列活动，主要包括形式审查、实质审查、公告核准阶段。对于有争议的商标，还可能发生复审或者裁定。

1. 形式审查

商标局收到商标注册申请文件后，应当首先进行形式审查。形式审查的内容主要包括：申请手续是否齐备；申请人是否具备申请资格；申请文件是否齐全，填写是否正确；是否按规定缴纳了申请注册费等。经过形式审查，凡符合规定的，商标局予以受理，编定申请号，发给受理通知书。对于申请手续不齐备或者未按规定填写申请文件的，予以退回，申请日期不予保留。对于申请手续和申请文件基本符合规定，但需要补正的，通知予以补正，在规定期限内补正的，保留申请日期；未在规定期限内补正的，予以退回，申请日期不予保留。

2. 实质审查

商标局对受理的申请依照《商标法》的规定进行实质审查。实质审查的内容主要包括：申请注册的商标是否具有显著特征，便于识别；申请注册的商标是否与已注

---

① 商品分类表是划分商品或服务类别和进行商标注册管理的重要依据。我国1988年11月1日开始采用《尼斯协定》的商品分类表申请商标注册，1994年加入尼斯同盟。该协定将商品和服务分为45类，包含34类商品、11类服务项目，覆盖了1万多个商品和服务项目。

册在相同或类似商品或服务上的商标相同或近似;申请注册的商标是否违背商标法的禁止性规定;等等。

3. 初步审定与公告

对申请注册的商标,商标局应当自收到商标注册申请文件之日起 9 个月内审查完毕,符合本法有关规定的,予以初步审定公告。在审查过程中,商标局认为商标注册申请的内容需要说明或者修正的,可以要求申请人做出说明或者修正。申请人未做出说明或者修正的,不影响商标局做出审查决定。

4. 核准注册并公告

公告期满无异议的,予以核准注册,发给商标注册证,并予公告。

5. 异议

对初步审定公告的商标,自公告之日起 3 个月内,在先权利人、利害关系人认为违反《商标法》第 13 条第二款和第三款、第 15 条、第 16 条第一款、第 30—32 条规定的,或者任何人认为违反《商标法》第 10—12 条规定的,可以向商标局提出异议。对初步审定、予以公告的商标提出异议的,商标局应当听取异议人和被异议人陈述事实和理由,经调查核实后,自公告期满之日起 12 个月内做出是否准予注册的决定,并书面通知异议人和被异议人。有特殊情况需要延长的,经国务院工商行政管理部门批准,可以延长 6 个月。异议人不服的,可以依照本法第 44 条、第 45 条的规定向商标评审委员会请求宣告该注册商标无效。

对初步审定公告的商标,在公告期内,因违反《规范商标申请注册行为若干规定》的理由被提出异议的,商标注册部门经审查认为异议理由成立,应当依法作出不予注册决定。

经审查异议不成立而准予注册的商标,商标注册申请人取得商标专用权的时间自初步审定公告 3 个月期满之日起计算。自该商标公告期满之日起至准予注册决定做出前,对他人在同一种或者类似商品上使用与该商标相同或者近似的标志的行为不具有追溯力;但是,因该使用人的恶意给商标注册人造成的损失,应当给予赔偿。

6. 复审

对驳回申请、不予公告的商标,商标局应当书面通知商标注册申请人。商标注册申请人不服的,可以自收到通知之日起 15 日内向商标评审委员会申请复审。商标评审委员会应当自收到申请之日起 9 个月内做出决定,并书面通知申请人。有特殊情况需要延长的,经国务院工商行政管理部门批准,可以延长 3 个月。当事人对商标评审委员会的决定不服的,可以自收到通知之日起 30 日内向人民法院起诉。

商标局做出不予注册决定,被异议人不服的,可以自收到通知之日起 15 日内向商标评审委员会申请复审。商标评审委员会应当自收到申请之日起 12 个月内做出复审决定,并书面通知异议人和被异议人。有特殊情况需要延长的,经国务院工商行政管理部门批准,可以延长 6 个月。被异议人对商标评审委员会的决定不服的,可以自收到通知之日起 30 日内向人民法院起诉。人民法院应当通知异议人作为第三人参加诉讼。商标评审委员会在依照前款规定进行复审的过程中,所涉及的在先权利的确定必须以人民法院正在审理或者行政机关正在处理的另一案件的结果为依据的,可以中止审查。中止原因消除后,应当恢复审查程序。

对申请驳回复审和不予注册复审的商标,商标注册部门经审理认为属于违反《规范商标申请注册行为若干规定》情形的,应当依法作出驳回或者不予注册的决定。

法定期限届满,当事人对商标局做出的驳回申请决定、不予注册的决定不申请复审或者对商标评审委员会做出的复审决定不向人民法院起诉的,驳回申请决定、不予注册决定或者复审决定生效。

已经注册的商标,违反本法《商标法》第 4 条、第 10—12 条、第 19 条第四款规定的,或者是以欺骗手段或者其他不正当手段取得注册的,由商标局宣告该注册商标无效;其他单位或者个人可以请求商标评审委员会宣告该注册商标无效。

(四)商标代理

申请商标注册或者办理其他商标事宜,可以自行办理,也可以委托依法设立的商标代理机构办理。外国人或者外国企业在中国申请商标注册和办理其他商标事宜的,应当委托依法设立的商标代理机构办理。

商标代理也应遵循诚实信用原则。商标代理机构知道或者应当知道委托人申请商标注册属于下列情形之一的,不得接受其委托:① 不以使用为目的恶意申请商标注册的;② 未经授权,代理人或者代表人以自己的名义将被代理人或者被代表人的商标进行注册,被代理人或者被代表人提出异议的;③ 申请商标注册损害他人现有的在先权利,或以不正当手段抢先注册他人已经使用并有一定影响的商标的。

商标代理机构除对其代理服务申请商标注册外,不得申请注册其他商标,不得以不正当手段扰乱商标代理市场秩序。

四、商标权人的权利和义务

(一)商标权人的权利

1. 独占权

商标权人对其注册的商标依法享有专有使用并禁止他人使用的独占权利,任何人非经商标权人同意,都不得擅自制造、使用和销售其注册商标。

2. 转让权

商标权人有权决定将其注册商标有偿或无偿地转让给他人所有,从而获取商标转让费。

3. 许可权

商标权人有权将其注册商标许可他人在一定范围内使用,从而获取商标许可使用费。

4. 诉讼权

当商标权人的权利受到他人不法侵害时,商标权人有权向工商行政管理部门申诉或向法院起诉。

(二) 商标权人的义务

(1) 对使用注册商标的商品质量负责,其商品不得粗制滥造、以次充好、欺骗消费者。

(2) 不得自行改变注册商标的文字、图形或者其组合。

(3) 不得自行改变注册商标的注册人名义、地址或者其他注册事项。

(4) 不得自行转让注册商标。

(5) 许可他人使用其注册商标,应签订商标使用许可合同,并将合同副本送交工商行政管理部门备案。

(6) 许可他人使用注册商标的,许可人应当监督被许可人使用其注册商标的商品质量。

(7) 放弃的注册商标应办理申请注销手续。

五、商标权的期限与续展

注册商标的期限实指商标权的有效期限。我国《商标法》规定,注册商标的有效期为 10 年,自核准之日起计算。

注册商标有效期满,需要继续使用的,商标注册人应当在期满前 12 个月内申请续展注册;在此期间未能提出申请的,可以给予 6 个月的宽展期。宽展期满仍未提出申请的,注销其注册商标。续展注册次数无法律限制,每次续展注册的有效期均为 10 年。商标局应当对续展注册的商标予以公告。

六、商标权的行使

(一) 商标权的转让

注册商标的转让是指注册商标所有人依法将因注册商标产生的商标权转让给他人的行为。注册商标转让后,原注册商标所有人不再享有该注册商标的专用权,受让人成为该注册商标的所有人,享有商标专用权。

转让注册商标的,转让人和受让人应当签订转让协议,并共同向商标局提出申请。受让人应当保证使用该注册商标的商品质量。转让注册商标的,商标注册人对其在同一种商品上注册的近似的商标,或者在类似商品上注册的相同或者近似的商标,应当一并转让。对容易导致混淆或者有其他不良影响的转让,商标局不予核准,书面通知申请人并说明理由。转让注册商标经商标局核准后,发给受让人相应证明,并予以公告。受让人自公告之日起享有商标专用权。

（二）注册商标的使用许可

注册商标的使用许可是指注册商标所有人通过签订商标使用许可合同,许可他人使用其注册商标,同时收取一定的许可使用费。

注册商标的使用许可应当符合下列条件：① 许可人是被许可的注册商标的所有人或有充分处置权人；② 被许可人有生产使用许可的商品的资格；③ 使用许可的商标在法律保护的期限内,且使用许可期限不得超过该注册商标的有效期限；④ 使用许可的商品在该注册商标核定使用的商品范围内；⑤ 使用许可的商标与注册商标一致。

商标注册人可以通过签订商标使用许可合同,许可他人使用其注册商标。许可人应当监督被许可人使用其注册商标的商品质量。被许可人应当保证使用该注册商标的商品质量。经许可使用他人注册商标的,必须在使用该注册商标的商品上标明被许可人的名称和商品产地。商标使用许可合同应当报商标局备案。由商标局公告。商标使用许可未经备案不得对抗善意第三人。

七、商标使用的管理

商标使用的管理是指商标局对注册商标、未注册商标的使用进行监督管理,并对违反商标法规定的侵权行为予以制裁的活动。

（一）对注册商标使用的管理

（1）商标注册人在使用注册商标的过程中,自行改变注册商标、注册人名义、地址或者其他注册事项的,由地方市场监督管理部门责令限期改正；期满不改正的,由商标局撤销其注册商标。

（2）注册商标没有正当理由连续3年不使用的,任何单位或者个人可以向商标注册部门申请撤销该注册商标。商标注册部门受理后应当通知商标注册人,限其自收到通知之日起2个月内提交该商标在撤销申请提出前使用的证据材料或者说明不使用的正当理由；期满未提供使用的证据材料或者证据材料无效并没有正当理由的,由商标注册部门撤销其注册商标。

（3）注册商标被撤销、被宣告无效或者期满不再续展的,自撤销、宣告无效或者注销之日起1年内,商标局对与该商标相同或者近似的商标注册申请,不予核准。

（4）违反法律、法规规定,使用未经核准注册的商标在市场销售商品的,由地方市场监督管理部门责令限期申请注册,违法经营额5万元以上的,可以处违法经营额20%以下的罚款,没有违法经营额或者违法经营额不足5万元的,可以处1万元以下的罚款。

（二）对未注册商标使用的管理

将未注册商标冒充注册商标使用的，或者使用的未注册商标的标志属于《商标法》第 10 条规定的禁用标志的，由地方市场监督管理部门予以制止，限期改正，并可以予以通报，违法经营额 5 万元以上的，可以处违法经营额 20% 以下的罚款，没有违法经营额或者违法经营额不足 5 万元的，可以处 1 万元以下的罚款。

八、商标权的法律保护

（一）侵犯注册商标专用权的行为

注册商标的专用权，以核准注册的商标和核定使用的商品为限。有下列行为之一的，均属侵犯注册商标专用权：① 未经商标注册人的许可，在同一种商品上使用与其注册商标相同的商标的；② 未经商标注册人的许可，在同一种商品上使用与其注册商标近似的商标，或者在类似商品上使用与其注册商标相同或者近似的商标，容易导致混淆的；③ 销售侵犯注册商标专用权的商品的；④ 伪造、擅自制造他人注册商标标识或者销售伪造、擅自制造的注册商标标识的；⑤ 未经商标注册人同意，更换其注册商标并将该更换商标的商品又投入市场的；⑥ 故意为侵犯他人商标专用权行为提供便利条件，帮助他人实施侵犯商标专用权行为的；⑦ 给他人的注册商标专用权造成其他损害的。

将他人注册商标、未注册的驰名商标作为企业名称中的字号使用，误导公众，构成不正当竞争行为的，依照《反不正当竞争法》处理。

（二）不视为商标侵权的行为

（1）注册商标中含有的本商品的通用名称、图形、型号，或者直接表示商品的质量、主要原料、功能、用途、重量、数量及其他特点，或者含有的地名，注册商标专用权人无权禁止他人正当使用。

（2）三维标志注册商标中含有的商品自身的性质产生的形状、为获得技术效果而需有的商品形状或者使商品具有实质性价值的形状，注册商标专用权人无权禁止他人正当使用。

（3）商标注册人申请商标注册前，他人已经在同一种商品或者类似商品上先于商标注册人使用与注册商标相同或者近似并有一定影响的商标的，注册商标专用权人无权禁止该使用人在原使用范围内继续使用该商标，但可以要求其附加适当区别标识。

（三）侵犯注册商标专用权案件的处理

对侵犯注册商标专用权的案件，首先由当事人协商解决；当事人不愿协商或者协商不成的，可以有两种处理方式：一是由商标注册人或者利害关系人请求工商行政管理部门处理；二是由商标注册人或者利害关系人向人民法院起诉。

1. 工商行政管理部门对侵犯注册商标专用权案件的处理

根据《商标法》的规定,商标注册人或者利害关系人对有侵犯注册商标专用权的行为,可以请求工商行政管理部门进行处理。

县级以上工商行政管理部门对涉嫌侵犯他人注册商标专用权的行为进行查处时,可以行使下列职权:① 询问有关当事人,调查与侵犯他人注册商标专用权有关的情况。② 查阅、复制当事人与侵权活动有关的合同、发票、账簿以及其他有关资料。③ 对当事人涉嫌从事侵犯他人注册商标专用权活动的场所实施现场检查。④ 检查与侵权活动有关的物品;对有证据证明是侵犯他人注册商标专用权的物品,可以查封或者扣押。

在查处商标侵权案件过程中,对商标权属存在争议或者权利人同时向人民法院提起商标侵权诉讼的,工商行政管理部门可以中止案件的查处。中止原因消除后,应当恢复或者终结案件查处程序。

2. 人民法院对侵犯注册商标专用权案件的处理

商标注册人或者利害关系人对有侵犯注册商标专用权的行为,可以向人民法院起诉。

商标注册人或者利害关系人有证据证明他人正在实施或者即将实施侵犯其注册商标专用权的行为,如不及时制止,将会使其合法权益受到难以弥补的损害的,可以依法在起诉前向人民法院申请采取责令停止有关行为和财产保全的措施。

为制止侵权行为,在证据可能灭失或者以后难以取得的情况下,商标注册人或者利害关系人可以依法在起诉前向人民法院申请保全证据。

(四) 侵犯注册商标专用权的法律责任

侵犯注册商标专用权的法律责任包括民事责任、行政责任和刑事责任。

1. 民事责任

商标侵权的民事责任主要包括停止侵犯、消除影响、赔偿损失等。侵犯商标专用权的赔偿数额,按照权利人因被侵权所受到的实际损失确定;实际损失难以确定的,可以按照侵权人因侵权所获得的利益确定;权利人的损失或者侵权人获得的利益难以确定的,参照该商标许可使用费的倍数合理确定。对恶意侵犯商标专用权,情节严重的,可以在按照上述方法确定数额的 1 倍以上 5 倍以下确定赔偿数额。赔偿数额应当包括权利人为制止侵权行为所支付的合理开支。

人民法院为确定赔偿数额,在权利人已经尽力举证且与侵权行为相关的账簿、资料主要由侵权人掌握的情况下,可以责令侵权人提供与侵权行为相关的账簿、资料;侵权人不提供或者提供虚假的账簿、资料的,人民法院可以参考权利人的主张和提供的证据判定赔偿数额。

权利人因被侵权所受到的实际损失、侵权人因侵权所获得的利益、注册商标许可使用费难以确定的,由人民法院根据侵权行为的情节判决给予500万元以下的赔偿。人民法院审理商标纠纷案件,应权利人请求,对属于假冒注册商标的商品,除特殊情况外,责令销毁;对主要用于制造假冒注册商标的商品的材料、工具,责令销毁,且不予补偿;或者在特殊情况下,责令禁止前述材料、工具进入商业渠道,且不予补偿。假冒注册商标的商品不得在仅去除假冒注册商标后进入商业渠道。

注册商标专用权人请求赔偿,被控侵权人以注册商标专用权人未使用注册商标提出抗辩的,人民法院可以要求注册商标专用权人提供此前3年内实际使用该注册商标的证据。注册商标专用权人不能证明此前3年内实际使用过该注册商标,也不能证明因侵权行为受到其他损失的,被控侵权人不承担赔偿责任。销售不知道是侵犯注册商标专用权的商品,能证明该商品是自己合法取得并说明提供者的,不承担赔偿责任。

对侵犯商标专用权的赔偿数额的争议,当事人可以请求进行处理的市场监督管理部门调解,也可以依照《民事诉讼法》向人民法院起诉。经市场监督管理部门调解,当事人未达成协议或者调解书生效后不履行的,当事人可以依照《民事诉讼法》向人民法院起诉。

2. 行政责任

商标侵权的行政责任主要包括:① 责令立即停止侵权行为;② 没收、销毁侵权商品和主要用于制造侵权商品、伪造注册商标标识的工具;③ 罚款。违法经营额5万元以上的,可以处违法经营额五倍以下的罚款,没有违法经营额或者违法经营额不足5万元的,可以处25万元以下的罚款。对5年内实施两次以上商标侵权行为或者有其他严重情节的,应当从重处罚。销售不知道是侵犯注册商标专用权的商品,能证明该商品是自己合法取得并说明提供者的,由市场监督管理部门责令停止销售。

商标代理机构违反诚信原则实施商标代理行为、侵害委托人合法权益的,除应依法承担民事责任外,还应由行为人所在地或者违法行为发生地县级以上市场监督管理部门责令限期改正,给予警告,处1万元以上10万元以下的罚款;对直接负责的主管人员和其他直接责任人员给予警告,处5 000元以上50 000元以下的罚款;构成犯罪的,依法追究刑事责任。情节严重的,知识产权管理部门可以决定停止受理该商标代理机构办理商标代理业务,予以公告。

对恶意申请商标注册的,由申请人所在地或者违法行为发生地县级以上市场监督管理部门根据情节给予警告、罚款等行政处罚。有违法所得的,可以处违法所得3倍最高不超过30 000元的罚款;没有违法所得的,可以处1万元以下的罚款。对恶意提起商标诉讼的,由人民法院依法给予处罚。

3. 刑事责任

商标侵权的刑事责任主要包括:①《刑法》第213条规定,未经注册商标所有人许可,在同一种商品上使用与其注册商标相同的商标,情节严重的,处 3 年以下有期徒刑或者拘役,并处或者单处罚金;情节特别严重的,处 3 年以上 7 年以下有期徒刑,并处罚金。②《刑法》第 214 条规定,销售明知是假冒注册商标的商品,销售金额数额较大的,处 3 年以下有期徒刑或者拘役,并处或者单处罚金;销售金额数额巨大的,处 3 年以上 7 年以下有期徒刑,并处罚金。③《刑法》第 215 条规定,伪造、擅自制造他人注册商标标识或者销售伪造、擅自制造的注册商标标识,情节严重的,处 3 年以下有期徒刑、拘役或者管制,并处或者单处罚金;情节特别严重的,处 3 年以上 7 年以下有期徒刑,并处罚金。

(五) 驰名商标的法律保护

1. 驰名商标及其法律保护含义

驰名商标是指在中国为相关公众广为知晓并享有较高声誉的商标。相对于一般商标,驰名商标具有知名度高、信誉度好、影响范围广、商业价值大、竞争力强等特点。驰名商标蕴含的强大竞争优势和巨大经济效益,使之更易成为商标侵权的目标,因而对驰名商标的法律保护日趋重要。自 1925 年修订的《保护工业产权巴黎公约》首次要求其各成员国对未在该国注册的驰名商标在相同或类似商品上提供保护以来,有关知识产权保护的国际条约中,纷纷将给予驰名商标以特别保护作为一种缔约国的义务,促使包括我国在内的世界大多数国家陆续在各自的商标立法中有了对本国或外国的驰名商标予以特别保护的规定。我国于 2001 年修改商标法时,增加了关于驰名商标保护的规定。针对实践中将驰名商标作为一种荣誉称号,盲目追求驰名商标认定,甚至出现弄虚作假的情况,2013 年修订的《商标法》遵循了"个案认定、被动保护"的原则,其第 13 条明确规定"为相关公众所熟知的商标,持有人认为其权利受到侵害时,可以依照本法规定请求驰名商标保护",商标局、商标评审委员会、人民法院不得主动适用商标法有关保护驰名商标的规定,只有当事人在商标案件中提出保护其驰名商标的申请后,才可以适用相应的规定;同时规定,认定结果仅对该案件有效。

2. 驰名商标的认定

驰名商标应当根据当事人的请求,作为处理涉及商标案件需要认定的事实进行认定。其法定情形为:① 在商标注册审查、市场监督管理部门查处商标违法案件过程中,当事人依照《商标法》第 13 条规定主张权利的,商标局根据审查、处理案件的需要,可以对商标驰名情况作出认定;② 在商标争议处理过程中,当事人依照《商标法》第 13 条规定主张权利的,商标评审委员会根据处理案件的需要,可以对商标驰名情况作出认定;③ 在商标民事、行政案件审理过程中,当事人依照《商标法》第 13 条规定主张权利的,最高人民法院指定的人民法院根据审理案件的需要,可以对商标驰名情况作出认定。

认定驰名商标,应当考虑下列因素:① 相关公众对该商标的知晓程度;② 该商标使用的持续时间;③ 该商标的任何宣传工作的持续时间、程度和地理范围;④ 该商标作为驰名商标受保护的记录;⑤ 该商标驰名的其他因素。

3. 驰名商标注册与使用的特别规定

(1) 就相同或者类似商品申请注册的商标是复制、摹仿或者翻译他人未在中国注册的驰名商标,容易导致混淆的,不予注册并禁止使用;就不相同或者不相类似商品申请注册的商标是复制、摹仿或者翻译他人已经在中国注册的驰名商标,误导公众,致使该驰名商标注册人的利益可能受到损害的,不予注册并禁止使用。

(2) 未经授权,代理人或者代表人以自己的名义将被代理人或者被代表人的商标进行注册,被代理人或者被代表人提出异议的,不予注册并禁止使用;就同一种商品或者类似商品申请注册的商标与他人在先使用的未注册商标相同或者近似,申请人与该他人具有前款规定以外的合同、业务往来关系或者其他关系而明知该他人商标存在,该他人提出异议的,不予注册。

(3) 商标中有商品的地理标志,而该商品并非来源于该标志所标示的地区,误导公众的,不予注册并禁止使用;但是,已经善意取得注册的继续有效。此处所称地理标志,是指标示某商品来源于某地区,该商品的特定质量、信誉或者其他特征,主要由该地区的自然因素或者人文因素所决定的标志。

(4) 生产、经营者不得将"驰名商标"字样用于商品、商品包装或者容器上,或者用于广告宣传、展览以及其他商业活动中。否则,通过宣传自己的商标是"驰名商标"的方式进行广告宣传的,由地方市场监督管理部门责令改正,处10万元罚款。另外,将他人未注册的驰名商标作为企业名称中的字号使用,误导公众,构成不正当竞争行为的,依照《反不正当竞争法》处理。

本章复习思考题

1. 简述知识产权的法律特征。
2. 简述著作权的客体应具备的条件。
3. 简述著作权人的权利及其限制。
4. 简述邻接权与著作权的区别。
5. 简述著作权侵权行为的表现。
6. 授予发明、实用新型专利须具备哪些条件?
7. 简述专利权人的权利和义务。
8. 专利侵权行为有何表现?哪些使用专利的行为不视为侵权?
9. 如何申请商标注册?
10. 简述商标权人的权利与义务。
11. 商标侵权行为有何表现?
12. 如何认定和保护驰名商标?

第七章 证券法

第一节 证券法概述

一、证券的概念、种类与特征

(一) 证券的概念与种类

证券是特定主体签发的,用以设定或者证明某种权利的书面凭证。证券广泛存在于现代生活,藉以表彰某种特定事实及法律关系的存在。

现实中的证券种类繁多,既有仅为证明某种事实或某种行为资格而不含财产性权利的无价证券(如发票、收据、入场券、车船机票等)[1],又有设定或者证明的特定财产性权利、持券人可据以行权的有价证券。法律意义上的证券通常是指有价证券。

有价证券依其所含权利的不同,又分为商品证券、货币证券和资本证券:① 商品证券是证明一定数量及价值的商品所有权归属的证券,如提货单、仓单、栈单等;② 货币证券是设定持券人一定数额的货币请求权的证券,如汇票、本票、支票、存款单(存折)、信用卡、保险单等;③ 资本证券是证明持券人拥有票载金额的资本权利(包括资本的所有权、债权)的证券,如股票、债券、基金券(收益凭证)等。

不同种类的证券分别由不同的法律来规范,证券法所规范的证券,仅指有价证券中的资本证券。

(二) 证券的法律特征

证券属于金融产品,具有融资功能,是资金需求者的筹资工具,也是资金供应者的投资工具。资本市场上的证券具有以下法律特征:

(1) 证权性。持券人的权利非因证券的制作、签发而生成(非设权性,有别于票据),而是基于投资事实而产生。资本证券只是对持券人已经生成的权利的证明。

(2) 要式性。证券须具备法定的形式和内容,即应采用特定形式并记载法定事项,否则不发生证券的效力。

(3) 流通性。持券人可以将证券上的权利让渡给他人,同时取得他人支付的对

---

[1] 无价证券通常也标有票面价值(金额),如车票票价,但其只说明持券人取得该资格所付出财产性代价,而非证券本身代表的财产价值,更不能凭其直接行使某种财产性权利。

价,从而使证券所代表的资本得以变现。流通性是资本证券的生命力所在。

(4) 收益性。认购资本证券本身就是投资行为,持券人既可凭借证券取得证券资本所产生的收益,亦可通过证券的买卖获得差价收益。

(5) 风险性。资本证券在作为投资工具使用时,其收益是不确定的,存在着预期收益不能实现甚至蚀本的可能性,即投资风险,该风险当然由持券人承担。

二、证券法的概念及立法

证券法是调整证券的发行、交易、服务、监管及其他相关活动中产生的社会关系的法律规范的总称。证券法所调整的社会关系,既有证券发行人、证券投资人及证券商之间的平等的横向的证券发行关系、交易关系和服务关系,又有因证券监督管理机构对证券市场参与者进行领导、组织、协调、监督而所形成的纵向的证券监督管理关系。因此,证券法既有商法的属性,又有经济法的属性。

新中国的证券市场起步于20世纪80年代,90年代初基本成型。为了规范和发展证券市场,1998年12月29日第九届全国人大常委会第6次会议通过了《证券法》,并分别于2004年、2005年、2013年、2014年作了修改。为了进一步完善证券市场基础制度,体现市场化、法治化、国际化方向,为证券市场全面深化改革落实落地,2019年12月28日,第十三届全国人大常委会第15次会议再行审议通过了《证券法》修订案,并于2020年3月1日起施行。本次修订系统总结了多年来我国证券市场改革发展、监管执法、风险防控的实践经验,在深入分析证券市场运行规律和发展阶段性特点的基础上,作出了一系列新的制度改革与完善,对有效防控市场风险,提高上市公司质量,切实维护投资者合法权益,促进证券市场服务实体经济功能发挥,打造一个规范、透明、开放、有活力、有韧性的资本市场,提供坚强的法治保障,具有非常重要而深远的意义。

三、我国《证券法》的适用范围及基本原则

(一)《证券法》的适用范围

如前所述,证券法意义上的证券为资本证券,而在现代多层次资本市场构架下,资本证券亦呈多样性。依据《证券法》第2条的规定,不同种类的资本证券对该法的适用程度不尽相同。

1. 一般性适用

《证券法》第2条第一款规定,"在中华人民共和国境内,股票、公司债券、存托凭证和国务院依法认定的其他证券的发行和交易,适用本法"。本款明确了《证券法》作为规范资本证券的基础性法律,一般适用于股票、公司债券、存托凭证和国务院依法认定的其他证券。同时规定,"本法未规定的,适用《中华人民共和国公司法》和其

他法律、行政法规的规定"。这里所谓存托凭证(Depository Receipts,简称 DR,又称存券收据或存股证),是指在一国证券市场流通的代表外国公司有价证券的可转让凭证,由存托人签发,以境外证券为基础在境内发行,代表境外基础证券权益的证券。

2. 部分性适用

《证券法》第 2 条第二款规定:"政府债券、证券投资基金份额的上市交易,适用本法;其他法律、行政法规另有规定的,适用其规定。"该款明确了于政府债券、证券投资基金份额两类证券,仅其交易适用本法,其发行等事宜于本法并不具有适用性,而应适用其他法律、行政法规的另行规定①。这里所谓政府债券,是指政府根据信用原则,为解决由国家投资的公共设施和重点建设项目的资金需要以及弥补财政赤字而发行的债券,包括国库券和国家债券;所谓证券投资基金份额(也称"基金券"或"基金受益凭证"),是指证券投资基金发给投资者的用以记载其所持基金单位数额并据以获取投资收益的凭证。

3. 原则性适用

《证券法》第 2 条第三款规定:"资产支持证券、资产管理产品发行、交易的管理办法,由国务院依照本法的原则规定。"该款明确了资产支持证券和资产管理产品因其发行与交易流程的特殊性,只适用《证券法》的基本原则,而其具体规则则由国务院特别规定。这里所谓资产支持证券,是指由银行业金融机构作为发起机构,将信贷资产信托给受托机构,由受托机构发行的,以该财产所产生的现金支付其收益的收益证券;所谓资管产品,是指获得监管机构批准的公募基金管理公司或证券公司,向特定客户募集资金或者接受特定客户财产委托担任资产管理人,由托管机构担任资产托管人,为资产委托人的利益,运用委托财产进行投资的一种标准化金融产品。

4. 特别适用

《证券法》第 2 条第四款规定:"在中华人民共和国境外的证券发行和交易活动,扰乱中华人民共和国境内市场秩序,损害境内投资者合法权益的,依照本法有关规定处理并追究法律责任。"该款明确了我国《证券法》的域外效力,适用于对发生在境外的违反本法的证券发行和交易活动的究责。

另外,境内企业直接或者间接到境外发行证券或者将其证券在境外上市交易(H 股、N 股、S 股等)以及境内公司股票以外币认购和交易的(B 股),由国务院另行规定。

(二)《证券法》的基本原则

我国现行证券法的制定与实施,基于以下基本原则:

---

① 如《国库券条例》《证券投资基金法》等,《证券投资基金法》第 2 条规定:"在中华人民共和国境内,通过公开发售基金份额募集证券投资基金(以下简称基金),由基金管理人管理,基金托管人托管,为基金份额持有人的利益,以资产组合方式进行证券投资活动,适用本法;本法未规定的,适用《中华人民共和国信托法》《中华人民共和国证券法》和其他有关法律、行政法规的规定。"

（1）保护投资者合法权益的原则。证券市场的发展必须依靠社会公众的参与，投资者的热情和信心是证券市场稳健发展的重要保证。因此，我国《证券法》第1条即开宗明义："为了规范证券发行和交易行为，保护投资者的合法权益，维护社会经济秩序和社会公共利益，促进社会主义市场经济的发展而制定本法。"显然，保护投资者合法权益是证券法的根本性原则。而且，为使保护投资者的合法权益原则落到实处，该法第126条规定，"国家设立证券投资者保护基金。证券投资者保护基金由证券公司缴纳的资金及其他依法筹集的资金组成，其规模以及筹集、管理和使用的具体办法由国务院规定"。

（2）公开、公平、公正原则。公开原则是证券发行和交易制度的核心，它要求证券发行者必须依法将与证券有关的一切真实情况予以公开，以供投资者作为投资决策的参考。只有以公开为基础，才能实现公平和公正。公平原则是指在证券发行和交易活动中，发行人、投资人、证券商和证券专业服务机构的法律地位完全平等，其合法权益受到同等保护。公正原则是指证券监管机关和司法机构在履行职责时，应当依法行使职责，对一切主体给予公正的待遇。

（3）自愿有偿、诚实信用的原则。证券发行与交易活动是典型的市场行为，当事人必须遵守法律、行政法规，遵守市场活动的基本规则，自愿择市、有偿交易，诚实表意、信用履约，维护证券市场秩序，禁止欺诈、内幕交易和操纵证券市场的行为。

（4）分业经营、分业管理的原则。分业经营、分业管理的原则是我国金融法的基本原则，在证券法中亦当体现。《证券法》明确要求"证券业和银行业、信托业、保险业分业经营、分业管理"，"证券公司与银行、信托、保险业务机构分别设立"，以有效隔离金融各业风险，特别是防止证券业的高风险向其他金融业扩延。但是，随着我国金融体制改革的深化与金融业开放度的加大，严格的分业经营已在实践中逐渐被突破，需要法律予以确认并提供依据。因此，在坚持该原则的同时，对"国家另有规定的除外"。

（5）国家集中统一监管与审计监督相结合的原则。《证券法》规定，国务院证券监督管理机构（现为"中国证券监督管理委员会"，简称"中国证监会"）依法对全国证券市场实行集中统一监督管理；证监会根据需要可以设立派出机构，按照授权履行监督管理职责。国家审计机关依法对证券交易所、证券公司、证券登记结算机构、证券监督管理机构进行审计监督。

第二节　证券发行

一、证券发行的类别

证券发行是指经批准符合条件的发行人以筹集资金为目的向投资者招募并出售

证券的行为。证券的发行依不同标准分为若干类别：

(一) 依证券发行目的不同，分为设立发行与新股发行①

设立发行也称"初次发行"，指为创设股份公司、筹集初始资本而为的股票发行。新股发行也称"增资发行"，是指存续中的股份公司为增加公司股本总额而为的股票发行。

(二) 依发行对象的不同，分为公开发行与非公开发行

公开发行也称"公募发行"或"非定向募集"，是指以向发行人以外的众多不特定对象(社会公众)为募集对象的证券发行。《证券法》规定，有下列情形之一的，为公开发行：① 向不特定对象发行证券；② 向累计超过 200 人的特定对象发行证券，但依法实施员工持股计划的员工人数不计算在内；③ 法律、行政法规规定的其他发行行为。非公开发行也称"私募发行"或"定向募集"，是指以少数或特定的投资者为募集对象的证券发行，包括公司向其内部职工、其他关系密切的公司以及其他关系固定的投资者的发行。非公开发行证券，不得采用广告、公开劝诱和变相公开方式。

(三) 依发行渠道的不同，分为间接发行与直接发行

间接发行也称承销发行，是指发行人委托证券承销机构向投资者发售证券的发行。直接发行也称直接招募，是指发行人不通过证券承销机构而径行向投资者发售证券的发行。

二、证券发行审核制度

(一) 证券发行审核制度模式

世界各国对证券发行都实行一定程度的政府监管，即实行发行审核制度，以防止不良证券进入市场，保护投资者利益，并保持证券市场运行的高质、高效。该制度大体有三种模式：

(1) 注册制。也称形式审查制或备案制，即发行人只须满足完全公开程序，无须申请政府主管部门核准或审批即可发行证券，因而也称为"完全公开主义"。注册制以英国公司法和美国联邦证券法为代表，其实质是一种发行证券的信息公开制度。依此制度，发行人在准备发行证券时，必须将依法应公开的各种资料真实、准确、完整、及时地向证券主管机关呈报并申请注册。证券主管机关的职责是依据信息公开原则，对申报文件的真实性、准确性、完整性、及时性进行审查，至于发行人与证券发行有关的实际情况则不作为审查内容。申报文件提交后，经过法定期间，主管机关若无异议，申请即自动生效。该制度体现了证券发行的高度市场化。

(2) 核准制。也称实质审查制，即发行人申请发行证券，除须满足信息公开条件

---

① 特指股票的发行。

外,还须符合证券法规定的实质性条件并经政府证券主管部门予以审查核准方可发行。核准制要求证券主管机关在对发行申请作形式审查的基础上,进一步对发行人的营业性质、资本结构、财务状况、盈利能力、发展前景等方面是否符合证券法及其他相关法律的规定进行实质审查,对符合条件的作出予以核准的决定。该制度体现了有限的政府干预性。

(3) 审批制。也称严格实质审查制,即在实质审查的基础上附以计划管理。这里所谓计划管理,主要是指证券发行额度管理,政府制定和下达年度证券发行计划指标以控制证券筹资规模;发行人要发行证券,必须首先取得证券主管部门配给的发行数量指标,并在发行时不得超过该指标额度。审批制主要是采用行政和计划的手段,由地方政府或部门根据发行额度推荐发行上市,该制度体现了较强的政府干预性。

(二) 我国证券发行审核制度的演进

为使政府对初建的证券市场实施严格管控,我国自1990年末起,一度对证券发行实行审批制,这一阶段股票发行的额度、指标均由上级监管部门制定,随后再下发到各地方企业,有着浓重的计划经济色彩。1998年底《证券法》颁行,确立了对股票和公司债券发行分别实行核准制与审批制的双轨审核制。2001年3月股票发行开始推行"核准制"准入制度:2001年3月到2004年12月为核准制下的"通道制"阶段;2004年2月起,开始实行核准制下的"保荐制"准入制度。2005年《证券法》的修订,完成了向单一核准制的过渡,它明确规定:"公开发行证券,必须符合法律、行政法规规定的条件,并依法报经国务院证券监督管理机构或者国务院授权的部门核准;未经依法核准,任何单位和个人不得公开发行证券。"核准制下的股票发行由证监会对上市公司的质量和数量严密把关,在一定程度上保证了初始上市公司的质量,但同时,集中过度的行政干预也扭曲了市场的供求关系,影响了市场对于股票发行的合理定价。因此,股票发行的市场化改革势在必行。2014年5月9日国务院出台《关于进一步促进资本市场健康发展的若干意见》,确定了"处理好市场与政府的关系,尊重市场规律,依据市场规则、市场价格、市场竞争实现效益最大化和效率最优化,使市场在资源配置中起决定性作用"的改革总基调,提出了"积极稳妥推进股票发行注册制改革""建立和完善以信息披露为中心的股票发行制度"的改革目标。注册制改革首先选择在继创业板市场和新三板市场之后推出的科创板作为"试验田"。为此,2015年12月27日第十二届全国人大常委会第18次会议审议通过《全国人民代表大会常务委员会关于授权国务院在实施股票发行注册制改革中调整适用〈中华人民共和国证券法〉有关规定的决定》,作为科创板注册制试行的法律依据。2019年3月1日中国证监会发布《科创板首次公开发行股票注册管理办法(试行)》,2019年7月22日科创板正式开市,首批25家公司在上海证券交易所挂牌上市交易。在此基础上,2019年12月28日通过《证券法》修正案,确定全面实施证券发行注册制。该法明确规定:"公开发行证券,必须符合法律、行政法规规定的条件,并依法报经国务院证券监督管理机构或者国务院授权的部门注册。未经依法注册,任何单位和个人不得公开发行证券。证券发行注册制的具体范围、实施步骤,由国务院规定。"

(三) 注册制的主要内容

与股票发行核准制度相比,注册制是一种更为市场化的股票发行审核制度,其主要内容是:以信息披露为中心,完善信息披露规则,发行人是信息披露第一责任人,必须做到言行与信息披露的内容一致;发行人、中介机构对信息披露的真实性、准确性、完整性、充分性和及时性承担法律责任;由证券交易所负责企业股票发行申请的注册审核,报证监会注册生效;股票发行时机、规模、价格等由市场参与各方自行决定;投资者自行判断发行人的资产质量、盈利能力和投资价值,自担投资风险;交易所在审核中重点对发行人信息披露的齐备性、一致性和可理解性进行监督;监管部门强化事中事后监管,严格处罚欺诈发行、信息披露违法违规等行为,切实维护市场秩序和投资者合法权益。

值得注意的是,股票发行由审核制转为注册制,并不意味着发行标准的降低和监管的放松。相反,注册制因循"宽进严管"理念,对事后监管提出了更高要求,需要以更加严格的监管维护证券市场健康运行。

三、证券发行条件

(一) 股票发行条件

在不同情形下发行不同类别的股票,所应具备的条件亦不相同。

1. 设立发行的条件

设立股份有限公司公开发行股票,应当符合《公司法》规定的条件(详见本书第三章第二节)和经国务院批准的国务院证券监督管理机构规定的其他条件。

2. 发行新股的条件

公司首次公开发行新股,应当符合下列条件:① 具备健全且运行良好的组织机构;② 具有持续经营能力;③ 最近三年财务会计报告被出具无保留意见审计报告;④ 发行人及其控股股东、实际控制人最近三年不存在贪污、贿赂、侵占财产、挪用财产或者破坏社会主义市场经济秩序的刑事犯罪;⑤ 经国务院批准的国务院证券监督管理机构规定的其他条件。

上市公司非公开发行新股,应当符合经国务院批准的国务院证券监督管理机构规定的条件,具体管理办法由国务院证券监督管理机构规定。

公开发行存托凭证的,应当符合首次公开发行新股的条件以及国务院证券监督管理机构规定的其他条件。

（二）公司债券发行条件

公开发行公司债券，应当符合下列条件：① 具备健全且运行良好的组织机构；② 最近三年平均可分配利润足以支付公司债券一年的利息；③ 国务院规定的其他条件。

公开发行公司债券筹集的资金，必须按照公司债券募集办法所列资金用途使用；改变资金用途，必须经债券持有人会议作出决议。公开发行公司债券筹集的资金，不得用于弥补亏损和非生产性支出。

上市公司发行可转换为股票的公司债券，除应当符合上述条件外，还应当符合经国务院批准的国务院证券监督管理机构规定的公开发行股票的条件，但是，按照公司债券募集办法，上市公司通过收购本公司股份的方式进行公司债券转换的除外。

公司有下列情形之一的，不得再次公开发行公司债券：① 对已公开发行的公司债券或者其他债务有违约或者延迟支付本息的事实，仍处于继续状态；② 违反本法规定，改变公开发行公司债券所募资金的用途。

四、证券发行程序

（一）聘请保荐人

发行人申请公开发行股票、可转换为股票的公司债券，依法采取承销方式的，或者公开发行法律、行政法规规定实行保荐制度的其他证券的，应当聘请证券公司担任保荐人。

保荐人应当遵守业务规则和行业规范，诚实守信，勤勉尽责，对发行人的申请文件和信息披露资料进行审慎核查，督导发行人规范运作。保荐人的管理办法由国务院证券监督管理机构规定。

（二）提交申请

1. 申请文件

设立股份有限公司公开发行股票，应当向国务院证券监督管理机构报送募股申请和下列文件：① 公司章程；② 发起人协议；③ 发起人姓名或者名称，发起人认购的股份数、出资种类及验资证明；④ 招股说明书；⑤ 代收股款银行的名称及地址；⑥ 承销机构名称及有关的协议。依照《证券法》规定聘请保荐人的，还应当报送保荐人出具的发行保荐书。法律、行政法规规定设立公司必须报经批准的，还应当提交相应的批准文件。

公司公开发行新股，应当报送募股申请和下列文件：① 公司营业执照；② 公司章程；③ 股东大会决议；④ 招股说明书或者其他公开发行募集文件；⑤ 财务会计报告；⑥ 代收股款银行的名称及地址。依照本法规定聘请保荐人的，还应当报送保荐人出具的发行保荐书。依照本法规定实行承销的，还应当报送承销机构名称及有关的协议。

申请公开发行公司债券,应当向国务院授权的部门或者国务院证券监督管理机构报送下列文件:① 公司营业执照;② 公司章程;③ 公司债券募集办法;④ 国务院授权的部门或者国务院证券监督管理机构规定的其他文件。依照《证券法》规定聘请保荐人的,还应当报送保荐人出具的发行保荐书。

2. 报送规则

发行人依法申请公开发行证券所报送的申请文件的格式、报送方式,由依法负责注册的机构或者部门规定。

发行人报送的证券发行申请文件,应当充分披露投资者作出价值判断和投资决策所必需的信息,内容应当真实、准确、完整。

为证券发行出具有关文件的证券服务机构和人员,必须严格履行法定职责,保证所出具文件的真实性、准确性和完整性。

(三) 信息披露

发行人申请首次公开发行股票的,在提交申请文件后,应当按照国务院证券监督管理机构的规定预先披露有关申请文件。

(四) 审核与注册

按照国务院的规定,证券交易所等可以审核公开发行证券申请,判断发行人是否符合发行条件、信息披露要求,督促发行人完善信息披露内容。国务院证券监督管理机构或者国务院授权的部门依照法定条件负责证券发行申请的注册。证券公开发行注册的具体办法由国务院规定。参与证券发行申请注册的人员,不得与发行申请人有利害关系,不得直接或者间接接受发行申请人的馈赠,不得持有所注册的发行申请的证券,不得私下与发行申请人进行接触。

国务院证券监督管理机构或者国务院授权的部门应当自受理证券发行申请文件之日起3个月内,依照法定条件和法定程序作出予以注册或者不予注册的决定,发行人根据要求补充、修改发行申请文件的时间不计算在内。不予注册的,应当说明理由。

证券发行申请经注册后,发行人应当依照法律、行政法规的规定,在证券公开发行前公告公开发行募集文件,并将该文件置备于指定场所供公众查阅。发行证券的信息依法公开前,任何知情人不得公开或者泄露该信息。发行人不得在公告公开发行募集文件前发行证券。

国务院证券监督管理机构或者国务院授权的部门对已作出的证券发行注册的决定,发现不符合法定条件或者法定程序,尚未发行证券的,应当予以撤销,停止发行。已经发行尚未上市的,撤销发行注册决定,发行人应当按照发行价并加算银行同期存款利息返还证券持有人;发行人的控股股东、实际控制人以及保荐人,应当与发行人承担连带责任,但是能够证明自己没有过错的除外。股票的发行人在招股说明书等证券发行文件中隐瞒重要事实或者编造重大虚假内容,已经发行并上市的,国务院证券监督管理机构可以责令发行人回购证券,或者责令负有责任的控股股东、实际控制人买回证券。

股票依法发行后,发行人经营与收益的变化,由发行人自行负责;由此变化引致的投资风险,由投资者自行负责。

五、证券承销

(一)承销的概念

证券承销是指在证券发行过程中,证券经营机构依据承销协议,依法协助证券发行人推销所发行的证券的行为。证券发行人借助于承销向社会公开发行证券,即构成证券的间接发行,相对于证券发行人自行发售证券的直接发行,可以减少发行中的技术、信誉、操作等方面的障碍,以达到迅速筹资甚至转移发行风险的目的。因此,发行人向不特定对象公开发行的证券,适于采用承销制度。

(二)承销主体

承销主体也称承销商,一般应为依法设立的专门从事证券经营业务的证券公司。我国《证券法》规定,发行人向不特定对象公开发行的证券,法律、行政法规规定应当由证券公司承销的,发行人应当同证券公司签订承销协议。公开发行证券的发行人有权依法自主选择承销的证券公司。证券公司不得以不正当竞争手段招揽证券承销业务。

承销主体在构成上分为独家承销商和承销团,所发行的证券数量较小的,由独家承销商承销;所发行的证券数量较大的,则应组成承销团承销。我国《证券法》规定,向不特定对象公开发行证券聘请承销团承销的,承销团应当由主承销和参与承销的证券公司组成。

(三)承销方式

证券承销业务采取代销或者包销方式。证券代销是指证券公司代发行人发售证券,在承销期结束时,将未售出的证券全部退还给发行人的承销方式。证券包销是指证券公司将发行人的证券按照协议全部购入或者在承销期结束时将售后剩余证券全部自行购入的承销方式。在代销方式下,由发行人自行承担证券发行风险;在包销方式下,由证券公司承担证券发行风险。我国《证券法》规定,股票发行采用代销方式,代销期限届满,向投资者出售的股票数量未达到拟公开发行股票数量70%的,为发行失败,发行人应当按照发行价并加算银行同期存款利息返还股票认购人。

(四)承销协议

承销协议是指证券发行人与证券公司之间就证券承销而达成的明确双方权利义务关

系的协议。证券公司承销证券,应当同发行人签订代销或者包销协议①,载明下列事项:① 当事人的名称、住所及法定代表人姓名;② 代销、包销证券的种类、数量、金额及发行价格;③ 代销、包销的期限及起止日期;④ 代销、包销的付款方式及日期;⑤ 代销、包销的费用和结算办法;⑥ 违约责任;⑦ 国务院证券监督管理机构规定的其他事项。

(五)承销期限

证券的代销、包销期最长不得超过 90 日。具体承销期限由承销协议约定。

(六)承销人的义务

(1)核查。证券公司承销证券,应当对公开发行募集文件的真实性、准确性、完整性进行核查;发现有虚假记载、误导性陈述或者重大遗漏的,不得进行销售活动;已经销售的,必须立即停止销售活动,并采取纠正措施。证券公司承销证券,不得有下列行为:① 进行虚假的或者误导投资者的广告宣传或者其他宣传推介活动;② 以不正当竞争手段招揽承销业务;③ 其他违反证券承销业务规定的行为。证券公司有前述所列行为,给其他证券承销机构或者投资者造成损失的,应当依法承担赔偿责任。

(2)不预留。证券公司在代销、包销期内,对所代销、包销的证券应当保证先行出售给认购人,证券公司不得为本公司事先预留所代销的证券和预先购入并留存所包销的证券。

(3)备案。公开发行股票,代销、包销期限届满,发行人应当在规定的期限内将股票发行情况报国务院证券监督管理机构备案。

第三节 证券上市

一、证券上市的含义

(一)证券上市的概念

所谓证券上市,是指证券发行后,依照法定条件和程序到证券交易所挂牌交易,即取得在证券交易所集中竞价交易的资格。

凡在证券交易所内交易的有价证券统称为上市证券,股票在证券交易所上市交易的股份有限公司为上市公司。

(二)证券上市的意义

上市证券的交易是证券交易的主要形式,是典型的二级市场。而证券上市是证券交易的前提,它使证券持有人与其他证券投资者在证券交易所相互转移证券成为

---

① 承销团承销证券的,作为主承销商的证券公司应当在承销协议的基础上,分别与参与承销的其他证券公司签订承销团协议(也称分销协议),以明确各承销团成员的权利与义务。

可能。对证券发行人(主要是上市公司)、证券投资者和证券市场管理者来说,证券上市都具有重要意义。

1. 对上市公司的意义

对于上市公司而言,其证券上市具有以下积极意义:① 可使公司得以全面展示,带来广告效应。② 可提高公司的声誉与地位、树立公司的形象。③ 可拓展公司的筹资渠道,扩大发展空间。④ 可将公司引入市场评价机制,督促公司提高经营管理水平和获利能力。

2. 对证券投资者的意义

证券上市意味着证券的公开、集中、持续、即时地可行交易,对投资者而言,无疑具有以下积极意义:① 使投资者持有的上市证券有了充分、及时变现的机会;② 使投资者有了在公司分红派息之外通过市场炒作获取差价收益的机会;③ 使上市证券的价值得以发现,为投资者提供更多投资选择的机会。

3. 对证券市场管理者的意义

证券上市集中交易,可使证券市场管理者通过上市公司法定信息披露制度和二级市场交易过程对所有发行人、投资者、证券商进行规范有序的监管,比较容易及时发现、解决市场问题和隐患,从而减少管理成本,提高管理效率。

二、证券上市的条件与程序[①]

(一) 证券上市的条件

申请证券上市交易,应当符合证券交易所上市规则规定的上市条件。

不同证券交易所的上市规则不尽相同,但证券交易所上市规则规定的上市条件,应当对发行人的经营年限、财务状况、最低公开发行比例和公司治理、诚信记录等提出明确要求。

(二) 证券上市的程序

申请证券上市交易,应当向证券交易所提出申请,由证券交易所依法审核同意,并由双方签订上市协议。

证券交易所根据国务院授权的部门的决定安排政府债券上市交易。

三、上市终止与异议处理

(一) 上市终止

上市终止又称"摘牌"或"退市",是指已上市的证券因法定事由被依法取消在证

---

① 新修《证券法》取消了关于证券上市条件与程序的规定,但并未因此取消证券上市门槛,而是授权证券交易所在其上市规则中规定具体上市条件与程序。

券交易所挂牌交易的资格。《证券法》规定,上市交易的证券,不再符合上市条件的,或者有上市规则规定的其他情形的,由证券交易所按照业务规则终止其上市交易。

证券交易所决定终止证券上市交易的,应当及时公告,并报国务院证券监督管理机构备案。

(二) 上市异议处理

对证券交易所作出的不予上市交易、终止上市交易决定不服的,可以向证券交易所设立的复核机构申请复核。

第四节 证券交易

一、证券交易的概念与特征

证券交易即证券流通,是指证券所有人将已发行并已交付的证券有偿转让给他人的活动。证券交易是证券市场的基本成分,其与证券发行共同构成证券市场的两级:证券发行为一级市场,证券交易为二级市场,二者相互依托,互为条件,相辅相成,有机统一。证券交易的核心功能在于使已发行的证券流动和变现,满足投资者投资选择和获取差价收益的需要。

相对于其他交易活动而言,证券交易有如下主要特征:

(1) 交易的统一性。主要表现在:① 交易场所的统一。对于同一种证券而言,任何一笔交易都应在某一个固定的证券交易场所集中进行,交易双方不可对交易场所做任意约定。② 交易时间的统一。就上市证券而言,所有的交易都必须在证券交易场所确定的统一的交易时间内进行和完成,交易时间不可由买卖双方任意选择和约定。③ 交易程序的统一。证券交易的每一个环节都应是规范的要式行为,必须采用法定的统一形式与程序。

(2) 价格的波动性。证券交易的价格是不确定、不固定的,每笔成交价均由买卖双方竞价偶合而成;而且交易价格随时都在变化之中,投资者正是在波动的行情中捕捉交易机会。

(3) 操作的投机性。二级市场上存在着大量的投机者,即以获取证券的市场交易差价为目的,从事证券的短期炒作、频繁地买入卖出的人。投机是证券交易的正常现象,没有投机就没有证券市场。但是,投机应适度有序,如果过度投机甚至不择手段、恶意炒作,则会形成扭曲的市场信息,误导其他投资者,扰乱正常的交易秩序,损害多数投资者甚至发行人的利益,因而需要对投机给予必要的限制。

二、证券交易场所

证券交易场所分为场内交易场所和场外交易场所两大类。场内交易场所是指证券交易所和国务院批准的其他全国性证券交易场所(如新三板市场);场外交易场所则是指按照国务院规定设立的区域性股权市场为非公开发行证券的发行、转让提供场所和设施的交易场所(如区域性股权市场)[①]。

(一)证券交易所的概念及组织形式

证券交易所是高度组织化的证券集中竞价交易的场所。证券交易所是由一定的人来组织、管理或者经营的实体机构,因而法律上需将其人格化,《证券法》要求其"为证券集中交易提供场所和设施,组织和监督证券交易,实行自律管理,依法登记,取得法人资格"。据此,可定义证券交易所为依法登记的,为证券集中交易提供场所和设施,组织和监督证券交易,实行自律管理的法人。

证券交易所在组织形式上分为公司制和会员制两种。公司制证券交易所是由特定投资者投资设立的以营利为目的的企业法人;会员制证券交易所是由若干会员组成的不以营利为目的的事业法人。我国现有的上海和深圳两个证券交易所的组织形式均为会员制。

(二)证券交易所的会员制度

证券交易所的会员是指依法设立的、具有法人资格、依法可从事证券业务及相关业务并取得沪、深证交所会籍的证券经营机构。进入实行会员制的证券交易所参与集中交易的,必须是证券交易所的会员;投资者也只有通过会员才能进行上市证券的买卖。证券交易所不得允许非会员直接参与股票的集中交易。

证券公司要取得会员资格,应向证券交易所提出申请,由证交所批准。

只有证交所会员才能取得证交所的交易席位。已取得会员资格的证券商,向证交所席位管理部门提出席位申请,出示会员资格证明文件,并缴纳席位费后,方可取得交易席位。

(三)证券交易所的职责

证券交易所应当创造公开、公平、公正的市场环境,保证证券市场的正常运行。其主要职能包括:① 提供证券交易的场所、设施和服务;② 制定和修改证券交易所的业务规则;③ 审核、安排证券上市交易,决定证券终止上市;④ 提供非公开发行证券转让服务;⑤ 组织、监督证券交易;⑥ 对会员进行监管;⑦ 对证券上市交易公司及相关信息披露义务人进行监管;⑧ 对证券服务机构为证券上市、交易等提供服务的行为进行监管;⑨ 管理和公布市场信息;⑩ 开展投资者教育和保护;⑪ 法律、行政法规规定的以及中国证监会许可、授权或者委托的其他职能。

证券交易所履行自律管理职能,应当遵守社会公共利益优先原则,维护市场的公

---

① 受篇幅等因素所限,本书只介绍具有典型意义的场内交易场所中的证券交易所及其主板市场的交易规则。

平、有序、透明。证券交易所不得直接或者间接从事下列活动：① 新闻出版业；② 发布对证券价格进行预测的文字和资料；③ 为他人提供担保；④ 未经中国证监会批准的其他业务。证券交易所可以根据证券市场发展的需要，推动交易品种和交易方式的创新。

证券交易所可以根据证券品种、行业特点、公司规模等因素设立不同的市场层次，如中小企业板、创业板、科创板等。

（四）证券交易所的组织管理

证券交易所的设立、变更和解散由国务院决定。设立证券交易所必须制定章程。证券交易所章程的制定和修改，必须经国务院证券监督管理机构批准。

证券交易所制定或者修改业务规则，应当符合法律、行政法规、部门规章对其自律管理职责的要求，应当由证券交易所理事会通过，并报中国证监会批准。

证券交易所设会员大会、理事会、总经理和监事会。理事会、监事会根据需要设立专门委员会。会员大会为证券交易所的最高权力机构，理事会为证券交易所的决策机构，监事会是证券交易所的监督机构。理事会设理事长一人，理事长是证券交易所的法定代表人。证券交易所设总经理一人，由国务院证券监督管理机构任免。

政策证券交易所应当从其收取的交互易费和会员费、席位费中提取一定如例的金额设立风险基金，由证券交易所理事会管理。证券交易所可以自行支配的各项费用收入，应当首先用于保证其证券交易场所和设施的正常运行并逐步改善。实行会员制的证券交易所的财产积累归会员所有，其权益由会员共同享有，在其存续期间，不得将其财产积累分配给会员。

三、证券交易的主要制度

（一）指定交易制度

1. 指定场所交易

公开发行的证券，应当在依法设立的证券交易所上市交易或者在国务院批准的其他全国性证券交易场所交易①。证券公司及其从业人员不得未经过其依法设立的营业场所私下接受客户委托买卖证券。证券交易当事人依法买卖的证券，必须是依法发行并交付的证券。非依法发行的证券，不得买卖。

2. 指定经纪人交易

投资者从事上市证券买卖，必须指定某一证券公司的营业部为代理自己买卖证券的唯一经纪人；投资者在与指定的证券营业部签订代理协议并办理登记后，便只能

---

① 非公开发行的证券，可以在证券交易所、国务院批准的其他全国性证券交易场所、按照国务院规定设立的区域性股权市场转让。

在该证券营业部办理交易委托,而不能再委托其他证券商进行证券交易。如果投资者确需到他处进行证券买卖,则须先在原指定证券商处撤销指定交易并到新指定的证券商处重新办理指定交易手续。

(二) 客户委托交易制度

投资者应当与证券公司签订证券交易委托协议,并在证券公司实名开立账户,以书面、电话、自助终端、网络等方式,委托该证券公司代其买卖证券。通过计算机程序自动生成或者下达交易指令进行程序化交易的,应当符合国务院证券监督管理机构的规定,并向证券交易所报告,不得影响证券交易所系统安全或者正常交易秩序。证券公司为投资者开立账户,应当按照规定对投资者提供的身份信息进行核对。投资者应当使用实名开立的账户进行交易;证券公司不得将投资者的账户提供给他人使用。证券公司根据投资者的委托,按照证券交易规则提出交易申报,参与证券交易所场内的集中交易,并根据成交结果承担相应的清算交收责任;证券登记结算机构根据成交结果,按照清算交收规则,与证券公司进行证券和资金的清算交收,并为证券公司客户办理证券的登记过户手续。证券公司办理经纪业务,不得接受客户的全权委托而决定证券买卖、选择证券种类、决定买卖数量或者买卖价格。

(三) 集中竞价制度

证券在证券交易所上市交易,应当采用公开的集中交易方式或者国务院证券监督管理机构批准的其他方式。在证交所买卖证券时,任意时点证券的成交价格均由所有买者和卖者竞价确定并且连续进行。证券集中竞价的原则是价格优先、时间优先、数量优先,即在若干买入申报中,高价申报优先于低价申报成交;在若干卖出申报中,低价申报优先于高价申报成交;申报价位相同的,在先申报优先于在后申报成交;在同一时间、相同价位的申报中,量大申报优先于量小申报成交。

证券交易所应当为组织公平的集中交易提供保障,实时公布证券交易即时行情,并按交易日制作证券市场行情表,予以公布。证券交易即时行情的权益由证券交易所依法享有。未经证券交易所许可,任何单位和个人不得发布证券交易即时行情。

(四) 交易单位与升降单位法定制度

投资者买卖上市证券,每次委托买卖的证券数额不得少于一个规定的基数;若超过该基数,则必须是这个基数的倍数,该基数即为证券的"交易单位"。各种证券的交易单位都由各证交所规定,我国沪、深两个证交所均规定:股票以100股为一个交易单位;债券、基金均以1 000元面值为一个交易单位,一个交易单位称作"一手"。投资者的委托指令中数量不足一手或者不是一手的整数倍的,该委托为无效委托,经纪人不予执行(但卖出因上市公司送配股等而形成的零股则不受交易单位的限制)。申报证券买卖价格的升降单位一律为人民币1分,即投资者申报的价格要能被"分"整除,否则,该委托无效。

（五）涨跌幅度限制制度

投资者在一个交易日的任何时点申报的证券买卖价格，均不得高于或者低于上一个交易日该证券收盘价的一定幅度，否则，该委托无效。目前，我国沪深两个证交所对股票（含A、B股）、基金的交易价格涨跌幅度限制在10%以内（新上市证券的首日交易价格不在此限）；对特别处理的股票（ST股）涨跌幅度限制在5%以内。涨跌幅度限制制度的实行，目的在于防止证券价格的剧烈波动维护证券市场的稳定，保护中小投资者的利益。

（六）现货交易制度

现货交易也称"即期交易"和"即期交割"，是指买卖双方在竞价成交后，及时办理交割清算手续、短期内实现"钱货两清"的交易。现货交易制度具体体现在证券交易所规定的较短的交割期限上，目前我国的证券交割均实行"T+1"制，即在竞价成交后的次日进行交割，属于典型的现货交易。现货交易的即时性要求买卖双方必须备有现实的货币和证券才能委托买卖，而且买入的证券在尚未交割时不能卖出，卖出证券的资金尚未交割时也不得用其买入证券，因而现货交易是典型的"实买实卖"。单一实行现货交易有利于抑制证券投机，但却限制了市场空间的扩大和交易风险的回避，因此为了完善证券交易方式，现行《证券法》规定，"证券交易以现货和国务院规定的其他方式进行交易"，为期货交易等衍生交易方式的采用预留了法律空间。

（七）特定客户交易限制制度

上市公司、股票在国务院批准的其他全国性证券交易场所交易的公司的董事、监事、高级管理人员、持有或者通过协议、其他安排与他人共同持有上市公司股份5%以上的股东，将其持有的该公司的股票或者其他具有股权性质的证券在买入后6个月内卖出，或者在卖出后6个月内又买入，由此所得收益归该公司所有，公司董事会应当收回其所得收益。但是，证券公司因包销购入售后剩余股票而持有5%以上股份，以及有国务院证券监督管理机构规定的其他情形除外。上述董事、监事、高级管理人员、自然人股东持有的股票或者其他具有股权性质的证券，包括其配偶、父母、子女持有的及利用他人账户持有的股票或者其他具有股权性质的证券。公司董事会不按照前述规定执行的，股东有权要求董事会在30日内执行。公司董事会未在上述期限内执行的，股东有权为了公司的利益以自己的名义直接向人民法院提起诉讼，且负有责任的董事依法承担连带责任。

（八）相关职业人交易回避制度

证券交易场所、证券公司和证券登记结算机构的从业人员、证券监督管理机构的工作人员以及法律、行政法规禁止参与股票交易的其他人员，在任期或者法定限期内，不得直接或者以化名、借他人名义持有、买卖股票，也不得收受他人赠送的股票或者其他具有股权性质的证券。任何人在成为前述所列人员时，其原已持有的股票或者其他具有股权性质的证券,必须依法转让。实施股权激励计划或者员工持股计划的证券公司的从业人员,可以按照国务院证券监督管理机构的规定持有、卖出本公司股票或者其他具有股权性质的证券。为证券发行出具审计报告或者法律意见书等文件的证券服务机构和人员,在该股票承销期内和期满后6个月内,不得买卖该种证券。除前述规定外,为发行人及其控股股东、实际控制人,或者收购人、重大资产交易方出具审计报告、资产评估报告或者法律意见书等文件的证券服务机构和人员,自接受上市公司委托之日起至上述文件公开后5日内,不得买卖该种证券。实际开展上述有关工作之日早于接受委托之日的,自实际开展上述有关工作之日起至上述文件公开后5日内,不得买卖该证券。

(九) 交易保密制度

证券交易所、证券公司、证券登记结算机构、证券服务机构及其工作人员应当依法为投资者的信息保密,不得非法买卖、提供或者公开投资者的信息。证券交易场所、证券公司、证券登记结算机构以及证券服务机构不得泄露所知悉的商业秘密。

(十) 风险防范与责任自负制度

证券交易所对证券交易实行实时监控,并按照国务院证券监督管理机构的要求,对异常的交易情况提出报告。证券交易所根据需要,可以按照业务规则对出现重大异常交易情况的证券账户的投资者限制交易,并及时报告国务院证券监督管理机构。

证券交易所应当加强对证券交易的风险监测,出现重大异常波动的,证券交易所可以按照业务规则采取限制交易、强制停牌等处置措施,并向国务院证券监督管理机构报告;严重影响证券市场稳定的,证券交易所可以按照业务规则采取临时停市等处置措施并公告。因不可抗力、意外事件、重大技术故障、重大人为差错等突发性事件而影响证券交易正常进行时,为维护证券交易正常秩序和市场公平,证券交易所可以按照业务规则采取技术性停牌、临时停市等处置措施,并应当及时向国务院证券监督管理机构报告并公告。因前述规定的突发性事件导致证券交易结果出现重大异常,按交易结果进行交收将对证券交易正常秩序和市场公平造成重大影响的,证券交易所按照业务规则可以采取取消交易、通知证券登记结算机构暂缓交收等措施,并应当及时向国务院证券监督管理机构报告并公告。证券交易所对其依照上述规定采取措施造成的损失,不承担民事赔偿责任,但存在重大过错的除外。

证券交易属于风险投资活动,证券公司按投资者的委托指令代其买卖证券,其后果归属投资者,证券公司不得以任何方式对客户证券买卖的收益或者赔偿证券买卖的损失作出承诺。按照依法制定的交易规则进行的交易,不得改变其交易结果。对交易中违规交易者应负的民事责任不得免除;在违规交易中所获利益,依照有关规定处理。但是,证券公司的从业人员在证券交易活动中,执行所属的证券公司的指令或者利用职务违反交易规则的,由所属的证券公司承担全部责任。

四、禁止的交易行为

（一）内幕交易

内幕交易是指证券交易内幕信息的知情人和非法获取内幕信息的人利用内幕信息从事证券交易活动。

证券交易内幕信息的知情人包括：① 发行人及其董事、监事、高级管理人员；② 持有公司5%以上股份的股东及其董事、监事、高级管理人员，公司的实际控制人及其董事、监事、高级管理人员；③ 发行人控股或者实际控制的公司及其董事、监事、高级管理人员；④ 由于所任公司职务或者因与公司业务往来可以获取公司有关内幕信息的人员；⑤ 上市公司收购人或者重大资产交易方及其控股股东、实际控制人、董事、监事和高级管理的人员；⑥ 因职务、工作可以获取内幕信息的证券交易场所、证券登记结算机构、证券公司、证券服务机构的有关人员；⑦ 因职责、工作可以获取内幕信息的证券监督管理机构工作人员；⑧ 因法定职责对证券的发行、交易或者对上市公司及其收购、重大资产交易进行管理可以获取内幕信息的有关主管部门、监管机构的工作人员；⑨ 可以获取内幕信息的其他人员。

内幕信息是指证券交易活动中，涉及发行人的经营、财务或者对该发行人证券的市场价格有重大影响的尚未公开的信息。内幕信息主要包括依法必须向国务院证券监督管理机构和证券交易场所报送临时报告并予公告的、可能对上市公司及上市股票交易价格或者上市交易公司债券的交易价格产生较大影响而投资者尚未得知的重大事件（详见本章第六节"信息披露"之"临时报告"）。

证券交易内幕信息的知情人员或者非法获取内幕信息的人，在内幕信息尚未公开前，不得买卖该公司的证券，或者泄露该信息，或者建议他人买卖该证券。内幕交易行为给投资者造成损失的，行为人应当依法承担赔偿责任。

禁止证券交易场所、证券公司、证券登记结算机构、证券服务机构和其他金融机构的从业人员、有关监管部门或者行业协会的工作人员，利用因职务便利获取的内幕信息以外的其他未公开的信息，违反规定，从事与该信息相关的证券交易活动，或者明示、暗示他人从事相关交易活动。利用未公开信息进行交易给投资者造成损失的，应当依法承担赔偿责任。

（二）操纵证券市场行为

操纵证券市场是指单位或个人以获取利益或者减少损失为目的，利用其资金、信息等优势操纵市场，影响或者意图影响证券交易价格或者证券交易量，诱导投资者在不了解事实真相的情况下作出证券投资决定，扰乱证券市场秩序的行为。

操纵市场的行为表现为：① 单独或者通过合谋，集中资金优势、持股优势或者利用信息优势联合或者连续买卖；② 与他人串通，以事先约定的时间、价格和方式相互进行证券交易;③ 在自己实际控制的账户之间进行证券交易;④ 不以成交为目的,频繁或者大量申报并撤销申报;⑤ 利用虚假或者不确定的重大信息,诱导投资者进行证券交易;⑥ 对证券、发行人公开作出评价、预测或者投资建议,并进行反向证券交易;⑦ 利用在其他相关市场的活动操纵证券市场;⑧ 其他手段。

《证券法》禁止任何人以上述手段操纵证券市场;实施操纵证券市场行为给投资者造成损失的,行为人应当依法承担赔偿责任。

(三) 虚假陈述与信息误导

1. 虚假陈述[①]

虚假陈述也称不实陈述,是指信息披露义务人违反证券法律规定,在证券发行或者交易过程中,对重大事件作出违背事实真相的虚假记载、误导性陈述,或者在披露信息时发生重大遗漏、不正当披露信息的行为。

虚假陈述的主体是证券市场的信息披露义务人,包括发起人、控股股东等实际控制人、发行人或者上市公司、证券承销商、证券上市保荐人、会计师事务所、律师事务所、资产评估机构等专业中介服务机构以及上述相关单位中负有责任的董事、监事和经理等高级管理人员、直接责任人。虚假陈述主要表现为:① 虚假记载,是指信息披露义务人在披露信息时,将不存在的事实在信息披露文件中予以记载的行为;② 误导性陈述,是指虚假陈述行为人在信息披露文件中或者通过媒体,作出使投资人对其投资行为发生错误判断并产生重大影响的陈述;③ 重大遗漏,是指信息披露义务人在信息披露文件中,未将应当记载的事项完全或者部分予以记载;④ 不正当披露,是指信息披露义务人未在适当期限内或者未以法定方式公开披露应当披露的信息。

2. 信息误导

信息误导是指行为人编造、传播虚假信息或者误导性信息,扰乱证券市场的行为。信息误导的主体涵盖任何单位和个人,包括但不限于信息披露义务人。虚假陈述必然会产生信息误导后果,因而信息误导并非均由虚假陈述所致,其他主体特别是传播媒介从业人员,因其特定的身份与职能,其针对证券市场活动所编造、传播的虚假信息更可能对证券市场及投资者产生误导性影响。因此,《证券法》明确"禁止证券交易场所、证券公司、证券登记结算机构、证券服务机构及其从业人员,证券业协会、证券监督管理机构及其工作人员,在证券交易活动中作出虚假陈述或者信息误导";同时要求"各种传播媒介传播证券市场信息必须真实、客观,禁止误导。传播媒

[①] 依据:法释[2003]2号《最高人民法院关于审理证券市场因虚假陈述引发的民事赔偿案件的若干规定》,2002年12月26日由最高人民法院审判委员会第1261次会议通过。

介及其从事证券市场信息报道的工作人员不得从事与其工作职责发生利益冲突的证券买卖"。

编造、传播虚假信息或者误导性信息,给投资者造成损失的,行为人应当依法承担赔偿责任。

（四）欺诈客户

欺诈客户是指证券公司及其从业人员违背客户真实意思表示从事证券业务,损害客户利益的行为。

《证券法》禁止证券公司及其从业人员从事下列损害客户利益的行为:① 违背客户的委托为其买卖证券;② 不在规定时间内向客户提供交易的书面确认文件;③ 未经客户的委托,擅自为客户买卖证券,或者假借客户的名义买卖证券;④ 为牟取佣金收入,诱使客户进行不必要的证券买卖;⑤ 其他违背客户真实意思表示,损害客户利益的行为。

欺诈客户行为给客户造成损失的,行为人应当依法承担赔偿责任。

（五）其他被禁止的行为

其他被禁止的行为是指为证券法所明文禁止,但又不能归类于上述四种行为的情形。关于此类行为,《证券法》规定:① 任何单位和个人不得违反规定,出借自己的证券账户或者借用他人证券账户从事证券交易;② 依法拓宽资金入市渠道,禁止资金违规流入股市。禁止投资者违规利用财政资金、银行信贷资金买卖证券。

另外,《证券法》还规定,国有独资企业、国有独资公司、国有资本控股公司买卖上市交易的股票,必须遵守国家有关规定;证券交易场所、证券公司、证券登记结算机构、证券服务机构及其从业人员对证券交易中发现的禁止的交易行为,应当及时向证券监督管理机构报告。

第五节 上市公司收购

一、上市公司收购的概念与特征

上市公司收购是指投资者以控股或者兼并为目的,以要约、协议等方式一次性公开购买一上市公司的已发行的股份(股票)的行为。实施收购行为的投资者称为收购人,收购人选定的被收购股票的上市公司称为目标公司。

上市公司收购是一种特殊的证券交易方式,其法律特征是:① 上市公司收购的主体是投资者,既可为法人,也可为自然人或其他组织,但不得为上市公司自己;② 上市公司收购的标的是目标公司的已发行的股份(股票);③ 上市公司收购的目的是实现对目标公司的控股或者兼并；④ 上市公司收购的方式为公开的、非集中竞价交易,无论要约收购还是协议收购,均不适用场内交易的一般竞价规则。

二、上市公司收购的方式

《证券法》规定,投资者可以采取要约收购、协议收购及其他合法方式收购上市公司。

（一）要约收购

要约收购又称公开收购,是指收购人公开向目标公司股东发出要约,以收购目标公司一定数量的股权的股份收购方式。

要约收购的特点是：① 不须征得目标公司管理层的同意；② 要约的对象是目标公司的全体股东；③ 收购价格、数量由收购人单方确定；④ 收购结果具有不确定性。

要约收购方式只有在收购人持有目标公司的股份已达到法定比例以上的情形下方可适用,以使收购条件公开、合理,防止形成不公平的强制交易、损害目标公司其他股东的利益。《证券法》规定,通过证券交易所的证券交易,投资者持有或者通过协议、其他安排与他人共同持有一个上市公司已发行的股份达到30%时,继续进行收购的,应当依法向该上市公司所有股东发出收购上市公司全部或者部分股份的要约。采取协议收购方式的,收购人收购或者通过协议、其他安排与他人共同收购一个上市公司已发行的股份达到30%时,继续进行收购的,应当向该上市公司所有股东发出收购上市公司全部或者部分股份的要约。但是,经国务院证券监督管理机构免除发出要约的除外。

（二）协议收购

协议收购是指收购人与目标公司管理层或股东经协商达成收购协议,并按协议约定的条件受让目标公司股份的股份收购方式。

协议收购的特点是：① 须征得目标公司管理层的同意；② 收购对象为目标公司的特定股东的股份；③ 收购价格、数量等由收购人与收购对象共同协商确定。

投资者对目标公司持股未达30%,以及以目标公司的非流通股份为收购目标的上市公司收购,采用协议收购方式。

三、上市公司收购的程序和规则

（一）要约收购的程序与规则

1. 披露持股信息

通过证券交易所的证券交易,投资者持有或者通过协议、其他安排与他人共同持有一个上市公司已发行的有表决权股份达到5%时,应当在该事实发生之日起3日内,向国务院证券监督管理机构、证券交易所作出书面报告,通知该上市公司,并予公告;在上述期限内,不得再行买卖该上市公司的股票,但国务院证券监督管理机构规定的情形除外。投资者持有或者通过协议、其他安排与他人共同持有一个上市公司已发行的有表决权股份达到5%后,其所持该上市公司已发行的股份比例每增加或者减少5%,应当依照前述规定进行报告和公告。在该事实发生之日起至公告后3日内,不得再行买卖该上市公司的股票,但国务院证券监督管理机构规定的情形除外。

投资者持有或者通过协议、其他安排与他人共同持有一个上市公司已发行的有表决权股份达到5%后,其所持该上市公司已发行的有表决权股份比例每增加或者减少1%,应当在该事实发生的次日通知该上市公司,并予公告。

违反上述规定买入上市公司有表决权的股份的,在买入后的36个月内,对该超过规定比例部分的股份不得行使表决权。

2. 发出收购要约并提交收购报告

通过证券交易所的证券交易,投资者持有或者通过协议、其他安排与他人共同持有一个上市公司已发行的有表决权股份达到30%时,继续进行收购的,应当依法向该上市公司所有股东发出收购上市公司全部或者部分股份的要约。

采取协议收购方式的,收购人收购或者通过协议、其他安排与他人共同收购一个上市公司已发行的有表决权股份达到30%时,继续进行收购的,应当依法向该上市公司所有股东发出收购上市公司全部或者部分股份的要约。但是,按照国务院证券监督管理机构的规定免除发出要约的除外。

收购上市公司部分股份的要约应当约定,被收购公司股东承诺出售的股份数额超过预定收购的股份数额的,收购人按比例进行收购。

发出收购要约,收购人必须事先向国务院证券监督管理机构和证券交易所报送上市公司收购报告书,并载明下列事项:① 收购人的名称、住所;② 收购人关于收购的决定;③ 被收购的上市公司名称;④ 收购目的;⑤ 收购股份的详细名称和预定收购的股份数额;⑥ 收购期限、收购价格;⑦ 收购所需资金额及资金保证;⑧ 报送上市公司收购报告书时持有被收购公司股份数占该公司已发行的股份总数的比例。

3. 公告收购要约

收购人在按规定报送上市公司收购报告书之日起15日后,公告其收购要约。在上述期限内,国务院证券监督管理机构发现上市公司收购报告书不符合法律、行政法规规定的,应当及时告知收购人,收购人不得公告其收购要约。

要约人应在收购要约中规定收购期限、收购价格、数量等条件。收购要约约定的收购期限不得少于30日,并不得超过60日。

4. 履约收购

在收购要约确定的承诺期限内,收购人按要约约定的价格、数量等条件进行收购;收购要约提出的各项收购条件,适用于被收购公司的所有股东①。且在此期间,收购人不得撤销其收购要约;收购人需要变更收购要约的,必须及时公告,载明具体变更事项,且不得存在下列情形:① 降低收购价格;② 减少预定收购股份数额;③ 缩短收购期限;④ 国务院证券监督管理机构规定的其他情形。

收购人在收购期限内,不得卖出被收购公司的股票,也不得采取要约规定以外的形式和超出要约的条件买入被收购公司的股票。

5. 收购情况报告与公告

收购行为完成后,收购人应当在 15 日内将收购情况报告国务院证券监督管理机构和证券交易所,并予公告。

(二) 协议收购的程序与规则

1. 签订收购协议

采取协议收购方式的,收购人应当依照法律、行政法规的规定同被收购公司的股东签订股份收购协议。

2. 报告与公告

达成协议后,收购人必须在 3 日内将该收购协议向国务院证券监督管理机构及证券交易所作出书面报告,并予公告。在公告前不得履行收购协议。收购上市公司中由国家授权投资的机构持有的股份,应当按照国务院的规定,经有关主管部门批准。

3. 履行收购协议

采取协议收购方式的,收购人可以依照法律、行政法规的规定同被收购公司的股东以协议方式进行股份转让。协议双方可以临时委托证券登记结算机构保管协议转让的股票,并将资金存放于指定的银行。

四、上市公司收购的法律效果

(一) 对目标公司主体资格的影响

收购期限届满,被收购公司股权分布不符合证券交易所规定的上市交易要求的,该上市公司的股票应当由证券交易所依法终止上市交易;收购行为完成后,被收购公司不再具备股份有限公司条件的,应当依法变更企业形式;收购行为完成后,收购人与被收购公司合并,并将该公司解散的,被解散公司的原有股票由收购人依法更换。

---

① 上市公司发行不同种类股份的,收购人可以针对不同种类股份提出不同的收购条件。

（二）对目标公司股东的影响

目标公司因被收购而终止上市交易的,其余仍持有被收购公司股票的股东,有权向收购人以收购要约的同等条件出售其股票,收购人应当收购。

（三）对收购人行为的限制

在上市公司收购中,收购人持有的被收购的上市公司的股票,在收购行为完成后的 18 个月内不得转让。

第六节 信息披露制度

一、信息披露的意义及基本要求

证券市场信息披露又称"信息公开"或"信息公示",是指在证券的发行、交易各环节中,依法将与该证券有关的一切真实信息予以公开的法律制度。

在证券市场上,信息是证券投资的重要依据,应属投资者平等共享的资源。真实、准确、及时、充分的信息披露是证券市场健康发展的重要保证,也是防范证券市场的风险、保护投资者利益、完善证券市场监管机制、建立公正市场秩序的内在要求。因此,信息披露是证券法律制度的核心内容之一。

《证券法》规定,发行人及法律、行政法规和国务院证券监督管理机构规定的其他信息披露义务人,应当及时依法履行信息披露义务。信息披露义务人披露的信息,应当真实、准确、完整,简明清晰,通俗易懂,不得有虚假记载、误导性陈述或者重大遗漏。证券同时在境内境外公开发行、交易的,其信息披露义务人在境外披露的信息,应当在境内同时披露。

二、信息披露的环节及内容

（一）发行信息披露

经国务院证券监督管理机构核准依法公开发行股票,或者经国务院授权的部门核准依法公开发行公司债券,应当公告招股说明书、公司债券募集办法。依法公开发行新股或者公司债券的,还应当公告财务会计报告。

（二）持续信息披露

1. 定期报告

上市公司和公司债券上市交易的公司,应当按照国务院证券监督管理机构和证券交易场所规定的内容和格式编制定期报告,并按照以下规定报送和公告：① 在每一会计年度结束之日起四个月内,报送并公告年度报告,年度财务会计报告应当经符合本法规定的会计师事务所审计；② 在每一会计年度的上半年结束之日起二个月内,报送并公告中期报告。

2. 临时报告

发生可能对上市公司、股票在国务院批准的其他全国性证券交易场所交易的公司的股票交易价格产生较大影响的重大事件,投资者尚未得知时,公司应当立即将有关该重大事件的情况向国务院证券监督管理机构和证券交易所报送临时报告,并予公告,说明事件的起因、目前的状态和可能产生的法律后果。此处所称重大事项包括:① 公司的经营方针和经营范围的重大变化;② 公司的重大投资行为,公司在一年内购买、出售重大资产超过公司资产总额30%,或者公司营业用主要资产的抵押、质押、出售或者报废一次超过该资产的30%;③ 公司订立重要合同,提供重大担保或者从事关联交易,可能对公司的资产、负债、权益和经营成果产生重要影响;④ 公司发生重大债务和未能清偿到期重大债务的违约情况;⑤ 公司发生重大亏损或者重大损失;⑥ 公司生产经营的外部条件发生的重大变化;⑦ 公司的董事、1/3以上监事或者经理发生变动,董事长或者经理无法履行职责;⑧ 持有公司5%以上股份的股东或者实际控制人,其持有股份或者控制公司的情况发生较大变化,公司的实际控制人及其控制的其他企业从事与公司相同或者相似业务的情况发生较大变化;⑨ 公司分配股利、增资的计划,公司股权结构的重要变化,公司减资、合并、分立、解散及申请破产的决定,或者依法进入破产程序、被责令关闭;⑩ 涉及公司的重大诉讼、仲裁,股东大会、董事会决议被依法撤销或者宣告无效;⑪ 公司涉嫌犯罪被依法立案调查,公司控股股东、实际控制人、董事、监事、高级管理人员涉嫌犯罪被依法采取强制措施;⑫ 国务院证券监督管理机构规定的其他事项。公司的控股股东或者实际控制人对重大事件的发生、进展产生较大影响的,应当及时将其知悉的有关情况书面告知公司,并配合公司履行信息披露义务。

发生可能对上市交易公司债券的交易价格产生较大影响的重大事件,投资者尚未得知时,公司应当立即将有关该重大事件的情况向国务院证券监督管理机构和证券交易场所报送临时报告,并予公告,说明事件的起因、目前的状态和可能产生的法律后果。此处所称重大事件包括:① 公司股权结构或者生产经营状况发生重大变化;② 公司债券信用评级发生变化;③ 公司重大资产抵押、质押、出售、转让、报废;④ 公司发生未能清偿到期债务的情况;⑤ 公司新增借款或者对外提供担保超过上年末净资产的20%;⑥ 公司放弃债权或者财产超过上年末净资产的10%;⑦ 公司发生超过上年末净资产10%的重大损失;⑧ 公司分配股利,作出减资、合并、分立、解散、申请破产决定,或者依法进入破产程序、被责令关闭;⑨ 涉及公司的重大诉讼、仲裁;⑩ 公司涉嫌犯罪被依法立案调查,公司的控股股东、实际控制人、董事、监事、高级管理人员涉嫌犯罪被依法采取强制措施;⑪ 国务院证券监督管理机构规定的其他事项。

三、信息披露规则

（一）信息审核与签署

发行人的董事、高级管理人员应当对证券发行文件和定期报告签署书面确认意见。发行人的监事会应当对董事会编制的证券发行文件和定期报告进行审核并提出书面审核意见。监事应当签署书面确认意见。

发行人的董事、监事和高级管理人员应当保证发行人及时、公平地披露信息，所披露的信息真实、准确、完整。

董事、监事和高级管理人员无法保证证券发行文件和定期报告内容的真实性、准确性、完整性或者有异议的，应当在书面确认意见中发表意见并陈述理由，发行人应当披露。发行人不予披露的，董事、监事和高级管理人员可以直接申请披露。

（二）披露对象

信息披露义务人披露的信息应当同时向所有投资者披露，不得提前向任何单位和个人泄露。但是，法律、行政法规另有规定的除外。任何单位和个人不得非法要求信息披露义务人提供依法需要披露但尚未披露的信息。任何单位和个人提前获知的前述信息，在依法披露前应当保密。

（三）自愿披露

除依法需要披露的信息之外，信息披露义务人可以自愿披露与投资者作出价值判断和投资决策有关的信息，但不得与依法披露的信息相冲突，不得误导投资者。发行人、控股股东、实际控制人、发行人的董事、监事、高级管理人员等作出公开承诺的，应当披露。不履行承诺给投资者造成损失的，应当依法承担赔偿责任。

（四）披露方式与场所

依法披露的信息，应当在证券交易场所的网站和符合国务院证券监督管理机构规定条件的媒体发布，同时将其置备于公司住所、证券交易场所，供社会公众查阅。

四、信息披露监督机制

国务院证券监督管理机构对信息披露义务人的信息披露行为进行监督管理。证券交易场所应当对其组织交易的证券的信息披露义务人的信息披露行为进行监督，督促其依法及时、准确地披露信息。

信息披露义务人未按照规定披露信息，或者公告的证券发行文件、定期报告、临时报告及其他信息披露资料存在虚假记载、误导性陈述或者重大遗漏，致使投资者在证券交易中遭受损失的，信息披露义务人应当承担赔偿责任；发行人的控股股东、实际控制人、董事、监事、高级管理人员和其他直接责任人员以及保荐人、承销的证券公司及其直接责任人员，应当与发行人承担连带赔偿责任，但是能够证明自己没有过错的除外。

第七节 投资者保护

投资者是资本市场的重要参与者,是推动资本市场稳定、增长的根本力量;维护投资者合法权益是资本市场健康稳定发展的重要基础。只有投资者权益得到足够的尊重、敬畏和保护,才有可能建成一个规范、透明、开放、有活力、有韧性的资本市场。最新修订的《证券法》突出强调投资者保护,特别是中小投资者的权益保护,在已有"国家设立证券投资者保护基金"[1]措施的基础上,增设专章,确立了一系列关于证券投资者保护的特别制度。

(一)投资者保护基金制度

投资者保护基金也称投资者赔偿基金或投资者补偿基金,是指一种在上市公司、证券公司出现支付危机、面临破产或倒闭清算时,由基金直接向危机或破产机构的相关投资者赔偿部分或全部损失的保障机制。《证券法》规定:"国家设立证券投资者保护基金。证券投资者保护基金由证券公司缴纳的资金及其他依法筹集的资金组成,其规模以及筹集、管理和使用的具体办法由国务院规定。"投资者保护基金,是证券客户资产风险应对机制的重要组成部分,在对证券公司进行严格的净资本监管和客户资产分隔监管,并建立以投资者保护为重心的证券公司破产清算程序之外,投资者保护基金以相当于客户资产保险的方式,为客户资产安全构建起最后一道屏障,可以增强市场参与者的信心,扫除后顾之忧,有利于市场稳定性的确立,其既是一种证券公司风险防范措施,也是一项投资者保护基本制度。

(二)投资者适当性管理与举证责任倒置制度

不同类型的投资者在证券投资中虽然权利义务相同,但行权与维权能力则存在差异。为使其合法权益得到充分保护,《证券法》做了有针对性的特别制度安排。

1. 实行投资者适当性管理

即根据财产状况、金融资产状况、投资知识和经验、专业能力等因素,投资者可以分为普通投资者和专业投资者[2]。为此,"证券公司向投资者销售证券、提供服务时,应当按照规定充分了解投资者的基本情况、财产状况、金融资产状况、投资知识和经验、专业能力等相关信息;如实说明证券、服务的重要内容,充分揭示投资风险;销售、提供与投资者上述状况相匹配的证券、服务"。证券公司违反本规定导致投资者损失的,应当承担相应的赔偿责任。同时,"投资者在购买证券或者接受服务时,应当

---

[1] 证券投资者保护基金由证券公司缴纳的资金及其他依法筹集的资金组成,其规模以及筹集、管理和使用的具体办法由国务院规定。

[2] 专业投资者的标准由国务院证券监督管理机构规定。

按照证券公司明示的要求提供前述所列真实信息。拒绝提供或者未按照要求提供信息的,证券公司应当告知其后果,并按照规定拒绝向其销售证券、提供服务"。

2. 实行举证责任倒置

普通投资者与证券公司发生纠纷的,证券公司应当证明其行为符合法律、行政法规以及国务院证券监督管理机构的规定,不存在误导、欺诈等情形。证券公司不能证明的,应当承担相应的赔偿责任。

(三) 征集股东权利制度

上市公司一般股权较为分散,中小股东在"资本多数决"的表决规则下,很难实现《公司法》赋予其的"参与重大决策和选择管理者"的权利。为此,《证券法》在《公司法》相关规定的基础上,进一步完善了征集股东权利制度,补救股东公益权的行使。《证券法》明确规定:"上市公司董事会、独立董事、持有1%以上有表决权股份的股东或者依照法律、行政法规或者国务院证券监督管理机构的规定设立的投资者保护机构(以下简称投资者保护机构),可以作为征集人,自行或者委托证券公司、证券服务机构,公开请求上市公司股东委托其代为出席股东大会,并代为行使提案权、表决权等股东权利。依照前款规定征集股东权利的,征集人应当披露征集文件,上市公司应当予以配合。禁止以有偿或者变相有偿的方式公开征集股东权利。公开征集股东权利违反法律、行政法规或者国务院证券监督管理机构有关规定,导致上市公司或者其股东遭受损失的,应当依法承担赔偿责任。"

(四) 规定债券持有人制度

公司债券持有人作为公司的债权人,其基本权利就是获得发行公司如约还本付息,实现投资收益;同时,其面临的最大风险就是发行人违约,损害其合法权益。相对于股票,公司债券持有人的权利更为分散、更乏组织保障,更需予以特别关注与保护。为此,《证券法》特别确立了"债券持有人会议"和"债券受托管理人"制度,在一定程度上维护债券持有人的投资安全及合法利益。该法明确规定:"公开发行公司债券的,应当设立债券持有人会议,并应当在募集说明书中说明债券持有人会议的召集程序、会议规则和其他重要事项。公开发行公司债券的,发行人应当为债券持有人聘请债券受托管理人,并订立债券受托管理协议。受托管理人应当由本次发行的承销机构或者其他经国务院证券监督管理机构认可的机构担任,债券持有人会议可以决议变更债券受托管理人。债券受托管理人应当勤勉尽责,公正履行受托管理职责,不得损害债券持有人利益。债券发行人未能按期兑付债券本息的,债券受托管理人可以接受全部或者部分债券持有人的委托,以自己名义代表债券持有人提起、参加民事诉讼或者清算程序。"

(五) 上市公司现金分红制度

上市公司现金分红是实现投资者投资回报的重要形式,对于培育资本市场长期投资理念,增强资本市场的吸引力和活力具有十分重要的作用。规范上市公司现金分红,是对《公司法》赋予股东的"资产收益"权利的直接保护。为此,《证券法》规定:"上市公司应当在章程中明确分配现金股利的具体安排和决策程序,依法保障股东的资产收益权。上市公司当年税后利润,在弥补亏损及提取法定公积金后有盈余的,应当按照公司章程的规定分配现金股利。"

(六)先行赔付制度

所谓先行赔付,即"发行人因欺诈发行、虚假陈述或者其他重大违法行为给投资者造成损失的,发行人的控股股东、实际控制人、相关的证券公司可以委托投资者保护机构,就赔偿事宜与受到损失的投资者达成协议,予以先行赔付。先行赔付后,可以依法向发行人以及其他连带责任人追偿"的制度安排。在先行赔付制度缺位的情况下,投资者因证券欺诈等重大违法行为而蒙受损失时,通常只能通过提起证券民事赔偿诉讼的方式来寻求救济。而我国的司法现状是,投资者提起民事赔偿诉讼设置有行政处罚或刑事裁判这一前置程序,导致投资者诉讼成本高、获偿时间过长,尤其在相关责任主体赔偿能力有限的情况下,可能导致投资者损失最终不能获偿。因此,新修《证券法》在究责顺序上确立"民事赔偿优先原则"(详见本章第九节)的同时,确定了可以由"发行人的控股股东、实际控制人、相关的证券公司"先行赔付投资者的制度。先行赔付具有让投资者及时、优先、充分地获得赔偿的功能,其在司法途径之外借助证券市场各方力量构建了资本市场民事主体之间主动和解的新路径,是探索证券纠纷多元化解机制的创新实践,对于投资者的保护具有重要的意义。

(七)纠纷调解单边受理制度

调解是解决民间纠纷的法定方式之一,但其方式的采用一般应遵循自愿原则,即须建立在当事人双方自愿的基础上,形成双边受理机制。但为有效保护中小投资者利益,减少实践中投资者的证券纠纷"入门难""调成难"的问题,《证券法》做了单边受理机制的特别安排。它明确规定,"投资者与发行人、证券公司等发生纠纷的,双方可以向投资者保护机构申请调解。普通投资者与证券公司发生证券业务纠纷,普通投资者提出调解请求的,证券公司不得拒绝",体现了在救济程序层面对普通投资者施与特别保护。

(八)证券派生诉讼与代表人诉讼制度

1. 证券派生诉讼制度

所谓证券派生诉讼,是指"投资者保护机构对损害投资者利益的行为,可以依法支持投资者向人民法院提起诉讼。发行人的董事、监事、高级管理人员执行公司职务时违反法律、行政法规或者公司章程的规定给公司造成损失,发行人的控股股东、实际控制人等侵犯公司合法权益给公司造成损失,投资者保护机构持有该公司股份的,可以为公司的利益以自己的名义向人民法院提起诉讼"。证券派生诉讼制度源于

《公司法》规定的股东派生诉讼(见本书第三章第四节五),其特别之处主要在于:① 诉讼主体之原告资格具有限定性,即原告可以为投资者保护机构,也可以为其支持的投资者;② 作为股东的投资者保护机构的持股比例和持股期限不受《公司法》规定的限制。

2. 代表人诉讼制度

代表人诉讼制度适用于群体性证券纠纷案件,即"诉讼标的是同一种类,且当事人一方人数众多的"证券纠纷案件。群体性证券纠纷诉讼具有涉及投资者人数众多、单个投资者起诉成本高、起诉意愿不强等特点,因此需在现行民事诉讼法框架内,确立有针对性的代表人诉讼制度,有效保护投资者合法权益。

(1) 推选代表人诉讼制度。《证券法》规定,投资者提起虚假陈述等证券民事赔偿诉讼时,诉讼标的是同一种类,且当事人一方人数众多的,可以依法推选代表人进行诉讼。对按照前述规定提起的诉讼,可能存在有相同诉讼请求的其他众多投资者的,人民法院可以发出公告,说明该诉讼请求的案件情况,通知投资者在一定期间向人民法院登记。人民法院作出的判决、裁定,对参加登记的投资者发生效力。

(2) 委托代表人诉讼。《证券法》规定,投资者保护机构受50名以上投资者委托,可以作为代表人参加诉讼,并为经证券登记结算机构确认的权利人依照前述规定向人民法院登记,但投资者明确表示不愿意参加该诉讼的除外。该类诉讼采取了投保机构不需要经过全部投资者委托即可以直接代表他们登记的做法,按照"默示加入、明示退出"的原则,借助高效的证券登记结算系统,实现了集团诉讼的效果。

第八节 证券机构

一、证券公司

(一) 证券公司的概念

证券公司是指依照《公司法》和《证券法》的规定设立的专门经营证券业务的企业法人。证券公司是专业性证券经营机构,其法定组织形式为有限责任公司或者股份有限公司。

证券公司依法享有自主经营的权利,其合法经营不受干涉。

(二) 证券公司的设立

1. 证券公司的设立条件

设立证券公司,应当具备下列条件:① 有符合法律、行政法规规定的公司章程;② 主要股东及公司的实际控制人具有良好的财务状况和诚信记录,最近3年无重大违法违规记录;③ 有符合《证券法》规定的公司注册资本;④ 董事、监事、高级管理人员、从业人员符合《证券法》规定的条件;⑤ 有完善的风险管理与内部控制制度;⑥ 有合格的经营场所和业务设施和信息技术系统;⑦ 法律、行政法规规定的和经国务院批准的国务院证券监督管理机构规定的其他条件。

2. 证券公司的设立程序

设立证券公司,须经国务院证券监督管理机构审查批准;未经国务院证券监督管理机构批准,任何单位和个人不得以"证券公司"名义开展证券业务活动。国务院证券监督管理机构应当自受理证券公司设立申请之日起6个月内,依照法定条件和法定程序并根据审慎监管原则进行审查,作出批准或者不予批准的决定,并通知申请人;不予批准的,应当说明理由。证券公司必须在其名称中标明证券有限责任公司或者证券股份有限公司字样。证券公司设立申请获得批准的,申请人应当在规定的期限内向公司登记机关申请设立登记,领取营业执照。证券公司应当自领取营业执照之日起15日内,向国务院证券监督管理机构申请经营证券业务许可证;未取得经营证券业务许可证,证券公司不得经营证券业务。

(三) 证券公司的业务范围及资本要求

经国务院证券监督管理机构批准,取得经营证券业务许可证的证券公司可以经营下列部分或者全部业务:① 证券经纪;② 证券投资咨询;③ 与证券交易、证券投资活动有关的财务顾问;④ 证券承销与保荐;⑤ 证券融资融券;⑥ 证券做市交易;⑦ 证券自营;⑧ 其他证券业务。证券公司从事融资融券业务,应当采取措施,严格防范和控制风险,不得违反规定向客户出借资金或者证券。证券公司经营证券资产管理业务的,应当符合《证券投资基金法》等法律、行政法规的规定。证券经营属于特许类业务,除证券公司外,任何单位和个人不得从事证券承销、证券保荐、证券经纪和证券融资融券业务。

证券公司经营上述第①至③项业务的,注册资本最低限额为人民币5 000万元;经营第④至第⑧项业务之一的,注册资本最低限额为人民币1亿元;经营第④至第⑧项业务中两项以上的,注册资本最低限额为人民币5亿元。证券公司的注册资本应当是实缴资本。国务院证券监督管理机构根据审慎监管原则和各项业务的风险程度,可以调整注册资本最低限额,但不得少于前款规定的限额。

(四) 证券公司的主要业务规则

证券公司从事证券业务除须符合本章第四节证券交易主要制度中的有关规定外,还应遵守以下规则。

1. 证券经营业务基本规则

证券公司应当依法审慎经营,勤勉尽责,诚实守信。证券公司的业务活动,应当与其治理结构、内部控制、合规管理、风险管理以及风险控制指标、从业人员构成等情况相适应,符合审慎监管和保护投资者合法权益的要求。

2. 证券自营业务规则

证券自营业务是指证券公司以营利为目的并以自己的名义参与证券交易的活动。其主要业务规则是：① 证券公司的自营业务必须以自己的名义进行，不得假借他人名义或者以个人名义进行。② 证券公司的自营业务必须使用自有资金和依法筹集的资金。证券公司不得将客户的交易结算资金和证券归入其自有财产，不得以任何形式挪用客户的交易结算资金和证券。证券公司破产或者清算时，客户的交易结算资金和证券不属于其破产财产或者清算财产。非因客户本身的债务或者法律规定的其他情形，不得查封、冻结、扣划或者强制执行客户的交易结算资金和证券。③ 证券公司不得将其自营账户借给他人使用。

3. 证券经纪业务规则

证券经纪业务是指证券公司基于客户的委托，代理客户买卖证券及办理其他证券事务的活动。其主要业务是：① 证券公司客户的交易结算资金应当存放在商业银行，以每个客户的名义单独立户管理。② 证券公司办理经纪业务，应当置备统一制定的证券买卖委托书，供委托人使用。采取其他委托方式的，必须作出委托记录。客户的证券买卖委托，不论是否成交，其委托记录应当按照规定的期限，保存于证券公司。③ 证券公司接受证券买卖的委托，应当根据委托书载明的证券名称、买卖数量、出价方式、价格幅度等，按照交易规则代理买卖证券，如实进行交易记录；买卖成交后，应当按照规定制作买卖成交报告单交付客户。证券交易中确认交易行为及其交易结果的对账单必须真实，并由交易经办人员以外的审核人员逐笔审核，保证账面证券余额与实际持有的证券相一致。④ 证券公司办理经纪业务，不得接受客户的全权委托而决定证券买卖、选择证券种类、决定买卖数量或者买卖价格；不得对客户证券买卖的收益或者赔偿证券买卖的损失作出承诺。⑤ 证券公司应当建立客户信息查询制度，确保客户能够查询其账户信息、委托记录、交易记录以及其他与接受服务或者购买产品有关的重要信息。证券公司应当妥善保存客户开户资料、委托记录、交易记录和与内部管理、业务经营有关的各项信息，任何人不得隐匿、伪造、篡改或者毁损。上述信息的保存期限不得少于 20 年。⑥ 证券公司及其从业人员不得私下接受客户委托买卖证券；不得允许他人以证券公司的名义直接参与证券的集中交易。

证券公司的从业人员在证券交易活动中，执行所属的证券公司的指令或者利用职务违反交易规则的，由所属的证券公司承担全部责任。

(五) 证券公司的机构及人员管理

证券公司应该按照《公司法》的规定设置内部组织机构。证券公司的董事、监事、高级管理人员，应当正直诚实，品行良好，熟悉证券法律、行政法规，具有履行职责所需的经营管理能力。证券公司任免董事、监事、高级管理人员的，应当报国务院证券监督管理机构备案。其任职资格除了适用《公司法》的规定外，有以下情形之一的禁止任职：① 因违法行为或者违纪行为被解除职务的证券交易场所、证券登记结算机构的负责人或者证券公司的董事、监事、高级管理人员，自被解除职务之日起未逾5年；② 因违法行为或者违纪行为被吊销执业证书或者被取消的律师、注册会计师或者其他证券服务机构的专业人员，自被吊销执业证书或者被取消资格之日起未逾5年。

证券公司应依法聘用从业人员。证券公司从事证券业务的人员应当品行良好，具备从事证券业务所需的专业能力。因违法行为或者违纪行为被开除的证券交易场所、证券公司、证券登记结算机构、证券服务机构的从业人员和被开除的国家机关工作人员，不得招聘为证券公司的从业人员。

国家机关工作人员和法律、行政法规规定的禁止在公司中兼职的其他人员，不得在证券公司中兼任职务。

（六）对证券公司的风险控制与监管

证券经营业务具有较高的风险性，且具有较强的关联效应。为有效控制证券公司的经营风险，现行《证券法》对证券公司的风险控制与监管作了以下规定：

（1）证券公司应当建立健全内部控制制度，采取有效隔离措施，防范公司与客户之间、不同客户之间的利益冲突。证券公司必须将其证券经纪业务、证券承销业务、证券自营业务、证券做市业务和证券资产管理业务分开办理，不得混合操作。

（2）国务院证券监督管理机构应当对证券公司的净资本和其他风险控制指标作出规定。证券公司除依照规定为其客户提供融资融券外，不得为其股东或者股东的关联人提供融资或者担保。

（3）证券公司从每年的税后利润中提取交易风险准备金，用于弥补证券交易的损失，其提取的具体比例由国务院证券监督管理机构会同国务院财政部门规定。

（4）证券公司设立、收购或者撤销分支机构，变更业务范围，增加注册资本且股权结构发生重大调整，减少注册资本，变更持有5%以上股权的股东、实际控制人，变更公司章程中的重要条款，合并、分立、停业、解散、破产，必须经国务院证券监督管理机构批准。证券公司在境外设立、收购或者参股证券经营机构，必须经国务院证券监督管理机构批准。证券公司变更证券业务范围，变更主要股东或者公司的实际控制人，合并、分立、停业、解散、破产，应当经国务院证券监督管理机构核准。

（5）证券公司应当按照规定向国务院证券监督管理机构报送业务、财务等经营管理信息和资料。国务院证券监督管理机构有权要求证券公司及其主要股东、实际控制人在指定的期限内提供有关信息、资料，且所报送或者提供的信息、资料，必须真实、准确、完整。国务院证券监督管理机构认为有必要时，可以委托会计师事务所、资产评估机构对证券公司的财务状况、内部控制状况、资产价值进行审计或者评估。

（6）证券公司的治理结构、合规管理、风险控制指标不符合规定的，国务院证券监督管理机构应当责令其限期改正；逾期未改正，或者其行为严重危及该证券公司的稳健运行、损害客户合法权益的，国务院证券监督管理机构可以区别情形，对其采取下列措施：① 限制业务活动，责令暂停部分业务，停止批准新业务；② 限制分配红利，限制向董事、监事、高级管理人员支付报酬、提供福利；③ 限制转让财产或者在财产上设定其他权利；④ 责令更换董事、监事、高级管理人员或者限制其权利；⑤ 撤销有关业务许可；⑥ 认定负有责任的董事、监事、高级管理人员为不适当人选；⑦ 责令负有责任的股东转让股权，限制负有责任的股东行使股东权利。证券公司整改后，应当向国务院证券监督管理机构提交报告。国务院证券监督管理机构经验收，治理结构、合规管理、风险控制指标符合规定的，应当自验收完毕之日起3日内解除对其采取的前述规定的有关限制措施。

（7）证券公司的股东有虚假出资、抽逃出资行为的，国务院证券监督管理机构应当责令其限期改正，并可责令其转让所持证券公司的股权。在前述规定的股东按照要求改正违法行为、转让所持证券公司的股权前，国务院证券监督管理机构可以限制其股东权利。

（8）证券公司的董事、监事、高级管理人员未能勤勉尽责，致使证券公司存在重大违法违规行为或者重大风险的，国务院证券监督管理机构可以责令证券公司予以更换。

（9）证券公司违法经营或者出现重大风险，严重危害证券市场秩序、损害投资者利益的，国务院证券监督管理机构可以对该证券公司采取责令停业整顿、指定其他机构托管、接管或者撤销等监管措施。其间，经国务院证券监督管理机构批准，可以对该证券公司直接负责的董事、监事、高级管理人员和其他直接责任人员采取以下措施：① 通知出境管理机关依法阻止其出境；② 申请司法机关禁止其转移、转让或者以其他方式处分财产，或者在财产上设定其他权利。

二、证券登记结算机构

（一）证券登记结算机构的概念与职能

证券登记结算机构是依法登记、取得法人资格，为证券交易提供集中登记、存管与结算服务，不以营利为目的的法人专门机构。

证券登记结算机构是证券交易的重要辅助机构，依法履行下列职能：① 证券账户、结算账户的设立；② 证券的托管和过户；③ 证券持有人名册登记；④ 证券交易所上市证券交易的清算和交收；⑤ 受发行人的委托派发证券权益；⑥ 办理与上述业务有关的查询、信息服务；⑦ 国务院证券监督管理机构批准的其他业务。

（二）证券登记结算机构的设立

设立证券登记结算机构必须经国务院证券监督管理机构批准，并须应当具备下列条件：① 自有资金不少于人民币 2 亿元；② 具有证券登记、存管和结算服务所必需的场所和设施；③ 国务院证券监督管理机构规定的其他条件。

（三）证券登记结算机构的运营管理

（1）在证券交易所和国务院批准的其他全国性证券交易场所交易的证券的登记结算采取全国集中统一的运营方式。前述规定以外的证券，其登记、结算可以委托证券登记结算机构或者其他依法从事证券登记、结算业务的机构办理。证券登记结算机构应当依法制定章程和业务规则，并须经国务院证券监督管理机构批准。

（2）证券登记结算机构应当采取下列措施保证业务的正常进行：① 具有必备的服务设备和完善的数据安全保护措施；② 建立完善的业务、财务和安全防范等管理制度；③ 建立完善的风险管理系统。

（3）证券持有人持有的证券，在上市交易时，应当全部存管在证券登记结算机构。证券登记结算机构不得挪用客户的证券。

（4）投资者委托证券公司进行证券交易，应当通过证券公司申请在证券登记结算机构开立证券账户；证券登记结算机构应当按照规定为投资者开立证券账户。投资者申请开立账户，应当持有证明中国公民、法人、合伙企业身份的合法证件，国家另有规定的除外。

（5）证券登记结算机构作为中央对手方提供证券结算服务的，是结算参与人共同的清算交收对手，进行净额结算，为证券交易提供集中履约保障。证券登记结算机构为证券交易提供净额结算服务时，应当要求结算参与人按照货银对付的原则，足额交付证券和资金，并提供交收担保。在交收完成之前，任何人不得动用用于交收的证券、资金和担保物。结算参与人未按时履行交收义务的，证券登记结算机构有权按照业务规则处理前述财产。证券登记结算机构按照业务规则收取的各类结算资金和证券，必须存放于专门的清算交收账户，只能按业务规则用于已成交的证券交易的清算交收，不得被强制执行。

（6）证券登记结算机构应当向证券发行人提供证券持有人名册及其有关资料。证券登记结算机构应当根据证券登记结算的结果，确认证券持有人持有证券的事实，提供证券持有人登记资料。证券登记结算机构应当保证证券持有人名册和登记过户记录真实、准确、完整，不得隐匿、伪造、篡改或者毁损。证券登记结算机构应当妥善保存登记、存管和结算的原始凭证及有关文件和资料，其保存期限不得少于 20 年。

（7）证券登记结算机构应当设立结算风险基金，用于垫付或者弥补因违约交收、技术故障、操作失误、不可抗力造成的证券登记结算机构的损失。证券结算风险基金从证券登记结算机构的业务收入和收益中提取，并可以由结算参与人按照证券交易业务量的一定比例缴纳。证券结算风险基金应当存入指定银行的专门账户，实行专项管理。证券登记结算机构以风险基金赔偿后，应当向有关责任人追偿。

(8) 证券登记结算机构申请解散,应当经国务院证券监督管理机构批准。

三、证券服务机构

(一) 证券服务机构的种类与行业准入

证券服务机构是指为证券发行和上市交易提供专业性服务的机构,包括会计师事务所、律师事务所以及从事证券投资咨询、资产评估、资信评级、财务顾问、信息技术系统服务的机构。

从事证券投资咨询服务业务,应当经国务院证券监督管理机构核准;未经核准,不得为证券的交易及相关活动提供服务。从事其他证券服务业务,应当报国务院证券监督管理机构备案。

(二) 证券服务业务规则

证券服务机构应当勤勉尽责、恪尽职守,按照相关业务规则为证券的交易及相关活动提供服务。证券投资咨询机构及其从业人员从事证券服务业务不得有下列行为:① 代理委托人从事证券投资;② 与委托人约定分享证券投资收益或者分担证券投资损失;③ 买卖本证券投资咨询机构提供服务的证券;④ 法律、行政法规禁止的其他行为。有上述行为之一,给投资者造成损失的,依法承担赔偿责任。

证券服务机构应当妥善保存客户委托文件、核查和验证资料、工作底稿以及与质量控制、内部管理、业务经营有关的信息和资料,任何人不得泄露、隐匿、伪造、篡改或者毁损。上述信息和资料的保存期限不得少于10年,自业务委托结束之日起算。

证券服务机构为证券的发行、上市、交易等证券业务活动制作、出具审计报告及其他鉴证报告、资产评估报告、财务顾问报告、资信评级报告或者法律意见书等文件,应当勤勉尽责,对所制作、出具的文件内容的真实性、准确性、完整性进行核查和验证。其制作、出具的文件有虚假记载、误导性陈述或者重大遗漏,给他人造成损失的,应当与发行人、上市公司承担连带赔偿责任,但是能够证明自己没有过错的除外。

四、证券监督管理机构

(一) 证券监督管理机构的名称与职责

依照我国《证券法》确立的证券市场集中监管模式,国务院证券监督管理机构依法对证券市场实行监督管理,维护证券市场公开、公平、公正,防范系统性风险,维护投资者合法权益,促进证券市场健康发展。我国目前的国务院证券监督管理机构为中国证券监督管理委员会(简称中国证监会)。

中国证监会在对证券市场实施监督管理中履行下列职责:① 依法制定有关证券市场监督管理的规章、规则,并依法进行审批、核准、注册,办理备案;② 依法对证券的发行、上市、交易、登记、存管、结算等行为进行监督管理;③ 依法对证券发行人、上市公司、证券公司、证券服务机构、证券交易场所、证券登记结算机构的证券业务活动,进行监督管理;④ 依法制定从事证券业务人员的资格标准和行为准则,并监督实施;⑤ 依法监督检查证券发行、上市和交易的信息披露;⑥ 依法对证券业协会的自律管理活动进行指导和监督;⑦ 依法监测并防范、处置证券市场风险;⑧ 依法开展投资者教育;⑨ 依法对证券违法行为进行查处;⑩ 法律、行政法规规定的其他职责。

(二) 证券监管措施

中国证监会依法履行职责时,有权采取下列措施:① 对证券发行人、证券公司、证券服务机构、证券交易场所、证券登记结算机构进行现场检查;② 进入涉嫌违法行为发生场所调查取证;③ 询问当事人和与被调查事件有关的单位和个人,要求其对与被调查事件有关的事项作出说明;或者要求其按照指定的方式报送与被调查事件有关的文件和资料;④ 查阅、复制与被调查事件有关的财产权登记、通讯记录等文件和资料;⑤ 查阅、复制当事人和与被调查事件有关的单位和个人的证券交易记录、登记过户记录、财务会计资料及其他相关文件和资料;对可能被转移、隐匿或者毁损的文件和资料,可以予以封存、扣押;⑥ 查询当事人和与被调查事件有关的单位和个人的资金账户、证券账户和银行账户以及其他具有支付、托管、结算等功能的账户信息,可以对有关文件和资料进行复制;对有证据证明已经或者可能转移或者隐匿违法资金、证券等涉案财产或者隐匿、伪造、毁损重要证据的,中国证监会主要负责人或者其授权的其他负责人批准,可以冻结或者查封,期限为 6 个月;因特殊原因需要延长的,每次延长期限不得超过 3 个月,冻结、查封期限最长不得超过 2 年;⑦ 在调查操纵证券市场、内幕交易等重大证券违法行为时,中国证监会主要负责人或者其授权的其他负责人批准,可以限制被调查事件当事人的证券买卖,但限制的期限不得超过 3 个月;案情复杂的,可以延长 3 个月;⑧ 通知出境入境管理机关依法阻止涉嫌违法人员、涉嫌违法单位的主管人员和其他直接责任人员出境。另外,为防范证券市场风险,维护市场秩序,中国证监会可以采取责令改正、监管谈话、出具警示函等措施。

(三) 证券监管规则

中国证监会依法进行监督检查或者调查,其监督检查、调查的人员不得少于 2 人,并应当出示合法证件和监督检查、调查通知书或者其他执法文书;中国证监会依法履行职责时,被检查、调查的单位和个人应当配合,如实提供有关文件和资料,不得拒绝、阻碍和隐瞒。但是,中国证监会违反上述规则检查或者调查的,被检查、调查的单位和个人有权拒绝。

中国证监会对涉嫌证券违法的单位或者个人进行调查期间,被调查的当事人书面申请,承诺在中国证监会认可的期限内纠正涉嫌违法行为,赔偿有关投资者损失,消除损害或者不良影响的,中国证监会可以决定中止调查。被调查的当事人履行承诺的,中国证监会可以决定终止调查;被调查的当事人未履行承诺或者有国务院规定的其他情形的,应当恢复调查。具体办法由国务院规定。中国证监会决定中止或者终止调查的,应当按照规定公开相关信息。

中国证监会工作人员必须忠于职守,依法办事,公正廉洁,不得利用职务便利牟取不正当利益,不得泄露所知悉的有关单位和个人的商业秘密。中国证监会依法制定的规章、规则和监督管理工作制度应当依法公开;其依据调查结果,对证券违法行为作出的处罚决定,也应当公开。

对涉嫌证券违法、违规行为,任何单位和个人有权向中国证监会举报。对涉嫌重大违法、违规行为的实名举报线索经查证属实的,中国证监会按照规定给予举报人奖励,并应当对举报人的身份信息保密。

中国证监会应当与国务院其他金融监督管理机构建立监督管理信息共享机制。中国证监会依法履行职责,进行监督检查或者调查时,有关部门应当予以配合。

中国证监会可以和其他国家或者地区的证券监督管理机构建立监督管理合作机制,实施跨境监督管理。境外证券监督管理机构不得在中华人民共和国境内直接进行调查取证等活动。未经国务院证券监督管理机构和国务院有关主管部门同意,任何单位和个人不得擅自向境外提供与证券业务活动有关的文件和资料。

五、证券业自律机构

证券业协会是我国的证券业自律性机构。《证券法》明确规定:"证券业协会是证券业的自律性组织,是社会团体法人。"

证券公司应当加入证券业协会。证券业协会的权力机构是全体会员组成的会员大会。证券业协会的章程由会员大会制定,并报国务院证券监督管理机构备案。证券业协会设理事会,理事会成员依章程规定选举产生。

证券业协会履行下列职责:① 教育和组织会员遵守证券法律、行政法规,组织开展证券行业诚信建设,督促证券行业履行社会责任;② 依法维护会员的合法权益,向证券监督管理机构反映会员的建议和要求;③ 督促会员开展投资者教育和保护活动,维护投资者合法权益;④ 制定和实施证券行业自律规则,监督、检查会员及其从业人员行为,对违反法律、行政法规、自律规则或者协会章程的,按照规定给予纪律处分或者实施其他自律管理措施;⑤ 制定证券行业业务规范,组织从业人员的业务培训;⑥ 组织会员就证券业的发展、运作及有关内容进行研究,收集整理、发布证券相关信息,提供会员服务,组织行业交流,引导行业创新发展;⑦ 对会员之间、会员与客户之间发生的证券业务纠纷进行调解;⑧ 证券业协会章程规定的其他职责。

第九节　违反证券法的法律责任

一、违反证券法的一般责任

我国《证券法》对各类主体的各种证券违法行为设定了责令改正、警告、没收违法所得、罚款、取消执业资格、撤销业务许可、责令关闭等行政处罚措施（第180—214条、第218条），对直接负责的主管人员和其他直接责任人员实施证券违法行为设定了行政处分（第216条），严明了行政责任；明确了因实施禁止交易行为（第53—57条）、违法收购上市公司行为（第155条）、违反信息披露义务及保护投资者义务（第84、85条，第89—90条）等行为，损害公司、股东或投资者利益的，应当承担民事赔偿责任；明确了"违反本法规定，构成犯罪的，依法追究刑事责任"。①

值得关注的是，针对市场普遍反映对证券违法行为处罚过轻、法律震慑力不够的问题，新修《证券法》对违法行为的责任设置彰显了加大违法成本、强化赔偿救济的制度设计理念。

（1）加重了处罚力度，主要体现在对于证券违法行为的行政罚款方面，其标准及其上线均有大幅度提升。例如，责任首条（第180条）对违法擅自公开或者变相公开发行证券的，罚款标准由修改前的处以非法所募资金金额1%~5%增至5%~59%；对直接负责的主管人员和其他直接责任人员的罚款标准则由修改前的3~30万元增至50~500万元。又如责任次条（第181条）第一款，对发行人在其公告的证券发行文件中隐瞒重要事实或者编造重大虚假内容、尚未发行证券的，罚款标准由修改前的30~60万元增至200~2 000万元。再如，关于相对数罚款标准，对证券公司承销或者销售擅自公开发行或者变相公开发行的证券的，由修改前处以违法所得1~5倍增至1~10倍（第182条）。

（2）扩大了行政究责范围。新修《证券法》增加了以下行政究责事项：① 证券服务机构及其从业人员违法买卖证券的（第188条）；② 违法采取程序化交易影响证券交易所系统安全或者正常交易秩序的（第190条）；③ 利用内幕信息以外的未公开信息进行交易的（第191条第二款）；④ 传播媒介及其从事证券市场信息报道的工作人员违法从事与其工作职责发生利益冲突的证券买卖的（第193条第三款）；⑤ 证券公司及其从业人员欺诈客户有损害客户利益的（第194条）；⑥ 证券公司未履行或者未按照规定履行投资者适当性管理义务的（第198条）；⑦ 违法征集股东权利的（第199条）；⑧ 证券交易所允许非会员直接参与股票的集中交易的（第200

---

① 关于这些责任的具体规定，由于本书篇幅所限，在此不作详述。

条第二款);⑨证券公司未对投资者开立账户提供的身份信息进行核对以及将投资者的账户提供给他人使用的(第201条);⑩证券公司未采取有效隔离措施防范利益冲突,或者未分开办理相关业务、混合操作的(第206条);⑪证券公司允许他人以证券公司的名义直接参与证券的集中交易的(第209条第二款);⑫会计师事务所、律师事务所以及从事资产评估、资信评级、财务顾问、信息技术系统服务的机构从事证券服务业务未报备案的(第213条第二款);⑬证券服务机构未勤勉尽责,所制作、出具的文件有虚假记载、误导性陈述或者重大遗漏的(第213条第三款)。

(3) 确立了民事赔偿优先原则。《证券法》规定,"依照本法收缴的罚款和没收的违法所得,全部上缴国库"。但在实践中,行政处罚决定和刑事判决往往是民事赔偿诉讼的依据,投资者获得民事赔偿的周期往往要长于行政责任的认定,导致一旦行政处罚作出后,罚没款上缴国库,民事赔偿优先的原则就难以落实,投资者的权利就得不到及时有效的保护。因此,该法按民事赔偿优先原则对财产担责顺序做了特别安排,即行为人实施的证券违法行为"应当承担民事赔偿责任和缴纳罚款、罚金的、违法所得,违法行为人的财产不足以同时支付时,优先用于承担民事赔偿责任"。

二、违反证券法的特别责任

1. 证券市场禁入

所称证券市场禁入,是指在一定期限内直至终身不得从事证券业务、证券服务业务,不得担任证券发行人的董事、监事、高级管理人员,或者一定期限内不得在证券交易所、国务院批准的其他全国性证券交易场所交易证券的制度。违反法律、行政法规或者国务院证券监督管理机构的有关规定,情节严重的,国务院证券监督管理机构可以对有关责任人员采取证券市场禁入的措施。

2. 信用制裁

国务院证券监督管理机构依法将有关市场主体遵守《证券法》的情况纳入证券市场诚信档案。

3. 违法监管责任

国务院证券监督管理机构或者国务院授权的部门的工作人员,不履行《证券法》规定的职责,滥用职权、玩忽职守,利用职务便利牟取不正当利益,或者泄露所知悉的有关单位和个人的商业秘密的,依法追究法律责任。

本章复习思考题

1. 简述我国《证券法》的适用范围与基本原则。
2. 证券发行审核制度的模式有哪些?我国现行证券发行审核制度模式及内容如何?
3. 简述我国证券承销制度的主要内容。

4. 我国证券交易所的组织形式如何？
5. 证券交易中的哪些行为是依法被禁止的？
6. 简述上市公司的收购方式以及收购的法律效果。
7. 证券交易中的哪些事项须做信息披露？
8. 证券投资者保护制度有哪些？
9. 简述证券公司的业务规则。
10. 中国证监会及证券业协会有哪些职责？

第八章 保险法

第一节 保险法概述

一、保险的概念和特征

保险的概念应从两个方面理解：第一，从经济学的角度理解，保险是指面临同类危险的众多的社会单位或个人，集中一定的资产建立保险基金，分散危险、消化损失的经济补偿制度；第二，从法学的角度理解，保险是根据法律规定或当事人双方约定，一方（投保人）向另一方（保险人）支付保险费，另一方对于约定的保险事故发生造成的承保财产损失或被保险人生、老、病、死、残等承担保险责任的一种法律行为。

依我国《保险法》规定，保险是指投保人根据合同约定，向保险人支付保险费，保险人对于合同约定的可能发生的事故因其发生所造成的财产损失承担赔偿保险金责任，或者当被保险人死亡、伤残、疾病或者达到合同约定的年龄、期限时承担给付保险金责任的商业保险行为。

保险具有以下主要特征。

1. 自愿性

除法律、行政法规规定必须保险的情况外，保险作为一种商业行为，通过投保人与保险人之间订立保险合同而发生，是完全自愿的行为，保险公司和其他人不得强制他人订立保险合同。

2. 互助性

保险属于互助合作行为，通过多数人投保，用共同筹集的资金建立保险基金，以补偿少数人的损失，少数投保人获得的保险赔付是以多数人缴纳保险费为基础的，由此在投保人之间形成互助共济关系。

3. 有偿性

保险是一种商业行为，保险公司的行为是营利性的行为，投保人必须向保险人支付保险费，保险人才能给付保险金，所以保险具有有偿性。

4. 损益性

一方面，投保人可能仅履行了缴纳保险费的义务而不能收回保险费；另一方面，投保人也可能以较少的保险费支出换取较大的保险金赔付，即所谓损益性。

二、保险的构成要件

保险的构成要件是指保险得以成立的基本条件。保险必须具备以下要件。

1. 保险必须以特定的危险为对象

无危险则无保险,但并非任何危险都可构成保险危险,保险制度中所指危险必须是:① 保险危险是否发生不能确定。危险肯定发生,则无人能够承保;危险肯定不会发生,就无须保险。只有当危险发生与否尚未确定,保险才成立。② 保险危险发生的时间不能确定。某些危险的发生可以确定,但何时发生,则不能确定,如人的生、老、病、死。③ 保险危险所导致的后果不能确定。危险发生时,将造成多大损失的后果,是任何人都无法预知的。

2. 保险必须以众人协力为基础

保险是建立在"我为人人,人人为我"这一互助基础之上的。保险的经营方式是通过集合多数人的资金,建立保险基金,用以补偿少数人的损失。保险人在保险合同下所承担的危险,是通过保险制度而分散给可能遭遇危险的社会大众的。由于保险是转移危险、分摊危险的制度,参加的成员越多,则损失越分散,每个成员的负担就越轻,因此众人协力是保险制度建立的基础。

3. 保险必须以对危险事故所致损失进行补偿为目的

"无损失,无保险。"保险并非保证危险不发生,而是对危险造成的损失给予经济补偿。保险补偿不是恢复已被毁损、灭失的原物,也不是赔偿实物,通常是通过支付货币的方式来实现的。因此,危险事故所导致的损失,必须是在经济上能够计算价值的,否则,保险的赔偿将无法实现。

三、保险法的概念及基本原则

(一) 保险法的概念及体系

保险法是调整保险关系的法律规范的总称。保险关系是指当事人之间依保险合同发生的权利义务关系和国家对保险业进行监督管理过程中所发生的各种关系。

从世界范围来看,各国都以保险合同法和保险业法为两大"支撑点"来构筑保险法的结构和体系。其中,保险合同法调整的是横向的保险关系,即平等主体间的保险契约关系;保险业法调整的是纵向的保险关系,即国家对保险企业、保险市场的监督管理关系。但就立法体例而言,有的采用分立体例,即保险合同法和保险业法通过两部不同的法律来加以规范和调整;有的则采用合一体例,即将保险合同和保险业的监督管理统一规定在一部法律之中,命名为"保险法"。我国于 1995 年 6 月 30 日第八届全国人大常委会第 14 次会议通过了《保险法》,并分别于 2002 年、2009 年、2014 年、2015 年做了修改。我国现行的保险立法采用的是集保险合同法、保险业法为一体的合一立法体例。

（二）保险法的基本原则

保险法的基本原则是指贯穿在保险法中的基本精神和指导思想。我国《保险法》的基本原则主要包括以下四项。

1. 最大诚实信用原则

由于保险活动具有不确定的保险风险和赔付风险，因此要求投保人和保险人讲求诚实信用极为重要。所谓诚实，就是一方当事人对另一方当事人不得隐瞒、欺骗；所谓信用，就是任何一方当事人都得善意地、全面地履行自己的义务。保险活动不仅要遵循一般的诚实与信用的原则，而且要遵循最大的诚实与信用的原则。

对投保人而言，要遵循最大诚实信用的原则，是因为：第一，保险事故的发生存在偶然性，保险人的赔付无疑地为偶然事件所左右。第二，保险人在承保各种保险业务时，对保险标的危险状况是一无所知的。保险人也不可能花巨大费用对每一保险标的的危险状况进行实地调查，保险人仅根据投保人或被保险人对标的危险状态的陈述、说明，决定他是否承保以及以什么条件承保。第三，保险标的在投保后大多数情况下仍在被保险人所控制下，这就要求被保险人应如同未保险时一样尽到谨慎管理的责任，否则，将增加危险发生的可能性。对投保人而言，最大诚信原则主要表现为两项义务：一是在订立保险合同时的如实告知义务，即应当将有关保险标的的重要情况如实地向保险人作出陈述；二是履行保险合同时的信守保险义务，即严守允诺，完成保险合同中约定的作为或不作为的义务。

对保险人而言，最大诚实信用的原则也同样适用。这是因为：第一，大多数保险合同是格式合同，投保人对保险合同的条款内容、保险合同中有关保险人责任免除条款的规定，无太多讨价还价的余地，加之专业性较强，投保人对保险合同的条款理解困难多，因此，保险人在订立保险合同时应当向投保人明确说明，对有关保险人责任免除条款的规定，未作明确说明的，保险人则是对最大诚实信用原则的违反，该条款不产生效力。第二，在保险活动中，投保人之所以投保是因为相信投保后，风险可转移给保险人承受。如果投保人交纳保险费，一旦发生保险事故，保险人没有足够的偿付能力，这对被保险人来说无疑是一种欺诈。因此，保险人表现出的最大诚信是必须具有可靠的偿付能力。对保险人而言，最大诚信原则也表现为两项义务：一是在订立保险合同时将保险条款告知投保人的义务，特别是保险人的免责条款；二是当保险责任范围的事故发生时，要及时、全面地履行赔偿或者给付保险金的义务。

2. 保险利益原则

保险利益又称可保利益，是指投保人或者被保险人对保险标的具有的法律上承认的利益。

人身保险的保险利益是指投保人对于被保险人将因保险事故的发生而遭受损

失,因保险事故的不发生而维持原有的利益。对于人身保险利益的具体认定,我国《保险法》第 31 条规定:"投保人对下列人员具有保险利益:① 本人;② 配偶、子女、父母;③ 前项以外与投保人有抚养、赡养或扶养关系的家庭其他成员、近亲属;④ 与投保人有劳动关系的劳动者。除前款规定外,被保险人同意投保人为其订立合同的,视为投保人对被保险人具有保险利益。订立合同时,投保人对被保险人不具有保险利益的,合同无效。"

财产保险的保险利益是指投保人对保险标的所具有的某种合法的经济利益,包括现有利益、基于现有利益而产生的期待利益和基于某一法律上的权利而产生的期待利益三种。

无论财产保险还是人身保险,对于投保人或者被保险人来说,有无保险利益是至关重要的问题。我国《保险法》第 12 条明确规定:"人身保险的投保人在保险合同订立时,对被保险人应当具有保险利益。财产保险的被保险人在保险事故发生时,对保险标的应当具有保险利益。人身保险是以人的寿命和身体为保险标的的保险。财产保险是以财产及其有关利益为保险标的的保险。被保险人是指其财产或者人身受保险合同保障,享有保险金请求权的人。投保人可以为被保险人。"

3. 损失补偿原则

损失补偿是指当保险事故发生使投保人或被保险人遭受损失时,保险人必须在责任范围内对投保人或被保险人所受的实际损失进行补偿。该原则是由保险的经济补偿的性质和职能决定的。损失补偿的目的在于保护投保人或被保险人合法权益,弥补受害人的损失。因此,在财产保险中,损失补偿只限于财产的实际价值,最高赔偿金额不超过保险金额。在人身保险中,保险人的赔偿受保险金额的限制。

损失补偿原则主要包括两个层次的含义:① 投保人或被保险人只有受到约定的保险事故所造成的损失,才能得到补偿。② 保险补偿以被保险人的实际损失为限。保险人对被保险人的赔偿恰好使保险标的恢复到保险事故发生之前的状况,投保人或被保险人不能获得多于或少于损失的补偿。坚持损失补偿原则的意义在于防止被保险人从保险中得到额外的利益,不合理地扩大保险人的责任,减少道德危险。

保险损失补偿的范围主要包括以下几项:① 保险事故发生时,保险标的的实际损失。在财产保险中,最高赔偿额以保险标的保险金额为限;在人身保险中,则以约定保险金额为最高限额。② 合理费用。主要包括施救费用和诉讼支出。③ 其他费用。主要是指为确定保险责任范围内的损失对受损标的检验、估价、出售等费用。应注意的是,保险标的本身的损失与费用支出应分别计算,费用支出最高赔偿额也以不超过保险金额为限。

4. 近因原则

危险事故的发生与损失结果必须有直接的因果关系(即近因),保险人才对损失负补偿责任。一般来说,所谓近因,并非指时间上最接近损失的原因,而是指直接促成结果的原因,效果上有支配力或有效的原因。英美法上称为近因原则,我国法律上称为因果关系。

近因原则在理论上有各种不同的解释,但在各国的司法实践中却总结了一些有效的规则。

(1) 单一原因造成的损失。这种情况造成保险标的损失的原因比较简单。如果该原因属于保险事故,即为近因,保险人就应该承担赔偿责任;反之,保险人就不负赔偿责任。

(2) 多种原因造成的损失,则又分为三种:① 多种原因同时发生。如同时发生的原因都是保险事故,保险人应赔偿所有原因造成的损失;反之,则不赔。如多种原因既有保险危险,又有不保危险,保险人只赔偿保险事故所造成的损失,对非保险事故造成的损失不赔。② 多种原因连续发生。两个以上的危险事故连续发生所造成的损失,一般以最近的、有效的(后因)为近因。连续发生的原因都属于保险危险的,保险人应承担赔偿责任,不保危险先发生,保险危险后发生,保险危险属于不保危险的结果,保险人不承担赔偿责任;保险危险先发生,不保危险后发生,不保危险仅为因果关系中的一环,则保险人仍应负赔偿责任。③ 多种原因间断发生。若新的独立原因(近因)为保险危险,即使发生在不保危险之后,由保险危险所造成的损失仍须由保险人赔偿。若新的独立原因(近因)为不保危险,即使发生在保险危险之后,由不保危险造成的损失,保险人不负赔偿责任。但是,对以前保险危险造成的损失,保险人仍应赔偿。

第二节 保险合同

一、保险合同的一般规定

(一) 保险合同的概念和特征

根据《保险法》第 10 条的规定,保险合同是指投保人和保险人约定保险权利义务关系的协议。投保人是指与保险人订立保险合同,并按照合同约定负有支付保险费义务的人。保险人是指与投保人订立保险合同,并按照合同约定承担赔偿或者给付保险金责任的保险公司。依法成立的保险合同,自成立时生效。投保人和保险人可以对合同的效力约定附条件或者附期限。

保险合同具有如下特征。

1. 保险合同是射幸合同

射幸一词是传统民法术语,即偶然、不确定的意思。所谓射幸合同,是指合同当事人在签订合同时不能确定各自的利益或结果的协议。对投保人而言,他有可能获得远远大于所支付的保险费的效益,但也可能没有利益可获;对保险人而言,他所赔付的保险金可能远远大于其所收取的保险费,但也可能在收取保险费以后不承担支付保险金的责任。

2. 保险合同是最大诚信合同

保险人的危险补偿责任在很大程度上依赖于当事人的诚实信用,尤其是投保人和被保险人的诚实信用。一方面是因为保险合同效力取决于投保人或者被保险人的信息披露程度;另一方面,保险标的在一般情况下由被保险人控制,被保险人的任何非善意行为将可能构成保险标的的危险程度的增加或者促成保险危险的发生,所以法律对于保险当事人尤其是投保人和被保险人的诚实信用程度的要求远远高于对一般人的要求。

3. 保险合同是附和合同

所谓附和合同,也称格式合同、标准合同,是指由一方预先拟定合同的条款,对方只能表示接受或不接受,即订立或不订立合同,而不能就合同的条款内容与拟订方进行协商的合同。保险合同的附和性显然是对合同自由的一种极大限制,它使投保人处于极为不利的地位。为了对这种情形加以平衡,在对保险合同的文义进行解释时,通常采取不利于保险人的解释原则。《保险法》第 30 条规定:"采用保险人提供的格式条款订立的保险合同,保险人与投保人、被保险人或者受益人对合同条款有争议的,应当按照通常理解予以解释。对合同条款有两种以上解释的,人民法院或者仲裁机构应当作出有利于被保险人和受益人的解释。"这样的规定显然在于对处于优势地位的保险人的对抗和对处于弱势地位的被保险人或者受益人的保护。

4. 保险合同是诺成性合同

保险合同的生效和保险人保险责任的承担与投保人是否已经缴纳保费没有关系,合同成立后,即使投保人尚未交纳保险费,保险责任范围内的事故发生了,保险人也应承担责任。但是,如果合同有约定的,从其约定。签发保单不是合同成立的必要条件。

(二)保险合同的分类

根据不同的标准,可对保险合同作如下分类。

1. 人身保险合同与财产保险合同

这是依据保险合同的标的的不同进行的分类。① 人身保险合同是指以人的生命或身体为保险标的的保险合同。人身保险没有保险价值概念。因为人的生命或身体是不能用货币衡量的。因此,保险人只能按约定的保险金额给付。② 财产保险合同是指以财产及其有关的财产利益为保险标的的保险合同。财产保险合同有广义和狭义之分。狭义的财产保险的标的是有形的,是处于静态中的财产。广义的财产保险的标的包括有形财产、无形财产和责任。

2. 强制保险合同与自愿保险合同

这是依据保险合同实施的形式的不同进行的分类。① 强制保险合同又称法定保险合同,是指依据法律的规定而强制实施的保险合同。社会保险属于强制性保险。此外,大多数国家(包括我国)对汽车第三者责任保险也采取强制性保险。② 自愿保险合同是指基于投保人自己的意思而订立的保险合同。自愿原则是订立商业保险合同的原则之一。投保人与保险人订立保险合同,应当协商一致,遵循公平原则确定各方的权利和义务。除法律、行政法规规定必须保险的外,保险合同自愿订立。

3. 足额保险合同与不足额保险合同

这是依据保险金额与保险价值之间的关系为标准进行的分类。① 足额保险合同是指保险金额等于保险价值的保险合同。保险事故发生时,若保险标的全部损失,保险人按保险金额全部赔偿,若部分损失,保险人按实际损失额赔偿。② 不足额保险合同是指保险金额低于保险价值的合同。在这种合同中,除合同另有约定外,保险人按照保险金额与保险价值的比例承担赔偿保险金的责任。

根据我国《保险法》第 55 条的规定,保险金额不得超过保险价值。超过保险价值的,超过部分无效,保险人应当退还相应的保险费。

4. 单一保险合同与重复保险合同

这是依据保险人的人数的不同进行的分类。① 单一保险合同是指投保人以同一保险标的、同一保险利益、同一保险事故向同一保险人订立的保险合同。② 重复保险合同是指投保人以同一保险标的、同一保险利益、同一保险事故分别向两个以上的保险人订立的保险合同。重复保险的保险金额总和超过保险价值的,各保险人的赔偿金额的总和不得超过保险价值。除合同另有约定外,各保险人按照其保险金额与保险金额总和的比例承担赔偿保险金的责任。

5. 原保险合同与再保险合同

这是依据风险转嫁层次的不同进行的分类。① 原保险合同又称第一次保险合同,是指保险人对被保险人承担直接责任的原始保险合同。② 再保险合同又称分保合同或第二次保险合同。保险人将其承担的保险业务部分地转移给其他保险人的,即为再保险。保险人为了避免自己承保的业务遭受巨额损失,可以将其承保的保险业务分一部分给其他保险人,使数家保险公司对这一保险事故承担责任,增加了保险的可靠性。再保险制度的建立不仅有利于保险人赔偿损失责任的分担,而且有利于保护被保险人的利益。

(三) 保险合同的当事人和关系人

1. 保险合同当事人

保险合同当事人是指订立保险合同并享有和承担保险合同所确定的权利义务的

人,包括保险人和投保人。

(1) 保险人又称为承保人,是指与投保人订立保险合同,并承担赔偿或者给付保险金责任的保险公司。经营商业保险业务,必须是依照保险法设立的保险公司,其他单位和个人不得经营商业保险业务。我国保险人的组织形式为股份有限公司和国有独资公司。

(2) 投保人又称为要保人,是指与保险人订立保险合同,并按照保险合同负有支付保险费义务的人。投保人可以是被保险人本人,也可以是被保险人以外的第三人。但是,无论属于何种情形,作为保险合同当事人一方的投保人必须具备民事权利能力和民事行为能力,并对保险标的具有保险利益。

2. 保险合同关系人

保险合同关系人是指在保险事故或者保险合同约定的条件满足时,对保险人享有保险金给付请求权的人,包括被保险人和受益人。

(1) 被保险人也称保户,是指其财产或者人身受保险合同保障,享有保险金请求权的人。被保险人可以是投保人自己,也可以是投保人以外的第三人。

(2) 受益人是指人身保险合同中由被保险人或者投保人指定的享有保险金请求权的人。受益人具有以下特征:① 受益人由被保险人或投保人指定产生;② 受益人享有保险金的请求权;③ 投保人、被保险人或者第三人均可以为受益人;④ 受益人不受有无民事行为能力及保险利益的限制;⑤ 受益人只存在于人身保险合同中。

(四) 保险合同的订立和履行

1. 保险合同的形式

我国《保险法》第13条规定,投保人提出保险要求,经保险人同意承保,保险合同成立。保险人应当及时向投保人签发保险单或者其他保险凭证。保险单或者其他保险凭证应当载明当事人双方约定的合同内容。当事人也可以约定采用其他书面形式载明合同内容。因此,我国保险合同的形式为书面形式,主要包括投保单、暂保单、保险单和保险凭证。

(1) 投保单又称"要保书",它是投保人向保险人申请订立保险合同的书面要约。投保单通常由保险人事先统一印制,投保人依其所列项目逐一据实填写后交付给保险人。投保单本身并非正式合同文本,但一经保险人接受后,即成为保险合同的一部分。如果投保单填写不实或者隐瞒、欺诈,都将影响合同的效力。投保单上如有记载,保险单上即使遗漏,也不影响保险合同的效力;如果投保人在投保单中告知不实,在保险单上又不改正,保险人可以投保人违背合同的诚信原则而解除合同。

(2) 暂保单是一种临时保险单,是正式保险单发出前的一种临时保险合同。从法律效力上看,暂保单与保险单具有相同的效力,但暂保单的期限较短,正式保险单一经交付,暂保单自动失效。

（3）保险单简称保单，是保险人与投保人订立保险合同的正式书面形式，由保险人制作、签章并交付给投保人。保险单必须明确完整地记载保险双方的权利义务内容，它是保险合同双方当事人履行合同的依据。

（4）保险凭证又称为小保单，它是保险人出立给被保险人以证明保险合同已有效成立的文件，与保险单具有同等效力，实际上是简化了的保险单。

此外，经投保人和保险人协商同意，也可以采取其他书面形式订立保险合同。

2. 保险合同的主要条款

保险合同的条款即保险合同的内容，它是保险合同中规定保险责任的范围和确定合同当事人的权利义务及其他有关事项的合同条款。

根据《保险法》第18条的规定，保险合同条款应当包括下列事项：保险人的名称和住所；投保人、被保险人的姓名或者名称、住所以及人身保险的受益人的姓名或者名称、住所；保险标的；保险责任和责任免除；保险期间和保险责任开始时间；保险金额；保险费以及支付办法；保险金赔偿或者给付办法；违约责任和争议处理；订立合同的年、月、日。投保人和保险人可以约定与保险有关的其他事项。

3. 保险合同的成立与效力

保险合同的成立是指投保人与保险人就合同的条款达成协议，即经过投保人与保险人要约与承诺之后，合同成立。根据《保险法》第13条的规定，投保人提出保险要求，经保险人同意承保，保险合同成立。依法成立的保险合同，自成立时生效。投保人和保险人可以对合同的效力约定附条件或者附期限。当事人在财产保险合同中约定以投保人支付保险费作为合同生效条件，但对该生效条件是否为全额支付保险费约定不明，已经支付了部分保险费的投保人主张保险合同已经生效的，人民法院依法予以支持。除本法另有规定或者保险合同另有约定外，保险合同成立后，投保人可以解除合同，保险人不得解除合同。

4. 保险合同当事人的先合同义务

《保险法》对当事人规定有先合同义务，保险人的先合同义务是明确说明义务，投保人的先合同义务是告知义务。

（1）保险人的明确说明义务。主要包括：① 订立保险合同，采用保险人提供的格式条款的，保险人向投保人提供的投保单应当附格式条款，保险人应当向投保人说明合同的内容。② 对保险合同中免除保险人责任的条款，保险人在订立合同时应当在投保单、保险单或者其他保险凭证上作出足以引起投保人注意的提示，并对该条款的内容以书面或者口头形式向投保人作出明确说明；未作提示或者明确说明的，该条款不产生效力。

（2）投保人的告知义务。主要包括：① 订立保险合同，保险人就保险标的或者被保险人的有关情况提出询问的，投保人应当如实告知。② 投保人故意或者因重大过失未履行前款规定的如实告知义务,足以影响保险人决定是否同意承保或者提高保险费率的,保险人有权解除合同。③ 前款规定的合同解除权,自保险人知道有解除事由之日起,超过三十日不行使而消灭。自合同成立之日起超过二年的,保险人不得解除合同;发生保险事故的,保险人应当承担赔偿或者给付保险金的责任。④ 投保人故意不履行如实告知义务的,保险人对于合同解除前发生的保险事故,不承担赔偿或者给付保险金的责任,并不退还保险费。⑤ 投保人因重大过失未履行如实告知义务,对保险事故的发生有严重影响的,保险人对于合同解除前发生的保险事故,不承担赔偿或者给付保险金的责任,但应当退还保险费。⑥ 保险人在合同订立时已经知道投保人未如实告知的情况的,保险人不得解除合同;发生保险事故的,保险人应当承担赔偿或者给付保险金的责任。

5. 保险合同的履行

(1) 投保人的履行义务。主要包括:① 缴纳保险费的义务。保险合同成立后,投保人须按照约定缴纳保险费。不同的保险条款对缴纳保险费的要求有所不同,保险费可以一次付清,也可以分期支付。② 保险事故的通知义务。投保人、被保险人或者受益人知道保险事故发生后,应当及时通知保险人。保险事故发生后及时通知保险人,有利于保险人采取必要的措施,防止损失的扩大或者保全保险标的的残余部分;有利于保险人及时调查损失发生的原因,搜集证据、勘查现场。③ 危险程度增加的通知义务。在保险合同有效期限内,保险标的危险程度增加的,被保险人按照合同的约定应当及时通知保险人,保险人有权要求增加保险费或者解除保险合同,被保险人未履行通知义务的,因保险标的危险程度增加而发生的保险事故,保险人不承担赔偿责任。④ 采取必要措施防止或者减少损失的义务。保险事故发生时,被保险人有责任尽力采取必要措施,防止或者减少损失。保险事故发生后,被保险人为防止或者减少保险标的的损失所支付的必要的、合理的费用,由保险人承担。保险人所承担的数额在保险标的损失赔偿金额以外另行计算,最高不超过保险金额的数额。

(2) 保险人的履行义务。主要包括:① 给付保险金义务。这是保险人应当履行的基本的保险义务。在保险事故发生或者保险合同约定的条件满足时,保险人应当给付保险金。② 保守秘密义务。保险人在办理保险业务中对掌握和了解的投保人、被保险人、受益人的业务和财产情况以及其他情况,负有保密的义务。保险人违反这种保密义务,向他人透露或者传送或者散布有关投保人或者被保险人的业务或者财产情况的,应当承担法律责任。给投保人、被保险人造成损害的,应当赔偿损失。

(五) 保险合同的变更、解除与终止

1. 保险合同的变更

(1) 保险合同主体的变更。被保险人在保险合同有效期内将保险合同利益转让给受让人,从而引起保险合同主体的变更,但保险人并不会发生变更。根据《保险法》第 49 条规定,保险标的转让的,被保险人或者受让人应当及时通知保险人,但货物运输保险合同和另有约定的合同除外。被保险人、受让人未履行通知义务的,因转让导致保险标的危险程度显著增加而发生的保险事故,保险人不承担赔偿保险金的责任。

（2）保险合同内容的变更。保险合同内容的变更是指在保险合同有效期内,对保险合同的内容进行的修改或者补充。

2. 保险合同的解除

在保险合同成立后,基于法定的或约定的事由,保险人行使解除权,从而使保险合同发生自始无效的后果。

保险合同成立后即具有法律约束力,当事人不得随意解除合同。当事人解除合同,应当依照法律的规定或者当事人的约定。基于法定事由解除保险合同的,为法定解除权,基于约定原因而解除保险合同的,为约定解除权。

3. 保险合同的终止

保险合同规定的当事人之间的权利义务归于消灭。保险合同终止的原因主要有：① 保险合同因期限届满而终止；② 保险合同因保险赔偿金或者保险金的给付而终止；③ 保险合同因解除而终止。

（六）保险的索赔和理赔

1. 保险索赔

索赔是指被保险人在保险标的出险后,按照保险合同的有关规定,向保险人要求支付赔偿金的行为。索赔按下列程序进行：① 提出出险通知；② 提供索赔证明；③ 提出索赔请求；④ 领取保险金。

2. 保险理赔

理赔是指保险人依据规定的工作程序处理被保险人所提出的索赔要求的行为。理赔按下列程序进行：① 立案检验；② 审核责任；③ 核算损失,给付赔偿金；④ 损余处理。

（七）代位求偿权

代位求偿权也称代位追偿权,是指财产保险中保险人赔偿被保险人的损失后,可以取得在其赔付保险金的限度内,要求被保险人转让其对造成损失的第三人享有追偿的权利。在财产保险中,当保险标的发生保险责任范围内的损失,而该项损失应当由第三人负赔偿责任时,投保人既可以要求该第三人(即责任人)赔偿,也可以要求保险人赔偿,如果投保人选择了后者,保险人承担了保险金赔付责任,便取得了对第三人(即责任人)的追偿权利。被保险人和第三者在保险事故发生前达成的仲裁协议,对保险人具有约束力。具有涉外因素的民商事纠纷案件除外。

行使代位求偿权须符合以下条件：① 保险事故是由第三人的行为所致,被保人因保险事故而对第三人享有赔偿请求权。② 保险人只有在向被保险人支付了保险金后才能行使对第三人的代位求偿权。③ 保险人行使代位求偿权向第三人追偿的金额不得超过其向被保险人支付的保险金额。④ 代位求偿权仅适用于财产保险,不适用于人身保险。⑤ 保险事故发生后,在保险人未赔偿保险金之前,被保险人放弃对第三人的赔偿请求权的,保险人不承担赔偿保险金的责任;保险人向被保险人赔偿保险金后,若被保险人未经保险人同意放弃对第三人的赔偿请求权的,该放弃行为无效。

二、人身保险合同

（一）人身保险合同的概念和特点

人身保险合同是指以人的寿命和身体为保险标的的保险合同。依照人身保险合同,投保人向保险人支付保险费,保险人对被保险人在保险期间内因保险事故遭受人身伤亡或者在保险期届满时符合约定的给付保险金条件时,应当向被保险人或者受益人给付保险金。人身保险合同可分为人寿保险合同、意外伤害保险合同和健康保险合同。

人身保险合同具有如下特点。

1. 保险标的人格化

人身保险合同的保险标的是被保险人的寿命或者身体,以被保险人的寿命或者身体为存在形式的保险利益,属于被保险人的人格利益或者人身利益。

2. 保险合同的定额性

人身保险合同被称为定额保险合同,因为其保险标的是人的生命或身体,而人的生命或身体的价值是无法用金钱来衡量的,因此人身保险的保险金额是依照被保险人对保险的需求和交付保险费的能力来确定的。它不属于损失的补偿,而是定额的给付,也就是当约定保险事故发生时,给付金额是按照订约时预先约定的金额为准。人身保险不存在超额保险问题。

3. 保险期限的长期性

人身保险合同尤其是人寿保险合同,有效期比较长,一般是 5 年、10 年、15 年、20 年、30 年,有的甚至是终身的。

4. 保险费不得强制请求

投保人不按照人身保险合同的约定支付保险费,保险人不得以强制方式要求投保人支付保险费。就投保人而言,投保人在应当支付保险费时,可以选择缴纳保险费以维持合同,也可以选择不缴纳保险费以终止合同。

5. 人身保险不适用代位求偿权

人身保险的被保险人因第三者的行为而发生死亡、伤残或者疾病等保险事故的,保险人向被保险人或者受益人给付保险金后,不得享有向第三人追偿的权利。

（二）人寿保险合同

人寿保险合同是投保人和保险人约定，被保险人在合同规定的年限内死亡，或者在合同规定的年限届满时仍然生存，由保险人按照约定向被保险人或者受益人给付保险金的合同。人寿保险合同的标的为被保险人的寿命，保险事故为被保险人的生存或者死亡，被保险人在约定的期限内死亡或者生存到保险期限届满时，保险人依约给付保险赔偿金的责任。以人寿保险承保的保险事故为标准，人寿保险包括死亡保险、生存保险、生死两全保险。

1. 死亡保险

死亡保险是指以被保险人在保险期限内的死亡为保险事故的保险。死亡保险按期限可分为终身保险和定期保险。终身保险是指以被保险人的终身为保险期限，不论被保险人何时死亡，保险人均给付保险金的保险。定期保险是指投保人和保险人约定一定期限为保险期间，被保险人在保险期限内死亡时，保险人给付保险金的保险。

2. 生存保险

生存保险是指以被保险人在保险期限内的生存为保险事故的保险。在被保险人生存到保险期限届满时，保险人按照合同的约定给付保险金。如果被保险人在保险期限内死亡，保险合同失效，保险人不承担给付保险金的责任，如年金保险。

3. 生死两全保险

生死两全保险是指以被保险人在保险期限内的死亡、伤残或者被保险人生存到保险期满为保险事故的保险。这种保险或者以生存保险为基础而对保险金的给付附以死亡条件；或者以死亡保险为基础而对保险金的给付附以生存条件。

（三）健康保险合同

健康保险又称为疾病保险，是指双方当事人约定，投保人向保险人交纳保险费，当被保险人由于疾病、分娩以及由于疾病或者分娩致残或者失去劳动能力时，由保险人给付保险金的保险。

（四）意外伤害保险合同

意外伤害保险合同是指投保人和保险人约定的，在被保险人遭受意外伤害或者因意外伤害而致残、死亡时，由保险人依照约定向被保险人或者受益人支付保险金的保险。意外伤害保险是对因为意外事故而受到伤害的人或者其家庭成员给予经济补偿的一种保险，但意外伤害保险合同却并非一种填补损害的合同，依照伤害保险合同，被保险人受到意外伤害或者因意外事故死亡，保险人应当支付确定金额的保险金。

三、财产保险合同

（一）财产保险合同的概念和特征

财产保险合同是指以财产及其有关利益为保险标的的保险合同。财产保险分为财产损失保险、责任保险、信用保险和保证保险。

财产保险合同具有如下特征。

1. 财产保险合同的标的为特定的财产以及与财产有关的利益

财产保险合同的标的既可以是有形的物质财富,也可以是无形的与财产有关的利益。

2. 财产保险合同的目的是填补损失

财产保险合同以财产及与财产有关的利益作为保险的标的,由此决定了财产保险合同以补偿被保险人的实际财产损失为其唯一目的。

3. 财产保险合同实行保险责任限定制度

在保险合同中,保险人的保险责任以保险合同约定的保险金额为限,超过合同约定的保险金额的损失,保险人不负保险责任。

4. 财产保险实行保险代位的原则

在财产保险中,如果事故的发生是由第三人造成的,被保险人有权向该责任者请求损害赔偿,为了避免被保险人获得双重赔偿,被保险人只能获得选择权,即或者由被保险人请求保险人赔偿,或者由被保险人请求第三人赔偿。如果被保险人从保险人那里获得了赔偿,被保险人就必须将对第三人的求偿权让渡给保险人,保险人获得代位求偿权。

(二) 财产损失保险合同

财产损失保险合同是指以补偿财产的损失为目的的保险合同,其保险标的限于有形财产。具体又可分为企业财产保险合同、家庭财产保险合同、运输工具保险合同、货物运输保险合同、农业保险合同。

1. 企业财产保险合同

企业财产保险合同是指企业作为投保人以其自己所有或者经营管理的财产或者以与其有利害关系的他人的财产为保险标的,向保险人缴纳保险费,由保险人依照保险合同的约定负担被保险财产的毁损、灭失风险责任的合同。

(1) 企业财产保险合同的标的,可以是有形之动产或者不动产,具体表现为如下财产:房屋、建筑物及附属装修设备;建造中的房屋、建筑物和建筑材料;机器及设备;工具、仪器及生产设备;交通运输工具;管理用具及低值易耗品;原材料、半成品、在产品、产成品、库存商品;账外或摊销的财产等。

(2) 企业财产保险的不保标的。包括:土地、矿藏、森林、水产资源以及未经收割和收割后尚未入库的农产品;货币、票证、有价证券、文件、账册、图表、技术资料以及无法鉴定其价值的财产;违章建筑、非法占用以及正处于危险状态下的财产;在运输过程中的物资。

(3) 企业财产保险的保险责任。自然灾害事故,一般包括火灾、爆炸、雷击、暴风、龙卷风、暴雨、洪水、海啸、地震、地陷、崖崩、雪灾、雹灾、冰凌、泥石流；空中运行物体的坠落等，以及被保险人在发生保险事故时，为了抢救财产或者防止灾害蔓延，采取合理的必要措施而造成被保险财产的损失。

（4）企业财产保险的除外责任。范围包括：战争风险、军事行动或暴力行为；核风险；道德风险；间接损失；保险标的自身瑕疵、未经采取防护措施的暴风、雨、雪损失；以及当事人之间特约的其他事件。

2. 家庭财产保险合同

家庭财产保险合同是指保险人以被保险人的家庭财产为保险标的，在保险标的发生保险事故而受损失时，依照保险合同的约定承担赔偿责任的保险合同。

（1）家庭财产保险合同的标的。凡是被保险人自有的，坐落于保险单所载明地址内的下列家庭财产，在保险标的范围以内：房屋及其室内附属设备；室内财产。

（2）家庭财产保险的不保标的。包括：金银、珠宝、钻石及制品，玉器、首饰、古币、古玩、字画、邮票、艺术品、稀有金属等珍贵财物；货币、票证、有价证券、文件、书籍、账册、图表、技术资料、电脑软件及资料以及无法鉴定价值的财产；日用消耗品、各种交通工具、养殖及种植物；用于从事工商业生产、经营活动的财产和出租用作工商业的房屋；无线通讯工具、笔、打火机、手表，各种磁带、磁盘、影音激光盘；用芦席、稻草、油毛毡、麦秆、芦苇、竹竿、帆布、塑料布、纸板等为外墙、屋顶的简陋屋棚及柴房、禽畜棚、与保险房屋不成一体的厕所、围墙、无人居住的房屋以及存放在里面的财产；政府有关部门征用、占用的房屋，违章建筑、危险建筑、非法占用的财产、处于危险状态下的财产；其他不属于条款所列明的家庭财产。

（3）投保人与保险人特别约定的保险标的。属于被保险人代他人保管或者与他人共有而由被保险人负责的条款所列明的保险标的范围以内的财产；存放于院内、室内的非机动农机具、农用工具及存放于室内的粮食及农副产品；经保险人同意的其他财产。

3. 运输工具保险合同

运输工具保险合同是指运输工具的所有人或者经营管理人以运输工具作为保险标的，向保险人交纳一定数额的保险费，保险人根据约定在保险事故发生时承担保险责任的合同，包括机动车辆保险、船舶保险、飞机保险以及卫星保险等。

4. 货物运输保险合同

货物运输保险是指货物的托运人向承运人交运货物时，向保险人支付保险费，在被保险货物发生保险合同约定的损失时，由保险人负责赔偿损失的保险。货物运输保险合同运用于所有的货物运输，包括水路货物运输、公路货物运输、铁路货物运输、航空货物运输以及海洋货物运输等方面的保险。

（三）责任保险合同

责任保险合同是指以被保险人对第三者所负的赔偿责任为保险标的的保险合

同。我国《保险法》第65条规定："保险人对责任保险的被保险人给第三者造成的损害，可以依照法律的规定或者合同的约定，直接向该第三者赔偿保险金。"第三者请求保险人直接赔偿保险金的诉讼时效期间，自其知道或者应当知道向保险人的保险金赔偿请求权行使条件成就之日起计算。

责任保险合同通常分为以下几种。

（1）雇主责任保险合同，即以投保人（雇主）对雇佣人在雇佣期间因人身伤害依法应承担的赔偿责任为保险标的的保险合同。

（2）公众责任保险合同，即以投保人因意外事故造成第三者人身伤亡或财产损失而依法应承担的赔偿责任为保险标的的保险合同。

（3）产品责任保险合同，即以投保人因其产品的质量缺陷致使产品使用者或消费者遭受人身伤亡或财产损失而依法应承担的赔偿责任为保险标的的保险合同。

（4）职业责任保险合同，即以投保人因职业工作中的过失致使他人遭受人身伤亡或财产损失而依法应承担的赔偿责任为保险标的的保险合同。

（四）信用保险合同

信用保险合同是指保险人对被保险人的信用放贷或信用售货的一种保证形式，当债务人不能清偿时，由保险人负责赔偿。

信用保险合同主要包括以下几种。

（1）出口信用保险合同，即本国出口商向保险人支付保险费，当出口商不能按时收回出口产品的全部货款时，由保险人给予赔偿的保险合同。

（2）国外投资信用保险合同，指投保人（投资者）向保险人所在国投资经营，因政治原因造成经济损失，保险人负赔偿责任的保险合同。

（3）国内商业信用保险合同，指国内的商品出卖人因买受人信用危机，致使货款无法收回时，由保险人给予赔偿的保险合同。

（五）保证保险合同

保证保险合同是指由保险人为被保证人向权利人提供保证的一种形式。当被保证人的行为或不行为致使权利人遭受经济损失时，由保险人负赔偿责任。

保证保险合同主要分为两种。

（1）忠诚保证保险合同，指保险人收取保险费，当因雇员的不诚实行为而使雇主受到损失时，由保险人承担赔偿责任的保险合同。

（2）确实保证保险合同，指保险人收取保险费，在被保证人因不履行或不能履行义务而使权利人受到损失时，由作为保证人的保险人承担赔偿责任的保险合同。

（六）农业保险合同

农业保险合同是指农业生产者以其种植的农作物或者养殖的畜禽等为保险标的，向保险人支付保险费，并同保险人约定，在被保险农作物因保险责任范围内的原因歉收或者毁损时,或者被保险畜禽等因保险责任范围内的原因发生死亡时,由保险人给付保险赔偿金的保险。

农业保险合同主要分为两种:一是种植业保险合同,是指以种植业生产的各种农产品作为保险标的的保险合同;二是养殖业保险合同,是指以养殖业的各种产品作为保险标的的保险合同。

第三节 保险业法

一、保险公司

(一)保险公司的概念

保险公司是指经过保险监督管理部门核准经营保险业而设立的、专营保险业务的股份有限公司和国有独资公司。公司形式是我国保险法确认的唯一的保险业组织形式。

(二)保险公司的设立

保险公司的设立首先应当适用保险法的规定,保险法没有规定的,应当适用公司法以及其他行政法规的规定。

1. 保险公司的设立条件

设立保险公司,应当具备下列条件:① 主要股东具有持续盈利能力,信誉良好,最近3年内无重大违法、违规记录,净资产不低于人民币2亿元。② 有符合保险法和公司法规定的章程。保险公司的章程是规范保险公司业务经营活动和组织结构的行为准则,也是保险法和公司法要求的保险公司必须具备的法律文件,是成立保险公司的必要条件。③ 有符合保险法规定的注册资本最低限额。设立保险公司,其注册资本的最低限额为人民币2亿元。保险公司注册资本最低限额必须为实缴货币资本。保险监督管理部门根据保险公司业务范围、经营规模,可以调整其注册资本的最低限额,但是不得低于前述法定的最低限额。④ 有具备任职专业知识和业务工作经验的董事、监事和高级管理人员。⑤ 有健全的组织机构和管理制度。⑥ 有符合要求的营业场所和与业务有关的其他设施。⑦ 法律、行政法规和国务院保险监督管理机构规定的其他条件。

2. 设立保险公司的程序

(1)申请和审查。设立保险公司,应当向国务院保险监督管理机构提出书面申请,并提交规定的文件资料。设立保险公司的申请经初步审查合格后,申请人应当依照保险法和公司法的规定进行保险公司的筹建。具备保险法所规定的设立条件的,向保险监督管理部门提交正式申请表和有关文件、资料。

(2) 审批。在我国,对保险公司的设立采取许可主义,设立保险公司,必须经保险监督管理部门批准。审批部门对设立保险公司的条件进行实质审查。

(3) 登记。经批准设立的保险公司,由批准部门颁发经营保险业务许可证,并凭经营保险业务许可证向企业登记主管机关办理设立登记,领取营业执照。营业执照是保险公司取得企业法人资格和经营保险业的合法凭证。

(三) 保险公司的变更、解散与清算

1. 保险公司的变更

保险公司的变更事项包括:变更名称;变更注册资本;变更公司或者分支机构的营业场所;撤销分支机构;公司分立或者合并;修改公司章程;变更出资额占有限责任公司资本总额5%以上的股东,或者变更持有股份有限公司股份5%以上的股东;国务院保险监督管理机构规定的其他情形。保险公司变更以上事项的,必须经过国务院保险监督管理部门的批准。保险公司更换董事长、总经理,应当报经保险监督管理部门审查其任职资格。

2. 保险公司的解散

保险公司因分立、合并或者公司章程规定的事由出现时,经保险监督管理部门批准后解散。

经营人寿保险业务的公司不得解散。人寿保险业务是以人的生命或身体为保险标的的保险业务,具有长期性、储蓄性的特点。为了保护被保险人的利益,保险法规定,经营人寿保险业务的保险公司,除分立、合并外,不得解散。同时,经营有人寿保险业务的保险公司被依法撤销的或者被依法宣告破产的,其持有的人寿保险合同及准备金必须转让给其他经营有人寿保险业务的保险公司;不能同其他保险公司达成转让协议的,由国务院保险监督管理机构指定经营有人寿保险业务的保险公司接受转让。

3. 保险公司的清算

除因合并、分立而解散的以外,不论解散后的保险公司是否破产,都应当依法成立清算组进行清算。股份有限保险公司由股东会成员组成清算组,国有独资保险公司由国家授权投资的机构或者部门确定清算组成员。保险公司可因违法行为而解散。保险公司违反法律、行政法规,被保险监督管理部门吊销经营保险业务许可证的,依法撤销。由保险监督管理部门依法组织清算组,进行清算。保险公司不能支付到期债务,经保险监督管理部门同意,由人民法院依法宣告破产。保险公司被依法宣告破产的,由人民法院组织保险监督管理部门等有关部门和有关人员成立清算组,进行清算。保险公司依法终止其业务活动,应当注销其经营保险业务许可证。

(四) 保险公司的分支机构和外资保险公司

保险公司设立分支机构同样需要取得保险监督管理机构的批准并经工商行政管

理机关的登记注册,保险公司分支机构不具有法人资格,其民事责任由保险公司承担。

保险公司在中华人民共和国境外设立子公司、分支机构、代表机构,应当经国务院保险监督管理机构批准。

外资保险公司是指依照中华人民共和国有关法律、行政法规的规定,经批准在中国境内设立和营业的保险公司。包括:外国保险公司同中国的公司、企业在中国境内合资经营的保险公司;外国保险公司在中国境内投资经营的外国资本保险公司;外国保险公司在中国境内的分公司。中国银行保险监督管理委员会负责对外资保险公司实施监督管理。中国银保监会的派出机构根据中国银保监会的授权,对本辖区的外资保险公司进行日常监督管理。

二、保险经营规则

(一)保险经营规则

1. 分业经营规则

保险的分业经营规则是指同一保险人不得同时兼营财产保险业务和人身保险业务。但是,经营财产保险业务的保险公司经保险监督管理机构核定,可以经营短期健康保险和意外伤害保险业务。

2. 禁止兼营规则

禁止兼营规则是指保险公司不得同时兼营非保险业务。《保险法》第 95 条规定,保险公司应当在国务院保险监督管理机构依法批准的业务范围内从事保险经营活动。

3. 保险专营规则

保险专营原则是指保险业务只能由依照保险法设立的商业保险公司经营,非保险业者不能经营保险业务。我国《保险法》第 6 条规定,保险业务由依照本法设立的保险公司以及法律、行政法规规定的其他保险组织经营,其他单位和个人不得经营保险业务。

(二)保险公司的偿付能力的维持

保险公司的偿付能力是指保险公司对承担的保险责任所具有的赔偿或者给付能力。保险公司是否具备履行保险合同的能力,就要看它是否具有偿付能力,所以偿付能力是国家对保险公司监督管理的核心内容。为了维持保险公司的正常的偿付能力,法律要求保险公司要提取相应的基金。根据保险法的规定,保险公司应当按规定提取保证金、保险公司公积金、保险准备金、保险保障基金等。

1. 保证金

保证金是法律规定由保险公司成立时向国家交纳的保证金额。保险公司成立后,应当按照其注册资本总额的20%提取保证金,存入国务院保险监督管理机构指定的银行,除保险公司清算时用于清偿债务外,不得动用。

2. 保险公积金

保险公司公积金是保险公司的储备基金,它是保险公司为了增强其自身的资产实力、扩大经营规模以及预防亏损而依法从公司每年的税后利润中提取的积累资金。《保险法》第99条规定,保险公司应当依法提取公积金。

3. 保险准备金

保险准备金是保险公司为了承担未到期责任或者未决赔款而从保险费收入中提取的准备基金,包括未到期责任准备金和未决赔款准备金。未到期责任准备金是指保险公司为了承担未了结的预期保险责任而依据法律规定从保险费中提取的责任准备基金。未决赔款准备金是指保险公司应当按照已经提出的保险赔偿或者给付金额,以及已经发生保险事故但尚未提出的保险赔偿或者给付金额中提取的未决赔款准备金。《保险法》第98条规定,保险公司应当根据保障被保险人利益和保证偿付能力的原则,提取各项责任准备金。

4. 保险保障基金

保险公司应当按照保险监督管理部门的规定提存保险保障基金。保险保障基金是指保险公司为发生周期较长、后果难以预料的巨灾或巨大危险而提取的资金,属于后备资金。其目的是为了保障被保险人的利益,支持保险公司的稳健经营。《保险法》第100条规定,保险公司应当缴纳保险保障基金。

(三) 保险公司的风险管理与资金营运限制

1. 再保险的强制

再保险是指保险人将其承担的保险业务,以承保形式,部分地转移给其他保险人的保险行为。《保险法》第96条规定,经国务院保险监督管理机构批准,保险公司可以经营本法第95条规定的保险业务的再保险业务。

2. 自留保险费的限制

经营财产保险业务的保险公司当年自留保险费不得超过其实有资本金加公积金总和的4倍。对于经营人身保险业务的保险公司,其当年的自留保险费不受限制。

3. 承保责任的限制

保险公司对每一保险单位,即对一次保险事故可能造成的最大损失范围所承担的责任,不得超过其实有资本金加公积金总和的10%;超过的部分,应当办理再保险。

4. 资金营运的限制

保险公司的资金运用必须稳健,遵循安全性原则。保险公司的资金运用限于下列形式:① 银行存款;② 买卖债券、股票、证券投资基金份额等有价证券;③ 投资不动产;④ 国务院规定的其他资金运用形式。

5. 经营禁止行为

保险公司及其工作人员在保险业务活动中不得有下列行为:① 欺骗投保人、被保险人或者受益人;② 对投保人隐瞒与保险合同有关的重要情况;③ 阻碍投保人履行保险法规定的如实告知义务,或者诱导其不履行保险法规定的如实告知义务;④ 给予或者承诺给予投保人、被保险人、受益人保险合同约定以外的保险费回扣或者其他利益;⑤ 拒不依法履行保险合同约定的赔偿或者给付保险金义务;⑥ 故意编造未曾发生的保险事故、虚构保险合同或者故意夸大已经发生的保险事故的损失程度进行虚假理赔,骗取保险金或者牟取其他不正当利益;⑦ 挪用、截留、侵占保险费;⑧ 委托未取得合法资格的机构或者个人从事保险销售活动;⑨ 利用开展保险业务为其他机构或者个人牟取不正当利益;⑩ 利用保险代理人、保险经纪人或者保险评估机构,从事以虚构保险中介业务或者编造退保等方式套取费用等违法活动;⑪ 以捏造、散布虚假事实等方式损害竞争对手的商业信誉,或者以其他不正当竞争行为扰乱保险市场秩序;⑫ 泄露在业务活动中知悉的投保人、被保险人的商业秘密;⑬ 违反法律、行政法规和国务院保险监督管理机构规定的其他行为。

三、保险代理人和保险经纪人

(一)保险代理人

保险代理人是根据保险人的委托,向保险人收取佣金,并在保险人授权的范围内代为办理保险业务的机构或者个人。保险代理机构包括专门从事保险代理业务的保险专业代理机构和兼营保险代理业务的保险兼业代理机构。

从保险代理的性质来看,保险代理人根据保险人的授权代为办理保险业务的行为,由保险人承担责任。由此可见,保险代理也是民事代理的一种,所以,关于保险代理的法律适用,当然适用于民法有关代理的规定。但是,保险代理又是一种特殊的代理,具有其自身的特征,体现在以下方面。

(1)保险代理人在业务范围内所为的违法行为,不论有无越权或有无保险人的指示,均对保险人有约束力效力,保险人不得以此对抗投保人和被保险人,但保险人如因此受到损失,可以请求保险代理人赔偿。如果是投保人与保险代理人恶意串通实施的行为,则对保险人没有约束力。

(2)投保人将有关订立保险合同的重要事项告知了保险代理人,视为已经告知了保险人,即便保险代理人没有转告保险人,也视为保险人已经知悉该种事项与信息。只要保险人出具保险单,就不能以不了解保险标的或保险危险等理由而拒绝承担保险责任。在这种情况下,保险代理人的过错就是保险人的过错。

(3)保险人对保险代理人权力的限制,非经通知,不得对抗善意第三人。

（4）经营人寿保险业务的保险代理人,不得同时接受两个以上保险人的委托。

（二）保险经纪人

保险经纪人是基于投保人的利益,为投保人与保险人订立保险合同提供中介服务,并依法收取佣金的机构。保险经纪人具有如下特征。

（1）保险经纪人不是保险合同的当事人,而仅是居间服务,为投保人与保险人订立保险合同提供中介服务。保险经纪人不能代理保险人订立保险合同,这是他与保险代理人的明显不同。

（2）保险经纪人是依法成立的机构,个人不能成为保险经纪人。

（3）保险经纪人以自己的名义从事中介服务活动,承担由此产生的法律后果。投保人或保险人虽然是保险经纪人的委托人,但对保险经纪人的经纪活动并不承担责任,这也是保险经纪人与保险代理人之间的主要差异。

（4）因保险经纪人在办理保险业务中的过错,给投保人、被保险人造成损失的,由保险经纪人承担责任。

本章复习思考题

1. 简述保险法的基本原则。
2. 简述保险合同的特征。
3. 简述保险主体的构成。
4. 简述保险合同的形式与主要条款。
5. 简述保险合同当事人的先合同义务。
6. 简述人身保险合同的特点。
7. 简述保险公司的设立及经营原则。
8. 简述保险代理人与保险经纪人的区别。

第九章 票 据 法

第一节 票据法概述

一、票据的概念与种类

票据一词有广义与狭义之分。广义的票据是指各种具有财产价值、体现特定民事权利的凭证,包括存单、提单、仓单、保单、股票、债券、汇票、本票、支票以至车票、船票、机票、入场券等。狭义的票据则是指由出票人依票据法签发的,约定自己或者委托他人于一定日期无条件支付一定金额给收款人的有价证券。票据法上的票据限于狭义,包括汇票、本票和支票。

汇票是出票人签发的,委托付款人在见票时或者在指定日期无条件支付确定的金额给收款人或者出票人的票据。汇票依出票人的不同分为银行汇票和商业汇票:银行汇票是出票银行签发的,由其在见票时按照实际结算金额无条件支付给收款人或者持票人的票据;商业汇票是交易当事人一方签发的,委托付款人在指定日期无条件支付确定的金额给收款人或者持票人的票据。商业汇票依承兑人的不同,又分为商业承兑汇票和银行承兑汇票:银行承兑汇票由在承兑银行开立存款账户的存款人签发、由银行承兑;商业承兑汇票由银行以外的付款人承兑,可以由付款人签发并承兑,也可以由收款人签发交由付款人承兑。

本票是出票人签发的,承诺自己在见票时无条件支付确定的金额给收款人或者持票人的票据。

支票是出票人签发的,委托办理支票存款业务的银行或者其他金融机构在见票时无条件支付确定的金额给收款人或者持票人的票据。

二、票据的属性与法律特征

票据属于有价证券,且属于有价证券中的货币证券。货币证券不是指货币本身,而是指设定并证明对货币拥有索取权的有价证券。票据所设定的是特定当事人之间的债权债务关系,票据本身则是票据上的收款人或者持票人的债权凭证。票据具有以下主要法律特征。

1. 设权性

票据上的权利完全由票据行为所创设；无票据的签发即无票据权利的产生。换言之，票据的签发不是为了证明已经存在的权利，而是为了创设一定的权利；而且，票据设权为单方法律行为，只要出票人依法签发了票据，票据权利即生效。

2. 要式性

票据的格式和记载事项必须严格遵守法律规定，才能产生票据的效力；不具有法定要式的票据，归于无效。这是为了票据设权的明确和统一，以避免票据文义的混乱和欠缺。

3. 流通性

票据最大的作用和特点是可以像货币一样流通。票据作为金钱权利之财产，可以以背书及其他法定方式转让，而且无转让原因及次数的限制。流通性是票据的生命力所在，因而是票据最主要、最核心的法律特征。

4. 无因性

票据权利的行使只以持有有效票据为要件，持票人无须向义务人证明其取得该票据的原因。换言之，票据本身是票据权利人向票据义务人行使其权利的唯一依据，而无须佐以他证。这是为了保证票据顺利流通，避免人为障碍。

5. 文义性

票据当事人行使票据权利、履行票据义务均必须以票据上记载的文字意义为准，不能以票据上未记载的事由变更票据的效力。这是为保证票据流通信用和交易安全，以保护流通过程中善意持票人的权利。

三、票据的功能

票据是商品经济的产物，是媒介，是促进商品生产和流通的重要工具。其主要功能包括以下方面。

1. 汇兑功能

票据的使用首先在于解决现金支付在空间上的障碍，这是票据的最原始的功能。由于商品交换在异地和国际贸易中，现金携带不便且有很大风险，同时也存在因货币种类的不同而产生的兑换及国际间货币流通的限制等问题。为了解决这些问题，票据便应运而生：商品交易当事人通过汇款业务和货币兑换业务的经营者，在甲地将现金转化为票据，再持票据到乙地转换为现金，从而使异地和国际间的贸易得以安全、顺利地进行。

2. 支付功能

票据能够代替货币（现金）了结、清算因商品交换、劳务给付、资金调拨等经济往来所引起的货币收支关系，从而解除当事人之间的债权债务关系。票据的支付功能是在汇兑功能的基础上逐步发展而来的,它代表的是一种金钱给付请求权,是一种债权凭证,持票人可以用它代表现金,通过法定流通转让程序,起到货币的支付作用。

3. 结算功能

在商品交换中,各方当事人之间相互欠款或者存在相互支付关系时可以利用票据行使给付的功能,即通过票据收付相抵,冲减相互债务,实现非现金结算。现代商业活动特别是国际贸易活动中,用票据来抵偿国际间的债权债务关系,不但可以免除现金输送的困难,而且可以大大简化结算手续,增强结算的安全可靠程度,加快资金周转,提高资金利用效率。

4. 信用功能

商业活动的当事人可以利用票据进行商业赊欠,从而解决现金(货币)支付在时间上的障碍。商业活动离不开信用,市场经济越发达,商品经济越频繁,就越需要商业信用,而票据是商业信用的具体化、证券化。当一方当事人不能立即支付而需要延期付款时,即可与对方当事人约定运用远期票据支付。

5. 融资功能

该功能是指利用票据进行资金调度,即持票人将未到期的票据通过贴现得到现金。这是票据的最新功能,是其支付功能和信用功能发展的必然结果。当商业活动的当事人持有未到期票据而需要将其变现时,可以通过办理票据贴现[①],从而实现融资目的。

四、票据法的概念及立法

票据法就是调整票据关系的法律规范的总称。票据法以票据关系为调整对象。票据关系是主体之间因授受票据而发生的财产关系。

随着商品经济的发展,票据制度已成为世界各国乃至国际间经济往来的一项基本制度,商业信用的票据化和结算手段的票据化已成为市场经济高度发展的重要标志之一。我国确立社会主义市场经济体制后,商业活动中票据的使用越来越广泛,为建立票据制度,规范票据行为,保障交易安全迅捷,第八届全国人大常委会第13次会议于1995年5月10日通过了《票据法》,并于2004年作了修改。

五、票据法律关系

票据法律关系是主体之间依照票据法律规范所形成的权利和义务关系,包括基

---

① 所谓票据贴现,是指通过票据买卖市场,持有未到期票据的人以付出一定利息为代价卖出票据,取得现款。票据贴现多由银行经营,商业银行经营贴现和转贴现,中央银行经营再贴现。银行经营贴现业务,实际上就是向需要资金的票据持有人提供资金。

本票据法律关系和非基本票据法律关系,简称票据关系和非票据关系。

（一）票据关系

票据关系是指基于票据行为而产生的票据当事人之间的票据上的债权债务关系。其基本特征为：直接由票据行为引起,而与非票据行为无关；仅在票据上记载并签章的当事人之间发生,不涉及相关的其他当事人；内容仅限于票据法上的票据权利和票据义务,而不包括由票据行为引起,由其他法律规范的权利义务关系。

1. 票据关系的当事人

票据当事人是指在票据上签章,依法享有票据权利和负有票据义务的人。

票据当事人依其形成顺序及其必要程度,可分为基本当事人和非基本当事人：① 基本当事人。是形成票据关系的必要的原始主体,一般为最初（出票时）记载在票据上的当事人。汇票和支票的基本当事人为出票人、付款人和收款人；本票的基本当事人为出票人和收款人。② 非基本当事人。是票据出票后,通过实施出票以外的其他票据行为而加入票据关系的当事人,包括承兑人（即承诺付款人,由付款人转化而成）、背书人（即以背书方式转让票据权利的人,由收款人、被背书人以及其他票据持有人转化而成）、保证人、被背书人（以背书方式受让票据权利的人）以及其他持票人（如因继承、受赠等而持有票据的人）等。

票据当事人依其在票据法律关系中的地位,又可分为票据债权人和票据债务人。① 票据债权人为拥有票据权利的人,包括票据上的收款人、最后一手被背书人以及其他合法取得（如受赠、继承等）票据的人。② 票据债务人是负有票据上的付款义务的人,包括出票人、付款人、承兑人、背书人、保证人等。在票据债务人中,依法在先承担付款义务的为主债务人（又称第一债务人）,包括不须承兑票据的付款人和须承兑票据的承兑后的承兑人、承兑前的出票人；依法在后承担付款义务的为从债务人（又称第二债务人）,包括不须承兑和已获承兑票据的出票人、背书人、保证人等。

2. 票据关系的主要内容

票据关系基于票据行为而在票据当事人之间形成,所以不同种类的票据行为会发生不同当事人之间的不同权利义务关系,大体包括：

（1）出票关系。票据的出票关系基于出票行为而产生,包括出票人对收款人的票据交付关系及担保承兑、付款关系；出票人对付款人（承兑人）的指定、委托关系等。

（2）转让关系。票据的转让关系基于背书行为而产生,包括背书人对被背书人的票据交付关系及对其所有后手背书人、被背书人的担保承兑和担保付款关系；被背书人向承兑人、付款人提示承兑、提示付款的关系。

（3）承兑关系。票据的承兑关系基于承兑行为而产生,是汇票特有的法律关系,包括承兑人（付款人）对承兑申请人、持票人的承诺付款或拒绝承兑关系以及被拒绝承兑的票据持有人对出票人和所有从债务人的追索关系。

（4）付款关系。票据的付款关系基于付款行为而产生，包括付款人对提示付款人支付票据金额或者拒绝付款的关系以及被拒绝付款的票据持有人对所有从债务人的追索关系。

（5）保证关系。票据的保证关系基于票据债务人的保证人的保证行为而产生，包括保证人代替被保证人向债权人履行付款义务的关系以及事后向被保证人追偿的关系。

（二）非票据关系

非票据关系是指非属票据关系，但与票据关系相关的法律关系，分为票据法上的非票据关系和非票据法上的非票据关系。

1. 票据法上的非票据关系

票据法上的非票据关系是指基于票据法规定所形成的，与票据行为有联系的非票据行为所产生的法律关系，包括：① 票据返还关系，即在票据为非法取得的情况下，票据的正当权利人要求非法取得票据的持票人返还票据的关系；② 利益返还关系，即票据债权人由于一定原因而不能实现票据权利时，要求出票人或承兑人返还其应得利益的关系。我国《票据法》第 18 条规定："持票人因超过票据权利时效或者因票据记载事项欠缺而丧失票据权利的，仍享有民事权利，可以请求出票人或者承兑人返还其与未支付的金额相当的利益。"

2. 非票据法上的非票据关系

非票据法上的非票据关系是指票据当事人授受票据的原因或者前提关系，通常称作票据的基础关系。由于票据的基础关系不依据票据法形成，而往往属于民法上的法律关系，故又称为民法上的非票据关系。

票据的基础关系先于票据关系而形成，没有票据基础关系就不会发生票据关系。我国《票据法》第 10 条第 1 款规定："票据的签发、取得和转让，应当遵循诚实信用的原则，具有真实的交易关系和债权债务关系。"所谓交易关系和债权债务关系，是指票据的基础关系。但是，票据关系一经形成，即与其基础关系相分离，基础关系的有效与无效、变更与消灭，均不对已形成的票据关系产生影响。票据关系与票据基础关系相分离，是我国票据法的一项基本原则，是强化票据信用、使其顺利流通、保护善意持票人利益的必要条件和根本保障。

票据的基础关系主要包括：① 票据原因关系。票据当事人之间签发、取得、转让票据，必有一定原因，如对商品交易中的货款给付、劳务报酬的给付、货币借贷、债务清偿、无偿赠与等，以授受票据的原因而发生的法律关系，即为票据的原因关系。② 票据预约关系。票据预约是指在票据签发之前就所采用票据的种类、金额、到期日、付款地等票据事项所达成的协议；因票据预约而发生的法律关系，即为票据预约关系。③ 票据资金关系。指票据的付款人履行承兑、付款义务与出票人及其他资金义务人之间的资金往来关系,即付款人为票据承兑、付款的原因关系,如存款关系、垫付关系、资金补偿关系等。

第二节 票据行为

一、票据行为的概念与特征

票据行为也有广义与狭义之分。广义的票据行为是指以发生、变更或消灭票据关系为目的的一切票据法律行为;狭义的票据行为则仅指以发生并承担票据上的债务为目的的要式法律行为,包括出票、背书、承兑、付款、保证行为。在一般情况下,票据法上所称的票据行为是指狭义的票据行为。

票据行为具有以下主要特征。

1. 要式性

票据既为要式证券,票据行为当然具有要式性,即必须按照法定的格式和方式进行,否则该票据行为无效。票据行为的要式性要求均以书面记载和签章的方式进行,而不得由当事人约定行为方式;同时要求记载和签章均按法定格式和内容进行,法定记载事项必须记载,欠缺者无效;禁止记载事项不得记载,记载者其内容无效。

2. 抽象性

票据行为的抽象性基于票据的无因性,即票据行为只须具备法定形式要件即可生效,而并不管其授受票据的原因行为是否有效。例如,购买违禁物品行为无效,但为此签发票据的行为并不因此而无效。票据行为仅以实现票据上的权利、义务关系为目的。

3. 独立性

即各个票据行为之间互不依赖,独立发生效力。在票据流通过程中,一种票据行为无效或者被撤销,不影响其他票据行为的效力。例如,出票行为的无效,并不导致该票据收款人的背书行为无效。

二、票据行为的有效要件

票据关系基于有效的票据行为。有效的票据行为应具备以下要件。

(1) 行为人具有民事行为能力。无民事行为能力人或者限制行为能力人在票据上签章,实施票据行为的,其签章无效。

(2) 行为内容合法。票据活动应当遵守法律、行政法规,不得损害社会公共利益。

(3) 意思表示真实或者无缺陷。票据上的记载事项应当真实,不得伪造、变造。

(4) 符合法定形式。实施任何一种票据行为,均须采取记载和签章两种形式。票据上的记载事项必须符合票据法的规定;票据债务人应当按照法定条件在票据上签章,并按照所记载的事项承担票据责任。

三、汇票的票据行为

(一) 出票

出票是指出票人签发票据并将其交付给收款人的票据行为。出票是创设票据的行为,为基本票据行为;其他票据行为则为附属票据行为。

1. 出票的基本要求

汇票的出票人必须与付款人有真实的委托付款关系,并且具有支付汇票金额的可靠资金来源,不得签发无对价的汇票用以骗取银行或者其他票据当事人的资金。

2. 出票的程序及形式

(1) 签发票据,即作成票据,由出票人将法定应记载事项按法定格式记载于一定的书面上并作签章。汇票必须记载下列事项:① 表明"汇票"的字样;② 无条件支付委托;③ 确定的金额;④ 付款人名称;⑤ 收款人名称;⑥ 出票日期;⑦ 出票人签章。汇票未记载上述法定事项之一的,汇票无效。

(2) 交付票据。出票人须将作成的票据交付给票据上的收款人,在作成的票据交付之前不为完成出票。

3. 出票的效力

出票作为基本票据行为,直接设定了基本的票据法律关系:① 产生了收款人的票据权利,包括请求承兑、请求付款的权利及不获承兑、付款时的追索权利;② 产生了付款人对该票据的付款义务或置付款人于承兑地位;③ 产生了出票人对收款人以及其他持票人的担保承兑、担保付款的义务。

(二) 背书

1. 背书的含义与形式

背书是指以转让汇票权利或者将汇票权利授予他人行使为目的,在汇票背面或者粘单上记载有关事项并签章的票据行为。

背书由背书人签章并记载背书日期,而且必须同时记载被背书人名称。未记载背书日期的,视为在汇票到期日前背书。背书人如果不愿对其后手以后的当事人承担票据责任,还可以在汇票上记载"不可转让"字样。票据上的背书栏不能满足背书人记载事项的需要时,可以加附粘单,粘附于票据凭证上,粘单上的第一记载人,应当在票据和粘单的粘接处签章。

2. 背书的种类

背书依其目的的不同,可分为转让背书和非转让背书。前者是指以转让汇票权利为目的的背书;后者则是以将汇票的一定权利授予他人行使为目的的背书,包括委托收款背书、质押背书等。委托收款背书是指持票人以行使票据上的权利为目的而授予被背书人以代理权的背书。背书记载"委托收款"字样的,被背书人有权代背书人行使被委托的汇票权利,但是被背书人不得再以背书方式转让该汇票权利。质押背书是指以票据权利设定质权为目的而在票据上作成的背书。汇票可以设定质押,质押时应当以背书记载"质押"字样。被背书人依法实现其质权时,可以行使汇票权利。

3. 背书的要求与禁止

背书行为应符合以下法律要求:① 背书应为单纯背书,即不得附有条件;背书时附有条件的,所附条件不具有汇票上的效力。② 背书应为完全背书;将汇票金额的一部分转让的背书或者将汇票金额分别转让给两人以上的背书无效。③ 以背书转让的汇票,背书应当连续,即在票据转让中,转让汇票的背书人与受让汇票的被背书人在汇票上的签章依次先后衔接。持票人以背书的连续证明其汇票权利;非经背书转让而以其他合法方式取得汇票的,依法举证,证明其汇票权利。

背书的禁止分为法定禁止和约定禁止。法定禁止是指法定情形下的背书禁止,我国《票据法》第 36 条规定:"汇票被拒绝承兑、被拒绝付款或者超过付款提示期限的,不得背书转让;背书转让的,背书人应当承担汇票责任。"约定禁止是指背书人禁止票据再转让意思下的背书禁止,我国《票据法》第 34 条规定:"背书人在汇票上记载'不得转让'字样,其后手再背书转让的,原背书人对后手的被背书人不承担保证责任。"显然,禁止背书下的背书转让,均不产生正常背书的效力:① 法定禁止背书情形下的背书,因汇票权利已有缺陷而失去了流通性,其背书行为无效,背书人应直接对被背书人承担票据责任;② 约定背书情形下的背书,虽然因汇票未丧失法定流通性而使背书仍然有效,但其效力仅及于原背书人的后手,原背书人对于原被背书人以外的所有后手不承担票据责任。

4. 背书的效力

汇票的背书行为产生以下法律效力:① 权利转移的效力。票据经背书后,票据权利即由背书人转移给被背书人所有或者行使。② 担保付款的效力。当汇票不获承兑或者不获付款时,持票人(即最后一手被背书人)可向汇票上的所有背书人行使追索权。③ 权利证明的效力。连续背书汇票的最后一手被背书人即为善意持票人,单凭背书连续这一形式证明,就推定持票人合法地享有行使汇票权利的资格,而不需实质性举证。非经背书转让而以其他合法方式取得汇票的,则应依法举证,证明其汇票权利。

(三) 承兑

1. 承兑的含义

承兑是指汇票付款人承诺在汇票到期日支付汇票金额的票据行为。承兑是汇票特有的票据行为。汇票是由出票人委托他人付款的一种委付(他付)证券,但由于出票行为是单方的法律行为,出票行为完成后,对付款人并不当然产生拘束力,只有在付款人表示愿意向持票人支付汇票金额后,持票人才可于汇票到期日向付款人行使付款请求权,因而使承兑成为必要。承兑的意义在于明确付款人的责任,确定持票人的票据权利的行使对象。但是,汇票中须经承兑的汇票一般为远期汇票,包括定日付款、出票后定期付款和见票后定期付款的汇票;即期汇票(即见票即付的汇票)无须承兑。目前,我国的银行汇票即属见票即付、无须承兑的即期汇票。

2. 承兑的程序、形式及要求

(1) 提示承兑。即持票人向付款人出示汇票,并要求付款人承诺付款的行为。持票人应在法定的期限内提示承兑:① 定日付款或者出票后定期付款的汇票,持票人应当在汇票到期日①前向付款人提示承兑;② 见票后定期付款的汇票,持票人应当自出票日起 1 个月内向付款人提示承兑。汇票未按规定期限提示承兑的,持票人丧失对其前手的追索权。

(2) 予以承兑及拒绝承兑。付款人收到持票人提示承兑的汇票时,应当向持票人签发收到汇票的回单,回单上应当记明汇票提示承兑日期并签章。付款人对向其提示承兑的汇票,应当自收到提示承兑的汇票之日起 3 日内承兑或者拒绝承兑。付款人承兑汇票的,应当在汇票正面记载"承兑"字样和承兑日期(汇票上未记载承兑日期的,以法定承兑期限的最后一日为承兑日期)并签章;见票后定期付款的汇票,应当在承兑时记载付款日期。付款人承兑汇票不得附有条件;承兑附有条件的,视为拒绝承兑。

3. 承兑的效力

付款人承兑汇票后,应当承担到期付款的责任。承兑人的这种责任为第一性的、最终的、绝对的责任。

(四) 保证

1. 保证的含义

汇票的保证是指票据债务人以外的人,以担保特定债务人(包括出票人、付款人、背书人)履行票据债务为目的,而在票据上记载并签章的票据行为。汇票保证的

---

① 该日期由交易双方商定,但最长不超过 6 个月。定日付款的自出票日起计算,并在汇票上记载具体的到期日;出票后定期付款的自出票日起按月计算,并在汇票上记载;见票后定期付款的汇票付款期限,自承兑或绝拒承兑日起按月计算,并在汇票上记载。若分期付款,则应一次签发若干张不同期限的汇票。

意义在于补充特定票据债务人的信用不足,以增强票据的信用,促进票据的流通。

2. 保证的形式及要求

保证人必须在汇票上或者粘单上记载下列事项:① 表明"保证"的字样;② 保证人名称和住所;③ 被保证人的名称(汇票或者粘单上未记载此项的,已承兑的汇票,承兑人为被保证人;未承兑的汇票,出票人为被保证人);④ 保证日期(汇票或者粘单上未记载此项的,出票日期为保证日期);⑤ 保证人签章。保证不得附有条件;附有条件的,不影响对汇票的保证责任。

3. 保证的效力及保证人的责任

保证人实施保证行为后,即应对合法取得汇票的持票人所享有的汇票权利承担保证责任。保证人的责任具有以下特点:① 保证人的责任与被保证人的责任具有同一性,即被保证的汇票,保证人与被保证人对持票人承担连带责任,汇票到期得不到付款的,持票人有权向保证人请求付款,保证人应当足额付款。保证人为两人以上的,保证人之间承担连带责任。② 保证人的责任具有形式上的从属性,即保证人的责任以被保证人的票据债务在形式上合法、有效为前提;被保证人的债务因汇票记载事项欠缺而无效的,保证人不对持票人承担保证责任。③ 保证人的责任具有实质上的独立性,即保证人的责任不以被保证人的票据债务在实质上合法、有效为前提;即使被保证人的票据债务因无行为能力、受欺诈或者被伪造等而实质上无效的,为保护善意持票人的利益,保证人仍应承担保证责任。④ 保证人的责任具有代位求偿性,即保证人清偿汇票债务后,可以行使持票人对被保证人及其前手的追索权。

(五) 付款

1. 付款的含义

汇票的付款是指汇票的付款人(或者担当付款人,如付款人的代理人、汇票的承兑人等)以承担票据责任、消灭票据关系为目的而为的支付票据金额的票据行为。

2. 付款程序及要求

(1) 提示付款。提示付款是指持票人向付款人或者担当付款人出示汇票,请求付款的行为。通过委托收款银行或者通过票据交换系统向付款人提示付款的,视同持票人提示付款。持票人应当按照下列期限提示付款:① 见票即付的汇票(指银行汇票),自出票之日起1个月内向付款人提示付款;② 定日付款、出票后定期付款或者见票后定期付款的汇票(指商业汇票),自到期日起10日内向承兑人提示付款。持票人未按上述法定期限提示付款的,在作出说明后,承兑人或者付款人仍应继续对持票人承担付款责任。

(2) 支付票款。付款人及其代理付款人付款时,应当审查背书的连续,并审查提示付款人的合法身份或者有效证件;付款人及其代理人以恶意或者有重大过失付款的,应当自行承担责任。持票人依照法定方式和期限提示付款的,付款人必须在当日足额付款;远期汇票的付款人在到期日前付款的,由付款人自行承担所产生的责任。

(3) 收款。持票人获得付款的,应当在票据上签收,并将汇票交付给付款人;持票人委托银行收款的,受托银行将代收的汇票金额转账收入持票人账户,视同签收。

3. 付款的效力

付款人依法足额付款后,全体汇票债务人的责任解除,该项票据关系随之消灭。但是,如果付款人付款存在瑕疵,即未尽审查义务或者存在恶意及重大过失等而付款的,付款人及其他债务人的责任均不能因付款而解除。

四、本票、支票的票据行为

本票和支票均属见票即付的证券,无需承兑,因而不发生承兑行为;本票和支票的其他票据行为,除《票据法》有特别规定者外,均适用关于汇票的票据行为的规定。《票据法》关于本票、支票票据行为的特别规定如下。

(一) 本票的票据行为

1. 出票

本票是自付证券,因而要求本票的出票人必须具有支付本票金额的可靠资金来源,并保证支付。而且,我国《票据法》"所称本票,是指银行本票",其出票人只能是银行。

本票必须记载下列事项:① 表明"本票"字样;② 无条件支付的承诺;③ 确定的金额;④ 收款人名称;⑤ 出票日期;⑥ 出票人签章。未记载上述事项之一的,本票无效。

2. 付款

本票的出票人同时也是付款人,而且是第一债务人,因此本票的出票人在持票人提示见票时,必须承担付款责任。本票的提示付款期限自出票日起最长不得超过两个月;持票人未按照规定期限提示见票的,丧失对出票人以外的前手的追索权。

(二) 支票的票据行为

1. 出票

(1) 出票条件。支票是出票人委托银行或者其他金融机构支付票款的一种委付(他付)证券,但出票人出票时,必须与付款人有业已存在的资金关系,即出票人应在付款人处有支票存款账户。开立支票存款账户,申请人必须使用其本名,并提交证明其身份的合法证明,还应当预留其本名的签名式样和印鉴;开立支票存款账户和领用支票,应当有可靠的资信,并存入一定的资金。

(2) 出票的形式及要求。支票必须记载下列事项:① 表明"支票"字样;② 无条件支付的委托;③ 确定的金额;④ 付款人名称;⑤ 出票日期;⑥ 出票人签章。未记载上述规定事项之一的,支票无效。支票的金额可以由出票人授权补记,未补记前的支票,不得使用。支票上未记载收款人名称的,经出票人授权,可以补记;出票人可以在支票上记载自己为收款人。出票人所签发的支票金额不得超过其付款时在存款人处实有的存款金额,即禁止签发空头支票;出票人不得签发与其预留本名的签名式样或者印鉴不符的支票。

(3) 出票类别。支票可以支取现金,也可以转账。所以,按出票目的的不同,我国票据法上将支票分为现金支票和转账支票;用于转账时,应当在支票正面注明。支票中专门用于支取现金的,可以另行制作现金支票,并且只能用于支取现金;支票中专门用于转账的,可以另行制作转账支票,并且只能用于转账,不得支取现金。

2. 付款

(1) 提示付款。支票的持票人应当自出票之日起 10 日内提示付款;异地使用的支票,其提示付款的期限由中国人民银行另行规定。超过提示付款期限的,付款人可以不予付款;付款人不予付款的,出票人应当对持票人承担票据责任。

(2) 支付票款。出票人在付款人处的存款足以支付支票金额时,付款人应当在当日足额付款。支票限于见票即付,不得另行记载付款日期;另行记载付款日期的,该记载无效。

(3) 支票付款的效力。付款人依法支付支票金额的,对出票人不再承担受托付款的责任,对持票人不再承担付款的责任。但是,付款人以恶意或者有重大过失付款的除外。

五、票据的伪造、变造与更改

(一) 票据的伪造

票据的伪造[①]是指行为人假冒他人或者虚构人的名义而为的票据行为。伪造票据的具体形式就是伪造票据上的签章,如盗用或者仿刻他人的图章、模仿他人的签名签署在票据上。伪造签章不产生票据法上的效力。因为伪造的签章不是真实的签章,被伪造签章的人当然不承担票据责任;而伪造人未以自己的名义在票据上签章,所以也无从承担票据责任。但是,伪造票据给他人造成损失的,伪造人应当承担民事赔偿责任;构成犯罪的,应当承担刑事责任。

伪造票据仅限于伪造的签章无效,而并不导致该票据的无效。所以,票据上有伪造签章的,不影响票据上其他真实签章的效力。

(二) 票据的变造

票据的变造是指无变更权限的人擅自变更票据上的签章以外的记载事项的行为,如变更金额、到期日等。变造实际上是在真实签章的基础上改变票据的文义。票

---

① 从广义的角度讲,票据的伪造包括对票据凭证的伪造和票据行为的伪造。前者是指非法编造、印制票据凭证,该行为不受票据法的规范;此处是指后者。

据经过变造后该票据仍然有效,票据当事人应当根据其签章在变造前还是在变造后来承担票据责任:在变造之前签章的人,对原记载事项负责;在变造后签章的人,对变造之后的记载事项负责;不能辨别是在票据被变造之前或者之后签章的,视同在变造之前签章。对企图通过变造票据骗取财物的票据变造人,除了应依变造后的文义承担票据责任外,还应当根据情节轻重,承担相应的刑事责任。变造票据的人未在票据上签名的,不负票据责任,但不影响其依其他法律承担的相应的法律责任。

(三) 票据的更改

票据的更改是指享有更改权限的人更改票据上所记载事项的行为。票据的更改不同于票据的变造:一是更改票据的人有更改票据的权利;二是所更改的事项是法律允许改变的事项。我国《票据法》第9条第2、第3款规定:"票据金额、日期、收款人名称不得更改,更改的票据无效。对票据上的其他记载事项,原记载人可以更改,更改时应当由原记载人签章证明。"签章证明是更改产生效力的唯一条件,缺少签章证明的,不产生更改的效力,并应推定为票据的变造。

第三节 票据权利

一、票据权利的概念及特点

票据权利是指持票人向票据债务人请求支付票据金额的权利,包括付款请求权和追索权。票据权利的突出特点在于其内容的双重性和行使的二次性。票据权利内容的双重性在于它由付款请求权和追索权两项权利构成:付款请求权是指向票据的付款人申请承兑并请求支付票载金额的权利,这是持票人最基本的票据权利,也是票据当事人授受票据的直接目的;追索权是指在票据不获承兑或者不获付款,或者有其他法定原因使付款请求权无法行使时,持票人向其前手请求偿还票据金额及有关费用的权利,其实质是在付款请求权不能实现时的一种救济措施,是保护债权人利益的手段。票据权利行使的二次性在于行使顺序上的先后依次:付款请求权是在先向票据的主债务人行使的权利,因而也称第一次请求权;追索权是在后向票据的从债务人行使的权利,因而也称第二次请求权。持票人应按顺序行使票据权利,以使票据债务人的责任范围更加明确,防止发生票据纠纷。

二、票据权利的取得与消灭

(一) 票据权利的取得

1. 票据权利的取得方式

在票据法理论中,通常把票据权利的取得方式概括为原始取得和继受取得两类。

(1) 原始取得。是指持票人直接从出票人手中收受票据而取得票据权利的方式。原始取得是一种最常见、最基本、最重要的票据取得方式,原始取得的票据权利为第一手权利,该权利因出票人完成出票而生效;原始取得票据权利的人一般为票据上记载的收款人,其他持票人取得票据权利均以原始取得的票据权利为基础。

(2) 继受取得。是指持票人从有正当处分权的人手中以背书转让或者其他法定方式受让票据而取得票据权利的方式。合法继受取得的具体方式包括:因被背书而取得;保证人因履行债务而取得;非最终责任的被追索人因偿还票据金额而取得;合并、分立后的当事人因原持票人合并、分立而取得;因税收、受赠、继承而取得等。

2. 票据权利的取得原则

(1) 善意取得原则。是指在继受取得中,受让人基于对转让票据者无票据处分权不知情或者依法不必知情而受让该票据,如受让被伪造的票据等。善意取得票据者,推定为原始取得票据权利,不继受票据让与人的权利瑕疵,尽管让与人没有处分权,受让人仍享有票据权利,而且票据债务人不得以前手无处分权的事实为由对善意持票人主张抗辩(但票据让与人无行为能力或者意思表示有瑕疵者除外)。善意取得相对于恶意取得而言,后者是指受让人明知或者应知转让票据者无票据处分权而仍受让该票据。我国《票据法》第12条规定:"以欺诈、偷盗或者胁迫等手段取得票据的,或者明知有前列情形,出于恶意取得票据的,不得享有票据权利。持票人因重大过失取得不符合本法规定的票据的,也不得享有票据权利。"

(2) 对价取得原则。是指持票人以付出与所持票据的金额相当的或者合理的代价而取得票据。这是基于票据的支付功能和公平、合理的商品交易原则而确定的票据取得原则。我国《票据法》第10条第2款和第11条规定:"票据的取得必须给付对价,即应当给付票据双方当事人认可的相对应的代价。""因税收、继承、赠予可以依法无偿取得票据的,不受给付对价的限制。但是,所享有的票据权利不得优于其前手的权利。"

(二) 票据权利的消灭

票据权利依一定的法律事实而发生,也依一定的法律事实而消灭。能够引起票据权利消灭的法律事实包括以下方面。

1. 付款

票据的付款人按票载文义向持票人支付了票据金额,即直接导致全体票据债务人的票据责任解除,同时持票人原有的票据权利也因业已实现而不复存在。

2. 时效届满

票据权利作为债权的一种,其效力是有期限的,持票人应在法定的期限内行使;票据权利在下列期限内不行使而消灭:① 持票人对票据的出票人和承兑人的权利,自票据到期日起2年;见票即付的汇票、本票,自出票日起2年。② 持票人对支票出票人的权利,自出票日起6个月。③持票人对前手的追索权,自被拒绝承兑或者拒绝付款之日起6个月;持票人对前手的再追索权,自清偿日或者被提起诉讼之日起3个月。

3. 其他事由

引起票据权利消灭的其他事由是指上述失权原因以外的法定事由,大体包括两类:一是票据本身的原因,如票据的实际灭失(如焚毁、销毁)等;二是票据债务的原因,如债务的提存、抵销、免除等。

三、票据权利的行使

(一) 票据权利的行使方式

票据权利以要求他人做出一定行为为内容,具有相对性,即有赖于他人以积极行为履行相应的义务方能实现;而票据的流通性往往使得作为债权人的持票人不断变化,债务人在见票前无从确定履行债务的具体对象。所以,票据权利必须通过持票人向特定的债务人行使,才能得以实现。

行使票据权利也属要式行为,我国《票据法》第4条第2款规定:"持票人行使票据权利,应当按照法定程序在票据上签章,并出示票据。"即行使的基本方式是在票据上签章并提示票据。票据是提示证券,票据权利与票据不可分离,票在权在,票失权失,合法而现实地持有票据是享有和行使票据权利的唯一凭证;同时,票据的文义性要求票据权利的行使和义务的履行均须依据票载文义。因此,行使票据权利,必须现实提示票据。

(二) 追索权的行使

1. 追索权行使的要件

追索权作为票据权利中的第二次请求权,其行使应具备法定要件,包括实质要件和形式要件。

(1) 实质要件。即行使追索权所应具备的实质性条件,分为期后追索条件和期前追索条件:①票据到期被拒绝付款的,持票人可以对背书人、出票人以及票据的其他债务人行使追索权。②票据到期日前,有下列情形之一的,持票人可以行使追索权:汇票被拒绝承兑的;承兑人或者付款人死亡、逃匿的;承兑人或者付款人被依法宣告破产的或者因违法被责令终止业务活动的。

(2) 形式要件。是指为证明实质要件的存在而须具备的辅助性条件。持票人行使追索权时,应当提供被拒绝承兑或者被拒绝付款的有关证明,包括:①承兑人或者付款人出具的拒绝证明书、退票理由书;②依法取得的承兑人或者付款人死亡、逃匿的有关证明材料;③人民法院对承兑人或者付款人依法宣告破产的有关司法文书;④有关行政主管部门作出的责令承兑人或者付款人终止业务活动的处罚决定等。持票人不能出示拒绝证明、退票理由书或者未按照规定期限提供其他合法证明的,丧失对其前手的追索权;但是,承兑人或者付款人仍应当对持票人承担责任。

2. 追索对象

追索权的行使对象(被追索人)为票据的从债务人,包括出票人、背书人、承兑人、保证人;被追索人之间对持票人承担连带责任。但是,持票人为出票人的,对其前手无追索权;持票人为背书人的,对其后手无追索权。持票人可以不按照票据债务人的先后顺序,对其中任何一人、数人或者全体行使追索权。

3. 追索程序

(1)发出追索通知。持票人应当自收到被拒绝承兑或者被拒绝付款的有关证明之日起3日内,将被拒绝事由书面通知其前手;其前手应当自收到通知之日起3日内书面通知其再前手。持票人也可以同时向各票据债务人发出书面通知。未按规定期限通知的,持票人仍可以行使追索权;因延期通知给其前手或者出票人造成损失的,由没有按规定通知的票据当事人承担对该损失的赔偿责任,但所赔偿的金额以票据金额为限。

(2)提示拒绝证明,请求偿还追索金额。请求可采取诉讼方式或者非诉讼方式。

(3)受领追索金额,并交出票据、有关拒绝证明,出具收到追索金额的收据。

(4)再追索。被追索人如属该票据的非最终责任者,其向持票人清偿追索金额并取得票据后,该被追索人即取得代位求偿权,可以向其他票据债务人行使再追索权,与持票人享有同一权利。

4. 追索权的标的

追索权的标的为追索金额,包括下列金额和费用:① 被拒绝付款的票据金额;② 票据金额自到期日或者提示付款日起至清偿日止,按照中国人民银行规定的利率计算的利息;③ 取得有关拒绝证明和发出通知书的费用。

再追索权的标的为再追索金额,包括下列金额和费用:① 已清偿的全部金额;② 已清偿的金额自清偿日起至再追索清偿日止,按照中国人民银行规定的利率计算的利息;③ 发出通知书的费用。

四、失票救济与票据抗辩

(一)失票救济

失票救济是指在持票人意外丧失票据时,为使其票据权利不致失效而采取的补救性措施。票据丧失是指持票人非依持票人的意思而发生的票据脱离持票人占有的情形,如遗失、被盗等。票据丧失非属持票人的意思,其票据权利不因此而消灭;持票人可依法采取措施予以补救。

我国《票据法》第15条规定:"票据丧失,失票人可以及时通知票据的付款人挂失止付,但是,未记载付款人或者无法确定付款人及其代理付款人的票据除外。收到挂失止付通知的付款人,应当暂停支付。失票人应当在挂失止付后3日内,也可以在票据丧失后,依法向人民法院申请公示催告,或者向人民法院提起诉讼。"据此,法定补救措施有三种:一是挂失止付,即由失票人将丧失票据的情况通知付款人,并由付款人暂时停止对该票据的支付;二是公示催告,即在票据丧失后,由失票人向人民法院提出申请,请求法院以公告的方式通知不确定的利害关系人限期(一般不得超过60日)申报权利,逾期未申报者,则权利失效,而由法院通过除权判决,宣告所丧失的票据无效;三是提起诉讼,即由失票人直接向人民法院提起民事诉讼,要求法院判令付款人向其支付票据金额。

(二) 票据抗辩

1. 票据抗辩的含义及种类

票据抗辩是指票据债务人依法对债权人拒绝履行义务的行为。与票据权利相对应,票据抗辩是票据债务人享有的票据法上的权利。票据抗辩的目的在于阻止票据权利的非正常行使,以保护债务人的合法利益。

依抗辩事由及效力的不同,票据抗辩可分为对物抗辩和对人抗辩。

对物抗辩也称客观抗辩和绝对抗辩,是票据债务人基于票据本身的事由而主张的,可以对抗一切票据债权人的抗辩,如以票据上法定应记载事项欠缺、票据被伪造、变造或者非法更改、票据未到期或者已过期等事由所提出的抗辩,即为对物抗辩。

对人抗辩也称主观抗辩或者相对抗辩,是票据债务人基于其与特定票据债权人的关系而主张的,并且只能对抗特定票据债权人的抗辩。票据债务人依法对下列情况的持票人可以拒绝付款,即属对人抗辩:① 对不履行约定义务的与自己有直接债权债务关系的持票人;② 以欺诈、偷盗或者胁迫等手段取得票据的持票人;③ 对明知有欺诈、偷盗或者胁迫等情形,出于恶意取得票据的持票人;④ 明知债务人与出票人或者持票人的前手之间存在抗辩事由而取得票据的持票人;⑤ 因重大过失取得不符合《票据法》规定的票据的持票人;⑥ 对取得背书不连续票据的持票人;⑦ 符合《票据法》规定的其他抗辩事由。

2. 票据抗辩的限制及其例外

为了防止抗辩权的滥用,维护善意持票人的利益,促进票据的流通,对票据抗辩权的行使应予以必要的限制:① 票据债务人不得以自己与出票人之间的抗辩事由对抗持票人;② 票据债务人也不得以自己与持票人的前手之间的抗辩事由对抗持票人。但是,票据抗辩的限制也有例外规定:① 持票人明知存在抗辩事由而取得票据的,因属恶意取得,票据债务人可以对其主张抗辩;② 票据债务人对不履行约定义务的与自己有直接债权债务关系的持票人,可以进行抗辩。

第四节 涉外票据的法律适用

一、涉外票据的概念

简言之,涉外票据就是指具有涉外因素的票据。具体而言,所谓涉外票据,是指出票、背书、承兑、保证、付款等行为中,既有发生在中华人民共和国境内又有发生在中华人民共和国境外的票据。

由于涉外票据具有涉外因素,必然涉及国际间票据法律适用的问题。由于不同国家的票据制度差别的存在,《票据法》则须基于一定的原则,对涉外票据的法律适用问题作出相应规定,以解决票据法的国际冲突。

二、涉外票据法律适用的原则

我国涉外票据的法律适用,应遵循以下基本原则。

（一）优先适用国际条约

我国缔结或者参加的国际条约同我国票据法有不同规定的,适用国际条约的规定。但是,我国声明保留的条款除外。

（二）补充适用国际惯例

我国《票据法》和我国缔结或参加的国际条约没有规定的,可以适用国际惯例。

三、涉外票据法律适用的规则

（一）票据债务人行为能力的法律适用

关于票据债务人行为能力的法律适用,各国票据法规定有三种情况,即本国法主义、行为地主义和折中主义。我国《票据法》采用折中主义,规定：票据债务人的民事行为能力,适用其本国法律；但依照其本国法律为无民事行为能力或者为限制民事行为能力,而依照行为地法律为完全民事行为能力的,适用行为地所在国的法律。

（二）票据行为及相关事项的法律适用

（1）汇票、本票出票时的记载项目,适用出票地所在国的法律。支票出票时的记载事项,适用出票地所在国法律；但经当事人协议,也可以适用付款地法律。

（2）票据的背书、承兑、付款和保证行为,适用行为地法律。

（3）票据追索权的行使期限,适用出票地法律。

（4）票据的提示期限、有关拒绝证明方式、出具拒绝证明的期限,适用付款地法律。

（5）票据丧失时，失票人请求保全票据权利的程序，适用付款地法律。

第五节　票据法律责任

在票据法上，票据法律责任不等同于票据责任。我国《票据法》第4条第5款规定："本法所称票据责任，是指票据债务人向持票人支付票据金额的义务。"而票据法律责任是指票据债务人及其他有关行为人实施违反票据法的行为所导致的法律后果，即所应承受的法律制裁。

一、票据欺诈行为人的法律责任

票据当事人及其他行为人有下列行为之一的，构成票据欺诈，应依法追究刑事责任；情节轻微，不构成犯罪的，依照国家有关规定给予行政处罚：① 伪造、变造票据的；② 故意使用伪造、变造的票据的；③ 签发空头支票或者故意签发与预留的本名签名式样或者印鉴不符的支票，骗取财物的；④ 签发无可靠资金来源的汇票、本票，骗取财物的；⑤ 汇票、本票的出票人在出票时作虚假记载，骗取财物的；⑥ 冒用他人的票据，或者故意使用过期或者作废的票据，骗取财物的；⑦ 付款人同出票人、持票人恶意串通，实施前六项所列行为之一的。

二、金融机构工作人员的法律责任

金融机构工作人员在票据业务中玩忽职守，对违反票据法规定的票据予以承兑、付款或者保证的，给予处分；造成重大损失，构成犯罪的，依法追究刑事责任。由于金融机构工作人员因上述行为给当事人造成损失的，由该金融机构和直接责任人员依法承担赔偿责任。

三、付款人的法律责任

票据的付款人对见票即付或者到期的票据，故意压票、拖延支付的，由金融行政管理部门处以罚款，对直接责任人员给予处分；付款人故意压票、拖延支付，给持票人造成损失的，依法承担赔偿责任。

四、其他违反票据法的行为人的法律责任

违反中国人民银行规定，擅自印制票据的，由中国人民银行责令改正，处以1万元以上20万元以下的罚款；情节严重的，中国人民银行有权提请有关部门吊销其营业执照。

其他违反票据法规定的行为，给他人造成损失的，应当依法承担民事责任。

本章复习思考题

1. 票据和票据行为各有哪些特征?
2. 票据基础关系对票据关系的影响如何?
3. 汇票的票据行为有哪些实施规则?产生哪些效力?
4. 本票与支票的票据行为各有哪些特别规定?
5. 票据的伪造与变造有何区别?各自的法律后果如何?
6. 票据权利如何取得?因何消灭?
7. 如何行使追索权?
8. 抗辩权的行使有何限制?
9. 涉外票据如何适用法律?

第四编

市场管理法律制度

第四章

实验方法与结果

第十章 竞 争 法

第一节 竞争法概述

一、竞争法的概念

(一) 竞争与竞争法

市场上的竞争是市场主体之间为获取交易机会、占有市场优势、实现最大利益而进行的较量。竞争是市场经济的特性。在市场运行机制下,资源的有效配置是通过各种市场主体参与市场竞争而实现的,通过竞争过程中的优胜劣汰的选择,使资源自然集中地流向竞争实力强、利润丰厚、发展前景好的企业、产业、部门和地区,从而实现资源的优化配置。因此,竞争是合乎经济规律的客观存在,是市场机制的灵魂。没有竞争,就不构成市场经济;唯有竞争,才能发展市场经济以至推动人类社会的发展与进步。

然而,市场竞争的本能是逐利,市场主体皆以利益为导向选择竞争策略与行为模式,且追求利益的最大化,其中必然伴生两种现象:一是无序竞争,即市场主体采取悖反市场运行一般规律和基本规则的手段与方式参与竞争,致使市场秩序呈混乱状态而从中渔利;二是无效竞争,即反竞争,市场主体凭借竞争优势或为获取竞争优势而滥施市场行为,致使市场结构失衡、竞争弱化、丧失活力而取独占利益。

因此,就对竞争行为的社会价值的评价而言,是有良性竞争和恶性竞争之分的。恶性竞争主要表现为垄断、限制竞争和不正当竞争,是市场经济正常运行与健康发展的障碍性因素,且依靠市场自身的内在力量不能消除,必须以法律制度为主的外在力量予以约束和矫治,竞争法因此应运而生。

(二) 竞争法的概念

竞争法是调整国家在消除非法垄断和限制竞争、制止不正当竞争的过程中所发生的社会关系的法律规范的总称。

作为竞争法调整对象的社会关系大体包含两个层面:一是竞争利益关系,即具有平等法律地位的市场经营者及相关主体[①]之间在市场活动中谋求市场利益的交易

---

① 如行业协会。

关系;二是竞争监管关系,即国家主管机构在依法对市场竞争活动进行监督管理过程中与市场竞争者及相关主体之间的监管与被监管的关系。

二、竞争法的规制对象与立法

(一) 竞争法的规制对象

所谓竞争法的规制对象,就是为竞争法所禁止的竞争现象与竞争行为。

关于竞争法的规制对象,在各国的竞争立法中有多种表述,归纳起来,可大致概括为"垄断""限制竞争"和"不正当竞争"这样三个概念①。事实上,垄断与限制竞争之间关联密切,使用中常有很大程度的交叉,"其根本缘由在于,反垄断法最优先考虑的是维持市场活力,托拉斯也好,卡特尔、限制性行为或惯例也好,凡此种种,无论它们在经济学或其他法律门类中具有何种特定含义、应作何种区分,而从限制竞争、可能窒息市场活力的角度看,这些概念或行为无疑是等价的。人为地区分垄断和限制竞争,在竞争法领域并无实际价值,相反,这样做会在理论上、逻辑上模糊垄断的性质。因为垄断也是限制竞争,而且是典型的限制竞争的行为或状态"②。因此,在学理上通常把竞争法的规制对象分为两大类部分,即垄断和不正当竞争③,其中垄断包含了限制竞争。

(二) 竞争法的体系与立法体例

基于对竞争法规制对象的上述界定,竞争法在体系构成上通常也被分为两大部分,即反垄断法和反不正当竞争法。

但各国的竞争法在立法体例上,存在着以下差别:

1. 分立式

分立式也称"二元式",即将垄断和不正当竞争行为区分开来、分别制定反垄断法和反不正当竞争法,共同作为竞争基本法。但在法律的命名上则不尽相同,特别是关于反垄断的立法,或直接称作"反垄断法",或称作"反限制竞争法",或以其他表述垄断的词汇命名。采用该体例较为典型的国家是德国和日本④。

2. 合一式

合一式也称"一元式",即将反垄断与反不正当竞争合并立法,制定统一的竞争

---

① 国家工商行政管理局条法司编,《现代竞争法的理论与实践》,法律出版社,1993年版,第17—18页。
② 史际春:"关于中国反垄断法概念和对象的两个基本问题",载于王晓晔编《反垄断法与市场经济》一书,法律出版社,1998年版,第43—44页。
③ 关于不正当竞争的这一概念有广义和狭义之分,广义的不正当竞争包括垄断或限制竞争行为。本概念为狭义。
④ 德国在1909年颁行了《反不正当竞争法》后,又于1957年颁行了《反限制竞争法》;日本也在1934年颁行了《不正当竞争防止法》,又于1947年颁行了《关于禁止私人垄断及确保公平交易的法律》。

基本法。在命名上或直接称作"竞争法",或称作"反不正当竞争法""公平交易法",或以其他表述反垄断和反不正当竞争的词汇命名。采用该体例的国家和地区相对较多①。

3. 综合式

综合式也称"多元式",即对竞争法的规制对象在立法上不作明确的区分、不体现为对应名义的立法,而是根据需要分别制定若干部法律对竞争行为进行综合规制,形成法规群形式的竞争法体系。采用该体例最为典型的是美国②。综合式与合一式在本质上并无差别,只是在形式上前者为法规群式而后者为法典式。

(三) 我国的竞争立法

我国的竞争立法正式始于社会主义市场经济体制确立后。为了调整日益频繁复杂的市场竞争关系,保障社会主义市场经济健康发展,鼓励和保护公平竞争,制止不正当竞争行为,保护经营者和消费者的合法权益,1993年9月2日由第八届全国人大常委会第3次会议通过了《反不正当竞争法》,并自同年12月1日起施行。从命名上看,该法充分考虑了当时我国市场经济尚处起步阶段、经济发展水平较低、经济力量的集中较弱、市场竞争障碍主要表现为不正当竞争等具体国情,其规制对象的重点显然放在了不正当竞争行为上。而从该法的内容来看,其规制对象的范围则并不限于不正当竞争,也包括垄断③。因此,就立法体例而言,该法作为我国的首部竞争基本法采用的是"合一式"的立法体例。

《反不正当竞争法》实施中,我国的市场情况不断变化,竞争日趋激烈,在不正当竞争行为花样百出的同时,垄断现象越发显现,特别是行政性垄断屡禁不止,进入中国市场的一些跨国公司和外国大企业凭借其在资金、技术、品牌、营销等方面实力取得甚至滥用市场优势地位、购并中国企业等经济垄断现象不乏其例,已在一定程度上构成对国内市场结构和产业、企业及消费者利益的损害,而已有的《反不正当竞争法》已不足以对其进行有效规制,因而对制定专门的《反垄断法》、完善我国的竞争法体系的呼声日高。历经13年的酝酿,终于2007年8月30日由第十届全国人大常委会第29次会议通过了《反垄断法》。该法的出台,体例矛盾及适法规则倒逼《反不正当竞争法》必做相应修改。又经10年反复酝酿,于2017年11月4日第十二届全国

---

① 如瑞典于1993年颁布的《竞争法》、俄罗斯1990年颁布的《关于在商品市场中竞争和限制垄断活动的法律》和我国台湾省1991年颁行的所谓的"公平交易法"等。另外,澳大利亚、匈牙利、保加利亚、南非等国的竞争立法也属该体例。

② 美国于1890年通过《谢尔曼法》和1914年通过的《克莱顿法》与《美国联邦贸易委员会法》以及之后形成的若干相关法案和判例,都是其竞争法的基本形式。

③ 该法第5—15条所列举的11种不正当竞争行为中,有5种属于垄断的范畴。

人大常委会第 30 次会议完成了《反不正当竞争法》的修订①。修订后的《反不正当竞争法》使其所规制的不正当竞争行为的法定内涵归至狭义,同时也完成了我国的竞争立法体例由"合一式"到"分立式"的模式转换。

第二节 反垄断法

一、垄断及反垄断立法

（一）垄断的含义与分类

垄断是市场经济发展到一定阶段的产物,作为一种经济现象,为经济学定义为"少数大企业或若干大企业联合对某种或者某些商品的生产和市场的操纵或控制"②。经济学意义上的垄断是不完全竞争市场的一种类型,诠释着一种市场结构状态。

反垄断法所规制的垄断与经济学意义上的垄断含义不尽相同。这是因为,垄断作为一种经济现象,是合乎规律的客观存在,任何国家的反垄断法都不会一概予以反对和禁止,况且作为法律规制对象的垄断,不仅着眼于垄断状态的市场结构,更着眼于谋求和导致该结构的市场行为。然而,各国在反垄断立法上鲜有关于垄断的一般性定义,其法条通常只对垄断作列举式的描述。概括而言,我们可将法律意义上的垄断一般地表述为：这是主体违反法律规定单独或者合谋操控相关市场以及谋求对相关市场的操控,而产生排除、限制竞争以及可能排除、限制竞争效果的市场状态和行为。

从法律规制的角度,可将垄断作以下归类。

（1）按垄断成因的不同,分为经济垄断、行政垄断、自然垄断与国家垄断。

经济垄断也称市场垄断,是基于特定市场及经营者自身的经济力量而形成的垄断,即经营者凭借其经济实力,单独或者合谋控制某一领域的经济活动,排除、限制其他经营者与之竞争的状况及行为。经济垄断内生于市场经济,或由于规模经济特性使然,或由于企业竞争及并购所致,均为没有外部力量进行干涉下市场自发演化的结果。

---

① 自 2018 年 1 月 1 日起施行。此次修订的主要内容：进一步界定不正当竞争行为,针对新业态和新的商业模式,根据治理商业贿赂、保护商业秘密和适应互联网领域反不正当竞争的需要,补充完善了相关规定；理顺与相关法律制度的关系,与反垄断法、招标投标法、商标法等法律进行了衔接处理；明确了民事赔偿责任优先的原则、加大了行政处罚力度,增加了违法行为人的信用惩戒。2019 年 4 月 23 日,第十三届全国人大常委会第 10 次会议又对该法中有关商业秘密相关的条款做了修正,扩展了商业秘密的保护范围,加大了对商业秘密侵权行为的惩罚力度。

② 王述英、张彤玉主编：《政治经济学原理》,南开大学出版社,2000 年版,第 83 页。

行政垄断也称政府垄断,是基于政府机构行政权力的干预而形成的垄断,即行政机关和公共组织凭借其行政管理权力,对经济性活动进行排他性控制,排除和限制经营者之间竞争的行为。行政垄断的实质是政府滥权而非国家意志的行为。

自然垄断是基于资源分布集中而形成的垄断,即依托特定自然资源或基础性资源经营,因其产品的不可替代性和生产的弱可加性[①]致使该领域的竞争成为不必要或不经济,从而形成的独占地位、排除竞争的状况。

国家垄断是基于国家意志并由法律授权而形成的垄断,即国家根据政治、经济安全等方面的需要,直接投资或特许投资经营某一领域的事业,并排除其他经营者进入该领域参与竞争的情形。

(2) 按垄断表现形式的不同,分为结构性垄断与行为性垄断。

结构性垄断又称垄断结构状态,是指单个或极少数经营者及其联合组织在相关市场上具有控制产品数量、价格和销售等从而能够削弱甚至消除竞争的市场状态。

行为性垄断又称垄断行为,是指经营者滥用市场支配地位或因谋求市场支配地位而实施的排除、限制竞争的行为。

(二) 垄断的弊害与反垄断

垄断的存在为客观经济规律的作用使然,是经济力高度集中的表现,也是追求规模经济的结果。客观形成的垄断既可以生成规模效益,也可以形成市场障碍。一方面,在规模化经营下,各种资源可以得到合理配置,减少消耗,降低生产经营成本,因此,适度的经济集中会对经营者、消费者和社会有益。另一方面,经营者的规模化如果使单个经营者或经营者之联合达到对特定市场绝对控制的程度,则会形成市场壁垒、产生排挤其他经营者、限制与其竞争的效果:微观上,会导致其他经营者的商业机会被剥夺,会使少数大企业或企业集团能够操纵市场和价格,损害消费者利益,超额垄断利润也会使垄断者不再重视改进技术和管理而阻碍技术进步;宏观上,它使价值规律和市场机制不能有效地发挥调节社会经济结构及运行的作用,导致供需失衡甚至引发经济危机。因此,决定了国家通过法律规制竞争、反对垄断的必要。

所谓反垄断,就是国家以法律强制方式预防和制止垄断,维护市场自由、有效竞争的职能性活动。垄断是竞争的结果,反垄断则是对竞争的消极结果的矫正与防范,其作用在于从宏观上防止市场竞争的不足,保持本国经济具有相当的活力,提升企业

---

① 于单一产品情形,弱可加性意味着由单一企业生产给定产量的总成本小于由多个企业生产时的总成本;于多个产品情形,弱可加性意味着由单个企业生产给定数量的多种产品的总成本小于由多个企业生产该产品组合时的总成本。

的竞争力和整体经济的运行效率,保护市场经营者和消费者的根本利益。反垄断法即是调整在国家防止和制止垄断过程中所发生的社会关系的法律规范的总称。

(三) 现代反垄断立法及其发展趋势

1. 反垄断立法的沿革

世界上的反垄断立法开始于19世纪末,缘于资本主义国家垄断的形成和普遍存在给整个社会经济带来的巨大破坏。1890年,美国国会通过了《谢尔曼法》(即《抵制非法限制与垄断保护贸易及商业法》),首开反垄断立法先河。随着20世纪30年代资本主义世界经济危机的爆发,国家干预经济逐渐盛行,反垄断法作为国家干预市场、调节经济的主要手段开始受到市场经济国家的普遍重视,在美国被称为"自由企业的大宪章",在德国被称为"经济宪法"。截至目前,世界上已有包括我国在内的80多个国家制定了反垄断法。

2. 现代反垄断立法的发展趋势

(1) 从结构主义走向行为主义。结构主义是指反垄断法着重于对垄断结构状态的控制,即以企业自身的规模状态、市场份额作为判别是否构成垄断的标准,立法中往往设有对某些垄断组织予以解散或分割的制裁措施并在实施中严格执行;行为主义则是指反垄断法着重于对垄断行为进行控制,即以企业是否实施了滥用其经济优势或其他限制自由竞争的行为作为判别是否构成垄断的标准,其制裁措施一般不包含或者不实际采用解散或分割企业的做法。早期的反垄断多关注于市场竞争结构,特别是防范市场力量集中导致的经济周期性,因此,反垄断法在适用中均是以结构主义为主导的。在日本,"对于出现的垄断状态,为了恢复竞争,公正交易委员会对事业者部分营业和其他商品、劳务的让渡,可以发布必要的命令措施,即所谓恢复竞争命令措施"①,并予以刑事制裁;在美国,"反垄断法就仅凭其占有市场份额之巨大或市场价格长期得不到改善等弊害否定其存在的合法性"②。随着国际贸易的发展,特别是经济全球化趋势的形成,出于参与国际市场竞争的需要,当今各国的反垄断更关注于市场竞争秩序,特别是市场利益的分割,因此反垄断法的适用愈发呈现行为主义的导向③。

(2) 合理原则优位于本身违法原则。本身违法原则是指判定市场上的某些限制

---

① 金泽良雄著:《当代经济》,刘瑞复译,辽宁人民出版社1988年版,第163—164页。
② 爱里克·松尼曼编:《美国和德国的经济与经济法》,法律出版社1991年版,第56页。
③ 以美国为例,1904年的北方证券公司垄断案、1911年标准石油公司垄断案和美国烟草公司垄断案等一系列早期反垄断判例,均以解散或分解公司结案;而于20世纪70年代后的反垄断实践中,则鲜有类似判例,特别是美国司法部于1998年对在个人计算机操作系统软件市场上占有90%以上份额的美国微软公司提起的反垄断诉讼案,经过长达3年的审理,最终并未对微软公司作拆分判决,而是以和解方式结案,此乃一例典型的行为主义导向之佐证。

竞争行为具有违法性并予以禁止,只须依据该行为本身违反禁令,而无须考虑其他因素;合理原则是指判定某些限制竞争行为的违法,并不当然地取决于违反禁令,而须考虑其限制竞争的"合理性",即要慎重考察企业的行为意图、行为方式以及行为后果等因素,只有企业存在"谋求垄断的意图",并通过不属于"工业发展的正常方法"实现了目的,造成对竞争实质性限制的情况下,行为才能被认定违法而予禁止,否则便是合理的行为而应得到许可。简言之,本身违法原则就是严格以法律规定或判例推定作为认定垄断违法性的唯一标准;合理原则是在认定垄断的违法性时必须结合相关因素考虑,特别是垄断弊害的存在与否。当今各国在反垄断实践中,普遍注重于合理原则的应用,而本身违法原则的应用范围较窄,一般限于对某些类型的横向卡特尔①的垄断性质的认定。

现代反垄断法的上述两种发展趋势的形成,均体现了对公平与效率的兼顾。

(3)反垄断法适用领域的扩大化。起初,包括反垄断法在内的竞争法所规范的不正当竞争和限制竞争行为,仅仅局限于传统的工商业领域。而今,反垄断法调整的领域不断扩大,已涉及包括体育、文化、教育、科研、旅游、医疗卫生、社会保障等领域在内的所有竞争性领域。

(4)反垄断法的国际化。该趋势一方面体现在各国反垄断法赋予其适用的域外效力上,即本国反垄断法的域外适用,以国内法来调整影响本国的国际垄断行为;另一方面,随着经济全球化进程的不断加快,在国际层面上通过法律规制不正当竞争和限制竞争行为的要求越来越强烈,国际社会也在为此进行着不懈努力,并已初步形成一些国际反垄断规则②。另外,各国国内反垄断法在规制对象、认定标准等方面的日益趋同,也是反垄断法国际化趋势的具体表现。

二、反垄断法的规制对象

如前所述,反垄断法并非一般地反对垄断,而是对垄断有选择地加以法律规制。纵观各国的反垄断立法,被认定为非法而作为其规制对象的垄断一般包括:

(一)结构性垄断

1. 结构性垄断的含义

结构性垄断直接反映的是一种特定的市场结构形态,该状态表明个别或极少数

---

① 德国联邦卡特尔局认为:"卡特尔是指几个竞争企业为消除竞争而协调其市场行为。固定价格、限制产量和划分市场就是卡特尔的例子。企业通过卡特尔化而获取了较高的利润,因而现有的竞争压力得到减轻和消除。因其对消费者抬高价格,卡特尔是特别反社会的。"

② 例如,1980年联合国贸易和发展会议(UNCTAD)通过《一套多边协议的控制限制性商业行为的公平原则和规则》;1999年开始为执行该文件制定《竞争法范本》,并经2000年、2003年和2004年的修订而日臻完善,已成为各国制定和修改国内法竞争法的重要依据。

经营者已在相关市场取得了绝对竞争优势,亦即"市场支配地位"。所谓市场支配地位,"是指经营者在相关市场内具有能够控制商品或者服务(以下统称商品)价格、数量或者其他交易条件,或者能够阻碍、影响其他经营者进入相关市场能力的市场地位"[①]。所谓其他交易条件,是指除商品价格、数量之外能够对市场交易产生实质影响的其他因素,包括商品品种、商品品质、付款条件、交付方式、售后服务、交易选择、技术约束等。所谓能够阻碍、影响其他经营者进入相关市场,包括排除其他经营者进入相关市场,或者延缓其他经营者在合理时间内进入相关市场,或者导致其他经营者虽能够进入该相关市场但进入成本大幅提高,无法与现有经营者开展有效竞争等情形。在垄断市场结构下,从事特定产品的经营者只有一个或者极少数经营者,经营者或因没有竞争对手而不存在竞争,或因竞争对手甚少而不存在实质性的竞争,因而具有反竞争性,应为反垄断法所规制。

2. 结构性垄断的表现形式

(1) 独占,也称完全垄断,即在特定市场上只有一个经营者生产、销售某种商品或提供某种服务,其支配性地位和排除竞争的能力使其处于无竞争状态。独占下的市场不存在竞争,导致市场特性与功能丧失。

(2) 寡占,也称寡头垄断,是指特定市场上只有为数极少的经营者生产、销售某种商品或提供某种服务,没有真正的实质性竞争的状态。寡占下的市场竞争不足,导致市场功能弱化、市场活力丧失。

3. 结构性垄断的认定

认定结构性垄断是否存在,即某个别或者数个经营者是否已具市场支配地位,往往需要依据一定的标准来衡量,在实践中,各国大多以单个或数个经营者在相关市场上所占的市场份额作为量化标准并在立法中明确规定。构成该标准的核心要素是市场份额,而市场份额的确定则以相关市场确定为基础。

(1) 相关市场及其界定。相关市场是"根据产品的特性、价格及其使用目的、从消费者的角度可以相互交换或者相互替代的所有产品和(或)服务"[②];我国《反垄断法》第12条规定:"本法所称相关市场,是指经营者在一定时期内就特定商品或者服务(以下统称商品)进行竞争的商品范围和地域范围。"相关市场包括相关商品市场和相关地域市场。

相关商品市场,是根据商品的特性、用途及价格等因素,由需求者认为具有较为

---

① 在我国《反垄断法》第17条第二款规定的基础上,2019年6月26日国家市场监督管理总局令第11号公布的《禁止滥用市场支配地位行为暂行规定》对该定义作了修正,在原表述的"商品"之后添加了"或者服务(以下统称商品)",进一步表明了该类规范的适用范围及其与《反垄断法》总则中第12条所界定范围的一致性。

② 欧盟委员会于1997年12月发布的《欧盟竞争法中界定相关市场的通告》第7条。

紧密替代关系的一组或一类商品所构成的市场。从理论上说,商品市场需依靠需求和供给的交叉弹性来测定。美国在 1982 年《并购指南》中首先提出了"假定垄断者测试"(即"SSNIP")市场界定法①,并提出以"5%检验原则"来定义相关市场:如果疑似垄断者将其商品价格提高 5%,在一年内,顾客转向哪些供应商,这些供应商所供商品就应当包括在这一市场之内;如果价格提高 5%,在一年内,哪些生产者将开始生产这种产品,这些生产商所产商品就应属于这一市场。我国国务院反垄断委员会于 2009 年 5 月发布施行《关于相关市场界定的指南》,借鉴并采纳了该方法,明确"在经营者竞争的市场范围不够清晰或不易确定时,可以按照'假定垄断者测试'的分析思路来界定相关市场",以"在其他商品的销售条件保持不变的情况下,假定垄断者能否持久地(一般为 1 年)小幅(一般为 5%—10%)提高目标商品的价格"进行替代性分析,包括需求替代和供给替代。需求替代是根据需求者对商品功能用途的需求、质量的认可、价格的接受以及获取的难易程度等因素,从需求者的角度确定不同商品之间的替代程度。原则上,从需求者角度来看,商品之间的替代程度越高,竞争关系就越强,就越可能属于同一相关市场。供给替代是根据其他经营者改造生产设施的投入、承担的风险、进入目标市场的时间等因素,从经营者的角度确定不同商品之间的替代程度。原则上,其他经营者生产设施改造的投入越少,承担的额外风险越小,提供紧密替代商品越迅速,则供给替代程度就越高,界定相关市场尤其在识别相关市场参与者时就应考虑供给替代。

相关地域市场,是指需求者获取具有较为紧密替代关系的商品的地理区域。界定地域市场应考虑的因素一般包括区域间交易的障碍的大小、产品性质决定的区域间交易成本的高低以及区域间市场是否具有对称性等因素。

另外,当生产周期、使用期限、季节性、流行时尚性或知识产权保护期限等已构成商品不可忽视的特征时,界定相关市场还应考虑时间性。在技术贸易、许可协议等涉及知识产权的反垄断执法工作中,可能还需要界定相关技术市场,考虑知识产权、创新等因素的影响。

分析相关市场竞争状况,可以考虑相关市场的发展状况、现有竞争者的数量和市场份额、商品差异程度、创新和技术变化、销售和采购模式、潜在竞争者情况等因素。

(2)市场份额及其界定。在确定相关市场的基础上,依据法定的市场份额标准

---

① SSNIP 是英文"small but significant non-transitory increase in price"的缩写,意为"一个小幅但是明显的、非短暂性的价格上涨",以此为假定对可能的垄断者所处的市场范围进行测试,因而也称"假定垄断者测试"(the hypothetical monopolist test)。

来作垄断与否的实质性判断乃一般国家反垄断法的普遍做法[1]。确定经营者在相关市场的市场份额,可以考虑一定时期内经营者的特定商品销售金额、销售数量或者其他指标在相关市场所占的比重。我国《反垄断法》规定,有下列情形之一的,可以推定经营者具有市场支配地位:① 一个经营者在相关市场的市场份额达到 1/2 的;② 两个经营者在相关市场的市场份额合计达到 2/3 的;③ 三个经营者在相关市场的市场份额合计达到 3/4 的。有前述第二、三项规定的情形,其中,有的经营者市场份额不足 1/10 的,不应当推定该经营者具有市场支配地位。

(3) 其他相关因素基于合理原则,单凭市场份额往往不足以认定市场支配地位的形成,还要考察其他相关因素,包括经营者的财力、取得原材料和销售产品的渠道、技术优势、专利及商标等知识产权的占有情况、企业间的人事联合以及市场的潜在竞争等。对此,我国《反垄断法》规定,认定经营者具有市场支配地位,应当依据下列因素:① 该经营者在相关市场的市场份额,以及相关市场的竞争状况;② 该经营者控制销售市场或者原材料采购市场的能力;③ 该经营者的财力和技术条件;④ 其他经营者对该经营者在交易上的依赖关系及其程度;⑤ 其他经营者进入相关市场的难易程度;⑥ 与该经营者市场支配地位有关的其他因素。另外,认定两个以上的经营者具有市场支配地位,除考虑上述因素外,还应当考虑市场结构、相关市场透明度、相关商品同质化程度、经营者行为一致性等因素。认定互联网等新经济业态经营者具有市场支配地位,可以考虑相关行业竞争特点、经营模式、用户数量、网络效应、锁定效应、技术特性、市场创新、掌握和处理相关数据的能力及经营者在关联市场的市场力量等因素。认定知识产权领域经营者具有市场支配地位,可以考虑知识产权的替代性、下游市场对利用知识产权所提供商品的依赖程度、交易相对人对经营者的制衡能力等因素。

须特别说明的是,结构性垄断是典型的垄断,在早期结构主义导向下的反垄断实践中,是为反垄断法所严格禁止和坚决取缔的。虽然当今各国普遍盛行行为主义而放松了对结构性垄断的控制,实践中一般不再对结构性垄断独立适用反垄断法予以

---

[1] 例如,日本《关于禁止私人垄断及确保公平交易的法律》第 2 条第七款规定,一个事业者的市场占有率超过 1/2 或者两个事业者各自的市场占有率合计超过 3/4,并使新企业难以进入该市场或产生其他弊害者,即为垄断状态;德国《反对限制竞争法》第 22 条第三款对该标准的规定是:一个企业占有 1/3 以上市场份额且上年度销售额超过 2.5 亿马克;除所涉及的企业在上一年度的销售额小于 1 亿马克外,三个以下企业共同占有 50% 以上的市场份额或五个以下企业共同占有 2/3 以上的市场份额,除非它们能证明彼此间能展开实质上的竞争或总体上不具有相对其他竞争者的突出市场地位。按照美国现行做法,若企业在相关市场上占有的份额达到 75% 左右甚至更多,则将被认为具有独占力量;市场份额介于 50%—75% 之间时,是否享有支配地位还须待其他证据予以证明。如市场结构、潜在对手等;若市场份额小于 50%,则一般认为不具有市场支配力。在欧洲,若市场份额不足 50% 时,也可能具有市场支配地位,此时,法院将会审查市场上其他竞争对手的市场份额并进行比较。另外,匈牙利、韩国、俄罗斯等国的立法中也有关于以市场份额为标准推定垄断地位的规定。

规制,但并不能因此忽视该状态存在的弊害和法律规制的必要,特别是其作为特定垄断行为的认定基础,仍为构成反垄断法规制对象所必须考虑的因素。我国出于经济集中程度较低、结构性垄断尚不典型的具体国情,且顺应现代国际反垄断法的发展趋势,现行反垄断立法直取行为主义的立场,只将行为垄断作为其规制对象,对结构性垄断则未予直接禁止而仅将其作为滥用市场支配地位行为的认定基础和控制标准。

(二) 滥用市场支配地位

滥用市场支配地位也称滥用市场优势或垄断力滥用,是指处于市场支配地位的经营者利用其优势,在一定领域从事不公正交易,实质性地排除或限制竞争的行为。滥用市场支配地位是为已居市场支配地位的经营者所为,具有典型的反竞争性,当为反垄断法所规制。我国《反垄断法》明令:"具有市场支配地位的经营者,不得滥用市场支配地位,排除、限制竞争。"

滥用市场支配地位行为主要表现为:

1. 垄断价格

垄断价格也称暴利定价,是指具有市场支配地位的经营者以不公平的高价销售商品或者以不公平的低价购买商品。该行为直接剥夺消费者和其他交易对象的市场利益,进而强化市场支配力量,妨碍其他经营者进入,从而构成对竞争的实质性限制。

认定"不公平的高价"或者"不公平的低价",可以考虑下列因素:(1)销售价格或者购买价格是否明显高于或者明显低于其他经营者在相同或者相似市场条件下销售或者购买同种商品或者可比较商品的价格;(2)销售价格或者购买价格是否明显高于或者明显低于同一经营者在其他相同或者相似市场条件区域销售或者购买商品的价格;(3)在成本基本稳定的情况下,是否超过正常幅度提高销售价格或者降低购买价格;(4)销售商品的提价幅度是否明显高于成本增长幅度,或者购买商品的降价幅度是否明显高于交易相对人成本降低幅度;(5)需要考虑的其他相关因素。认定市场条件相同或者相似,应当考虑销售渠道、销售模式、供求状况、监管环境、交易环节、成本结构、交易情况等因素。

2. 倾销

倾销也称掠夺性定价,是指具有市场支配地位的经营者没有正当理由,以低于成本的价格销售商品。该行为的经营者实施这一赔本定价策略当然会有短期利益损失,但其目的在于借此吸引消费者,挤垮竞争对手,从而巩固自己的独占地位,进而实现其长远的利益目标,因而认定其行为具有反竞争性。

认定低于成本的价格销售商品,应当重点考虑价格是否低于平均可变成本。平均可变成本是指随着生产的商品数量变化而变动的每单位成本。涉及互联网等新经济业态中的免费模式,应当综合考虑经营者提供的免费商品以及相关收费商品等情况。所谓"没有正当理由",是指不存在以下法定情形:(1)降价处理鲜活商品、季节性商品、有效期限即将到期的商品和积压商品的;(2)因清偿债务、转产、歇业降价销售商品的;(3)在合理期限内为推广新商品进行促销的;(4)能够证明行为具有正当性的其他理由。

3. 抵制

抵制即拒绝交易,是指具有市场支配地位的经营者没有正当理由,拒绝与交易相对人进行交易。该行为破坏正常交易渠道和流通秩序,妨碍正常的市场竞争。

被禁止的抵制方式包括:(1)实质性削减与交易相对人的现有交易数量;(2)拖延、中断与交易相对人的现有交易;(3)拒绝与交易相对人进行新的交易;(4)设置限制性条件,使交易相对人难以与其进行交易;(5)拒绝交易相对人在生产经营活动中,以合理条件使用其必需设施。在依据前述第五项认定经营者滥用市场支配地位时,应当综合考虑以合理的投入另行投资建设或者另行开发建造该设施的可行性、交易相对人有效开展生产经营活动对该设施的依赖程度、该经营者提供该设施的可能性以及对自身生产经营活动造成的影响等因素。所谓"没有正当理由",是指不存在以下法定情形:(1)因不可抗力等客观原因无法进行交易;(2)交易相对人有不良信用记录或者出现经营状况恶化等情况,影响交易安全;(3)与交易相对人进行交易将使经营者利益发生不当减损;(4)能够证明行为具有正当性的其他理由。

4. 强制交易

强制交易又称排他性交易,是指具有市场支配地位的经营者没有正当理由,限定交易相对人只能与其进行交易或者只能与其指定的经营者进行交易。强制交易通常发生在作为生产商的上游企业与作为经销商的下游企业之间,可以表现为上游企业要求下游企业独家购买,也可表现为下游企业要求上游企业独家销售。该行为无疑限制了上游或者下游企业选择交易渠道的自由,使其产品独占特定市场,从而排挤和阻碍其他竞争对手在该市场的经营。

被禁止的强制交易方式包括:(1)限定交易相对人只能与其进行交易;(2)限定交易相对人只能与其指定的经营者进行交易;(3)限定交易相对人不得与特定经营者进行交易。从事上述限定交易行为可以是直接限定,也可以是以设定交易条件等方式变相限定。所谓"没有正当理由",是指不存在以下法定情形:(1)为满足产品安全要求所必须;(2)为保护知识产权所必须;(3)为保护针对交易进行的特定投资所必须;(4)能够证明行为具有正当性的其他理由。

5. 搭售

搭售又称捆绑销售,是指具有市场支配地位的经营者没有正当理由,在销售其一种商品时强制对方同时购买另一种商品,或者在交易时附加其他不合理的交易条件。

该行为既违背交易对象的真实意愿而损害其实际利益,也可从中攫取所搭售商品的市场份额,实质性地妨碍所搭售商品领域同类竞争对手的正常竞争。

被禁止的搭售方式包括:(1)违背交易惯例、消费习惯或者无视商品的功能,将不同商品捆绑销售或者组合销售;(2)对合同期限、支付方式、商品的运输及交付方式或者服务的提供方式等附加不合理的限制;(3)对商品的销售地域、销售对象、售后服务等附加不合理的限制;(4)交易时在价格之外附加不合理费用;(5)附加与交易标的无关的交易条件。所谓"没有正当理由",是指不存在以下法定情形:(1)符合正当的行业惯例和交易习惯;(2)为满足产品安全要求所必须;(3)为实现特定技术所必须;(4)能够证明行为具有正当性的其他理由。

6. 歧视性交易

歧视性交易也称差别对待,是指具有市场支配地位的经营者没有正当理由,对条件相同的交易相对人在交易价格等交易条件上实行差别待遇。该行为使交易对象之间不能享有平等的交易机会,对不同交易对象之间的竞争构成实质性限制。

被禁止的歧视性交易方式包括:(1)实行不同的交易价格、数量、品种、品质等级;(2)实行不同的数量折扣等优惠条件;(3)实行不同的付款条件、交付方式;(4)实行不同的保修内容和期限、维修内容和时间、零配件供应、技术指导等售后服务条件。所谓"条件相同",是指交易相对人之间在交易安全、交易成本、规模和能力、信用状况、所处交易环节、交易持续时间等方面不存在实质性影响交易的差别。所谓"没有正当理由",是指不存在以下法定情形:(1)根据交易相对人实际需求且符合正当的交易习惯和行业惯例,实行不同交易条件;(2)针对新用户的首次交易在合理期限内开展的优惠活动;(3)能够证明行为具有正当性的其他理由。

7. 其他滥用市场支配地位的行为

此指不属上述所列行为,但被国务院反垄断执法机构认定的滥用市场支配地位的行为。

认定该类行为,应当同时符合下列条件:(1)经营者具有市场支配地位;(2)经营者实施了排除、限制竞争行为;(3)经营者实施相关行为不具有正当理由;(4)经营者相关行为对市场竞争具有排除、限制影响。

(三) 垄断协议[①]

所谓垄断协议,是指排除、限制竞争的协议、决定或者其他协同行为。协议或者决定可以是书面、口头等形式。其他协同行为是指经营者之间虽未明确订立协议或

---

① 关于垄断协议,在各国反垄断法中有不同的表述,如在美国称作"联合行动",在日本称作"不正当交易限制",在德国及欧盟大多称作限制竞争协议(亦即"卡特尔"),在我国《反垄断法》中则直称为"垄断协议"。

者决定,但实质上存在协调一致的行为①。

垄断协议是现实中最为常见、最为普遍的、最具持续性、最具反竞争性的一类垄断行为,因而构成各国反垄断法的主要规制对象之一。

认定垄断协议,应当考虑下列因素:(1)经营者达成、实施协议的事实;(2)市场竞争状况;(3)经营者在相关市场中的市场份额及其对市场的控制力;(4)协议对商品价格、数量、质量等方面的影响;(5)协议对市场进入、技术进步等方面的影响;(6)协议对消费者、其他经营者的影响;(7)与认定垄断协议有关的其他因素。

依达成垄断协议的主体及其之间的关系的不同,分为横向协议、纵向协议和行业垄断协议。

1. 横向协议

横向协议也称水平协议,是指具有竞争关系的经营者达成的垄断协议。即处于同一产业环节的同类经营者之间达成协议,旨在协调各方在市场交易中的竞争关系,以削弱甚至消除彼此之间的竞争。横向协议主要表现为:

(1)限制价格协议,也称价格同盟,是指具有竞争关系的经营者就商品或者服务价格达成的垄断协议。协议内容包括:① 固定或者变更价格水平、价格变动幅度、利润水平或者折扣、手续费等其他费用;② 约定采用据以计算价格的标准公式;③ 限制参与协议的经营者的自主定价权;④ 通过其他方式固定或者变更价格。该行为消除协议主体之间的价格竞争,形成价格壁垒,如果在一个相关市场上没有可替代的产品,消费者便没有选择的余地,协议主体即可从中获取垄断利润。

(2)限制数量协议,也称限产协议,是指具有竞争关系的经营者就限制商品的生产数量或者销售数量达成的垄断协议。协议内容包括:① 以限制产量、固定产量、停止生产等方式限制商品的生产数量,或者限制特定品种、型号商品的生产数量;② 以限制商品投放量等方式限制商品的销售数量,或者限制特定品种、型号商品的销售数量;③ 通过其他方式限制商品的生产数量或者销售数量。限量协议可以避免同类企业在产量上的竞争,进而导致市场上的商品供应总量的人为减少或者长期处于"未饱和"状态,以使经营者可以维持较高的价格而从中渔利。

(3)划分市场协议,是指具有竞争关系的经营者就分割销售市场或者原材料采购市场达成的垄断协议。协议内容包括:① 划分商品销售地域、市场份额、销售对象、销售收入、销售利润或者销售商品的种类、数量、时间;② 划分原料、半成品、零部件、相关设备等原材料的采购区域、种类、数量、时间或者供应商;③ 通过其他方

---

① 认定其他协同行为,应当考虑下列因素:经营者的市场行为是否具有一致性;经营者之间是否进行过意思联络或者信息交流;经营者能否对行为的一致性作出合理解释;相关市场的市场结构、竞争状况、市场变化等情况。

式分割销售市场或者原材料采购市场(上述原材料还包括经营者生产经营所必需的技术和服务)。人为分割市场可以避免同类经营者在同一市场竞争,使效益好的企业难以扩张、差的企业不得淘汰,从而影响市场调节功能的正常发挥,同时也会导致市场产品单调和价格不合理,损害消费者利益。

(4) 限制技术协议,是指具有竞争关系的经营者就限制购买新技术、新设备或者限制开发新技术、新产品达成的垄断协议。协议内容包括:① 限制购买、使用新技术、新工艺;② 限制购买、租赁、使用新设备、新产品;③ 限制投资、研发新技术、新工艺、新产品;拒绝使用新技术、新工艺、新设备、新产品;④ 通过其他方式限制购买新技术、新设备或者限制开发新技术、新产品。限制技术协议旨在维持现有的技术水平和产品竞争力,防止和限制来自技术进步和新品开发的竞争。

(5) 联合抵制协议,是指具有竞争关系的经营者就联合抵制交易达成的垄断协议。协议内容包括:① 联合拒绝向特定经营者供应或者销售商品;② 联合拒绝采购或者销售特定经营者的商品;③ 联合限定特定经营者不得与其具有竞争关系的经营者进行交易;④ 通过其他方式联合抵制交易。联合抵制可以是针对特定的下游企业,也可以是针对特定的上游企业,也可以是针对同类的共同竞争对手,目的均在于阻止或排挤竞争对手参与竞争。

(6) 国务院反垄断执法机构认定的其他垄断协议。

2. 纵向协议

纵向协议也称垂直协议,是指经营者与交易相对人就商品价格达成的垄断协议。协议内容包括:① 固定向第三人转售商品的价格水平、价格变动幅度、利润水平或者折扣、手续费等其他费用;② 限定向第三人转售商品的最低价格,或者通过限定价格变动幅度、利润水平或者折扣、手续费等其他费用限定向第三人转售商品的最低价格;③ 通过其他方式固定转售商品价格或者限定转售商品最低价格。纵向协议由处于同一产业中不同环节、业务上下关联的经营者之间达成,旨在协调各方在市场交易中的竞争关系,以减轻彼此的竞争压力、对抗其他竞争对手。

3. 行业垄断协议

行业垄断协议特指行业协会从事的产生排除、限制竞争效果的行为。内容包括:① 制定、发布含有排除、限制竞争内容的行业协会章程、规则、决定、通知、标准等;② 召集、组织或者推动本行业的经营者达成含有排除、限制竞争内容的协议、决议、纪要、备忘录等;③ 其他组织本行业经营者达成或者实施垄断协议的行为。

行业协会是指由同行业经济组织和个人组成,行使行业服务和自律管理职能的各种协会、学会、商会、联合会、促进会等社会团体法人。行业垄断协议形式上实属行规而非协议,但其以行业社团法人主体名义单独或者与其成员共同做出,其对行业竞争的排除、限制性影响更为直接和普遍,更具垄断危害性,因而为我国反垄断法归入垄断协议类予以禁止。

（四）经营者集中

1. 经营者集中的概念

经营者集中又称企业合并、企业集中、企业/事业者结合，是指经营者通过合并、收购、委托经营、联营或控制其他经营者业务或人事等方式，集合经营者经济力，提高市场竞争力的行为。

2. 经营者集中的形式

我国《反垄断法》规定，经营者集中是指下列情形。

（1）经营者合并。即两个以上相互独立的企业并入或者重组为一个单一独立企业。经营者合并包括吸收合并和新设合并两种基本形式，其目的和效果均为"合 N 为一"，直接导致经营者数量较少，从而削弱或消除特定市场的竞争，因而具有明显的反竞争性。

（2）取得控制权。即经营者通过取得股权或者资产的方式取得对其他经营者的控制权。一经营者一旦控制了其他经营者，其他经营者则失去了竞争自由而彼此不再有实质性的竞争。

（3）其他方式结合。即经营者通过合同等方式取得对其他经营者的控制权或者能够对其他经营者施加决定性影响。该类结合以契约形式在经营者之间形成人力、业务、技术等的相互配合，通过经营权的制约形成事实上的集中形态，从而排除或限制竞争。

经营者集中所指的控制权，包括单独控制权和共同控制权。判断经营者是否通过交易取得对其他经营者的控制权或者能够对其他经营者施加决定性影响（控制权和决定性影响以下统称为"控制权"），取决于大量法律和事实因素。集中协议和其他经营者的章程是重要判断依据，但不是唯一的依据。虽然从集中协议和章程中无法判断取得控制权，但由于其他股权分散等原因，实际上赋予了该经营者事实上的控制权，也属于经营者集中所指的控制权取得。判断经营者是否通过交易取得其他经营者的控制权，通常考虑包括但不限于下列因素：① 交易的目的和未来的计划；② 交易前后其他经营者的股权结构及其变化；③ 其他经营者股东大会的表决事项及其表决机制，以及其历史出席率和表决情况；④ 其他经营者董事会或监事会的组成及其表决机制；⑤ 其他经营者高级管理人员的任免等；⑥ 其他经营者股东、董事之间的关系，是否存在委托行使投票权、一致行动人等；⑦ 该经营者与其他经营者是否存在重大商业关系、合作协议等。控制权取得，可由经营者直接取得，也可通过其已控制的经营者间接取得。

3. 经营者集中的利弊

经营者集中的后果是利弊互现的：一方面，有利于发挥规模经济的作用，提高经营者的竞争能力。经营者集中(特别是经营者合并)可以为经营者带来下列利益：一是经营者集中会带来规模经济效益；二是经营者集中可以减少竞争对手、提高市场份额；三是经营者集中(特别是合并)可以减轻税收负担；四是可以通过交易内部化而降低交易成本；五是还可能有助于国家调整和完善产业结构。另一方面，过度集中又会迅速集合经济力，形成或加强市场支配地位，排除或限制市场竞争。因此，放任经营者集中必然物或市场运行障碍。事实上，任何国家的反垄断法都无一例外地将经营者集中作为其规制对象予以法律控制。

4. 对经营者集中的控制

(1) 事前申报制度。

《反垄断法》第 21 条规定，经营者集中达到国务院规定的申报标准的，经营者应当事先向国务院反垄断执法机构申报，未申报的不得实施集中。因为有些企业并购活动事实上是企业集团的内部交易或重组，对市场竞争不会产生实质性消极影响，因此，第 22 条又规定，经营者集中有下列情形之一的，可以不向国务院反垄断执法机构申报：① 参与集中的一个经营者拥有其他每个经营者 50% 以上有表决权的股份或者资产的；② 参与集中的每个经营者 50% 以上有表决权的股份或者资产被同一个未参与集中的经营者拥有的。

(2) 经营者集中的控制标准。

经营者集中并不一定构成垄断行为，更不当然违法。反垄断法旨在控制达到一定规模、有可能妨碍、限制竞争的经营者集中而非所有。对此，我国于 2008 年 8 月 3 日公布施行的《国务院关于经营者集中申报标准的规定》明确了须要申报的经营者集中的量化标准：参与集中的所有经营者上一会计年度在全球范围内的营业额合计超过 100 亿元人民币，并且其中至少两个经营者上一会计年度在中国境内的营业额均超过 4 亿元人民币；参与集中的所有经营者上一会计年度在中国境内的营业额合计超过 20 亿元人民币，并且其中至少两个经营者上一会计年度在中国境内的营业额均超过 4 亿元人民币。考虑到一些特殊行业、领域(如银行、保险、证券、期货等行业、领域)经营者的资产构成比较复杂，为了使申报标准符合这些行业、领域经营者的实际情况，将对其营业额的计算将由国务院商务主管部门会同国务院有关部门做出特别规定。

另外，经营者集中未达到法定的申报标准，但按照规定程序收集的事实和证据表明该经营者集中具有或者可能具有排除、限制竞争效果的，国务院反垄断执法机构也应当依法进行调查。经营者集中未达申报标准，经营者自愿申报的，国务院反垄断执法机构收到申报文件、资料后经审核认为有必要立案的，应当按照《反垄断法》的规定进行立案审查并作出决定。

(3) 经营者集中的控制程序。

① 申报。符合申报标准的经营者集中必须依法履行申报义务。通过合并方式

实施的经营者集中,由参与合并的各方经营者申报;其他方式的经营者集中,由取得控制权或能够施加决定性影响的经营者申报,其他经营者予以配合。申报义务人未进行集中申报的,其他参与集中的经营者可以提出申报。申报义务人可以自行申报,也可以依法委托他人代理申报。

经营者集中申报采书面形式,应当提交下列文件、资料:申报书;集中对相关市场竞争状况影响的说明;集中协议及相关文件;参与集中的经营者经注册会计师审计的上一会计年度财务会计报告;国务院反垄断执法机构规定的其他文件、资料。其中,申报书应当载明参与集中的经营者的名称、住所、经营范围、预定实施集中的日期和国务院反垄断执法机构规定的其他事项。此外,申报人可以自愿提供有助于审查机构对该集中进行审查和做出决定的其他文件、资料,如地方人民政府和主管部门等有关方面的意见,支持集中协议的各类报告等。在正式申报前,参与集中的经营者可以就集中申报的相关问题向国务院反垄断执法机构申请商谈,商谈申请亦应以书面方式提出。

② 审查。国务院反垄断执法机构应当自收到经营者提交的符合规定的文件资料之日 30 日内,对申报的经营者集中进行初步审查,作出是否实施进一步审查的决定,并书面通知申报人。初步审查决定作出之前,经营者不得实施集中;国务院反垄断执法机构作出不实施进一步审查的决定或逾期未作出决定的,经营者可以实施集中。

国务院反垄断执法机构决定实施进一步审查的,应当自决定之日起 90 日内审查完毕,作出是否禁止经营者集中的决定,并书面通知申报人。进一步审查期间,经营者不得实施集中。国务院反垄断执法机构作出对经营者集中不予禁止的决定或逾期未做出决定的,参与集中的经营者可以实施集中。

审查经营者集中,应当考虑下列因素:参与集中的经营者在相关市场上的市场份额及其对市场的控制力;相关市场的市场集中度;经营者集中后在相关市场上排除或限制竞争的可能性;经营者集中对市场进入、技术进步的影响;经营者集中对消费者和其他有关经营者的影响;经营者集中对国民经济发展和社会公共利益的影响;国务院反垄断执法机构认为应当考虑的其他因素。

③ 决定。经过审查,经营者集中或者可能具有排除、限制竞争效果的,国务院反垄断执法机构应当作出禁止经营者集中的决定。作出禁止经营者集中的决定,应当说明理由。但是,经营者能够证明经营者集中可以改善竞争条件和竞争状况,并且对竞争产生的有利因素明显大于不利因素,或者经营者集中符合公共利益要求的,国务院反垄断执法机构可以作出对经营者集中不予禁止的决定。对不予禁止的经营者集中,国务院反垄断执法机构可以决定附加减少集中对竞争产生不利影响的限制性条件。国务院反垄断执法机构应当将禁止经营者集中的决定或者对经营者集中附加限

制性条件的决定,及时向社会公布。

(五) 行政垄断

1. 行政垄断的含义与特征

行政垄断是指行政机关和法律、法规授权的具有管理公共事务职能的组织滥用行政权力,滥施行政行为,排除、限制竞争的行为。

行政垄断的基本特征是:① 行为主体的行政性。行政垄断的行为人为非市场主体,即非经营者,而是对市场具有一定行政权力和管理职能的行政机关及法律、法规授权的具有管理公共事务职能的组织。② 行为性质的违法性。即行政主体实施妨害竞争的行为是违反法定权限与职责的,是对其行政权力的滥用而非正当行权。③ 侵害客体的公益性。行政垄断排除、限制或妨碍企业之间的正常而合法的竞争,所侵害的客体是竞争法所确立和保护的市场竞争关系和市场秩序,伤及的是社会公共利益。④ 受益主体的特定性。行政主体实施行政垄断均有特定的利益目标,即使特定的经营者在竞争中获得保护、扶持而受益,而该经营者与政府之间往往有行政上的关联性和利益一致性。⑤ 受害主体的广泛性。行政垄断所伤及的利益主体既包括竞争行为受到排除、限制或妨碍的经营者,也包括相关市场的消费者。⑥ 危害效果的严重性。由于行政垄断伴随着政府的行政力量,具有明显的强制性和导向性,因而对市场竞争具有较大的破坏性。

因此,在我国的反垄断立法进程中,对行政垄断的规范一直是备受关注的焦点,终在出台的《反垄断法》中将其列入规制对象并以专章作了规定①。

2. 行政垄断的表现形式

(1) 行政性强制交易。

行政性强制交易是指行政机关和法律、法规授权的具有管理公共事务职能的组织滥用行政权力,限定或者变相限定单位或者个人经营、购买、使用其指定的经营者提供的商品和服务的行为。行政性强制交易的法定情形有:① 以明确要求、暗示、拒绝或者拖延行政审批、重复检查、不予接入平台或者网络等方式,限定或者变相限定经营、购买、使用特定经营者提供的商品;② 通过限制投标人所在地、所有制形

---

① 实际上,行政垄断并非我国特有的现象,只是在我国经济体制转型期其表现更为突出和严重而已。但在其他国家的反垄断法中,大多不把行政垄断作为独立的规制对象而视其为其他限制竞争行为推定适用反垄断法。也有国家对其作了专门规定,如俄罗斯于1990年颁布的《关于在商品市场中竞争和限制垄断活动的法律》的第7—9条即是对行政垄断的规定,内容包括:① 禁止行政管理机关从事限制企业独立性或区别对待个别企业的行为,如果该行为事实上构成限制竞争或者损害企业、公民的利益;② 禁止行政管理机关从事下列活动:没有法律依据地禁止生产某种产品;阻止企业在联邦境内某些地区的经营活动,或者以一定的方式限制企业的商品销售权、获取权、购买权和交换权;指示企业优惠或优先供应商品给特定消费者;③ 禁止行政管理机关之间缔结横向协议;④ 禁止行政管理机关的工作人员从事经商活动,不得自办企业。

式、组织形式等方式,限定或者变相限定经营、购买、使用特定投标人提供的商品；③ 没有法律、法规依据,通过设置项目库、名录库等方式,限定或者变相限定经营、购买、使用特定经营者提供的商品；④ 限定或者变相限定单位或者个人经营、购买、使用其指定的经营者提供的商品的其他行为。

(2) 行政性限制市场准入。

行政性限制市场准入指行政机关和法律、法规授权的具有管理公共事务职能的组织滥用行政权力,妨碍、排斥或者限制外地商品和经营者进入本地市场参与竞争的行为。在我国,行政性限制市场准入是较为典型的行政垄断,其主要弊害在于人为设置市场壁垒,阻碍地区之间的自由竞争,妨碍市场配置资源功能的发挥。对此,我国《反垄断法》及其配套规章作了较为具体的规定：

第一,行政机关和法律、法规授权的具有管理公共事务职能的组织不得滥用行政权力,实施下列行为,妨碍商品在地区之间自由流通：① 对外地商品设定歧视性收费项目、实行歧视性收费标准,或者规定歧视性价格、实行歧视性补贴政策；② 对外地商品规定与本地同类商品不同的技术要求、检验标准,或者对外地商品采取重复检验、重复认证等措施,阻碍、限制外地商品进入本地市场；③ 没有法律、法规依据,采取专门针对外地商品的行政许可、备案,或者对外地商品实施行政许可、备案时,设定不同的许可或者备案条件、程序、期限等,阻碍、限制外地商品进入本地市场；④ 没有法律、法规依据,设置关卡、通过软件或者互联网设置屏蔽等手段,阻碍、限制外地商品进入本地市场或者本地商品运往外地市场；⑤ 妨碍商品在地区之间自由流通的其他行为。

第二,行政机关和法律、法规授权的具有管理公共事务职能的组织不得滥用行政权力,实施下列行为,排斥或者限制外地经营者参加本地的招标投标活动：① 不依法发布信息；② 明确外地经营者不能参与本地特定的招标投标活动；③ 对外地经营者设定歧视性的资质要求或者评审标准；④ 通过设定与招标项目的具体特点和实际需要不相适应或者与合同履行无关的资格、技术和商务条件,变相限制外地经营者参加本地招标投标活动；⑤ 排斥或者限制外地经营者参加本地招标投标活动的其他行为。

第三,行政机关和法律、法规授权的具有管理公共事务职能的组织不得滥用行政权力,实施下列行为,排斥或者限制外地经营者在本地投资或者设立分支机构：① 拒绝外地经营者在本地投资或者设立分支机构；② 没有法律、法规依据,对外地经营者在本地投资的规模、方式以及设立分支机构的地址、商业模式等进行限制；③ 对外地经营者在本地的投资或者设立的分支机构在投资、经营规模、经营方式、税费缴纳等方面规定与本地经营者不同的要求,在安全生产、节能环保、质量标准等方面实行歧视性待遇；④ 排斥或者限制外地经营者在本地投资或者设立分支机构的其他行为。

(3) 行政性强令垄断。

行政性强令垄断,即行政机关和法律、法规授权的具有管理公共事务职能的组织滥用行政权力,强制或者变相强制经营者从事反垄断法规定的垄断行为。

(4) 抽象行政性垄断。

抽象行政性垄断,即行政机关滥用行政权力,制定含有排除、限制竞争内容的行为规则。具体表现为行政机关滥用行政权力,以规定、办法、决定、公告、通知、意见、会议纪要等形式,制定、发布含有排除、限制竞争内容的市场准入、产业发展、招商引资、招标投标、政府采购、经营行为规范、资质标准等涉及市场主体经济活动的规章、规范性文件和其他政策措施。

为规范政府有关行为,防止出台排除、限制竞争的政策措施,逐步清理废除妨碍全国统一市场和公平竞争的规定和做法,我国已建立公平竞争审查制度[①],要求政策制定机关(含行政机关和法律、法规授权的具有管理公共事务职能的组织)制定市场准入、产业发展、招商引资、招标投标、政府采购、经营行为规范、资质标准等涉及市场主体经济活动的规章、规范性文件和其他政策措施,应当进行公平竞争审查,评估对市场竞争的影响,防止排除、限制市场竞争。经审查认为不具有排除、限制竞争效果的,可以实施;具有排除、限制竞争效果的,应当不予出台或者调整至符合相关要求后出台;未经公平竞争审查的,不得出台。行政法规和国务院制定的其他政策措施、地方性法规,起草部门应当在起草过程中进行公平竞争审查;未审查的不得提交审议。政策制定机关应当建立健全自我审查机制,明确责任机构和审查程序。制定政策机关开展公平竞争审查应当遵循审查基本流程,并形成明确的书面审查结论。有关政策措施出台后,要按照《中华人民共和国政府信息公开条例》要求向社会公开。国家发展改革委、国务院法制办、财政部、商务部等会同有关部门,建立公平竞争审查工作部际联席会议制度,统筹协调推进公平竞争审查相关工作,对实施公平竞争审查制度进行宏观指导。地方各级人民政府建立的公平竞争审查联席会议或者相应的工作协调机制,负责统筹协调本地区公平竞争审查工作。

三、反垄断法的适用

垄断是竞争的障碍,反垄断是对竞争的救济。但是,垄断并非都是竞争的结果,更非当然违法,相反,有些垄断本身就是一种法定特权(如知识产权、国家垄断);同时,也

[①] 依据为:2016年6月1日出台《国务院关于在市场体系建设中建立公平竞争审查制度的意见》(国发〔2016〕34号);2017年10月23日国家发展改革委、财政部、商务部、工商总局、国务院法制办联合发布《公平竞争审查制度实施细则(暂行)》。

因现代反垄断法的适用所倡导的"合理原则",要求反垄断法必须对不同类型、不同成因与背景下的垄断予以区别对待,明确设定排除适用和免于适用反垄断法的范围。

1. 适用除外制度

反垄断法适用除外也称反垄断法的例外,是指出于某种合法权利或者特别考虑,将某些垄断行为明确排除于反垄断法的适用范围而本身不构成违法。

适用除外的法定情形一般包括以下方面。

(1) 国家垄断。如前所述,国家垄断是国家给予特定的需要设定的垄断,往往与国家在一定时期的经济政策导向密切相关,是国家对经济运行的一种干预。国家垄断是国家及相关主体享有的法定特权,不具有反垄断的适法性。我国《反垄断法》规定:"国有经济占控制地位的关系国民经济命脉和国家安全的行业以及依法实行专营专卖的行业,国家对其经营者的合法经营活动予以保护,并对经营者的经营行为及其商品和服务的价格依法实施监管和调控,维护消费者利益,促进技术进步。前款规定行业的经营者应当依法经营,诚实守信,严格自律,接受社会公众的监督,不得利用其控制地位或者专营专卖地位损害消费者利益。"

(2) 自然垄断。如前所述,自然垄断具有天然的合理性,该垄断所处的领域及行业本能地排除竞争、适于垄断,所以,反垄断法当然应予适用除外。但是,对于自然垄断的适用除外应考虑以下两点。一是除外的限度。除外一般只针对其垄断结构状态,而对自然垄断企业滥用市场支配地位的行为,不能予以反垄断法的适用除外。对此,国家市场监督管理总局发布的《禁止滥用市场支配地位行为暂行规定》明确要求:"供水、供电、供气、供热、电信、有线电视、邮政、交通运输等公用事业领域经营者应当依法经营,不得滥用其市场支配地位损害消费者利益。"二是垄断基础的变化导致的除外不适。自然垄断所依赖的"自然"基础有些是可变的,如技术条件、产品需求状况等,这种变化会导致该领域里的竞争成为必要而使反垄断法的除外不再适用。

(3) 知识产权。知识产权由知识产权法赋予的对智力成果的专有、专用权,具有法定的垄断性,不得由反垄断法予以否定和剥夺。但是,知识产权的滥用是违法的、应予法律规制的。对此,我国《反垄断法》规定:"经营者依照有关知识产权的法律、行政法规规定行使知识产权的行为,不适用本法;但是,经营者滥用知识产权,排除、限制竞争的行为,适用本法。"

(4) 特定主体实施的垄断。对于某些特定组织及特定人员,基于其职业的特殊性或公益性,不适合于竞争性经营的,也可予以适用除外。对此,我国《反垄断法》规定:"农业生产者及农村经济组织在农产品生产、加工、销售、运输、储存等经营活动中实施的联合或者协同行为,不适用本法。"

2. 适用豁免制度

反垄断法豁免制度一般又称为卡特尔(即垄断协议或称限制竞争协议)的豁免

或者联合行为之许可,是指允许特定卡特尔免予适用反垄断法相关禁令的制度。简言之,该行为本属反垄断法规制的对象,但基于某些原因,当事人可以通过专门申请启动反垄断法上相应程序,从而免除原本应当承担的垄断法律责任。较为典型的立法范例是德国的《反限制竞争法》,该法的根本宗旨是反对卡特尔对自由竞争的限制,但在第6条中,则规定了7种卡特尔的适用例外①。美国反托拉斯法中没有具体列出哪些卡特尔可以豁免,而是以"合理原则"具体判断某一卡特尔是否具有法律许可的合理理由;如被证明是不合理的,具有反竞争的效果,则应受到法律的禁止。

我国《反垄断法》明确规定,经营者能够证明达成的协议是为实现下列目的之一,并且不会严重限制相关市场的竞争,能够使消费者分享由此产生的利益的,不予禁止:① 为改进技术、研究开发新产品的;② 为提高产品质量、降低成本、增进效率,统一产品规格、标准或者实行专业化分工的;③ 为提高中小经营者经营效率,增强中小经营者竞争力的;④ 为实现节约能源、保护环境、救灾救助等社会公共利益的;⑤ 因经济不景气,为缓解销售量严重下降或者生产明显过剩的;⑥ 为保障对外贸易和对外经济合作中的正当利益的;⑦ 法律和国务院规定的其他情形。

3. 反垄断法的域外效力

反垄断法的域外效力是指一国国内反垄断法适用于该国领域之外发生的对国内构成影响的垄断行为的制度。域外适用的实质是以国内法来规范国际经济行为。

在当今各国反垄断法中,最早明确主张域外效力并实际适用的是美国。美国《谢尔曼法》明文规定其适用范围包括对外贸易,"任何限制州际间或与外国之间的贸易或商业的契约,以托拉斯形式或其他形式的联合,或共谋,都是非法的";1945年,通过美国联邦政府诉美洲铝业公司垄断案②确立了"影响原则",认为在美国以外订立的合同或从事的行为,如果其意图是影响美国的商业,那么法院就可以对该合同

---

① 7种卡特尔的适用例外:① 条件卡特尔,是指适用统一标准合同(如共同交货、共同付款)但不涉及价格或价格构成的合同和协议;② 专门化卡特尔,是指通过专门化达到经济活动合理化的合同和决议,但不能妨碍市场上的基本竞争;③ 中小企业卡特尔,是指中小企业为了加强经济实力而达成联合协议,以提高生产率;④ 合理化卡特尔,是指用于统一标准或型号的合同和决议,此决议需要经过合理化协会同意;⑤ 结构危机卡特尔,是指在销量减少、需求下降时,企业可以签订卡特尔协议,以便更好地恢复企业的生产能力;⑥ 其他卡特尔,即只要限制竞争的协议和决议是有利于改善商品或服务、有利于消费者的,可以豁免适用卡特尔禁令。可豁免的还有部长卡特尔,即因天灾、战祸以及国家整体经济和公共利益出发而必须限制竞争的卡特尔,但需要联邦经济部长批准。此外,特殊行业的卡特尔也可豁免,即农业、金融业、保险业、著作权集体保护以及体育行业,不适用《反对限制竞争法》的某些重要禁令。

② 美洲铝业公司是一个在加拿大注册的公司,它同几家外国公司组成了一个在瑞士注册的联合公司,该联合公司对向美国的出口规定了具体的数量限制。在确定对该案的管辖权时,法官指出,任何国家都可以对在其境外从事其法律所禁止的行为并对其国内产生影响的人追究责任,而不管行为人是否为其属民。也就是说,即使某项违反美国反垄断法的行为不是发生在美国的领土上,即使行为人不是美国的公民或法人,只要该项行为实际影响了美国的商业,那么美国法院就可以主张美国的反垄断法的适用。

行为享有管辖权,追究有关公司的反托拉斯法律责任;1997年美国司法部反托拉斯局公布的《关于国际经营活动中的反托拉斯指南》中进一步指出:"外国交易一旦对美国商业发生实质性的和可以预见的影响,不问其发生在什么地方,均受美国法律管辖。"其后的其他一些国家纷纷效仿美国,均赋予本国反垄断法的域外效力。此外,在对跨国公司的管辖方面,各国还以"企业一体化"为依据,按照一定条件撇开母公司和子公司各自独立的法人资格,将法律适用其境外的母公司或子公司。于此,我国《反垄断法》第2条也规定:"中华人民共和国境外的垄断行为,对境内市场竞争产生排除、限制影响的,适用本法。"

一般有三种情形会导致国内反垄断法的域外适用:① 外国企业在国外进行、但在国内完成,或利用分支机构在国内进行的垄断;② 分别位于境内外的具有控制关系的两个独立实体在国内进行的垄断;③ 外国企业在境外所进行的垄断对国内构成影响。

反垄断法域外适用,需要相应的国际法规则来进行协调,提高各国竞争管理机构间的合作,协调各国国内法,减少发生冲突的可能性。国际协调主要通过双边条约或区域性国际法的形式。

四、反垄断法的执法与司法机关

(一) 反垄断法执法机关

1. 反垄断法执法机关的设置

目前,各国设置的反垄断机关主要有两种类型:一是专门机关,即直接隶属于国家最高权力机关和最高行政机关的反垄断职能机构,独立于其他行政机关专司执行反垄断法的国家职能,如美国的联邦贸易委员会、日本的公平贸易委员会、乌克兰的反垄断委员会、匈牙利的经济竞争署、俄罗斯的反垄断政策与企业扶持部等;另一类是被指定和授权的某一行政机关的附属部门,如德国的联邦经济部卡特尔局、英国商业部公平交易局、瑞典工业就业与交通部竞争局等。有的国家只设一个机关单一司职,有的则由两个以上机关分工执法,如美国的联邦贸易委员会与司法部反托拉斯局、英国公平交易局和垄断与兼并委员会等。尽管各国机构设置各不相同,但都具备机构法定性、地位独立性、职能专业性、权力广泛性等特点。

我国反垄断法执法机构的设置初始采用了"双层多元"模式:国务院设立由国务院有关部门、机构的负责人和若干专家组成的反垄断委员会,负责组织、协调、指导反垄断工作;国务院指定承担反垄断执法职责的机构即国务院反垄断执法机构依照规定负责反垄断执法工作。国务院反垄断执法机构呈多元化:① 商务部下设反垄断局,负责经营者集中的执法;② 国家发展与改革委员会下设价格监督检查与反垄断局,负责涉及价格的垄断行为的执法;③ 国家工商行政管理总局下设反垄断与反不正当竞争执法局,负责行政垄断及其他垄断行为的执法。为了建立更为科学、高效的反垄断执法机制,加强和优化政府反垄断职能,充实反垄断执法力量,有效维护市场公平竞争,促进全国统一开放、竞争有序市场体系建设,2018年年初的国务院机构改革中,将反垄断执法职责收归由国务院直属特设机构国家市场监管总局统一行使。国家市场监管总局下设反垄断局,直接负责或者授权省级(省、自治区、直辖市)人民政府市场监督管理部门负责本行政区域内有关反垄断执法工作,因而形成了现行的"双层单元"模式。

国家与省级市场监督管理部门对反垄断执法的分工如下。

(1)市场监管总局负责反垄断统一执法,直接管辖或者授权有关省级市场监管部门管辖下列案件:① 跨省、自治区、直辖市的垄断协议、滥用市场支配地位和滥用行政权力排除限制竞争案件,以及省级人民政府实施的滥用行政权力排除限制竞争行为;② 案情较为复杂或者在全国有重大影响的垄断协议、滥用市场支配地位和滥用行政权力排除限制竞争案件;③ 总局认为有必要直接管辖的垄断协议、滥用市场支配地位和滥用行政权力排除限制竞争案件。

(2)省级市场监管部门负责本行政区域内垄断协议、滥用市场支配地位、滥用行政权力排除限制竞争案件反垄断执法工作,以本机关名义依法作出处理。省级市场监管部门发现案件属于总局管辖范围的,要及时将案件移交总局。省级市场监管部门对属于本机关管辖范围的案件,认为有必要由总局管辖的,可以报请总局决定。

(3)总局在案件审查和调查过程中,可以委托省级市场监管部门开展相应的调查。省级市场监管部门应当积极配合总局做好反垄断执法工作。省级市场监管部门在反垄断执法过程中,可以委托其他省级市场监管部门或者下级市场监管部门开展调查。受委托的市场监管部门在委托范围内,以委托机关的名义实施调查,不得再委托其他行政机关、组织或者个人实施调查。

(4)省级市场监管部门对案件管辖产生异议的,报请总局决定。

2. 反垄断法执法机关的职权

各国赋予反垄断法执法机关的职权主要是对垄断的行政监管权,包括对垄断的调查权、采取强制措施权、处罚权。但是,也有一些国家(如日本、俄罗斯等)的专门执法机构还享有准立法权,即有权制定与执行反垄断法有关的程序性的规则。

我国《反垄断法》规定,国务院反垄断委员会履行下列职责:① 研究拟定有关竞争政策;② 组织调查、评估市场总体竞争状况,并发布评估报告;③ 监督、协调国务院反垄断执法机构、国务院有关部门和监管机构的反垄断执法工作;④ 协调重大反垄断案件的处理;⑤ 国务院规定的其他职责。国务院反垄断执法机构履行下列职责:① 制定、发布有关反垄断指南和具体措施;② 调查、评估市场竞争状况;③ 调查处理涉嫌垄断行为；④ 制止垄断行为；⑤ 受理、审查经营者集中的申报；⑥ 国务院规定的其他职责。

3. 反垄断执法措施

反垄断执法机构调查涉嫌垄断行为，可以采取下列措施：① 进入被调查的经营者的营业场所或者其他有关场所进行调查；② 询问被调查的经营者、利害关系人或者其他有关单位和个人，要求其说明有关情况；③ 查阅、复制或者要求被调查的经营者、利害关系人或者其他有关单位和个人提供有关单证、协议、会计账簿、业务函电、电子数据等文件、资料；④ 查封、扣压相关证据；⑤ 查询、冻结经营者的银行账户。

4. 反垄断执法程序与规则

对涉嫌垄断行为，任何单位和个人有权向反垄断执法机构书面举报并提供相关事实和证据，反垄断执法机构应当进行必要的调查，并为举报人保密。

反垄断执法机构应当对被调查的经营者、利害关系人提出的事实、理由和证据进行核实。被调查的经营者、利害关系人或者其他有关单位或者个人应当配合反垄断执法机构依法履行职责，不得拒绝、阻碍反垄断执法机构的调查；被调查的经营者、利害关系人有权陈述意见。

反垄断执法机构对涉嫌垄断行为调查核实后，认为构成垄断行为的，应当依法作出处理决定，并可以向社会公布。对反垄断执法机构调查的涉嫌垄断行为，被调查的经营者予以承认，并承诺在一定期限内采取具体措施消除垄断行为后果的，反垄断执法机构可以决定中止调查。反垄断执法机构决定终止调查的，应当对经营者履行承诺的情况进行监督。

在对垄断协议执法中，经营者主动向反垄断执法机构报告达成垄断协议的有关情况并提供重要证据的，反垄断执法机构可以对其施与宽恕，即依法酌情减轻或者免除对该经营者的处罚。

(二) 反垄断司法机关

对于反垄断的司法监督职能，多数国家均赋予其普通司法机关行使。有些国家在法院中设置专门审判机构审理反垄断和反不正当竞争案。例如，德国在其州高级法院和联邦法院中设置卡特尔庭，俄罗斯和瑞典的法院中则分别设有经济法庭和市场法庭。还有的国家特别设立专门法院，例如，英国在1956年设立限制性商业行为法院，体现了其反垄断司法体系的完善。

我国目前没有且暂无必要建立专门的反垄断司法机关，但考虑到反垄断案件的复杂、专业性，我国一些地方法院早已开始尝试设立反垄断合议庭专门负责反垄断案件的审理。最高人民法院则在其知识产权庭设立专门负责反垄断审判的合议庭，以加强对全国法院反垄断民事审判工作的研究和指导。

五、反垄断法的法律责任配置

在各国反垄断法中设置的垄断违法责任形式有三种。

(一) 垄断的行政责任

垄断的行政责任是指反垄断执法机构对垄断行为人依法施与的法律制裁,其具体形式一般包括:① 告诫,即对行为人提出停止实施垄断行为的行政建议;② 发布禁令,即对事实中的垄断行为责令禁止;③ 罚款,即强制收取一定的惩罚性金额;④ 收缴违法垄断所得的额外利益;⑤ 解散已完成的违法的企业合并;⑥ 解散或分割违法垄断企业;⑦ 限期放弃或出让股份;⑧ 变更或者解除限制竞争协议;等等。

这些行政责任形式在我国《反垄断法》中基本得以采用,具体规定如下。

(1) 经营者违反本法规定,达成并实施垄断协议的,由反垄断执法机构责令停止违法行为,没收违法所得,并处上一年度销售额1%以上10%以下的罚款;尚未实施所达成的垄断协议的,可以处50万元以下的罚款。参与垄断协议的经营者主动报告达成垄断协议有关情况并提供重要证据的[1],可以申请依法减轻或者免除处罚;受理申请的反垄断执法机构应当根据经营者主动报告的时间顺序、提供证据的重要程度以及达成、实施垄断协议的有关情况,决定是否减轻或者免除处罚。对于第一个申请者,反垄断执法机构可以免除处罚或者按照不低于80%的幅度减轻罚款;对于第二个申请者,可以按照30%—50%的幅度减轻罚款;对于第三个申请者,可以按照20%—30%的幅度减轻罚款。[2]

行业协会违反本法规定组织本行业的经营者达成垄断协议的,反垄断执法机构可以处50万元以下的罚款;情节严重的,反垄断执法机构可以提请社会团体登记管理机关依法撤销登记。

(2) 经营者违反本法规定滥用市场支配地位的,由反垄断执法机构责令停止违法行为,没收违法所得,并处上一年度销售额1%以上10%以下的罚款。

(3) 经营者违反法律规定实施集中的,由国务院反垄断执法机构责令停止实施集中、限期处分股份或者资产、限期转让营业以及采取其他必要措施恢复到集中前的状态,可以处50万元以下的罚款。

反垄断执法机构确定具体罚款数额时,应当考虑违法行为的性质、情节、程度、持

---

[1] 重要证据是指能够对反垄断执法机构启动调查或者对认定垄断协议起到关键性作用的证据,包括参与垄断协议的经营者、涉及的商品范围、达成协议的内容和方式、协议的具体实施等情况。

[2] 此乃我国借鉴国外反垄断经验确立的宽恕制度,旨在促使垄断协议的缔约者反叛,及时获取其达成垄断协议的信息,以降低执法成本、提高执法效率。

续时间等因素。经营者因行政机关和法律、法规授权的具有管理公共事务职能的组织滥用行政权力而达成垄断协议、滥用市场支配地位的,按照前述规定处理。经营者能够证明其达成垄断协议是被动遵守行政命令所导致的,可以依法从轻或者减轻处罚。

(4) 行政机关和法律、法规授权的具有管理公共事务职能的组织滥用行政权力,实施排除、限制竞争行为的,由上级机关责令改正;对直接负责的主管人员和其他直接责任人员依法给予处分。经调查,反垄断执法机构认为构成滥用行政权力排除、限制竞争行为的,可以向有关上级机关提出依法处理的建议。法律、行政法规对行政机关和法律、法规授权的具有管理公共事务职能的组织滥用行政权力实施排除、限制竞争行为的处理另有规定的,依照其规定。

(二) 垄断的民事责任

垄断的民事责任形式仅限于损害赔偿责任。该责任应由受案法院根据垄断行为的受害人的诉求而依法判定。美国《谢尔曼法》第7条规定:"任何因反托拉斯法所禁止的事项而遭受财产或营业损害的人,可在被告居住的、被发现或有代理机构的区向美国区法院提起诉讼,不论损害大小,一律给予其损害额的3倍赔偿及诉讼费和合理的律师费。"我国《反垄断法》仅规定了"经营者实施垄断行为,给他人造成损失的,依法承担民事责任";而对民事责任的形式及其范围,则交由司法解释:"被告实施垄断行为,给原告造成损失的,根据原告的诉讼请求和查明的事实,人民法院可以依法判令被告承担停止侵害、赔偿损失等民事责任。根据原告的请求,人民法院可以将原告因调查、制止垄断行为所支付的合理开支计入损失赔偿范围。"①

(三) 垄断的刑事责任

为了严惩垄断,有效保护竞争,一些国家还将特定形式的垄断视为犯罪而在反垄断法中直接设定了刑事责任,具体形式包括罚金和监禁。仍以美国《谢尔曼法》为例,其第1条赫然规定:"任何契约、以托拉斯形式或其他形式的联合、共谋,用来限制州际间或与外国之间的贸易或商业,是非法的。任何人签订上述契约或从事上述联合或共谋,是严重犯罪。如果参与人是公司,将处以100万美元的罚款。如果参与人是个人,将处以10万美元以下罚款,或3年以下监禁。或由法院酌情并用两种处罚。"我国现行《反垄断法》只规定了经营者妨碍执法的行为"情节严重……构成犯罪的,依法追究刑事责任",而对经营者实施违法垄断行为并未设置刑事责任。

---

① 2012年5月3日《最高人民法院关于审理因垄断行为引发的民事纠纷案件应用法律若干问题的规定》第14条。

第三节 反不正当竞争法

一、不正当竞争的概念与特征

不正当竞争伴生于市场竞争,作为市场运行障碍之一,早在19世纪末,即开始被国际社会和市场经济国家国予以法律规制,但对不正当竞争的定义各不相同。1883年签署的《保护工业产权巴黎公约》明确规定,"本联盟国家有义务对各该国国民保证给予制止不正当竞争的有效保护","凡在工商业事务中违反诚实的习惯做法的竞争行为构成不正当竞争的行为"。1896年德国首开《反不正当竞争法》单行立法先河,明令"禁止不正当竞争","旨在保护竞争者、消费者以及其他市场参与人免遭不正当竞争之害","同时保护公众对不受扭曲的竞争的利益",规定"如足以损害竞争者、消费者或其他市场参与人而对竞争造成并非轻微的破坏的,则是非法的",即构成不正当竞争行为①。我国《反不正当竞争法》规定:"本法所称的不正当竞争行为,是指经营者在生产经营活动中,违反本法规定,扰乱市场竞争秩序,损害其他经营者或者消费者的合法权益的行为。"

我国现行立法定义的不正当竞争行为,具有以下法律特征。

(1) 主体的特定性。不正当竞争的行为人应为经营者,即"从事商品生产、经营或者提供服务(以下所称商品包括服务)的自然人、法人和非法人组织";非经营者不构成不正当竞争的行为主体。

(2) 领域的限定性。不正当竞争是经营者在"从事商品生产、经营或者提供服务"中实施的;在其他领域实施的同类行为,也不构成不正当竞争。

(3) 性质的违法性。不正当竞争的行为直接违反《反不正当竞争法》的禁止性规定,或者违背了自愿、平等、公平、诚信的原则及相关法律和商业道德。

(4) 效果的有害性。不正当竞争行为的实施客观上扰乱市场竞争秩序,损害其他经营者或者消费者的合法权益。

二、反不正当竞争法的规制对象

我国《反不正当竞争法》明令禁止以下7种不正当竞争行为。

---

① 德国《反不正当竞争法》的初版并未对不正当竞争行为做概括性描述,1909年修订版有了将"在商业交易中,以竞争为目的违背善良风俗的"行为定义为不正当竞争的一般性条款。但因"善良风俗"具有很大的模糊性,也造成了司法及市场主体对于自己行为的可预期性的混乱,故于2004年修订时对一般条款做此修改,并在此基础上列举了11种不正当竞争的行为模式。

(一) 仿冒混淆行为

仿冒混淆行为是指经营者冒用他人商品的标识或名义于自己的商品,足以引人误认为是他人的商品或者与他人存在特定联系,以牟取非法利益的行为。仿冒混淆行为即典型的"搭便车",旨在诱使消费者误认、误购,牟取非法利益,既剥夺了被冒用的经营者的市场份额、害其利益,也蒙骗消费者、害及其合法权益,破坏市场公平竞争秩序。

仿冒混淆行为表现为:

(1) 经营者擅自使用与他人有一定影响的商品名称、包装、装潢等相同或者近似的标识。

(2) 擅自使用他人有一定影响的企业名称(包括简称、字号等)、社会组织名称(包括简称等)、姓名(包括笔名、艺名、译名等)。

(3) 擅自使用他人有一定影响的域名主体部分、网站名称、网页等;

(4) 其他足以引人误认为是他人商品或者与他人存在特定联系的混淆行为。

(二) 商业贿赂行为

商业贿赂行为是指经营者采用财物或者其他手段贿赂相关单位或者个人,以谋取交易机会或者竞争优势的行为。

商业贿赂行为的构成要件如下。

(1) 交易中附加给付。包括给付财物或通过其他手段输送利益。财物是指现金和实物;其他手段是指提供国内外各种名义的旅游、考察等给付财物以外的其他利益。

(2) 给付主体为经营者或其工作人员。商业贿赂是以谋取交易机会或者竞争优势为目的而做附加给付,一般作为交易方的经营者所为;但若"经营者的工作人员进行贿赂的,应当认定为经营者的行为",除非"经营者有证据证明该工作人员的行为与为经营者谋取交易机会或者竞争优势无关"。

(3) 给付对象为与交易相关的单位或者个人[①],包括:① 交易相对方的工作人员;② 受交易相对方委托办理相关事务的单位或者个人;③ 利用职权或者影响力影响交易的单位或者个人。

(4) 给付方式为在账外暗中进行。经营者在交易活动中,可以以明示方式向交易相对方支付折扣,或者向中间人支付佣金。经营者向交易相对方支付折扣、向中间人支付佣金的,应当如实入账;接受折扣、佣金的经营者也应当如实入账[②]。折扣和

[①] 现行《反不正当竞争法》对直接给付交易对方价外利益的行为(含回扣)不再泛化定性为商业贿赂,其具体认定规则尚待相关配套立法及司法解释。

[②] 折扣即让利,是指经营者在销售商品时,给予对方的价格优惠,包括支付价款时对价款总额按一定比例即时予以扣除和支付价款总额后再按一定比例予以退还两种形式;佣金是指经营者在市场交易中给予为其提供服务的具有合法经营资格的中间人的劳务报酬。

佣金在账外暗中给付的,涉嫌不正当竞争,而以明示方式、给付方与接受方均如实入账的,则属正当商业手段。

(三) 虚假宣传行为

虚假宣传行为,是指经营者对其商品或帮助其他经营者作虚假或者引人误解的商业宣传,欺骗、误导消费者的行为。

《反不正当竞争法》第8条明确规定:"经营者不得对其商品的性能、功能、质量、销售状况、用户评价、曾获荣誉等作虚假或者引人误解的商业宣传,欺骗、误导消费者。经营者不得通过组织虚假交易等方式,帮助其他经营者进行虚假或者引人误解的商业宣传。"据此,虚假宣传行为可以分为以下三类。

(1) 欺骗型虚假宣传。即虚假的商业宣传,是指在商业宣传中无中生有、虚构根本不存在的事实或观点欺骗消费者。欺骗型虚假宣传的内容本身就是虚假的,其行为形式可以分为以下四种:① 所宣传的商品或者服务不存在,即虚构了商品或服务本身的;② 对商品的有关信息(包括商品的性能、功能、质量、销售状况、用户评价、曾获荣誉等)做虚假宣传的;③ 宣传中使用虚构、伪造或者无法验证的信息(如科研成果、统计资料、调查结果、文摘、引用语等)作证明材料的;④ 虚构使用商品或者接受服务的效果的。

(2) 误导型虚假宣传。即引人误解的商业宣传,指对商品或服务的情况作使购买者容易产生错误理解的宣传,诱使购买者对商品或服务产生不切实际的错误理解,从而影响消费者选择的虚假宣传。误导型虚假宣传的内容也许是真实的,或者部分内容是真实的,但是由于巧妙的措辞、隐瞒的暗示、投机的省略、断章取义的引用以及采用刁钻的表现角度等,使宣传内容表达不确切、不明白而藏有陷阱,具有极大的迷惑性和误导性。该行为形式又可分为以下三种①:① 对商品作片面的宣传或者对比的;② 将科学上未定论的观点、现象等当作定论的事实用于商品宣传的;③ 以歧义性语言或者其他引人误解的方式进行商品宣传的。但是,以明显的夸张方式宣传商品,不足以造成相关公众误解的,不构成误导型的虚假宣传。

(3) 帮他人虚假宣传。即经营者通过组织虚假交易等方式,帮助其他经营者进行虚假或者引人误解的商业宣传。例如,电商利用网络平台,聘请工作人员从事网络刷单,在未收到货物的情况下,给商品好评,替商家虚构交易记录,为商家进行虚假宣传提供便利,欺骗误导消费者。

(四) 侵犯商业秘密的行为

所谓商业秘密,是指不为公众所知悉、具有商业价值并经权利人采取相应保密措施的技术信息、经营信息等商业信息。商业秘密具有如下特征:① 无形性,即商业

---

① 根据《最高人民法院关于审理不正当竞争民事案件应用法律若干问题的解释》第八条。

秘密以技术信息和经营信息的形式表现和存在,包括设计、程序、产品配方、制作工艺、制作方法、管理诀窍、客户名单、货源情报、产销策略、招投标中的标底及标书内容等信息;② 商业性,具有确定的可应用性,能为权利人带来现实的或者潜在的经济利益或者竞争优势;③ 秘密性,即该信息是不能从公开渠道直接获取因而不为社会公众所知悉;④ 保密性,即权利人为之采取了相应保密措施来维持这种秘密性,包括订立保密协议,建立保密制度及采取其他合理的保密措施。商业秘密为知识产权客体,受法律保护。

侵犯商业秘密行为是指经营者及相关非经营者非法获取和非法披露、使用或者允许他人使用权利人的商业秘密的行为。该行为主要应从以下两方面认定。

1. 行为主体为非权利人

商业秘密的权利人是对商业秘密享有所有权或者使用权的公民、法人或者其他组织,包括商业秘密的所有权人和使用权人。侵犯商业秘密行为的主体亦即商业秘密侵权人为非权利人,既可以是经营者,也可以是经营者以外的其他自然人、法人和非法人组织,还可以是第三人(即在已知商业秘密侵权基础上再行侵权的行为人)。

2. 行为形式为非法获取、非法披露与使用、非法允许他人使用权利人的商业秘密

(1) 经营者实施下列行为的,构成侵犯商业秘密:① 以盗窃、贿赂、欺诈、胁迫、电子侵入或者其他不正当手段获取权利人的商业秘密;② 披露、使用或者允许他人使用以前项手段获取的权利人的商业秘密;③ 违反保密义务或者违反权利人有关保守商业秘密的要求,披露、使用或者允许他人使用其所掌握的商业秘密;④ 教唆、引诱、帮助他人违反保密义务或者违反权利人有关保守商业秘密的要求,获取、披露、使用或者允许他人使用权利人的商业秘密。

(2) 经营者以外的其他自然人、法人和非法人组织实施前述所列违法行为的,视为侵犯商业秘密。

(3) 第三人明知或者应知商业秘密权利人的员工、前员工或者其他单位、个人实施前述所列第一种违法行为,仍获取、披露、使用或者允许他人使用该商业秘密的,视为侵犯商业秘密。

但是,披露、使用或者允许他人使用通过自行开发研制或者反向工程①等方式获得的商业秘密,不认定为侵犯商业秘密行为。

另外,对具体商业秘密侵权纠纷,权利人和涉嫌侵权人均依法负有举证义务。在侵犯商业秘密的民事审判程序中,商业秘密权利人提供初步证据,证明其已经对所主张的商业秘密采取保密措施,且合理表明商业秘密被侵犯,涉嫌侵权人应当证明权利

---

① 反向工程"是指通过技术手段对从公开渠道取得的产品进行拆卸、测绘、分析等而获得该产品的有关技术信息"。——《最高人民法院关于审理不正当竞争民事案件应用法律若干问题的解释》第12条

人所主张的商业秘密不属于《反不正当竞争法》规定的商业秘密;商业秘密权利人提供初步证据合理表明商业秘密被侵犯,且提供以下证据之一的,涉嫌侵权人应当证明其不存在侵犯商业秘密的行为:① 有证据表明涉嫌侵权人有渠道或者机会获取商业秘密,且其使用的信息与该商业秘密实质上相同;② 有证据表明商业秘密已经被涉嫌侵权人披露、使用或者有被披露、使用的风险;③ 有其他证据表明商业秘密被涉嫌侵权人侵犯。但是,披露、使用或者允许他人使用通过自行开发研制或者反向工程①等方式获得的商业秘密,不认定为侵犯商业秘密行为。

(五)不当奖售行为

奖售即有奖销售,是指经营者以提供物品、金钱或其他条件作为奖励,刺激消费者购买商品或服务的行为,包括奖励所有购买者的附赠式有奖销售和奖励部分购买者的抽奖式有奖销售②。

有奖销售作为一种促销手段,正当采用是不被法律禁止的;采用不当,则构成不正当竞争。不当奖销是指经营者违反法律规定进行有奖销售,损害消费者利益,妨害市场竞争的行为。

不当奖销行为表现为:① 所设奖的种类、兑奖条件、奖金金额或者奖品等有奖销售信息不明确,影响兑奖;② 采用谎称有奖或者故意让内定人员中奖的欺骗方式进行有奖销售;③ 抽奖式的有奖销售,最高奖的金额超过5万元。

(六)诋毁商誉行为

诋毁商誉也称商业诽谤,是指经营者通过编造、传播虚假信息或者误导性信息,损害竞争对手的商业信誉、商品声誉的行为。

构成商业诋毁商誉的行为必须是:① 行为对象是同业竞争者且行为人具有毁誉该竞争对手、削弱对手竞争能力的故意。② 行为损害了竞争对手的商业信誉和商品声誉。商业信誉是社会对经营者商业道德、商品品质、价格、服务等方面的积极评价;商品声誉是社会对特定商品品质、性能的赞誉。③ 行为人采用了编造、传播虚假信息或者误导性信息的手段。如果经营者所发布的对竞争对手不利的信息属于客观事实,则不构成诋毁商誉的行为。

(七)网络恶争行为

网络恶争行为是指经营者利用技术手段,通过影响用户选择或者其他方式,实施妨碍、破坏其他经营者合法提供的网络产品或者服务正常运行的行为。

---

① 反向工程"是指通过技术手段对从公开渠道取得的产品进行拆卸、测绘、分析等而获得该产品的有关技术信息"。——《最高人民法院关于审理不正当竞争民事案件应用法律若干问题的解释》第12条。

② 凡以抽签、摇号等带有偶然性的方法决定购买者是否中奖的,均属于抽奖方式;但经政府或者政府有关部门依法批准的有奖募捐及其他彩票发售活动不在此列。

网络恶争行为表现为：① 未经其他经营者同意,在其合法提供的网络产品或者服务中,插入链接、强制进行目标跳转；② 误导、欺骗、强迫用户修改、关闭、卸载其他经营者合法提供的网络产品或者服务；③ 恶意对其他经营者合法提供的网络产品或者服务实施不兼容；④ 其他妨碍、破坏其他经营者合法提供的网络产品或者服务正常运行的行为。

三、反不正当竞争法的实施机制

（一）行政执法

1. 宏观执法保障

各级人民政府应当采取措施,制止不正当竞争行为,为公平竞争创造良好的环境和条件。国务院建立反不正当竞争工作协调机制,研究决定反不正当竞争重大政策,协调处理维护市场竞争秩序的重大问题。

2. 对涉嫌不正当竞争行为的调查

（1）调查机构。县级以上人民政府履行市场监督管理职责的部门对不正当竞争行为进行查处；相关法律、行政法规规定由其他部门查处的,依照其规定。

（2）调查措施。监督检查部门调查涉嫌不正当竞争行为,可以采取下列措施：① 进入涉嫌不正当竞争行为的经营场所进行检查；② 询问被调查的经营者、利害关系人及其他有关单位、个人,要求其说明有关情况或者提供与被调查行为有关的其他资料；③ 查询、复制与涉嫌不正当竞争行为有关的协议、账簿、单据、文件、记录、业务函电和其他资料；④ 查封、扣押与涉嫌不正当竞争行为有关的财物；⑤ 查询涉嫌不正当竞争行为的经营者的银行账户。

（3）调查规则。① 采取上述调查措施,应当向监督检查部门主要负责人书面报告,并经批准；采取第四、第五项措施的,应当向设区的市级以上人民政府监督检查部门主要负责人书面报告,并经批准。② 监督检查部门调查涉嫌不正当竞争行为,应当遵守《中华人民共和国行政强制法》和其他有关法律、行政法规的规定,并应当将查处结果及时向社会公开。③ 监督检查部门及其工作人员对调查过程中知悉的商业秘密负有保密义务。④ 监督检查部门调查涉嫌不正当竞争行为,被调查的经营者、利害关系人及其他有关单位、个人应当如实提供有关资料或者情况。

（二）社会监督

（1）国家鼓励、支持和保护一切组织和个人对不正当竞争行为进行社会监督。

对涉嫌不正当竞争行为,任何单位和个人有权向监督检查部门举报,监督检查部门接到举报后应当依法及时处理。监督检查部门应当向社会公开受理举报的电话、信箱或者电子邮件地址,并为举报人保密。对实名举报并提供相关事实和证据的,监督检查部门应当将处理结果告知举报人。

(2) 国家机关及其工作人员不得支持、包庇不正当竞争行为。

(3) 行业组织应当加强行业自律,引导、规范会员依法竞争,维护市场竞争秩序。

(三) 司法救济

经营者的合法权益受到不正当竞争行为损害的,可以向人民法院提起诉讼。当事人对监督检查部门作出的决定不服的,可以依法申请行政复议或者提起行政诉讼。

四、不正当竞争的法律责任

(一) 经营者实施不正当竞争行为的行政责任与民事责任

1. 行政责任

(1) 经营者实施仿冒混淆行为的,由监督检查部门责令停止违法行为,没收违法商品。违法经营额5万元以上的,可以并处违法经营额5倍以下的罚款;没有违法经营额或者违法经营额不足5万元的,可以并处25万元以下的罚款。情节严重的,吊销营业执照。

(2) 经营者实施商业贿赂行为的,由监督检查部门没收违法所得,处10万元以上300万元以下的罚款。情节严重的,吊销营业执照。

(3) 经营者实施虚假宣传行为的,或者通过组织虚假交易等方式帮助其他经营者进行虚假或者引人误解的商业宣传的,由监督检查部门责令停止违法行为,处20万元以上100万元以下的罚款;情节严重的,处100万元以上200万元以下的罚款,可以吊销营业执照。

(4) 经营者以及其他自然人、法人和非法人组织实施侵犯商业秘密行为的,由监督检查部门责令停止违法行为,没收违法所得,处10万元以上100万元以下的罚款;情节严重的,处50万元以上500万元以下的罚款。

(5) 经营者实施不当奖售行为的,由监督检查部门责令停止违法行为,处5万元以上50万元以下的罚款。

(6) 经营者实施诋毁商誉行为的,由监督检查部门责令停止违法行为、消除影响,处10万元以上50万元以下的罚款;情节严重的,处50万元以上300万元以下的罚款。

(7) 经营者实施恶意网争行为的,由监督检查部门责令停止违法行为,处10万元以上50万元以下的罚款;情节严重的,处50万元以上300万元以下的罚款。

经营者从事不正当竞争,有主动消除或者减轻违法行为危害后果等法定情形的,依法从轻或者减轻行政处罚;违法行为轻微并及时纠正,没有造成危害后果的,不予行政处罚。

2. 民事责任

经营者实施不正当竞争行为,给被侵害的经营者或者他人造成损害的,应当依法承担民事责任。因不正当竞争行为受到损害的经营者的赔偿数额,按照其因被侵权所受到的实际损失确定;实际损失难以计算的,按照侵权人因侵权所获得的利益确定。赔偿数额还应当包括经营者为制止侵权行为所支付的合理开支。权利人因被侵权所受到的实际损失、侵权人因侵权所获得的利益难以确定的,由人民法院根据侵权行为的情节判决给予权利人 300 万元以下的赔偿。

(二)《反不正当竞争法》关于违法责任的其他规定

其他违法行为与责任如下:

(1) 经营者及其他主体妨害监督检查部门依照本法履行职责,拒绝、阻碍调查的,由监督检查部门责令改正,对个人可以处 5 000 元以下的罚款,对单位可以处 5 万元以下的罚款,并可以由公安机关依法给予治安管理处罚。

经营者违反本法规定从事不正当竞争,受到行政处罚的,由监督检查部门记入信用记录,并依照有关法律、行政法规的规定予以公示。

(2) 经营者及其他主体违反反不正当竞争法规定,构成犯罪的,依法追究刑事责任。

(3) 监督检查部门的工作人员滥用职权、玩忽职守、徇私舞弊或者泄露调查过程中知悉的商业秘密的,依法给予处分。

经营者违反反不正当竞争法规定,应当承担民事责任、行政责任和刑事责任,其财产不足以支付的,优先用于承担民事责任。

本章复习思考题

1. 如何定义竞争法?其立法模式如何?
2. 我国反垄断法的规制对象有哪些?
3. 如何认定市场支配地位?
4. 如何控制经营者集中?
5. 反不正当竞争法的规制对象有哪些?如何认定?
6. 对涉嫌不正当竞争行为如何调查?

第十一章 产品质量法

第一节 产品质量法概述

一、产品质量的概念和特征

产品质量是指产品性能在正常使用条件下,满足合理使用用途要求所必须具备的物质、技术、心理和社会特性的总和。简单地讲,产品质量是指产品满足于明确或者潜在要求的特征和特性的总和。所谓特征和特性,是指产品为满足需要而应当具备的适应能力、安全程度、经济属性等方面的基本要求。因此,产品质量的主要特征表现在以下方面:

(1)适用性,即产品适合社会和人们需要的程度。包括功能上的适用性、使用上的适用性和销售上的适用性。产品在多大程度上满足了社会和人们的需要,是评价产品质量的重要指标。因此,适用性是产品质量最基本的特性。

(2)安全性,即产品在使用或操作过程中保证安全的程度。产品的安全性一般要求不给使用者的人身、财产以及周围环境带来危险。

(3)经济性,即产品的设计、制造、使用等各方面所付出或所消耗成本的程度。它要求在满足使用需要的前提下,使用适当的原材料,采用适当的技术标准,最大限度地节约产品成本。

(4)可靠性,即产品在规定的条件下和规定的时间内,完成规定功能的程度或能力。一般通过功能、效率、平均寿命、平均无故障工作时间等参数进行评定。

(5)维修性,即产品在发生故障后,能够迅速维修恢复其功能的能力。通常采用平均修复时间等参数来表示,维修性与产品设计有着密不可分的关系。

(6)获得性,即产品被使用者接受的能力。产品所具有的适用性、安全性、可靠性、维修性等特性的程度,应当与消费者及社会的接受力相适应。

二、产品质量法的概念和体系

产品质量法是调整产品质量监督管理关系和产品质量责任关系的法律规范的总称。我国的产品质量法作为规范市场经济秩序和保护消费者权益的一项重要法律制度,其基本框架体系主要由产品质量基本法、产品质量配套法和产品质量相关法三部分组成。

产品质量基本法,即国家最高权力机关对产品质量的专门立法,1993年2月22日第七届全国人大常委会第30次会议通过的《产品质量法》是我国全面、系统规范产品质量的基本法,该法分别于2000年、2009年和2018年做了修正。该法的适用范围为经过加工、制作,用于销售的产品,不包括未经过加工的天然形成的物品(如原矿、原煤、石油、天然气等)以及初级农产品(如农、林、牧、渔等产品),而且建设工程也不适用该法的规定,但是建设工程所需要的建筑材料、建筑构配件和设备等工业产品适用该法。

产品质量配套法,即国务院及产品质量主管部门为贯彻实施《产品质量法》而颁发的相关法规与规章,如《认证认可条例》《工业产品生产许可证管理条例》《缺陷汽车产品召回管理条例》以及《强制性产品认证管理规定》《产品标识标注规定》《工业产品生产许可证实施细则通则》《缺陷消费品召回管理办法》《产品质量国家监督抽查管理办法》《产品质量申诉处理办法》《产品质量仲裁检验和产品质量鉴定管理办法》《质量技术监督行政复议实施办法》《质量技术监督行政执法过错责任追究规定》等。

产品质量相关法,即非为规范产品质量专门制定,但与规范产品质量密切相关的法律、法规与规章,如《标准化法》《计量法》《药品管理法》《食品安全法》《进出口商品检验法》《国境卫生检疫法》等法律及其实施条例、细则、规定、办法等。

第二节 产品质量的监督管理

一、产品质量监督管理体制

产品质量监督管理体制是指产品质量监督管理机构的设置及其职权划分制度的统称。

《产品质量法》第8条规定:"国务院市场监督管理部门主管全国产品质量监督工作。国务院有关部门在各自的职责范围内负责产品质量监督工作。""县级以上地方市场监督管理部门主管本行政区域内的产品质量监督工作。县级以上地方人民政府有关部门在各自的职责范围内负责产品质量监督工作。"

国务院市场监督管理部门主管全国的宏观质量管理,拟订并实施质量发展的制度措施,负责产品质量安全监督管理,负责特种设备安全监督管理,负责食品安全监督管理综合协调,负责食品安全监督管理等相关工作。县级以上地方市场监督管理部门,负责本行政区域内的产品质量监督工作。

国务院和县级以上地方人民政府的有关行业主管部门,负责本行政区域内产品质量的行业监督。主要包括：① 国家卫生健康委员会及地方卫生健康行政部门，负责全国或者本地区的食品安全标准与监测评估工作。② 国家药品监督管理局和地方药品监督管理部门，负责全国或者本地区的药品、医疗器械和化妆品质量监督管理工作。③ 海关总署进出口食品安全局负责进口食品、化妆品的检验检疫、监督管理工作，并依据多双边协议承担出口食品相关工作；商品检验司负责进口商品安全风险评估、风险预警和快速反应工作，负责国家实行许可制度的进口商品验证工作，并依据多双边协议承担出口商品检验相关工作。

二、产品质量监督管理制度

产品质量监督管理制度是指国家市场监督管理部门及授权的有关机构依据法定职权，或者有关社会组织及消费者依据法定权利，对产品质量进行监督管理的制度。

（一）产品质量检验制度

产品质量检验制度是指检验机构按照特定的标准，对产品质量进行检测以判明产品是否合格的一项制度。所谓特定标准，是指国家标准、行业标准、地方标准或者企业标准，但有强制性标准的产品，必须按照强制性标准进行检验。国家鼓励推行科学的质量管理方法，采用先进的科学技术，鼓励企业产品质量达到并且超过行业标准、国家标准和国际标准。《产品质量法》对产品质量检验的规定，主要包括两方面的内容。

1. 自行检验

自行检验是指企业自行设立的检验机构对出厂产品和购买产品所进行的质量检验，它是企业必须进行的一项检验工作。自行检验的基本要求是产品质量应当检验合格，不得以不合格产品冒充合格产品。产品质量应当检验合格，是指产品出厂时应当经过生产企业自行设置的检验机构检验合格，使出厂产品的质量符合相应的质量要求。即产品不得存在可能危及人体健康，人身、财产安全的不合理的危险；具备产品设计时所提出的使用性能要求；符合采用的产品标准所规定的各种特征、特性的要求，如产品的适用性、安全性、可靠性、维修性、经济性等。不合格产品是指产品质量不符合国家有关法律、法规规定的质量要求；或者不符合采用的产品标准、产品说明、实物样品或者以其他方式表明质量状况的产品。对于可能危及人体健康和人身、财产安全的工业产品，必须符合保障人体健康、人身财产安全的国家标准、行业标准；未制定国家标准、行业标准的，必须符合保障人体健康、人身财产安全的要求。国家禁止生产与销售不符合保障人体健康、人身财产安全标准和要求的工业产品。

2. 第三方检验

第三方检验是指由生产者和购买者以外的产品质量检验机构对产品质量进行的检验。第三方检验的直接目的不是建立生产经营者的产品质量保证体系，而是为了获取特定产品的质量信息,以便处理产品质量纠纷或者为产品质量监督活动提供重要依据。作为第三方的产品质量检验机构必须具备相应的检测条件和能力,经省级以上市场监督管理部门或者其授权的部门考核合格后,方可承担产品质量检验工作。为保证产品质量检验的客观、公正,作为社会中介组织的产品质量监督机构,必须依法设立,不得与行政机关和其他国家机关存在隶属关系或者其他利益关系。

（二）认证制度

所谓认证,是指由认证机构证明产品、服务、管理体系符合相关技术规范、相关技术规范的强制性要求或者标准的合格评定活动。我国现行产品质量法确立了企业质量体系认证和产品质量认证两种认证制度。

1. 企业质量体系认证制度

企业质量体系认证是指由国家有关部门认可的认证机构,依据国际通用标准,对申请认证的企业的质量管理水平和产品质量保证能力进行综合性检查和评定,并对符合认证标准的企业颁发认证证书的系列活动。企业质量体系认证制度是一项促进企业对其产品质量进行严格有效管理的重要制度,是企业为社会提供高质量、高信誉产品的保证。我国《产品质量法》第 14 条第 1 款规定:"国家根据国际通用的质量管理标准,推行企业质量体系认证制度。企业根据自愿原则可以向国务院市场监督管理部门认可的或者国务院市场监督管理部门授权的部门认可的认证机构申请企业质量体系认证。经认证合格的,由认证机构颁发企业质量体系认证证书。"

企业质量体系认证的标准是国际通用的"质量管理和质量保证"系列标准,即国际标准化组织(ISO)于 1987 年 3 月正式发布、已为许多国家普遍采用的 ISO9000 系列国际标准,目前,这些标准已经转化为中国的国家标准(GB/T19001-ISO9000、GB/T19002-ISO9002、GB/T19003-ISO9003)在我国被等同采用,作为我国进行企业质量体系认证的依据。

企业申请企业质量体系认证实行自愿的原则,任何单位或个人都不得强迫企业申请质量体系认证。

2. 产品质量认证制度

产品质量认证是指由国家有关部门认可的认证机构,依据国际先进水平的产品标准和相应的技术要求,对申请认证的产品进行检验和评价,对符合标准和要求的,颁发认证证书和认证标志的系列活动。我国《产品质量法》第 14 条第 2 款规定:"国家参照国际先进的产品标准和技术要求,推行产品质量认证制度。企业根据自愿原则可以向国务院市场监督管理部门认可的或者国务院市场监督管理部门授权的部门认可的认证机构申请产品质量认证。经认证合格的,由认证机构颁发产品质量认证证书,准许企业在产品或者其包装上使用产品质量认证标志。"

产品质量认证与企业质量体系认证不同,主要区别是:① 认证的对象不同。产品质量认证的对象是特定产品;企业质量体系认证的对象是特定企业的质量管理和质量保证体系。② 认证的依据不同。产品质量认证的依据是产品标准和技术要求;企业质量体系认证的依据是"质量管理和质量保证"系列标准。③ 认证的结论不同。产品质量认证的结论是证明产品是否符合产品标准;企业质量体系认证的结论是证明企业质量体系是否符合质量管理标准。④ 认证的意义不同。产品质量认证是对产品质量的评价,获取该认证有助于提高产品的市场信誉和产品的市场竞争力;企业质量体系认证是对企业质量管理水平和质量保证能力的评价,获取该认证有助于提高企业的市场信誉和企业的市场竞争力。

产品质量认证由国务院市场监督管理部门认可的或者其授权的部门认可的认证机构负责实施。产品质量认证机构必须依法按照有关标准,客观、公正地出具认证证明。产品质量认证机构应当依照国家规定对准许使用认证标志的产品进行认证后的跟踪检查;对不符合认证标准而使用认证标志的,要求其改正;情节严重的,取消其使用认证标志的资格。

我国目前的产品质量认证分为合格认证和安全认证,并实行"自愿认证和强制认证相结合"的认证管理原则。凡具有国家标准或者行业标准的产品,企业可自愿申请认证;但国家法律、法规和规章规定"不经认证不得销售、进口和使用"的产品实行强制性认证管理。我国加入 WTO 后,为使中国的产品质量监督管理制度合乎世贸组织有关协议和国际通行规则,我国开始筹备建立新的强制性产品认证制度。自 2001 年起,有关机构陆续颁发了《强制性产品认证管理规定》《强制性产品认证标志管理办法》《第一批实施强制性产品认证的产品目录》和《实施强制性产品认证有关问题的通知》等规章,并组建了中国国家认证认可监督管理委员会,由国务院授权履行行政管理职能,统一管理、监督和综合协调全国认证认可工作。自 2003 年 8 月 1 日起,国家依法对涉及人类健康安全、动植物生命安全和健康以及环境保护和公共安全的产品实行统一的强制性产品认证制度。国家对强制性产品认证使用统一的标志,国家强制性认证标志名称为"中国强制认证"(英文名称为"China Compulsory Certification",简称为"三 C"认证标志)。

(三) 产品生产许可证制度

产品生产许可证制度是为了保证直接关系公共安全、人体健康、生命财产安全的重要工业产品的质量安全,工业产品生产许可证主管部门依法对实行产品生产许可证管理的企业,进行实地核查和产品检验,确认其具备持续稳定生产合格产品的能力,并颁发生产许可证证书,允许其生产的一种行政许可制度。实行生产许可证管理的企业必须具备保证产品质量安全的基本条件,并按规定程序取得生产许可证,方可从事相关产品的生产活动。任何企业未取得生产许可证,不得生产实行生产许可证管理的产品。任何单位和个人不得销售或者在经营活动中使用未取得生产许可证的产品。

根据国务院2015年发布的《工业产品生产许可证管理条例》和国家市场监督管理总局2018年发布的《工业产品生产许可证实施细则通则》以及(国发〔2019〕19号)《关于调整工业产品生产许可证管理目录加强事中事后监管的决定》等相关法规与规章的规定,我国目前实施工业产品生产许可证管理的产品共计10类:由国家市场监督管理总局实施的5类,包括建筑用钢筋、水泥、广播电视传输设备、人民币鉴别仪、预应力混凝土铁路桥简支梁;由省级市场监督管理部门实施的5类,包括电线电缆、危险化学品、危险化学品包装物及容器、化肥、直接接触食品的材料等相关产品。

企业申请生产许可证,应当符合下列条件:① 有营业执照;② 有与所生产产品相适应的专业技术人员;③ 有与所生产产品相适应的生产条件和检验检疫手段;④ 有与所生产产品相适应的技术文件和工艺文件;⑤ 有健全有效的质量管理制度和责任制度;⑥ 产品符合有关国家标准、行业标准以及保障人体健康和人身、财产安全的要求;⑦ 符合国家产业政策的规定,不存在国家明令淘汰和禁止投资建设的落后工艺、高耗能、污染环境、浪费资源的情况。

市场监管总局负责工业产品生产许可证统一管理工作。各省、自治区、直辖市工业产品生产许可证主管部门负责本行政区域内工业产品生产许可证监督管理工作,承担企业申请受理和部分列入实行生产许可证制度管理的产品目录的产品生产许可证审查、审批和后置现场审查工作。市、县级工业产品生产许可证主管部门负责本行政区域内生产许可证的监督管理工作。

生产许可证有效期为5年。生产许可证有效期届满,企业继续生产的,应当在生产许可证有效期届满6个月前向所在地省级工业产品生产许可证主管部门提出换证申请。

(四) 缺陷产品召回制度

缺陷产品召回制度是指产品的生产者或销售者在得知其生产或销售的某类产品存在危及消费者人身财产安全的缺陷时,依法将该类产品从市场上收回,并采取修正或者补充标识、修理、更换、退货等措施消除缺陷或降低、消除安全风险的制度。这一制度建立在潜在损害的基础上,在产品缺陷尚未对人身财产造成实际损害之前就实施召回,属于事前救济。在这一制度下,只要生产者发现产品存在缺陷,不论是否已对消费者造成损害,都应主动召回缺陷产品,否则,主管机关可责令其召回。生产者召回缺陷产品的,不免除其依法应当承担的责任。

缺陷产品召回制度中所谓缺陷,是指由于设计、制造、标识等原因导致的在同一批次、型号或者类别的产品中普遍存在的不符合国家标准、行业标准中保障人身、财产安全要求的情形或者其他危及人身、财产安全的不合理的危险。所谓召回,是指产品生产者对存在缺陷的产品采取措施消除缺陷或降低、消除安全风险的活动。

国务院 2012 年发布、2019 年修订的《缺陷汽车产品召回管理条例》、原国家质量监督检验检疫总局 2007 年发布的《食品召回管理规定》《药品召回管理办法》《儿童玩具召回管理规定》和 2015 年发布的《缺陷消费品召回管理办法》，明确规定了缺陷产品召回的范围及启动、实施和报告等制度。

1. 产品召回的启动程序

生产者获知产品可能存在缺陷的，应当立即组织调查分析，并如实向国务院市场监督管理部门报告调查分析结果。确认产品存在缺陷的，应当立即停止生产、销售、进口缺陷产品，并实施召回。国务院市场监督管理部门认为产品可能存在会造成严重后果的缺陷的，可以直接开展缺陷调查，调查认为产品存在缺陷的，也应当通知生产者实施召回。生产者认为其产品不存在缺陷的，可以在规定期限内向国务院市场监督管理部门提出异议，国务院市场监督管理部门应当组织有关专家进行论证、技术检测或者鉴定。生产者既不按照通知实施召回又不在规定期限内提出异议的，或者经国务院市场监督管理部门组织论证、技术检测或者鉴定确认产品存在缺陷的，国务院市场监督管理部门应当责令生产者实施召回，生产者应当立即停止生产、销售、进口缺陷产品，并实施召回。

2. 产品召回的实施安排

生产者实施召回，应当按照国务院市场监督管理部门的规定制定召回计划，并按照召回计划实施召回。对实施召回的缺陷产品，生产者应当及时采取修正或者补充标识、修理、更换、退货等措施消除缺陷或降低、消除安全风险。生产者应当承担消除缺陷的费用。国务院市场监督管理部门应当对召回实施情况进行监督，并组织与生产者无利害关系的专家对生产者消除缺陷的效果进行评估。

3. 产品召回的报告管理

生产者应当按照国务院市场监督管理部门的规定提交召回阶段性报告和召回总结报告。

（五）产品质量监督检查制度

国家对产品质量实行以抽查为主要方式的监督检查制度，对可能危及人体健康和人身、财产安全的产品、影响国计民生的重要工业产品以及消费者、有关组织反映有质量问题的产品进行抽查。抽查的样品应当在市场上或者企业成品仓库内的待销产品中随机抽取。监督抽查工作由国务院市场监督管理部门规划和组织。县级以上地方市场监督管理部门在本行政区域内也可以组织监督抽查。国家监督抽查的产品，地方不得另行重复抽查；上级监督抽查的产品，下级不得另行重复抽查。

根据监督抽查的需要，可以对产品进行检验。检验抽取样品的数量不得超过检验的合理需要，并不得向被检验人收取检验费用。监督抽查所需检验费用按照国务院规定列支，不得向企业收取。生产者、销售者对抽查检验的结果有异议的，可以自收到检验结果之日起15日内向实施监督抽查的市场监督管理部门或者其上级市场监督管理部门申请复检,由受理复检的市场监督管理部门作出复检结论。

依照《产品质量法》规定进行监督抽查的产品质量不合格的,由实施监督抽查的市场监督管理部门责令其生产者、销售者限期改正。逾期不改正的,由省级以上人民政府市场监督管理部门予以公告;公告后经复查仍不合格的,责令停业,限期整顿;整顿期满后经复查产品质量仍不合格的,吊销营业执照。同时,国务院和省、自治区、直辖市人民政府的市场监督管理部门应当定期发布其监督抽查的产品的质量状况公告。

（六）产品质量社会监督制度

产品质量的社会监督是指用户、消费者、保护消费者权益的社会组织以及新闻媒介等对产品质量实施的监督。根据《产品质量法》的规定,消费者有权就产品质量问题,向产品的生产者、销售者查询;向市场监督管理部门及有关部门申诉,接受申诉的部门应当负责处理。同时,保护消费者权益的社会组织也可以就消费者反映的产品质量问题建议有关部门负责处理,支持消费者对因产品质量造成的损害向人民法院起诉。

任何单位和个人有权对违反产品质量法的行为,向市场监督管理部门或者其他有关部门检举。市场监督管理部门和有关部门应当为检举人保密,并按照省、自治区、直辖市人民政府的规定给予奖励。

第三节　生产者、销售者的产品质量责任和义务

一、生产者的产品质量责任和义务

（一）保证产品的内在质量符合法律要求

生产者应当对其生产的产品质量负责,并保证产品的内在质量符合下列要求。

（1）不存在危及人身、财产安全的不合理的危险,有保障人体健康和人身、财产安全的国家标准、行业标准的,应当符合该标准。

（2）具备产品应当具备的使用性能,但是对产品存在使用性能的瑕疵作出说明的除外。

（3）符合在产品或者其包装上注明采用的产品标准,符合以产品说明、实物样品等方式表明的质量状况。

（二）保证产品或者包装上的标识符合法律要求

生产者应当保证其产品或者其包装上的标识必须真实,并符合下列要求。

（1）有产品质量检验合格证明。

(2) 有中文标明的产品名称、生产厂厂名和厂址。

(3) 根据产品的特点和使用要求,需要标明产品规格、等级、所含主要成分的名称和含量的,用中文相应予以标明;需要事先让消费者知晓的,应当在外包装上标明,或者预先向消费者提供有关资料。

(4) 限期使用的产品,应当在显著位置清晰地标明生产日期和安全使用期或者失效日期。

(5) 使用不当,容易造成本身损坏或者可能危及人身、财产安全的产品,应当有警示标志或者中文警示说明。裸装的食品和其他根据产品的特点难以附加标识的裸装产品,可以不附加产品标识。

(6) 易碎、易燃、易爆、有毒、有腐蚀性、有放射性等危险物品以及储运中不能倒置和其他有特殊要求的产品,其包装质量必须符合相应要求,依照国家有关规定作出警示标志或者中文警示说明,标明储运注意事项。

(三) 不得违反法律的禁止性规定

(1) 生产者不得生产国家明令淘汰的产品。

(2) 生产者不得伪造产地,不得伪造或者冒用他人的厂名、厂址。

(3) 生产者不得伪造或者冒用认证标志等质量标志。

(4) 生产者生产的产品,不得掺杂、掺假,不得以假充真、以次充好,不得以不合格产品冒充合格产品。

二、销售者的产品质量责任和义务

(一) 销售者应当建立进货检查验收制度

进货检查验收制度是指销售者根据同生产者或者其他供货者之间所订合同的有关约定,对购进的产品进行检查和验收的一项管理制度。销售者应当建立并执行进货检查验收制度,验明产品合格证明和其他标识,从而保证进货渠道的产品质量。

(二) 销售者应当保持销售产品的原有质量

销售者应当采取措施,保持销售产品的质量。也就是说,销售者通过采取一系列的保管措施,使销售产品的质量始终保持着生产者、供货者将产品交付给销售者时的质量状况,即进货时的质量状况,从而确保销售产品的质量符合法律要求。

(三) 销售者应当保证销售产品的标识符合法律要求

销售者销售的产品的标识应当符合《产品质量法》对生产者的产品或其包装上标识的法律要求,即产品或者其包装上的标识必须真实,并且符合有产品质量检验合格证明、有中文标明的产品名称、生产厂厂名和厂址等有关产品标识的法律要求。

(四) 销售者不得违反法律的禁止性规定

(1) 销售者不得销售国家明令淘汰并停止销售的产品和失效、变质的产品。

(2) 销售者不得伪造产地,不得伪造或者冒用他人的厂名、厂址。

(3) 销售者不得伪造或者冒用认证标志等质量标志。

(4) 销售者销售产品,不得掺杂、掺假,不得以假充真、以次充好,不得以不合格产品冒充合格产品。

第四节 违反产品质量法的法律责任

一、生产者、销售者违反产品质量法的法律责任

(一) 生产者、销售者违反产品质量法的民事责任

1. 产品瑕疵担保责任

产品瑕疵是指产品不具有良好的特征和特性,不符合明示采用的产品标准,或者不符合以产品说明、实物样品等方式表明的质量状况。但是,产品不存在危及人身、财产安全的不合理的危险。即产品瑕疵是指产品存在除危险性之外的其他质量问题。

产品瑕疵担保责任也称合同责任,是指销售者违反关于产品质量的保证和承诺,应当承担的违约责任。产品瑕疵担保责任是一种过错责任,其承担责任的条件是:① 销售者有过错;② 存在产品质量瑕疵的事实;③ 产品质量瑕疵与生产者、销售者的生产销售有因果关系。《产品质量法》第40条规定,售出的产品有下列情形之一的,销售者应当负责修理、更换、退货;给购买产品的消费者造成损失的,销售者应当赔偿损失:① 不具备产品应当具备的使用性能而事先未作说明的;② 不符合在产品或者其包装上注明采用的产品标准的;③ 不符合以产品说明、实物样品等方式表明的质量状况的。

遇到上述情况,销售者"先行负责"后,如果属于生产者的责任或者属于向销售者提供产品的其他销售者(以下简称供货者)的责任的,销售者有权向生产者、供货者追偿。销售者未按规定给予修理、更换、退货或者赔偿损失的,由市场监督管理部门责令改正。

生产者之间、销售者之间、生产者与销售者之间订立的买卖合同、承揽合同有不同约定的,合同当事人按照合同约定执行。

2. 产品缺陷赔偿责任

产品缺陷是指产品存在危及人身、他人财产安全的不合理的危险,包括设计上的缺陷、制造上的缺陷和指示上的缺陷。产品不符合保障人体健康和人身、财产安全的国家标准、行业标准的也属于产品缺陷。

产品缺陷赔偿责任也称侵权责任,是指因产品存在可能危及人身、财产安全的不

合理危险,造成消费者或者他人人身伤害或者除缺陷产品之外的其他财产损失后,缺陷产品的生产者、销售者应当依法承担的法律责任,又称产品责任。

(1) 产品缺陷责任的归责原则。产品缺陷责任是一种特殊侵权责任,其归责原则主要包括严格责任原则、过错责任原则和过错推定责任原则。

生产者承担产品缺陷责任时,按照严格责任原则(即无过错责任原则)承担民事赔偿责任。《产品质量法》第41条第1款对生产者承担无过错责任作了具体规定,即"因产品存在缺陷造成人身、缺陷产品以外的其他财产(以下简称他人财产)损害的,生产者应当承担赔偿责任"。根据严格责任原则,在产品缺陷责任中,只要缺陷产品对他人人身或财产造成了损害,即使产品的生产者主观上不存在过错,生产者也应承担民事赔偿责任,生产者不能以证明自己没有过错而主张免责,受害人也无须对生产者的过错承担举证责任。但是,对于产品存在缺陷以及产品缺陷与损害后果之间的因果关系,受害人应负有证明义务。当然,生产者的严格责任并不是绝对责任,并不意味着产品的生产者没有抗辩事由,他仍然可以依据法律规定的条款免除责任。对此,《产品质量法》第41条第2款规定:"生产者能够证明有下列情形之一的,不承担赔偿责任:① 未将产品投入流通的;② 产品投入流通时,引起损害的缺陷尚不存在的;③ 将产品投入流通时的科学技术水平尚不能发现缺陷的存在的。"

销售者承担产品缺陷责任时,按照过错责任原则和过错推定责任原则承担民事赔偿责任。根据《产品质量法》第42条的规定,由于销售者的过错使产品存在缺陷,造成人身、他人财产损害的,销售者应当承担赔偿责任。销售者不能指明缺陷产品的生产者也不能指明缺陷产品的供货者的,销售者应当承担赔偿责任。因此,在产品缺陷责任中,只有因销售者的过错致使其销售的产品存在缺陷,造成他人人身、财产损害时,销售者才承担损害赔偿责任。也就是说,销售者承担产品缺陷责任以其主观上有过错(包括故意和过失)为要件。如果销售者对产品缺陷无主观过错,则由生产者或者供货者承担损害赔偿责任,但是,当销售者不能指明缺陷产品的生产者或者供货者时,销售者则被推定为具有过错,按过错推定责任原则承担损害赔偿责任。

值得注意的是,从销售者与购买产品的消费者的关系上来看,如果因销售者的过错而造成产品存在缺陷,致使产品的消费者遭受人身、财产损害的,这时销售者与消费者之间既存在产品责任关系又存在合同责任关系,即产品责任与合同责任发生竞合。在这种情况下,当事人如果依据合同起诉,销售者则应承担违反合同的责任;如果依据侵权损害起诉,销售者则应承担侵权损害赔偿责任。但是,作为消费者只能依据其中一种方式进行诉讼。

(2) 产品缺陷责任的损害赔偿范围。产品缺陷责任的损害赔偿范围包括:① 人身伤害的损害赔偿。因产品存在缺陷造成受害人人身伤害的,侵害人应当赔偿医疗费、治疗期间的护理费、因误工减少的收入等费用;造成残疾的,还应当支付残疾者生活自助具费、生活补助费、残疾赔偿金以及由其抚养的人所必需的生活费等费用;造成受害人死亡的,并应当支付丧葬费、死亡赔偿金以及由死者生前抚养的人所必需的生活费等费用。② 财产损失的损害赔偿。因产品存在缺陷造成受害人财产损失的,侵害人应当恢复原状或者折价赔偿。受害人因此遭受其他重大损失的,侵害人应当赔偿损失。

(3) 产品缺陷责任的赔偿请求和诉讼时效。因产品存在缺陷造成人身、他人财产损害的,受害人可以向产品的生产者要求赔偿,也可以向产品的销售者要求赔偿。属于产品的生产者的责任,产品的销售者赔偿的,产品的销售者有权向产品的生产者追偿。属于产品的销售者的责任,产品的生产者赔偿的,产品的生产者有权向产品的销售者追偿。

因产品存在缺陷造成损害要求赔偿的诉讼时效期间为 2 年,自当事人知道或者应当知道其权益受到损害时起计算。因产品存在缺陷造成损害要求赔偿的请求权,在造成损害的缺陷产品交付最初消费者满 10 年丧失;但是,尚未超过明示的安全使用期的除外。

因产品质量发生民事纠纷时,当事人可以通过协商或者调解解决。当事人不愿通过协商、调解解决或者协商、调解不成的,可以根据当事人各方的协议向仲裁机构申请仲裁;当事人各方没有达成仲裁协议或者仲裁协议无效的,可以直接向人民法院起诉。

(二) 生产者、销售者违反产品质量法的行政责任和刑事责任

(1) 生产、销售不符合健康、安全标准产品的行政责任和刑事责任。生产、销售不符合保障人体健康和人身、财产安全的国家标准、行业标准的产品的,责令停止生产、销售,没收违法生产、销售的产品,并处违法生产、销售产品(包括已售出和未售出的产品)货值金额等值以上 3 倍以下的罚款;有违法所得的,并处没收违法所得;情节严重的,吊销营业执照;构成犯罪的,依法追究刑事责任。

(2) 掺杂掺假、以假充真、以不合格产品冒充合格产品的行政责任和刑事责任。生产者、销售者在产品中掺杂掺假,以假充真,以次充好,或者以不合格产品冒充合格产品的,责令停止生产、销售,没收违法生产、销售的产品,并处违法生产、销售产品(包括已售出和未售出的产品)货值金额 50% 以上 3 倍以下的罚款;有违法所得的,并处没收违法所得;情节严重的,吊销营业执照;构成犯罪的,依法追究刑事责任。

(3) 生产、销售国家明令淘汰产品的行政责任。生产国家明令淘汰的产品的,销售国家明令淘汰并停止销售的产品的,责令停止生产、销售,没收违法生产、销售的产品,并处违法生产、销售产品(包括已售出和未售出的产品)货值金额等值以下的罚款;有违法所得的,并处没收违法所得;情节严重的,吊销营业执照。

(4) 销售失效、变质产品的行政责任和刑事责任。销售失效、变质产品的,责令

停止销售,没收违法销售的产品,并处违法销售产品(包括已售出和未售出的产品)货值金额两倍以下的罚款;有违法所得的,并处没收违法所得;情节严重的,吊销营业执照;构成犯罪的,依法追究刑事责任。

(5)伪造产地、伪造或者冒用厂名厂址以及质量标志的行政责任。生产者、销售者伪造产品的产地的,伪造或者冒用他人的厂名、厂址的,伪造或者冒用认证标志等质量标志的,责令改正,没收违法生产、销售的产品,并处违法生产、销售产品(包括已售出和未售出的产品)货值金额等值以下的罚款;有违法所得的,并处没收违法所得;情节严重的,吊销营业执照。

(6)产品标识不符合法律要求的行政责任。产品标识不符合法律规定的,责令改正;有包装的产品标识不符合法律的有关规定,情节严重的,责令停止生产、销售,并处违法生产、销售产品(包括已售出和未售出的产品)货值金额30%以下的罚款;有违法所得的,并处没收违法所得。

(7)拒绝接受产品质量监督检查的行政责任。生产者、销售者拒绝接受依法进行的产品质量监督检查的,给予警告,责令改正;拒不改正的,责令停业整顿;情节特别严重的,吊销营业执照。

(8)隐匿、转移、变卖、损毁被查封、扣押的物品的行政责任。隐匿、转移、变卖、损毁被市场监督管理部门查封、扣押的物品的,处被隐匿、转移、变卖、损毁物品货值金额等值以上3倍以下的罚款;有违法所得的,并处没收违法所得。

另外,《产品质量法》还规定了销售者的从轻或减轻处罚情形、服务业的经营者承担行政责任的情形以及民事赔偿责任优先原则。《产品质量法》第55条规定:"销售者销售本法第49条至第53条规定禁止销售的产品,有充分证据证明其不知道该产品为禁止销售的产品并如实说明其进货来源的,可以从轻或者减轻处罚。"《产品质量法》第62条规定:"服务业的经营者将本法第49条至第52条规定禁止销售的产品用于经营性服务的,责令停止使用;对知道或者应当知道所使用的产品属于本法规定禁止销售的产品的,按照违法使用的产品(包括已使用和尚未使用的产品)的货值金额,依照本法对销售者的处罚规定处罚。"《产品质量法》第64条规定:"违反本法规定,应当承担民事赔偿责任和缴纳罚款、罚金,其财产不足以同时支付时,先承担民事赔偿责任。"

二、其他主体违反产品质量法的法律责任

(1)产品质量检验机构、认证机构伪造检验结果或者出具虚假证明的,责令改正,对单位处5万—10万元的罚款,对直接负责的主管人员和其他直接责任人员处1万—5万元的罚款;有违法所得的,并处没收违法所得;情节严重的,取消其检验资格、认证资格;构成犯罪的,依法追究刑事责任。产品质量检验机构、认证机构出具的

检验结果或者证明不实,造成损失的,应当承担相应的赔偿责任;造成重大损失的,撤销其检验资格、认证资格。产品质量认证机构违反产品质量法的规定,对不符合认证标准而使用认证标志的产品,未依法要求其改正或者取消其使用认证标志资格的,对因产品不符合认证标准给消费者造成的损失,与产品的生产者、销售者承担连带责任;情节严重的,撤销其认证资格。

(2) 各级人民政府工作人员和其他国家机关工作人员有下列情形之一的,依法给予行政处分;构成犯罪的,依法追究刑事责任:① 包庇、放纵产品生产、销售中违反产品质量法规定行为的;② 向从事违反产品质量法规定的生产、销售活动的当事人通风报信,帮助其逃避查处的;③ 阻挠、干预市场监督管理部门依法对产品生产销售中违反产品质量法规定的行为进行查处,造成严重后果的。

(3) 市场监督管理部门在产品质量监督抽查中超过规定的数量索取样品或者向被检查人收取检验费用的,由上级市场监督管理部门或者监察机关责令退还;情节严重的,对直接负责的主管人员和其他直接责任人员依法给予行政处分。

(4) 市场监督管理部门或者其他国家机关违反产品质量法的有关规定,向社会推荐生产者的产品或者以监制、监销等方式参与产品经营活动的,由其上级机关或者监察机关责令改正,消除影响,有违法收入的予以没收;情节严重的,对直接负责的主管人员和其他直接责任人员依法给予行政处分。产品质量检验机构有上述所列违法行为的,由市场监督管理部门责令改正,消除影响,有违法收入的予以没收,可以并处违法收入1倍以下的罚款;情节严重的,撤销其质量检验资格。

(5) 社会团体、社会中介机构对产品质量作出承诺、保证,而该产品又不符合其承诺、保证的质量要求,给消费者造成损失的,与产品的生产者、销售者承担连带责任。

(6) 市场监督管理部门的工作人员滥用职权、玩忽职守、徇私舞弊,构成犯罪的,依法追究刑事责任;尚不构成犯罪的,依法给予行政处分。

本章复习思考题

1. 试述产品质量认证与企业质量体系认证的主要区别。
2. 简述产品生产许可证制度和缺陷产品召回制度的含义。
3. 试论生产者、销售者的产品质量责任和义务。
4. 试论生产者、销售者违反产品质量法的民事责任。

第十二章　消费者权益保护法

第一节　消费者权益保护法概述

一、消费者的概念和特征

消费作为社会再生产的一个重要环节,是生产、交换、分配的目的与归宿,包括生产资料消费和生活资料消费两个方面。消费者是消费的主体,但无论是在经济学上还是在法学上,无论是国际惯例还是各国保护消费者权益的法律规定,一般都认为消费者主要是生活资料消费的主体。我国《消费者权益保护法》第2条规定:"消费者为生活需要购买、使用商品或者接受服务,其权益受本法保护;本法未作规定的,受其他有关法律、法规的保护。"因此,消费者是指为满足个人生活消费需要而购买、使用商品或者接受服务的自然人。

从上述定义可以归纳出消费者具有以下法律特征。

1. 消费者是购买、使用商品或者接受服务的自然人

消费者是指个人消费者,即对物质商品或者服务进行消耗的具有自然生命的社会个体成员。法人和其他社会组织不具有消费者的资格,因为生活消费的终极消费主体只能是自然人。当然,将消费者限定于自然人,并不否定法人和其他社会组织在其权利受到侵害时可以依据其他法律得到救济。

2. 消费者购买、使用商品或者接受服务是为满足个人生活需要

消费者作为自然人,购买、使用商品或者接受服务是为满足个人生活需要,即消费者的消费属于生活消费。为满足生产经营需要的生产消费属于企业或者单位的消费,不属于消费者个人的消费。当然,在特殊情况下,生产消费也属于消费者个人的消费,如农民购买、使用直接用于农业生产的生产资料属于消费者个人的消费。

3. 消费者的消费方式表现为购买、使用商品或者接受服务

消费者的消费方式包括购买、使用商品或者接受服务,即直接消费和间接消费。消费者本人购买、使用商品或者接受服务是一种直接消费行为,如果消费者购买的商品或者服务提供给他人使用或者消费的就是一种间接消费行为。无论是直接消费还是间接消费,都属于消费者个人的消费行为,因此,消费者既包括购买商品或者服务的人,也包括使用商品或者接受服务的人。

二、消费者权益保护法的概念和基本原则

(一) 消费者权益保护法的概念

消费者权益保护法是指调整在保护消费者权益过程中发生的经济关系的法律规范的总称。它在整个经济法律体系中占有重要地位，发挥着重要作用。

消费者权益保护法有其独特的调整对象，即在保护消费者权益过程中所发生的经济关系，主要表现在三个方面：① 消费者与经营者之间因购买、使用商品或者接受服务而形成的消费关系；② 国家与经营者之间因管理和规制所形成的监督管理关系；③ 国家与消费者之间因指导和服务所形成的保护关系。

我国于 1993 年 10 月 31 日第八届全国人大常会第 4 次会议通过了《消费者权益保护法》，并分别于 2009 年和 2013 年做了修正，使我国消费者权益在已有民法及其合同法、产品质量法、食品卫生法、药品管理法、标准化法、广告法、价格法、反不正当竞争法等相关法律保护的基础上，有了专门法律的保护。

(二) 消费者权益保护法的基本原则

1. 自愿、平等、公平、诚实信用原则

经营者与消费者交易，应当遵循自愿、平等、公平、诚实信用的原则。自愿原则是指消费者在购买、使用商品或者接受服务的过程中，充分自主地表达自己的真实意愿，在受胁迫、强迫、欺诈等情况下的交易都无效。平等原则是指消费者和经营者都享有独立的法律人格，在具体的交易活动中互不隶属，地位平等，各自都能独立地表达自己的意志。公平原则是指经营者和消费者之间的交易活动应当公平合理，既体现形式公平，也要求实质正义。诚实信用原则是指经营者和消费者进行交易应当诚实、守信，以善意的方式行使权利、履行义务，不得规避法律和双方的约定。

2. 国家保护原则

国家保护原则是指由国家对消费者提供特别法律保护的原则，即将消费者及其权益放到一个特殊的法律地位上加以特别保护。消费者与经营者之间的交易关系是平等地位的当事人之间所形成的契约买卖关系，双方在经济法律地位上是完全平等的，通过民事法律规范可以协调和保护双方的权利义务关系。随着现代经济的发展，经营者利润最大化与消费者效用最大化的目标冲突越来越突出，特别是经营者的垄断和不正当竞争行为的加剧，使消费者明显处于弱势地位，其合法权益最容易受到侵害。这是民事法律规范所解决不了或者解决不好的问题，因此，以国家为核心的公权力就应对消费者权益给予特殊保护，从而保障消费者基本人权的实现和经济社会的和谐稳定发展。我国《消费者权益保护法》明确规定，国家保护消费者合法权益不受侵害，国家采取措施，保障消费者依法行使权利，维护消费者的合法权益。

3. 社会保护原则

社会保护原则是指在国家对消费者提供特别保护的基础上将消费者权益保护扩大到全社会范围,动用一切社会力量,对经营者及其他可能或者实际侵害消费者权益的行为进行预防、控制、规范和监督。社会保护原则主要体现在社会各界对损害消费者权益的行为进行的社会监督,它包括消费者的监督、消费者组织的监督、大众传媒机构的监督以及一切与消费者权益有关的企事业、社会团体的监督。我国《消费者权益保护法》明确规定,保护消费者权益是全社会的共同职责,国家鼓励、支持一切组织和个人对损害消费者权益的行为进行社会监督。

第二节 消费者的权利和经营者的义务

一、消费者的权利

消费者的权利是指消费者在消费活动中,即在购买、使用商品和接受服务过程中依法享有的各项权利。我国《消费者权益保护法》在借鉴各国立法经验的基础上,明确规定了消费者所享有的十项权利。

1. 保障安全权

保障安全权是指消费者在购买、使用商品或接受服务时,依照法律规定或者合同约定所享有的生命健康和财产安全不受威胁、不受损害的权利。消费者有权要求经营者提供的商品和服务符合保障人身、财产安全的要求。

2. 知悉真情权

知悉真情权(知情权)是指消费者在购买、使用商品或接受服务时,享有知悉其购买、使用的商品或者接受的服务的真实情况的权利。消费者有权根据商品或者服务的不同情况,要求经营者提供商品的价格、产地、生产者、用途、性能、规格、等级、主要成分、生产日期、有效期限、检验合格证明、使用方法说明书、售后服务或者服务的内容、规格、费用等有关情况。

3. 自主选择权

自主选择权是指消费者在面临众多的商品和服务提供者时,享有自主选择商品或者服务的权利。消费者有权自主选择提供商品或服务的经营者,自主选择商品品种或者服务方式,自主决定购买或者不购买任何一种商品、接受或者不接受任何一项服务。消费者在自主选择商品或者服务时,有权进行比较、鉴别和挑选。

4. 公平交易权

公平交易权是指消费者在购买商品或接受服务时,有权获得质量保障、价格合理、计量正确等公平交易条件,有权拒绝经营者的强制交易行为。通过公平交易法对劣质销售、价格歧视、计量失度、强制交易等限制竞争和不正当竞争行为加以规制,保障消费者公平交易权的实现。

5. 依法求偿权

依法求偿权是指消费者因购买、使用商品或者接受服务受到人身、财产损害的,享有依法获得赔偿的权利。消费者因购买、使用商品或者接受服务受到人身、财产损害的,可以通过一定的方式求得相应的损害赔偿,而且消费者的民事求偿权由于倾斜保护的原则要比一般的民事赔偿更为全面。

6. 依法结社权

依法结社权是指消费者享有依法成立维护自身合法权益的社会组织的权利。消费者依法成立维护自身合法权益的社会组织,可以使消费者有组织地参加消费者保护工作,使消费者能够从分散、弱小走向集中和强大,并通过法律的力量来改变自己的弱势地位,与实力强大的经营者相对抗,以此来保护消费者自身的合法权益。

7. 获得知识权

获得知识权(接受教育权)是指消费者享有获得有关消费和消费者权益保护方面的知识的权利,以便能更好地维护自身的合法权益,使自己处于同经营者平等的地位。只有保障消费者的接受教育权,才能使消费者更好地掌握所需商品或者服务的知识和使用技能,以使其正确使用商品,提高自我保护意识。

8. 信息保护权

信息保护权是指消费者在购买、使用商品和接受服务时,享有个人信息依法得到保护的权利。经营者不得非法收集、使用消费者的个人信息,不得擅自泄露或者非法向他人提供消费者的个人信息。

9. 获得尊重权

获得尊重权是指消费者在购买、使用商品和接受服务时,享有其人格尊严、民族风俗习惯得到尊重的权利。经营者不得对消费者进行侮辱、诽谤,不得搜查消费者的身体及其携带的物品,不得侵犯消费者的人身自由。

10. 批评监督权

批评监督权是指消费者享有对商品和服务以及保护消费者权益工作进行批评监督的权利。消费者有权检举、控告侵害消费者权益的行为和国家机关及其工作人员在保护消费者权益工作中的违法失职行为,有权对保护消费者权益工作提出批评、建议。

上述十项权利是我国《消费者权益保护法》赋予消费者的基本权利。这些权利的实现,不但要依靠消费者自身积极主动地行使,而且还有赖于其他主体相关义务的履行,特别是经营者义务的履行。

二、经营者的义务

经营者的义务是指经营者在与消费者进行交易的过程中依法应当承担的各项义务。经营者的义务与消费者的权利相对应,消费者权利能否得以实现在很大程度上取决于经营者是否依法履行了其应尽的义务。《消费者权益保护法》根据我国经济生活的需要和可能,针对消费者权利的有关规定,明确规定了经营者的十一项义务。

1. 依法定或约定诚信经营的义务

其内容包括:(1)经营者向消费者提供商品或者服务,应当依照消费者权益保护法和其他有关法律、法规的规定履行义务。(2)经营者和消费者有约定的,应当按照约定履行义务,但双方的约定不得违背法律、法规的规定。(3)经营者向消费者提供商品或者服务,应当恪守社会公德,诚信经营,保障消费者的合法权益;不得设定不公平、不合理的交易条件,不得强制交易。

2. 接受消费者监督的义务

经营者应当听取消费者对其提供的商品或者服务的意见,接受消费者的监督。

3. 保障消费者人身和财产安全的义务

其内容包括:(1)经营者应当保证其提供的商品或者服务符合保障人身、财产安全的要求。对可能危及人身、财产安全的商品和服务,应当向消费者作出真实的说明和明确的警示,并说明和标明正确使用商品或者接受服务的方法以及防止危害发生的方法。宾馆、商场、餐馆、银行、机场、车站、港口、影剧院等经营场所的经营者,应当对消费者尽到安全保障义务。(2)经营者发现其提供的商品或者服务存在缺陷,有危及人身、财产安全危险的,应当立即向有关行政部门报告和告知消费者,并采取停止销售、警示、召回、无害化处理、销毁、停止生产或者服务等措施。采取召回措施的,经营者应当承担消费者因商品被召回支出的必要费用。

4. 提供真实信息的义务

其内容包括:(1)经营者向消费者提供有关商品或者服务的质量、性能、用途、有效期限等信息,应当真实、全面,不得作虚假或者引人误解的宣传。(2)经营者对消费者就其提供的商品或者服务的质量和使用方法等问题提出的询问,应当作出真实、明确的答复。(3)经营者提供商品或者服务应当明码标价。(4)经营者应当标明其真实名称和标记。租赁他人柜台或者场地的经营者,应当标明其真实名称和标记。(5)采用网络、电视、电话、邮购等方式提供商品或者服务的经营者以及提供证券、保险、银行等金融服务的经营者,应当向消费者提供经营地址、联系方式、商品或者服务的数量和质量、价款或者费用、履行期限和方式、安全注意事项和风险警示、售后服务、民事责任等信息。

5. 出具购货凭证和服务单据的义务

经营者提供商品或者服务,应当按照国家有关规定或者商业惯例向消费者出具发票等购货凭证或者服务单据;消费者索要发票等购货凭证或者服务单据的,经营者必须出具。

6. 保证商品和服务质量的义务

其内容包括:① 经营者应当保证在正常使用商品或者接受服务的情况下,其提供的商品或者服务应当具有的质量、性能、用途和有效期限;但消费者在购买该商品或者接受该服务前已经知道其存在瑕疵,且存在该瑕疵不违反法律强制性规定的除外。② 经营者以广告、产品说明、实物样品或者其他方式表明商品或者服务的质量状况的,应当保证其提供的商品或者服务的实际质量与表明的质量状况相符。

7. 履行"三包"及无理由退货的义务

其内容包括:(1)经营者提供的商品或者服务不符合质量要求的,消费者可以依照国家规定、当事人约定退货,或者要求经营者履行更换、修理等义务。没有国家规定和当事人约定的,消费者可以自收到商品之日起 7 日内退货;7 日后符合法定解除合同条件的,消费者可以及时退货,不符合法定解除合同条件的,可以要求经营者履行更换、修理等义务。依照前款规定进行退货、更换、修理的,经营者应当承担运输等必要费用。(2)经营者采用网络、电视、电话、邮购等方式销售商品,消费者有权自收到商品之日起七日内退货,且无须说明理由,但下列商品除外:① 消费者定作的;② 鲜活易腐的;③ 在线下载或者消费者拆封的音像制品、计算机软件等数字化商品;④ 交付的报纸、期刊。除前款所列商品外,其他根据商品性质并经消费者在购买时确认不宜退货的商品,不适用无理由退货。消费者退货的商品应当完好。经营者应当自收到退回商品之日起七日内返还消费者支付的商品价款。退回商品的运费由消费者承担;经营者和消费者另有约定的,按照约定。

8. 依法承担举证责任的义务

经营者提供的机动车、计算机、电视机、电冰箱、空调器、洗衣机等耐用商品或者装饰装修等服务,消费者自接受商品或者服务之日起六个月内发现瑕疵,发生争议的,由经营者承担有关瑕疵的举证责任。

9. 公平、合理利用格式条款的义务

这项义务主要包括两个方面的内容:经营者在经营活动中使用格式条款的,应当以显著方式提请消费者注意商品或者服务的数量和质量、价款或者费用、履行期限和方式、安全注意事项和风险警示、售后服务、民事责任等与消费者有重大利害关系的内容,并按照消费者的要求予以说明。经营者不得以格式条款、通知、声明、店堂告示等方式,作出排除或者限制消费者权利、减轻或者免除经营者责任、加重消费者责任等对消费者不公平、不合理的规定,不得利用格式条款并借助技术手段强制交易。

格式条款、通知、声明、店堂告示等含有前款所列内容的,其内容无效。

10. 合法、正当收集、使用信息的义务

这项义务主要包括四个方面的内容:

(1) 经营者收集、使用消费者个人信息,应当遵循合法、正当、必要的原则,明示收集、使用信息的目的、方式和范围,并经消费者同意。

(2) 经营者收集、使用消费者个人信息,应当公开其收集、使用规则,不得违反法律、法规的规定和双方的约定收集、使用信息。

(3) 经营者及其工作人员对收集的消费者个人信息必须严格保密,不得泄露、出售或者非法向他人提供。经营者应当采取技术措施和其他必要措施,确保信息安全,防止消费者个人信息泄露、丢失。在发生或者可能发生信息泄露、丢失的情况时,应当立即采取补救措施。

(4) 经营者未经消费者同意或者请求,或者消费者明确表示拒绝的,不得向其发送商业性信息。

11. 尊重消费者人格权的义务

经营者不得对消费者进行侮辱、诽谤,不得搜查消费者的身体及其携带的物品,不得侵犯消费者的人身自由。

第三节 消费者权益的法律保护

一、消费者权益的保护方式

目前,我国消费者权益的保护方式主要包括国家保护和社会保护两种方式。

(一) 国家对消费者合法权益的保护

国家应当保护消费者权益不受侵害,并应采取具体措施,保障消费者依法行使权利,维护其自身合法利益。根据我国《消费者权益保护法》的规定,国家对消费者合法权益的保护主要体现在以下5个方面。

(1) 国家制定有关消费者权益的法律、法规、规章和强制性标准,应当听取消费者和消费者协会等组织的意见。

(2) 各级人民政府应当加强领导,组织、协调、督促有关行政部门做好保护消费者合法权益的工作,落实保护消费者合法权益的职责。各级人民政府应当加强监督,预防危害消费者人身、财产安全行为的发生,及时制止危害消费者人身、财产安全的行为。

(3) 各级人民政府市场监督管理部门和其他有关行政部门应当依照法律、法规的规定,在各自的职责范围内,采取措施,保护消费者的合法权益。有关行政部门应当听取消费者和消费者协会等组织对经营者交易行为、商品和服务质量问题的意见,及时调查处理。消费者向有关行政部门投诉的,该部门应当自收到投诉之日起 7 个工作日内,予以处理并告知消费者。

(4) 有关行政部门在各自的职责范围内,应当定期或者不定期地对经营者提供的商品和服务进行抽查检验,并及时向社会公布抽查检验结果。有关行政部门发现并认定经营者提供的商品或者服务存在缺陷,有危及人身、财产安全危险的,应当立即责令经营者采取停止销售、警示、召回、无害化处理、销毁、停止生产或者服务等措施。

(5) 人民法院应当采取措施,方便消费者提起诉讼。对符合《民事诉讼法》起诉条件的消费者权益争议,必须受理,及时审理。

(二) 社会对消费者合法权益的保护

保护消费者合法权益是全社会的共同责任,国家鼓励、支持一切组织和个人对损害消费者合法权益的行为进行社会监督。

首先,大众传媒应当做好消费者权益的宣传工作,对损害消费者权益的行为进行有效的舆论监督。充分发挥广播、电视、报刊等大众传媒的作用,积极宣传消费者权益保护法,对侵犯消费者权益的行为予以揭露、批评,营造出良好的保护消费者权益的社会氛围。

其次,消费者协会和其他消费者组织应当充分发挥对商品和服务进行社会监督的职能,以切实保护消费者的自身权益。消费者协会和其他消费者组织是依法成立的对商品和服务进行社会监督的保护消费者合法权益的社会组织。消费者协会履行下列公益性职责:① 向消费者提供消费信息和咨询服务,提高消费者维护自身合法权益的能力,引导文明、健康、节约资源和保护环境的消费方式;② 参与制定有关消费者权益的法律、法规、规章和强制性标准;③ 参与有关行政部门对商品和服务的监督、检查;④ 就有关消费者合法权益的问题,向有关部门反映、查询,提出建议;⑤ 受理消费者的投诉,并对投诉事项进行调查、调解;⑥ 投诉事项涉及商品和服务质量问题的,可以委托具备资质的鉴定人鉴定,鉴定人应当告知鉴定意见;⑦ 就损害消费者合法权益的行为,支持受损害的消费者提起诉讼或者依照本法提起诉讼;⑧ 对损害消费者合法权益的行为,通过大众传播媒介予以揭露、批评。对侵害众多消费者合法权益的行为,中国消费者协会以及在省、自治区、直辖市设立的消费者协会可以向人民法院提起诉讼。

二、消费者权益争议的解决方式

消费者和经营者发生消费者权益争议的,可以通过下列方式解决。

(1) 与经营者协商和解。即消费争议发生后,消费者可以直接与经营者达成和解协议,解决消费纠纷。

(2) 请求消费者协会或者依法成立的其他调解组织调解。即通过消费者协会或者依法成立的其他调解组织,在查明事实、分清是非、明确责任的基础上进行自愿调解,解决消费纠纷。

(3) 向有关行政部门投诉。即消费争议发生后,消费者可以向工商、物价、商检、卫生等有关行政监督部门投诉,由有关行政监督部门根据各自的职权范围进行查处。

(4) 根据与经营者达成的仲裁协议,提请仲裁机构仲裁。即由争议双方根据达成的仲裁协议,将消费争议提交仲裁机构依法裁决,以解决消费纠纷。

(5) 向人民法院提起诉讼。即消费争议双方没有签订书面仲裁协议的,消费者可以直接向法院起诉,通过法院裁判来解决消费纠纷。

三、侵害消费者权益的法律责任

(一) 经营者承担法律责任的原则

经营者侵害消费者权益承担法律责任,一般以过错责任为原则,但法律、法规另有规定的除外。消费者对侵权的发生也有过错的,可以减轻经营者的法律责任。经营者因不可抗力而导致侵害消费者利益的,不承担法律责任。为了有效地保护消费者权益,《消费者权益保护法》还规定了经营者和其他赔偿主体之间的连带责任。

(1) 消费者在购买、使用商品时,其合法权益受到损害的,可以向销售者要求赔偿。销售者赔偿后,属于生产者的责任或者属于向销售者提供商品的其他销售者的责任的,销售者有权向生产者或者其他销售者追偿。消费者或者其他受害人因商品缺陷造成人身、财产损害的,可以向销售者要求赔偿,也可以向生产者要求赔偿。属于生产者责任的,销售者赔偿后,有权向生产者追偿。属于销售者责任的,生产者赔偿后,有权向销售者追偿。消费者在接受服务时,其合法权益受到损害的,消费者可以向服务者要求赔偿。

(2) 消费者在购买、使用商品或者接受服务时,其合法权益受到损害,因原企业分立、合并的,消费者可以向变更后承受其权利义务的企业要求赔偿。

(3) 使用他人营业执照的违法经营者,若其提供的商品或服务损害了消费者合法权益的,消费者可以直接向其要求赔偿,也可以向营业执照的持有人要求赔偿。

(4) 消费者在展销会、租赁柜台购买商品或者接受服务,其合法权益受到损害的,可以向销售者或者服务者要求赔偿。展销会结束或者柜台租赁期满后,也可以向展销会的举办者、柜台的出租者要求赔偿。展销会的举办者、柜台的出租者赔偿后,有权向销售者或者服务者追偿。

(5) 消费者通过网络交易平台购买商品或者接受服务,其合法权益受到损害的,可以向销售者或者服务者要求赔偿。网络交易平台提供者不能提供销售者或者服务者的真实名称、地址和有效联系方式的,消费者也可以向网络交易平台提供者要求赔偿;网络交易平台提供者作出更有利于消费者的承诺的,应当履行承诺。网络交易平台提供者赔偿后,有权向销售者或者服务者追偿。网络交易平台提供者明知或者应知销售者或者服务者利用其平台侵害消费者合法权益,未采取必要措施的,依法与该销售者或者服务者承担连带责任。

(6) 消费者因经营者利用虚假广告或者其他虚假宣传方式提供商品或者服务,其合法权益受到损害的,可以向经营者要求赔偿。广告经营者、发布者发布虚假广告的,消费者可以请求行政主管部门予以惩处。广告经营者、发布者不能提供经营者的真实名称、地址和有效联系方式的,应当承担赔偿责任。广告经营者、发布者设计、制作、发布关系消费者生命健康商品或者服务的虚假广告,造成消费者损害的,应当与提供该商品或者服务的经营者承担连带责任。社会团体或者其他组织、个人在关系消费者生命健康商品或者服务的虚假广告或者其他虚假宣传中向消费者推荐商品或者服务,造成消费者损害的,应当与提供该商品或者服务的经营者承担连带责任。

(二) 经营者承担法律责任的形式

根据《消费者权益保护法》的规定,经营者由于违法的情节、性质不同,分别或者同时承担民事责任、行政责任和刑事责任。

(1) 经营者提供商品或服务侵害消费者权益的民事责任。经营者提供商品或者服务有下列情形之一的,除《消费者权益保护法》另有规定外,应当依照其他有关法律、法规的规定,承担民事责任:① 商品存在缺陷的;② 不具备商品应当具备的使用性能而出售时未作说明的;③ 不符合在商品或者其包装上注明采用的商品标准的;④ 不符合商品说明、实物样品等方式表明的质量状况的;⑤ 生产国家明令淘汰的商品或者销售失效、变质的商品的;⑥ 销售的商品数量不足的;⑦ 服务的内容和费用违反约定的;⑧ 对消费者提出的修理、重作、更换、退货、补足商品数量、退还货款和服务费用或者赔偿损失的要求,故意拖延或者无理拒绝的;⑨ 法律、法规规定的其他损害消费者权益的情形。经营者对消费者未尽到安全保障义务,造成消费者损害的,应当承担侵权责任。

(2) 经营者提供商品或者服务,造成消费者或者其他受害人人身伤残或者死亡的民事责任。经营者提供商品或者服务,造成消费者或者其他受害人人身伤害的,应当赔偿医疗费、护理费、交通费等为治疗和康复支出的合理费用,以及因误工减少的收入。造成残疾的,还应当赔偿残疾生活辅助具费和残疾赔偿金。造成死亡的,还应当赔偿丧葬费和死亡赔偿金。经营者明知商品或者服务存在缺陷,仍然向消费者提供,造成消费者或者其他受害人死亡或者健康严重损害的,受害人有权要求经营者依照前述规定赔偿损失,并有权要求所受损失两倍以下的惩罚性赔偿。

(3) 经营者侵害消费者的人格尊严、人身自由及信息保护的民事责任。经营者侵害消费者的人格尊严、侵犯消费者人身自由或者侵害消费者个人信息依法得到保护的权利的,应当停止侵害、恢复名誉、消除影响、赔礼道歉,并赔偿损失。经营者有侮辱诽谤、搜查身体、侵犯人身自由等侵害消费者或者其他受害人人身权益的行为,造成严重精神损害的,受害人可以要求精神损害赔偿。

(4) 经营者提供商品或者服务,造成消费者财产损害的民事责任。经营者提供商品或者服务,造成消费者财产损害的,应当依照法律规定或者当事人约定承担修理、重作、更换、退货、补足商品数量、退还货款和服务费用或者赔偿损失等民事责任。

(5) 经营者以预收款方式提供商品或者服务,违反约定的民事责任。经营者以预收款方式提供商品或者服务的,应当按照约定提供。未按照约定提供的,应当按照消费者的要求履行约定或者退回预付款;并应当承担预付款的利息、消费者必须支付的合理费用。

(6) 经营者销售不合格商品的民事责任。依法经有关行政部门认定为不合格的商品,消费者要求退货的,经营者应当负责退货。

(7) 经营者欺诈行为的惩罚性赔偿责任。经营者提供商品或者服务有欺诈行为的,应当按照消费者的要求增加赔偿其受到的损失,增加赔偿的金额为消费者购买商品的价款或者接受服务的费用的 3 倍;增加赔偿的金额不足 500 元的,为 500 元。法律另有规定的,依照其规定。

(8) 经营者侵害消费者权益的行政责任。经营者有下列情形之一的,除承担相应的民事责任外,其他有关法律、法规对处罚机关和处罚方式有规定的,依照法律、法规的规定执行;法律、法规未作规定的,由市场监督管理部门或者其他有关行政部门责令改正,可以根据情节单处或者并处警告、没收违法所得、处以违法所得 1 倍以上 10 倍以下的罚款,没有违法所得的,处以 50 万元以下的罚款;情节严重的,责令停业整顿、吊销营业执照:① 提供的商品或者服务不符合保障人身、财产安全要求的;② 在商品中掺杂、掺假,以假充真,以次充好,或者以不合格商品冒充合格商品的;③ 生产国家明令淘汰的商品或者销售失效、变质的商品的;④ 伪造商品的产地,伪造或者冒用他人的厂名、厂址,篡改生产日期,伪造或者冒用认证标志等质量标志的;⑤ 销售的商品应当检验、检疫而未检验、检疫或者伪造检验、检疫结果的;⑥ 对商品或者服务作虚假或者引人误解的宣传的;⑦ 拒绝或者拖延有关行政部门责令对缺陷商品或者服务采取停止销售、警示、召回、无害化处理、销毁、停止生产或者服务等措施的;⑧ 对消费者提出的修理、重作、更换、退货、补足商品数量、退还货款和服务费用或者赔偿损失的要求,故意拖延或者无理拒绝的;⑨ 侵害消费者人格尊严、侵犯消费者人身自由或者侵害消费者个人信息依法得到保护的权利的;⑩ 法律、法规规定的对损害消费者权益应当予以处罚的其他情形。经营者具有上述十种情形的,除依照法律、法规规定予以处罚外,处罚机关应当记入信用档案,向社会公布。经营者违反《消费者权益保护法》规定,应当承担民事赔偿责任和缴纳罚款、罚金,其财产不足以同时支付的,先承担民事赔偿责任。

（9）经营者侵害消费者权益的刑事责任。经营者违反《消费者权益保护法》规定提供商品或者服务,侵害消费者合法权益,构成犯罪的,依法追究刑事责任。以暴力、威胁等方法阻碍有关行政部门工作人员依法执行职务的,依法追究刑事责任;拒绝、阻碍有关行政部门工作人员依法执行职务,未使用暴力、威胁方法的,由公安机关依照《治安管理处罚法》的规定处罚。

本章复习思考题

1. 简述消费者的权利。
2. 简述经营者的义务。
3. 试述经营者承担法律责任的原则和形式。

第五编

市场调控法律制度

第十三章 金融法

第一节 金融法概述

一、金融的概念及分类

(一) 金融的概念与范围

所谓金融,即货币资金的融通,一般是指与货币流通、银行信用及其他信用有关的经济活动的总称。

金融以货币为对象,广泛存在于商品经济条件下的社会生活中,如货币的发行、流通和回笼,存款的吸收与支付、贷款的发放与收回、票据的承兑与贴现、银行同业拆借,金银和外汇的买卖、国内、国际的货币收付与结算、股票、债券等有价证券的发行与交易、金融信托、融资租赁、保险等活动,均属于金融的范畴。

(二) 金融的分类

(1) 按照金融活动的具体类别的不同,金融可分为广义金融与狭义金融。金融业是个涵盖范围较为广泛的行业,大体包括银行业、证券业、保险业、信托业,由该四业构成的金融为广义金融,而狭义金融则仅指银行业。

(2) 金融依其是否通过中介来进行,可分为直接金融与间接金融。直接金融是融资主体(即资金供求双方当事人:投资人与筹资人,下同)之间直接进行或者通过金融经纪机构(投资银行,亦即证券商)代理所进行的资金融通活动,如发行/认购股票、债券、基金券等有价证券;间接金融是融资主体通过银行或非银行金融机构作为中介所进行的资金融通活动,如储蓄、信贷、同业拆借、票据贴现、外汇买卖以及结算、汇兑、金融信托、融资租赁等。直接金融的资金供求双方相互融资,投资人与筹资人之间直接形成债权债务关系或者所有权关系;而间接金融的资金的供求双方则均须通过银行等金融机构的特定业务进行融资,投资人和筹资人分别与作为融资中介的金融机构形成债权债务关系,即:投资人将其资金以收回本金并取得利息或获取其他收益为条件,以储蓄、信托等方式交存于金融机构,形成投资人(存款人、托管人)与金融机构(融资人)之间的债权债务关系;金融机构则以资金供应者身份,将所集资金以偿还本金并支付利息等为条件,以贷款、贴现等形式发放给资金使用人,形成金融机构与筹资人之间的债权债务关系。

传统的金融以间接金融为主导,且以银行信用为基本形式。这种专业化的间接融资较之原始的高利贷信用大大提高了资金使用的效益性和安全性。20世纪50年代以来,随着第三次科学技术革命的兴起和后工业社会的到来以及战后西方各国经济的恢复与发展,产业界对资金的需求量和流动性要求越来越高,普通公民的金融投资意识也日益增强,间接融资的成本与风险也越来越大。因此,越来越多的企业通过发行股票和债券的方式从市场上直接筹资,大大提高了筹资的规模、速度和效益,分散了融资风险。从目前的总体情况看,在发达的市场经济国家,直接金融占有很大的比重,有些甚至已经发展到与间接金融旗鼓相当的地步;而在发展中国家和经济落后国家,一般仍以间接金融为主。直接金融与间接金融相结合,共同构成了现代金融市场。金融市场作为市场经济体系下的一个重要的要素市场,在我国业已逐步得以建立,并且也经过了一个从单一间接金融到间接金融与直接金融并存的发展历程而日趋成熟。

金融市场不仅具有一般市场自身不可克服的自发性、盲目性和滞后性等缺陷,更重要的是该市场具有较高的风险性。为防范和化解金融风险,国家必须对金融市场的运行进行干预并将其纳入法治化轨道,以确立和维护金融市场的秩序,保障金融活动的效率与安全。在金融法治化进程中,对直接金融的法律规制主要是通过证券法来实现的,该法的内容已在本书第九章论及,此处不再重述;另外,在规制金融业的法律依据中,有关保险法和票据法的内容也已分别在本书的第十章和第十一章介绍,本章也不再述;本章的介绍仅限于规范间接金融和银行业的主要法律制度。

二、金融法的概念与体系

（一）金融法的概念与调整对象

金融法是调整金融关系的法律总称。作为金融法调整对象的金融关系,即货币融通和信用活动中所发生的社会关系,包括金融交易关系、金融调控关系和金融监管关系。

所谓金融交易关系,主要是指各种金融市场主体之间发生的金融商品交易和资金往来关系,包括金融机构相互之间、金融机构与其客户之间的关系。所谓金融调控关系,是指国家的中央银行及政策性银行利用货币政策工具或者通过金融业务对金融市场进行干预、协调和控制的关系。所谓金融监管关系,主要是指政府金融主管机关对金融机构及金融市场活动的监督管理的关系。

（二）金融法的体系

基于金融法调整对象的广泛性,金融法必然是一个较为庞大的法律规范体系。通常认为:广义金融法包括银行业法、证券法、期货法、保险法、票据法、金融信托法、融资租赁法、金融监管法等;狭义金融法则仅指关于银行业的专门法,包括中央银行法、政策性银行法、商业银行法、非银行金融机构法、货币法(含本币法与外汇法)、银行业监督管理法等。基于金融法的调整对象的性质的不同,可将其分为金融交易(业务)法、金融调控法与金融监管法[①]。

三、我国的金融体制改革与金融立法

中华人民共和国成立后30多年,由于实行单一计划经济体制,金融市场一度缺失,成立于1948年12月1日的中国人民银行作为新中国唯一的金融机构,长期承载着金融管理与金融业务、政策性金融与商业性金融等多种金融职能。1983年,为适应经济体制改革初期的金融活动的需要,国家成立了中国工商银行,将工商信贷业务从中国人民银行分出,中国人民银行开始专门行使中央银行的职能。1993年12月,国务院作出了《关于金融体制改革的决定》,提出了我国金融体制改革的总体目标:建立在国务院领导下,独立执行货币政策的中央银行宏观调控体系;建立政策性金融与商业性金融分离,以国有商业银行为主体、多种金融机构并存的金融组织体系;建立统一开放、有序竞争、严格管理的金融市场体系。

围绕着金融体制改革目标的实现,我国进行了系统性的金融立法,其中,关于银行业的法律主要包括1995年3月18日第八届全国人大第3次会议通过的《中国人民银行法》(2003年修正)、1995年5月10日第八届全国人大常委会第13次会议通过的《商业银行法》(分别于2003年、2015年修正)、2001年4月28日第九届全国人大常委会第21次会议通过的《信托法》、2003年12月27日第十届全国人大常委会第6次会议通过的《银行业监督管理法》(2006年修正)等。此外,还有国务院、中国人民银行、中国银行业监督管理委员会等颁行的一系列有关行政法规和规章。

四、我国金融法的基本原则

1. 统一监管、管营分离原则

统一监管是指国家设置统一的金融监督管理机构,对全国金融业实行统一监督管理。监管机构对金融市场实行独立的、严格的监管,不受其他政府机关、经济组织和个人的非法干涉。管营分离即管理金融与经营金融业务分离,具体是指金融管理机构专司金融调控与监督管理职责,不再从事一般商业性金融业务;各类金融机构在法律、法规和统一的金融方针政策允许范围内开展金融业务活动,享有经营自主权。管营分离是政企职责分开在金融领域内的具体体现。

2. 政策性金融与商业性金融区分原则

该原则是指将银行区分为商业性银行和政策性银行,并将其分别置于金融的竞

---

① 本章表述内容取狭义金融法,且仅及金融调控法与金融监管法。

争领域和非竞争领域。商业银行以营利为目的,按照效益性、安全性、流动性的经营原则依市场规律运营,参与金融市场的竞争,开展金融创新,从而活跃和繁荣金融市场;而政策性银行由国家根据需要设立,专为贯彻国家产业政策和实现宏观调控目标而开展金融业务,不以营利为目的,不得与商业银行竞争。政策性银行与商业银行的分离,既拓展了金融机构的种类和金融宏观调控的渠道,也是我国财政投、融资体制的创新与完善。

3. 分业经营、分业管理的原则

该原则是指银行业、信托业、证券业、保险业四业分别独立经营、分类进行监管;银行业不得兼营其他金融业。实行该原则的目的在于促进金融各业的专业化经营与专门化管理,有效隔离各业间的风险和防范系统性风险。尽管该原则在实践中已有突破,但由于现阶段我国金融市场还不够成熟,间接融资在全国融资格局中仍占较大权重,而且金融机构内部控制风险能力尚不能适应业务交叉经营的要求,金融监管也缺乏经验,因此我国现行的金融法律、法规均仍坚持将其作为一般原则,而对混业经营则作为"国家另有规定的除外"情况。

4. 加强和完善国家金融宏观调控的原则

该原则体现在通过立法明确中国人民银行的法律地位、赋予其中央银行的职能,通过其独立制定和实施货币政策、运用间接的、经济的手段来调节金融供求关系,进而影响市场经济总量的平衡,实现稳定币值、促进经济增长的目标。同时,明确政策性银行的业务范围与规则,辅助国家金融宏观调控目标的实现。

5. 保障金融安全、防范和化解金融风险的原则

金融业的高风险使该原则成为金融立法的核心原则,在《商业银行法》所确立的三大经营原则中,安全性被置于首位,足见该原则的重要性。金融安全在微观层面上表现为金融机构业务的正常运行和投资者(债权人)合法权益的切实保障,在宏观层面上则表现为金融业的安全运营及整个社会经济生活的稳定有序。而金融安全是通过对金融风险的有效防范和化解而实现的。因此,防范和化解金融风险的原则,贯穿于金融立法、执法、守法的始终,现行法律规定中的许多措施均关乎金融的安全与避险,如有关存款准备金、备用金、资本充足比例、流动资金比例、分业经营、审慎经营、业务核准等规定,都是为了确保银行经营的安全,保护存款人的利益,保证金融市场的稳定。当然,金融风险具有客观性和不测性,金融法的主旨并不是要消灭所有的金融风险,而是要将金融风险控制在一定的范围内。

6. 提高金融效率,维护投资者(债权人)合法权益的原则

金融市场的主体都是逐利者,高效有序的运营是其实现筹资成本最低化、投资收益最大化的根本前提,金融法的宗旨恰恰是通过对金融机构及其金融业务的制度安排和对金融监督管理者自身行政行为的制度安排,消除市场障碍,营造一个高效有序

的市场环境,实现和协调各种利益主体的关系,特别是强调对金融机构客户合法权益的保护。

7. 立足本国国情、参照国际惯例原则

随着世界经济一体化和我国对外开放进程的加快,外资金融机构将大量涌入,我国的金融业也将越来越多地参与到国际金融活动中去。一方面,我国的金融立法要大胆地借鉴市场经济国家中的金融立法的成功经验,采用国际金融的通行惯例,培养和发育外向型的金融市场;另一方面,又要从我国的基本国情出发,从维护国家主权和促进本国经济的发展入手,对涉外金融活动施以必要的监管。我国的《银行业监督管理法》已作了初步尝试,该法借鉴吸收了巴塞尔银行监管委员会制定的《有效银行监管核心原则》,将以往对银行业金融机构的单一合规监管改变为合规监管和风险监管并重,重点规定了完善监管制度、强化监管手段方面的内容;并对建立银行业突发风险的发现、报告和处置制度等方面的内容也作了明确规定。

第二节 金融调控法

一、金融调控机制及其特点

金融调控当然意指金融宏观调控,是指国家通过运用各种金融工具和金融杠杆调节货币供给总量和结构,在全社会配置货币资金,进而调控国民经济运行和增长总量,以保持经济总量的基本平衡,促进经济结构优化,引导国民经济持续、快速、健康发展的活动。

在现代市场经济条件下,金融除了保有其调剂资金余缺、灵活融通资金的固有功能外,其宏观经济调控的功能愈发显现和重要,因而已成为现代市场经济国家进行宏观经济调控的主要手段之一。金融宏观调控的功能主要体现在,国家通过对整个社会货币供应量以及货币资金融通结构等的调节和控制,维护货币资金流通与融通的正常秩序,保障货币供应规模和货币资金融通价格符合经济运行和经济增长合理状况的需要,从而促进和引导国民经济朝着国家所希望的方向和轨道运行。

通常,计划、财政、金融被认为是构成国家宏观经济调控体系的三大基本板块,比较而言,金融市场的宏观调控手段具有以下显著特点。

1. 关键性

金融宏观调控是调节社会总需求与总供给平衡的最有效的手段。这是由货币信用与社会生产和流通之间的相互作用所决定的。一方面,社会生产的规模和流通的速度对货币信用起着决定性的作用;另一方面,货币信用对生产和流通又起能动的反作用,国家可以通过金融工具和金融杠杆调节总需求,而总需求又能够通过市场机制和产业联系影响社会的总供给,从而实现总需求和总供给的大体平衡。由于实现社会总需求与总供给的平衡是任何一个国家进行宏观调控要达到的总目标,因此金融宏观调控的上述特点使它处于宏观经济调控总开关的重要地位且无可取代。

2. 灵敏性

金融宏观调控是最为灵敏的国家"相机抉择"手段。依据市场失灵和国家干预理论,市场调节无法解决社会产品总供给和总需求的失衡,国家必须运用灵活的经济政策来积极干预,即通过计划、财政、金融、价格等经济手段或刺激需求、减少供给,或抑制需求、增加供给,即所谓"相机抉择"。与其他干预措施相比,金融干预具有决策及时、反应灵敏、收效迅速等优势和特点。

3. 系统性

金融宏观调控是最具系统性、关联性和影响力的一种宏观调控手段。一方面,金融宏观调控具有极强的传导效应,一项针对某一产业的货币政策的或宏观调控措施的采用,不仅影响该产业的相关因素,而且会迅速传递到其他产业而产生连锁反应;另一方面,随着世界经济一体化和全球化的演进,各国货币政策的自主性趋于弱化,使其货币政策和金融宏观调控手段的运用越来越多地受到国际因素的影响和牵连。因此,金融宏观调控无疑是一种系统性强、关联度大、影响面广的宏观调控手段。

二、中央银行的金融宏观调控法律制度

授权中央银行实施金融宏观调控是市场经济国家通行的做法,我国也通过《中国人民银行法》赋予了中央银行代表国家实施金融宏观调控的职责。该法第1条开宗明义:"为了确立中国人民银行的地位,明确其职责,保证国家货币政策的正确制定和执行,建立和完善中央银行宏观调控体系,维护金融稳定,制定本法。"

(一) 中国人民银行的地位与职能

中国人民银行是中华人民共和国的中央银行。所谓中央银行,是指一个国家或一个区域内负责制定和执行金融政策、管理特定金融事业、调节和控制货币流通及信用活动的政府职能机构。中国人民银行的全部资本由国家出资,属于国家所有。

中央银行的职能通常有三,即发行的银行、国家的银行、银行的银行。首先,中央银行统一控制管理全国的货币发行,并享有货币发行垄断权,而且发行的货币为国内唯一的法定货币,故称"发行的银行";其次,中央银行代理国库,对政府融通资金,是国家财政支出的最后支持者,故称"国家的银行";再次,中央银行主要以商业银行为贷款对象,不对企业和个人办理具体信贷和结算业务,是最后贷款人,故称"银行的银行。"

(二) 中国人民银行法定职责

中国人民银行在国务院领导下,制定和执行货币政策,防范和化解金融风险,维护金融稳定。其具体职责是:发布与履行其职责有关的命令和规章;依法制定和执

行货币政策;发行人民币,管理人民币流通;监督管理银行间同业拆借市场和银行间债券市场;实施外汇管理,监督管理银行间外汇市场;监督管理黄金市场;持有、管理、经营国家外汇储备、黄金储备;经理国库;维护支付、清算系统的正常运行;指导、部署金融业反洗钱工作,负责反洗钱的资金监测;负责金融业的统计、调查、分析和预测;作为国家的中央银行,从事有关的国际金融活动;国务院规定的其他职责;为执行货币政策而从事法定金融业务活动。

(三) 中国人民银行的宏观调控机制

1. 货币政策及其目标

货币政策是中央银行为实现其特定的经济目标而采用的各种控制和调节货币供应量或信用量的方针和策略的总称。货币政策包括信贷政策、利率政策和外汇政策,是中央银行实施宏观经济调控的基本形式。作为一种调节社会总需求间接性的宏观经济政策,货币政策本身并不是法律。但是,制定和实施货币政策是法律赋予中央银行的一项权力,必须在法律的框架内运作,因此各国一般都以法律形式明确规定中央银行宏观调控所要实现的货币政策目标。

中央银行的货币政策目标即其宏观调控目标,通常有四,即稳定货币、充分就业、促进经济增长和平衡国际收支。各国可视具体情况确定其一作为单一目标,也可确定其两个以上作为复合目标。我国选择的是后者,《中国人民银行法》第3条规定:"货币政策目标是保持货币币值的稳定,并以此促进经济增长。"

2. 货币政策工具

货币政策工具是中央银行对货币、信用活动进行调节和控制,实现预期的货币政策目标而须采取的措施或手段。《中国人民银行法》规定,中国人民银行为执行货币政策,可以运用下列货币政策工具。

(1) 要求银行业金融机构按照规定的比例交存存款准备金。法定存款准备金是指商业银行依法按收取的存款额的一定比例交存中央银行的存款。存款准备金与存款额之比为存款准备金率。中央银行可以在法律赋予的权限范围内规定或调整商业银行交存中央银行的存款准备金率,从而影响和控制商业银行的信用创造能力,间接地控制社会货币的供应量。

(2) 确定中央银行基准利率。基准利率是指利率体系中起主导作用的基础利率,它的水平和变动决定其他各种利率的水平和变化。中央银行通过确定和调整基准利率来实现紧缩或者放松银根的目的。

(3) 为在中国人民银行开立账户的银行业金融机构办理再贴现。再贴现是在贴现基础上的融资行为。贴现是指票据持有人为获取现金通过贴付一定利息的办法将未到期票据转让给银行业金融机构,再贴现则是指银行业金融机构将其贴现业务获得的未到期票据转让给中央银行以获取现金的行为。再贴现手段有两方面的调控作用:一是通过调整再贴现率,影响金融机构准备金和货币供求,达到调节货币供应量的目的;二是通过规定再贴现条件,对资金流向施加影响。

(4) 向商业银行提供再贷款。再贷款是指中央银行对商业银行的贷款。通过再贷款控制和调节商业银行的信贷活动,从而控制和调节货币供应量和信用总量(中国人民银行可以决定对商业银行贷款的数额、期限、利率和方式,但贷款的期限不得超过1年)。

(5) 在公开市场上买卖国债、其他政府债券和金融债券及外汇。中央银行买入证券或外汇,意味着向金融体系注入基础货币,相当于增加了货币投放,放松了银根;反之,中央银行卖出有价证券,则意味着基础货币从金融体系流回中央银行,增加货币回笼,银根收紧,货币供应量减少。

(6) 国务院确定的其他货币政策工具。这是指中央银行为了对个别商业银行的信用活动或整个银行体系的某种信用活动进行调控而采用的选择性货币政策工具,包括有价证券信用控制、消费信用控制、不动产信用控制、优惠利率等。

(四) 中国人民银行的其他业务及规则

中国人民银行的其他业务有:依法经理国库;可以代理国务院财政部门向各金融机构组织发行、兑付但不得直接认购、包销国债和其他政府债券;可以根据需要,为银行业金融机构开立账户,但不得对银行业金融机构的账户透支,也不得对政府财政透支;组织或者协助组织银行业金融机构相互之间的清算系统,协调银行业金融机构相互之间的清算事项,提供清算服务。

另外,中国人民银行不得向地方政府、各级政府部门提供贷款,不得向非银行金融机构以及其他单位和个人提供贷款(但国务院决定中国人民银行可以向特定的非银行金融机构提供贷款的除外),不得向任何单位和个人提供担保。

三、政策性银行法的金融宏观调控法律制度

(一) 政策性银行的概念、特点

政策性银行是指由国家创立、参股或保证的,不以营利为目的,专门为贯彻、配合国家社会经济政策或经济意图而经营政策性贷款业务的金融机构。政策性银行基于贯彻国家产业政策、调控宏观经济的需要而设立,是普遍存在于现代市场经济国家的辅助性的金融宏观调控主体。

政策性银行具有以下主要特点。

(1) 政策性银行由国家单独或者参与出资创办,属于国家的机构。我国政策性银行的注册资本均由财政部核拨。

(2) 政策性银行主要从事贷款业务,不吸收存款。政策性银行的信贷资金来源也有特殊性,即以国家财政拨款或贷款为基础,同时以发行金融债券等方式向国内外筹集资金。

（3）政策性银行不以营利为目的，而以贯彻执行国家经济政策为己任。政策性银行实行自担风险，保本经营的原则，不与商业银行竞争。

（二）政策性银行的宏观调控职能

1. 政策性工具职能

政策性银行从社会公共利益出发，按照政府的经济政策意图从事投融资活动，充当政府贯彻产业政策和区域政策等经济政策的工具。政策性银行作为政府扶植型银行，承担执行国家产业政策和区域开发政策的使命，以其所控资金向国家急需发展的基础设施、基础产业以及国家为实现区域经济梯度整合而计划开发的地区提供长期、低利融资。

2. 引导投资职能

政策性银行依照政府政策意图对某些产业放款扶持，反映了政府经济发展的长期目标，从而引导商业银行的投资方向，增强商业银行机构的投资信心。然而，一旦商业银行参与这些产业投资而形成商业竞争态势，政策性银行即应减少和退出投资，转而扶植其他新的产业，开始新一轮回。

3. 补充与完善投资职能

市场机制对投融资的调节是第一位的，但不是万能的。在某些市场主体不愿进入或者依靠市场机制的自发作用得不到有效调节而又有待开发的领域，政策性银行的投融资起着重要的"拾遗补缺"的作用。例如，对技术、市场风险较高的领域、投资回收期长、收益低的项目等进行融资，可以填补投资盲点，实现投资结构以至产业结构的合理布局，促进经济和社会的协调发展。

4. 专业服务与参谋职能

政策性银行一般是专业性银行，在其服务的领域内积累了丰富的实践经验和专业技能，聚集了一大批精通业务的专业技术人才，可以为企业提供各方面的金融和非金融服务，也可以充当政府经济政策或产业政策的参谋，以优化金融调控。

（三）我国政策性银行的种类及运营规则

我国的政策性银行始建于20世纪90年代。1993年12月25日国务院发布的《关于金融体制改革的决定》中，提出深化金融改革，组建政策性银行，据此，国家先后组建了中国国家开发银行、中国进出口银行和中国农业发展银行，承载国家的政策性金融职能。

1. 国家开发银行的运营规则

国家开发银行是以国家重点建设为主要融资对象，向其提供政策性贷款及办理贴息业务的政策性投资开发银行。该行成立于1994年3月17日，注册资本为500亿元人民币。

国家开发银行的设立宗旨是为了更有效地集中资金保证国家重点建设,缓解经济发展的"瓶颈"制约,增强国家对固定资产投资的宏观调控能力,进一步深化投融资体制的改革。

国家开发银行的主要任务是:按照国家的法律、法规和方针、政策,建立长期稳定的资金来源,筹集和引导社会资金用于国家重点建设。

国家开发银行的主要业务是:① 管理和运用国家核拨的预算内经营性建设基金和贴息基金;② 向国内金融机构发行金融债券和向社会发行财政担保建设债券;③ 办理有关外国政府和国际金融组织贷款的转贷,经国家批准在国外发行债券,根据国家利用外资计划筹借国际商业贷款等;④ 向国家基础设施、基础产业和支柱产业的大中型基本建设和技术改造等政策性项目及其配套工程发放政策性贷款;⑤ 办理建设项目贷款条件评审、咨询和担保等业务,为重点建设项目物色国内外合资伙伴,提供投资机会和投资信息;⑥ 经批准的其他业务。

国家开发银行投资项目不留资金缺口,用于支持国家基础设施、基础产业和支柱产业的大中型基本建设和技术改造等政策性项目及其配套工程的建设。国家开发银行对由其安排的国家重点建设项目,在资金总量和资金结构配置上负有宏观调控的职责。

2. 中国进出口银行的运营规则

中国进出口银行是为机电产品和成套设备等资本性货物进出口提供政策性融资服务的政策性银行。该行成立于1994年7月1日,注册资本为33.8亿元人民币。

中国进出口银行的主要任务是:执行国家产业政策和外贸政策,以金融手段支持我国出口贸易的发展,尤其是支持机电产品和成套设备出口,以促进出口产品结构的升级换代。

中国进出口银行的主要业务是:① 为机电产品和成套设备等资本性货物进出口提供卖方信贷、买方信贷;② 与机电产品出口信贷有关的外国政府贷款、混合贷款、出口信贷的转贷以及中国政府对外国政府贷款、混合贷款的转贷;③ 国际银行间的贷款,组织或参加国际、国内银团贷款;④ 出口信用保险、出口信贷担保、进出口保险和保理业务;⑤ 在境内发行金融债券和在境外发行有价证券(不含股票);⑥ 经批准的外汇经营业务;⑦ 参加国际进出口银行组织及政策性金融保险组织;⑧ 进出口业务咨询和项目评审,为对外经济技术合作和贸易提供服务;⑨ 经国家批准和委托办理的其他业务,如为中国银行的成套机电产品出口信贷办理贴息及出口信用担保。

3. 中国农业发展银行的运营规则

中国农业发展银行是以国家粮棉油储备、农副产品收购、农业开发等方面的政策性贷款为主要业务的政策性银行。该行成立于1994年11月18日,注册资本为200亿元人民币。

中国农业发展银行的成立宗旨是为了完善农村金融服务体系,更好地贯彻落实国家的产业政策和区域发展政策,促进农业和农村经济的健康发展。

中国农业发展银行的主要任务是:按照国家的法律、法规和方针、政策,以国家信用为基础,筹集农业政策性信贷资金,承担国家规定的农业政策性金融业务,代理财政性支农资金的拨付,为农业和农村经济服务。

中国农业发展银行的主要业务是:① 办理由国务院确定、人民银行安排资金并由财政部予以贴息的粮食、棉花、油料、猪肉、食糖等主要农副产品的国家专项储备贷款。② 办理粮、棉、油、肉等农副产品的收购贷款及粮油调销、批发贷款;办理承担国家粮、油等产品政策性加工任务企业的贷款和棉麻系统棉花初加工企业的贷款。③ 办理国务院确定的扶贫贴息贷款、老少边穷地区发展经济贷款、贫困县县办工业贷款、农业综合开发贷款以及其他财政贴息的农业方面的贷款。④ 办理国家确定的小型农、林、牧、水利基本建设和技术改造贷款。⑤ 办理中央和省级政府的财政支农资金的代理拨付,为各级政府设立的粮食风险基金开立专户并代理拨付。⑥ 发行金融债券。⑦ 办理业务范围内开户企事业单位的存款。⑧ 办理开户企事业单位的结算。⑨ 境外筹资。⑩ 经国务院和中国人民银行批准的其他业务。

第三节 金融监管法

一、我国的金融监管体制

(一) 金融监管的概念

金融监管是指金融主管机关根据法律赋予的权力,依法对金融主体及其业务活动实施监督和管理的活动。金融监管的目的是防范金融风险发生,维护金融秩序稳定,保障金融体系的效率与安全,保护资产所有者的利益。

金融监管缘于金融业的高风险。金融风险是指由不确定性引起的产生金融利益损失的可能性,通常包括市场风险(如利率和汇率风险、交易风险等)和体制性风险(如管理风险、信用风险、政策风险、犯罪风险等)。相对于其他商业风险而言,金融风险具有扩张性强、社会影响大、周期反映明显等特征。20世纪后半叶以来,经济全球化和金融创新的活跃,使金融活动的不确定性越来越大,金融风险频发,甚至引发连锁反应,导致系统性金融风险乃至金融危机。因此,加强和完善金融监管是为当今国际社会共同关注的一大主题。

(二) 金融监管体制模式

金融监管体制是金融监管的职责与权限的配置方式及其组织制度。金融监管体制在世界各国历史的演变过程中形成了以下不同模式。

1. "双元多头"型

即中央和地方都对金融有监管权,同时每一级政府又有若干机构共同行使监管职能。该模式往往为地方权力较大的联邦制国家所采用,如美国和加拿大等。

2. "单元多头"型

即全国所有金融机构的监管权均集中在中央,地方没有独立的监管权,而在中央一级又有两个或者多个机构共同行使监管职能。该模式为相对集权的大陆法系国家所采用,如日本、德国、法国等。

3. "单元一头"型

即金融机构的监管权集中在中央,且由一个单一机构(通常为中央银行)集中行使监管职能。该模式在发达国家和发展中国家采用都很普遍,特别是多数发展中国家均属该模式。

(三)我国的金融监管体制

作为集权型的发展中国家,1949年后我国的金融监管体制一度采用"单元一头"模式,即由中国人民银行集中统一监管全国的金融业。20世纪90年代后,作为金融体制改革的内容,特别是金融业分业经营、分业管理原则的实行,金融监管模式逐步转型。1992年设立的中国证券业监督管理委员会和1998年设立的中国保险业监督管理委员会,分别将证券期货业和保险业的监管职能从中国人民银行中分出,标志着我国金融监管模式从"单元一头"型向"单元多头"型的转变。为了进一步加强对银行业的监督管理,提高专业监管水平,规范监督管理行为,防范和化解银行业风险,同时也为强化中央银行的宏观调控职能,使其专注于货币政策的制定与实施,2003年4月又成立了中国银行业监督管理委员会,在保留中国人民银行部分监管职能的同时,将其对银行业的监管职能再行分出,从而形成了"一行三会"的金融监管格局和典型的"单元多(四)头"型金融监管模式。随着我国市场经济的发展和管理模式的转型升级,为解决该体制存在的监管职责不清晰、交叉监管和监管空白等问题,强化综合监管,优化监管资源配置,更好统筹系统重要性金融机构监管,逐步建立符合现代金融特点、统筹协调监管、有力有效的现代金融监管框架,守住不发生系统性金融风险的底线,2018年3月第十三届全国人大第一次会议通过国务院机构改革方案,决定将中国银行业监督管理委员会和中国保险业监督管理委员会的职责整合,组建中国银行保险监督管理委员会(以下简称银保监会),作为国务院直属事业单位。其主要职责是:依照法律法规统一监督管理银行业和保险业,维护银行业和保险业合法、稳健运行,防范和化解金融风险,保护金融消费者合法权益,维护金融稳定。从此,我国金融监管从分业监管部分转向综合监管和功能监管,形成了现行的"一行两会"的金融监管新格局和"单元三头"新模式。就我国目前的银行业监管体制而言,则为"单元二头"型模式,即由银保监会和中央银行共同监管。

二、我国银行业监管法的主要内容

（一）监管机构及其职责

1. 银保监会

《银行业监督管理法》第 2 条明确规定,国务院银行业监督管理机构负责对全国银行业金融机构及其业务活动监督管理的工作。银保监会是国务院下设的行使银行业监管职能的机构。银保监会根据履行职责的需要设立派出机构①,并对派出机构实行统一领导和管理;派出机构在银保监会的授权范围内,履行监督管理职责。

银保监会的监管职责是：① 依法制定并发布对银行业金融机构及其业务活动监督管理的规章、规则;起草有关法律和行政法规,提出制定和修改的建议；② 依法定的条件和程序,审查批准银行业金融机构及其分支机构的设立、变更、终止及其业务范围；③ 对银行业金融机构的业务活动及其风险状况实行现场检查和非现场监管,依法对违法违规行为进行查处；④ 对银行业金融机构的董事和高级管理人员实行任职资格管理；⑤ 负责统一编制全国银行业金融机构的统计数据、报表,并按照国家有关规定予以公布；⑥ 会同中国人民银行、国务院财政部门等有关部门建立银行业突发事件处置制度,制定银行业突发事件处置预案,明确处置机构和人员及其职责、处置措施和处置程序,及时、有效地处置银行业突发事件；⑦ 负责国有重点银行业金融机构监事会的日常管理工作；⑧ 对银行业自律组织的活动进行指导和监督；⑨ 可以开展与银行业监督管理有关的国际交流、合作活动；⑩ 承办国务院交办的其他事项。

2. 中央银行

为实施货币政策和维护金融稳定的需要,中央银行在依法行使金融宏观调控职能的同时,仍对银行业负有以下监管职责：① 监管银行间同业拆借市场、银行间债券市场、银行间外汇市场和黄金市场。② 会同银保监会制定支付结算规则,组织或者协助组织银行业金融机构相互之间的清算系统,协调银行业金融机构相互之间的清算事项,提供清算服务。③ 对金融机构以及其他单位和个人的下列行为直接进行检查：执行存款准备金管理规定的行为,与人民银行特种贷款有关的行为,执行有关人民币管理规定的行为,执行有关银行间同业拆借市场、银行间债券市场管理规定的行为,执行有关外汇管理、黄金管理规定的行为,代理人民银行经理国库的行为,执行清算管理规定的行为,执行有关反洗钱规定的行为。④ 根据执行货币政策和维护金融稳定的需要,可以建议由银保监会对银行业金融机构进行检查监督,银保监会应自收到建议之日起 30

---

① 中国银保监会根据需要在中国部分省、直辖市、自治区及计划单列市设立派出机构,各地的派出机构的称谓为"银保监局"。

日内予以回复。⑤当银行业金融机构出现支付困难、可能引发金融风险时,为了维护金融稳定,人民银行经国务院批准,有权对银行业金融机构进行检查监督。⑥根据履行职责的需要,有权要求银行业金融机构报送必要的资产负债表、利润表以及其他财务会计、统计报表和资料;人民银行应当与银保监会、国务院其他金融监督管理机构建立监管信息共享机制。

(二)监管对象

根据《银行业监督管理法》第2条的规定,银保监会的监管对象为在中国境内设立的一切银行和非银行金融机构。

1. 银行业金融机构

即在中华人民共和国境内设立的商业银行、城市信用合作社、农村信用合作社[①]等吸收公众存款的金融机构以及政策性银行。

2. 非银行金融机构

即在中华人民共和国境内设立的金融资产管理公司、信托投资公司、财务公司、金融租赁公司以及经银保监会批准设立的其他金融机构(如邮政储蓄机构)的监督管理。

但是,对在中华人民共和国境内设立的政策性银行、金融资产管理公司、外资银行业金融机构、中外合资银行业金融机构、外国银行业金融机构的分支机构的监督管理,法律、行政法规另有规定的,依照其规定。

(三)监管目标与原则

银行业监督管理的目标是促进银行业的合法、稳健运行,维护公众对银行业的信心。银行业监督管理应当保护银行业公平竞争,提高银行业竞争能力。

银行业监督管理机构对银行业实施监督管理,应当遵循依法、公开、公正和效率的原则。银行业监督管理机构及其从事监督管理工作的人员依法履行监督管理职责,受法律保护,地方政府、各级政府部门、社会团体和个人不得干涉。

(四)监管措施及规则

1. 收集信息资料

银保监会根据履行职责的需要,有权要求银行业金融机构按照规定报送资产负债

---

① 城市信用合作社和农村信用合作社,是我国城乡居民集资组成的具有集体性质的社员制、互助式基层合作金融组织。信用合作社始于革命根据地时期,1949年后尤其是20世纪80年代得以迅速发展,构成我国金融体系的重要组成部分。但随我国社会主义市场经济体制的确立,为深化金融体制改革、化解地方金融风险,我国分别自1995年和1998年起开始两社的增量控制,不再批准新设,并对已有存量进行规范、整顿,实行股份制、商业化改革,逐步将其改建为城市商业银行和农村商业银行。2012年4月6日最后一家城市信用合作社——宁波象山县绿叶城市信用合作社成功改制为宁波东海银行,标志着我国城市信用社全部完成改制或撤并而不复存在。自2003年起步的农村信用合作社改制,目前已在大部分地区完成;少数尚未完成的地区正在全力推进,业已将全部达到组建农村商业银行标准的最后期限定于2020年,我国农村信用合作社也即将成为历史。但鉴于《银行业监督管理法》等相关立法尚未相应修改,此处暂保留此概念。

表、利润表和其他财务会计、统计报表、经营管理资料以及注册会计师出具的审计报告。

2. 现场检查

银保监会根据审慎监管的要求,可以采取下列措施进行现场检查:① 进入银行业金融机构进行检查;② 询问银行业金融机构的工作人员,要求其对有关检查事项作出说明;③ 查阅、复制银行业金融机构与检查事项有关的文件、资料,对可能被转移、隐匿或者毁损的文件、资料予以封存;④ 检查银行业金融机构运用电子计算机管理业务数据的系统。进行现场检查,应当经银行业监督管理机构负责人批准。现场检查时,检查人员不得少于两人,并应当出示合法证件和检查通知书;检查人员少于两人或者未出示合法证件和检查通知书的,银行业金融机构有权拒绝检查。依法对银行业金融机构进行检查时,经设区的市一级以上银行业监督管理机构负责人批准,可以对与涉嫌违法事项有关的单位和个人采取下列措施:① 询问有关单位或者个人,要求其对有关情况作出说明;② 查阅、复制有关财务会计、财产权登记等文件、资料;③ 对可能被转移、隐匿、毁损或者伪造的文件、资料,予以先行登记保存。采取上述措施时,调查人员不得少于两人,并应当出示合法证件和调查通知书;调查人员少于两人或者未出示合法证件和调查通知书的,有关单位或者个人有权拒绝。对依法采取的措施,有关单位和个人应当配合,如实说明有关情况并提供有关文件、资料,不得拒绝、阻碍和隐瞒。

3. 特别谈话

银保监会根据履行职责的需要,可以与银行业金融机构董事、高级管理人员进行监督管理谈话,要求银行业金融机构董事、高级管理人员就银行业金融机构的业务活动和风险管理的重大事项作出说明。

4. 责令信息披露

银保监会应当责令银行业金融机构按照规定,如实向社会公众披露财务会计报告、风险管理状况、董事和高级管理人员变更以及其他重大事项等信息。

5. 采取强制措施

银行业金融机构违反审慎经营规则[①]的,银保监会或者其省一级派出机构应当责令限期改正;逾期未改正的,或者其行为严重危及该银行业金融机构的稳健运行、损害存款人和其他客户合法权益的,经银保监会或者其省一级派出机构负责人批准,可以区别情形,采取下列措施:① 责令暂停部分业务、停止批准开办新业务;② 限制分配红利和其他收入;③ 限制资产转让;④ 责令控股股东转让股权或者限制有关股东的权利;⑤ 责令调整董事、高级管理人员或者限制其权利;⑥ 停止批准增设

[①] 是银行业金融机构依法应当严格遵守的经营规则,包括风险管理、内部控制、资本充足率、资产质量、损失准备金、风险集中、关联交易、资产流动性等内容。

分支机构。银行业金融机构整改后,应当向银保监会或者其省一级派出机构提交报告。银保监会或者其省一级派出机构经验收,符合有关审慎经营规则的,应当自验收完毕之日起3日内解除对其采取的前款规定的有关措施。

6. 危机救济

银行业金融机构已经或者可能发生信用危机,严重影响存款人和其他客户合法权益的,银保监会可以依法对该银行业金融机构实行接管或者促成机构重组,接管和机构重组依照有关法律和国务院的规定执行。

7. 强制撤销

银行业金融机构有违法经营、经营管理不善等情形,不予撤销将严重危害金融秩序、损害公众利益的,国务院银行业监督管理机构有权予以撤销。

8. 特别控制措施

银行业金融机构被接管、重组或者被撤销的,银保监会有权要求该银行业金融机构的董事、高级管理人员和其他工作人员,按照银保监会的要求履行职责。在接管、机构重组或者撤销清算期间,经银保监会负责人批准,对直接负责的董事、高级管理人员和其他直接责任人员,可以采取下列措施:① 直接负责的董事、高级管理人员和其他直接责任人员出境将对国家利益造成重大损失的,通知出境管理机关依法阻止其出境;② 申请司法机关禁止其转移、转让财产或者对其财产设定其他权利。

9. 查询及申请冻结账户

经银保监会或者其省一级派出机构负责人批准,银行业监督管理机构有权查询涉嫌金融违法的银行业金融机构及其工作人员以及关联行为人的账户;对涉嫌转移或者隐匿违法资金的,经银行业监督管理机构负责人批准,可以申请司法机关予以冻结。

(五) 违反银行业监管法的法律责任

1. 监管人员的违法责任

(1) 银行业监督管理机构从事监督管理工作的人员有下列情形之一的,依法给予行政处分;构成犯罪的,依法追究刑事责任:① 违反规定审查批准银行业金融机构的设立、变更、终止以及业务范围和业务范围内的业务品种的;② 违反规定对银行业金融机构进行现场检查的;③ 未依照本法第二十八条规定报告突发事件的;④ 违反规定查询账户或者申请冻结资金的;⑤ 违反规定对银行业金融机构采取措施或者处罚的;⑥ 违反本法第四十二条规定对有关单位或者个人进行调查的;⑦ 滥用职权、玩忽职守的其他行为。

(2) 银行业监督管理机构从事监督管理工作的人员贪污受贿,泄露国家秘密、商业秘密和个人隐私,构成犯罪的,依法追究刑事责任;尚不构成犯罪的,依法给予行政处分。

2. 银行业金融机构及相关主体的违法责任

(1) 擅自设立银行业金融机构或者非法从事银行业金融机构的业务活动的,由银保监会予以取缔;构成犯罪的,依法追究刑事责任;尚不构成犯罪的,由银保监会没收违法所得,违法所得50万元以上的,并处违法所得1倍以上5倍以下的罚款;没有违法所得或者违法所得不足50万元的,处50万元以上200万元以下的罚款。

（2）银行业金融机构有下列情形之一的,由银保监会责令改正,有违法所得的,没收违法所得,违法所得50万元以上的,并处违法所得1倍以上5倍以下的罚款;没有违法所得或者违法所得不足50万元的,处50万元以上200万元以下的罚款;情节特别严重或者逾期不改正的,可以责令停业整顿或者吊销其经营许可证;构成犯罪的,依法追究刑事责任：① 未经批准设立分支机构的；② 未经批准变更、终止的；③ 违反规定从事未经批准或者未备案的业务活动的；④ 违反规定提高或者降低存款利率、贷款利率的。

（3）银行业金融机构有下列情形之一的,由银保监会责令改正,并处20万元以上50万元以下的罚款;情节特别严重或者逾期不改正的,可以责令停业整顿或者吊销其经营许可证;构成犯罪的,依法追究刑事责任：① 未经任职资格审查任命董事、高级管理人员的；② 拒绝或者阻碍非现场监管或者现场检查的；③ 提供虚假的或者隐瞒重要事实的报表、报告等文件、资料的；④ 未按照规定进行信息披露的；⑤ 严重违反审慎经营规则的；⑥ 拒绝执行银行业监督管理机构对违反审慎经营原则所依法采取的强制措施的。

（4）银行业金融机构不按照规定提供报表、报告等文件、资料的,由银行业监督管理机构责令改正,逾期不改正的,处10万元以上30万元以下的罚款。

（5）银行业金融机构违反法律、行政法规以及国家有关银行业监督管理规定的,银行业监督管理机构还可以区别不同情形,采取下列措施：① 责令银行业金融机构对直接负责的董事、高级管理人员和其他直接责任人员给予纪律处分；② 银行业金融机构的行为尚不构成犯罪的,对直接负责的董事、高级管理人员和其他直接责任人员给予警告,处5万元以上50万元以下的罚款；③ 取消直接负责的董事、高级管理人员一定期限直至终身的任职资格,禁止直接负责的董事、高级管理人员和其他直接责任人员一定期限直至终身从事银行业工作。

（6）阻碍银行业监督管理机构工作人员依法执行检查、调查职务的,由公安机关依法给予治安管理处罚;构成犯罪的,依法追究刑事责任。

三、我国银行业金融机构监管制度

（一）商业银行监管制度

1. 商业银行的准入监管

商业银行是依法设立的吸收公众存款、发放贷款、办理结算等业务的企业法人。商业银行是金融机构体系中最主要的金融机构。

依照《商业银行法》的规定,商业银行应具备以下条件:① 有符合《商业银行法》和《公司法》规定的章程。② 有符合法定的注册资本最低限额。目前,设立商业银行的注册资本最低限额为 10 亿元人民币;城市合作商业银行的注册资本最低限额为 1 亿元人民币;农村合作商业银行的注册资本最低限额为 5 000 万元人民币。注册资本应是实缴资本。③ 有具备任职专业知识和业务工作经验的董事长(行长)、总经理和其他高级管理人员。④ 有健全的组织机构和管理制度。商业银行应设立与其组织形式相适应的组织机构,组织形式与组织机构均适用公司法的规定。国有独资商业银行设立由监管机构、政府有关部门代表、有关专家和本行工作人员代表组成的监事会。商业银行应按规定制定本行业务规则,建立、健全本行的业务管理、现金管理和安全防范制度;应建立、健全本行对存款、贷款、结算、呆账等各项情况的稽核、检查制度;建立、健全本行的财会制度。⑤ 有符合要求的营业场所、安全防范措施和与业务有关的其他设施。

2. 商业银行的业务监管

(1)业务范围。商业银行可以经营下列部分或者全部业务:吸收公众存款;发放短期、中期和长期贷款;办理国内外结算;办理票据承兑与贴现;发行金融债券;代理发行、代理兑付、承销政府债券;买卖政府债券、金融债券;从事同业拆借;买卖、代理买卖外汇;从事银行卡业务;提供信用证服务及担保;代理收付款项及代理保险业务;提供保管箱服务;经国务院银行业监督管理机构批准的其他业务。经营范围由商业银行章程规定,报国务院银行业监督管理机构批准。经监管机构批准,可以经营结汇、售汇业务。

(2)主要业务规则。

① 存款业务规则。商业银行办理个人储蓄存款业务,应当遵循存款自愿、取款自由、存款有息、为存款人保密的原则,对个人储蓄存款和单位存款,商业银行有权拒绝任何单位或者个人查询、冻结、扣划,但法律另有规定的除外;商业银行应当按照中国人民银行规定的存款利率的上下限,确定存款利率,并予以公告;商业银行应当保证存款本金和利息的支付,不得拖延、拒绝支付存款本金和利息;商业银行不得违反规定提高或者降低利率以及采用其他不正当手段吸收存款、发放贷款。

② 贷款业务规则。商业银行根据国民经济和社会发展的需要,在国家产业政策指导下开展贷款业务;商业银行贷款,应当对借款人的借款用途、偿还能力、还款方式等情况进行严格审查;商业银行贷款,应当实行审贷分离、分级审批的制度;商业银行贷款,借款人应当提供担保。商业银行应当对保证人的偿还能力、抵押物、质物的权属和价值以及实现抵押权、质权的可行性进行严格审查,经商业银行审查、评估,确认借款人资信良好,确能偿还贷款的,可以不提供担保;商业银行贷款,应当与借款人订立书面合同,合同应当约定贷款种类、借款用途、金额、利率、还款期限、还款方式、违

约责任和双方认为需要约定的其他事项;商业银行应当按照中国人民银行规定的贷款利率的上下限确定贷款利率;商业银行不得向关系人发放信用贷款;向关系人发放担保贷款的条件不得优于其他借款人同类贷款的条件;任何单位和个人不得强令商业银行发放贷款或者提供担保;借款人应当按期归还贷款的本金和利息。借款人到期不归还担保贷款的,商业银行依法享有要求保证人归还贷款本金和利息或者就该担保物优先受偿的权利;借款人到期不归还信用贷款的,应当按照合同约定承担责任。

③ 融资业务规则。商业银行在中华人民共和国境内不得从事信托投资和证券经营业务,不得向非自用不动产投资或者向非银行金融机构和企业投资,但国家另有规定的除外;商业银行发行金融债券或者到境外借款,应当依照法律、行政法规的规定报经批准;同业拆借,应当遵守中国人民银行的规定,禁止利用拆入资金发放固定资产贷款或者用于投资;拆出资金限于交足存款准备金、留足备付金和归还中国人民银行到期贷款之后的闲置资金;拆入资金用于弥补票据结算、联行汇差头寸的不足和解决临时性周转资金的需要。

④ 结算业务规则。商业银行办理票据承兑、汇兑、委托收款等结算业务,应当按照规定的期限兑现,收付入账,不得压单、压票或者违反规定退票。有关兑现、收付入账期限的规定应当公布;企业、事业单位可以自主选择一家商业银行的营业场所开立一个办理日常转账结算和现金收付的基本账户;不得开立两个以上基本账户。任何单位和个人不得将单位的资金以个人名义开立账户存储。

3. 商业银行的资产运营监管

商业银行应当按照中国人民银行的规定,向中国人民银行交存存款准备金,留足备付金。

商业银行贷款,应当遵守下列资产负债比例管理的规定:① 资本充足率不得低于8%;② 流动性资产余额与流动性负债余额的比例不得低于25%;③ 对同一借款人的贷款余额与商业银行资本余额的比例不得超过10%;④ 国务院银行业监督管理机构对资产负债比例管理的其他规定。

4. 商业银行的接管与退出

(1) 商业银行的接管。商业银行已经或者可能发生信用危机,严重影响存款人的利益时,银保监会可以对该银行实行接管。接管的目的是对被接管的商业银行采取必要措施,以保护存款人的利益,恢复商业银行的正常经营能力。被接管的商业银行的债权债务关系不因接管而变化。

商业银行的接管由银保监会决定,并组织实施。自接管开始之日起,由接管组织行使商业银行的经营管理权力。接管期限届满,银保监会可以决定延期,但接管期限最长不得超过两年。

被接管的商业银行有下列情形之一的,接管终止:① 接管决定规定的期限届满或者银保监会决定的接管延期届满;② 接管期限届满前,该商业银行已恢复正常经营能力;③ 接管期限届满前,该商业银行被合并或者被依法宣告破产。

(2) 商业银行的终止。商业银行因解散、被撤销和被宣告破产而终止。

商业银行因分立、合并或者出现公司章程规定的解散事由需要解散的,应当向银保监会提出申请,并附解散的理由和支付存款的本金和利息等债务清偿计划。经银保监会批准后解散。商业银行解散的,应当依法成立清算组,进行清算,按照清偿计划及时偿还存款本金和利息等债务。银保监会监督清算过程。

商业银行因吊销经营许可证被撤销的,银保监会应当依法及时组织成立清算组,进行清算,按照清偿计划及时偿还存款本金和利息等债务。

商业银行不能支付到期债务,经银保监会同意,由人民法院依法宣告其破产。商业银行被宣告破产的,由人民法院组织银保监会等有关部门和有关人员成立清算组,进行清算。商业银行破产清算时,在支付清算费用、所欠职工工资和劳动保险费用后,应当优先支付个人储蓄存款的本金和利息。

(二) 外资银行监管法律制度

准入外资银行,是我国金融对外开放的重大举措。对于发展中国家而言,银行业对外资开放的主观目的:一是引进外国资本以解决国内发展资金的不足;二是通过向外国银行开放部分国内市场以达到学习先进管理经验、业务技术等目的,进而促进本国银行的商业化、市场化进程。但是,外资银行的特殊性与金融领域对外开放的敏感性,决定了对其实施特别监管制度的必要性和重要性。因此,我国《银行业监督管理法》第 51 条规定:"对在中华人民共和国境内设立的外资银行业金融机构、中外合资银行业金融机构、外国银行业金融机构的分支机构的监督管理,法律、行政法规另有规定的,依照其规定。"为此,2006 年 11 月 11 日国务院公布了《外资银行管理条例》(该条例分别于 2014 年 7 月、11 月和 2019 年 10 月做了修改)确立了我国对外资银行监管的特别法律制度。

1. 外资银行监管的主体与范围

外资银行的监管主体即依法对外资银行履行监管职责的机构。《外资银行管理条例》规定:"国务院银行业监督管理机构及其派出机构(以下统称银行业监督管理机构)负责对外资银行及其活动实施监督管理。法律、行政法规规定其他监督管理部门或者机构对外资银行及其活动实施监督管理的,依照其规定。"据此,我国外资银行的监管主体一般为中国银保监会及其派出机构。

外资银行监管范围即《外资银行管理条例》界定的外资银行的类型,包括依照中华人民共和国有关法律、法规,经批准在中华人民共和国境内设立的下列机构:(1) 1 家外国银行单独出资或者 1 家外国银行与其他外国金融机构共同出资设立的外商独资银行；(2) 外国金融机构与中国的公司、企业共同出资设立的中外合资银行；(3) 外国银行分行；(4) 外国银行代表处。前述第一至三项所列机构，以下统称外资银行营业性机构。前述所称外国金融机构，是指在中华人民共和国境外注册并经所在国家或者地区金融监管当局批准或者许可的金融机构；所称外国银行，是指在中华人民共和国境外注册并经所在国家或者地区金融监管当局批准或者许可的商业银行。

2. 外资银行的准入监管

(1) 准入条件。

准入条件即对设立外资银行基本要素的要求，主要包括资本投入和投资人资格两个方面。

首先，就资本投入而言，对不同类型的外资银行要求不尽相同：① 外商独资银行、中外合资银行的注册资本最低限额为 10 亿元人民币或者等值的自由兑换货币，且注册资本应当是实缴资本。② 外商独资银行、中外合资银行在中华人民共和国境内设立的分行，应当由其总行无偿拨给人民币或者自由兑换货币的营运资金。外商独资银行、中外合资银行拨给各分支机构营运资金的总和，不得超过总行资本金总额的 60%。③ 外国银行分行应当由其总行无偿拨给不少于 2 亿元人民币或者等值的自由兑换货币的营运资金。银保监会根据外资银行营业性机构的业务范围和审慎监管的需要，可以提高注册资本或者营运资金的最低限额，并规定其中的人民币份额。

其次，就股东资格而言，对不同类型的外资银行也有不同要求：① 拟设外商独资银行、中外合资银行的股东或者拟设分行、代表处的外国银行应当具备下列条件：具有持续盈利能力，信誉良好，无重大违法违规记录；拟设外商独资银行的股东、中外合资银行的外方股东或者拟设分行、代表处的外国银行具有从事国际金融活动的经验；具有有效的反洗钱制度；拟设外商独资银行的股东、中外合资银行的外方股东或者拟设分行、代表处的外国银行受到所在国家或者地区金融监管当局的有效监管，并且其申请经所在国家或者地区金融监管当局同意；银保监会规定的其他审慎性条件。另外，拟设外商独资银行的股东、中外合资银行的外方股东或者拟设分行、代表处的外国银行所在国家或者地区应当具有完善的金融监督管理制度，并且其金融监管当局已经与银保监会建立良好的监督管理合作机制。② 拟设外商独资银行的股东应当为金融机构，除应当具备与前述外商独资银行、中外合资银行的股东相同的条件外，其中唯一或者控股股东还应当具备下列条件：为商业银行；资本充足率符合所在国家或者地区金融监管当局以及银保监会的规定。③ 拟设中外合资银行的股东除应当具备前述①所列条件外，其中外方股东应当为金融机构，且外方唯一或者主要股东还应当具备下列条件：为商业银行；资本充足率符合所在国家或者地区金融监管当局及银保监会的规定。④ 拟设分行的外国银行除应当具备前述①所列条件外，其资本充足率还应当符合所在国家或者地区金融监管当局以及银保监会的规定。
⑤ 外国银行在中华人民共和国境内设立营业性机构的,除已设立的代表处外,不得增设代表处,但符合国家区域经济发展战略及相关政策的地区除外;代表处经批准改制为营业性机构的,应当依法办理原代表处的注销登记手续。

另外,按照合法性、审慎性和持续经营原则,经银保监会批准,外国银行可以将其在中华人民共和国境内设立的分行改制为由其单独出资的外商独资银行。申请人应当按照银保监会的审批条件、程序、申请资料提出设立外商独资银行的申请。外国银行可以在中华人民共和国境内同时设立外商独资银行和外国银行分行,或者同时设立中外合资银行和外国银行分行。外资银行董事、高级管理人员、首席代表的任职资格也应当符合银保监会规定的条件,并经银保监会核准。

(2) 准入程序。

设立外资银行及其分支机构,应当经银保监会审查批准。

① 设立外资银行营业性机构,应依法履行下列程序。

第一,应当先申请筹建,并向报送拟设机构所在地的银保监局报送下列申请资料:申请书(内容包括拟设机构的名称、所在地、注册资本或者营运资金、申请经营的业务种类等)、可行性研究报告;拟设外商独资银行、中外合资银行的章程草案;拟设外商独资银行、中外合资银行各方股东签署的经营合同;拟设外商独资银行、中外合资银行的股东或者拟设分行的外国银行的章程;拟设外商独资银行、中外合资银行的股东或者拟设分行的外国银行及其所在集团的组织结构图、主要股东名单、海外分支机构和关联企业名单;拟设外商独资银行、中外合资银行的股东或者拟设分行的外国银行最近3年的年报;拟设外商独资银行、中外合资银行的股东或者拟设分行的外国银行的反洗钱制度;拟设外商独资银行的股东、中外合资银行的外方股东或者拟设分行的外国银行所在国家或者地区金融监管当局核发的营业执照或者经营金融业务许可文件的复印件及对其申请的意见书;银保监会规定的其他资料。

第二,拟设机构所在地的银保监局应当将申请资料连同审核意见及时报送银保监会。银保监会应当自收到完整的申请资料之日起6个月内作出批准或者不批准筹建的决定,并书面通知申请人。决定不批准的,应当说明理由。在特殊情况下,银保监会不能在前述规定期限内完成审查并作出批准或者不批准筹建决定的,可以适当延长审查期限,并书面通知申请人,但延长期限不得超过3个月。

第三,申请人凭批准筹建文件到拟设机构所在地的银保监局领取开业申请表。申请人应当自获准筹建之日起6个月内完成筹建工作。在规定期限内未完成筹建工作的,应当说明理由,经拟设机构所在地的银行业监督管理机构批准,可以延长3个月。在延长期内仍未完成筹建工作的,银保监会作出的批准筹建决定自动失效。经验收合格完成筹建工作的,申请人应当将填写好的开业申请表连同下列资料报送拟设机构所在地的银保监局;拟设机构的主要负责人名单及简历;对拟任该机构主要负责人的授权书;法定验资机构出具的验资证明;安全防范措施和与业务有关的其他设施的资料;设立分行的外国银行对该分行承担税务、债务的责任保证书;银保监会规定的其他资料。

第五,拟设机构所在地的银保监局应当将申请资料连同审核意见及时报送银保监会。银保监会应当自收到完整的开业申请资料之日起2个月内,作出批准或者不批准开业的决定,并书面通知申请人。决定批准的,应当颁发金融许可证;决定不批准的,应当说明理由。

第六,经批准设立的外资银行营业性机构,应当凭金融许可证向市场监督管理部门办理登记,领取营业执照。

② 设立外国银行代表处,以依法履行下列程序。

第一,应当向拟设代表处所在地的银保监局报下列申请资料:申请书(内容包括拟设代表处的名称、所在地等);可行性研究报告;申请人的章程;申请人及其所在集团的组织结构图、主要股东名单、海外分支机构和关联企业名单;申请人最近3年的年报;申请人的反洗钱制度;拟任该代表处首席代表的身份证明和学历证明的复印件、简历,以及拟任人有无不良记录的陈述书;对拟任该代表处首席代表的授权书;申请人所在国家或者地区金融监管当局核发的营业执照或者经营金融业务许可文件的复印件及对其申请的意见书;银保监会规定的其他资料。

第二,拟设代表处所在地的银保监局应当将申请资料连同审核意见,及时报送银保监会;银保监会应当自收到设立外国银行代表处完整的申请资料之日起6个月内作出批准或者不批准设立的决定,并书面通知申请人。决定不批准的,应当说明理由。

第三,经批准设立的外国银行代表处,应当凭批准文件向市场监督管理部门办理登记,领取外国企业常驻代表机构登记证。

3. 外资银行的业务监管

(1) 外资银行的业务范围。

外商独资银行、中外合资银行按照银保监会批准的业务范围,可以经营下列部分或者全部外汇业务和人民币业务:① 吸收公众存款;② 发放短期、中期和长期贷款;③ 办理票据承兑与贴现;④ 代理发行、代理兑付、承销政府债券;⑤ 买卖政府债券、金融债券,买卖股票以外的其他外币有价证券;⑥ 提供信用证服务及担保;⑦ 办理国内外结算;⑧ 买卖、代理买卖外汇;⑨ 代理收付款项及代理保险业务;⑩ 从事同业拆借;⑪ 从事银行卡业务;⑫ 提供保管箱服务;⑬ 提供资信调查和咨询服务;⑭ 经银保监会批准的其他业务。

外国银行分行按照银保监会批准的业务范围,可以经营上述除从事银行卡业务之外的部分或者全部外汇业务以及对除中国境内公民以外客户的人民币业务。

外商独资银行、中外合资银行和外国银行分行经中国人民银行批准,可以经营结汇、售汇业务。

(2) 外资银行的主要业务规则。

外资银行营业性机构经营法定业务范围内的人民币业务的,应当符合银保监会规定的审慎性要求。外资银行营业性机构应当按照有关规定确定存款、贷款利率及各种手续费率。外国银行分行可以吸收中国境内公民每笔不少于50万元人民币的定期存款。

外资银行营业性机构举借外债,应当按照国家有关规定执行。

外商独资银行、中外合资银行的分支机构在总行授权范围内开展业务,其民事责任由总行承担。外国银行分行及其分支机构的民事责任由其总行承担。外国银行代表处可以从事与其代表的外国银行业务相关的联络、市场调查、咨询等非经营性活动;外国银行代表处的行为所产生的民事责任,由其所代表的外国银行承担。

4. 外资银行的资产运营监管

外资银行营业性机构经营存款业务,应当按照中国人民银行的规定交存存款准备金。外资银行营业性机构应当按照规定计提呆账准备金。

外商独资银行、中外合资银行应当遵守《商业银行法》关于资产负债比例管理的规定。银保监会可以要求风险较高、风险管理能力较弱的外商独资银行、中外合资银行提高资本充足率。

外国银行分行应当按照银保监会的规定,持有一定比例的生息资产。外国银行分行营运资金加准备金等项之和中的人民币份额与其人民币风险资产的比例不得低于8%(但资本充足率持续符合所在国家或者地区金融监管当局以及银保监会规定的外国银行,其分行不受此规定的限制;银保监会可以要求风险较高、风险管理能力较弱的外国银行分行提高该比例)。外国银行分行应当确保其资产的流动性。流动性资产余额与流动性负债余额的比例不得低于25%。外国银行分行境内本外币资产余额不得低于境内本外币负债余额。

5. 外资银行的风险控制

(1) 外资银行营业性机构应当按照有关规定,制定本行的业务规则,建立、健全风险管理和内部控制制度,并遵照执行。外商独资银行、中外合资银行应当设置独立的内部控制系统、风险管理系统、财务会计系统、计算机信息管理系统。

(2) 外资银行营业性机构应当遵守国家统一的会计制度和银保监会有关信息披露的规定。外资银行营业性机构应当聘请在中华人民共和国境内依法设立的会计师事务所对其财务会计报告进行审计,并应当向其所在地的银行业监督管理机构报告。解聘会计师事务所的,应当说明理由。外资银行营业性机构应当按照规定向银行业监督管理机构报送财务会计报告、报表和有关资料。外国银行代表处应当按照规定向银行业监督管理机构报送资料。在中华人民共和国境内设立2家及2家以上分行的外国银行,应当授权其中1家分行对其他分行实施统一管理。银保监会对外国银行在中华人民共和国境内设立的分行实行合并监管。外资银行营业性机构应当按照银保监会的有关规定,向其所在地的银保监局报告跨境大额资金流动和资产转移情况。

(3) 外商独资银行、中外合资银行应当遵守银保监会有关公司治理的规定。外国银行在中华人民共和国境内设立的外商独资银行、中外合资银行的董事长、高级管理人员和外国银行分行的高级管理人员不得相互兼职。

(4) 外商独资银行、中外合资银行应当遵守银保监会有关关联交易的规定。外国银行在中华人民共和国境内设立的外商独资银行、中外合资银行与外国银行分行之间进行的交易必须符合商业原则,交易条件不得优于与非关联方进行交易的条件。外国银行对其在中华人民共和国境内设立的外商独资银行与外国银行分行之间的资金交易,应当提供全额担保。外国银行代表处及其工作人员,不得从事任何形式的经营性活动。

(5) 外资银行应当接受银行业监督管理机构依法进行的监督检查,不得拒绝、阻碍。银保监会根据外资银行营业性机构的风险状况,可以依法采取责令暂停部分业务、责令撤换高级管理人员等特别监管措施。

6. 外资银行的变更与退出监管

(1) 外资银行的变更监管。

外资银行有下列情形之一的,应当经银保监会批准,并按照规定提交申请资料,依法向市场监督管理部门办理有关登记:① 变更注册资本或者营运资金;② 变更机构名称、营业场所或者办公场所;③ 调整业务范围;④ 变更股东或者调整股东持股比例;⑤ 修改章程;⑥ 银保监会规定的其他情形。

外资银行更换董事、高级管理人员、首席代表,应当报经银保监会核准其任职资格。外商独资银行、中外合资银行变更股东的,变更后的股东应当符合前述关于股东准入的条件。

外资银行营业性机构已经或者可能发生信用危机,严重影响存款人和其他客户合法权益的,银保监会可以依法对该外资银行营业性机构实行接管或者促成机构重组。

(2) 外资银行的退出监管。

外资银行营业性机构自行终止业务活动的,应当在终止业务活动30日前以书面形式向银保监会提出申请,经审查批准予以解散或者关闭并进行清算。外资银行营业性机构因解散、关闭、依法被撤销或者宣告破产而终止的,其清算的具体事宜,依照中华人民共和国有关法律、法规的规定办理。外资银行营业性机构清算终结,应当在法定期限内向原登记机关办理注销登记。

外国银行代表处自行终止活动的,应当经银保监会批准予以关闭,并在法定期限内向原登记机关办理注销登记。

本章复习思考题

1. 简述金融法的调整对象及基本原则。
2. 金融宏观调控有哪些特点?
3. 试述中央银行的宏观调控制度。
4. 试述政策性银行的宏观调控职能。
5. 金融监管体制有哪些模式?我国现行的金融监管模式如何?
6. 试述银行业监督管理机构的监管职责与监管对象。
7. 试述对商业银行准入和退出的监管。
8. 试述外资银行的准入制度及业务范围。

第十四章 税 收 法

第一节 税收法概述

一、税收与税法

(一) 税收的概念和特征

税收是国家为实现其公共职能而凭借其政治权力,依法强制、无偿地取得财政收入的一种活动或手段。税收收入是国家财政收入的主要来源,税收杠杆是国家进行宏观调控的重要手段。因此,税收在整个国民经济发展中占有非常重要的地位,发挥着举足轻重的作用。

税收的形式特征可以概括为强制性、无偿性和固定性。税收的强制性是指国家以社会管理者的身份,依据直接体现国家意志的法律对征纳双方的行为加以约束的特性。税收的无偿性是指国家征税对具体纳税人既不需要直接偿还,也不需要付出任何形式的直接报酬或代价。税收的固定性是指国家征税必须通过法律形式,确定其课税对象、征收比例,并体现相对稳定性和连续性的特征。

(二) 税法的概念与调整对象

税法是国家制定的用以调整国家与纳税人之间形成的税收关系的法律规范的总称。税法的调整对象就是税收关系,税收关系主要包括税收体制关系和税收征纳关系。税收体制关系是指因政府间的税权划分而发生的社会关系,它是一种税收权力分配关系,即税权在不同国家机关之间进行分配所形成的关系,主要由税收基本法来调整。税收征纳关系是指在税收征纳过程中发生的社会关系,是征纳双方的一种权利义务关系,具体包括税收征纳实体关系和税收征纳程序关系。税收征纳实体关系就是在国家与纳税人之间形成的一种利益分配关系,主要由税收征纳实体法来调整;税收征纳程序关系就是在征税机关与纳税人及其他税务当事人之间形成的一种税务行政管理关系,主要由税收征纳程序法来调整。因此,税法是一种利益分配法,在人民与国家之间分配利益,在人民与人民之间分配利益,也在不同层级的政府之间分配利益。

二、税法构成要素

税法的构成要素是构成税法的必要因素,是税法必不可少的内容。税法构成要素问题是税法理论中的重要问题。

对于税法的构成要素,可以依据不同的标准,作出不同的分类:依据要素是否具有普遍意义,可以将税法构成要素分为一般要素和特别要素。一般要素是各类税法都具备的共同要素,特别要素是某些税法独具的必备要素。依据要素的法律属性不同,可以将税法构成要素分为税收实体法构成要素和税收程序法构成要素。

1. 税收实体法构成要素

税收实体法构成要素是构成税收征纳实体法的必不可少的内容。由于这些要素是征税主体和纳税主体的征纳标准和依据,因此也称之为课税要素。税收实体法的构成要素主要包括:① 征纳主体,即税收法律关系的当事人,包括征税主体和纳税主体。② 征纳对象,是指税收法律关系中征纳双方权利义务所指向的物或者行为,即对什么征税。不同的征税对象又是区别不同税种的重要标志。③ 税目与计税依据。税目是税法中具体规定应当征税的项目,它是征税对象在质的方面的具体化,反映了征税的广度。计税依据是税法中规定用以计算应纳税额的依据,它是征税对象在量的方面的具体化,直接影响纳税人的税收负担。④ 税率,是对征税对象的征收比例或征收额度。税率是计算税额的尺度,也是衡量税负轻重与否的重要标志,是税法的核心要素。它反映国家征税的深度和国家的经济政策,是国家的宏观调控手段。我国现行税收实体法规定的税率有比例税率、累进税率和定额税率三种。⑤ 纳税环节,即缴纳税款的环节。⑥ 纳税期限,是指纳税人的纳税义务发生后应依法缴纳税款的期限。⑦ 税收优惠,它是税率的补充和延伸,是税法对某些纳税人和征税对象给予鼓励和照顾的特殊规定,主要包括减税和免税、起征点、免征额三项内容。

2. 税收程序法构成要素

税收程序法的构成要素是保障税收征纳实体法有效实施的必备要素。主要包括:① 税务管理,是指税务机关在税收征收管理中对征纳过程实施的基础性管理制度和管理行为,包括税务登记管理、账簿凭证管理和纳税申报管理。② 税款征收,是指税务机关依法将纳税人应纳税款收缴入库的一项管理制度,包括税款征收方式、税款征收措施等。③ 税务检查,是指税务机关依法对纳税人、扣缴义务人是否履行纳税或者代扣代缴税款义务及其他有关税务事务进行审查、核实和监督的制度。包括税务检查范围、税务检查方式、税务检查权力、税务检查责任等。④ 税务救济,是指在解决税收征纳过程中发生的税务争议时,为维护纳税人自身的合法权益而提供的法律救济途径,包括税收行政复议和税收行政诉讼。⑤ 法律责任,是指在税收征管活动中,纳税人、扣缴义务人、税收征管机关等因其违反税法所应承担的责任,主要包括行政责任和刑事责任。

第二节 税收实体法

税收实体法是规定各税种的纳税人、征税对象、征收范围、税目税率、计税依据、纳税环节等内容的法律规范。在整个税法体系中居于主导地位，税收实体法律规范在税收立法中也是最为大量、最为全面的部分，从而构成了十分庞杂的税收实体法律体系。目前，税收实体法主要包括流转税法、所得税法、财产税法、行为目的税法和资源税法。由于流转税和所得税一般都是各国的主体税种，在税收实体法体系中占有重要地位，也是一国的主要财政收入，因此下面主要介绍流转税法和所得税法。

一、流转税法

流转税是以纳税人的商品或劳务为征税对象，以依法确定的商品流转额或劳务收入额为计税依据而征收的一类税。流转税主要包括增值税、消费税和关税。流转税由于具有普遍征收、间接调节、税负均衡、财政收入稳定可靠的特点，因此成为世界各国普遍开征的一类税种，在我国税法体系中处于核心地位。

（一）增值税法

增值税是对在我国境内销售或者进口货物、提供加工修理修配劳务以及销售服务、无形资产或者不动产的单位和个人，就其实现的增值额征收的一种流转税。增值税具有普遍征收、中性简化、多环节、多次征的特点，特别是增值税具有避免重复征税和优化产业组织结构的功能作用，因而在国际上受到广泛推崇。自1954年法国首先开征增值税以来，到目前为止已有110多个国家开征了增值税。我国于1984年10月1日依据国务院发布的《增值税条例（草案）》开征此税，使其成为我国现行税收体系中的一个独立税种。国务院于1993年12月13日发布了《增值税暂行条例》，2008年11月5日国务院对该条例作了修订，同年12月15日财政部、国家税务总局发布了《增值税暂行条例实施细则》。经国务院批准，自2016年5月1日起，在全国范围内全面推开营业税改征增值税试点，财政部、国家税务总局同时发布了《营业税改征增值税试点实施办法》。2017年11月19日国务院发布了《国务院关于废止〈中华人民共和国营业税暂行条例〉和修改〈中华人民共和国增值税暂行条例〉的决定》，从而使我国的增值税法律制度日臻完善。

1. 增值税的纳税人、征税范围和适用税率

凡在中华人民共和国境内销售或者进口货物、提供加工修理修配劳务以及销售服务、无形资产或者不动产的单位和个人，为增值税的纳税义务人。同时，为了严格增值税的征收管理和对某些经营规模较小的纳税人简化计税办法，我国参照国际惯例按照经营规模及会计核算健全与否将纳税人划分为一般纳税人和小规模纳税人。

增值税的征税范围如下。

(1) 销售或者进口货物。"货物"是指有形动产,包括电力、热力和气体在内。

(2) 提供加工、修理修配劳务。加工,是指受托加工货物,即委托方提供原料及主要材料,受托方按照委托方的要求,制造货物并收取加工费的业务。修理修配,是指受托对损伤和丧失功能的货物进行修复,使其恢复原状和功能,并收取修理费的业务。

(3) 销售服务、无形资产或者不动产。销售服务,是指提供交通运输服务、邮政服务、电信服务、建筑服务、金融服务、现代服务、生活服务。销售无形资产,是指转让无形资产所有权或者使用权的业务活动。无形资产,是指不具实物形态,但能带来经济利益的资产,包括技术、商标、著作权、商誉、自然资源使用权和其他权益性无形资产。销售不动产,是指转让不动产所有权的业务活动。不动产,是指不能移动或者移动后会引起性质、形状改变的财产,包括建筑物、构筑物等。

增值税的适用税率与征收率如下。

(1) 一般纳税人的适用税率。一般纳税人的适用税率共分为四档。

第一档:纳税人销售或者进口货物,提供加工、修理修配劳务,提供有形动产租赁服务的,税率为13%。

第二档:纳税人销售或者进口农产品(含粮食)、自来水、暖气、石油液化气、天然气、食用植物油、冷气、热水、煤气、居民用煤炭制品、食用盐、农机、饲料、农药、农膜、化肥、沼气、二甲醚、图书、报纸、杂志、音像制品、电子出版物,提供交通运输、邮政、基础电信、建筑、不动产租赁服务,销售不动产,转让土地使用权的,税率为9%。

第三档:纳税人提供增值电信服务、金融服务、现代服务(租赁服务除外)、生活服务以及转让无形资产(土地使用权除外)的,税率为6%。

第四档:纳税人出口货物以及境内单位和个人发生的跨境应税行为,税率为零。

(2) 小规模纳税人的征收率。

考虑到小规模纳税人经营规模小,且会计核算不健全,难以按照上述前三档税率计税和使用增值税专用发票抵扣进项税款,因此实行按销售额与征收率计算应纳税额的简易计税方法。小规模纳税人增值税的征收率为3%。

2. 增值税应纳税额的计算

(1) 一般纳税人应纳税额的计算。一般纳税人计算应纳税额通常采用一般计税方法,即购进抵扣法。

一般纳税人销售货物、劳务、服务、无形资产、不动产,应纳税额为当期销项税额抵扣当期进项税额后的余额。应纳税额计算公式:

$$应纳税额 = 当期销项税额 - 当期进项税额$$

当期销项税额小于当期进项税额不足抵扣时,其不足部分可以结转下期继续抵扣。

销项税额是纳税人销售货物、劳务、服务、无形资产、不动产,按照销售额和规定的税率计算并向购买方收取的增值税税额。销项税额计算公式:

$$销项税额 = 销售额 \times 税率$$

销售额是纳税人销售货物、劳务、服务、无形资产、不动产向购买方所收取的全部价款和价外费用,但不包括收取的销项税额。纳税人销售货物、劳务、服务、无形资产、不动产,采用销售额和销项税额合并定价方法的,按下列公式计算销售额:

$$销售额 = 含税销售额 \div (1 + 税率)$$

进项税额是纳税人购进货物、劳务、服务、无形资产、不动产所支付或负担的增值税税额。

下列进项税额准予从销项税额中抵扣:

① 从销售方取得的增值税专用发票上注明的增值税额。

② 从海关取得的海关进口增值税专用缴款书上注明的增值税额。

③ 纳税人购进农产品,取得一般纳税人开具的增值税专用发票或海关进口增值税专用缴款书的,以增值税专用发票或海关进口增值税专用缴款书上注明的增值税额为进项税额;从按照简易计税方法依照3%征收率计算缴纳增值税的小规模纳税人取得增值税专用发票的,以增值税专用发票上注明的金额和9%的扣除率计算进项税额;取得(开具)农产品销售发票或收购发票的,以农产品销售发票或收购发票上注明的农产品买价和9%的扣除率计算进项税额。

④ 自境外单位或者个人购进劳务、服务、无形资产或者境内的不动产,从税务机关或者扣缴义务人取得的代扣代缴税款的完税凭证上注明的增值税额。

⑤ 纳税人购进国内旅客运输服务,其进项税额允许从销项税额中抵扣。

下列项目的进项税额不得从销项税额中抵扣:

① 用于简易计税方法计税项目、免征增值税项目、集体福利或者个人消费的购进货物、劳务、服务、无形资产和不动产。

② 非正常损失的购进货物,以及相关的劳务和交通运输服务。

③ 非正常损失的在产品、产成品所耗用的购进货物(不包括固定资产)、劳务和交通运输服务。

④ 非正常损失的不动产,以及该不动产所耗用的购进货物、设计服务和建筑服务。

⑤ 非正常损失的不动产在建工程所耗用的购进货物、设计服务和建筑服务。纳税人新建、改建、扩建、修缮、装饰不动产,均属于不动产在建工程。

⑥ 购进的贷款服务、餐饮服务、居民日常服务和娱乐服务。

(2) 小规模纳税人应纳税额的计算。小规模纳税人发生应税销售行为适用简易计税方法计税。简易计税方法的应纳税额,是指按照销售额和增值税征收率计算的增值税额,不得抵扣进项税额。

应纳税额计算公式:

$$应纳税额 = 销售额 \times 征收率$$

销售额指纳税人提供应税行为取得的全部价款和价外费用,不包括其应纳税额,纳税人采用销售额和应纳税额合并定价方法的,按照下列公式计算销售额:

$$销售额 = 含税销售额 \div (1 + 征收率)$$

(3) 进口货物应纳税额的计算。由于我国增值税采取价外税的形式,进口的应税货物在进口前没有在我国履行增值税的纳税义务,不存在已税因素扣除的问题,因此对进口的应税货物均按组成计税价格和规定的增值税税率计算应纳税额,不得抵扣任何税款。计算公式为:

$$组成计税价格 = 关税完税价格 + 关税 + 消费税$$
$$应纳税额 = 组成计税价格 \times 税率$$

根据《海关法》和《进出口关税条例》的规定,一般贸易下进口货物的关税完税价格以海关审定的成交价格为基础的到岸价格作为完税价格。到岸价格是货价加上货物运抵我国关境内输入地点起卸前的包装费、运费、保险费和其他劳务费等费用构成的一种价格。

3. 增值税的减免税规定

增值税免税、减税项目由国务院规定,任何地区、部门都不得规定免税、减税项目。《增值税暂行条例》规定的免税项目主要包括:① 农业生产者销售的自产农业产品;② 避孕药品和用具;③ 古旧图书;④ 直接用于科学研究、科学试验和教学的进口仪器、设备;⑤ 外国政府、国际组织无偿援助的进口物资和设备;⑥ 由残疾人组织直接进口供残疾人专用的物品;⑦ 销售自己用过的物品(游艇、摩托车和应征消费税的汽车除外)。

《增值税暂行条例实施细则》规定,增值税起征点的适用范围限于个人。增值税起征点的幅度规定如下:① 按期纳税的,为月销售额 5 000—20 000 元(含本数);② 按次纳税的,为每次(日)销售额 300—500 元(含本数)。省、自治区、直辖市财政厅(局)和国家税务局应在规定的幅度内,根据实际情况确定本地区适用的起征点,并报财政部、国家税务总局备案。

4. 增值税纳税义务发生时间、纳税地点和纳税期限

(1) 增值税纳税义务发生时间。纳税人发生应税销售行为,为收讫销售款项或

者取得索取销售款项凭据的当天;先开具发票的,为开具发票的当天。纳税人提供建筑服务、租赁服务采取预收款方式的,其纳税义务发生时间为收到预收款的当天。纳税人从事金融商品转让的,为金融商品所有权转移的当天。纳税人发生视同销售服务、无形资产、不动产情形的,其纳税义务发生时间为服务、无形资产转让完成的当天或者不动产权属变更的当天。进口货物,为报关进口的当天。增值税扣缴义务发生时间为纳税人增值税纳税义务发生的当天。

(2) 增值税的纳税地点。固定业户应当向其机构所在地的主管税务机关申报纳税。总机构和分支机构不在同一县(市)的,应当分别向各自所在地的主管税务机关申报纳税;经国务院财政、税务主管部门或者其授权的财政、税务机关批准,可以由总机构汇总向总机构所在地的主管税务机关申报纳税。固定业户到外县(市)销售货物或者劳务,应当向其机构所在地的主管税务机关报告外出经营事项,并向其机构所在地的主管税务机关申报纳税;未报告的,应当向销售地或者劳务发生地的主管税务机关申报纳税;未向销售地或者劳务发生地的主管税务机关申报纳税的,由其机构所在地的主管税务机关补征税款。非固定业户应当向应税行为发生地主管税务机关申报纳税;未申报纳税的,由其机构所在地或者居住地主管税务机关补征税款。其他个人提供建筑服务,销售或者租赁不动产,转让自然资源使用权,应向建筑服务发生地、不动产所在地、自然资源所在地主管税务机关申报纳税。进口货物,应当向报关地海关申报纳税。扣缴义务人应当向其机构所在地或者居住地的主管税务机关申报缴纳其扣缴的税款。

(3) 增值税的纳税期限。增值税的纳税期限分别为 1 日、3 日、5 日、10 日、15 日、1 个月或者 1 个季度。纳税人的具体纳税期限,由主管税务机关根据纳税人应纳税额的大小分别核定。以 1 个季度为纳税期限的规定适用于小规模纳税人、银行、财务公司、信托投资公司、信用社,以及财政部和国家税务总局规定的其他纳税人。不能按照固定期限纳税的,可以按次纳税。纳税人以 1 个月或者 1 个季度为 1 个纳税期的,自期满之日起 15 日内申报纳税;以 1 日、3 日、5 日、10 日或者 15 日为 1 个纳税期的,自期满之日起 5 日内预缴税款,于次月 1 日起 15 日内申报纳税并结清上月应纳税款。纳税人进口货物,应当自海关填发海关进口增值税专用缴款书之日起 15 日内缴纳税款。

(二) 消费税法

消费税是对特定消费品的销售额或销售数量征收的一种流转税。在对货物普遍征收增值税的基础上,选择少数消费品再征收一道消费税,主要是为了调节产品结构,引导消费方向,保证财政收入。消费税具有征税范围的选择性、征税环节的单一性、税率设计的差别性、计征方法的多样性等特点,因此消费税是世界各国普遍开征的一个税种,目前开征此税的国家已有 120 多个。我国于 1994 年 1 月 1 日起依据国务院发布的《消费税暂行条例》开征该税种;2008年,国务院对该条例作了修订;同年12月15日,财政部、国家税务总局又发布了《消费税暂行条例实施细则》,从而使我国的消费税法律制度不断完善。

1. 消费税的纳税人和税目税率

凡在中华人民共和国境内生产、委托加工和进口《中华人民共和国消费税暂行条例》列举的应税消费品的单位和个人,以及国务院确定的销售本条例规定的消费品的其他单位和个人都是消费税的纳税义务人。

消费税共设置15个税目,包括:烟、酒、高档化妆品、贵重首饰及珠宝玉石、鞭炮焰火、成品油、摩托车、小汽车、高尔夫球及球具、高档手表、游艇、木制一次性筷子、实木地板、铅蓄电池、涂料等。其中:黄酒、啤酒、成品油实行定额税率;卷烟、白酒实行复合税率;其余消费品实行比例税率,最低的税率为1%,最高的税率为40%。

纳税人兼营不同税率的应当缴纳消费税的消费品,应当分别核算不同税率应税消费品的销售额、销售数量;未分别核算销售额、销售数量或者将不同税率的应税消费品组成成套消费品销售的,从高适用税率。

2. 消费税应纳税额的计算

消费税实行从价定率、从量定额或者从价定率和从量定额复合计税的办法计算应纳税额。

(1) 从价定率的计算方法。实行从价定率征收的应税消费品,其计税依据是含消费税而不含增值税的销售额。应纳税额的计算公式为:

$$应纳税额 = 销售额 \times 比例税率$$

消费税的应税销售额是指纳税人销售应税消费品向购买方收取的全部价款和价外费用。但是,价外费用不包括向购买方收取的增值税税款、承运部门的运费发票开具给购货方的款项和纳税人将该项发票转交给购货方的代垫款项。如果纳税人应税消费品的销售额中未扣除增值税税款或者因不得开具增值税专用发票而发生价款和增值税税款合并收取的,在计算消费税时,应当换算为不含增值税税款的销售额。其换算公式为:

$$应税消费品的销售额 = 含增值税的销售额 \div (1 + 增值税税率或者征收率)$$

(2) 从量定额的计算方法。实行从量定额征收的应税消费品,其计税依据是销售应税消费品的实际销售数量。应纳税额的计算公式为:

$$应纳税额 = 销售数量 \times 定额税率$$

销售数量是指应税消费品的数量,具体规定如下:① 销售应税消费品的,为应税消费品的销售数量;② 自产自用应税消费品的,为应税消费品的移送使用数量;

③ 委托加工应税消费品的,为纳税人收回的应税消费品数量;④ 进口应税消费品的,为海关核定的应税消费品进口征税数量。

(3) 复合计税的计算方法。实行复合计税征收的应税消费品,其计税依据是销售应税消费品的销售额和销售数量。应纳税额的计算公式为:

$$应纳税额 = 销售额 \times 比例税率 + 销售数量 \times 定额税率$$

纳税人自产自用的应税消费品,按照纳税人生产的同类消费品的销售价格计算纳税;没有同类消费品销售价格的,按照组成计税价格计算纳税。

实行从价定率办法计算纳税的组成计税价格计算公式为:

$$组成计税价格 = (成本 + 利润) \div (1 - 比例税率)$$

实行复合计税办法计算纳税的组成计税价格计算公式为:

$$组成计税价格 = (成本 + 利润 + 自产自用数量 \times 定额税率) \div (1 - 比例税率)$$

委托加工的应税消费品,按照受托方的同类消费品的销售价格计算纳税;没有同类消费品销售价格的,按照组成计税价格计算纳税。

实行从价定率办法计算纳税的组成计税价格计算公式为:

$$组成计税价格 = (材料成本 + 加工费) \div (1 - 比例税率)$$

实行复合计税办法计算纳税的组成计税价格计算公式为:

$$组成计税价格 = (材料成本 + 加工费 + 委托加工数量 \times 定额税率) \div (1 - 比例税率)$$

进口的应税消费品,按照组成计税价格计算纳税。

实行从价定率办法计算纳税的组成计税价格计算公式为:

$$组成计税价格 = (关税完税价格 + 关税) \div (1 - 消费税比例税率)$$

实行复合计税办法计算纳税的组成计税价格计算公式为:

$$组成计税价格 = (关税完税价格 + 关税 + 进口数量 \times 消费税定额税率) \div (1 - 消费税比例税率)$$

3. 消费税的减免税规定

消费税除出口应税消费品及国务院另有规定者可免征消费税外,任何部门、单位一律不得免征消费税。目前,财政部、国家税务总局规定的减免税项目包括:① 石脑油、溶剂油、润滑油、燃料油暂按应纳税额的 30% 征收消费税;航空煤油暂缓征收消费税。② 子午线轮胎免征消费税。

4. 消费税纳税义务发生时间、纳税地点和纳税期限

(1) 消费税纳税义务发生时间。纳税人销售应税消费品的,按不同的销售结算方式分别为:① 采取赊销和分期收款结算方式的,为书面合同约定的收款日期的当天,书面合同没有约定收款日期或者无书面合同的,为发出应税消费品的当天;② 采取预收货款结算方式的,为发出应税消费品的当天;③ 采取托收承付和委托银行收款方式的,为发出应税消费品并办妥托收手续的当天;④ 采取其他结算方式的,为收讫销售款或者取得索取销售款凭据的当天。纳税人自产自用应税消费品的,为移送使用的当天。纳税人委托加工应税消费品的,为纳税人提货的当天。纳税人进口应税消费品的,为报关进口的当天。

(2) 消费税的纳税地点。纳税人销售的应税消费品以及自产自用的应税消费品,除国务院财政、税务主管部门另有规定外,应当向纳税人机构所在地或者居住地的主管税务机关申报纳税。纳税人到外县(市)销售或者委托外县(市)代销自产应税消费品的,于应税消费品销售后,向机构所在地或者居住地主管税务机关申报纳税。纳税人的总机构与分支机构不在同一县(市)的,应当分别向各自机构所在地的主管税务机关申报纳税;经财政部、国家税务总局或者其授权的财政、税务机关批准,可以由总机构汇总向总机构所在地的主管税务机关申报纳税。委托加工的应税消费品,除受托方为个人外,由受托方向机构所在地或者居住地的主管税务机关解缴消费税税款。委托个人加工的应税消费品,由委托方向其机构所在地或者居住地主管税务机关申报纳税。进口的应税消费品,由进口人或者其代理人向报关地海关申报纳税。

(3) 消费税的纳税期限。消费税的纳税期限分别为1日、3日、5日、10日、15日、1个月或者1个季度。纳税人的具体纳税期限,由主管税务机关根据纳税人应纳税额的大小分别核定;不能按照固定期限纳税的,可以按次纳税。纳税人以1个月或者1个季度为1个纳税期的,自期满之日起15日内申报纳税;以1日、3日、5日、10日或者15日为1个纳税期的,自期满之日起5日内预缴税款,于次月1日起15日内申报纳税并结清上月应纳税款。纳税人进口应税消费品,应当自海关填发海关进口消费税专用缴款书之日起15日内缴纳税款。

(三) 关税法

关税是对进出国境或关境的货物、物品的流转额征收的一种税,是一国国家主权的重要体现,具有较强的政策性。关税作为一个古老的税种,一般分为进口关税、出口关税和过境关税。目前,世界各国普遍征收的是进口关税,出口一般实行免税,只对稀缺资源以及某些原材料和半成品等少数货物征收出口关税,各国一般都不征收过境关税。我国对进出境货物、物品征收的关税通常表现为进口关税和出口关税。

进出口关税的征收,有利于限制外国产品进口,鼓励本国产品出口,保护和促进国内民族经济的发展,调节国内生产、消费和外汇收支,增加国家财政收入。我国有关关税的现行相关立法主要包括1987年1月22日第六届全国人大常委会第19次会议通过、2017年11月4日第十二届全国人大常委会第30次会议第五次修正的《海关法》和国务院于2003年11月23日颁发,2017年3月第四次修订的《进出口关税条例》及于1985年2月26日颁发、海关总署1997年、2000年、2002年调整的《海关进出口税则》。

1. 关税的纳税人、征税对象和适用税率

关税的纳税人包括进口货物的收货人、出口货物的发货人、进境物品的所有人(携带物品进境的入境人员、进境邮递物品的收件人以及以其他方式进口物品的收件人)。

关税的征税对象是我国准许进出口的货物、进境物品。

进口货物关税设置最惠国税率、协定税率、特惠税率、普通税率、关税配额税率等税率。对进口货物在一定期限内可以实行暂定税率。原产于共同适用最惠国待遇条款的世界贸易组织成员的进口货物,原产于与中华人民共和国签订含有相互给予最惠国待遇条款的双边贸易协定的国家或者地区的进口货物,以及原产于中华人民共和国境内的进口货物,适用最惠国税率。原产于与中华人民共和国签订含有关税优惠条款的区域性贸易协定的国家或者地区的进口货物,适用协定税率。原产于与中华人民共和国签订含有特殊关税优惠条款的贸易协定的国家或者地区的进口货物,适用特惠税率。原产于前述以外国家或者地区的进口货物以及原产地不明的进口货物,适用普通税率。适用最惠国税率的进口货物有暂定税率的,应当适用暂定税率;适用协定税率、特惠税率的进口货物有暂定税率的,应当从低适用税率;适用普通税率的进口货物,不适用暂定税率。按照国家规定实行关税配额管理的进口货物,关税配额内的,适用关税配额税率;关税配额外的,其适用税率按照前述规定执行。按照有关法律、行政法规的规定对进口货物采取反倾销、反补贴、保障措施的,其税率的适用按照《中华人民共和国反倾销条例》《中华人民共和国反补贴条例》和《中华人民共和国保障措施条例》的有关规定执行。任何国家或者地区违反与中华人民共和国签订或者共同参加的贸易协定及相关协定,对中华人民共和国在贸易方面采取禁止、限制、加征关税或者其他影响正常贸易的措施的,对原产于该国家或者地区的进口货物可以征收报复性关税,适用报复性关税税率。征收报复性关税的货物、适用国别、税率、期限和征收办法,由国务院关税税则委员会决定并公布。

出口货物一般免征关税,主要针对少数资源性产品以及易于竞相杀价、盲目出口、需要规范出口秩序的半制成品征收出口关税。出口关税设置出口税率,对出口货物在一定期限内可以实行暂定税率。适用出口税率的出口货物有暂定税率的,应当适用暂定税率。

进出口货物应当适用海关接受该货物申报进口或者出口之日实施的税率。进口货物到达前,经海关核准先行申报的,应当适用装载该货物的运输工具申报进境之日实施的税率。有下列情况之一,需缴纳税款的,应当适用海关接受申报办理纳税手续之日实施的税率:① 保税货物经批准不复运出境的;② 减免税货物经批准转让或者移作他用的;③ 暂准进境货物经批准不复运出境以及暂准出境货物经批准不复运进境的;④ 租赁进口货物,分期缴纳税款的。

入境旅客行李物品和个人邮递物品进口税的税率共分三类(税委会〔2019〕17号):一类是书报、刊物、教育用影视资料,计算机、视频摄录一体机、数字照相机等信息技术产品,食品、饮料,金银,家具,玩具,游戏品、节日或其他娱乐用品,药品,税率为13%;一类是运动用品(不含高尔夫球及球具)、钓鱼用品,纺织品及其制成品,电视摄像机及其他电器用具,自行车,税目1、3中未包含的其他商品,税率为20%;一类是烟、酒、贵重首饰及珠宝玉石,高尔夫球及球具,高档手表,高档化妆品,税率为50%。

2. 关税应纳税额的计算

我国对进出口货物征收关税,主要采取从价计征的办法,即以进出口货物的完税价格作为计税依据。进口货物的完税价格由海关以符合《进出口关税条例》确定的成交价格以及该货物运抵中华人民共和国境内输入地点起卸前的运输及其相关费用、保险费为基础审查确定。进口货物的成交价格是指卖方向中华人民共和国境内销售该货物时买方为进口该货物向卖方实付、应付的,并按照《进出口关税条例》规定调整后的价格总额,包括直接支付的价款和间接支付的价款。出口货物的完税价格由海关以符合《进出口关税条例》确定的成交价格以及该货物运至中华人民共和国境内输出地点装载前的运输及其相关费用、保险费为基础审查确定。出口货物的成交价格是指该货物出口时卖方为出口该货物应当向买方直接收取和间接收取的价款总额。

为了进一步推动我国关税制度的改革,抑制国外低价倾销,保护民族工业,我国从1997年7月1日起,对部分产品实行从量税、复合税、滑准税。因此,我国目前征收的关税以从价税为主,少量采用从量税、复合税、滑准税。

(1)从价税计算方法。从价税是最普遍的关税计征方法,它以进出口货物的完税价格作为计税依据。进出口货物应纳关税税额的计算公式为:

应纳税额 = 应税进(出)口货物数量 × 单位完税价格 × 适用税率

(2)从量税计算方法。从量税是以进口商品的数量为计税依据的一种关税计征方法。目前,我国对原油、部分鸡产品、啤酒、胶卷等进口货物分别以重量、容积、面积计征从量税。其应纳关税税额的计算公式为:

$$应纳税额 = 应税进口货物数量 \times 关税单位税额$$

(3) 复合税计算方法。复合税是对某种进口货物同时使用从价和从量计征的一种关税计征方法。目前,我国对录像机、放像机、数字照相机和摄录一体机实行复合关税。其应纳关税税额的计算公式为:

$$应纳税额 = (应税进口货物数量 \times 关税单位税额) +$$
$$(应税进口货物数量 \times 单位完税价格 \times 适用税率)$$

(4) 滑准税计算方法。滑准税是指关税的税率随着进口商品价格的变动而反方向变动的一种税率形式,即价格越高,税率越低,税率为比例税率。因此,对实行滑准税率的进口商品应纳关税税额的计算方法仍同于从价税的计算方法。目前,我国对新闻纸实行滑准关税。

进境物品的关税以及进口环节海关代征税合并为进口税,由海关依法征收。海关总署规定数额以内的个人自用进境物品,免征进口税。超过海关总署规定数额但仍在合理数量以内的个人自用进境物品,由进境物品的纳税义务人在进境物品放行前按照规定缴纳进口税。超过合理、自用数量的进境物品应当按照进口货物依法办理相关手续。国务院关税税则委员会规定按货物征税的进境物品,应当按照进口货物的有关规定征收关税。进口税采取从价计征的办法。

进口税的计算公式为:

$$进口税税额 = 完税价格 \times 进口税税率$$

海关应当按照《进境物品进口税税率表》及海关总署制定的《中华人民共和国进境物品归类表》《中华人民共和国进境物品完税价格表》对进境物品进行归类、确定完税价格和确定适用税率。进境物品适用海关填发税款缴款书之日实施的税率和完税价格。

3. 关税的减免税规定

根据《海关法》和《进出口关税条例》的规定,下列进出口货物,免征关税:① 关税税额在人民币 50 元以下的一票货物;② 无商业价值的广告品和货样;③ 外国政府、国际组织无偿赠送的物资;④ 在海关放行前损失的货物;⑤ 进出境运输工具装载的途中必需的燃料、物料和饮用品。法律规定的其他免征或者减征关税的货物,海关根据规定予以免征或者减征。特定地区、特定企业或者有特定用途的进出口货物减征或者免征关税,以及临时减征或者免征关税,按照国务院的有关规定执行。

4. 关税的缴纳和退补

(1) 进出口货物关税的缴纳。进口货物的纳税人应当自运输工具申报进境之日起 14 日内,出口货物的纳税人除海关特准外,应当在货物运抵海关监管区后、装货的

24小时以前,向货物的进出境地海关申报。纳税人应当依法如实向海关申报,并按照海关的规定提供有关确定完税价格、进行商品归类、确定原产地以及采取反倾销、反补贴或者保障措施等所需的资料;必要时,海关可以要求纳税人补充申报。纳税人应当自海关填发税款缴款书之日起15日内向指定银行缴纳税款。纳税人未按期缴纳税款的,从滞纳税款之日起,按日加收滞纳税款万分之五的滞纳金。海关可以对纳税人欠缴税款的情况予以公告。纳税人因不可抗力或者在国家税收政策调整的情形下,不能按期缴纳税款的,经海关总署批准,可以延期缴纳税款,但最长不得超过6个月。因残损、短少、品质不良或者规格不符原因,由进出口货物的发货人、承运人或者保险公司免费补偿或者更换的相同货物,进出口时不征收关税。被免费更换的原进口货物不退运出境或者原出口货物不退运进境的,海关应当对原进出口货物重新按照规定征收关税。

（2）进出口货物关税的退补。有下列情形之一的,纳税人自缴纳税款之日起1年内,可以申请退还税款,并应当以书面形式向海关说明理由,提供原缴款凭证及相关资料:① 已征进口关税的货物,因品质或者规格原因,原状退货复运出境的;② 已征出口关税的货物,因品质或者规格原因,原状退货复运进境,并已重新缴纳因出口而退还的国内环节有关税收的;③ 已征出口关税的货物,因故未装运出口,申报退关的。海关发现多征税款的,应当立即通知纳税人办理退还手续。纳税人发现多缴税款的,自缴纳税款之日起1年内,可以以书面形式要求海关退还多缴的税款并加算银行同期活期存款利息。海关应当自受理退税申请之日起30日内查实并通知纳税人办理退还手续。纳税人应当自收到通知之日起3个月内办理有关退税手续。进出口货物放行后,海关发现少征或者漏征税款的,应当自缴纳税款或者货物放行之日起1年内,向纳税人补征税款。但是,因纳税人违反规定造成少征或者漏征税款的,海关可以自缴纳税款或者货物放行之日起3年内追征税款,并从缴纳税款或者货物放行之日起按日加收少征或者漏征税款万分之五的滞纳金。

二、所得税法

所得税也称收益税,是以纳税人的所得额为征税对象,以依法确定的应税所得额为计税依据而征收的一类税。所得税主要包括个人所得税和企业所得税。所得税由于具有直接调节收入分配的功能,实行能量课税,即以所得额的大小作为税收负担能力的标准,比较符合公平原则,在世界上被誉为"良税"而广泛推行。

（一）个人所得税法

个人所得税是对个人(自然人)取得的各项应税所得征收的一种税。它最早于1799年在英国创立,目前世界上已有140多个国家开征了这一税种。我国于1980年9月10日第五届全国人大第3次会议通过了《个人所得税法》,该法先后于1993

年、1999 年、2005 年、2007 年 6 月和 12 月、2011 年、2018 年进行了 7 次修正,从而使我国的个人所得税法律制度不断完善。

1. 个人所得税的纳税人、征税对象和适用税率

个人所得税以所得人为纳税人,以支付所得的单位或者个人为扣缴义务人。纳税人分为居民个人和非居民个人。

在中国境内有住所,或者无住所而一个纳税年度内在中国境内居住累计满 183 天的个人,为居民个人。居民个人从中国境内和境外取得的所得,依法缴纳个人所得税。

在中国境内无住所又不居住,或者无住所而一个纳税年度内在中国境内居住累计不满 183 天的个人,为非居民个人。非居民个人从中国境内取得的所得,依法缴纳个人所得税。

个人所得税的征税对象是纳税人取得的个人所得,下列各项个人所得,应当缴纳个人所得税:① 工资、薪金所得;② 劳务报酬所得;③ 稿酬所得;④ 特许权使用费所得;⑤ 经营所得;⑥ 利息、股息、红利所得;⑦ 财产租赁所得;⑧ 财产转让所得;⑨ 偶然所得。

居民个人取得上述第 1 项至第 4 项所得(以下称综合所得),按纳税年度合并计算个人所得税;非居民个人取得上述第 1 项至第 4 项所得,按月或者按次分项计算个人所得税。纳税人取得上述第 5 项至第 9 项所得,依法分别计算个人所得税。

个人所得税按所得项目不同,分别规定了不同税率,其中:综合所得,适用 3% 至 45% 的超额累进税率;经营所得,适用 5% 至 35% 的超额累进税率;利息、股息、红利所得,财产租赁所得,财产转让所得和偶然所得,适用比例税率,税率为 20%。

2. 个人所得税应纳税额的计算

个人所得税应纳税额的计算公式为:

$$应纳税额 = 应纳税所得额 \times 适用税率$$

个人所得税应纳税所得额,以某项应税项目的收入额减去税法规定的该项费用减除标准后的余额,为该项应纳税所得额。由于个人所得税的应税项目不同,其扣除标准也不同。

(1) 居民个人的综合所得,以每一纳税年度的收入额减除费用 6 万元以及专项扣除、专项附加扣除和依法确定的其他扣除后的余额,为应纳税所得额。

(2) 非居民个人的工资、薪金所得,以每月收入额减除费用 5 000 元后的余额为应纳税所得额;劳务报酬所得、稿酬所得、特许权使用费所得,以每次收入额为应纳税所得额。

(3) 经营所得,以每一纳税年度的收入总额减除成本、费用以及损失后的余额,

为应纳税所得额。

（4）财产租赁所得，每次收入不超过 4 000 元的，减除费用 800 元；4 000 元以上的，减除 20% 的费用，其余额为应纳税所得额。

（5）财产转让所得，以转让财产的收入额减除财产原值和合理费用后的余额，为应纳税所得额。

（6）利息、股息、红利所得和偶然所得，以每次收入额为应纳税所得额。

劳务报酬所得、稿酬所得、特许权使用费所得以收入减除 20% 的费用后的余额为收入额。稿酬所得的收入额减按 70% 计算。

个人将其所得对教育、扶贫、济困等公益慈善事业进行捐赠，捐赠额未超过纳税人申报的应纳税所得额 30% 的部分，可以从其应纳税所得额中扣除；国务院规定对公益慈善事业捐赠实行全额税前扣除的，从其规定。

居民个人从中国境外取得的所得，可以从其应纳税额中抵免已在境外缴纳的个人所得税税额，但抵免额不得超过该纳税人境外所得依照中国个人所得税法规定计算的应纳税额。

3. 个人所得税的纳税调整

有下列情形之一的，税务机关有权按照合理方法进行纳税调整：① 个人与其关联方之间的业务往来不符合独立交易原则而减少本人或者其关联方应纳税额，且无正当理由；② 居民个人控制的，或者居民个人和居民企业共同控制的设立在实际税负明显偏低的国家（地区）的企业，无合理经营需要，对应当归属于居民个人的利润不作分配或者减少分配；③ 个人实施其他不具有合理商业目的的安排而获取不当税收利益。

税务机关依照上述规定作出纳税调整，需要补征税款的，应当补征税款，并依法加收利息。

4. 个人所得税的税收优惠

下列各项个人所得，免征个人所得税：① 省级人民政府、国务院部委和中国人民解放军军以上单位，以及外国组织、国际组织颁发的科学、教育、技术、文化、卫生、体育、环境保护等方面的奖金；② 国债和国家发行的金融债券利息；③ 按照国家统一规定发给的补贴、津贴；④ 福利费、抚恤金、救济金；⑤ 保险赔款；⑥ 军人的转业费、复员费、退役金；⑦ 按照国家统一规定发给干部、职工的安家费、退职费、基本养老金或者退休费、离休费、离休生活补助费；⑧ 依照有关法律规定应予免税的各国驻华使馆、领事馆的外交代表、领事官员和其他人员的所得；⑨ 中国政府参加的国际公约、签订的协议中规定免税的所得；⑩ 国务院规定的其他免税所得。

有下列情形之一的，可以减征个人所得税，具体幅度和期限，由省、自治区、直辖市人民政府规定,并报同级人民代表大会常务委员会备案:① 残疾、孤老人员和烈属的所得;② 因自然灾害遭受重大损失的。国务院可以规定其他减税情形,报全国人民代表大会常务委员会备案。

5. 个人所得税的征收管理

个人所得税以所得人为纳税人,以支付所得的单位或者个人为扣缴义务人。有下列情形之一的,纳税人应当依法办理纳税申报:① 取得综合所得需要办理汇算清缴;② 取得应税所得没有扣缴义务人;③ 取得应税所得,扣缴义务人未扣缴税款;④ 取得境外所得;⑤ 因移居境外注销中国户籍;⑥ 非居民个人在中国境内从两处以上取得工资、薪金所得;⑦ 国务院规定的其他情形。扣缴义务人应当按照国家规定办理全员全额扣缴申报,并向纳税人提供其个人所得和已扣缴税款等信息。

居民个人取得综合所得,按年计算个人所得税;有扣缴义务人的,由扣缴义务人按月或者按次预扣预缴税款;需要办理汇算清缴的,应当在取得所得的次年3月1日至6月30日内办理汇算清缴。非居民个人取得工资、薪金所得,劳务报酬所得,稿酬所得和特许权使用费所得,有扣缴义务人的,由扣缴义务人按月或者按次代扣代缴税款,不办理汇算清缴。纳税人取得经营所得,按年计算个人所得税,由纳税人在月度或者季度终了后十五日内向税务机关报送纳税申报表,并预缴税款;在取得所得的次年3月31日前办理汇算清缴。纳税人取得利息、股息、红利所得,财产租赁所得,财产转让所得和偶然所得,按月或者按次计算个人所得税,有扣缴义务人的,由扣缴义务人按月或者按次代扣代缴税款。

纳税人取得应税所得没有扣缴义务人的,应当在取得所得的次月15日内向税务机关报送纳税申报表,并缴纳税款。纳税人取得应税所得,扣缴义务人未扣缴税款的,纳税人应当在取得所得的次年6月30日前,缴纳税款;税务机关通知限期缴纳的,纳税人应当按照期限缴纳税款。居民个人从中国境外取得所得的,应当在取得所得的次年3月1日至6月30日内申报纳税。非居民个人在中国境内从两处以上取得工资、薪金所得的,应当在取得所得的次月15日内申报纳税。扣缴义务人每月或者每次预扣、代扣的税款,应当在次月15日内缴入国库,并向税务机关报送扣缴个人所得税申报表。纳税人办理汇算清缴退税或者扣缴义务人为纳税人办理汇算清缴退税的,税务机关审核后,按照国库管理的有关规定办理退税。

(二) 企业所得税法

企业所得税是指国家对企业的生产、经营所得和其他所得征收的一种税,它是国家参与企业利润分配的重要手段。1991年4月9日,第七届全国人民代表大会第4次会议通过了《中华人民共和国外商投资企业和外国企业所得税法》,1993年12月13日,国务院又颁布了《中华人民共和国企业所得税暂行条例》,自此,在我国建立了内外资企业实行两套不同的企业所得税法律制度的征管模式。由于两税并行不利于内外资企业平等地参与市场竞争,也妨碍了国内统一大市场的形成,于是,2007年3月16日第十届全国人大第5次会议通过、2008年1月1日起实施的《企业所得税法》统一了内外资企业所得税,实现了"两税合并"。该法分别于2017年和2018年进行了两次修正。2007年11月28日国务院第197次常务会议通过了《企业所得税法实施条例》,自2008年1月1日起施行,并于2019年进行了部分条款的修改。

1. 企业所得税的纳税人、征税范围和适用税率

(1) 纳税人。企业所得税的纳税人包括企业以及取得收入的其他组织(如事业单位等),但不包括个人独资企业和合伙企业。也就是说,企业所得税的纳税人是指具有法人资格的企业和具有应税所得的其他组织。企业分为居民企业和非居民企业。居民企业是指依法在中国境内成立,或者依照外国(地区)法律成立但实际管理机构在中国境内的企业。居民企业应当就其来源于中国境内、境外的所得缴纳企业所得税,即承担无限纳税义务。非居民企业是指依照外国(地区)法律成立且实际管理机构不在中国境内,但在中国境内设立机构、场所的,或者在中国境内未设立机构、场所,但有来源于中国境内所得的企业。非居民企业在中国境内设立机构、场所的,应当就其所设机构、场所取得的来源于中国境内的所得以及发生在中国境外但与其所设机构、场所有实际联系的所得,缴纳企业所得税;非居民企业在中国境内未设立机构、场所的,或者虽设立机构、场所但取得的所得与其所设机构、场所没有实际联系的,应当就其来源于中国境内的所得缴纳企业所得税。也就是说,非居民企业承担有限纳税义务。

(2) 扣缴义务人。非居民企业在中国境内未设立机构、场所,或者虽设立机构、场所但取得的所得与其所设机构、场所没有实际联系的,就其来源于中国境内的所得应缴纳的所得税,实行源泉扣缴,以支付人为扣缴义务人。税款由扣缴义务人在每次支付或者到期应支付时,从支付或者到期应支付的款项中扣缴。对非居民企业在中国境内取得工程作业和劳务所得应缴纳的所得税,税务机关可以指定工程价款或者劳务费的支付人为扣缴义务人。依法应当扣缴的所得税,扣缴义务人未依法扣缴或者无法履行扣缴义务的,由纳税人在所得发生地缴纳。纳税人未依法缴纳的,税务机关可以从该纳税人在中国境内其他收入项目的支付人应付的款项中,追缴该纳税人的应纳税款。

扣缴义务人每次代扣的税款,应当自代扣之日起7日内缴入国库,并向所在地的税务机关报送扣缴企业所得税报告表。

(3) 征税范围。企业所得税的征税范围包括纳税人的生产、经营所得和其他所得。企业的生产、经营所得是指其从事物质生产、交通运输、商品流通、劳务服务以及经国家主管部门确认的其他营利事业取得的所得。企业的其他所得是指股息、利息、

租金、特许权使用费以及营业外收益等所得。

（4）适用税率。企业所得税的基本税率为25%。非居民企业在中国境内未设立机构、场所的，或者虽设立机构、场所但取得的所得与其所设机构、场所没有实际联系的，应当就其来源于中国境内的所得缴纳企业所得税，其适用税率为20%[①]。

2. 企业所得税应纳税所得额的确定

应纳税所得额是指企业每一纳税年度的收入总额，减除不征税收入、免税收入、各项扣除以及允许弥补的以前年度亏损后的余额。

$$应纳税所得额 = 收入总额 - 不征税收入 - 免税收入 - 各项扣除 - 允许弥补的以前年度亏损$$

（1）收入总额。企业以货币形式和非货币形式从各种来源取得的收入，为收入总额。包括：① 销售货物收入；② 提供劳务收入；③ 转让财产收入；④ 股息、红利等权益性投资收益；⑤ 利息收入；⑥ 租金收入；⑦ 特许权使用费收入；⑧ 接受捐赠收入；⑨ 其他收入。

（2）不征税收入。收入总额中的下列收入为不征税收入：① 财政拨款；② 依法收取并纳入财政管理的行政事业性收费、政府性基金；③ 国务院规定的其他不征税收入。

（3）免税收入。企业的下列收入为免税收入：① 国债利息收入；② 符合条件的居民企业之间的股息、红利等权益性投资收益；③ 在中国境内设立机构、场所的非居民企业从居民企业取得与该机构、场所有实际联系的股息、红利等权益性投资收益；④ 符合条件的非营利组织的收入。

（4）各项扣除。企业实际发生的与取得收入有关的、合理的支出，包括成本、费用、税金、损失和其他支出，准予在计算应纳税所得额时扣除。其中，成本是指企业在生产经营活动中发生的销售成本、销货成本、业务支出以及其他耗费；费用是指企业在生产经营活动中发生的销售费用、管理费用和财务费用，已计入成本的有关费用除外；税金是指企业发生的除企业所得税和允许抵扣的增值税以外的各项税金及其附加；损失是指企业在生产经营活动中发生的固定资产和存货的盘亏、毁损、报废损失、转让财产损失、呆账损失、坏账损失、自然灾害等不可抗力因素造成的损失以及其他损失；其他支出是指除成本、费用、税金、损失外，企业在生产经营活动中发生的与生产经营活动有关的、合理的支出。企业发生的公益性捐赠支出，在年度利润总额

---

① 预提税是指东道国支付所得的组织和个人预先扣除非居民纳税人取得的来源于东道国的所得应当缴纳的税款。它实际上是所得税的一种源泉扣缴方式，它本身并不是一个独立的税种。之所以预提所得税的税率为20%，是因为预提所得税的应税所得额是毛所得，即不作任何税前扣除。而一般企业所得税应税所得额的计算都要扣除相应的成本、费用、税金和损失，因此企业所得税的税率一般为25%。

12%以内的部分,准予在计算应纳税所得额时扣除;超过年度利润总额12%的部分,准予结转以后三年内在计算应纳税所得额时扣除。

企业发生的支出应当区分收益性支出和资本性支出。收益性支出在发生当期直接扣除;资本性支出应当分期扣除或者计入有关资产成本,不得在发生当期直接扣除。企业的不征税收入用于支出所形成的费用或者财产,不得扣除或者计算对应的折旧、摊销扣除。除企业所得税法及其实施条例另有规定外,企业实际发生的成本、费用、税金、损失和其他支出,不得重复扣除。

在计算应纳税所得额时,下列支出不得扣除:① 向投资者支付的股息、红利等权益性投资收益款项;② 企业所得税税款;③ 税收滞纳金;④ 罚金、罚款和被没收财物的损失;⑤ 公益性捐赠以外的捐赠支出;⑥ 赞助支出;⑦ 未经核定的准备金支出;⑧ 与取得收入无关的其他支出。

在计算应纳税所得额时,企业按照规定计算的固定资产折旧,准予扣除。下列固定资产不得计算折旧扣除:① 房屋、建筑物以外未投入使用的固定资产;② 以经营租赁方式租入的固定资产;③ 以融资租赁方式租出的固定资产;④ 已足额提取折旧仍继续使用的固定资产;⑤ 与经营活动无关的固定资产;⑥ 单独估价作为固定资产入账的土地;⑦ 其他不得计算折旧扣除的固定资产。

在计算应纳税所得额时,企业按照规定计算的无形资产摊销费用,准予扣除。下列无形资产不得计算摊销费用扣除:① 自行开发的支出已在计算应纳税所得额时扣除的无形资产;② 自创商誉;③ 与经营活动无关的无形资产;④ 其他不得计算摊销费用扣除的无形资产。

在计算应纳税所得额时,企业发生的下列支出作为长期待摊费用,按照规定摊销的,准予扣除:① 已足额提取折旧的固定资产的改建支出;② 租入固定资产的改建支出;③ 固定资产的大修理支出;④ 其他应当作为长期待摊费用的支出。

企业对外投资期间,投资资产的成本在计算应纳税所得额时不得扣除。企业在转让或者处置投资资产时,投资资产的成本,准予扣除。

企业使用或者销售存货,按照规定计算的存货成本,准予在计算应纳税所得额时扣除。企业转让资产,该项资产的净值,准予在计算应纳税所得额时扣除。

企业在汇总计算缴纳企业所得税时,其境外营业机构的亏损不得抵减境内营业机构的盈利。

(5) 允许弥补的以前年度亏损。企业纳税年度发生的亏损,准予向以后年度结转,用以后年度的所得弥补,但结转年限最长不得超过5年。

非居民企业在中国境内未设立机构、场所的,或者虽设立机构、场所但取得的所得与其所设机构、场所没有实际联系的,就其来源于中国境内的所得,按照下列方法计算应纳税所得额:① 股息、红利等权益性投资收益和利息、租金、特许权使用费所得,以收入全额(全部价款和价外费用)为应纳税所得额;② 转让财产所得,以收入全额减除财产净值后的余额为应纳税所得额;③ 其他所得,参照前两项规定的方法计算应纳税所得额。

3. 企业所得税应纳税额的计算

$$应纳税额 = 应纳税所得额 \times 适用税率 - 减免税额 - 抵免税额$$

企业取得的下列所得已在境外缴纳的所得税税额,可以从其当期应纳税额中抵免,抵免限额为该项所得依照《企业所得税法》规定计算的应纳税额;超过抵免限额的部分,可以在以后5个年度内用每年度抵免限额抵免当年应抵税额后的余额进行抵补:① 居民企业来源于中国境外的应税所得;② 非居民企业在中国境内设立机构、场所,取得发生在中国境外但与该机构、场所有实际联系的应税所得。抵免限额应当分国(地区)不分项计算,计算公式为:

$$抵免限额 = \frac{中国境内、境外所得依照企业所得税法及其实施条例的规定计算的应纳税总额}{中国境内、境外应纳税所得总额} \times 来源于某国(地区)的应纳税所得额$$

居民企业从其直接或者间接控制(直接或间接持有外国企业20%以上股份)的外国企业分得的来源于中国境外的股息、红利等权益性投资收益,外国企业在境外实际缴纳的所得税税额中属于该项所得负担的部分,可以作为该居民企业的可抵免境外所得税税额,在上述规定的抵免限额内抵免。

4. 企业所得税的税收优惠

国家对重点扶持和鼓励发展的产业和项目,给予企业所得税优惠。

(1) 企业的下列所得,可以免征、减征企业所得税。具体包括:① 从事农、林、牧、渔业项目的所得;② 从事国家重点扶持的公共基础设施项目投资经营的所得;③ 从事符合条件的环境保护、节能节水项目的所得;④ 符合条件的技术转让所得;⑤ 非居民企业在中国境内未设立机构、场所的所得,或者虽设立机构、场所但取得的所得与其所设机构、场所没有实际联系的所得。

(2) 符合条件的小型微利企业,减按20%的税率征收企业所得税。符合条件的小型微利企业是指从事国家非限制和禁止行业,并符合下列条件的企业:① 工业企业,年度应纳税所得额不超过30万元,从业人数不超过100人,资产总额不超过3 000万元;② 其他企业,年度应纳税所得额不超过30万元,从业人数不超过80人,资产总额不超过1 000万元。国家需要重点扶持的高新技术企业,减按15%的税率征收企业所得税。国家需要重点扶持的高新技术企业是指拥有核心自主知识产权,并同时符合法定条件的企业。

（3）民族自治地方的自治机关对本民族自治地方的企业应缴纳的企业所得税中属于地方分享的部分，可以决定减征或者免征。自治州、自治县决定减征或者免征的，须报省、自治区、直辖市人民政府批准。对民族自治地方内国家限制和禁止行业的企业，不得减征或者免征企业所得税。

（4）企业的下列支出，可以在计算应纳税所得额时加计扣除：① 开发新技术、新产品、新工艺发生的研究开发费用；② 安置残疾人员及国家鼓励安置的其他就业人员所支付的工资。研究开发费用的加计扣除是指企业为开发新技术、新产品、新工艺发生的研究开发费用，未形成无形资产计入当期损益的，在按照规定据实扣除的基础上，按照研究开发费用的50%加计扣除；形成无形资产的，按照无形资产成本的150%摊销。企业安置残疾人员所支付的工资的加计扣除是指企业安置残疾人员的，在按照支付给残疾职工工资据实扣除的基础上，按照支付给残疾职工工资的100%加计扣除。

（5）创业投资企业从事国家需要重点扶持和鼓励的创业投资，可以按投资额的一定比例抵扣应纳税所得额。公司制创业投资企业采取股权投资方式直接投资于种子期、初创期科技型企业（简称初创科技型企业）满2年（24个月）的，可以按照投资额的70%在股权持有满2年的当年抵扣该公司制创业投资企业的应纳税所得额；当年不足抵扣的，可以在以后纳税年度结转抵扣。有限合伙制创业投资企业（简称合伙创投企业）采取股权投资方式直接投资于初创科技型企业满2年的，该合伙创投企业的合伙人分别按以下方式处理：① 法人合伙人可以按照对初创科技型企业投资额的70%抵扣法人合伙人从合伙创投企业分得的所得；当年不足抵扣的，可以在以后纳税年度结转抵扣；② 个人合伙人可以按照对初创科技型企业投资额的70%抵扣个人合伙人从合伙创投企业分得的经营所得；当年不足抵扣的，可以在以后纳税年度结转抵扣。天使投资个人采取股权投资方式直接投资于初创科技型企业满2年的，可以按照投资额的70%抵扣转让该初创科技型企业股权取得的应纳税所得额；当期不足抵扣的，可以在以后取得转让该初创科技型企业股权的应纳税所得额时结转抵扣。

（6）企业的固定资产由于技术进步等原因，确需加速折旧的，可以缩短折旧年限或者采取加速折旧的方法。采取缩短折旧年限或者采取加速折旧方法的固定资产包括：① 由于技术进步，产品更新换代较快的固定资产；② 常年处于强震动、高腐蚀状态的固定资产。采取缩短折旧年限方法的，最低折旧年限不得低于法定折旧年限的60%；采取加速折旧方法的，可以采取双倍余额递减法或者年数总和法。

（7）企业综合利用资源，生产符合国家产业政策规定的产品所取得的收入，可以在计算应纳税所得额时减计收入。企业以《资源综合利用企业所得税优惠目录》规定的资源作为主要原材料，生产国家非限制和禁止并符合国家和行业相关标准的产品取得的收入，减按90%计入收入总额。

(8) 企业购置用于环境保护、节能节水、安全生产等专用设备的投资额,可以按一定比例实行税额抵免。企业购置并实际使用《环境保护专用设备企业所得税优惠目录》《节能节水专用设备企业所得税优惠目录》《安全生产专用设备企业所得税优惠目录》规定的环境保护、节能节水、安全生产等专用设备的,该专用设备的投资额的10%可以从企业当年的应纳税额中抵免;当年不足抵免的,可以在以后5个纳税年度结转抵免。

5. 企业所得税的特别纳税调整

特别纳税调整是指税务机关出于实施反避税目的而对纳税人的特定纳税事项所作的税务调整,包括针对纳税人的转让定价、资本弱化、避税地避税以及其他避税情况所进行的税务调整。

(1) 关联企业之间业务往来的调整规则。企业与其关联方之间的业务往来,不符合独立交易原则而减少企业或者其关联方应纳税收入或者所得额的,税务机关有权按照合理方法(可比非受控价格法、再销售价格法、成本加成法、交易净利润法、利润分割法、其他符合独立交易原则的方法)调整。企业与其关联方共同开发、受让无形资产,或者共同提供、接受劳务发生的成本,在计算应纳税所得额时应当按照独立交易原则进行分摊。企业可以向税务机关提出与其关联方之间业务往来的定价原则和计算方法,税务机关与企业协商、确认后,达成预约定价安排。企业向税务机关报送年度企业所得税纳税申报表时,应当就其与关联方之间的业务往来附送年度关联业务往来报告表。税务机关在进行关联业务调查时,企业及其关联方以及与关联业务调查有关的其他企业,应当按照规定提供相关资料。企业不提供与其关联方之间业务往来资料,或者提供虚假、不完整资料,未能真实反映其关联业务往来情况的,税务机关有权依法核定其应纳税所得额。

(2) 企业利用避税地避税的调整规则。由居民企业或者由居民企业和中国居民控制的设立在实际税负明显低于我国企业所得税税率25%水平的国家(地区)的企业,并非由于合理的经营需要而对利润不作分配或者减少分配的,上述利润中应归属于该居民企业的部分,应当计入该居民企业的当期收入。

(3) 企业利用资本弱化①避税的调整规则。企业从其关联方接受的债权性投资与权益性投资的比例超过规定标准而发生的利息支出,不得在计算应纳税所得额时扣除。债权性投资是指企业直接或者间接从关联方获得的,需要偿还本金和支付利息或者需要以其他具有支付利息性质的方式予以补偿的融资。权益性投资是指企业

---

① 资本弱化是指关联企业为了达到少纳税或者不纳税的目的,采取以贷款方式替代募股方式进行的投资或者融资。由于企业支付的股息不能在税前扣除,而支付的利息可以在税前扣除,因此,资本弱化是关联企业在投融资时减轻税收负担的常用手段之一。

接受的不需要偿还本金和支付利息,投资人对企业净资产拥有所有权的投资。标准比例:金融企业为5∶1;其他企业为2∶1。

(4) 企业一般避税行为的调整规则。企业实施其他不具有合理商业目的的安排而减少其应纳税收入或者所得额的,税务机关有权按照合理方法调整。所谓不具有商业目的,是指以减少、免除或者推迟缴纳税款为主要目的。

企业与其关联方之间的业务往来不符合独立交易原则,或者企业实施其他不具有合理商业目的安排的,税务机关有权在该业务发生的纳税年度起10年内,进行纳税调整。

6. 企业所得税的征收管理

(1) 纳税地点。除税收法律、行政法规另有规定外,居民企业以企业登记注册地为纳税地点;但登记注册地在境外的,以实际管理机构所在地为纳税地点。居民企业在中国境内设立不具有法人资格的营业机构的,应当汇总计算并缴纳企业所得税。

非居民企业在中国境内设立机构、场所,就其所设机构、场所取得的来源于中国境内的所得以及发生在中国境外但与其所设机构、场所有实际联系的所得缴纳企业所得税的,以该机构、场所所在地为纳税地点。非居民企业在中国境内设立两个或者两个以上机构、场所的,经税务机关审核批准,可以选择由其主要机构、场所汇总缴纳企业所得税。

非居民企业在中国境内未设立机构、场所或者虽设立机构、场所但取得的所得与其所设机构、场所没有实际联系的,就其来源于中国境内的所得缴纳企业所得税的,以扣缴义务人所在地为纳税地点。

除国务院另有规定外,企业之间不得合并缴纳企业所得税。

(2) 纳税年度。企业所得税按纳税年度计算。纳税年度自公历1月1日起至12月31日止。企业在一个纳税年度中间开业或者终止经营活动,使该纳税年度的实际经营期不足12个月的,应当以其实际经营期为一个纳税年度。企业依法清算时,应当以清算期间作为一个纳税年度。

(3) 纳税方式。企业所得税实行分月或者分季预缴、年终汇算清缴的方式缴纳。企业应当自月份或者季度终了之日起15日内,向税务机关报送预缴企业所得税纳税申报表,预缴税款。企业应当自年度终了之日起5个月内,向税务机关报送年度企业所得税纳税申报表,并汇算清缴,结清应缴应退税款。

第三节 税收程序法

税收程序法是规定税务管理、税款征收、税务检查、税务救济、法律责任等内容的法律规范。税收程序法是一部体现民主、公正、效率的法律,不仅具有保障税收实体法实施的工具价值和防范征税权力滥用的消极功能;更具有保护民权、引导征税权力公正合理行使的独立价值和积极功能,是实现税收法治目标的关键。也就是说,在税收活动中,国家利益的保护、税负公平的实现、纳税人权利的维护、征税权行使的理性化,乃至真正意义上的国民财产的法律保护,都需要完善的税收程序法律制度作保障。

税收程序法主要包括税收征收管理法、税收行政复议法、税收行政许可法、税收行政处罚法、税务代理法等。由于篇幅所限,本节主要介绍税收征收管理法。

我国现行《税收征管法》于1992年9月4日第七届全国人大常委会第27次会议通过,已分别于1995年、2001年、2013年和2015年做了修正。特别值得关注的是2015年对税收征收管理法全面修改,进一步完善了我国税收征收管理法律制度,对推动税收治理的现代化,进而实现国家治理体系和治理能力的现代化具有重要意义。

一、税务管理程序

税务管理是税务机关在税收征收管理中对征纳过程实施的基础性管理制度和管理行为,与税款征收、税务检查共同构成税收征收管理的重要内容。税务管理主要包括税务登记管理、账簿凭证管理、纳税申报管理三项内容。

（一）税务登记管理

凡从事生产经营的纳税人自领取营业执照之日起30日内,持有关证件向税务机关申报办理税务登记,税务机关应当于收到申报的当日办理登记并发给税务登记证件。

市场监督管理部门应当将办理登记注册、核发营业执照的情况定期向税务机关通报。

从事生产经营的纳税人,税务登记内容发生变化的,纳税人自市场监督管理部门办理变更登记之日起30日内或在向市场监督管理部门申请办理注销登记之前,持有关证件向税务机关申报办理变更或注销税务登记。

从事生产、经营的纳税人应当按照国家的有关规定,持税务登记证件,在银行或者其他金融机构开立基本存款账户和其他存款账户,并将其全部账号向税务机关报告。银行和其他金融机构应当在从事生产经营的纳税人的账户中登录税务登记证件号码,并在税务登记证件中登录从事生产、经营的纳税人的账户账号。税务机关依法查询从事生产、经营的纳税人开立账户的情况时,有关银行和其他金融机构应当予以协助。

税务机关对税务登记证件实行定期验证和换证制度。纳税人应当在规定的期限内持有关证件到主管税务机关办理验证或者换证手续。纳税人按照国务院税务主管部门的规定使用税务登记证件。税务登记证件不得转借、涂改、损毁、买卖或者伪造。

（二）账簿、凭证管理

纳税人、扣缴义务人应当按照有关法律、行政法规和国务院财政、税务主管部门的规定设置账簿，根据合法、有效凭证记账，进行核算。从事生产经营的纳税人应当自领取营业执照或者发生纳税义务之日起15日内，按照国家有关规定设置账簿；扣缴义务人应当自法定扣缴义务发生之日起10日内，分税种设置代扣代缴、代收代缴税款账簿。

从事生产经营的纳税人的财务、会计制度或者财务、会计处理办法和会计核算软件，应当自领取税务登记证件之日起15日内报送税务机关备案。从事生产经营的纳税人，在财务会计制度或者财务、会计处理办法上与国务院或者国务院财政、税务主管部门有关税收的规定相抵触的，在计算应纳税额时必须按照国务院或者国务院财政、税务主管部门有关税收的规定计算缴纳税款。纳税人、扣缴义务人采用电子计算机记账的，应当在使用前将其记账软件、程序和使用说明书及其有关资料报送主管税务机关备案。除国家法律、行政法规另有规定外，账簿、会计凭证、会计报表、完税凭证及其他有关纳税资料应当保存10年，上述有关资料不得伪造、变造或者擅自损毁。

一切从事生产经营的单位和个人在经济业务活动中取得收入，向付款方开具的销货票据都应使用统一的发票。开具发票应当按照规定的时限、顺序、逐栏、全部联次一次性如实开具，并加盖单位财务印章或发票专用章。任何单位和个人不得转借、转让、代开发票，禁止倒买倒卖发票、发票监制章和发票防伪专用品。开具发票的单位和个人，应当建立发票使用登记制度，并定期向主管税务机关报告发票使用情况；应当按照税务机关的规定，保存和保管发票，不得损毁。已开具的发票存根联和发票登记簿，应当保存5年。

（三）纳税申报管理

纳税申报是指纳税人、扣缴义务人按照法律、行政法规规定，在申报期限内就纳税事项向税务机关提出书面申报的一种法定手续。纳税人、扣缴义务人必须在法律、法规或税务机关依法确定的申报期限内办理纳税申报，报送纳税申报表、财务会计报表或代扣代缴、代收代缴税款报告表以及税务机关根据实际需要要求纳税人、扣缴义务人报送的其他纳税资料。纳税人、扣缴义务人的纳税申报或者代扣代缴、代收代缴税款报告表的主要内容包括：税种、税目、应纳税项目或者应代扣代缴、代收代缴税款项目，适用税率或者单位税额，计税依据，扣除项目及标准，应纳税额或者应代扣代缴、代收代缴税额，税款所属期限等。

纳税人享受减税、免税待遇的，在减税、免税期间应当按照规定办理纳税申报。纳税人、扣缴义务人不能按期办理纳税申报或者报送代扣代缴、代收代缴税款报告表的，经税务机关核准，可以延期申报。经核准延期办理申报、报送事项的，应当在纳税期内按照上期实际缴纳的税额或者税务机关核定的税额预缴税款，并在核准的延期内办理税款结算。

二、税款征收程序

税款征收是指税务机关依照法律、法规的规定,按照一定的征收方式将纳税人应纳税款收缴入库的一项管理活动。它是税收征收管理的中心环节,关系到国家税款能否及时、足额入库。为此,税收征管法专门设置了税款征收制度,包括税款征收方式、税收保全、税收强制执行、税收优先权、税收代位权、税收撤销权、税款的退还与追征、税款入库等制度。

根据《税收征收管理法》及其《实施细则》的规定,税务机关可以采取查账征收、查定征收、查验征收、定期定额征收以及其他方式征收税款。纳税人、扣缴义务人应当按照法律、行政法规规定的期限或税务机关依法确定的期限,缴纳或解缴税款。纳税人、扣缴义务人未按规定期限缴纳或解缴税款的,税务机关除责令限期缴纳外,从滞纳税款之日起,按日加收滞纳税款万分之五的滞纳金。纳税人因有特殊困难,不能按期缴纳税款的,经省、自治区、直辖市国家税务局、地方税务局批准,可以延期缴纳税款,但最长不得超过3个月。

税务机关有根据认为从事生产、经营的纳税人有逃避纳税义务行为的,可以在规定的纳税期限之前,责令限期缴纳应纳税款;在限期内发现纳税人有明显转移、隐匿其应纳税的商品、货物以及其他财产或者应纳税收入的迹象的,税务机关可以责成纳税人提供纳税担保。如果纳税人不能提供纳税担保,经县级以上税务局局长批准,税务机关可以采取下列税收保全措施:① 书面通知纳税人开户银行或其他金融机构冻结纳税人的金额相当于应纳税款的存款;② 扣押、查封纳税人的价值相当于应纳税款的商品、货物或其他财产。

从事生产、经营的纳税人、扣缴义务人未按规定期限缴纳或解缴税款,纳税担保人未按规定期限缴纳所担保税款的,由税务机关责令其限期缴纳,逾期仍未缴纳的,经县级以上税务局局长批准,可以采取下列强制执行措施:① 书面通知其开户银行或者其他金融机构从其存款中扣缴税款;② 扣押、查封、依法拍卖或者变卖其价值相当于应纳税款的商品、货物或者其他财产,以拍卖或者变卖所得抵缴税款。

税务机关征收税款,税收优先于无担保债权,法律另有规定的除外;纳税人欠缴的税款发生在纳税人以其财产设定抵押、质押或者纳税人的财产被留置之前的,税收应当先于抵押权、质权、留置权执行。纳税人欠缴税款,同时又被行政机关决定处以罚款、没收违法所得的,税收优先于罚款、没收违法所得。

欠缴税款的纳税人因怠于行使到期债权,或者放弃到期债权,或者无偿转让财产,或者以明显不合理的低价转让财产而受让人知道该情形,对国家税收造成损害的,税务机关可以依照合同法第73条、第74条的规定行使代位权、撤销权。税务机关依法行使代位权、撤销权的,不免除欠缴税款的纳税人尚未履行的纳税义务和应承担的法律责任。

纳税人超过应纳税额缴纳的税款,税务机关发现后应立即退还;纳税人自结算缴纳税款之日起3年内发现的,可以要求税务机关退还,税务机关查实后应立即退还。因税务机关的责任致使纳税人、扣缴义务人未缴或少缴税款的,税务机关在3年内可以要求纳税人、扣缴义务人补缴税款,但不得加收滞纳金。因纳税人、扣缴义务人计算错误等失误未缴或少缴税款的,税务机关在3年内可以追征税款、滞纳金;有特殊情况的,追征期可以延长到5年。但是,对偷税、抗税、骗税的,税务机关追征其未缴或者少缴的税款、滞纳金或者所骗取的税款,不受上述追征期限的限制。

三、税务检查程序

税务检查是指税务机关依照国家税收法律法规、财务会计制度和其他相关法律规范,对纳税人、扣缴义务人是否履行纳税或者代扣代缴税款义务及其他有关税务事务进行审查、核实和监督活动的总称。它是税收征收管理的一项重要内容,如果说税务登记管理、账簿凭证管理是税收征收管理工作的前期基础,纳税申报和税款征收是税收征收管理的关键实质,税务检查则是税收征收管理的后期监督与保障,是税收征管工作不可或缺的重要一环。

税务机关有权进行下列税务检查:① 检查纳税人的账簿、记账凭证、报表和有关资料,检查扣缴义务人代扣代缴、代收代缴税款账簿、记账凭证和有关资料;② 到纳税人的生产、经营场所和货物存放地检查纳税人应纳税的商品、货物或者其他财产,检查扣缴义务人与代扣代缴、代收代缴税款有关的经营情况;③ 责成纳税人、扣缴义务人提供与纳税或者代扣代缴、代收代缴税款有关的文件、证明材料和有关资料;④ 询问纳税人、扣缴义务人与纳税或者代扣代缴、代收代缴税款有关的问题和情况;⑤ 到车站、码头、机场、邮政企业及其分支机构检查纳税人托运、邮寄应纳税商品、货物或者其他财产的有关单据、凭证和有关资料;⑥ 经县以上税务局(分局)局长批准,凭全国统一格式的检查存款账户许可证明,查询从事生产、经营的纳税人、扣缴义务人在银行或者其他金融机构的存款账户。税务机关在调查税收违法案件时,经设区的市、自治州以上税务局(分局)局长批准,可以查询案件涉嫌人员的储蓄存款。税务机关查询所获得的资料,不得用于税收以外的用途。

税务机关对从事生产、经营的纳税人以前纳税期的纳税情况依法进行税务检查时,发现纳税人有逃避纳税义务行为,并有明显的转移、隐匿其应纳税的商品、货物以及其他财产或者应纳税的收入的迹象的,可以按照法律规定的批准权限采取税收保全措施或者强制执行措施。

纳税人、扣缴义务人必须接受税务机关依法进行的税务检查,如实反映情况,提供有关资料,不得拒绝、隐瞒。税务机关派出的人员进行税务检查时,应当出示税务检查证和税务检查通知书,并有责任为被检查人保守秘密;未出示税务检查证和税务检查通知书的,被检查人有权拒绝检查。

四、税务文书送达程序

税务文书送达是指税务机关依照税收法律、法规的规定向纳税人、扣缴义务人以及其他相关单位或者个人送达税务文书的一项征管活动。税务文书主要包括税务事项通知书、责令限期改正通知书、税收保全措施决定书、税收强制执行决定书、税务检查通知书、税务处理决定书、税务行政处罚决定书、行政复议决定书和其他税务文书。

税务机关送达税务文书,应当直接送交受送达人。受送达人是公民的,应当由本人直接签收;本人不在的,交其同住成年家属签收。受送达人是法人或者其他组织的,应当由法人的法定代表人、其他组织的主要负责人或者该法人、组织的财务负责人、负责收件的人签收。受送达人有代理人的,可以送交其代理人签收。送达税务文书应当有送达回证,并由受送达人或者其他签收人在送达回证上记明收到日期,签名或者盖章,即为送达。受送达人或者其他签收人拒绝签收税务文书的,送达人应当在送达回证上记明拒收理由和日期,并由送达人和见证人签名或者盖章,将税务文书留在受送达人处,即为送达。

直接送达税务文书有困难的,可以委托其他有关机关或者其他单位代为送达,或者邮寄送达。直接或者委托送达税务文书的,以签收人或者见证人在送达回证上的签收或者注明的收件日期为送达日期;邮寄送达的,以挂号函件回执上注明的收件日期为送达日期,并视为已送达。

有下列情形之一的,税务机关可以公告送达税务文书,自公告之日起满 30 日,即为送达:① 同一送达事项的受送达人众多;② 采用直接送达、委托送达、邮寄送达等方式无法送达。

第四节 税收法律责任

税收法律责任是税法主体违反税法规定应承担的法律后果。依据承担责任的主体不同,可分为纳税人、扣缴义务人的责任和税务机关、税务人员的责任。

一、纳税人、扣缴义务人违反税法的法律责任

(一)纳税人、扣缴义务人违反税务管理规定的法律责任

(1)纳税人未按规定办理税务登记、保管账证资料、报送财会制度和核算软件备案,未按规定报送银行账号及安装使用税控装置的法律责任。

纳税人有下列行为之一的,由税务机关责令限期改正,可以处2 000元以下罚款;情节严重的,处2 000—10 000元的罚款：① 未按照规定的期限申报办理税务登记、变更或者注销登记的;② 未按照规定设置、保管账簿或者保管记账凭证和有关资料的;③ 未按照规定将财务、会计制度或者财务、会计处理办法和会计核算软件报送税务机关备查的;④ 未按照规定将其全部银行账号向税务机关报告的;⑤ 未按照规定安装、使用税控装置,或者损毁或者擅自改动税控装置的。

纳税人不办理税务登记的,由税务机关责令限期改正;逾期不改的,经税务机关提请,由工商行政管理机关吊销其营业执照。纳税人未按照规定使用税务登记证件,或者转借、涂改、损毁、买卖、伪造税务登记证件的,处2 000—10 000元的罚款;情节严重的,处1万—5万元的罚款。

(2) 扣缴义务人未按规定设置、保管代扣代缴、代收代缴税款账簿凭证的法律责任。

扣缴义务人未按照规定设置、保管代扣代缴、代收代缴税款账簿或者保管代扣代缴、代收代缴税款记账凭证及有关资料的,由税务机关责令限期改正,可以处2 000元以下的罚款;情节严重的,处2 000—5 000元的罚款。

(3) 纳税人、扣缴义务人未按规定的期限办理纳税申报和报送有关税收资料的法律责任。

纳税人未按照规定的期限办理纳税申报和报送纳税资料的,或者扣缴义务人未按照规定的期限向税务机关报送代扣代缴、代收代缴税款报告表和有关资料的,由税务机关责令限期改正,可以处2 000元以下的罚款;情节严重的,可以处2 000—10 000元的罚款。

(二) 纳税人、扣缴义务人妨害税款征收的法律责任

1. 偷税行为的法律责任

纳税人伪造、变造、隐匿、擅自销毁账簿、记账凭证,或者在账簿上多列支出或者不列、少列收入,或者经税务机关通知申报而拒不申报或者进行虚假的纳税申报,不缴或者少缴应纳税款的,是偷税。对纳税人偷税的,由税务机关追缴其不缴或者少缴的税款、滞纳金,并处不缴或者少缴的税款50%以上5倍以下的罚款;构成犯罪的,依法追究刑事责任。

2. 逃避追缴欠税行为的法律责任

纳税人欠缴应纳税款,采取转移或者隐匿财产的手段,妨碍税务机关追缴欠缴的税款的,由税务机关追缴欠缴的税款、滞纳金,并处欠缴税款50%以上5倍以下的罚款;构成犯罪的,依法追究刑事责任。

3. 骗税行为的法律责任

以假报出口或者其他欺骗手段,骗取国家出口退税款的,由税务机关追缴其骗取

的退税款,并处骗取税款1—5倍的罚款;构成犯罪的,依法追究刑事责任。

4. 抗税行为的法律责任

以暴力、威胁方法拒不缴纳税款的,是抗税,除由税务机关追缴其拒缴的税款、滞纳金外,依法追究刑事责任。情节轻微,未构成犯罪的,由税务机关追缴其拒缴的税款、滞纳金,并处拒缴税款1—5倍的罚款。

(三)纳税人、扣缴义务人违反税务检查规定的法律责任

纳税人、扣缴义务人逃避、拒绝或者以其他方式阻挠税务机关检查的,由税务机关责令改正,可以处10 000元以下的罚款;情节严重的,处1万—5万元的罚款。

从事生产、经营的纳税人、扣缴义务人有税收征管法规定的税收违法行为,拒不接受税务机关处理的,税务机关可以收缴其发票或者停止向其发售发票。

二、税务机关、税务人员违反税法的法律责任

(1)税务机关擅自改变税收征收管理范围和税款入库预算级次应承担的法律责任。税务机关违反规定擅自改变税收征收管理范围和税款入库预算级次的,责令限期改正,对直接负责的主管人员和其他直接责任人员依法给予降级或者撤职的行政处分。

(2)税务人员徇私舞弊对依法应当移交司法机关追究刑事责任而不移交应承担的法律责任。纳税人、扣缴义务人有偷税行为、逃避追缴欠税行为、骗税行为、抗税行为、非法印制发票行为涉嫌犯罪的,税务机关应当依法移交司法机关追究刑事责任。税务人员徇私舞弊,对依法应当移交司法机关追究刑事责任的不移交,情节严重的,依法追究刑事责任。

(3)税务机关、税务人员超范围行使查封、扣押权力应承担的法律责任。税务机关、税务人员查封、扣押纳税人个人及其所扶养家属维持生活必需品的住房和用品的,责令退还,依法给予行政处分;构成犯罪的,依法追究刑事责任。

(4)税务人员勾结、唆使或协助纳税人、扣缴义务人偷税、逃避追缴欠税、骗税应承担的法律责任。税务人员与纳税人、扣缴义务人勾结,唆使或者协助纳税人、扣缴义务人偷税、逃避追缴欠税、骗税的,构成犯罪,依法追究刑事责任;尚不构成犯罪的,依法给予行政处分。

(5)税务人员利用职务之便谋取不正当利益应承担的法律责任。税务人员利用职务上的便利,收受或者索取纳税人、扣缴义务人财物或者谋取其他不正当利益,构成犯罪的,依法追究刑事责任;尚不构成犯罪的,依法给予行政处分。

(6)税务人员徇私舞弊、玩忽职守、滥用职权或违反法律法规规定应承担的法律责任。税务人员徇私舞弊或者玩忽职守,不征或者少征应征税款,致使国家税收遭受重大损失,构成犯罪的,依法追究刑事责任;尚不构成犯罪的,依法给予行政处分。税

务人员滥用职权,故意刁难纳税人、扣缴义务人的,调离税收工作岗位,并依法给予行政处分。税务人员对控告、检举税收违法违纪行为的纳税人、扣缴义务人以及其他检举人进行打击报复的,依法给予行政处分;构成犯罪的,依法追究刑事责任。

本章复习思考题

1. 试述税法的基本构成要素。
2. 试述一般纳税人应纳增值税额的计算。
3. 企业所得税的应纳税所得额如何计算?
4. 试述企业所得税的税收优惠政策。
5. 简述税务管理程序和税款征收程序。

第十五章 价 格 法

第一节 价格法概述

一、价格的本质与作用

（一）价格的本质

从经济学上讲,价格是价值的货币表现,而价值则是价格的基础。价值规律是商品经济和市场经济的基本规律。在市场经济条件下,价值规律的作用和配置资源的基础性作用都必须通过竞争、供求和价格围绕价值进行的上下波动来实现。由于价格在商品流通和交换过程中是计算经济利益转移的尺度,是实现这种转移分配社会财富的手段或工具,所以价格关系不仅反映商品生产者与经营者之间的经济利益关系以及生产者、经营者与消费者之间的经济利益关系,而且也反映和体现着国家或政府与生产者、经营者之间的宏观经济管理关系。价格作为一种重要的经济杠杆,是国家实现宏观经济调控的一种重要手段。价格竞争是市场竞争的重要形式和内容。从一定意义上说,价格和价格机制是市场的中心或核心问题。它始终是国家或政府、生产者、经营者、消费者和社会各界普遍关心的问题。在任何一个国家,市场主体的价格行为是否规范和合法,能够直接影响市场经济秩序和国民经济的发展。正因为如此,一切市场经济国家都用多种法律(包括价格法等)来规范、引导市场主体(仅指经营主体,以下同)的价格行为。这是由价格的本质及其能够发挥的重要作用所决定的。

（二）价格的作用

通过有关政策的引导和法律的规制,价格和价格机制对市场经济主要在以下4个方面发挥重要作用：① 价格的市场导向功能。价格可以调节生产,引导消费,提高社会经济效益。② 价格机制能够促使资金和资源向社会最需要的产业与产品集中,从而起到推动优化产业结构、产品结构和促进资源合理配置的作用。激烈的价格竞争和优胜劣汰的规律,能够促进企业不断改善经营管理和提高劳动生产率。③ 不断开发和利用先进的科学技术,是向市场提供物美价廉的商品和在竞争中取胜的必要条件,因此,有助于推动科学技术的进步和提高产品质量。④ 价格作为实施经济核算和调节国民收入分配的手段,对控制通货膨胀和保持价格总水平的基本稳定,实现总供给与总需求的平衡,具有重要作用。

二、价格法的概念及其任务

(一) 价格法的概念

价格法是规范价格关系、价格行为的法律规范的总称。它既包括国家立法机关制定的价格基本法,也包括国家行政机关及其价格主管部门制定的专门的价格法规和规章。作为价格法规范对象的价格关系,是指因价格的制定、执行、监督而发生的各种社会性关系。其中,既有纵向的行政管理关系,也有平等主体之间横向的经济利益关系。价格关系的参与者非常广泛,既有国家或政府、价格主管部门和有关业务主管部门,也有各类市场主体——商品生产经营者和广大消费者。因此,价格法所规范的价格关系涉及生产、流通、消费和分配诸多领域,关系到国家、生产者、经营者和消费者等各方面的经济利益。价格法作为上层建筑,是实现国家宏观经济管理职能的重要工具。

为调整市场经济建设中的价格关系,有效规范价格行为,1997年12月29日,第八届全国人大常委会第29次会议通过了《价格法》。该法是我国的价格基本法,在此基础上,国务院及价格主管部门还颁布有一系列法规和规章,逐步构成了我国市场经济条件下的价格法律体系。

(二) 价格法的任务

(1) 规范市场主体的价格行为,维护市场经济秩序。价格的本质和作用决定了它在市场经济中的极端重要性。由于经营者的法制观念和职业道德水平不同,经常出现各种不正当的价格行为,如生产和销售假冒伪劣商品、以次充好、以假充真、谎称"甩卖""降价"等,进行价格欺诈,或者协议商定商品或服务价格,谋取非法暴利。不正当的价格行为,妨害公平竞争,损害其他经营者和广大消费者的合法权益,扰乱市场经济秩序,危害国家整体利益。因此,价格法的首要任务就是要规范市场主体的价格行为,规定实施价格行为必须遵守的基本原则,进行价格活动享有的权利和应当履行的义务,以及实施不正当价格行为应当承担的法律责任,将价格活动纳入法制轨道,维护正常和良好的市场经济秩序。

(2) 抑制通货膨胀,维护市场经济条件下价格总水平的基本稳定。在市场经济条件下,当由于各种原因导致社会总需求大于总供给,货币发行超过商品流通领域的实际需要量时,就会发生货币贬值和商品价格大幅度上涨的通货膨胀现象。通货膨胀会造成国民实际收入和生活水平的下降,导致市场价格的混乱,影响社会的安定,妨碍国民经济的正常运行和发展。从根本上说,通货膨胀现象于国于民都是有害的。价格法作为国家对经济生活进行适度干预和实行宏观调控的重要法律手段,通过对价格的调控、管理和监督以及对不正当价格行为的处罚和制裁,能够比较及时、有效地维持市场价格秩序,防止价格的暴涨。价格法同其他经济手段和行政手段进行综合调整,能够承担和完成制止通货膨胀和稳定价格总水平的重任。

(3) 调整价格关系,维护价格关系参与者的正当和合法权益。价格法调整价格关系的直接目的,就是要使价格关系规范化、制度化和权威化,从而使价格关系的参与者充分享有和自由行使法律赋予的各项权利。经营者的自主定价权、消费者不受欺诈和享有公平待遇的权利以及政府及其价格主管部门依法调控、管理、监督价格的权利等,均受法律保护。同时,他们分别承担法律规定的相应义务和责任。价格法调整的价格关系体现着价格关系参与者之间的权利、义务关系。因此,只有这种权利、义务关系依法确立和实现,才能有效地维护国家与商品生产者、经营者和消费者的合法权益。这也正是制定价格法的根本目的。

(4) 实现宏观经济管理目标,保障国民经济持续、稳定和健康发展。价格法作为宏观经济管理法的一个重要组成部分,必然要为实现宏观经济管理的整体目标服务。如保障实现社会总供给与总需求的平衡、促进和保障市场竞争机制和价格机制的有序运行、调节国民收入的分配、促进效率与公平的统一、实现经济效益和社会效益的统一等,都是宏观经济管理所要完成的任务和达到的目标。由于价格是市场经济的核心,是进行经济核算和调节国民收入分配和再分配的手段或工具,以调整价格关系为己任的价格法,在这方面分担的任务和所发挥的作用显然是十分重要的。在一定意义上说,价格法的权威性和有效性是维持正常市场经济秩序、保障国民经济稳定和健康发展的重要条件之一。

第二节 经营者的价格行为

一、经营者的定价权

在我国原来高度集中统一的计划经济体制下,由于不承认生产资料是商品,否定价值规律的作用,政府主要靠行政手段直接管理价格,几乎所有的产品和服务都实行由政府制定的统一的计划价,企业没有定价权。这种价格形成机制违反价值规律,不能调动企业和职工的生产积极性,严重制约生产力的发展。改革开放之后,随着我国社会主义市场经济体制的构建,价格体制也由国家定价的单一模式逐渐过渡到由企业、政府双重主体定价的模式,经营者有了制定价格的权利,在价格形式上,也逐步形成了市场调节价(即经营者定价)、政府定价和政府指导价三种价格形式。我国《价格法》规定,商品价格和服务价格除极少数适用政府指导价或政府定价外,大多数实行市场调节价,由经营者自主制定价格。价格法确立了市场调节价(即经营者自主定价)在价格形成中的主导地位,使生产经营者能够直接根据市场价格和供求的变化,决定生产经营活动,这对促进企业自主决策、自我约束、自我发展,意义十分重大。

二、经营者的价格权利与义务

根据我国《价格法》的规定,经营者进行价格活动,享有下列权利:① 自主制定属于市场调节的价格;② 在政府指导价规定的幅度内制定价格;③ 制定属于政府指导价、政府定价产品范围内的新产品的试销价格,特定产品除外;④ 检举、控告侵犯其依法自主定价权利的行为。

同时,《价格法》还规定,经营者有不得实施以下不正当价格行为的义务:① 相互串通,操纵市场价格,损害其他经营者或者消费者的合法权益;② 在依法降价处理鲜活商品、季节性商品、积压商品等商品外,为了排挤竞争对手或者独占市场,以低于成本价的价格倾销,扰乱正常的生产经营秩序,损害国家利益或者其他经营者的合法权益;③ 捏造、散布涨价信息,哄抬价格,推动商品过高上涨;④ 利用虚假的或者使人误解的价格手段,诱骗消费者或者其他经营者与其进行交易;⑤ 提供相同商品或者服务,对具有同等交易条件的其他经营者实行价格歧视;⑥ 采取抬高等级或者压低等级等手段收购、销售商品或者提供服务,变相提高或者压低价格;⑦ 违反法律、法规的规定牟取暴利;⑧ 法律、行政法规禁止的其他不正当价格行为。

三、经营者定价的原则与依据

经营者定价,应当遵循公平、合法和诚实信用的原则。经营者定价的基本依据是生产经营成本和市场供求状况。经营者应当努力改进生产经营管理,降低生产经营成本,为消费者提供价格合理的商品和服务,在市场竞争中获取合法权益。并且,根据其经营条件建立、健全内部价格管理制度,准确记录与核定商品和服务的生产经营成本,不得弄虚作假。经营者进行价格活动,应当遵守法律、法规,执行依法制定的政府指导价、政府定价和法定的价格干预措施、紧急措施。经营者销售、收购商品和提供服务,应当按照政府价格主管部门的规定明码标价,注明商品的品名、产地、规格、等级、计价单位、价格或者服务的项目、收费标准等有关情况。经营者不得在标价之外加价出售商品,不得收取任何未予标明的费用。

四、对经营者价格行为的监督与监察

价格法规定了对经营者价格行为的监督检查,确立了专门机构的监督检查与群众社会性监督检查相结合的形式。

专门机构的监督检查是指县级以上各级人民政府价格主管部门依法对经营者价格活动进行的监督检查。政府价格主管部门进行价格监督检查时,可以行使下列职权:① 询问当事人或者有关人员,并要求其提供证明材料和与价格违法行为有关的其他资料;② 查询、复制与价格违法行为有关的账簿、单据、凭证、文件及其他资料,核对与价格违法行为有关的银行资料;③ 检查与价格违法行为有关的财物,必要时,可以责令当事人暂停相关营业;④ 在证据可能灭失或者以后难以取得的情况下,可以依法先行登记保存,当事人或者有关人员不得转移、隐匿或者销毁。

群众社会性的监督检查是指消费者组织、职工价格监督组织、居民委员会、村民委员会等组织和消费者对经营者价格行为进行的社会监督。此外,还规定了新闻单位进行的价格舆论监督。为充分发挥群众的价格监督作用,政府价格主管部门应当建立对经营者价格违法行为的举报制度。任何单位和个人均有权对经营者价格违法行为进行举报。政府价格主管部门应当对举报者给予鼓励,并负责为举报者保密,同时,应对群众在价格监督检查中发现的经营者价格违法行为进行认真查处。

第三节　政府的价格行为

一、政府定价行为

（一）政府定价和政府指导价的概念与定价范围

所谓政府定价行为,是指政府依法制定政府定价和政府指导价的行为。政府定价是指依照《价格法》的规定,由政府价格主管部门或者其他有关部门按照定价权限和范围制定的价格。政府指导价是指依照《价格法》的规定,由政府价格管理部门或者其他有关部门按照定价权限和范围规定基准价及其浮动幅度,指导经营者制定的价格。

为了适应我国社会主义市场经济发展的客观要求,价格法明确规定国家实行并逐步完善宏观经济调控下主要由市场形成价格的机制。大多数商品和服务价格实行市场调节价,极少数商品和服务价格实行政府指导价或者政府定价。具体来说,下列商品和服务价格,政府在必要时可以实行政府指导价或者政府定价:① 与国民经济发展和人民生活关系重大的极少数商品价格;② 资源稀缺的少数商品价格;③ 自然垄断经营的商品价格;④ 重要的公用事业价格;⑤ 重要的公益性服务价格。因为这些商品和服务价格的稳定或变动,都与国民经济的发展和人民生活的安定密切相关,为了保证改革的顺利进行、社会的稳定和国民经济的健康发展,政府必须根据经济、政治形势发展的要求,对这些产品和服务价格的制定进行必要的和适度的干预,这符合国家和人民的整体利益与长远利益。

（二）政府定价和政府指导价的制定权限

为了明确各级政府在实行政府指导价和政府定价方面的职责和权限,价格法规定,政府指导价、政府定价的定价权限和具体适用范围以中央的和地方的定价目录为依据,中央定价目录由国务院价格主管部门制定、修订,报国务院批准后公布。地方定价目录由省、自治区、直辖市人民政府价格主管部门按照中央定价目录规定的定价权限和具体适用范围制定,经本级人民政府审核同意,由国务院价格主管部门审定后公布,省、自治区、直辖市以下各级人民政府不得制定定价目录。国务院价格主管部门和其他有关部门,按照中央定价目录规定的定价权限和具体适用范围制定政府指导价、政府定价;其中,重要的商品和服务价格的政府指导价、政府定价,应当按照规定经国务院批准。省、自治区、直辖市人民政府价格主管部门和其他有关部门,应按照地方定价目录规定的定价权限和具体适用范围制定本地区执行的政府指导价、政府定价。市、县人民政府可以根据省、自治区、直辖市人民政府的授权,按照地方定价目录规定的定价权限和具体适用范围制定本地区的政府指导价、政府定价。由此可见,价格法所规定的政府指导价和政府定价具有层次性的特点,根据不同的商品和服务在全国和不同地区对经济发展和人民生活的不同影响,分别由各级人民政府具体行使制定政府指导价和政府定价的权力,既能保证集中统一,又能做到因地制宜。这符合现阶段中国社会主义市场经济发展的实际与要求。

(三) 政府指导价和政府定价的依据及制定程序与规则

为了保证政府在行使制定政府指导价、政府定价的权力时能够做到规范、统一、科学、公平与合理,价格法规定,制定政府指导价、政府定价,应当依据有关商品或者服务的社会平均成本和市场供求状况、国民经济与社会发展要求以及社会承受能力,实行合理的购销差价、指令差价、地区差价和季节差价。同时,要求政府价格主管部门和其他有关部门制定政府指导价,政府定价应当开展价格、成本调查,听取消费者、经营者和有关方面的意见。为了保证这项工作的顺利进行,被调查的有关单位应当如实反映情况,提供必要的账簿、文件以及其他资料。制定关系到群众切身利益的公用事业价格、公益性服务价格、自然垄断经营的商品价格等政府指导价、政府定价,应当建立听证会制度,由政府价格主管部门主持,征求消费者、经营者和有关方面的意见,论证其必要性、可行性。这些规定体现了民主精神。价格法还规定,政府指导价、政府定价制定后,由制定价格的部门向消费者、经营者公布。政府指导价,政府定价的具体适用范围、价格水平,应当根据经济运行情况,按照规定的定价权限和程序适时调整。

二、价格总水平调控

保持市场价格总水平的基本稳定,是一个国家人民生活安定、社会稳定、国民经济健康和持续发展的重要条件和基本保证。正因为如此,价格法明确规定,稳定市场价格总水平是国家重要的宏观经济政策目标。国家根据国民经济发展的需要和社会承受能力,确定市场价格总水平调控目标,列入国民经济和社会发展计划,并综合运用货币、财政、投资、进出口等方面的政策和措施,予以实现。除此以外,为了实现市场价格总水平的稳定,价格法还具体规定了以下五项调控措施。

(一) 建立重要商品储备制度,设立价格调节基金

在主要由市场形成价格的机制形成以后,绝大多数商品和服务价格实行市场调

节价,即由经营者在市场竞争中自主定价,受供求关系的影响,商品价格的波动是不可避免的。一般商品价格的波动和变化不会影响大局和社会的稳定。但是,一些关系国计民生的重要产品,如粮、棉、石油产品、钢材等,其价格波动起伏如果超过消费者和生产者的承受能力,就会影响社会的安定和社会主义市场经济的健康发展。为了国家与人民整体的长远利益,政府应当根据价格法的规定,建立起比较健全的重要商品储备制度和设立价格调节基金。通过储备商品的吞吐来调节供给和需求。当某种重要商品价格上涨过高时,可以抛售储备商品,抑制价格上涨;当某种重要商品价格过低,影响生产者的合理收益时,即收购这种商品,以支持价格。实践证明,用这种方式调控价格,能够起到稳定市场的作用。设立价格调节基金的目的也在于平抑市场物价,避免或缓解商品价格出现反常和较大波动带来的冲击。例如,可以将价格调节基金用来平抑暴涨暴跌副食品价格和人民生活必需品的价格,也可以对效益好的工商企业提供资金支持,用来增加生产,保证市场供给。价格调节基金的设立,包括基金的筹集、使用和管理,也需由政府部门制定相应的规章制度,使之规范化和法制化,以便充分发挥其应有的积极作用。

(二)建立价格监测制度

国家要通过宏观经济调控来稳定市场价格总水平,就必须对市场价格有全面和充分的了解。由于价格是市场上最活跃的因素,是受多种因素制约的一个变量,要了解价格涨落的真正的原因及其发展趋势,绝不是一件轻而易举的事情。因此,价格法规定政府价格主管部门应当建立价格监测制度,对重要商品、服务价格的变动进行监测。只有通过科学的方法,对重要商品和服务价格的变动进行必要的和经常性的监测,才能获得准确的有价值的价格信息、资料和有关数据。这是政府及时对价格采取必要、正确的调控措施的基础和前提。

(三)对主要农产品实行保护价格

农产品价格在国民经济价格体系中居于基础地位。一方面,农产品价格是影响其他产品价格变动的重要因素。另一方面,农产品价格又是影响居民家庭消费支出的直接因素。农产品生产者价格决定那些直接投放市场的食品的零售价格,决定那些经过简单加工后即可投放市场的产品的零售价格。例如,棉花生产者价格对棉布和其他棉纺织品的生产成本和价格形成的影响就十分明显。而我国居民的家庭消费支出中有50%以上用于购买食品,农产品价格的变动对居民实际收入的影响,对职工工资变动的制约作用较大。因此,我国特别重视农产品价格变动,早在1993年7月2日第八届全国人大常委会第2次会议通过的《农业法》[①]就明确规定:"国家对粮食、食品等关系国计民生的重要农产品实行保护价收购制度。"为了防止谷贱伤农,

---

① 该法已于2002年修订、2009年和2012年修正。

保护农民的生产积极性,稳定和保障农产品市场供给,《价格法》进一步规定:"政府在粮食等重要农产品的市场购买价格过低时,可以在收购中实行保护价格,并采取相应的经济措施保证其实现。"从利用价格补贴农业生产者入手,稳定农业生产,保证农产品供应特别是粮食供应,是世界各国农产品价格政策的通行做法。

（四）政府可以对部分价格采取的干预措施

在市场经济条件下,价格围绕商品的价值上下波动,受供求关系的影响发生涨落,这是正常现象,也是发挥市场优化资源配置功能的必要条件。然而,由于政治、经济和自然灾害等方面的原因,一些重要商品和服务价格也有可能发生突发性显著上涨或者下跌。显然,如果发生这种情况,就会导致人民群众生活水平的下降和社会秩序紊乱,影响社会的稳定和妨碍国民经济的发展。因此,《价格法》规定:"当重要商品和服务价格显著上涨或者有可能显著上涨,国务院和省、自治区、直辖市人民政府可以对部分价格采取限定差价率或者利润率、规定限价、实行提价申报制度和调价备案制度等干预措施。"通过限定差价率或者利润率,可以在一定程度上调控商品供求关系,抑制市场价格的过大波动。通过规定临时性的最高限价和最低限价,可以控制价格因非常原因而出现的暴涨或暴跌,以保护消费者和经营者的正当利益。通过实行提价申报制度对提价和调价的合法性、合理性和适时性进行审查和监控,有利于稳定市场价格总水平。

（五）国务院可以采取的紧急措施

一般情况下,国家通过政策和法律措施能够保证市场价格总水平的稳定或基本稳定,而不会出现异常和巨大的波动。但是,也不能完全排除由于战争、自然灾害、通货膨胀等原因引起的市场价格总水平突发性的剧烈波动。因此,《价格法》规定:"当市场价格总水平出现剧烈波动等异常状态时,国务院可以在全国范围内或者部分区域内采取临时集中定价权限、部分或全面冻结价格的紧急措施。"这是在非常时期稳定物价,保障供给,安定群众生活,维持正常社会经济秩序,避免给国民经济造成严重损失而应当作出的选择,符合国家和人民的根本利益。当依法实行紧急措施的情形消除后,应当及时解除紧急措施,恢复正常秩序。

第四节 价格法律责任

一、经营者的法律责任

（1）经营者不执行政府指导价、政府定价以及法定的干预措施、紧急措施的,依据《价格法》规定,价格管理部门应对经营者责令改正、没收违法所得,可以并处违法所得 5 倍以下的罚款;无违法所得的,可处以罚款;情节严重的,责令停业整顿。

（2）经营者有《价格法》第 14 条所列禁止行为的,价格管理部门有权责令其改正,没收违法所得,可并处违法所得 5 倍以下的罚款;无违法所得的,予以警告,可并处罚款;情节严重的,责令停业整顿,或者由工商行政管理机关吊销营业执照。有关法律对《价格法》第 14 条所列行为的处罚及处罚机关另有规定的,可按照有关法律规定执行。

(3) 经营者因价格违法行为致使消费者或其他经营者多付价款的,应当退还多付部分;造成损害的,应当依法承担赔偿责任。

(4) 经营者违反明码标价规定的,责令改正,没收违法所得,可并处 5 000 元以下的罚款。

(5) 经营者被责令暂停相关营业而不停止的,或者转移、隐匿、销毁依法登记保存的财物的,处相关营业所得或者转移、隐匿、销毁的财物价值 1 倍以上 3 倍以下的罚款。

(6) 拒绝按规定提供监督检查所需资料或者提供虚假资料的,责令改正,予以警告;逾期不改正的,可处以罚款。

二、政府及其部门的法律责任

地方各级人民政府或者各级人民政府有关部门违反《价格法》规定,超越定价权限和范围擅自制定、调整价格或者不执行价格干预措施、紧急措施的,责令改正,并可通报批评;对直接负责的主管人员和其他责任人员,依法给予行政处分。

三、价格工作人员的法律责任

价格工作人员在价格执法过程中泄露国家秘密、商业秘密以及滥用职权、徇私舞弊、玩忽职守、索贿受贿,构成犯罪的,依法追究刑事责任;尚不构成犯罪的,依法给予行政处分。应予明确的是,《价格法》关于价格违法行为的规定,根据价格违法行为的不同情况,情节轻重,分别规定了应负的经济责任、行政责任和刑事责任,对依法进行价格的管理和监督,严明价格纪律,规范价格主体的行为提供了法律保障。

本章复习思考题

1. 简述价格法的作用。
2. 简述经营者的价格权利与义务。
3. 试述政府定价与政府指导价的定价主体、范围、依据与程序。
4. 试述价格宏观调控制度。

第十六章 统计、会计与审计法

第一节 统 计 法

一、统计与统计法

统计是指对与某个事物有关的数据进行搜集、整理、计算和分析等一系列活动的总称,它是人类从数量的角度认识客观事物的一种实践活动。

统计的基本任务是对经济社会发展情况进行统计调查、统计分析,提供统计资料和统计咨询意见,实行统计监督。其基本功能主要包括:① 信息功能。统计就是对相关的数量信息进行获取、整理、加工、处理的一项活动。统计所提供的有关国民经济和社会发展的统计资料,就是非常重要的经济和社会信息。② 服务功能。由于统计具有信息功能,从而使统计资料能够服务于相关部门和领域,为相关部门和领域提供预测和判断的依据。③ 监督功能。由于统计工作是通过统计调查、统计整理、统计分析等具体统计行为来实施的,在统计调查、整理、分析的过程中,可以及时了解经济和社会运行的现状及存在的问题,从而起到检查监督的作用。

统计法是调整在统计活动中发生的经济关系的法律规范的总称。统计法的调整对象是统计关系,即统计机构和统计人员在搜集、整理、分析、提供、公布、监督和保存统计资料的活动中发生的经济关系。我国于1983年12月8日第六届全国人大常委会第3次会议通过了《统计法》,并分别于1996年、2009年做了修改。2017年4月12日国务院第168次常务会议通过了《统计法实施条例》,使我国统计法律制度更加具体、完善。

二、统计机构和统计人员

国务院设立国家统计局,依法组织领导和协调全国的统计工作。国家统计局根据工作需要设立的派出调查机构承担国家统计局布置的统计调查等任务。县级以上地方人民政府设立独立的统计机构,乡、镇人民政府设置统计工作岗位,配备专职或者兼职统计人员,依法管理、开展统计工作,实施统计调查。

县级以上人民政府有关部门根据统计任务的需要设立统计机构,或者在有关机构中设置统计人员,并指定统计负责人,依法组织、管理本部门职责范围内的统计工作,实施统计调查,在统计业务上受本级人民政府统计机构的指导。

统计机构、统计人员应当依法履行职责,如实搜集、报送统计资料,不得伪造、篡改统计资料,不得以任何方式要求任何单位和个人提供不真实的统计资料。统计人员应当坚持实事求是,恪守职业道德,对其负责搜集、审核、录入的统计资料与统计调查对象报送的统计资料的一致性负责。

三、统计调查和统计资料管理

（一）统计调查管理

统计调查是根据统计项目的特点和目的,按照科学的方法和周密的计划,进行全面、系统地搜查、整理基本统计资料的活动。根据《统计法》的有关规定,统计调查管理包括统计调查项目管理、统计调查制度管理和统计调查实施管理。

统计调查项目包括国家统计调查项目、部门统计调查项目和地方统计调查项目。国家统计调查项目是指全国性基本情况的统计调查项目。部门统计调查项目是指国务院有关部门的专业性统计调查项目。地方统计调查项目是指县级以上地方人民政府及其部门的地方性统计调查项目。国家统计调查项目、部门统计调查项目、地方统计调查项目应当明确分工,互相衔接,不得重复。

国家统计调查项目由国家统计局制定,或者由国家统计局和国务院有关部门共同制定,报国务院备案;重大的国家统计调查项目报国务院审批。部门统计调查项目由国务院有关部门制定。统计调查对象属于本部门管辖系统的,报国家统计局备案;统计调查对象超出本部门管辖系统的,报国家统计局审批。地方统计调查项目由县级以上地方人民政府统计机构和有关部门分别制定或者共同制定。其中,由省级人民政府统计机构单独制定或者和有关部门共同制定的,报国家统计局审批;由省级以下人民政府统计机构单独制定或者和有关部门共同制定的,报省级人民政府统计机构审批;由县级以上地方人民政府有关部门制定的,报本级人民政府统计机构审批。

统计调查项目的审批机关应当对调查项目的必要性、可行性、科学性进行审查,对符合法定条件的,作出予以批准的书面决定,并公布;对不符合法定条件的,作出不予批准的书面决定,并说明理由。

制定统计调查项目,应当同时制定该项目的统计调查制度。统计调查制度应当对调查目的、调查内容、调查方法、调查对象、调查组织方式、调查表式、统计资料的报送和公布等作出规定。统计调查应当按照统计调查制度组织实施。变更统计调查制度的内容,应当报经原审批机关批准或者原备案机关备案。

搜集、整理统计资料,应当以周期性普查为基础,以经常性抽样调查为主体,综合运用全面调查、重点调查等方法,并充分利用行政记录等资料。重大国情国力普查由国务院统一领导,国务院和地方人民政府组织统计机构和有关部门共同实施。

国家制定统一的统计标准,保障统计调查采用的指标含义、计算方法、分类目录、调查表式和统计编码等的标准化。国家统计标准由国家统计局制定,或者由国家统计局和国务院标准化主管部门共同制定。国务院有关部门可以制定补充性的部门统计标准,报国家统计局审批。部门统计标准不得与国家统计标准相抵触。

(二)统计资料管理

县级以上人民政府统计机构和有关部门以及乡、镇人民政府,应当按照国家有关规定建立统计资料的保存、管理制度,建立健全统计信息共享机制。国家机关、企业事业单位和其他组织等统计调查对象,应当按照国家有关规定设置原始记录、统计台账,建立健全统计资料的审核、签署、交接、归档等管理制度。统计资料的审核、签署人员应当对其审核、签署的统计资料的真实性、准确性和完整性负责。

县级以上人民政府有关部门应当及时向本级人民政府统计机构提供统计所需的行政记录资料和国民经济核算所需的财务资料、财政资料及其他资料,并按照统计调查制度的规定及时向本级人民政府统计机构报送其组织实施统计调查取得的有关资料。县级以上人民政府统计机构应当及时向本级人民政府有关部门提供有关统计资料。

县级以上人民政府统计机构按照国家有关规定,定期公布统计资料。国家统计数据以国家统计局公布的数据为准。县级以上人民政府有关部门统计调查取得的统计资料,由本部门按照国家有关规定公布。

四、违反《统计法》的法律责任

(一)人民政府、统计机构及有关部门的法律责任

地方人民政府、政府统计机构或者有关部门、单位的负责人有下列行为之一的,由任免机关或者监察机关依法给予处分,并由县级以上人民政府统计机构予以通报:

(1)自行修改统计资料、编造虚假统计数据的;

(2)要求统计机构、统计人员或者其他机构、人员伪造、篡改统计资料的;

(3)对依法履行职责或者拒绝、抵制统计违法行为的统计人员打击报复的;

(4)对本地方、本部门、本单位发生的严重统计违法行为失察的。

县级以上人民政府统计机构或者有关部门在组织实施统计调查活动中有下列行为之一的,由本级人民政府、上级人民政府统计机构或者本级人民政府统计机构责令改正,予以通报;对直接负责的主管人员和其他直接责任人员,由任免机关或者监察机关依法给予处分:

(1)未经批准擅自组织实施统计调查的;

(2)未经批准擅自变更统计调查制度的内容的;

(3)伪造、篡改统计资料的;

(4) 要求统计调查对象或者其他机构、人员提供不真实的统计资料的;
(5) 未按照统计调查制度的规定报送有关资料的。

县级以上人民政府统计机构或者有关部门有下列行为之一的,对直接负责的主管人员和其他直接责任人员由任免机关或者监察机关依法给予处分:
(1) 违法公布统计资料的;
(2) 泄露统计调查对象的商业秘密、个人信息或者提供、泄露在统计调查中获得的能够识别或者推断单个统计调查对象身份的资料的;
(3) 违反国家有关规定,造成统计资料毁损、灭失的。

(二) 统计调查对象的法律责任

作为统计调查对象的国家机关、企业事业单位或者其他组织有下列行为之一的,由县级以上人民政府统计机构责令改正,给予警告,可以予以通报;其直接负责的主管人员和其他直接责任人员属于国家工作人员的,由任免机关或者监察机关依法给予处分:
(1) 拒绝提供统计资料或者经催报后仍未按时提供统计资料的;
(2) 提供不真实或者不完整的统计资料的;
(3) 拒绝答复或者不如实答复统计检查查询书的;
(4) 拒绝、阻碍统计调查、统计检查的;
(5) 转移、隐匿、篡改、毁弃或者拒绝提供原始记录和凭证、统计台账、统计调查表及其他相关证明和资料的。

企业事业单位或者其他组织有上述所列行为之一的,可以并处 5 万元以下的罚款;情节严重的,并处 5 万元以上 20 万元以下的罚款。

个体工商户有上述所列行为之一的,由县级以上人民政府统计机构责令改正,给予警告,可以并处 1 万元以下的罚款。

作为统计调查对象的国家机关、企业事业单位或者其他组织迟报统计资料,或者未按照国家有关规定设置原始记录、统计台账的,由县级以上人民政府统计机构责令改正,给予警告。对企业事业单位或者其他组织,可以并处 1 万元以下的罚款。个体工商户迟报统计资料的,由县级以上人民政府统计机构责令改正,给予警告,可以并处 1 000 元以下的罚款。

第二节 会 计 法

一、会计与会计法

会计是以货币为主要计量单位,通过记账、算账、报账、用账等手段,核算和分析各企业、各有关单位的经济活动和财务开支,反映和监督经济过程及其成果的一种管理活动。

会计的基本职能是会计核算和会计监督。会计核算就是利用设置会计科目、填制会计凭证、登记会计账簿、编制会计报表等专门方法,对各企业、各有关单位的经济活动及其成果进行连续、系统、全面、真实地加以反映的一项会计活动。会计监督就是会计人员按照预期的目的和要求,通过会计工作对各企业、各单位的经济活动和财务开支所进行的一项监督管理活动。

会计法是调整会计关系的法律规范的总称。会计关系是指会计机构、会计人员在办理会计事务过程中发生的经济关系以及国家在监督管理会计工作过程中发生的经济关系。我国于1985年1月21日第六届全国人大常委会第9次会议通过了《会计法》,并分别于1993年、1999年和2017年做了修改,国家机关、社会团体、公司、企业、事业单位和其他组织必须依照本法办理会计事务。

二、会计机构和会计人员

(一) 会计机构、会计人员的设置

各单位应当根据会计业务的需要,设置会计机构,或者在有关机构中设置会计人员并指定会计主管人员;不具备设置条件的,应当委托经批准设立从事会计代理记账业务的中介机构代理记账。国有的和国有资产占控股地位或者主导地位的大、中型企业必须设置总会计师。总会计师是单位领导成员,协助单位主要领导人工作,直接对单位主要领导人负责。总会计师作为单位财务会计的主要负责人,全面负责本单位的财务会计管理和经济核算,参与单位的重大经营决策。

会计机构的内部应当建立稽核制度。出纳人员不得兼任稽核、会计档案保管和收入、支出、费用、债权债务账目的登记工作。

会计人员应当具备从事会计工作所需要的专业能力。担任单位会计机构负责人(会计主管人员)的,应当具备会计师以上专业技术职务资格或者从事会计工作3年以上经历。

(二) 会计机构、会计人员的职责

会计机构、会计人员的主要职责包括:① 依法进行会计核算;② 依法进行会计监督;③ 拟订本单位办理会计事务的具体办法;④ 参与经济决策,包括参与拟订经济计划、业务计划,考核、分析预算、财务计划的执行情况;⑤ 办理其他会计事务。

三、会计核算和会计监督

(一) 会计核算

会计核算是会计的基本职能之一,各单位必须根据实际发生的经济业务事项进行会计核算,填制会计凭证,登记会计账簿,编制财务会计报告。

1. 会计核算的主要内容

根据《会计法》第 10 条的规定,下列经济业务事项,应当办理会计手续,进行会计核算:① 款项和有价证券的收付;② 财物的收发、增减和使用;③ 债权债务的发生和结算;④ 资本、基金的增减;⑤ 收入、支出、费用、成本的计算;⑥ 财务成果的计算和处理;⑦ 需要办理会计手续、进行会计核算的其他事项。

会计核算以人民币为记账本位币。业务收支以人民币以外的货币为主的单位,可以选定其中一种货币作为记账本位币,但编制的财务会计报告应当折算为人民币。会计年度是以年度为单位进行会计核算的会计期间,我国《会计法》规定的会计年度为公历 1 月 1 日起至 12 月 31 日止。

2. 会计核算的基本要求

(1) 会计凭证、会计账簿、财务会计报告和其他会计资料,必须符合国家统一的会计制度的规定。使用电子计算机进行会计核算的,其软件及其生成的会计凭证、会计账簿、财务会计报告和其他会计资料,也必须符合国家统一的会计制度的规定。任何单位和个人不得伪造、变造会计凭证、会计账簿及其他会计资料,不得提供虚假的财务会计报告。

(2) 办理需要进行会计核算的经济业务事项时,必须填制或者取得原始凭证并及时送交会计机构。会计机构、会计人员必须按照国家统一的会计制度的规定对原始凭证进行审核,对不真实、不合法的原始凭证有权不予接受,并向单位负责人报告;对记载不准确、不完整的原始凭证予以退回,并要求按照国家统一的会计制度的规定更正、补充。原始凭证记载的各项内容均不得涂改;原始凭证有错误的,应当由出具单位重开或者更正,更正处应当加盖出具单位印章。原始凭证金额有错误的,应当由出具单位重开,不得在原始凭证上更正。记账凭证应当根据经过审核的原始凭证及有关资料编制。

(3) 会计账簿登记必须以经过审核的会计凭证为依据,并符合有关法律、行政法规和国家统一的会计制度的规定。会计账簿应当按照连续编号的页码顺序登记。会计账簿记录发生错误或者隔页、缺号、跳行的,应当按照国家统一的会计制度规定的方法更正,并由会计人员和会计机构负责人(会计主管人员)在更正处盖章。使用电子计算机进行会计核算的,其会计账簿的登记、更正应当符合国家统一的会计制度的规定。各单位发生的各项经济业务事项应当在依法设置的会计账簿上统一登记、核算,不得违反会计法和国家统一的会计制度的规定私设会计账簿登记、核算。

(4) 各单位应当定期将会计账簿记录与实物、款项及有关资料相互核对,保证会计账簿记录与实物及款项的实有数额相符、会计账簿记录与会计凭证的有关内容相符、会计账簿之间相互对应的记录与会计报表的有关内容相符。

(5) 各单位采用的会计处理方法,前后各期应当一致,不得随意变更;确有必要变更的,应当按照国家统一的会计制度的规定变更,并将变更的原因、情况及影响在财务会计报告中说明。单位提供的担保、未决诉讼等或有事项,应当按照国家统一的会计制度的规定,在财务会计报告中予以说明。

(6) 财务会计报告应当根据经过审核的会计账簿记录和有关资料编制,并符合会计法和国家统一的会计制度关于财务会计报告的编制要求、提供对象和提供期限的规定。向不同的会计资料使用者提供的财务会计报告,其编制依据应当一致。财务会计报告应当由单位负责人和主管会计工作的负责人、会计机构负责人(会计主管人员)签名并盖章,设置总会计师的单位,还必须由总会计师签名并盖章。单位负责人应当保证财务会计报告真实、完整。

(7) 会计记录的文字应当使用中文。在民族自治地方,会计记录可以同时使用当地通用的一种民族文字。在中华人民共和国境内的外商投资企业、外国企业和其他外国组织的会计记录可以同时使用一种外国文字。

(8) 各单位对会计凭证、会计账簿、财务会计报告和其他会计资料应当建立档案,妥善保管。

(9) 公司、企业进行会计核算不得有下列行为: ① 随意改变资产、负债、所有者权益的确认标准或者计量方法,虚列、多列、不列或者少列资产、负债、所有者权益; ② 虚列或者隐瞒收入,推迟或者提前确认收入; ③ 随意改变费用、成本的确认标准或者计量方法,虚列、多列、不列或者少列费用、成本; ④ 随意调整利润的计算、分配方法,编造虚假利润或者隐瞒利润; ⑤ 违反国家统一的会计制度规定的其他行为。

(二) 会计监督

会计监督是会计的基本职能之一,是我国经济监督体系的重要组成部分,也是《会计法》的核心内容之一。会计监督包括内部监督、政府监督和社会监督三种形式。

1. 内部监督

内部会计监督是指各单位的会计机构、会计人员通过日常会计工作对经济活动进行的监督。各单位应当建立、健全本单位内部会计监督制度。

单位内部会计监督制度应当符合下列要求: ① 记账人员与经济业务事项和会计事项的审批人员、经办人员、财物保管人员的职责权限应当明确,并相互分离、相互制约; ② 重大对外投资、资产处置、资金调度和其他重要经济业务事项的决策和执行的相互监督、相互制约程序应当明确; ③ 财产清查的范围、期限和组织程序应当明确; ④ 对会计资料定期进行内部审计的办法和程序应当明确。

单位负责人应当保证会计机构、会计人员依法履行职责,不得授意、指使、强令会计机构、会计人员违法办理会计事项。会计机构、会计人员对违反会计法和国家统一的会计制度规定的会计事项,有权拒绝办理或者按照职权予以纠正。

会计机构、会计人员发现会计账簿记录与实物、款项及有关资料不相符的,按照国家统一的会计制度的规定有权自行处理的,应当及时处理;无权处理的,应当立即向单位负责人报告,请求查明原因,作出处理。

任何单位和个人对违反会计法和国家统一的会计制度规定的行为,有权检举。收到检举的部门有权处理的,应当依法按照职责分工及时处理;无权处理的,应当及时移送有权处理的部门处理。收到检举的部门、负责处理的部门应当为检举人保密,不得将检举人姓名和检举材料转给被检举单位和被检举人个人。

2. 政府监督

政府监督是指财政、审计、税务等有关国家机关代表国家对各单位财务会计工作实施的监督。

财政部门对各单位的下列情况实施监督:① 是否依法设置会计账簿;② 会计凭证、会计账簿、财务会计报告和其他会计资料是否真实、完整;③ 会计核算是否符合会计法和国家统一的会计制度的规定;④ 从事会计工作的人员是否具备从业资格。

财政部门在对单位会计凭证、会计账簿、财务会计报告和其他会计资料是否真实、完整实施监督时,发现重大违法嫌疑时,国务院财政部门及其派出机构可以向与被监督单位有经济业务往来的单位和被监督单位开立账户的金融机构查询有关情况,有关单位和金融机构应当给予支持。

财政、审计、税务、人民银行、证券监管、保险监管等部门应当依照有关法律、行政法规规定的职责,对有关单位的会计资料实施监督检查并出具检查结论。有关监督检查部门已经作出的检查结论能够满足其他监督检查部门履行本部门职责需要的,其他监督检查部门应当加以利用,避免重复查账。

各单位必须依照有关法律、行政法规的规定,接受有关监督检查部门依法实施的监督检查,如实提供会计凭证、会计账簿、财务会计报告和其他会计资料以及有关情况,不得拒绝、隐匿、谎报。

3. 社会监督

社会监督主要是指会计师事务所受有关单位的委托,对其财务状况、经营成果实施的审计监督。根据《会计法》第 31 条的规定,有关法律、行政法规规定,须经过注册会计师进行审计的单位,应当向受委托的会计师事务所如实提供会计凭证、会计账簿、财务会计报告和其他会计资料以及有关情况。任何单位或者个人不得以任何方式要求或者示意注册会计师及其所在的会计师事务所出具不实或者不当的审计报告。财政部门有权对会计师事务所出具审计报告的程序和内容进行监督。

四、违反《会计法》的法律责任

(一) 违反会计核算规定的法律责任

会计机构、会计人员违反《会计法》规定,有下列行为之一的,由县级以上人民政府财政部门责令限期改正,可以对单位并处 3 千元—5 万元的罚款;对其直接负责的主管人员和其他直接责任人员,可以处以 2 千元—2 万元的罚款;属于国家机关工作人员的,还应该由其所在单位或者有关单位依法给予行政处分:① 不依法设置会计账簿的;② 私设会计账簿的;③ 未按照规定填制、取得原始凭证或者填制、取得的原始凭证不符合规定的;④ 以未经审核的会计凭证为依据登记会计账簿或者登记会计账簿不符合规定的;⑤ 随意变更会计处理方法的;⑥ 向不同的会计资料使用者提供的财务会计报告编制依据不一致的;⑦ 未按照规定使用会计记录文字或者记账本位币的;⑧ 未按照规定保管会计资料,致使会计资料毁损、灭失的;⑨ 未按照规定建立并实施单位内部会计监督制度或者拒绝依法实施的监督或者不如实提供有关会计资料及有关情况的;⑩ 任用会计人员不符合《会计法》规定的。有上述所列行为之一,构成犯罪的,依法追究刑事责任。会计人员有上述所列行为之一,情节严重的,5 年内不得从事会计工作。

(二) 伪造、变造会计资料的法律责任

会计机构、会计人员伪造、变造会计凭证、会计账簿,编制虚假财务会计报告,构成犯罪的,依法追究刑事责任。尚未构成犯罪的,由县级以上人民政府财政部门予以通报,可以对单位并处 5 千元—10 万元的罚款;对其直接负责的主管人员和其他直接责任人员,可以处以 3 千元—5 万元的罚款;属于国家机关工作人员的,还应该由其所在单位或者有关单位依法给予撤职直至开除的行政处分;其中的会计人员,5 年内不得从事会计工作。

(三) 隐匿、销毁会计资料的法律责任

会计机构、会计人员隐匿或者故意销毁依法应当保存的会计凭证、会计账簿、财务会计报告,构成犯罪的,依法追究刑事责任。尚未构成犯罪的,由县级以上人民政府财政部门予以通报,可以对单位并处以 5 千元—10 万元的罚款;对其直接负责的主管人员和其他直接责任人员,可以处以 3 千元—5 万元的罚款;属于国家机关工作人员的,还应该由其所在单位或者有关单位依法给予撤职直至开除的行政处分;其中的会计人员,5 年内不得从事会计工作。

(四) 授意、指使、强令会计机构、会计人员伪造、变造、隐匿、销毁会计资料的法律责任

单位负责人授意、指使、强令会计机构、会计人员及其他人员伪造、变造会计凭证、会计账簿,编制虚假财务会计报告或者隐匿或者故意销毁依法应当保存的会计凭

证、会计账簿、财务会计报告,构成犯罪的,依法追究刑事责任;尚未构成犯罪的,可处以 5 千元—5 万元的罚款;属于国家机关工作人员的,还应该由其所在单位或者有关单位依法给予降级、撤职、开除的行政处分。

(五)对会计人员进行打击报复的法律责任

单位负责人对依法履行职责、抵制违反《会计法》规定行为的会计人员以降级、撤职、调离工作岗位、解聘或者开除等方式实行打击报复,构成犯罪的,依法追究刑事责任;尚未构成犯罪的,由其所在单位或者有关单位依法给予行政处分。对受打击报复的会计人员,应当恢复名誉和原有职务、级别。

(六)财政及有关行政部门的工作人员违法行为的法律责任

财政部门及有关行政部门的工作人员在实施监督管理中滥用职权、玩忽职守、徇私舞弊或者泄露国家秘密、商业秘密,构成犯罪的,依法追究刑事责任;尚未构成犯罪的,依法给予行政处分。

第三节 审 计 法

一、审计与审计法

审计是由专职机构和人员,依法对被审计单位的财政收支、财务收支的真实性、合法性、效益性进行审核、评价的活动。审计是一项具有独立性的经济监督活动,依审计主体的不同,我国的审计分为国家审计、独立审计和内部审计[①]。审计法所称审计是国家审计,"是指审计机关依法独立检查被审计单位的会计凭证、会计账簿、财务会计报告以及其他与财政收支、财务收支有关的资料和资产,监督财政收支、财务收支真实、合法和效益的行为"[②]。其中财政收支是指依照《预算法》和国家其他有关规定,纳入预算管理的收入和支出,以及下列财政资金中未纳入预算管理的收入和支出:① 行政事业性收费;② 国有资源、国有资产收入;③ 应当上缴的国有资本经营收益;④ 政府举借债务筹措的资金;⑤ 其他未纳入预算管理的财政资金。财务收支,是指国有的金融机构、企业事业组织以及依法应当接受审计机关审计监督的其他单位,按照国家财务会计制度的规定,实行会计核算的各项收入和支出。

审计法是调整审计关系的法律规范的总称。审计法的调整对象为国家审计关系。国家审计机关依法独立行使审计监督权,对国务院各部门和地方人民政府、国家

---

① 国家审计是由政府审计机关依法进行的审计,因而也称政府审计;独立审计是由注册会计师受托有偿进行的审计活动,也称为社会审计、民间审计;内部审计是指由本单位内部专门的审计机构和人员对本单位财务收支和经济活动实施的独立审查和评价。

② 《审计法实施条例》第 2 条。

财政金融机构、国有企事业单位以及其他有国有资产的单位的财政、财务收支及其经济效益进行审计监督。我国于1994年8月31日第八届全国人大常委会第9次会议通过了《审计法》,并于2006年做了修改。1997年10月21日国务院发布实施了《审计法实施条例》,细化了审计法的内容;2010年2月2日国务院第100次常务会议修订了该条例,使我国审计法律制度进一步完善。

二、审计机关和审计人员

(一) 审计机关

国家实行审计监督制度,国务院和县级以上地方人民政府设立审计机关。国务院设立审计署,在国务院总理领导下,主管全国的审计工作。省、自治区、直辖市、设区的市、自治州、县、自治县、不设区的市、市辖区的人民政府的审计机关,分别在省长、自治区主席、市长、州长、县长、区长和上一级审计机关的领导下,负责本行政区域内的审计工作。地方各级审计机关对本级人民政府和上一级审计机关负责并报告工作,审计业务以上级审计机关领导为主。审计机关根据工作需要,经本级人民政府批准,可以在其审计管辖范围内设立派出机构。派出机构根据审计机关的授权,依法进行审计工作。

审计机关履行职责所必需的经费,应当列入财政预算,由本级人民政府予以保证。

(二) 审计人员

审计人员属于国家公务员,应当具备与其从事审计工作相适应的专业知识和业务能力。审计人员办理审计事项,与被审计单位或者审计事项有利害关系的,应当回避。审计人员对其在执行职务中知悉的国家秘密和被审计单位的商业秘密,负有保密义务。

审计人员依法执行职务,受法律保护。任何组织和个人不得拒绝、阻碍审计人员依法执行职务,不得打击报复审计人员。审计机关负责人依照法定程序任免。审计机关负责人没有违法失职或者其他不符合任职条件的情况的,不得随意撤换。地方各级审计机关负责人的任免,应当事先征求上一级审计机关的意见。

三、审计机关的职责和权限

(一) 审计机关的职责

(1) 审计机关对各级政府的财政收支进行审计监督。审计机关对本级各部门(含直属单位)和下级政府预算的执行情况和决算以及其他财政收支情况,进行审计监督。审计署在国务院总理领导下,对中央预算执行情况和其他财政收支情况进行审计监督,向国务院总理提出审计结果报告。地方各级审计机关分别在省长、自治区主席、市长、州长、县长、区长和上一级审计机关的领导下,对本级预算执行情况和其他财政收支情况进行审计监督,向本级人民政府和上一级审计机关提出审计结果报告。

(2) 审计机关对国有金融机构的财务收支进行审计监督。审计机关对国有金融机构的资产、负债、损益进行审计监督。审计署对中央银行的财务收支进行审计监督。

(3) 审计机关对国有企业事业组织的财务收支进行审计监督。审计机关对国有企业的资产、负债、损益以及国家事业组织的财务收支,进行审计监督。对国有资本占控股地位或者主导地位的企业、金融机构的审计监督,由国务院规定。审计机关对国家的事业组织和使用财政资金的其他组织的财务收支,进行审计监督。

(4) 审计机关对其他法定事项进行审计监督。具体包括:① 审计机关对政府投资和以政府投资为主的建设项目的预算执行情况和决算进行审计监督;② 审计机关对政府部门管理的和其他单位受政府委托管理的社会保障基金、社会捐赠资金以及其他有关基金、资金的财务收支进行审计监督;③ 审计机关对国际组织和外国政府援助、贷款项目的财务收支进行审计监督;④ 审计机关按照国家有关规定,对国家机关和依法属于审计机关审计监督对象的其他单位的主要负责人,在任职期间对本地区、本部门或者本单位的财政收支、财务收支以及有关经济活动应负经济责任的履行情况进行审计监督;⑤ 审计机关有权对与国家财政收支有关的特定事项,向有关地方、部门、单位进行专项审计调查,并向本级人民政府和上一级审计机关报告审计调查结果;⑥ 依法属于审计机关审计监督对象的单位,应当按照国家有关规定建立健全内部审计制度,其内部审计工作应当接受审计机关的业务指导和监督;⑦ 社会审计机构审计的单位依法属于审计机关审计监督对象的,审计机关按照国务院的规定,有权对该社会审计机构出具的相关审计报告进行核查;⑧ 审计机关对其他法律、行政法规规定应当由审计机关进行审计的事项,依照《审计法》和有关法律、行政法规的规定进行审计监督。

(二) 审计机关的权限

1. 审计检查权

审计机关有权要求被审计单位按照审计机关的规定提供预算或者财务收支计划、预算执行情况、决算、财务会计报告,运用电子计算机储存、处理的财政收支、财务收支电子数据和必要的电子计算机技术文档,在金融机构开立账户的情况,社会审计机构出具的审计报告,以及其他与财政收支或者财务收支有关的资料,被审计单位不得拒绝、拖延、谎报。被审计单位负责人对本单位提供的财务会计资料的真实性和完整性负责。审计机关进行审计时,有权检查被审计单位的会计凭证、会计账簿、财务会计报告和运用电子计算机管理财政收支、财务收支电子数据的系统以及其他与财政收支或者财务收支有关的资料和资产,被审计单位不得拒绝。

2. 审计调查权

审计机关进行审计时,有权就审计事项的有关问题向有关单位和个人进行调查,并取得有关证明材料。有关单位和个人应当支持、协助审计机关工作,如实向审计机关反映情况,提供有关证明材料。审计机关经县级以上人民政府审计机关负责人批准,有权查询被审计单位在金融机构的账户。审计机关有证据证明被审计单位以个人名义存储公款的,经县级以上人民政府审计机关主要负责人批准,有权查询被审计单位以个人名义在金融机构的存款。

3. 审计协助权

审计机关履行审计监督职责,可以提请公安、监察、财政、税务、海关、价格、工商行政管理等机关予以协助。

4. 审计处理、处罚权

审计机关对被审计单位转移、隐匿、篡改、毁弃会计凭证、会计账簿、财务会计报告以及其他与财政收支或者财务收支有关的资料和资产的行为,有权予以制止;必要时,经县级以上人民政府审计机关负责人批准,有权封存有关资料和违反国家规定取得的资产;对其中在金融机构的有关存款需要予以冻结的,应当向人民法院提出申请。审计机关对被审计单位正在进行的违反国家规定的财政收支、财务收支行为,有权予以制止;制止无效的,经县级以上人民政府审计机关负责人的批准,通知财政部门和有关主管部门,暂停拨付与违反国家规定的财政收支、财务收支行为直接有关的款项,已经拨付的,暂停使用。审计机关对违反国家规定的财政收支、财务收支的行为,需要依法给予处理、处罚的,在法定职权范围内作出审计决定或者向有关主管机关提出处理、处罚意见。

5. 通报和公布审计结果权

审计机关可以向政府有关部门通报或者向社会公布审计结果。审计机关通报或者公布审计结果,应当依法保守国家秘密和被审计单位的商业秘密,遵守国务院的有关规定。

四、审计管辖和审计程序

(一)审计管辖

审计机关根据被审计单位的财政、财务隶属关系或者国有资产监督管理关系,确定审计管辖范围。审计机关之间对审计管辖范围有争议的,由其共同的上级审计机关确定。

上级审计机关可以将其审计管辖范围内的《审计法》有关条款规定的审计事项,授权下级审计机关进行审计;上级审计机关对下级审计机关审计管辖范围内的重大审计事项,可以直接进行审计,但应防止不必要的重复审计。

(二) 审计程序

审计程序是指审计机关在审计过程中必须遵循的法定程序。主要包括审计准备、审计实施和审计终结三个阶段。

1. 审计准备阶段

审计机关根据审计项目计划确定的审计事项组成审计组,并应当在实施审计 3 日前,向被审计单位送达审计通知书;遇有特殊情况,经本级人民政府批准,审计机关可以直接持审计通知书实施审计。

2. 审计实施阶段

审计人员通过审查会计凭证、会计账簿、财务会计报告,查阅与审计事项有关的文件、资料,检查现金、实物、有价证券,向有关单位和个人调查等方式进行审计,并取得证据材料。审计组对审计项目实施审计后,应当向审计机关提出审计组的审计报告。审计组的审计报告报送审计机关前,应当征求被审计对象的意见。被审计对象应当自接到审计组的审计报告之日起 10 日内,将其书面意见送交审计组。审计组应当将被审计对象的书面意见一并报送审计机关。

3. 审计终结阶段

审计机关按照审计署规定的程序对审计组的审计报告进行审议,并对被审计对象对审计组的审计报告提出的意见一并研究后,提出审计机关的审计报告;对违反国家规定的财政收支、财务收支行为,依法应当给予处理、处罚的,在法定职权范围内作出审计决定或者向有关主管机关提出处理、处罚意见。审计机关应当将审计机关的审计报告和审计决定送达被审计单位和有关主管机关、单位。审计决定自送达之日起生效。

五、违反《审计法》的法律责任

(一) 被审计单位及其责任人员的法律责任

(1) 被审计单位违反审计法规定,拒绝或者拖延提供与审计事项有关资料的,或者提供的资料不真实、不完整的,或者拒绝、阻碍检查的,由审计机关责令改正,可以通报批评,给予警告;拒不改正的,依法追究责任。

(2) 被审计单位转移、隐匿、篡改、毁弃会计凭证、会计账簿、财务会计报告以及其他与财政收支或者财务收支有关的资料,或者转移、隐匿所持有的违反国家规定取得的资产,审计机关认为对直接负责的主管人员和其他直接责任人员依法应当给予处分的,应当提出给予处分的建议,被审计单位或者其上级机关、监察机关应当依法及时作出决定,并将结果书面通知审计机关;构成犯罪的,依法追究刑事责任。

(3) 对本级各部门(含直属单位)和下级政府违反预算的行为或者其他违反规

定的财政收支行为,对被审计单位违反国家规定的财务收支行为,审计机关、人民政府或者有关主管部门在法定职权范围内,依照法律、行政法规的规定,区别情况采取下列处理措施:① 责令限期缴纳应当上缴的款项;② 责令限期退还被侵占的国有资产;③ 责令限期退还违法所得;④ 责令按照国家统一的会计制度的有关规定进行处理;⑤ 其他处理措施。被审计单位的财政收支、财务收支违反法律、行政法规的规定,构成犯罪的,依法追究刑事责任。

(4) 被审计单位的财政收支、财务收支违反国家规定,审计机关认为对直接负责的主管人员和其他直接责任人员依法应当给予处分的,应当提出给予处分的建议,被审计单位或者其上级机关、监察机关应当依法及时作出决定,并将结果书面通知审计机关;构成犯罪的,依法追究刑事责任。报复陷害审计人员的,依法给予处分;构成犯罪的,依法追究刑事责任。

(二) 审计机关及其审计人员的法律责任

审计机关的审计报告、审计决定确有错误的,应当依法及时改正。审计人员滥用职权、徇私舞弊、玩忽职守或者泄露所知悉的国家秘密、商业秘密的,依法给予处分;构成犯罪的,依法追究刑事责任。

本章复习思考题

1. 试述统计调查管理的主要内容。
2. 简述会计核算的主要内容和基本要求。
3. 试述审计机关的职责和权限。

第十七章 对外贸易法

第一节 对外贸易法律制度概述

一、对外贸易和对外贸易法的概念

对外贸易是指一个国家(地区)与另一个国家(地区)之间的商品、劳务和技术的交换活动。这种贸易由进口和出口两个部分组成。

对外贸易法是指国家对货物进出口、技术进出口和国际服务贸易进行管理和控制的一系列法律、法规和其他具有法律效力的规范性文件的总称。包括《对外贸易法》《海关法》《反倾销条例》《反补贴条例》《进出口关税条例》《进出口商品检验法》《技术进出口管理条例》《进出口货物原产地条例》等以及我国与其他国家间缔结的多边或双边贸易条约或协定等。1994年5月12日第八届全国人大常委会第7次会议通过的《对外贸易法》是我国对外贸易的基本法,该法分别于2004年和2016年做了修改。

二、我国对外贸易法的基本原则

(一)实行统一的对外贸易制度原则

国家实行统一的对外贸易制度,鼓励发展对外贸易,维护公平、自由的对外贸易秩序。外向型经济发展的客观要求,使国家需要实行统一的对外贸易制度,加强统筹兼顾、全面安排,以取得最佳的社会经济效益。

(二)平等互利的原则

中华人民共和国根据平等互利的原则,促进和发展同其他国家和地区的贸易关系,缔结或者参加关税同盟协定、自由贸易区协定等区域经济贸易协定,参加区域经济组织。法律不允许外贸关系任何一方以强凌弱,或通过对外经济贸易活动攫取政治经济特权。

(三)最惠国待遇、国民待遇原则

中华人民共和国在对外贸易方面根据所缔结或者参加的国际条约、协定,给予其他缔约方、参加方最惠国待遇、国民待遇等待遇,或者根据互惠、对等原则给予对方最惠国待遇、国民待遇等待遇。任何国家或者地区在贸易方面对我国采取歧视性的禁止、限制或其他类似措施,我国可以根据实际情况对该国家或者该地区采取相应的措施。

三、对外贸易法律关系的主体

对外贸易法律关系主体是指依法参加对外贸易管理和合作活动,享有对外贸易权利,承担对外贸易义务的当事人。

(一) 对外贸易管理机关

1. 国务院对外贸易主管部门

根据《对外贸易法》第3条的规定,国务院对外贸易主管部门依照本法主管全国对外贸易工作。根据我国目前的机构设置和职能分工,国务院对外贸易主管部门是指中华人民共和国商务部。

2. 国务院其他有关部门

长期以来,我国已经形成了一部分外贸工作分部门管理的体制,国务院其他有关部门根据分工或多或少地参与了对外贸易的管理工作,如中国人民银行、财政部等。

3. 地方对外贸易管理机构

按照现行行政管理体制和有关法律、行政法规的规定,各省、市、自治区对外经济贸易委(厅、局)作为地方的对外经济贸易主管部门。

除各省、市、自治区的对外经济贸易主管部门之外,其计划主管部门、经贸主管部门、科技主管部门和涉及国际服务贸易各行业的主管部门,也依据《对外贸易法》的有关规定和有关法律、行政法规的规定负责该部门职责范围内的某一方面对外贸易具体管理工作。

(二) 对外贸易经营者

对外贸易经营者是指依法办理工商登记或者其他执业手续,依照本法和其他有关法律、行政法规的规定从事对外贸易经营活动的法人、其他组织或者个人。

1. 对外贸易经营者的范围

根据《对外贸易法》的规定,我国对外贸易经营者大体上可以分为三类: ① 企业法人及部分事业单位法人。事业单位法人依其工作性质的不同,只能有一部分可能成为对外贸易经营者,如从事科技产品研究开发的科研院所和从事医疗服务的医院等。② 经营性的非法人组织。经营性的非法人组织是和企业法人相对的一个概念,可以成为对外贸易的经营者。③ 个人。修订后的《对外贸易法》允许个人从事对外贸易经营活动,因此个人也可以成为对外贸易活动的经营者。

2. 对外贸易经营者的权利与义务

对外贸易经营者的权利主要包括: ① 对外贸易经营自主权; ② 对外贸易代理权; ③ 依法平等取得进出口单证的权利; ④ 公平竞争的权利; ⑤ 积极成立和参加

进出口商会的权利；⑥ 平等享受优惠待遇权；⑦ 反倾销、反补贴和保障措施的请求权；⑧ 自主使用外汇权。

对外贸易经营者的义务主要包括：① 依法经营义务；② 依法结汇义务；③ 公平竞争义务；④ 依法提交有关文件、资料的义务。此外，对外贸易经营者还必须信守合同，保证货物质量，完善售后服务等。

此外，《对外贸易法》第 20 条规定，对外贸易经营者可以接受他人的委托，在经营范围内代为办理对外贸易业务。

第二节 货物进出口与技术进出口法律制度

一、货物与技术进出口的原则

（一）货物与技术进出口自由的原则

《对外贸易法》第 14 条规定，国家准许货物与技术的自由进出口。但是，法律、行政法规另有规定的除外。根据我国经济发展的现实需要，从整体上确立了进出口自由的原则，国家通过改革完善各种外贸规章制度，保护贸易当事人合法权益，促进外贸发展。

（二）货物与技术进出口适当限制与管理的原则

我国《对外贸易法》将货物与技术进出口分为自由、限制、禁止三类，这种规定是与世界贸易组织的数量限制例外规定相适应的。我国进出口贸易的限制性规定还遵循非歧视与透明度的原则。

二、对货物与技术进出口的限制或禁止

国务院对外贸易主管部门会同国务院其他有关部门，制定、调整并公布限制或者禁止进出口的货物、技术目录。

《对外贸易法》第 16 条规定，国家基于下列原因，可以限制或者禁止有关货物、技术的进口或者出口：① 为维护国家安全、社会公共利益或者公共道德，需要限制或者禁止进口或者出口的；② 为保护人的健康或者安全，保护动物、植物的生命或者健康，保护环境，需要限制或者禁止进口或者出口的；③ 为实施与黄金或者白银进出口有关的措施，需要限制或者禁止进口或者出口的；④ 国内供应短缺或者为有效保护可能用竭的自然资源，需要限制或者禁止出口的；⑤ 输往国家或者地区的市场容量有限，需要限制出口的；⑥ 出口经营秩序出现严重混乱，需要限制出口的；⑦ 为建立或者加快建立国内特定产业，需要限制进口的；⑧ 对任何形式的农业、牧业、渔业产品有必要限制进口的；⑨ 为保障国家国际金融地位和国际收支平衡，需

要限制进口的;⑩依照法律、行政法规的规定,其他需要限制或者禁止进口或者出口的;⑪根据我国缔结或者参加的国际条约、协定的规定,其他需要限制或者禁止进口或者出口的。

国家对与裂变、聚变物质或者衍生此类物质有关的货物、技术进出口以及与武器、弹药或者其他军用物资有关的进出口,可以采取任何必要的措施,维护国家安全。在战时或者为维护国际和平与安全,国家在货物、技术进出口方面可以采取任何必要的措施。

三、进出口货物与技术的配额与许可证管理

（一）配额管理

配额是指在对外贸易中,为了维护本国利益以及保障对外贸易秩序,对一些限制性商品的进口或出口进行宏观调控,实行数量限额的制度。根据划分角度不同,可分为进口配额与出口配额、全球配额与国别配额、协商配额和协定配额、主动配额和被动配额等。

我国进出口货物配额、关税配额由国务院对外贸易主管部门或者国务院有关部门在各自职责范围内,根据申请者的进出口实绩、能力条件,按照效益、公正、公开和公平竞争的原则进行分配。

（二）许可证管理

进出口货物许可证管理是指国家规定某些商品进出口必须从对外贸易主管机关领取进出口许可证,没有许可证的一律不准货物进口或出口的一种职能行为。它体现了国家对涉外经济活动中对外贸易的宏观调控,是国家以实现宏观经济利益为目的的一种重要管理职能活动。

核准与发给许可证的机关是国务院授权的中华人民共和国商务部。对一些临时性进出口商品,在商务部授权范围内,可由省级对外贸易委(厅、局)核准和发给许可证。省级对外贸易主管机关在商务部规定范围内,可以签发省、直辖市、自治区的进口货物许可证。

第三节　国际服务贸易法律制度

一、国际服务贸易的概念和范围

国际服务贸易是指国际间服务的输入和输出的一种贸易方式。贸易一方向另一方提供服务并获得收入的过程称为服务出口或服务输出,购买他人服务的一方称为服务进口或服务输入。WTO《服务贸易总协定》按照服务提供者和消费者的来源以

及提供服务时服务提供者和消费者所在的领土界线,规定了四种服务贸易类型,即跨境交付、境外消费、商业存在、自然人存在。

《服务贸易总协定》列出了服务行业的 12 个部门,具体包括商业服务、通讯服务、建筑服务、销售服务、教育服务、环境服务、金融服务、与健康有关的服务和社会服务、旅游和与贸易有关的服务、娱乐、文化和体育服务、运输服务及其他服务。分为 160 多个分部门。

二、对国际服务贸易的限制或禁止

国务院对外贸易主管部门会同国务院其他有关部门,制定、调整并公布国际服务贸易市场准入目录。

国家基于下列原因,可以限制或者禁止有关的国际服务贸易:① 为维护国家安全、社会公共利益或者公共道德,需要限制或者禁止的;② 为保护人的健康或者安全,保护动物、植物的生命或者健康,保护环境,需要限制或者禁止的;③ 为建立或者加快建立国内特定服务产业,需要限制的;④ 为保障国家外汇收支平衡,需要限制的;⑤ 依照法律、行政法规的规定,其他需要限制或者禁止的;⑥ 根据我国缔结或者参加的国际条约、协定的规定,其他需要限制或者禁止的。

国家对与军事有关的国际服务贸易以及与裂变、聚变物质或者衍生此类物质有关的国际服务贸易,可以采取任何必要的措施,维护国家安全。在战时或者为维护国际和平与安全,国家在国际服务贸易方面可以采取任何必要的措施。

三、对国际服务贸易的管理

由于国际服务贸易涉及银行、保险、会计、律师、咨询、旅游等很多行业,规范国际服务贸易的法律不仅限于《对外贸易法》,还有其他有关的法律、法规。因此,《对外贸易法》第 25 条规定,国务院对外贸易主管部门和国务院有关部门,依照《对外贸易法》和其他有关法律、行政法规的规定,对国际服务贸易进行管理。

第四节 进出口商品检验制度

一、进出口商品检验制度的概念

进出口商品检验制度是指商品检验部门依法或依合同对商品的质量、规格、数量和包装以及是否符合安全、卫生要求等进行检测与鉴定,以确认进出口商品是否符合法定或约定的标准制度。

进出口商品检验法是调整在对进出口商品进行检验的过程中所发生的社会关系

的法律规范的总称。1989年2月21日第七届全国人大常委会第6次会议通过、并于2002年和2013年两次修改的《进出口商品检验法》(以下简称《商检法》)是规范我国进出口商品检验的基本法。

二、商品检验机构及其职责

国务院设立进出口商品检验部门(以下简称国家商检部门),主管全国进出口商品检验工作。国家商检部门设在各地的进出口商品检验机构(以下简称商检机构)管理所辖地区的进出口商品检验工作。商检机构和国家商检部门、商检机构指定的检验机构依法对进出口商品实施检验。国家商检部门和商检机构根据检验工作的需要,通过考核,认可符合条件的国内外检验机构承担委托的进出口商品检验工作。某些特定进出口商品或者检验项目,如进出口的药品、计量器具、船舶等,由有关法律、行政法规规定的其他检验机构实施检验。

目前,国家商检部门为国家进出口商品检验检疫局,它在各地设立的商检机构是指在各省、自治区、直辖市以及进出口商品的口岸、集散地设立的进出口商品检验检疫局及其分支机构。

进出口商品检验部门的主要职责有三项:一是对法定检验的进出口商品和检验项目,实施强制性检验;二是对法定检验商品和法定检验商品以外的进出口商品,可以抽查检验并实施监督管理;三是接受对外贸易关系人或者外国商检机构的委托,办理进出口商品鉴定业务。

三、法定检验商品的种类

国家商检局根据对外贸易发展的需要,对涉及社会公共利益的进出口商品,制定、调整并公布《商检机构实施检验的进出口商品种类表》(以下简称《种类表》)。凡列入《种类表》的进出口商品,必须实施法定检验。实施法定检验的范围包括:① 对列入《种类表》的进出口商品的检验;② 对出口食品的卫生检验;③ 对出口危险货物包装容器的性能鉴定和使用鉴定;④ 对装运出口易腐烂变质食品、冷冻品的船舱、集装箱等运载工具的适载检验;⑤ 对有关国际条约规定须经商检机构检验的进出口商品的检验;⑥ 对其他法律、行政法规规定须经商检机构检验的进出口商品的检验。

四、出口商品的检验

《商检法》规定必须经商检机构检验的出口商品的发货人,应当在商检机构规定的地点和期限内,向商检机构报验。商检机构应当在不延误装运的期限内检验完毕,并出具证明。对列入《种类表》的出口商品,海关凭商检机构签发的检验证书、放行单或者在报关单上加盖的印章验放。经商检机构检验合格发给检验合格证书或者放行单的出口商品,应当在商检机构规定的期限内报运出口;超过期限的,应当重新报验。为出口危险货物生产包装容器的企业,必须申请商检机构进行包装容器的性能鉴定。生产出口危险货物的企业,必须申请商检机构进行包装容器的使用鉴定。使用未经鉴定合格的包装容器的危险货物,不准出口。对装运出口易腐烂变质食品的船舱和集装箱,承运人或者装箱单位必须在装货前申请检验。未经检验合格的,不准装运。

五、进口商品的检验

《商检法》第 11 条规定,必须经商检机构检验的进口商品的收货人或者其代理人,应当向报关地的商检机构报检。海关凭商检机构签发的货物通关证明验放。

《商检法》第 15 条规定,必须经商检机构检验的出口商品的发货人或者其代理人,应当在商检机构规定的地点和期限内,向商检机构报检。商检机构应当在国家商检部门统一规定的期限内检验完毕,并出具检验证单。

《商检法》第 13 条规定,必须经商检机构检验的进口商品以外的进口商品的收货人,发现进口商品质量不合格或者残损短缺,需要由商检机构出证索赔的,应当向商检机构申请检验出证。

对重要的进口商品和大型的成套设备,收货人应当依据对外贸易合同约定在出口国装运前进行预检验、监造或者监装,主管部门应当加强监督;商检机构根据需要可以派出检验人员参加。

六、商品检验的监督管理

(一) 抽查检验与监督检验

《商检法》第 19 条规定,商检机构对本法规定必须经商检机构检验的进出口商品以外的进出口商品,根据国家规定实施抽查检验。国家商检部门可以公布抽查检验结果或者向有关部门通报抽查检验情况。

国家商检部门和商检机构对其指定或者认可的检验机构的进出口商品检验工作进行监督,可以对其检验的商品抽查检验。商检机构根据检验工作的需要,可以向列入《种类表》的出口商品的生产企业派出检验人员,参与监督出口商品出厂前的质量检验工作。

(二) 质量认证与质量许可制度

商检机构可以根据国家商检部门同外国有关机构签订的协议或者接受外国有关机构的委托进行进出口商品质量认证工作,准许在认证合格的进出口商品上使用质量认证标志。

国家根据需要,对重要的进出口商品及其生产企业实行质量许可制度,具体办法由国家商检部门会同国务院有关主管部门制定。

(三) 商品复验

进出口商品的报验人对商检机构作出的检验结果有异议的,可以在收到检验结果之日起 15 日内向原商检机构或者其上级商检机构申请复验,由受理复验的商检机构自收到申请之日起 45 日内作出复验结论。报验人对复验结论仍有异议的,可以自收到复验结论之日起 15 日内向国家商检局申请复验;国家商检局应当在 60 日内作出复验结论。国家商检局的复验结论为终局结论。

第五节 对外贸易秩序与促进法律制度

一、对外贸易秩序的概念

对外贸易秩序是指国家运用法律,规范对外贸易竞争行为,制止不正当竞争与不公平交易,维护本国经济利益,使对外贸易井然有序的制度。

维护对外贸易秩序具有重要意义:首先,有利于维护国家宏观经济利益,促进对外贸易健康发展;其次,可通过法律手段的利用,合理调节进出口贸易,避免对外贸易损失;再次,有助于我国统一对外贸易政策与制度,打破贸易垄断,提高透明度,有利于适应贸易全球化的需要以及协调和发展我国和各国的贸易。

二、对外贸易经营者应当遵循的行为准则

对外贸易经营者在对外贸易经营活动中,应当依法经营,公平竞争,不得有下列行为:① 违反有关反垄断的法律、行政法规的规定实施垄断行为;② 实施以不正当的低价销售商品、串通投标、发布虚假广告、进行商业贿赂等不正当竞争行为;③ 伪造、变造进出口货物原产地标记,伪造、变造或者买卖进出口货物原产地证书、进出口许可证、进出口配额证明或者其他进出口证明文件;④ 骗取出口退税;⑤ 走私;⑥ 逃避法律、行政法规规定的认证、检验、检疫;⑦ 违反法律、行政法规规定的其他行为。

此外,对外贸易经营者在对外贸易经营活动中,应当遵守国家有关外汇管理的规定。违反本法规定,危害对外贸易秩序的,国务院对外贸易主管部门可以向社会公告。

三、对外贸易救济措施

国家根据对外贸易调查结果,可以采取适当的对外贸易救济措施。包括以下三

个方面。

(一) 反倾销措施

倾销是指产品以低于正常价值的方式进口,并由此对国内已建立的相关产业造成实质性损害或者产生实质损害的威胁,或者对国内建立相关产业造成实质阻碍。在这种情况发生时,进口国可以采取必要措施来消除或者减轻这种损害或者损害的威胁,称之为反倾销措施。反倾销措施包括征收反倾销税和对出口商提供价格承诺。

《对外贸易法》第41条规定,其他国家或者地区的产品以低于正常价值的倾销方式进入我国市场,对已建立的国内产业造成实质损害或者产生实质损害威胁,或者对建立国内产业造成实质阻碍的,国家可以采取反倾销措施,消除或者减轻这种损害或者损害的威胁或者阻碍。

(二) 反补贴措施

补贴是指出口国(地区)政府或者其任何公共机构提供的,并为接受者带来利益的财政资助以及任何形式的收入或者价格支持,某些贸易活动中的补贴也是一种不公平贸易行为。当进口产品存在补贴,并对已经建立的国内产业造成实质损害或者产生实质损害威胁,或者对建立国内产业造成实质阻碍时,进口国可以采取的措施包括采取征收反补贴税、要求出口国政府停止补贴或要求出口商提供价格承诺。

《对外贸易法》第43条规定,进口的产品直接或者间接地接受出口国家或者地区给予的任何形式的专向性补贴,对已建立的国内产业造成实质损害或者产生实质损害威胁,或者对建立国内产业造成实质阻碍的,国家可以采取反补贴措施,消除或者减轻这种损害或者损害的威胁或者阻碍。

(三) 保障措施

保障措施是指进口国对某些产品在公平竞争情况下因进口数量猛增而采取的紧急限制措施。当进口产品数量大量增加,并对生产同类产品或者直接竞争产品的国内产业造成严重损害或者严重损害威胁时,进口国可以采取保障措施来缓解这种严重损害或威胁。具体措施有提高关税、采取配额制等。

《对外贸易法》第44条规定,因进口产品数量大量增加,对生产同类产品或者与其直接竞争的产品的国内产业造成严重损害或者严重损害威胁的,国家可以采取必要的保障措施,消除或者减轻这种损害或者损害的威胁,并可以对该产业提供必要的支持。

四、对外贸易促进措施

在计划经济体制下,我国采用各种行政措施来扶持出口,发展对外贸易,如出口补贴、出口奖励、免除外贸企业所得税等。改革开放以来,随着外贸体制改革的深入,这些措施已被逐渐摒弃。《对外贸易法》反映外贸体制改革的要求和成果,规定了适合我国国情并符合国际惯例的对外贸易促进措施。这些措施包括：① 国家根据对外贸易发展的需要,建立和完善为对外贸易服务的金融机构,设立对外贸易发展基金、风险基金。② 国家通过进出口信贷、出口信用保险、出口退税及其他促进对外贸易的方式,发展对外贸易。③ 国家建立对外贸易公共信息服务体系,向对外贸易经营者和其他社会公众提供信息服务。④ 国家采取措施鼓励对外贸易经营者开拓国际市场,采取对外投资、对外工程承包和对外劳务合作等多种形式,发展对外贸易。⑤ 对外贸易经营者可以依法成立和参加有关协会、商会。有关协会、商会应当遵守法律、行政法规,按照章程对其成员提供与对外贸易有关的生产、营销、信息、培训等方面的服务,发挥协调和自律作用,依法提出有关对外贸易救济措施的申请,维护成员和行业的利益,向政府有关部门反映成员有关对外贸易的建议,开展对外贸易促进活动。⑥ 中国国际贸易促进组织按照章程开展对外联系,举办展览,提供信息、咨询服务和其他对外贸易促进活动。⑦ 国家扶持和促进中小企业开展对外贸易。⑧ 国家扶持和促进民族自治地方和经济不发达地区发展对外贸易。

第六节　违反对外贸易法的法律责任

一、未经授权擅自进出口实行国有贸易管理的货物的法律责任

未经授权擅自进出口实行国有贸易管理的货物的,国务院对外贸易主管部门或者国务院其他有关部门可以处5万元以下的罚款;情节严重的,可以自行政处罚决定生效之日起3年内,不受理违法行为人从事国有贸易管理货物进出口业务的申请,或者撤销已给予其从事其他国有贸易管理货物进出口的授权。

二、进出口属于禁止或限制进出口的货物、技术的法律责任

进出口属于禁止进出口的货物的,或者未经许可擅自进出口属于限制进出口的货物的,由海关依照有关法律、行政法规的规定处理、处罚;构成犯罪的,依法追究刑事责任。

进出口属于禁止进出口的技术的,或者未经许可擅自进出口属于限制进出口的技术的,依照有关法律、行政法规的规定处理、处罚;法律、行政法规没有规定的,由国务院对外贸易主管部门责令改正,没收违法所得,并处违法所得1—5倍的罚款,没有违法所得或者违法所得不足1万元的,处1万—5万元的罚款;构成犯罪的,依法追究刑事责任。

自行政处罚决定生效之日或者刑事处罚判决生效之日起,国务院对外贸易主管部门或者国务院其他有关部门可以在3年内不受理违法行为人提出的进出口配额或

者许可证的申请,或者禁止违法行为人在 1 年以上 3 年以下的期限内从事有关货物或者技术的进出口经营活动。

三、违法从事属于禁止的国际服务贸易的法律责任

从事属于禁止的国际服务贸易的,或者未经许可擅自从事属于限制的国际服务贸易的,依照有关法律、行政法规的规定处罚;法律、行政法规没有规定的,由国务院对外贸易主管部门责令改正,没收违法所得,并处违法所得 1—5 倍的罚款,没有违法所得或者违法所得不足 1 万元的,处 1 万—5 万元的罚款;构成犯罪的,依法追究刑事责任。

国务院对外贸易主管部门可以禁止违法行为人自行政处罚决定生效之日或者刑事处罚判决生效之日起 1 年以上 3 年以下的期限内从事有关的国际服务贸易经营活动。

四、违反《对外贸易法》第 34 条规定应承担的法律责任

违反《对外贸易法》第 34 条规定,依照有关法律、行政法规的规定处罚;构成犯罪的,依法追究刑事责任。

国务院对外贸易主管部门可以禁止违法行为人自行政处罚决定生效之日或者刑事处罚判决生效之日起 1 年以上 3 年以下的期限内从事有关的对外贸易经营活动。

五、对外贸易管理部门工作人员的法律责任

对外贸易管理部门的工作人员玩忽职守、徇私舞弊或者滥用职权,构成犯罪的,依法追究刑事责任;尚不构成犯罪的,依法给予行政处分。

对外贸易管理部门的工作人员利用职务上的便利,索取他人财物,或者非法收受他人财物为他人谋取利益,构成犯罪的,依法追究刑事责任;尚不构成犯罪的,依法给予行政处分。

本章复习思考题

1. 简述我国对外贸易法的基本原则。
2. 简述我国对外贸易法中对外贸易经营者的权利与义务。
3. 简述国际服务贸易的概念及类型。
4. 简述我国对外贸易的救济措施。
5. 简述我国对外贸易的促进措施。

第十八章 外商投资法

第一节 外商投资法概述

一、我国外商投资法律制度的沿革

外商投资准入是我国对外开放的重要举措。为鼓励和保护外商投资,我国早在改革开放初期的1979年、1986年和1988年分别颁行了《中外合资经营企业法》《外资企业法》和《中外合作经营企业法》(简称"外资三法")三部关于外商投资的专门法律,基本形成以"外资三法"为主线、《外商投资产业指导目录》为配套、其他国务院行政法规和部门规章为补充的外商投资法律体系。

随着我国社会主义市场经济体制的确立及企业立法的推进,继"外资三法"之后,又相继出台了《公司法》《合伙企业法》等。由于"外资三法"的先行颁布,导致在涉外公司和内资公司适用两套法制体系。然而,《公司法》《合伙企业法》等企业组织法出台后,"外资三法"中的部分条款与上述法律的规定存在冲突,并滞后于跨国并购、间接投资等方面国际经济形势的新变化。此后,在外商投资实践的不断发展过程中,相关部门又不断通过修法或制定行政法规、部门规章等方式,对于外商投资的并购、税收、外债、安全审查等诸多方面进行了补充和完善。与此同时,制定一部规范外商投资的基础性法律的呼声越来越高。

2015年,我国开始就《外商投资法(草案)》广泛征求意见。值得注意的是,我国外商投资立法备受关注的重点是其对外商投资管理体制所作的重大改革,即"准入前国民待遇加负面清单"管理模式的引入。追溯历史,我国的外商投资管理体制在20世纪七八十年代随"外资三法"的颁行基本形成,政府对外商投资一直以准入审批加优惠措施的方式实施管理。随着我国经济的迅速发展,改革开放在外资领域战略部署的进一步提升,2013年9月29日,国务院常务会议通过了《中国(上海)自由贸易试验区总体方案》,决定设立上海自贸区,对开放外资进行压力测试,在自贸区内试点多项积极开放的外商投资政策措施。从2013年10月1日起,相关外资管理法律的规定在自贸区范围内暂停实施三年,上海自贸区外资准入负面清单同时公布实施。2013年11月12日,党的第十八届中央委员会第三次全体会议通过了《中共中央关于全面深化改革若干重大问题的决定》,提出实行统一的市场准入制度。我国在制定负面清单基础上,探索对外商投资实行"准入前国民待遇加负面清单"的管理模式实践路径。历经几年的试行与摸索,为将该全新管理模式正式引入我国外商投资立法奠定了重要基础。2019年3月15日,第十三届全国人大第二次会议通过了《外商投资法》,2019年12月12日,国务院常务会议通过了《外商投资法实施条例(草案)》(以下简称《条例》),2019年12月26日,最高人民法院审判委员会通过了最高人民法院关于适用《外商投资法》若干问题的解释,三者自2020年1月1日起同步施行,原"外资三法"同时废止,《外商投资法》成为规范外商投资的基础性法律。

二、外商投资和外商投资企业的概念

(一)外商投资的概念

《外商投资法》第2条明文规定:"外商投资,是指外国的自然人、企业或者其他组织(以下称外国投资者)直接或者间接在中国境内进行的投资活动。"外国投资者依法可以单独或者与包括中国的自然人在内的其他投资者共同在中国境内投资。

外商投资有多种方式,包括以下4种情形:① 外国投资者单独或者与其他投资者共同在中国境内设立外商投资企业;② 外国投资者取得中国境内企业的股份、股权、财产份额或者其他类似权益;③ 外国投资者单独或者与其他投资者共同在中国境内投资新建项目[①];④ 法律、行政法规或者国务院规定的其他方式的投资。

(二)外商投资企业

外商投资企业是外商投资的,《外商投资法》第2条同时规定:"外商投资企业,是指全部或者部分由外国投资者投资,依照中国法律在中国境内经登记注册设立的企业。"外商投资企业的组织形式、组织机构及其活动准则,适用《公司法》《合伙企业法》等法律的规定。外商投资法施行前依照"外资三法"设立的外商投资企业,其组织形式、组织机构等与《公司法》《合伙企业法》等法律的强制性规定不一致的,国家鼓励其在外商投资法施行后5年内依法办理变更手续;属于前述规定情形的现有外商投资企业,在外商投资法施行后5年内未依法办理变更手续的,应当自2025年1月1日起6个月内依法办理变更手续;逾期未依法办理变更手续的,企业登记机关不予办理该企业的其他登记事项,并可以将相关情形在企业信息公示系统中公示。

三、外商投资法的概念及适用范围

外商投资法是调整外商投资过程中所发生的经济关系的法律规范的总称。外

[①] 此处所称在中国境内投资新建项目,是指外国投资者在中国境内对特定项目建设进行投资,但不设立外商投资企业,不取得中国境内企业的股份、股权、财产份额或者其他类似权益。

商投资法包括但不限于规范外商投资的基础性法律,也包括相关行政法规及部门规章。

《外商投资法》将外商投资区分为直接投资和间接投资两种形式。所谓直接投资,是指外国投资者按我国法律,用现汇、实物、技术等出资方式在我国境内开办外商投资企业,并拥有对所投资企业的经营管理权和控制权的投资形式,是在资本层面和管理层面的投资。所谓间接投资,是指外国投资者不参与所投资企业的经营管理,也不享有所投资企业的控制权,是一个单纯在资本层面的投资,如购买企业股票、债券或以贷款等方式对特定企业进行的投资。两种形式的主要区别在于投资者是否直接参与所设企业的经营管理并以此取得对企业的控制权。此前的"外资三法"的适用范围仅限于外国投资者的直接投资。外国投资者依"外资三法"在我国境内投资设立的中外合资企业、中外合作企业、外资企业均属直接投资。而《外商投资法》对投资形式的界定使其扩大了的适用范围,外商投资法不仅适用于开办企业形式的直接投资,也适用于获取资本利得形式的间接投资。而且,《外商投资法》第2条还规定有兜底条款,将其调整范围进一步扩大到"法律、行政法规或者国务院规定的其他方式",这表明我国可以根据国际投资法的理论发展、国际投资最新实践、我国所面临的国际形势以及我国的国家利益等因素调整外商投资法的适用范围。

在适用对象上,《外商投资法》除了适用于外国的自然人、企业或者其他组织在中国境内的投资外,依据最高人民法院司法解释,香港特别行政区和澳门特别行政区的投资者、定居在国外的中国公民在内地投资以及台湾地区投资者在大陆投资产生的相关纠纷案件,可以参照适用本法。

在规范内容上,《外商投资法》作为一部基础性法律,主要规制外商投资活动的促进、保护和管理,对外商投资企业的组织形式、组织机构和生产经营活动准则等内容不再涉及,而是与内资企业一样平等适用《公司法》《合伙企业法》《民法总则》《物权法》《合同法》等法律法规。同时,该法针对近年来出现的外商投资领域的突出矛盾问题,如知识产权、贸易冲突等,有专门的条款加以规定。

第二节 外商投资的促进和保护

一、外商投资的促进

为了创设良好的投资法律环境,《外商投资法》规定了原则性的促进外商投资的条款。其内容包括以下方面。

(一)准入前国民待遇加负面清单制度

《外商投资法》第4条规定:国家对外商投资实行准入前国民待遇。所谓准入前国民待遇,是指在投资准入阶段给予外国投资者及其投资不低于本国投资者及其投资的待遇;所谓负面清单,是指国家规定在特定领域对外商投资实施的准入特别管理措施。国家对负面清单之外的外商投资,给予国民待遇。国民待遇原则在准入阶段的适用,有助于增强资本输入国的外资政策透明度,使外资法律不会因为东道国政府官员的更迭、外资政策的随意调整而造成外商投资营商环境的不安全,从而对外资的进入更有吸引力。而负面清单制度的适用,减轻了大部分外商投资的审批负累,使外商投资流程更为便捷,从而促进外商投资。对外商投资准入负面清单之外的领域形成的投资合同,当事人以合同未经有关行政主管部门批准、登记为由主张合同无效或者未生效的,人民法院不予支持。

外商投资准入负面清单由国务院投资主管部门会同国务院商务主管部门等有关部门提出,报国务院发布或者批准发布。国家根据进一步扩大对外开放的需要,适时调整外商投资准入负面清单。

《外商投资法》对实施准入待遇的效力等级也作了明确规定,中华人民共和国缔结或者参加的国际条约、协定对外国投资者准入待遇有更优惠规定的,可以按照相关规定执行。国家依照法律法规以及所缔结或者参加的国际条约、协定,保护外国投资者在中国境内的投资、收益和其他合法权益。

(二)保障外国投资者享有平等法律地位

外国投资者选择一国进行投资,对于该国的营商法律环境非常重视。外国投资者要考量的重要因素包括:能否与内资企业一样,平等适用政策法律、平等使用生产要素、享有与自身利益相关的法律方面的知情权、信息权、得到相关的政策法律咨询服务等。

《外商投资法》保障外商投资企业与内资企业享有平等的法律地位,平等地享有权利承担义务。它明确规定:① 外商投资企业依法平等适用国家支持企业发展的各项政策。② 制定与外商投资有关的法律、法规、规章,应当采取适当方式征求外商投资企业的意见和建议。与外商投资有关的规范性文件、裁判文书等,应当依法及时公布。③ 国家建立健全外商投资服务体系,为外国投资者和外商投资企业提供法律法规、政策措施、投资项目信息等方面的咨询和服务。

(三)保障外国投资者公平参与市场竞争

竞争是市场经济的灵魂,运用法律手段保障市场经济主体平等使用生产要素,公平参与市场竞争,同等受到法律保护,是世界各国通行的做法。依此惯例,《外商投资法》明确规定:① 国家保障外商投资企业依法平等参与标准制定工作,强化标准制定的信息公开和社会监督。国家制定的强制性标准平等适用于外商投资企业。② 国家保障外商投资企业依法通过公平竞争参与政府采购活动。政府采购依法对外商投资企业在中国境内生产的产品、提供的服务平等对待。

(四) 对外国投资者的政策措施和优惠待遇

国家在保持鼓励外商投资政策连续性、稳定性基础上,进一步扩大鼓励外商投资范围,促进外资在现代农业、先进制造、高新技术、节能环保、现代服务业等领域投资,促进外资优化区域布局。对此,《外商投资法》规定:① 政策措施方面,国家根据需要,设立特殊经济区域,或者在部分地区实行外商投资试验性政策措施,促进外商投资,扩大对外开放。② 优惠待遇方面,国家根据国民经济和社会发展需要,鼓励和引导外国投资者在特定行业、领域、地区投资。外国投资者、外商投资企业可以依照法律、行政法规或者国务院的规定享受优惠待遇。县级以上地方人民政府可以根据法律、行政法规、地方性法规的规定,在法定权限内制定外商投资促进和便利化政策措施。

(五) 外商投资企业可以依法进行融资

"外资三法"只适用于外国投资者的直接投资。在"外资三法"施行期间,由于对外商投资企业的组织形式限于有限责任公司,而申请上市公开发行股票的企业必须是依据《公司法》组建的股份有限公司,因此,外商投资企业在国内证券市场上市一直存在障碍。《外商投资法》首次规定了外商投资包括直接投资和间接投资,扩大了适用范围,明确规定"外商投资企业可以依法通过公开发行股票、公司债券等证券和其他方式进行融资"。允许外商投资企业可依法通过资本市场进行融资,不仅能够推动外商投资企业的发展,而且有利于带动国内企业优化结构,促进企业转型升级。

二、外商投资的保护

保护外国投资者权益是《外商投资法》的主旨与核心。《外商投资法》第 5 条明确规定:"国家依法保护外国投资者在中国境内的投资、收益和其他合法权益",并设"投资保护"专章,从 4 个方面作了规定,向外商投资提供与时俱进的法律保障。

(一) 加强对外商投资企业的产权保护

1. 外资征收之禁限

为消除外商对其投资安全的疑虑,《外商投资法》及其实施条例明确规定,国家对外国投资者的投资不实行征收;在特殊情况下,国家为了公共利益的需要,可以依照法律规定对外国投资者的投资实行征收或者征用,征收征用应当依照法定程序进行,具体情形应当有法律的明确规定,不得根据法律以外的依据对外国投资者的投资实行征收或者征用。依照法律规定对外国投资者的投资实行征收或者征用的,应当及时给予公平、合理的补偿。

可见,约束征收征用的法律机制有三:一是必须基于公共利益的需要,而不是商业利益或者个人利益的需要;二是必须履行法定程序(如听证程序、复议程序、诉讼和或仲裁程序);三是补偿必须公平合理。

2. 资产流转之保障

《外商投资法》对于外国投资者在中国境内的出资、利润、资本收益、资产处置所得等给予资金流转上更多的便利，增加其汇入汇出时的便捷性以及资产的流动性。该法明确规定，外国投资者在中国境内的出资、利润、资本收益、资产处置所得、知识产权许可使用费、依法获得的补偿或者赔偿、清算所得等，可以依法以人民币或者外汇自由汇入、汇出，任何单位和个人不得违法对币种、数额以及汇入、汇出的频次等进行限制。外商投资企业外籍职工的工资收入和其他合法收入，依照中国税收法律、行政法规纳税后，可以依法自由汇出。

利润、资本收益、知识产权使用费等均属于经常项目，我国已经实现经常项目可自由兑换。近年来，我国涉及直接投资的外汇管理规定不断简化，境内直接投资项下外汇登记核准以及直接投资外汇年检均已取消，投资更加便利化。

3. 知识产权之保护

在知识经济时代，知识产权已成为财富的中心，也是产权保护的重中之重。《外商投资法》加大了对知识产权的保护力度。该法明确规定：① 国家保护外国投资者和外商投资企业的知识产权，保护知识产权权利人和相关权利人的合法权益；对知识产权侵权行为，严格依法追究法律责任。② 国家鼓励在外商投资过程中基于自愿原则和商业规则开展技术合作。技术合作的条件由投资各方遵循公平原则平等协商确定。行政机关及其工作人员不得利用行政手段强制转让技术。我国曾经在《入世议定书》第 7 条中表示，中国不以技术转让要求为前提批准外资准入。外资准入负面清单制度的完善和负面清单的不断压缩以及股权限制的日益减少，有利于缓和我国与其他国家在强制技术转让问题上的矛盾。《外商投资法》进一步明令禁止行政机关及其工作人员强制转让技术的行为，减少了外商对我国投资的担忧，从而能吸引更多的外商对我国进行投资。

对此，《条例》进一步明确规定，国家建立知识产权侵权惩罚性赔偿制度，推动建立知识产权快速协同保护机制，健全知识产权纠纷多元化解决机制和知识产权维权援助机制，加大对外国投资者和外商投资企业知识产权的保护力度。标准制定中应当依法平等保护外国投资者和外商投资企业的知识产权；涉及外国投资者和外商投资企业专利的，应当按照国家标准涉及专利的有关管理规定办理。

（二）强化对涉及外商投资规范性文件制定的约束

《外商投资法》规定：各级人民政府及其有关部门制定涉及外商投资的规范性文件，应当符合法律法规的规定；没有法律、行政法规依据的，不得减损外商投资企业的合法权益或者增加其义务，不得设置市场准入和退出条件，不得干预外商投资企业的正常生产经营活动。各级人民政府及其有关部门制定涉及外商投资的规范性文件，应当按照国务院的规定进行合法性审核和公平竞争审查。外国投资者、外商投资企业认为行政行为所依据的国务院部门和地方人民政府及其部门制定的规范性文件不合法,在依法对行政行为提起诉讼时,可以一并请求对该规范性文件进行审查。

（三）促使地方政府守约践诺

我国在以往招商引资过程中,一方面存在某些地方政府超过法定权限做出优惠措施承诺的现象,另一方面也存在地方政府承诺不兑现的现象。针对这些问题,《外商投资法》明确规定:地方各级人民政府及其有关部门应当履行向外国投资者、外商投资企业依法作出的政策承诺以及依法订立的各类合同。所谓政策承诺,是指地方各级人民政府及其有关部门就外国投资者、外商投资企业在本地区投资可以享有的优惠措施、便利条件等作出的承诺。外商投资合同,是指外国投资者即外国的自然人、企业或者其他组织因直接或者间接在中国境内进行投资而形成的相关协议,包括设立外商投资企业合同、股份转让合同、股权转让合同、财产份额或者其他类似权益转让合同、新建项目合同等协议。非因国家利益、社会公共利益不得改变政策承诺、合同约定,不得以行政区划调整、政府换届、机构或者职能调整以及相关责任人更替等为由违约毁约。因国家利益、社会公共利益需要改变政策承诺、合同约定的,应当依照法定权限和程序进行,并依法对外国投资者、外商投资企业因此受到的损失予以补偿。地方各级人民政府及其有关部门不得超出其法定权限向外国投资者、外商投资企业作出政策承诺。政策承诺应当采用书面形式,内容应当符合法律法规规定和国家有关政策。上述规定也适用于外国投资者因赠与、财产分割、企业合并、企业分立等方式取得相应权益的合同。

市场经济就是契约经济。中外投资各方必须弘扬契约自由、契约公平、契约严守的契约精神。《外商投资法》要求地方政府守约践诺,体现和贯彻了契约精神。

（四）完善外商投资企业投诉工作机制

我国关于外商投资权益的救济体系也日趋完善,多元化的外商投资争端解决机制正依法构建。《外商投资法》及其实施条例明确规定:国务院商务主管部门会同国务院有关部门建立外商投资企业投诉工作机制(以下称投诉工作机制),及时处理外商投资企业或者其投资者反映的在全国有重大影响的问题以及其他重大、复杂的问题,协调完善有关外商投资的政策措施,对全国的外商投资企业投诉工作进行指导和监督。县级以上地方人民政府根据实际需要,组织有关部门建立投诉工作机制,及时处理本地区外商投资企业或者其投资者反映的问题,协调完善本地区制定的有关外商投资的政策措施。县级以上地方人民政府应当确定投诉工作机制的牵头部门或者机构。国务院商务主管部门、地方人民政府确定的牵头部门或者机构承担投诉工作机制日常工作。

外商投资企业或者其投资者认为行政机关及其工作人员的行政行为侵犯其合法权益的,可以通过外商投资企业投诉工作机制申请协调解决。除依照上述规定通过外商投资企业投诉工作机制申请协调解决外,还可以依法申请行政复议、提起行政诉讼。

另外,除法律、法规另有规定外,外商投资企业有权自主决定参加或者退出商会、协会等社会组织,任何单位和个人不得干预。商会、协会依照法律法规和章程的规定,加强行业自律,及时反映行业诉求,为会员提供信息咨询、宣传培训、市场拓展、经贸交流、权益保护、纠纷处理等方面的服务。国家保障商会、协会依照法律法规和章程的规定开展相关活动。

第三节 外商投资的管理

为规范和加强对外商投资的管理,《外商投资法》从以下4个方面作了制度安排。

(一)实行准入前国民待遇加负面清单管理制度

准入前国民待遇即引资国在外资进入阶段给予外国投资者及其投资不低于本国投资者及其投资的待遇。但这一待遇不是绝对的,允许有例外。世界各国较为普遍采用负面清单的方式,保留特定形式的准入限制。负面清单又称消极清单、否定列表,是指关于禁止或限制外资进入或者限定外资比例的行业清单,是国家规定在特定领域对外商投资实施的准入特别管理措施。依"非禁即入"原则,清单之外充分开放,对外商投资给予国民待遇,外资可依法平等进入负面清单之外的领域和业务。

"准入前国民待遇加负面清单"是国际上新的高标准投资规则之一,也是多数市场经济国家普遍采用的外资管理模式。为推动新一轮高水平对外开放,实现投资自由化、便利化,进一步营造公平竞争环境,我国《外商投资法》也采用了这一外商投资管理制度模式。该法明确规定,外商投资准入负面清单规定禁止投资的领域,外国投资者不得投资;外商投资准入负面清单规定限制投资的领域,外国投资者进行投资应当符合负面清单规定的条件。外商投资准入负面清单以外的领域,按照内外资一致的原则实施管理。《条例》进一步明确,外商投资准入负面清单规定限制投资的领域,外国投资者进行投资应当符合负面清单规定的股比、高管人员等方面的限制性要求。外商投资准入负面清单对相关领域外国投资者的持股比例作出限制性规定,外国投资者以设立合伙企业方式在该领域进行投资的,合伙协议约定的外国投资者的表决权比例应当符合负面清单关于持股比例的限制性规定。

中国的自然人、法人或者其他组织(不包括外商投资企业)在中国境外设立的全资企业在中国境内投资的,经国务院有关主管部门审核并报国务院批准,可以不受外商投资准入负面清单规定的有关准入特别管理措施的限制。

(二)实行外商投资项目的核准、备案制度

外商投资需要办理投资项目核准、备案的,按照国务院以及国务院投资主管部门的有关规定执行。外国投资者在依法需要取得许可的行业、领域进行投资的,除法律、行政法规另有规定外,负责实施许可的有关主管部门应当按照与内资一致的条件和程序审核外国投资者的许可申请,不得对外国投资者增加许可条件或者适用更严格的许可条件,不得增加审核环节、审核材料以及提出其他额外要求。

有关主管部门应当通过多种方式,优化审批服务,提高审批效率。对符合相关条件和要求的许可事项,可以按照有关规定采取告知承诺的方式办理。

须要指出的是,《外商投资法》是一部框架性的法律,许多具体制度不宜或不便详细规定在该法中,必须与其他法律法规相衔接,才能构成完整的外商投资法律制度。例如,外商投资企业的形式和组织机构适用《公司法》和《合伙企业法》规定;外商投资企业的登记以及税收、会计、外汇等事宜依照有关法律、行政法规和国家有关规定办理;外国投资者并购中国境内企业或以其他方式参与经营者集中的,按照我国《反垄断法》的相关规定审查;等等。

(三) 建立外商投资信息报告制度

《外商投资法》规定:国家建立外商投资信息报告制度。外商投资信息报告的内容、范围以及报告的频次,由国务院商务主管部门会同国务院市场监督管理部门等有关部门按照确有必要、尽可能减轻外国投资者和外商投资企业负担的原则确定。确定外商投资信息报告的内容、范围以及报告的频次,应当充分听取外国投资者、外商投资企业以及其他有关方面的意见。除法律、行政法规另有规定外,有关部门在履行职责过程中获取的外商投资信息,应当及时与商务主管部门共享。外国投资者或者外商投资企业报送的投资信息应当真实、准确、完整。商务主管部门应当建立健全外商投资信息的保存、管理制度。

外国投资者或者外商投资企业通过企业登记系统和企业信用信息公示系统向商务主管部门报送投资信息,通过部门信息共享能够获得的投资信息不得再行要求报送。国务院商务主管部门应当与国务院市场监督管理部门做好相关业务系统的对接和工作衔接,明确外商投资信息报告的具体流程,加强对投资信息报送的指导。

外商投资信息报告制度涵盖内容较广,报告事更加简化,这既方便外国投资者对业务的处理,也能保障我国国内经济安全,有效监督外国投资者的各项投资行为,将违法犯罪行为防患于未然。同时,这一制度上升至法律层面,有利于进一步深化外商投资领域的"放管服"改革,营造便利化、法治化、国际化的营商环境。

(四) 建立外商投资安全审查制度

对外商投资进行安全审查是各国的通行做法。近年来,欧美国家对外资的安全审查制度都进行了强化。对此,我国《外商投资法》规定,国家建立外商投资安全审查制度,对影响或者可能影响国家安全的外商投资进行安全审查,依法作出的安全审查决定为最终决定。建立外商投资安全审查制度,有助于保障国内市场安全、国家安全。我国在"外资三法"时代对于外资的态度是单方面的鼓励,尽可能地希望用国家优惠政策来引进先进技术和资金,促进国家经济发展。对于国家安全的考虑一般在准入阶段。随着我国国际地位的提升,在保障经济发展的同时,也要保护我国国内市场,保障国家经济安全。因此,《外商投资法》对于外资的准入和待遇在放宽准入标准的同时,也建立了相应的安全审查制度,以防止外资企业的进入影响我国的国家安全。

《外商投资法》第33条规定:外国投资者并购中国境内企业或者以其他方式参与经营者集中的,应当依照《反垄断法》的规定接受经营者集中审查。由于《反垄断法》已经有了明确规定,因此这意味着将外资并购和内资并购平等对待,彻底贯彻国民待遇原则。

我国的外资安全审查制度不仅涵盖并购投资,也涵盖新设投资。依法作出的安全审查决定为最终决定,这意味着针对安全审查决定将不可提起行政复议或行政诉讼,这有利于维护安全审查决定的确定性,避免因为不确定性影响投资者的利益。

第四节　外商投资法律责任

一、违反负面清单规定的法律责任

外国投资者投资外商投资准入负面清单规定禁止投资的领域的,由有关主管部门责令停止投资活动,限期处分股份、资产或者采取其他必要措施,恢复到实施投资前的状态;有违法所得的,没收违法所得。

外国投资者的投资活动违反外商投资准入负面清单规定的限制性准入特别管理措施的,由有关主管部门责令限期改正,采取必要措施满足准入特别管理措施的要求;逾期不改正的,依照前款规定处理。

外国投资者的投资活动违反外商投资准入负面清单规定的,除依照前两款规定处理外,还应当依法承担相应的法律责任。

二、违反外商投资信息报告制度的法律责任

外国投资者、外商投资企业违反《外商投资法》规定,未按照外商投资信息报告制度的要求报送投资信息的,由商务主管部门责令限期改正;逾期不改正的,处10万元以上50万元以下的罚款。

对外国投资者、外商投资企业违反法律、法规的行为,由有关部门依法查处,并按照国家有关规定纳入信用信息系统。

三、行政机关工作人员违反法律的刑事责任

行政机关工作人员在外商投资促进、保护和管理工作中滥用职权、玩忽职守、徇私舞弊的,或者泄露、非法向他人提供履行职责过程中知悉的商业秘密的,依法给予处分;构成犯罪的,依法追究刑事责任。

本章复习思考题

1. 何为外商投资和外商投资企业？何为直接投资和间接投资？
2. 何为准入前国民待遇和负面清单制度？
3. 如何促进外商投资？
4. 如何保护外商投资？
5. 如何管理外商投资？

第六编

市场保障法律制度

第十九章 劳动法

第一节 劳动法概述

一、劳动法的概念与体系

劳动法有广义和狭义两种解释。狭义的劳动法是指国家最高立法机构制定、颁布的全国性、综合性、法典式的劳动基本法。在我国,特指1994年7月5日第八届全国人大常委会第八次会议通过的《劳动法》(该法分别于2009年、2018年修正)。广义上的劳动法则是指调整劳动关系以及与劳动关系有密切联系的其他社会关系的法律规范总称①。广义劳动法既含狭义的劳动法,也包括其他有关劳动的法律、行政法规、行政规章及司法解释等,是融实体法和程序法为一体的劳动法律规范的有机整体。我国在《劳动法》实施10多年后的2007年,又应市场经济发展变化的客观需要,相继颁布了《劳动合同法》《就业促进法》和《劳动争议调解仲裁法》三部法律,使我国的劳动法律制度日臻完善,形成了由基本劳动法律制度、劳动合同法律制度、就业促进法律制度和劳动争议调解仲裁法律制度构成的一套较为完整的劳动法律制度体系。

二、劳动法的调整对象

劳动法的调整对象是劳动关系及与劳动关系有密切联系的其他社会关系。

劳动法调整的劳动关系是指在社会劳动过程中劳动者与用人单位之间发生的社会关系。劳动关系是我国劳动法的主要调整对象,其具有如下特征:① 劳动关系是劳动者与用人单位基于劳动合同发生的社会关系;② 劳动关系是在实现劳动过程中发生的社会关系;③ 劳动关系是具有人身关系、经济关系属性的社会关系;④ 劳动关系是既具有平等性、又具有从属性的社会关系。

劳动法调整的与劳动关系有密切联系的其他社会关系本身虽然不是劳动关系,但却都与劳动关系有着密切的联系。有的是发生劳动关系的必要前提;有的是劳动

---

① 本教材取广义。

关系的直接后果;有的是随着劳动关系而附带产生的关系。具体包括:① 政府及相关机构在促进就业中与劳动者发生的劳动就业服务关系;② 有关国家机关(劳动行政部门、人民法院)、工会组织与劳动者之间因处理劳动争议而发生的关系;③ 管理劳动力的国家机关(劳动行政部门、人事部门)与企业等用人单位之间因管理劳动工作及监督、检查劳动法执行而发生的关系;④ 社会保险机构与企业等用人单位及劳动者因执行社会保险而发生的关系;⑤ 工会组织与企业等用人单位之间的关系等。

第二节 基本劳动法律制度

基本劳动法律制度是指针对劳动关系的实质内容所确立的一系列制度,是劳动关系的当事人(劳动者与用人单位)之间的实体性权利与义务的集中体现,主要包括工资制度、工作时间和休息休假制度、劳动安全卫生与特殊劳动保护制度等。

一、工资制度

(一) 工资的概念与形式

工资是指用人单位依据国家有关规定或劳动合同的约定,以货币形式直接支付给本单位劳动者的劳动报酬。

工资的形式一般包括计时工资、计件工资、奖金、津贴和补贴、延长工作时间的工资报酬以及特殊情况下支付的工资等。劳动者的以下劳动收入依法不属于工资的范围:① 单位支付给劳动者个人的社会福利保险费用,如丧葬抚恤救济费、生活困难补助费、计划生育补贴等;② 劳动保护方面的费用,如用人单位支付给劳动者的工作服、解毒剂、清凉饮料费用等;③ 按规定未列入工资总额的各种劳动报酬及其他劳动收入,如根据国家规定发放的创造发明奖、国家星火奖、自然科学奖、科学技术进步奖、合理化建议和技术改进奖、中华技能大奖等以及稿费、讲课费、翻译费等;④ 财产性收入,如劳动者个人从银行和企业获得的存款利息、债券利息、股息和股金分红等;⑤ 转移性收入,如劳动者的遗产收入、赠送收入以及因遭受侵权行为而获得的损害赔偿金等;⑥ 其他收入,如午餐补贴、出差补助及因调动工作得到的安家费等。

(二) 工资支付方式

工资应当以法定货币支付,不得以实物及有价证券替代货币支付。工资必须在用人单位与劳动者约定的日期支付,并至少每月支付一次。劳动关系双方依法解除或终止劳动合同时,用人单位应在解除或终止劳动合同时一次付清劳动者工资。

在以下特殊情况下,应依法或按劳动合同的约定,由用人单位支付给劳动者的工资:① 履行国家和社会义务期间的工资。劳动者在法定工作时间内依法行使选举权、参加会议及参加其他社会活动,用人单位应视同其提供了正常的劳动而支付工资。② 休假期间的工资。劳动者的休假期间包括法定休假、年休假、婚丧假,此期间为带薪休假,用人单位应当按劳动合同规定的标准支付工资。③ 停工期间的工资。非因劳动者原因造成用人单位停工、停产,未超过一个工资支付周期(最长 30 日)的,用人单位应当按照正常工作时间支付工资。超过一个工资支付周期,而用人单位没有安排劳动者工作的,应当按照当地最低工资标准的 70%—100% 支付劳动者生活费[①],生活费发放至企业复工、复产或者解除劳动关系。④ 企业依法破产时的工资。用人单位破产、解散或者撤销的,经依法清算后的财产应当用于优先支付劳动者工资、社会保险费。

(三) 最低工资制度

最低工资是指劳动者在法定工作时间或依法签订的劳动合同约定的工作时间内提供了正常劳动的前提下,用人单位依法应支付的最低劳动报酬。

最低工资由国家规定的报酬项目所组成。劳动者在法定工作时间内得到的实际劳动报酬均为最低工资的组成部分,包括基本工资、奖金、津贴、补贴等。依法不应作为最低工资组成部分的有:① 延长工作时间工资;② 中班、夜班、高温、低温、井下、有毒有害等特殊工作环境、条件下的津贴;③ 法律、法规和国家规定的劳动者福利待遇等。

最低工资的具体标准由省、自治区、直辖市人民政府规定,报国务院备案。省、自治区、直辖市范围内的不同行政区域可以有不同的最低工资标准。确定和调整最低工资标准应当综合参考的因素有:① 劳动者本人及平均赡养人口的最低生活费用;② 社会平均工资水平;③ 劳动生产率;④ 就业状况;⑤ 地区之间经济发展水平的差异。最低工资标准发布实施后,上述相关因素发生变化,应当适时调整最低工资标准。最低工资标准每两年至少调整一次。

(四) 工资保障措施

用人单位不得克扣劳动者工资。但下列情况的,用人单位可以代扣劳动者工资:① 用人单位代扣代缴的个人所得税;② 用人单位代扣代缴的应由劳动者个人负担的各项社会保险费;③ 法院判决、裁定中要求代扣的抚养费、赡养费;④ 法律、法规规定可以从劳动者工资中扣除的其他费用。扣除劳动者工资应有一定限度,如果由于劳动者本人原因给用人单位造成经济损失的,用人单位可以按照劳动合同的约定要求其赔偿经济损失。经济损失的赔偿,可从劳动者本人的工资中扣除,但每月

[①] 具体比例由不同省市出台关于工资支付的规范性文件予以明确。例如:《北京市工资支付规定》(2007)确定为 70%,《江苏省工资支付条例》(2010)确定为 80%,《上海市企业工资支付办法》(2016)确定为100%。

扣除的部分不得超过劳动者当月工资的 20%。若扣除后的剩余工资低于当地月最低工资标准，则按照最低工资标准支付。⑤ 对于违纪职工，企业在给予纪律处分的同时，可以给予一次性罚款，但一般不超过本人月工资标准的 20%。

二、工作时间和休息休假制度

（一）工作时间的概念与种类

工作时间是指法律规定的劳动者在一昼夜或一周内从事生产或工作的时间。劳动者每天应工作的时数叫工作日，每周应工作的天数叫工作周。

依照我国《劳动法》规定，允许用人单位在确保劳动者休息权的前提下，可以根据自身的生产特点，实行相应的工时形式。我国法定的工作时间种类有以下 5 种。

1. 标准工作时间

标准工作时间是指由国家法律规定的，在正常情况下劳动者从事工作或劳动的时间。我国的标准工作时间确定为每日工作不超过 8 小时，每周工作不超过 40 小时。

2. 缩短工作时间

缩短工作时间是指在特殊情况下劳动者实行的少于标准工作时间长度的工时形式。目前，我国针对下列劳动者实行缩短工时制度：① 从事矿山井下、高山、有毒有害、特别繁重体力劳动的劳动者；② 从事夜班工作的劳动者；③ 在哺乳期工作的女职工。

3. 不定时工作时间

不定时工作时间是指工作日的起点、终点及连续性不作固定的工时形式。其主要针对因生产特点、工作特殊需要或职责范围的关系，无法按标准工作时间衡量或需要机动作业的劳动者所采用的一种工时制度。具体适用的人员包括：① 企业中的高级管理人员、外勤人员、推销人员、部分值班人员和其他因工作无法按标准工作时间衡量的职工；② 企业中的长途运输人员，出租汽车司机和铁路、港口、仓库的部分装卸人员以及因工作性质特殊需机动作业的职工；③ 其他因生产特点、工作特殊需要或职责范围的关系，适合实行不定时工作制的职工。

4. 综合计算工作时间

综合计算工作时间是指用人单位根据生产和工作的特点，分别采用以周、月、季或年为周期，综合计算劳动者工作时间的工时形式。实行综合计算工作时间的，平均日工作时间和平均周工作时间应与法定标准工作时间基本相同，其适用范围包括：① 交通、铁路、邮电、水运、航空、渔业等行业中因工作性质特殊需连续作业的职工；② 地质及资源勘探、建筑、制盐、制糖、旅游等受季节和自然条件限制的行业的部分职工；③ 其他适合实行综合计算工时工作制的职工。

5. 计件工作时间

计件工作时间是指以劳动者完成一定劳动定额为标准的工时形式。实行计件工时的用人单位，必须以劳动者在一个标准工作日和一个标准工作周的工作时间内能够完成的计件数量为标准，确定劳动者日或周的劳动定额。计件工作时间实际上是标准工作时间的特殊转化形式，而又比标准工作时间具有更大的灵活性。

（二）延长工作时间

1. 延长工作时间的概念

延长工作时间是指劳动者的工作时数超过法律规定的标准工作时间。延长工作时间包括加班和加点，加班是指劳动者根据用人单位的要求，在法定节日或公休假日从事生产或工作；加点是指职工根据用人单位的要求，在标准工作日以外继续从事生产或工作。

2. 允许延长工作时间的法定条件

用人单位应在规定的工作时间内完成生产和工作任务，尽量避免延长劳动者的工作时间，但企业的生产经营中也存在着难以预料的突发事件或紧急情况等客观事实。我国劳动法规定的允许用人单位无限制条件的加班加点的情形有：① 发生自然灾害、事故或者其他原因，威胁职工生命健康和财产安全，需要紧急处理的；② 生产设备、通信设施、交通运输线路、公共设施发生故障，影响生产和公众利益，必须及时抢修的；③ 在法定节日和公休假日内工作不能间断，必须连续生产、运输或者营业的；④ 必须利用法定节假日或公休假日进行设备检修、保养的；⑤ 为完成国防紧急任务的；⑥ 为完成国家下达的其他紧急生产任务的。

3. 延长工作时间的程序限制

用人单位延长工作时间，必须符合法定的条件和程序：① 由于生产经营需要。用人单位必须是由于生产经营的需要，且不实行加班加点就不能如期完成生产或工作任务的情况下，才可以提出延长工作时间的要求。② 必须与工会进行协商。用人单位需要延长工作时间，必须把延长工作时间的理由、人数、时间要求等向工会说明，以征得工会的同意。③ 必须与劳动者进行协商。除法定的允许用人单位无限制条件的加班加点的情形外，用人单位由于生产经营需要的加班加点必须以劳动者本人自愿为前提。如果劳动者本人拒绝，用人单位不得强迫其加班加点，也不得因此而认定劳动者违反劳动纪律或规章制度。

4. 延长工作时间的时间限制

用人单位由于生产经营需要延长工作时间一般每日不得超过 1 小时；因特殊原因需要延长工作时间的，在保障劳动者身体健康的条件下延长工作时间每日不得超过 3 小时，每月不得超过 36 小时。

5. 延长工作时间的人员限制

我国劳动法禁止安排未成年工、怀孕 7 个月以上和哺乳未满 12 个月婴儿的女职工在正常工作时间以外加班加点。

6. 延长工作时间的工资支付

用人单位延长工作时间,使劳动者在正常工作时间以外付出了劳动。因此,法律要求必须以高于劳动者正常工作时间的工资标准支付劳动者延长工作时间的劳动报酬。我国的加班加点工资支付标准是:① 安排劳动者在日法定标准工作时间以外延长工作时间的,支付不低于小时工资的150%的工资报酬;② 休息日安排劳动者工作又不能安排补休的,支付不低于日或小时工资的200%的工资报酬;③ 法定休假日安排劳动者工作的,支付不低于日或小时工资的300%的工资报酬。

(三) 休息休假时间

休息休假时间是指劳动者在国家规定的法定工作时间以外,不从事生产或工作而自行支配的时间。包括劳动者每天休息的时数、每周休息的天数、节假日、年休假、探亲假等。

休息休假时间分为:① 工作日内间歇时间,是指在工作日内给予劳动者休息和用餐的时间,一般为1至2小时,一般不得少于半小时。② 工作日间的休息时间,是指两个邻近工作日之间的休息时间,一般不得少于16小时。③ 公休假日,又称周休息日,是指劳动者在1周内享有不少于24小时的连续休息时间。④ 法定节日,是指法律规定用以开展纪念、庆祝活动的休息时间,我国的法定节日包括元旦、春节、清明节、国际劳动节、端午节、国庆节和中秋节。⑤ 探亲假,是指劳动者享有保留工作和工资而同分居两地的父母或配偶团聚的假期。

三、劳动安全卫生制度与特殊劳动保护制度

(一) 劳动保护的含义与制度价值

广义劳动保护是指对劳动者各个方面合法权益的保护,即通常所称的劳动者保护;狭义劳动保护仅指对劳动者在劳动过程中的安全和健康的保护,又称劳动安全卫生或职业安全卫生[①]。

狭义劳动保护具有如下基本特征:① 保护主体是劳动者所在的用人单位;② 保护对象是劳动者的安全和健康;③ 保护的范围只限于劳动过程;④ 保护的内容具有技术性。

劳动保护的必要源于职业危害因素与职业伤害可能性的存在。职业危害因素是指劳动过程中的物质因素(劳动对象、劳动工具、劳动环境等)固有的物理、化学或生物性能所含的危险或危害性;职业伤害是指职业危害因素对劳动者人身造成的损害后果,它既可能表现为急性伤害,即劳动者伤亡事故,也可能表现为慢性伤害,即劳动者患职

---

① 此处取狭义。

业病或身体早衰。劳动保护的任务就是控制潜在职业危害因素向职业伤害转化的条件。劳动保护制度的价值在于：以强制性规范促使用人单位积极采取组织管理措施和工程技术措施，尽可能地消除劳动过程中的职业危害因素，防止和减少职业伤害的发生，有效保护劳动者的生命安全和身体健康。劳动保护制度包括一般劳动保护制度和特殊劳动保护制度：前者即劳动安全卫生制度；后者则指女职工和未成年工的特殊劳动保护制度。

（二）劳动安全卫生制度

劳动安全与卫生是劳动保护的基本屏障，是劳动者实现宪法赋予的生命权、健康权的具体保障。为此，劳动法明确规定："用人单位必须建立、健全劳动卫生制度，严格执行国家劳动安全卫生规程和标准，对劳动者进行劳动安全卫生教育，防止劳动过程中的事故，减少职业危害。"具体要求有如下4个方面。

（1）劳动安全卫生设施必须符合国家规定的标准。劳动安全卫生设施是指用于消除职业危害因素、防范职业伤害的设备、装置、防护用具等设防技术措施的总称。新建、改建、扩建工程的劳动安全卫生设施必须与主题同时设计、同时施工、同时投入生产和使用。劳动安全卫生设施分为四类：劳动安全设施、劳动卫生设施、个人防护设施、生产辅助设施。国家对各类设施，分别通过相关行业法律法规及规章[①]制定有相应的安全卫生标准及安全技术规程，用人单位必须保证各种生产设备达到安全卫生标准、严格按照安全技术规程组织劳动，切实保障劳动安全；劳动者在劳动过程中也必须严格遵守安全操作规程。

（2）用人单位必须为劳动者提供符合国家规定的劳动安全卫生条件[②]和必要的劳动防护用品[③]，对从事有职业危害作业的劳动者应当定期进行健康检查。

（3）从事特种作业的劳动者必须经过专门培训并取得特种作业资格。

（4）劳动者对用人单位管理人员违章指挥、强令冒险作业，有权拒绝执行；对危害生命安全和身体健康的行为，有权提出批评、检举和控告。

国家建立伤亡和职业病统计报告和处理制度。县级以上各级人民政府劳动行政部门、有关部门和用人单位应当依法对劳动者在劳动过程中发生的伤亡事故和劳动者的职业病状况，进行统计、报告和处理。

---

① 例如，《工厂安全卫生规程》《工业企业设计卫生标准》《建筑安装工程安全技术规程》《建设项目（工程）劳动安全卫生监察规定》《关于防止厂矿企业中矽尘危害的决定》《关于防止沥青中毒办法》《工业企业噪音标准》《关于加强防毒工作的决定》《中华人民共和国尘肺病防治条例》《中华人民共和国矿山安全法》及其实施条例，等等。

② 劳动者在劳动过程中所必需的物质设备条件，如通风、照明、防尘、防毒、防噪、防震、防潮、防辐射、防暑降温、防寒取暖等设施。

③ 保护劳动者安全健康的各种预防性辅助设施，包括安全帽、呼吸护具、眼防护具、听力护具、防护服、防护鞋、防护手套、防坠落护具、护肤用品等。

(三) 女职工的特殊劳动保护

根据女职工生理特点和抚育子女的需要,对其在劳动过程中的健康依法实行有别于男职工的特别保护。根据《劳动法》的有关规定和 2012 年 4 月 28 日国务院颁布的《女职工劳动保护特别规定》,为减少和解决女职工在劳动中因生理特点造成的特殊困难,保护女职工健康,对女职工实行以下特别保护。

(1) 用人单位应当加强女职工劳动保护,采取措施改善女职工劳动安全卫生条件,对女职工进行劳动安全卫生知识培训。

(2) 用人单位应当遵守女职工禁忌从事的劳动范围①的规定。禁止安排女职工从事矿山井下作业、超标准负重作业②和其他禁忌从事的劳动。用人单位应当将本单位属于女职工禁忌从事的劳动范围的岗位书面告知女职工。

(3) 不得安排女职工在经期从事高处、低温、冷水作业和国家规定强度级别以上的体力劳动。

(4) 不得安排女职工在怀孕期间从事国家规定强度级别以上的体力劳动和孕期禁忌从事的劳动。女职工在孕期不能适应原劳动的,用人单位应当根据医疗机构的证明,予以减轻劳动量或者安排其他能够适应的劳动。对怀孕 7 个月以上的女职工,不得安排其延长工作时间和夜班劳动,并应当在劳动时间内安排一定的休息时间。

(5) 女职工生育享受 98 天产假,其中产前可以休假 15 天;难产的,增加产假 15 天;生育多胞胎的,每多生育 1 个婴儿,增加产假 15 天。女职工怀孕未满 4 个月流产的,享受 15 天产假;怀孕满 4 个月流产的,享受 42 天产假。根据《人口与计划生育法》(2015 年修正)的规定,符合法律、法规规定的生育子女的夫妻,可以获得延长生育假的奖励或其他福利待遇。部分省市根据上述规定,结合本地区实际情况,一般都在统一规定的天数之上适当延长生育假。

(6) 不得安排女职工在哺乳未满 1 周岁的婴儿期间从事国家规定强度级别以上的体力劳动和哺乳期禁忌从事的其他劳动,不得延长其劳动时间或者安排夜班劳动。用人单位应当在每天的劳动时间内为哺乳期女职工安排 1 小时哺乳时间;女职工生育多胞胎的,每多哺乳 1 个婴儿每天增加 1 小时哺乳时间。

(7) 女职工比较多的用人单位应当根据女职工的需要,建立女职工卫生室、孕妇休息室、哺乳室等设施,妥善解决女职工在生理卫生、哺乳方面的困难。

(8) 在劳动场所,用人单位应当预防和制止对女职工的性骚扰。

---

① 其中依据《体力劳动强度分级》(GB 3869-1997)标准所确定的女职工禁忌从事体力劳动的级别,已随该标准于 2017 年 3 月 23 日废止而无效(详见"2017 年第 6 号中国国家标准公告"),故将相关禁忌均暂表述为"国家规定强度级别以上的体力劳动"。

② 每小时负重 6 次以上、每次负重超过 20 公斤的作业,或者间断负重、每次负重超过 25 公斤的作业。

（四）未成年工的特殊劳动保护

未成年工是指年满 16 周岁未满 18 周岁的未成年人。未成年工的特殊保护是针对未成年工处于生长发育期的特点以及接受义务教育的需要，对其在劳动过程中的安全健康实行有别于成年工的特别保护。根据《劳动法》的有关规定和 1994 年 12 月 9 日国务院颁布《未成年工特殊保护规定》，为维护未成年工的合法权益，保护其在生产劳动中的健康，对未成年工实行以下特别保护。

（1）公民最低就业年龄为 16 周岁，禁止用人单位招用未满 16 周岁的未成年人。文艺、体育和特种工艺单位招用未满 16 周岁的未成年人，必须依照国家有关规定，履行审批手续，并保障其接受义务教育的权利。未成年工上岗前用人单位应对其进行有关的职业安全卫生教育、培训。

（2）不得安排未成年工从事有毒有害、国家规定强度级别以上的体力劳动和其他禁忌从事的劳动。包括：国家标准中第一级以上的接尘、有毒作业，国家标准中第二级以上的高处、冷水、高温、低温作业；矿山井下及矿山地面采石作业；森林业中的伐木、流放及守林作业，工作场所接触放射性物质的作业，有易燃易爆、化学性烧伤和热烧伤等危险性大的作业，地质勘探和资源勘探的野外作业，潜水、涵洞、涵道作业和海拔三千米以上的高原作业（不包括世居高原者），超标准负重作业[1]，使用凿岩机、捣固机、气镐、气铲、铆钉机、电锤的作业，工作中需要长时间保持低头、弯腰、上举、下蹲等强迫体位和动作频率每分钟大于五十次的流水线作业，锅炉司炉。

（3）用人单位应当对未成年工定期进行健康检查。用人单位应按下列要求对未成年工定期进行健康检查：① 安排工作岗位之前；② 工作满一年；③ 年满 18 周岁，距前一次的体检时间已超过半年。用人单位应根据未成年工的健康检查结果安排其从事适合的劳动，对不能胜任原劳动岗位的，应根据医务部门的证明，予以减轻劳动量或安排其他劳动。

（4）对未成年工的使用和特殊保护实行登记制度。用人单位招收使用未成年工，除符合一般用工要求外，还须向所在地的县级以上劳动行政部门办理登记。

第三节 劳动合同法律制度

一、劳动合同的概念及其立法

（一）劳动合同的概念及其特征

劳动合同是指劳动者与用人单位之间确立劳动关系、明确双方权利和义务的协议。

---

[1] 每小时在六次以上并每次超过 20 公斤，间断负重每次超过 25 公斤的作业。

劳动合同具有如下法律特征：① 劳动合同是建立劳动关系的一种法律形式，以合同形式确立了劳动者与用人单位的权利义务；② 劳动合同双方当事人中，一方必须是具有劳动权利能力和劳动行为能力的自然人，另一方必须是企业等用人单位；③ 劳动合同的当事人之间存在着职业上的从属关系，即作为劳动合同一方当事人的劳动者，在订立劳动合同后，成为另一方当事人企业等用人单位的一员，用人单位有权指派劳动者完成劳动合同规定的属于劳动者劳动职能范围内的任何任务，这种职业上的从属关系，是劳动合同区别于其他合同的重要特点之一；④ 劳动合同双方当事人的权利和义务是统一的，即双方当事人既是劳动权利主体，又是劳动义务主体，根据签订的劳动合同，劳动者有义务完成工作任务，遵守本单位内部的劳动规则，用人单位有义务按照劳动者劳动数量和质量支付劳动报酬。劳动者有权享受法律、法规及劳动合同规定的劳动保险和生活福利待遇，用人单位有义务提供劳动法律、法规及劳动合同规定的劳动保护条件。

（二）劳动合同立法及其适用范围

1. 劳动合同法的概念及其立法

劳动合同法是关于调整劳动合同关系以及为调整劳动合同关系而产生的其他社会关系的法律规范的总和。我国于2007年6月29日第十届全国人大常委会第28次会议通过、2012年修改的《劳动合同法》是我国劳动合同的基本法律依据；为促进和保障该法的具体实施，国务院又于2008年9月18日颁行了《劳动合同法实施条例》。

2. 劳动合同法的适用范围

《劳动合同法》第2条规定："中华人民共和国境内的企业、个体经济组织、民办非企业单位等组织（以下称用人单位）与劳动者建立劳动关系，订立、履行、变更、解除或者终止劳动合同，适用本法。国家机关、事业单位、社会团体和与其建立劳动关系的劳动者，订立、履行、变更、解除或者终止劳动合同，依照本法执行。"据此，劳动合同法适用的地域范围为"中华人民共和国境内"；而主体范围则为合法的用人单位和劳动者。其中，"用人单位"[①]主要包括：① 各种类型的企业；② 个体经济组织（指个体工商户）；③ 民办非企业单位（指企业事业单位、社会团体和其他社会力量以及公民个人利用非国有资产举办的，从事非营利性社会服务活动的社会组织，含依法成立的会计师事务所、律师事务所等合伙组织和基金会）；④ 事业单位（包括文化、教育、卫生、科研等单位，如学校、医院等）；⑤ 国家机关与社会团体，国家机关和社会团体在《公务员法》适用范围之外，采取劳动合同制方式招聘工勤人员或非公务

---

① 从《劳动合同法》对"用人单位"这一称谓上看，显然排除了个人用工合同对该法的适用；但该法第94条规定："个人承包经营违反本法规定招用劳动者，给劳动者造成损害的，发包的组织与个人承包经营者承担连带赔偿责任。"

员岗位的劳动者时,属于《劳动合同法》上的用人单位。而与"用人单位"订立劳动合同的"劳动者",则是指依法具有劳动资格的自然人,即年满16周岁、具有劳动能力的自然人。

二、劳动合同的形式与内容

(一)劳动合同的形式

《劳动合同法》明确规定,建立劳动关系,应当依法订立书面劳动合同。已建立劳动关系,未同时订立书面劳动合同的,应当自用工之日起一个月内订立书面劳动合同。

劳动合同由用人单位与劳动者协商一致,并经用人单位与劳动者在劳动合同文本上签字或者盖章生效。劳动合同文本由用人单位和劳动者各执一份。

用人单位与劳动者在用工前订立劳动合同的,劳动关系自用工之日起建立。用人单位未在用工的同时订立书面劳动合同,与劳动者约定的劳动报酬不明确的,新招用的劳动者的劳动报酬按照集体合同规定的标准执行;没有集体合同或者集体合同未规定的,实行同工同酬。

(二)劳动合同的内容

劳动合同的内容即其条款,依法分为应备条款和可备条款。

1. 应备条款

应备条款是《劳动合同法》规定的劳动合同中不可缺少的基本条款,也称法定条款。包括:① 用人单位的名称、住所和法定代表人或者主要负责人;② 劳动者的姓名、住址和居民身份证或者其他有效身份证件号码;③ 劳动合同期限;④ 工作内容和工作地点;⑤ 工作时间和休息休假;⑥ 劳动报酬;⑦ 社会保险;⑧ 劳动保护、劳动条件和职业危害防护;⑨ 法律、法规规定应当纳入劳动合同的其他事项。应备条款是劳动合同的一般性内容和基本成分,缺少应备条款的,劳动合同不成立。

2. 可备条款

可备条款是《劳动合同法》规定的劳动合同中的或有条款,也称约定条款,包括试用期、培训、保守秘密、补充保险和福利待遇等其他事项的约定。缺少可备条款的,不影响劳动合同的成立。劳动合同的可备条款必须依据法律的有关规定来约定。

劳动合同除必备条款和可备条款外,当事人还可以根据各自实际情况和特别需要就某些事项协商一致作出约定,作为补充条款。

(三)劳动合同的期限

劳动合同期限是双方当事人相互享有权利、履行义务的时间界限,即劳动合同的有效期限。《劳动合同法》将劳动合同期限分为固定期限、无固定期限和以完成一定工作任务为期限,当事人须在劳动合同中加以明确双方签订的是何种期限的劳动合同。

1. 固定期限劳动合同

固定期限劳动合同是指用人单位与劳动者约定合同终止时间的劳动合同。用人单位与劳动者协商一致，可以订立固定期限劳动合同。合同期限届满时，双方当事人的劳动法律关系即行终止；如果双方同意，还可以续订合同，延长期限。

2. 无固定期限劳动合同

无固定期限劳动合同是指用人单位与劳动者约定无确定终止时间的劳动合同。用人单位与劳动者协商一致，可以订立无固定期限劳动合同；有下列情形之一，劳动者提出或者同意续订、订立劳动合同的，除劳动者提出订立固定期限劳动合同外，应当订立无固定期限劳动合同：① 劳动者在同一用人单位连续工作满10年的；② 用人单位初次实行劳动合同制度或者国有企业改制重新订立劳动合同时，劳动者在该用人单位连续工作满10年且距法定退休年龄不足10年的；③ 连续订立两次固定期限劳动合同且劳动者没有《劳动合同法》规定的用人单位可以解除劳动合同的情形，续订劳动合同的。另外，用人单位自用工之日起满1年未与劳动者订立书面劳动合同的，视为自用工之日起满1年的当日已经与劳动者订立无固定期限劳动合同，并应当立即与劳动者补订书面劳动合同。

3. 以完成一定工作任务为期限的劳动合同

以完成一定工作任务为期限的劳动合同是指用人单位与劳动者约定以某项工作的完成为合同期限的劳动合同。用人单位与劳动者协商一致，可以订立以完成一定工作任务为期限的劳动合同。这种合同没有规定合同的起止日期，只要约定的某项工作或某项工程一经完成，合同即行终止。

(四) 集体合同

集体合同又称劳动协约、团体协约、集体协约或联合工作合同，是企业与工会签订的以劳动条件为中心内容的书面集体协议。集体合同是集体协商的结果，《劳动合同法》规定，企业职工一方与用人单位通过平等协商，可以就劳动报酬、工作时间、休息休假、劳动安全卫生、保险福利等事项订立集体合同。集体合同草案应当提交职工代表大会或者全体职工讨论通过。集体合同由工会代表企业职工一方与用人单位订立；尚未建立工会的用人单位，由上级工会指导劳动者推举的代表与用人单位订立。集体合同中劳动报酬和劳动条件等标准不得低于当地人民政府规定的最低标准；用人单位与劳动者订立的劳动合同中劳动报酬和劳动条件等标准不得低于集体合同规定的标准。

三、劳动合同的解除

劳动合同的解除是指劳动合同生效以后尚未全部履行以前，当事人一方或者双方依法提前消灭劳动关系的法律行为。解除劳动合同分为双方行为和单方行为两大类：前者是指劳动合同任意一方首先提出解除劳动合同而对方同意，双方协商达成一致意见解除劳动合同；后者是指劳动合同的一方当事人不须对方同意，单方面行使劳动合同解除权而解除劳动合同。

（一）协商解除劳动合同

协商解除劳动合同是双方解除行为，指劳动合同双方当事人经过协商，就解除劳动合同达成一致意见而解除合同。

劳动合同当事人一方要求解除劳动合同，应事先向对方提出要求，经过双方协商一致，按照要约、承诺的程序，签订劳动合同解除的书面协议。经劳动合同当事人协商一致，由用人单位提出意向而解除劳动合同的，用人单位应当向劳动者支付经济补偿金；如果是劳动者提出意向而解除劳动合同的，则用人单位没有向劳动者支付经济补偿金的法定义务。

（二）用人单位单方解除劳动合同

1. 因劳动者过错解除合同

劳动者在劳动过程中存在某些重大过失时，用人单位无须以任何形式提前告知劳动者，可随时通知劳动者解除合同。允许用人单位行使即时合同解除权的法定条件为：① 在试用期间被证明不符合录用条件的；② 严重违反用人单位的规章制度的；③ 严重失职，营私舞弊，对用人单位造成重大损害的；④ 劳动者同时与其他用人单位建立劳动关系，对完成本单位的工作任务造成严重影响，或者经用人单位提出，拒不改正的；⑤ 因劳动者有欺诈胁迫或者乘人之危行为而订立的劳动合同致使劳动合同无效的；⑥ 被依法追究刑事责任的。由于劳动者过错而解除劳动合同的，用人单位无须向劳动者支付经济补偿金。

2. 非因劳动者过错解除合同

劳动者在劳动过程中没有重大过失，但因其他事由的出现，用人单位在提前30日以书面形式通知劳动者本人或者额外支付劳动者1个月工资后，可以解除劳动合同。非因劳动者过错解除合同的法定条件为：① 劳动者患病或者非因工负伤，在规定的医疗期满后不能从事原工作，也不能从事由用人单位另行安排的工作的；② 劳动者不能胜任工作，经过培训或者调整工作岗位，仍不能胜任工作的；③ 劳动合同订立时所依据的客观情况发生重大变化，致使劳动合同无法履行，经用人单位与劳动者协商，未能就变更劳动合同内容达成协议的。非因劳动者过错而解除劳动合同的，用人单位应当向劳动者支付经济补偿金。经济补偿按劳动者在本单位工作的年限，每满1年支付1个月工资的标准向劳动者支付。6个月以上不满1年的，按1年计算；不满6个月的，向劳动者支付半个月工资的经济补偿。

3. 经济性裁员

经济性裁员是指企业由于经营不善等经济性原因，依法行使解除劳动合同权解雇多个劳动者的情形。有下列情形之一,需要裁减人员 20 人以上或者裁减不足 20 人但占企业职工总数 10% 以上的,用人单位应当提前 30 日向工会或者全体职工说明情况,听取工会或者职工的意见后,裁减人员方案经向劳动行政部门报告,可以裁减人员:① 依照《企业破产法》规定进行重整的;② 生产经营发生严重困难的;③ 企业转产、重大技术革新或者经营方式调整,经变更劳动合同后,仍需裁减人员的;④ 其他因劳动合同订立时所依据的客观经济情况发生重大变化,致使劳动合同无法履行的。遵循社会福利原则,经济性裁员中必须考虑社会因素,优先保护对用人单位贡献较大、再就业能力较差的劳动者。《劳动合同法》规定了三类应当优先留用人员:① 与本单位订立较长期限的固定期限劳动合同的;② 订立无固定期限劳动合同的;③ 家庭无其他就业人员,有需要扶养的老人或者未成年人的。同时规定,用人单位在 6 个月内重新招用人员的,应当通知被裁减的人员,并在同等条件下优先招用被裁减的人员。属于经济性裁员的,用人单位应向劳动者支付经济补偿金。

(三) 劳动者单方解除劳动合同

1. 劳动者无条件解除劳动合同权

劳动者具备了法律规定的正当理由,即可随时通知用人单位解除劳动合同。允许劳动者行使无条件解除合同权的法定条件为:① 未按照劳动合同约定提供劳动保护或者劳动条件的;② 未及时足额支付劳动报酬的;③ 未依法为劳动者缴纳社会保险费的;④ 用人单位的规章制度违反法律、法规的规定,损害劳动者权益的;⑤ 用人单位以欺诈、胁迫的手段或者乘人之危,使劳动者在违背真实意思的情况下订立劳动合同而致使劳动合同无效的。如果用人单位以暴力、威胁或者非法限制人身自由的手段强迫劳动者劳动的,或者用人单位违章指挥、强令冒险作业危及劳动者人身安全的,劳动者可以立即解除劳动合同,不须事先告知用人单位。

2. 劳动者的预告解除合同权

劳动者有权完全出于个人意愿而提出解除劳动合同,但应提前 30 日以书面形式通知用人单位;如果是在试用期内解除劳动合同,劳动者应当提前 3 日通知用人单位。除程序性规定外,劳动者行使辞职权不附加任何条件,但劳动者违反法律、法规规定的条件解除劳动合同,给用人单位造成经济损失的,应当承担赔偿责任。劳动者提出解除劳动合同的,用人单位可以不给付经济补偿金。

(四) 禁止解除劳动合同的情况

出于保护劳动者合法权益、减少社会负担的目的,《劳动合同法》规定了禁止用人单位对部分特殊劳动者在非过失情形下解除劳动合同的条件,具体包括:① 从事接触职业病危害作业的劳动者未进行离岗前职业病健康检查,或者疑似职业病病人在诊断或者医学观察期间的;② 在本单位患职业病或者因工负伤并被确认丧失或者部分丧失劳动能力的;③ 患病或者非因工负伤,在规定的医疗期内的;④ 女职工在孕期、产期、哺乳期的;⑤ 在本单位连续工作满15年,且距法定退休年龄不足5年的;⑥ 法律、行政法规规定的其他情形。但是,对于符合因劳动者过错解除劳动合同条件情形的劳动者,不受上述限制,用人单位可以行使单方解除劳动合同权。

四、劳动合同的终止

劳动合同的终止是指劳动合同的法律效力依法被消灭,即劳动关系由于一定法律事实的出现而终结,劳动者与用人单位之间原有的权利义务不再存在。劳动合同终止分为期满终止和法定终止。

(一)劳动合同期满终止

劳动合同期满终止是指劳动合同在合同到期日自然终止,只适用于固定期限的劳动合同和以完成一定工作任务为期限的劳动合同,不适用于无固定期限劳动合同。在终止条件上,要求劳动合同期限届满,合同期限未满的不得终止。但是,《劳动合同法》第四十五条规定,对一些具有特殊情形的劳动者,即使劳动合同期限届满也不得终止合同。劳动合同应当延续至相应的情形消失时终止。属于丧失或者部分丧失劳动能力的劳动者的劳动合同的终止,按照国家有关工伤保险的规定执行。

关于劳动合同期满终止的经济补偿金,《劳动合同法》第46条规定,固定期限合同到期时,用人单位不愿意续签劳动合同而终止的,应当向劳动者支付经济补偿金;固定期限合同到期时,用人单位愿意续签劳动合同,但新劳动合同中约定的条件低于原劳动合同导致劳动者不愿意续签劳动合同而终止的,应当向劳动者支付经济补偿金;固定期限合同到期时,用人单位愿意续签劳动合同,且劳动合同约定条件维持原合同约定或者有所提高,劳动者仍然不愿意续签合同而终止的,用人单位无须向劳动者支付经济补偿金。以完成一定工作任务为期限的劳动合同到期终止,用人单位无须向劳动者支付经济补偿金。

(二)劳动合同法定终止

劳动合同法定终止是指劳动合同因为某些法律规定的情形出现而自然终止,在法定终止情形出现时,即使合同未到期或者当事人愿意继续履行劳动合同,劳动合同也必须依法终止,《劳动合同法》第44条规定了5种劳动合同法定终止的情形:① 劳动者开始依法享受基本养老保险待遇的;② 劳动者死亡,或者被人民法院宣告死亡或者宣告失踪的;③ 用人单位被依法宣告破产的;④ 用人单位被吊销营业执照、责令关闭、撤销或者用人单位决定提前解散的;⑤ 法律、行政法规规定的其他情形(如《工会法》规定工会工作人员任职期间劳动合同不得终止,合同期限自动延长至任期届满)。

《劳动合同法》对于法定终止并无提前通知的要求,法定的终止条件成立时,劳动合同即可终止。在经济补偿上,如果属于用人单位被依法宣告破产的、被吊销营业执照、责令关闭、撤销或者用人单位决定提前解散等情形终止劳动合同的,用人单位应当向劳动者支付经济补偿金。

五、关于劳务派遣的特别规定

(一) 劳务派遣的含义与适用范围

劳务派遣也称人才租赁,是指劳务派遣单位根据用工单位的实际工作需要,招聘合格人员,并将所聘人员派遣到用工单位工作的一种用工方式。

劳务派遣是一种新型用工方式,可跨地区、跨行业进行。用工单位可以根据本行业的特点或自身工作和发展的需要,通过具有劳务派遣资质的劳动服务公司,派遣所需要的各类人员;劳务派遣服务机构则根据用工单位的实际需求招聘员工,与员工签订劳动合同、建立劳动关系,并将员工派遣到用工单位工作,同时对员工提供人事行政、劳资福利、后勤保障等综合配套服务。但是,该用工方式有适用范围的限制,依《劳动合同法》规定:"劳动合同用工是我国的企业基本用工形式。劳务派遣用工是补充形式,只能在临时性、辅助性或者替代性的工作岗位[①]上实施";"用工单位应当严格控制劳务派遣用工数量,不得超过其用工总量规定的一定比例,具体比例由国务院劳动行政部门规定"。

(二) 劳务派遣中的合同关系

在劳务派遣关系中,存在着三方主体,即派遣单位、用工单位和被派遣劳动者。派遣单位与被派遣劳动者订立劳动合同,双方存在劳动关系;用工单位对被派遣劳动者有劳动给付请求权;派遣单位与用工单位通过订立劳务派遣协议,就被派遣劳动者的雇佣和使用明确权利义务关系。显然,在劳动派遣中,至少存在两个合同:一是派遣单位与被派遣劳动者之间订立的劳动合同;二是派遣单位与用工单位之间订立的劳务派遣协议。

1. 劳动合同关系

劳务派遣单位不同于职业介绍机构,而是《劳动合同法》所称的用人单位,应当履行用人单位对劳动者的义务。劳务派遣单位与被派遣劳动者订立的劳动合同,除应当载明前述一般劳动合同的应备事项外,还应当载明被派遣劳动者的用工单位以及派遣期限、工作岗位等情况。

劳务派遣单位应当与被派遣劳动者订立两年以上的固定期限劳动合同,按月支付劳动报酬;被派遣劳动者在无工作期间,劳务派遣单位应当按照所在地人民政府规

---

① 临时性工作岗位是指存续时间不超过6个月的岗位;辅助性工作岗位是指为主营业务岗位提供服务的非主营业务岗位;替代性工作岗位是指用工单位的劳动者因脱产学习、休假等原因无法工作的一定期间内,可以由其他劳动者替代工作的岗位。

定的最低工资标准向其按月支付报酬。劳务派遣单位不得克扣用工单位按照劳务派遣协议支付给被派遣劳动者的劳动报酬。

劳务派遣单位和用工单位不得向被派遣劳动者收取费用。

2. 劳务派遣合同关系

劳务派遣单位派遣劳动者应当与接受以劳务派遣形式用工的单位订立劳务派遣协议。劳务派遣协议应当约定派遣岗位和人员数量、派遣期限、劳动报酬和社会保险费的数额与支付方式以及违反协议的责任。劳务派遣单位应当将劳务派遣协议的内容告知被派遣劳动者。用工单位应当根据工作岗位的实际需要与劳务派遣单位确定派遣期限,不得将连续用工期限分割订立数个短期劳务派遣协议。

用工单位虽与被派遣劳动者不存在劳动合同关系,但依法应当履行下列义务：① 执行国家劳动标准,提供相应的劳动条件和劳动保护；② 告知被派遣劳动者的工作要求和劳动报酬；③ 支付加班费、绩效奖金,提供与工作岗位相关的福利待遇；④ 对在岗被派遣劳动者进行工作岗位所必需的培训；⑤ 连续用工的,实行正常的工资调整机制。被派遣劳动者享有与用工单位的劳动者同工同酬的权利。用工单位应当按照同工同酬原则,对被派遣劳动者与本单位同类岗位的劳动者实行相同的劳动报酬分配办法。用工单位无同类岗位劳动者的,参照用工单位所在地相同或者相近岗位劳动者的劳动报酬确定。另外,用工单位不得将被派遣劳动者再派遣到其他用人单位。

被派遣劳动者有权在劳务派遣单位或者用工单位依法参加或者组织工会,维护自身的合法权益。被派遣劳动者可以依照法定事由与劳务派遣单位解除劳动合同；被派遣劳动者有法定解约情形的,用工单位可以将劳动者退回劳务派遣单位,劳务派遣单位依照本法有关规定,可以与劳动者解除劳动合同。

(三) 劳动派遣业务规范

经营劳务派遣业务,应当向劳动行政部门依法申请行政许可；经许可的,依法办理相应的公司登记。未经许可,任何单位和个人不得经营劳务派遣业务。经营劳务派遣业务应当具备下列条件：① 注册资本不得少于人民币 200 万元；② 有与开展业务相适应的固定的经营场所和设施；③ 有符合法律、行政法规规定的劳务派遣管理制度；④ 法律、行政法规规定的其他条件。

违反本法规定,未经许可,擅自经营劳务派遣业务的,由劳动行政部门责令停止违法行为,没收违法所得,并处违法所得 1—5 倍以下的罚款；没有违法所得的,可以处 5 万元以下的罚款。劳务派遣单位、用工单位违反本法有关劳务派遣规定的,由劳动行政部门责令限期改正；逾期不改正的,以每人 0.5 万—1 万元的标准处以罚款,对劳务派遣单位,吊销其劳务派遣业务经营许可证。用工单位给被派遣劳动者造成损害的,劳务派遣单位与用工单位承担连带赔偿责任。

第四节 就业促进法律制度

一、就业促进法立法

劳动就业是指具有劳动权利能力和劳动行为能力并有就业愿望的自然人获得了有合法劳动收入的职业活动。就业是民生之本,就业活动是公民实现其宪法意义上的劳动权的必经途径。长期以来,我国的促进就业主要停留在政策层面或稍现于《宪法》和《劳动法》中的零散规范,缺乏系统性和操作性,难以发挥促进就业的作用。因此,有必要通过专门的就业促进立法使促进就业政策全面上升为法律规范,将促进就业措施明确为政府及相关机构的法定职责,进而形成促进就业的制度保证和长效机制。2007年8月30日,第十届全国人大常委会第29次会议审议通过了《就业促进法》(该法已于2015年修正),这使我国在丰富和完善劳动保障法律体系方面又迈出了重要一步。

二、我国的就业政策、方针和基本原则

(一)就业政策

《就业促进法》确立的我国就业政策是"积极的就业政策"。积极的就业政策是指我国政府坚持通过发展经济、调整经济结构、深化改革、协调发展城乡经济以及完善社会保障体系促进就业。我国就业政策体系的主要内容包括:① 在经济发展和产业结构、所有制结构、企业结构调整中广开就业门路;② 运用税费减免、小额贷款、社保补贴等财税、金融政策扶持再就业;③ 改进和完善就业服务体系,加强人力资源市场建设(包括建立健全公共就业服务制度、加强劳动力市场建设、加强高技能人才培养等);④ 加强对就业的管理和对失业的控制。党的十九大报告强调,要坚持就业优先战略和积极就业政策,实现更高质量和更充分就业。

(二)我国的就业方针

我国的就业方针是"劳动者自主择业、市场调节就业、政府促进就业"。劳动者自主择业是指劳动者个人是市场就业的主体,有宪法赋予的就业权利和择业自由。市场调节就业是指通过培育和发展劳动力市场,以市场机制为配置劳动力资源的基础性调节手段,实现用人单位和劳动者的双向选择。政府促进就业是指政府通过宏观经济与就业协调发展的政策,发展经济。

(三)我国的就业基本原则

就业基本原则是贯穿于就业制度并对就业过程起规范作用的基本准则。根据《劳动法》和《就业促进法》的规定,我国的就业基本原则如下。

1. 公平就业原则

公平就业原则也称为平等就业原则或者非歧视就业原则。公平就业意味着劳动者就业，不因民族、种族、性别、宗教信仰等劳动能力以外的原因而受歧视。妇女享有与男子平等的就业权利。在录用职工时，除国家规定的不适合妇女的工种或者岗位外，不得以性别为由拒绝录用妇女或提高对妇女的录用标准。《就业促进法》将公平就业设专章规定，明确、具体地列举了必须禁止的在现实生活中常见的（包括针对传染病病原携带者）各种就业歧视行为。为劳动者对抗就业歧视、维护公平就业权确立了具体的法律依据。

2. 自主就业原则

自主就业原则也称自主择业原则，是指劳动者有权利根据自己的意愿自由选择职业、就业方式和就业场所。自主择业的意义在于充分尊重求职者在选择职业上的个人偏好与兴趣，使就业者能够有机会发挥自己的潜能，展示自己的才华，追求自己的理想职业目标。

3. 市场化就业原则

市场化就业原则是指求职者与用人单位在劳动力市场中通过双向选择，与彼此满意的对象建立劳动关系。市场化就业促进了人力资源的相互竞争，有利于全面提高劳动者的整体素质。市场化就业促进劳动者为寻求更有利的就业条件和发展机会而流动起来，客观上优化了劳动力资源的合理配置。

4. 就业保障原则

就业保障原则是指为劳动者提供有保障的就业环境。这一原则要求，用人单位应当向劳动者提供安全稳定的工作合同；解除和终止劳动合同应当有合法的理由，依照法定的程序进行；政府通过建立失业保险制度和就业援助制度为失业人员的再就业创造条件。同时，政府还应当考虑妇女、残疾人、少数民族、退役军人等特殊就业群体由于客观原因而造成的特殊就业障碍，对其就业实施倾斜性保护政策。

三、政府的促进就业责任

（一）促进就业责任的基本含义和目标

政府的促进就业责任是指政府有义务运用各种手段，尽可能地实现充分就业。促进就业和治理失业是政府的重要职责，这已成为国际社会的共识，也是世界各国政府执政的重要目标。

国际劳工组织颁布的《1964年就业政策公约》将促进就业的基本目标界定为：① 实现充分就业（国际通行标准的实现充分就业的一般量化指标是将失业率控制在4%—5%及以下）。② 要努力做到向一切有能力工作并寻找工作的人尽可能地提供生产性的工作。③ 每个劳动者不论其种族、肤色、性别、宗教信仰、政治见解、民族血统或社会出身如何,都有选择职业的自由,并有获得必要技能和使用其技能与天赋的最大可能的机会,取得一项对其合适的工作。

(二) 政府促进就业责任的主要内容

在我国,市场化条件下政府职能的转换彻底改变了计划经济时代"统包统配"的实现就业目标。《就业促进法》要求各级政府把扩大就业作为经济和社会发展的重要目标,纳入国民经济和社会发展规划,并制定促进就业的中长期规划和年度工作计划。政府促进就业责任的具体内容是:① 建立就业工作目标责任制,并以此对所属有关部门和下一级人民政府进行考核和监督;② 制定和实施有利于就业的产业政策、财政政策、税收政策等各项经济和社会政策,多渠道扩大就业、增加就业岗位;③ 创造公平的就业环境,保证劳动者享有平等就业和自主择业的权利,消除就业歧视;④ 加强就业服务和管理,建立健全公共就业服务体系和就业援助制度,培育并完善统一开放、竞争有序的人力资源市场,促进劳动力供给与需求的有效匹配;⑤ 大力开展职业培训,促进劳动者提高职业技能,增强就业能力和创业能力;⑥ 建立健全失业保险制度,依法确保失业人员的基本生活,并促进其实现就业;⑦ 建立劳动力调查统计制度和就业登记、失业登记制度,加强就业的基础管理工作;⑧ 建立失业预警制度,对可能出现的较大规模的失业实施预防、调节和控制。

四、劳动就业服务

劳动就业服务是指就业服务机构为劳动力市场的供需双方实现各自的目的所提供的有偿或无偿的服务活动。我国的就业服务机构有两类:一类是政府设立的公益性公共就业服务机构;一类是社会举办的经营性职业中介机构。

(一) 公共就业服务

公共就业服务是指公共就业服务机构在政府的就业政策指导下,组织实施就业服务项目,为劳动者和用人单位提供就业服务的公益性活动。

公共就业服务机构是受劳动行政部门管理和指导,从事公共就业服务活动以及其他由劳动行政部门委托经办的与促进就业相关的事务的事业机关。公共就业服务经费纳入同级财政预算。公共就业服务机构不得从事经营性活动。

公共就业服务机构为劳动者免费提供的服务项目包括:① 就业政策法规咨询;② 职业供求信息、市场工资指导价位信息和职业培训信息发布;③ 职业指导和职业介绍;④ 对就业困难人员实施就业援助;⑤ 办理就业登记、失业登记等事务;⑥ 其他公共就业服务。此外,公共就业服务机构的服务功能还包括根据用人单位需求为用人单位提供招聘用人指导、代理招聘、跨地区人员招聘、企业人力资源管理咨询、劳动保障事务代理等收费服务项目。

（二）职业中介服务

职业中介服务是指职业中介机构为用人单位招用人员和劳动者求职提供中介服务以及其他相关服务的经营性活动。

职业中介机构是由法人、其他组织和公民个人举办的从事营利性职业介绍服务活动的组织。职业中介实行行政许可制度。设立职业中介机构应当依法向当地县级以上劳动保障行政部门提出申请，经批准获得职业中介许可证并依法由市场监督管理部门登记后方可从事职业中介活动。

职业中介机构可以从事的业务活动包括：① 为劳动者介绍用人单位；② 为用人单位和居民家庭推荐劳动者；③ 开展职业指导、人力资源管理咨询服务；④ 收集和发布职业供求信息；⑤ 根据国家有关规定从事互联网职业信息服务；⑥ 组织职业招聘洽谈会；⑦ 经劳动保障行政部门核准的其他服务项目。

职业中介机构禁止从事的活动有：① 提供虚假就业信息；② 发布的就业信息中包含歧视性内容；③ 伪造、涂改、转让职业中介许可证；④ 为无合法证照的用人单位提供职业中介服务；⑤ 介绍未满16周岁的未成年人就业；⑥ 为无合法身份证件的劳动者提供职业中介服务；⑦ 介绍劳动者从事法律、法规禁止从事的职业；⑧ 扣押劳动者的居民身份证和其他证件，或者向劳动者收取押金；⑨ 以暴力、胁迫、欺诈等方式进行职业中介活动；⑩ 超出核准的业务范围经营等。

（三）特殊就业保障

特殊就业保障是指国家通过立法和制定相关政策对特殊就业群体的就业实行特殊保护的制度。根据我国《劳动法》和《就业促进法》以及其他劳动行政法规、规章的规定，特殊就业保障措施包括以下内容。

1. 对女职工的特殊就业保障

妇女享有与男子平等的劳动就业权和社会保障权。各单位在录用职工时，除不适合妇女的工种或者岗位外，不得以性别为由拒绝录用妇女或者提高对妇女的录用标准。各单位在录用女职工时，不得在签订的劳动合同或服务协议中规定限制女职工结婚、生育的内容。用人单位应当实行男女同工同酬。妇女在享受福利待遇方面享有与男子平等的权利。在晋职、晋级、评定专业技术职务等方面，应当坚持男女平等的原则，不得歧视妇女。各单位在执行国家退休制度时，不得以性别为由歧视妇女。

2. 对残疾人的特殊就业保障

残疾人是指在心理、生理、人体结构上，某种组织、功能丧失或者不正常，全部或者部分丧失以正常方式从事某种活动能力的人。对残疾人就业，国家实行集中与分散相结合的方针，采取优惠政策和扶持保护措施，通过多渠道、多层次、多种形式促进残疾人就业。用人单位招用人员，不得歧视残疾人。

3. 对退役军人的特殊就业保障

退役军人是指在中国人民解放军和中国人民武装警察部队中服现役期满退出现役或者因其他法定事由退出现役的人员。对退役军人的特殊就业保障措施包括：① 对家居农村的义务兵退出现役后的工作、生活安排措施；② 对家居城镇的义务兵退出现役后的工作、生活安排措施；③ 城镇退伍军人待安置期间的生活补助措施和自谋职业一次性经济补助措施。

4. 对少数民族的特殊就业保障

民族自治地方的自治机关有权根据建设的需要，采取各种措施从当地民族中大量培养各级干部、各种科学技术、经营管理等专业人才和技术工人，并特别注意在少数民族妇女中培养各级干部和各种专业技术人才。民族自治地方的用人单位依照国家规定招收人员时，优先招收少数民族人员，并且可以从农村和牧区少数民族人口中招收。

第五节　劳动争议调解与仲裁法律制度

一、劳动争议的概念与范围

（一）劳动争议的概念

劳动争议也称劳动纠纷，是指劳动者与用人单位因实现劳动权利或履行劳动义务发生的纠纷。基于劳动争议的特殊性，确立专门的非诉讼程序规则，公正、及时、便捷、有效地解决劳动争议，保护当事人合法权益，促进劳动关系和谐稳定，也是劳动法的重要使命。为此，2007 年 12 月 29 日，第十届全国人民代表大会常务委员会第 31 次会议通过了《中华人民共和国劳动争议调解仲裁法》（以下称《劳动争议调解仲裁法》），自 2008 年 5 月 1 日起施行。

（二）劳动争议的范围

以下范围内的劳动争议，当事人均可向当地劳动争议仲裁委员会提出申诉：① 因确认劳动关系发生的争议；② 因订立、履行、变更、解除和终止劳动合同发生的争议；③ 因除名、辞退和辞职、离职发生的争议；④ 因工作时间、休息休假、社会保险、福利、培训以及劳动保护发生的争议；⑤ 因劳动报酬、工伤医疗费、经济补偿或者赔偿金等发生的争议；⑥ 法律、法规规定的其他劳动争议。

二、劳动争议调解

（一）劳动争议调解的概念

劳动争议调解是指劳动争议的双方当事人向劳动争议调解机构申请调解，由劳动争议调解机构在查明事实的基础上,依据当事人的互谅互解达成协议,进而解决劳动争议的方式。我国《劳动争议调解仲裁法》确认的劳动争议调解方式有企业内部的劳动争议调解、各地基层政权组织设立的人民调解委员会的调解、企业主管机关进行的行政调解以及劳动争议仲裁程序和诉讼程序中的调解。

(二)劳动争议调解的原则

1. 自愿原则

劳动争议调解组织应遵循双方自愿原则进行调解,具体体现为:① 是否向劳动争议调解组织申请调解由当事人双方自行决定,对任何一方不得强迫;② 调解过程是一个自愿协商过程,经调解是否达成协议,由当事人自愿,不能强行调解或勉强调解达成协议;③ 调解协议的执行是自愿的,没有强制执行的法律效力。

2. 耐心疏导、民主说服原则

劳动争议调解组织没有司法审判权,也没有行政命令权和仲裁权。因此,在调解劳动争议时,劳动争议调解组织要充分听取双方当事人对事实和理由的陈述,耐心疏导,运用民主讨论的方法,进行说服教育,在双方认识一致的前提下,动员其自愿协商后达成协议。

3. 公正原则

坚持公正原则是合理解决争议的基本前提。劳动争议调解组织在调解劳动争议时,要秉公执法,不徇私情,保证劳动争议双方当事人处于平等的法律地位,具有平等的权利和义务。

4. 及时调解原则

劳动争议必须及时处理,及时保护权利受侵害一方的合法权益,以协调劳动关系,维护社会和生产的正常秩序。根据《劳动争议调解仲裁法》的规定,自劳动争议调解组织收到调解申请之日起 15 日内未达成调解协议的,当事人可以依法申请仲裁。这就要求劳动争议进入调解程序后,劳动争议调解组织要及时处理,不得拖延时间或阻挠当事人依法行使申请仲裁的权利。

(三)劳动争议调解组织

1. 企业劳动争议调解委员会

企业劳动争议调解委员会由职工代表和企业代表组成。职工代表由工会成员担任或者由全体职工推举产生;企业代表由企业负责人指定。调解委员会主任由工会成员或者双方推举的人员担任。

2. 依法设立的基层人民调解组织

基层人民调解组织是指人民调解委员会,它是村民委员会和居民委员会下设的调解民间争议的群众性组织,在基层人民政府和基层人民法院指导下进行工作。人民调解委员会由委员 3—9 人组成,委员除由村民委员会成员或者居民委员会成员兼任的以外,由群众选举产生。

3. 乡镇、街道设立的具有劳动争议调解职能的组织

具有劳动争议调解职能的组织是指一些区域性、行业性劳动争议调解组织和乡镇、街道设立的劳动争议调解中心。近些年,这类组织在劳动争议的解决方面发挥了重要作用。《劳动争议调解仲裁法》以立法的形式正式承认并赋予具有劳动争议调解职能的组织以劳动争议调解权,其作出的调解协议具有和企业劳动争议调解委员会同样的调解效力。

(四) 劳动争议调解程序

1. 劳动争议调解申请的提出

当事人申请劳动争议调解可以书面申请,也可以口头申请。口头申请的,调解组织应当当场记录申请人的基本情况、申请调解的争议事项、理由和时间。当事人申请调解的应当自知道或应当知道其权利被侵害之日起 30 日内,向调解委员会提出申请。

2. 劳动争议调解的受理

劳动争议调解委员会在收到当事人的调解申请后,要审查争议案件是否符合劳动争议受理的范围和条件,决定是否接受申请。

3. 调解的实施

劳动争议调解委员会调解劳动争议实行调解员调解会议制度,调解委员会聘任专职及兼职调解委员调解劳动争议案件。当受理劳动争议案件后,调解委员会指定调解委员负责解决争议案件的具体调解工作。劳动争议调解应当首先举行调解委员会会议,提出调解意见,确定调解方案。调解会议在听取当事人双方对争议事实的陈述后,组织双方当事人进行平等民主协商,达成调解协议的,制作《调解协议书》。如果双方达不成一致意见,调解无效或调解经 15 日未能达成调解协议的,制作《调解意见书》,并在其上说明情况。同时,调解委员会应建议劳动争议双方当事人依法向劳动争议仲裁委员会提出仲裁申请。

(五) 劳动争议调解的效力

劳动争议经调解达成协议的,对双方当事人具有约束力,当事人应当履行。达成调解协议后,一方当事人在协议约定期限内不履行调解协议的,另一方当事人可以依法申请仲裁。因支付拖欠劳动报酬、工伤医疗费、经济补偿或者赔偿金事项达成调解协议,用人单位在协议约定期限内不履行的,劳动者可以持调解协议书依法向人民法院申请支付令。

三、劳动争议仲裁

(一) 劳动争议仲裁的概念

劳动争议仲裁是指劳动争议仲裁机构依据劳动争议当事人的请求,以第三者的

身份,遵循一定的法律程序,按照劳动法律规范,对劳动争议的事实与责任做出公正判断和裁决,从而解决争议纠纷的一种劳动争议解决方式。

(二) 劳动争议仲裁的原则

1. 三方原则

劳动争议仲裁的三方原则是指在劳动争议仲裁委员会的人员组成上,由劳动行政部门的代表、工会代表和企业方面的代表三方组成,以保证其仲裁的公正性与权威性。

2. 仲裁独立原则

劳动争议仲裁委员会是国家授权、依法独立处理劳动争议案件的专门机构,其依法独立行使劳动仲裁权,不受行政机关、任何社会团体和个人的干涉。依法独立仲裁有利于取得当事人的信任,有利于仲裁结果的自觉执行,有利于提高仲裁的公正性和劳动争议仲裁委员会的公信力。

3. 着重调解原则

调解原则贯穿于企业内部调解、劳动争议仲裁与诉讼等整个劳动争议处理程序之中。《劳动争议调解仲裁法》规定,仲裁庭在作出仲裁裁决前,应当先行并且着重进行调解工作。着重调解有利于当事人在相对平缓、温和的气氛下解决劳动争议,维持劳动关系,促进和谐的劳动关系健康发展。

4. 仲裁公开原则

劳动争议仲裁应当公开进行,但当事人协议不公开进行或者涉及国家秘密、商业秘密和个人隐私的除外。

5. 及时、迅速原则

劳动争议仲裁委员会应当在法律规定的期限内及时、迅速地处理劳动争议仲裁案件,缩短处理周期,提高办案效率,减少劳动者维权成本。该原则具体体现为及时受理、及时送达、及时裁决和先予执行四个方面。

6. 一次裁决原则

一次裁决原则是指劳动争议仲裁委员会对法定的某些类型劳动争议案件实行一次裁决即行终结的法律制度。《劳动争议调解仲裁法》规定的实行一次裁决的劳动争议包括:① 追索劳动报酬、工伤医疗费、经济补偿或者赔偿金,不超过当地月最低工资标准12个月金额的争议;② 因执行国家的劳动标准在工作时间、休息休假、社会保险等方面发生的争议。

(三) 劳动争议仲裁委员会

1. 劳动争议仲裁委员会的设立

劳动争议仲裁委员会的设立原则是统筹规划、合理布局和适应实际需要。《劳动争议调解仲裁法》授权省、自治区人民政府按照实际情况所需,可以决定在市、县设立劳动争议仲裁委员会;直辖市人民政府可以决定在区、县设立劳动争议仲裁委员会;直辖市、设区的市也可以设立一个或者若干个劳动争议仲裁委员会。劳动争议仲裁委员会不按行政区划层层设立。

2. 劳动争议仲裁委员会的组成方式

劳动争议仲裁委员会由劳动行政部门代表、工会代表和企业方面代表组成。劳动争议仲裁委员会组成人员应当是单数。主任由同级劳动行政主管部门负责人担任,副主任由仲裁委员会协商产生。

3. 劳动争议仲裁员的聘任标准

劳动争议仲裁的仲裁员是指由劳动争议仲裁委员会依法聘任后,专门从事劳动争议裁决工作的人员,包括兼职仲裁员和专职仲裁员。专职仲裁员由劳动争议仲裁委员会从劳动争议仲裁委员会中专门从事劳动争议处理工作的人员中聘任。兼职仲裁员由劳动争议仲裁委员会从劳动行政部门、人事行政部门或者其他行政部门的人员、曾任审判员的人员、工会工作者、专家、学者和律师中聘任。

(四) 劳动争议仲裁程序

1. 劳动争议仲裁的申请

发生劳动争议的一方当事人,在认为自己的合法权益受到侵犯后,可以向劳动争议仲裁委员会提出仲裁申请,请求劳动争议仲裁委员会依法裁决争议,保护自己的合法权益。提出仲裁申请应具备的条件是:① 申请仲裁的劳动争议属于劳动争议仲裁委员会受理案件范围和管辖范围;② 仲裁申请必须在规定的仲裁时效期间内提出;③ 仲裁申请必须有明确的被申请人、具体的仲裁请求、具体的事实根据、理由和必要的证据;④ 申请人应当提交书面仲裁申请书,书写仲裁申请确有困难的,可以口头申请,由劳动争议仲裁委员会记入笔录,并告知对方当事人。

2. 劳动争议仲裁申请的受理

劳动争议仲裁委员会在接收到当事人向其提出的仲裁申请并经过形式审查后,应在收到仲裁申请之日起 5 日内作出受理或不受理的决定。对劳动争议仲裁委员会不予受理或者逾期未作出决定的,申请人可以就该劳动争议事项向人民法院提起诉讼。

3. 劳动争议仲裁的答辩

对于申请人的仲裁申请,被申请人有权利进行答辩,并通过答辩阐述事实,表明自己的观点和主张,使仲裁委员会更加全面地了解案情,准确地认定事实。被申请人收到仲裁申请书副本后,应当在 10 日内向劳动争议仲裁委员会提交答辩书。被申请人未提交答辩书的,不影响仲裁程序的进行。

4. 劳动争议仲裁的审理

劳动争议仲裁委员会根据当事人的仲裁申请,经过仲裁庭调查、当事人辩论、调解、裁决等程序,认定劳动争议事实。经过审理后,劳动争议仲裁委员会处理劳动争议案件的结案方式有3种:① 仲裁申请人撤回申请;② 通过仲裁调解达成调解协议;③ 作出仲裁裁决。

5. 劳动争议仲裁时效

劳动争议发生之后,劳动争议当事人如果不在法定期限内向劳动争议仲裁委员会申请仲裁,就丧失了通过劳动争议仲裁程序来保护自己合法权益的权利。《劳动争议调解仲裁法》规定的劳动争议申请仲裁的时效期间为1年,从当事人知道或者应当知道其权利被侵害之日起计算。同时又规定,劳动关系存续期间因拖欠劳动报酬发生争议的,劳动者申请仲裁不受仲裁时效期间的限制。但是,劳动关系终止的,应当自劳动关系终止之日起1年内提出仲裁申请。在仲裁时效进行期间,如果一方当事人向对方当事人主张权利,或者一方当事人向有关部门请求权利救济以及对方当事人同意履行义务等情况发生时,将使已经经过的仲裁时效归于消灭,待时效期间中断的事由消失后,仲裁时效期间重新计算。

(五) 劳动争议仲裁的效力

仲裁庭处理劳动争议案件所做出的裁决依裁决书的效力可分为以下两种类型。

1. 终局的仲裁裁决

它是指仲裁庭对所涉劳动争议事项作出的裁决,自作出之日起即生效力,非经法定程序不被撤销且具备执行力的裁决。终局的仲裁裁决可作为当事人申请执行的依据。属于终局裁决的法定情形有:① 追索劳动报酬、工伤医疗费、经济补偿或者赔偿金,不超过当地月最低工资标准12个月金额的争议;② 因执行国家的劳动标准在工作时间、休息休假、社会保险等方面发生的争议。

当事人不服终局的仲裁裁决,劳动者可以自收到仲裁裁决书之日起15日内向人民法院提起诉讼;用人单位不服终局的仲裁裁决,在具备如下法定条件时,可以向仲裁庭所在地中级人民法院申请撤销:① 适用法律、法规确有错误的;② 劳动争议仲裁委员会无管辖权的;③ 违反法定程序的;④ 裁决所根据的证据是伪造的;⑤ 对方当事人隐瞒了足以影响公正裁决的证据的;⑥ 仲裁员在仲裁该案时有索贿受贿、徇私舞弊、枉法裁决行为的。因此,终局裁决除非由人民法院依法撤销,否则即具备法律效力。仲裁裁决被人民法院裁定撤销的,当事人可以自收到裁定书之日起15日内就该劳动争议事项向人民法院提起诉讼。

2. 非终局的仲裁裁决

仲裁庭对所涉劳动争议事项作出裁决后,当事人在法定期限内未提起诉讼的,则裁决书生效,否则裁决书不生效。《劳动争议调解仲裁法》中没有具体规定对哪些事项作出的裁决为非终局的仲裁裁决,故而除去属于终局仲裁裁决的情形外,仲裁庭所作出的裁决应当为非终局的裁决。

非终局的裁决并非一经作出即生效,是否生效完全取决于当事人是否行使诉权及其诉求是否妥当。当事人对非终局的仲裁裁决不服的,可以自收到仲裁裁决书之日起 15 日内向人民法院提起诉讼;期满不起诉的,裁决书发生法律效力。

<h3 style="text-align:center">本章复习思考题</h3>

1. 劳动法的调整对象是什么?
2. 劳动合同的内容有哪些?
3. 我国规定了哪些禁止用人单位解除劳动合同的情况?
4. 我国有哪些对劳动者的工资保障措施?
5. 我国有哪些限制延长工作时间的措施?
6. 我国劳动保护制度有哪些?
7. 我国的就业基本原则有哪些?
8. 我国劳动争议调解仲裁的范围如何?

第二十章 社会保障法

第一节 社会保障法概述

一、社会保障的概念、特征与模式

(一) 社会保障的概念与特征

社会保障这一概念是在美国1935年颁布的《社会保障法案》中首先使用的,1944年,第26届国际劳工大会发表的《费城宣言》中正式采纳了"社会保障"这一概念。由此这一概念被世界各国接受并广泛应用。迄今为止,世界上已有将近150个国家建立了社会保障制度。

1989年,国际劳工局社会保障司编著的《社会保障导论》一书将社会保障解释为:社会通过一系列的公共措施向其成员提供的用以抵御因疾病、生育、工伤、失业、伤残、年老和死亡而丧失收入或收入锐减引起的经济和社会灾难的保护,医疗保险的提供及有子女家庭补贴的提供。

我国在1986年第六届全国人大第4次会议通过的"七五"计划中首次使用"社会保障"一词,并将其定义为:国家和社会通过立法,采取强制手段对国民收入进行再分配,形成社会消费基金,对由于年老、疾病、伤残、死亡、失业及其他灾难发生而使生存出现困难的社会成员,给予物质上的帮助,以保证其基本生活需要的一系列有组织的措施、制度和事业的总称。

社会保障具有如下特征。

1. 保障性

社会成员因各种原因造成生活困难者,有权享有由国家保证他们获得的、与一定时期生产力发展水平相适应的物质帮助。这种保障性是国家以立法的形式加以肯定和保证的。

2. 强制性

社会保障作为国民收入再分配的一种形式,是国家通过立法来强制实施的。法律从形式上规定社会保障的对象、内容、方式、方法,规定国家、单位和个人的权利和义务。只有国家通过立法强制执行,才能使有特殊困难的劳动者及其家属获得基本的生活保障,使社会稳定发展,达到社会保障的根本目的。这和其他的商业保险以及民间的慈善事业有明显的区别。

3. 互助性

在任何社会条件下,人与人之间都是要求互相帮助、互相依赖才能生存和发展的。现代社会将互助性作为一种公共道德标准,而社会保障就是一项互助性的事业。以国家为主体的社会保障制度集中了全体社会成员的一部分财力,而仅对部分社会成员提供帮助,这就大大增强了劳动者个人抵御未来风险的能力,从而也增强了社会的稳定性。可以说,社会保障是互助性在社会制度上的反映。

(二)社会保障模式

世界各国的社会保障制度大致可以分为救助型、保险型、福利型、国家保障型和自助型等5种模式。

1. 救助型模式

救助型社会保障制度是指国家通过建立健全社会保障的有关规章制度,保证每个社会成员在遇到各种不测事故时,能得到救助而不至于陷入贫困。对于已经处于贫困境遇的人们,则发给社会保障津贴,以维持其基本生活。救助的对象为因失业或天灾人祸而陷入贫困的公民、弃婴、孤儿、残疾人、老年人。救助的标准为低水平以维持生存为限。作为社会保障制度中的一种初级的、不成熟的、不完备的形式,这种制度目前主要在一些发展较为迟缓的非洲国家实行。

2. 保险型模式

保险型社会保障制度对不同的社会成员选用不同的保险标准,保险的项目有多有少,在一定程度上解决了人们生、老、病、死、失业、伤残的后顾之忧。其目标是国家为公民提供一系列的基本生活保障,使公民的失业、年老、伤残以及由于婚姻关系、生育或死亡而需要特别支出的情况下,得到经济补偿和保障。社会保险费用由国家、雇主和劳动者三方负担,即个人缴纳社会保障费,企业主为雇员缴社会保障金,政府以不同标准拨款资助。它起源于德国,随后为西欧各国、美国、日本所仿效。

3. 福利型模式

福利型社会保障制度是在经济比较发达、整个社会物质生活水平提高的情况下实行的一种比较全面的保障形式,其目标在于对于每个公民由生到死的一切生活及危险(诸如疾病、灾害、老年、生育、死亡以及鳏、寡、孤、独、残疾人)都给予安全保障。一般包括"从摇篮到坟墓"的一切福利保障,标准也比较高。这项制度来源于福利国家的福利政策,由英国初创,接着在北欧各国流行。

4. 国家保障型模式

国家保障型社会保障制度是传统的社会主义国家以公有制为基础的社会保障制度,属于国家保障性质。其宗旨是最充分地满足无劳动能力者的需要,保护劳动者的健康并维持其工作能力。社会保障支出全部由政府和企业承担,与计划经济体制相适应,个人不缴纳保障费,保险待遇与劳动贡献挂钩。苏联是这一类型的首创与代表,后为东欧和亚洲社会主义国家仿效。我国即是在20世纪90年代参照这一模式建立劳动保险制度的。

5. 自助型模式

自助型社会保障制度是以自助为主,以促进经济发展为目标的保障形式。政府不提供资助,除公共福利与文化设施外,费用由雇主和雇员负担。国家通过立法,强制所有雇主、雇员依法按工资收入的一定比例向中央公积金局缴纳公积金,专户储存。这样就把个人享受的待遇和自己的努力与存款的多少紧密地联系在一起,而且公积金存款越多,所享受的养老金、医疗保健等待遇也越多,具有很强的激励作用。中央公积金制度主要在新加坡、马来西亚、印度尼西亚等国实行并在新加坡等国取得了显著成效。

二、社会保障法的概念、特征与体系

（一）社会保障法的概念、特征

社会保障法是为建立社会保障制度体系,调整社会保障关系并维持社会保障制度体系的正常运行而制定的各种法律规范的总称。社会保障法系统由社会保险法、社会救助法、社会福利法、社会优抚法等若干部平行的社会保障法律、法规构成。

社会保障法具有如下法律特征。

1. 社会保障法以社会利益为本位

社会利益就是社会全体成员的共同利益。社会保障法以谋求社会利益为己任,其与国民的生活有着密不可分的关系。国家通过立法建立社会保障制度,就是为了谋求国民生活普遍获得安全保障,免于因生活资源之匮乏而濒临危险,并实现一种安康的、幸福的生活。社会保障法以社会大众为获利对象,充分体现了其社会利益的本性。

2. 社会保障法以社会公平为其价值追求

实现社会公平是建立社会保障制度的基本理念。社会保障是对国民收入进行分配和再分配的一种方式,是国民收入的一种转移,即从高收入者转移到低收入者,从健康者转移到疾病者和残疾者,从家庭负担轻者转移到家庭负担重者等,这种转移的理论基础之一就是建立在社会公平之上。因此,社会保障法是以追求社会公平为其价值目标的,并通过各种社会立法以保障公民的社会安全和经济安全,谋求人类对美好生活期待的实现,既保障人们在各种意外风险出现时的基本生活,又能保障社会大众共同分享社会发展成果,使人类社会共同迈向文明与进步。

3. 社会保障法以强制性作为其实施手段

社会保障制度的实施完全建立在立法强制性的基础上,不允许当事人之间自由设立权利义务。例如,就社会保险而言,凡依照法律规定必须参加投保的劳动者和用人单位都必须参加保险,当事人没有任意选择的权利,也不能任意退出保险,保险的险种和保险金的缴纳也必须按法律规定执行,不能由当事人自由协商。社会保障法正是通过立法的强制,对涉及的各种关系进行调整和规范,以使其符合大众的利益,实现社会保障制度所追求的目标。

(二)社会保障法体系

我国社会保障法体系由社会保险、社会救济、社会福利和优抚安置等具体制度所构成。当前,我国社会保障制度存在着立法体系不完整(仅有一部《社会保险法》,社会救济、社会福利和优抚安置方面尚无基本法)、不协调(现有的零散颁布的各种条例、决定、通知和规定,相互之间缺乏必要衔接,不能形成配套法律体系)等问题,尚待完善。

第二节 社会保障法的主要内容

一、社会保险法律制度

2010年10月28日,第十一届全国人大常委会第17次会议通过了《社会保险法》,该法于2018年修正。该法规定,国家建立基本养老保险、基本医疗保险、工伤保险、失业保险、生育保险等社会保险制度,保障公民在年老、疾病、工伤、失业、生育等情况下依法从国家和社会获得物质帮助的权利。

(一)养老保险法律制度

1. 养老保险的概念、特征

养老保险是国家和社会根据一定的法律和法规,为解决劳动者在达到国家规定的解除劳动义务的劳动年龄界限,或因年老丧失劳动能力退出劳动岗位后的基本生活而建立的社会保险制度。养老保险具有以下法律特征。

(1)参加保险与享受待遇的一致性。其他社会保险项目的参加者不一定都能享受相应的待遇,而养老保险待遇的享受人群是最确定、最普遍、最完整的。因为几乎人人都会进入老年,都需要养老。参加养老保险的特定人群一旦进入老年,都可以享受养老保险待遇。

(2)保障水平的适度性。养老保险的基本功能是保障劳动者在年老时的基本生活,这就决定其保障水平要适度,既不能过低,也不能过高。一般来说,养老保险的整体水平要高于贫困救济线和失业保险金的水平,低于社会平均工资和个人在职时的收入水平。

(3)享受期限的长期性。参加养老保险的人员一旦达到享受待遇的条件或取得享受待遇的资格,就可以长期享受待遇直至死亡。其待遇水平基本稳定,通常是逐步提高的,而不会下降。

(4) 保障方式的多层次性。广义的养老保险,不仅包括国家法定的基本养老保险,还包括用人单位建立的补充养老保险、个人自愿参加的储蓄性养老保险等。建立和完善多层次的养老保险体系,已成为一种国际趋势。

(5) 与家庭养老相联系。养老保险的产生和发展,逐步取代了传统家庭养老的部分甚至大部分功能。养老保险保障程度较低时,家庭养老的作用更大一些;养老保险保障程度较高时,家庭养老的作用就相应减弱。但是,养老保险并不能完全替代家庭养老。因此,养老保险与家庭养老是相互联系、相得益彰的统一体。

2. 养老保险制度的主要内容

目前,世界上有投资资助型、强制储蓄型和国家统筹型三种养老保险模式。根据中国的具体国情,我国创造性地实施了"社会统筹与个人账户相结合"的基本养老保险模式。我国的养老保险由基本养老保险、新型农村社会养老保险和城镇居民社会养老保险组成。

(1) 基本养老保险。这是为劳动者在达到国家法定退休年龄退休后,从政府和社会得到一定经济补偿、物质帮助和服务的一项社会保险制度。《社会保险法》规定,职工应当参加基本养老保险,由用人单位和职工共同缴纳基本养老保险费。无雇工的个体工商户、未在用人单位参加基本养老保险的非全日制从业人员以及其他灵活就业人员可以参加基本养老保险,由个人缴纳基本养老保险费。参加基本养老保险的个人,达到法定退休年龄时累计缴费不足15年的,可以缴费至满15年,按月领取基本养老金;也可以转入新型农村社会养老保险或者城镇居民社会养老保险,按照国务院规定享受相应的养老保险待遇。

(2) 新型农村社会养老保险。这是指以保障农村居民年老时的基本生活为目的,由政府组织实施的一项社会养老保险制度。《社会保险法》规定,新型农村社会养老保险实行个人缴费、集体补助和政府补贴相结合。参加新型农村社会养老保险的农村居民,符合国家规定条件的,按月领取新型农村社会养老保险待遇。保险待遇由基础养老金和个人账户养老金组成。

(3) 城镇居民社会养老保险。这是覆盖城镇户籍非从业人员的养老保险制度,城镇居民社会养老保险有两个特点:一是资金来源除个人缴费外,还有政府对参保人缴费给予的补贴,个人缴费越多,政府补贴也越多,而且个人缴费和政府补贴全部计入参保人的个人账户;二是养老金由个人账户养老金和基础养老金两部分构成,个人账户养老金水平由账户储存额(也就是个人缴费和政府补贴总额)来决定;基础养老金则由政府全额支付。

(二) 失业保险法律制度

1. 失业保险的概念、特征

失业保险是指国家通过立法强制实行的,由社会集中建立基金,对因失业而暂时中断生活来源的劳动者提供物质帮助的社会保险制度。失业保险具有以下法律特征。

（1）普遍性。失业保险主要是为了保障有工资收入的劳动者失业后的基本生活而建立的，其覆盖范围包括劳动力队伍中的大部分成员。不论哪种用工形式的劳动者，只要本人符合条件，都有享受失业保险待遇的权利。

（2）强制性。失业保险是通过国家制定法律、法规来强制实施的。按照规定，在失业保险制度覆盖范围内的单位及其职工必须参加失业保险并履行缴费义务。根据有关规定，不履行缴费义务的单位和个人都应当承担相应的法律责任。

（3）互济性。失业保险基金主要来源于社会筹集，由单位、个人和国家三方共同负担，缴费比例、缴费方式相对稳定，筹集的失业保险费，不分来源渠道，不分缴费单位的性质，全部并入失业保险基金，在统筹地区内统一调度使用，以发挥互济功能。

2. 失业保险制度的主要内容

《社会保险法》规定，职工应当参加失业保险，由用人单位和职工按照国家规定共同缴纳失业保险费。失业人员失业前用人单位和本人已经缴纳失业保险费满一年且非因本人意愿中断就业，同时已经进行失业登记并有求职要求的，从失业保险基金中领取失业保险金。

《社会保险法》规定，失业人员失业前用人单位和本人累计缴费满1年不足5年的，领取失业保险金的期限最长为12个月；累计缴费满5年不足10年的，领取失业保险金的期限最长为18个月；累计缴费10年以上的，领取失业保险金的期限最长为24个月。重新就业后，再次失业的，缴费时间重新计算，领取失业保险金的期限与前次失业应当领取而尚未领取的失业保险金的期限合并计算，最长不超过24个月。

（三）工伤保险法律制度

1. 工伤保险的概念、特征

工伤保险是指国家和社会为在生产、工作中遭受事故伤害和患职业性疾病的劳动者及其亲属提供医疗救治、生活保障、经济补偿、医疗和职业康复等物质帮助的社会保险制度。工伤保险具有以下法律特征。

（1）工伤保险具有强制性和广泛实施性。工伤保险是社会强制性保险，实施范围较广泛，它适用于一切从事社会化生产的劳动者，是国家立法强制建立的社会保险制度。

（2）工伤保险具有赔偿性。工伤保险具有赔偿性质，实行无责任或无过错赔偿原则，劳动者只要是因工伤事故或者职业病造成伤害，无论有无过错和是否应负责任，一律享受工伤保险待遇。工伤保险费用全由用人单位或雇主负担。

（3）工伤保险待遇最优厚、项目最全面。工伤保险待遇相对地较为优厚，标准较高，它不仅仅是一次性的经济补偿，而是要解决伤残者、死亡者及其亲属的生活问题。

工伤保险项目众多,包括医疗期工资、工伤医疗费、伤残待遇、死亡职工的丧葬、抚恤费及供养直系亲属的生活费等。

2. 我国工伤保险制度的主要内容

根据《社会保险法》和《工伤保险条例》的规定,中华人民共和国境内的企业、事业单位、社会团体、民办非企业单位、基金会、律师事务所、会计师事务所等组织和有雇工的个体工商户应当参加工伤保险,为本单位全部职工或者雇工缴纳工伤保险费。职工不缴纳工伤保险费。

依法应当认定为工伤的情形包括:① 在工作时间和工作场所内,因工作原因受到事故伤害的;② 工作时间前后在工作场所内,从事与工作有关的预备性或者收尾性工作受到事故伤害的;③ 在工作时间和工作场所内,因履行工作职责受到暴力等意外伤害的;④ 患职业病的;⑤ 因工外出期间,由于工作原因受到伤害或者发生事故下落不明的;⑥ 在上下班途中,受到非本人主要责任的交通事故或者城市轨道交通、客运轮渡、火车事故伤害的;⑦ 法律、行政法规规定应当认定为工伤的其他情形。此外,有以下情形的应视同工伤:① 在工作时间和工作岗位,突发疾病死亡或者在48小时之内经抢救无效死亡的;② 在抢险救灾等维护国家利益、公共利益活动中受到伤害的;③ 职工原在军队服役,因战、因公负伤致残,已取得革命伤残军人证,到用人单位后旧伤复发的。对有下列情形之一的,不得认定为工伤或者视同工伤:① 故意犯罪;② 醉酒或者吸毒;③ 自残或者自杀。

(四) 医疗保险法律制度

1. 医疗保险的概念、特征

医疗保险是指对劳动者患病或非因工负伤时获得必要的物质帮助和医疗服务的社会保险制度。医疗保险具有以下法律特征。

(1) 医疗保险最具有普遍性。医疗保险的覆盖对象原则上应是全体公民,因为疾病的风险是每个人都可能遭遇到且难以回避的。所以,医疗保险是社会保险体系中覆盖面最广泛、作用最频繁的险种。

(2) 医疗保险涉及面广,更具有复杂性。医疗保险涉及医疗服务机构、医疗保险受益人及医疗保险经办机构,还有用人单位等多方之间复杂的权利、义务关系。医疗保险不仅与国家的经济发展有关,还涉及医疗保健服务的需求和供给。

(3) 医疗保险属于短期性、经常性保险。由于疾病的发生是随机的、突发性的,医疗保险提供的补偿也只能是短期的、经常性的。

2. 我国的医疗保险制度的主要内容

《社会保险法》规定了职工基本医疗保险、新型农村合作医疗和城镇居民基本医疗保险。职工应当参加职工基本医疗保险,由用人单位和职工按照国家规定共同缴纳基本医疗保险费。无雇工的个体工商户、未在用人单位参加职工基本医疗保险的非全日制从业人员以及其他灵活就业人员可以参加职工基本医疗保险,由个人按照国家规定缴纳基本医疗保险费。城镇居民基本医疗保险实行个人缴费和政府补贴相结合。享受最低生活保障的人、丧失劳动能力的残疾人、低收入家庭60周岁以上的老年人和未成年人等所需个人缴费部分,由政府给予补贴。新型农村合作医疗的管理办法,由国务院规定。

(五)生育保险法律制度

1. 生育保险的概念、特征

生育保险是国家通过立法,对怀孕、分娩女职工给予生活保障和物质帮助的社会保险制度。其宗旨在于通过向职业妇女提供生育津贴、医疗服务和产假,帮助他们恢复劳动能力,重返工作岗位。生育保险具有以下法律特征。

(1)生育保险不具有普遍性。享受生育保险的对象主要是在育龄期的女职工,因此生育保险待遇享受人群相对比较窄,享受时间比较集中。

(2)生育期产假有固定要求。生育保险待遇实行产前产后都应享有的原则。生育期产假分产前假和产后假,必须在生育期享受,不能移转到其他时间享用。

(3)生育保险待遇有一定的福利色彩。生育期间的经济补偿高于养老、医疗等保险。生育保险提供的生育津贴,一般为生育女职工的原工资水平。

2. 我国生育保险制度的主要内容

《社会保险法》规定,职工应当参加生育保险,由用人单位按照国家规定缴纳生育保险费,职工不缴纳生育保险费。职工未就业配偶按照国家规定享受生育医疗费用待遇。所需资金从生育保险基金中支付。

二、社会救助法律制度

(一)社会救助的概念与特征

社会救助是指当公民不能维持其最低限度的生活水平时,由国家和社会按照法定的程序和标准向其提供最低生活需要的物质援助的社会保障制度。

社会救助具有如下法律特征。

1. 社会救助对象具有选择性

社会救助对象仅限于依自己的能力不能维持生存,而又不能从其他方面获得维持其生存所必需的条件的人。社会救助对象包括:① 无依无靠完全没有生活来源的孤儿、孤寡老人、领社会保险津贴但仍不能维持最低生活的人。② 有劳动能力也有收入,但因意外灾害而遭受沉重的财产甚至人身损失,一时生活困难的人。③ 有收入来源,但生活水平低于或仅相当于国家法定最低标准的公民和家庭。

2. 社会救助的主体是国家和社会

社会救助是国家和社会保障公民基本生存条件的责任和义务。社会救助所需费用完全由国家和社会承担,社会救助对象无须缴纳任何费用。这是与强调国家、用人单位和个人共同责任的社会保险的根本区别。

3. 社会救助的标准是最低层次的

在社会保障体系中,以社会福利标准为最高层次,其次是社会保险标准,最后才是社会救助标准。社会救助是为了解决陷于生活困境之人的生存问题,仅仅以维持社会成员的最低生活为标准,它是整个社会保障制度的最后一道防线。

(二) 我国社会救助制度的主要内容

1. 救助灾民生活

灾害救助是指对因受到洪水、地震、火灾、台风、火山爆发等自然灾害的侵袭而失去生活保障人员的救助以及对遭受战争之苦地区的人民的救助。救灾工作的主要形式有3种。

(1) 紧急救助行为。遇到重大灾情发生时的紧急救助行为包括:① 赠送食品、衣物、药品、住房和资金;② 紧急抢救人员和物资;③ 国家银行向灾区投放无息贷款;④ 妥善安排灾民生活。

(2) 灾害预防工作。灾害预防是积极的手段,防患于未然。我国主要进行了江河治理、兴修农田水利、植树造林、保持水土和防治病虫害等工作,提高了抵御灾害的能力。

(3) 灾害预警服务。这是对洪水、台风、传染病等自然灾害的预先警告、预报,它对于防灾抗灾、减少灾害损失具有重大作用。

2. 救助贫困

救助贫困又称扶贫,是指政府通过各种途径有计划地帮助贫困的社会成员脱离贫困的社会救助工作。扶贫工作包括救助贫困户和救助孤老病残人员的生活。贫困户分为暂时困难者和常年贫困户,一般根据不同情况可采取临时救助或定期定量救助的方式。城镇分散居住的孤老病残人员的供养,资金由国家负责,服务工作由街道、居委会承担。农村则实行"五保"供养制度,其资金主要由乡村统筹,国家给予一定的补助。城镇集中供养的单位是各种福利院、老人公寓、托老所、精神病院等福利机构,在农村则主要是敬老院。

三、社会福利法律制度

(一) 社会福利的概念、特征

社会福利是指国家和社会通过各种福利服务、福利企业、福利津贴等方式,为社会成员提供基本生活保障并使其生活状况不断得到改善的社会政策的总称。

社会福利具有如下法律特征。

1. 社会福利保障对象的全民性

社会福利是面向全体社会成员的社会保障事业,任何人都需要并且都能够享受到一定的社会福利待遇。

2. 社会福利内容的广泛性

社会福利是社会保障体系中内容最丰富、项目最多的一个子系统。我国现有的社会福利制度包括国民教育福利、住宅福利、在岗劳动者的职业福利以及社会化的老年人福利、儿童福利、妇女福利、残疾人福利等项目。

3. 社会福利保障的服务性

在社会保障体系中,社会福利是唯一主要用福利服务或福利设施而不是用现金或实物为实施方式的社会保障子系统。

4. 社会福利具有多层次性

社会成员对福利的要求是多方面的,也是多层次的。国家在保证必要的、基本的福利保障条件下区别不同的对象来确定具体的标准,同时允许无偿的福利、低收费的福利、标准收费但不营利的福利等同时并存,为社会成员提供水平不同的福利保障。

(二) 我国社会福利制度的主要内容

1. 生活福利

生活福利是政府和社会为社会成员提供的直接用于衣食等生活消费方面的福利,包括各种副食品补贴等。

2. 教育福利

教育福利是为受教育者提供的教育设施、教育服务以及义务教育福利等,它是提高社会成员科学文化素质的重要措施。

3. 医疗卫生福利

医疗卫生福利是政府和社会为社会成员以医疗康复设施、医疗卫生服务以及减免医疗费用的形式向社会成员提供的福利。

4. 文化娱乐福利

文化娱乐福利是政府和社会通过向社会提供文体娱乐设施的方式来实现的社会福利形式。

5. 住房福利

住房福利是政府以低房租、低售价、住房补贴等形式向社会成员提供的福利,它的目的是改善居民的居住条件,提高居民的生活水平。

四、社会优抚法律制度

(一) 社会优抚的概念与特征

社会优抚是指国家以法定的形式和通过政府行为,对有特殊贡献者及其眷属实行的具有褒扬和优待赈恤性质的社会保障措施。

社会优抚具有如下法律特征。

1. 优抚安置对象具有特定的身份

优抚安置保障的对象范畴有严格的身份限制,是针对军人、烈士及其家庭成员进行的。

2. 优抚安置的待遇优厚

社会优抚保障的对象为国家作出了巨大贡献,理应由国家、集体和社会给予较高的生活待遇。优抚安置保障的水平与标准要普遍高于一般社会成员的社会保障水平与标准,并应在适当的时机不断提高优抚对象的抚恤补助标准。

3. 优抚安置的目的在于弘扬正义

优抚安置保障具有的身份限制性和待遇优厚性是对军人、革命烈士的褒扬,这既是对军人、革命烈士在政治上、经济上的一种补偿,也是在弘扬一种社会正义的理念,激发正义感。

(二) 我国社会优抚制度的主要内容

1. 死亡抚恤

死亡抚恤是指政府按规定向阵亡军人遗属提供的物质补偿性抚恤金,是优抚保障制度中最基本的内容。死亡抚恤有社会补偿性质的一次性给付社会津贴和具有救助性质的定期给付国家补助两种形式。

2. 伤残抚恤

伤残抚恤是指军人在服役期受伤致残或患病致残后,国家依法对现役伤残军人及其家属提供的保证生活的资金以及服务性的特殊保障项目。伤残抚恤资金包括按规定支付的抚恤费、保健费和护理费等;服务性保障包括就业、就学、康复治疗等社会优抚措施。

3. 社会优待

社会优待是指国家和社会按照立法规定和社会习俗对优抚对象提供资金和服务的优待性保障制度。社会优待的目标是保证现役军人特别是义务兵及其家属维持一定的生活水平。社会优待手段包括资金保障和服务保障。资金保障是向优抚对象提供各种生活津贴;服务保障是由社会各界提供的如交通、入学、医疗等方面的优待政策。

4. 退役安置

退役安置是指国家和社会依法向退出现役的军人提供资金和服务保障,使之重返并适应社会的一种优抚保障制度。退役安置措施包括退役安置费、各种临时性生活津贴和生产性贷款等资金保障以及就业安置、就学安置、落户安置、职业培训和技术培训等项目的服务保障。

5. 退(离)休安置

退(离)休安置是指对军队干部和技术人员实行的优抚保障。凡符合退(离)休条件的干部和技术人员退(离)休后,应按月发给退(离)休费,享受医疗费、福利费、车旅费等补贴以及抚恤费、遗属生活费、补助费等待遇,并在安置去向、住房、家属及子女就学等方面做出妥善安排。

本章复习思考题

1. 社会保障有哪些特征?
2. 不同社会保障模式的主要区别在哪里?
3. 我国养老保险制度有哪些组成部分?
4. 我国工伤保险制度规定的应认定为工伤的情形有哪些?
5. 我国有哪些社会救助方式?

ized.## 第七编

市场争议处理法律制度

Liebknecht

第二十一章 行政复议法与行政诉讼法

第一节 行政复议法

一、行政复议的概念与基本原则

(一) 行政复议的概念与特征

在我国,行政复议是指行政机关在行使其行政管理职权时,与作为被管理对象的行政相对方发生争议,根据行政相对方的申请,由上一级行政机关或法律、法规规定的特定行政机关依法对引起争议的具体行政行为进行合法性和适当性审查,并作出裁决解决争议的活动。行政复议中行政相对方(即遭受行政行为侵害的公民、法人和其他组织)称为申请人,作出具体行政行为的行政机关称为被申请人,受理、解决行政争议的特定行政机关称为行政复议机关。

行政复议是行政机关在行政系统内部自行解决行政争议的一种方式,是行政监督的一项重要制度,该制度为公民、法人和其他组织在遭受行政机关行为侵害时提供了法律救济途径。我国现行的行政复议制度建立于20世纪90年代。1990年12月24日,国务院颁布了《行政复议条例》,为我国行政复议制度的始建提供了法律依据;1999年4月29日,第九届全国人大常委会第9次会议通过了《行政复议法》,对行政复议作了更加全面、系统的规范;为了进一步发挥行政复议制度在解决行政争议、建设法治政府、构建社会主义和谐社会中的作用,国务院又于2007年5月29日发布实施了《行政复议法实施条例》,使我国的行政复议制度更加完善。

行政复议的主要特征如下所示。

1. 行政复议是依申请的行政行为

行政复议以行政管理相对人(公民、法人或其他组织)的申请为条件,否则,即使具体行政行为是违法、不当的,如果公民、法人或其他组织没有依法提起行政复议,行政复议机关也不主动进行复议,而是依据其他行政监督程序予以纠正。

2. 行政复议是对引起争议的具体行政行为进行审查

依据行政法学的理论,行政行为可分为具体行政行为和抽象行政行为。具体行政行为是指行政机关针对特定的事件或特定的人所实施的行政行为。例如,工商行政管理机关对某企业作出吊销营业执照的行政处罚。在我国,行政复议的对象一般是行政机关所作出的具体行政行为。

3. 行政复议是行政监督制度

履行行政复议职责的行政机关复查具体行政行为时,如发现有违法或不当的情况,必须予以纠正,或者予以撤销,或者加以变更。这实质上是行政复议机关对作出原具体行政行为的行政机关行使监督权,是一种行政系统内部的层级监督。

(二) 行政复议的基本原则

《行政复议法》第 4 条规定:"行政复议机关履行行政复议职责,应当遵循合法、公正、公开、及时、便民的原则,坚持有错必纠,保障法律、法规的正确实施。"据此,行政复议的基本原则包括以下方面。

1. 合法原则

这是指履行行政复议职责的行政机关必须依法定的权限,以事实为根据,以法律为准绳,对被申请复议的具体行政行为,按法定程序进行审查。合法原则具体包含三方面内容:① 复议机关应是法律赋予享有复议权限的行政机关;② 审理复议案件的程序应当合法;③ 审理复议案件的依据应当合法。

2. 公正原则

这是指行政复议活动应当公平合理,无偏私。行政复议机关必须平等地对待各方当事人,不得偏袒其中一方,尤其不得偏袒被申请人,即下级行政机关。在审理复议案件时,必须充分考虑各方面当事人的合法权益,做出公正、合理的复议决定。

3. 公开原则

这是指行政复议的依据、程序、决定等应向申请人和社会公开。由于行政复议机关与被申请人之间存在着领导与被领导、指导与被指导的关系,因此行政复议必须遵循公开原则,接受申请人和公众的监督,防止暗箱操作。

4. 及时原则

这是指行政复议机关应当依法定期限尽快受理复议案件,尽快做出复议决定,避免久议不决。这是对公正原则的必要补充,同时也是不断提高行政效率的要求。

5. 便民原则

这是指行政复议机关应当在充分保障复议申请人行使复议申请权的情况下,尽可能地为其提供各种便利条件,避免其耗费不必要的费用、时间、精力,如不向申请人收取行政复议费用,可以口头申请复议等。

二、行政复议的受案范围与管辖

(一) 行政复议的受案范围

行政复议的受案范围是指行政复议机关依照行政复议法的规定,可以受理行政争议案件的范围。

1. 行政复议机关应当受理的复议案件

《行政复议法》第 6 条规定，存在下列情形之一的，公民、法人或者其他组织可以依法申请行政复议，复议机关应当受理：① 对行政机关作出的警告、罚款、没收违法所得、没收非法财物、责令停产停业、暂扣或者吊销许可证、暂扣或者吊销执照、行政拘留等行政处罚决定不服的；② 对行政机关作出的限制人身自由或者查封、扣押、冻结财产等行政强制措施决定不服的；③ 对行政机关作出的有关许可证、执照、资质证、资格证等证书变更、中止、撤销的决定不服的；④ 对行政机关作出的关于确认土地、矿藏、水流、森林、山岭、草原、荒地、滩涂、海域等自然资源的所有权或者使用权的决定不服的；⑤ 认为行政机关侵犯合法的经营自主权的；⑥ 认为行政机关变更或者废止农业承包合同，侵犯其合法权益的；⑦ 认为行政机关违法集资、征收财物、摊派费用或者违法要求履行其他义务的；⑧ 认为符合法定条件，申请行政机关颁发许可证、执照、资质证、资格证等证书，或者申请行政机关审批、登记有关事项，行政机关没有依法办理的；⑨ 申请行政机关履行保护人身权利、财产权利、受教育权利的法定职责，行政机关没有依法履行的；⑩ 申请行政机关依法发放抚恤金、社会保险金或者最低生活保障费，行政机关没有依法发放的；⑪ 认为行政机关的其他具体行政行为侵犯其合法权益的。《行政复议法》第 7 条规定：公民、法人或者其他组织认为行政机关的具体行政行为所依据的某些规定不合法，在对具体的行政行为申请行政复议的时候，可以一并向行政复议机关提出对该规定的审查申请，这些规定包括国务院部门的规定（不含国务院部、委员会规章）、县级以上地方各级人民政府及其工作部门的规定（不含地方人民政府规章）、乡镇人民政府的规定。上述三类规定大多应属规范性文件，其制定为抽象行政行为。将这些规定纳入复议范围，表明复议范围已扩大到一部分抽象行政行为。法律做如此规定是为了更有效地保护公民、法人或者其他组织的合法权益。

2. 行政复议机关不予受理的事项

《行政复议法》第 8 条规定，下列事项不能申请行政复议：① 不服行政机关作出的行政处分或者其他人事处理决定的。行政处分是行政机关对内部行政违法行为追究法律责任的制度措施，如对公务员作出警告、记过、撤职或开除的处分。其他人事处理决定是指行政机关对其工作人员作出任免、升降、退休或培训等的决定。行政处分和其他人事处理的决定是行政机关的内部行政行为，这类行政行为引发的行政争议依法只能在行政系统内部解决，如向行政监察机关提起申诉等，而不能通过行政复议制度解决。行政复议一般解决的是由外部行政行为引发的行政争议。② 不服行政机关对民事纠纷作出的调解或者是其他处理的。行政机关对民事纠纷的调解和其他处理决定，是行政机关以第三者身份对民事纠纷进行调解或者处理，争议各方对调解或处理不服,不应以行政机关为被申请人向行政复议机关申请复议,而应依法向有关仲裁机关申请仲裁,或者向人民法院提起诉讼。

(二) 行政复议的管辖

行政复议的管辖是指各行政复议机关之间受理行政复议案件的分工和权限。我国行政复议的管辖遵循以下原则：① 便于行政复议申请人提出申请和参加复议；② 便于行政机关依法行使行政复议权；③ 坚持管辖的稳定性和灵活性相结合。基于上述原则,行政复议管辖分为一般管辖、特殊管辖、移送管辖和指定管辖。

1. 行政复议的一般管辖

《行政复议法》规定,对县级以上地方各级人民政府工作部门的具体行政行为不服的,由申请人选择,可以向该部门的本级人民政府申请行政复议,也可以向上一级主管部门申请行政复议。在这一规定中,申请人在一定范围内有选择复议机关的权利。但是,对海关、金融、国税、外汇管理等实行垂直领导的行政机关和国家安全机关的具体行政行为不服的,向上一级主管部门申请行政复议。对地方各级人民政府的具体行政行为不服的,申请人应向上一级地方人民政府申请行政复议。对国务院部门或者省、自治区、直辖市人民政府的具体行政行为不服的,向作出该具体行政行为的国务院部门或者省、自治区、直辖市人民政府申请行政复议。

2. 行政复议的特殊管辖

特殊管辖主要包括以下情况：① 对共同行政行为引起争议的复议管辖。《行政复议法》规定,对两个或者两个以上行政机关以共同的名义作出的具体行政行为不服的,向其共同上一级行政机关申请行政复议。② 对行政机关的派出机关或行政机关部门派出机构所作出的具体行政行为而引起争议的复议管辖。《行政复议法》规定,对县级以上地方人民政府依法设立的派出机关的具体行政行为不服的,向设立该派出机关的人民政府申请行政复议。对政府工作部门依法设立的派出机构依照法律、法规或者规章规定,以自己的名义作出的具体行政行为不服的,向设立该派出机构的部门或者该部门的本级地方人民政府申请行政复议。③ 对法律、法规授权组织作出的具体行政行为引起的复议管辖。《行政复议法》规定,申请人可分别向直接管理该组织的地方人民政府、地方人民政府工作部门或者国务院部门申请行政复议。④ 对行政机关委托的组织作出的具体行政行为而引起争议的复议管辖。由于受委托的组织作出的具体行为不以其自身的名义,而是以委托它的行政机关的名义,应向委托机关的上一级行政机关申请复议。⑤ 对被撤销的行政机关在其被撤销前作出的具体行政行为而引起争议的复议管辖。《行政复议法》规定,对被撤销的行政机关在撤销前所作出的具体行政行为不服的,向继续行使其职权的行政机关的上一级行政机关申请行政复议。

3. 行政复议的移送管辖

行政复议机关经审查发现已受理的案件不属于自己管辖,应当移送给有管辖权的复议机关。

4. 行政复议的指定管辖

这是指某一行政复议案件的管辖由上一级行政机关以裁定的方式指定。指定管辖适用于以下两种情形:一是行政复议机关对复议案件的管辖发生了争议而又协商不成,这种情形应由它们的共同上级行政机关指定管辖;二是行政复议机关由于特殊原因不能行使管辖权。

三、行政复议的参加人

行政复议的参加人包括申请人、被申请人、第三人和复议代理人。

(一) 申请人

《行政复议法》规定:"依照本法申请行政复议的公民、法人或者其他组织是申请人。"申请人享有复议申请权,但在下述情况发生时,其复议申请权可转移或者被承受:① 有权申请行政复议的公民死亡的,其近亲属可以申请行政复议;② 有权申请行政复议的法人或者其他组织终止的,承受其权利的法人或者其他组织可以申请行政复议。

(二) 被申请人

《行政复议法》规定:"公民、法人或其他组织对行政机关的具体行政行为不服申请行政复议的,作出具体行政行为的行政机关是被申请人。"由于作出具体行政行为的行政组织有多种形态,所以被申请人存在几种情况:① 独立被申请人。某项具体行政行为是由一个行政机关独立作出,该行政机关为独立被申请人。② 共同被申请人。某项具体行政行为是由两个或两个以上的行政机关作出,则它们是共同被申请人。③ 法定授权的组织为被申请人。法律、法规授权的组织作出的具体行政行为引起争议的,该法定授权组织是被申请人。④ 派出机关和派出机构为被申请人。行政机关的派出机关和以自己名义作出具体行政行为的派出机构,该派出机关和派出机构为被申请人。⑤ 继续行使被撤销行政机关职权的行政机关为被申请人。⑥ 委托机关为被申请人。行政机关委托的组织作出的具体行政行为引起争议的,委托行政机关是被申请人。

(三) 第三人

同申请行政复议的具体行政行为有利害关系的其他公民、法人或者其他组织,可以作为第三人参加行政复议。

(四) 复议代理人

行政复议代理人是指可代为申请人参加行政复议的人。代理人参加行政复议基于以下两种情形：① 有权申请行政复议的公民为无民事行为能力人或者限制民事行为能力人的，其法定代理人可以代为申请行政复议；② 申请人、第三人可以委托代理人代为参加行政复议。

四、行政复议的程序

（一）申请

行政复议的申请是指公民、法人或其他组织不服从行政机关作出的具体行政行为而向复议机关提出撤销或变更该具体行政行为的请求活动。行政复议申请是行政复议的起点，没有申请人的申请，行政复议程序不能启动。提起行政复议的应具备以下条件。

1. 申请必须在法定期限内提出

公民、法人或其他组织不服行政机关作出的具体行政行为，应当在知道具体行政行为之日起 60 日内提出行政复议申请，但法律规定的申请期限超过 60 日的除外。因不可抗力或者其他正当理由耽误法定申请期限的，申请期限自障碍消除之日起继续计算，如申请人病重耽误期限的。

2. 申请行政复议应符合法定条件

包括：① 申请人是认为具体行政行为侵犯其合法权益的公民、法人或其他组织；② 有明确的被申请人；③ 有具体的复议请求和事实根据；④ 行政争议属于申请复议的范围；⑤ 应向有管辖权的复议机关申请。

3. 申请行政复议应符合法定形式

申请人申请行政复议，可以采用书面的形式，即提交复议申请书，也可以采用口头的形式。口头申请的，行政复议机关应当场记录申请人的基本情况、复议请求、申请复议的主要事实、理由和时间。

（二）受理

行政复议的受理是指复议机关对符合法定条件的复议申请决定立案和处理。复议机关应依法于收到复议申请书之日起 5 日内进行审查，对符合条件的复议申请予以受理，对不符合条件的复议申请决定不予受理并书面告知申请人。

对依法提出的复议申请，行政复议机关无正当理由不得不予受理。否则，上级行政机关应当责令其受理，必要时，上级行政机关也可直接受理。

（三）审理

行政复议的审理是指行政复议机关对受理的行政争议案件进行合法性和适当性审查。审理是复议程序最关键的阶段，其结果是作出行政复议决定的依据。

1. 审理前的准备

行政复议机关负责法制工作的机构应当自行政复议申请受理之日起 7 日内，将行政复议申请书副本或者行政复议申请笔录复印件发送被申请人。被申请人应当自收到申请书副本或者申请笔录复印件之日起10日内,提出书面答复,并提交当初作出具体行政行为的证据、依据和其他有关材料。

2. 审理的形式

行政复议原则上采取书面审查的办法,但申请人提出要求或者行政复议机关负责法制工作的机构认为有必要时,可以向有关组织和人员调查情况,听取申请人、被申请人和第三人的意见。

3. 审理的期限

行政复议机关应当自受理申请之日起60日内作出行政复议决定;但法律规定的行政复议期限少于60日的除外。情况复杂,不能在规定期限内作出行政复议决定的,经行政复议机关的负责人批准,可以适当延长,并告知申请人和被申请人;延长期限最多不超过30日。

4. 审理内容

行政复议机关对引起争议的具体行政行为的合法性和适当性进行审查。此外,在一定情况下,行政复议机关还可以依法对引起争议的具体行政行为所依据的规范性文件的合法性进行审查。

5. 审理中的其他问题

(1) 复议期间具体行政行为的执行。按照《行政复议法》的规定,复议期间具体行政行为不停止执行。但是,存在下列情形之一的,可以停止执行:① 被申请人认为需要停止执行的;② 行政复议机关认为需要停止执行的;③ 申请人申请停止执行,行政复议机关认为其要求合理,决定停止执行的;④ 法律规定停止执行的。

(2) 复议申请的撤回,《行政复议法》第25条作了明确的规定,即复议决定作出之前,申请人要求撤回行政复议申请的,经说明理由,可以撤回;撤回行政复议申请的,行政复议终止。

(四) 复议决定

行政复议的决定是行政复议机关在对具体行政行为的合法性和适当性进行审查的基础上所作出的处理,其内容以行政复议决定书的形式表现出来。复议决定主要有以下三种类型。

1. 维持决定

具体行政行为认定事实清楚,证据确凿,适用依据正确,程序合法,内容适当的,决定维持。

2. 限期履行决定

被申请人不履行法定职责的,决定其在一定期限内履行。

3. 撤销、变更或确认违法的决定

具体行政行为有下列情形之一的,复议机关可以做出撤销、变更或者确认违法的决定:① 主要事实不清、证据不足的;② 适用依据错误的;③ 违反法定程序的;④ 超越或者滥用职权的;⑤ 具体行政行为明显不当的。由于上述原因被决定撤销或确认违法的具体行政行为,行政复议机关可以责令被申请人在一定期限内重新作出具体行政行为。行政复议机关责令被申请人重新作出具体行政行为的,被申请人不得以同一事实和理由作出与原具体行政行为相同或者基本相同的具体行政行为。

行政复议决定应当以书面形式作出,即应当制作行政复议决定书,并加盖印章。行政复议决定书一经送达,即发生法律效力,行政复议的当事人应当依法履行复议决定。

(五) 执行

根据行政复议法的规定,被申请人和申请人应当履行行政复议决定。被申请人不履行或者无正当理由拖延履行行政复议决定的,行政复议机关或者有关上级行政机关应当责令其限期履行;申请人逾期不起诉又不履行行政复议决定的,或者不履行最终裁决的行政复议决定的,按照下列规定分别处理:① 维持具体行政行为的行政复议决定,由作出具体行政行为的行政机关依法强制执行,或者申请人民法院强制执行;② 变更具体行政行为的行政复议决定,由行政复议机关依法强制执行,或者申请人民法院强制执行。

第二节 行政诉讼法

一、行政诉讼的概念与基本原则

(一) 行政诉讼的概念与特征

行政诉讼是指公民、法人或者其他组织认为行政主体以及法律、法规授权的组织作出的行政行为侵犯其合法权益时,依法向人民法院提起诉讼,人民法院有权对行政行为的合法性进行审查并作出裁判的活动。行政诉讼是解决行政争议、监督行政行为的最终程序,是法治国家的重要标志之一。

行政诉讼与民事诉讼、刑事诉讼一起,构成了我国的国家诉讼制度。作为诉讼制度,它们具有诸多共性,但行政诉讼也有其特殊性,具体表现在以下方面。

(1) 行政诉讼是人民法院通过审判方式来监督行政机关依法行政的一种司法活动。行政诉讼的目的是监督行政机关正确、合法地行使职权和履行职责,它是通过国家审判机关行使司法权审理、裁判行政争议案件的方式来实现这一目的的。

(2) 行政诉讼是解决特定范围内的行政争议的活动。行政争议是行政机关行使

职权的过程中与作为行政相对方的公民、法人或者其他组织之间所产生的纠纷。行政争议的种类繁多,其解决也有多种途径,如行政诉讼、行政复议、行政申诉等。可见,行政争议并不是仅由行政诉讼来解决,行政诉讼解决的行政争议仅限于一定范围内。依照法律的规定,我国行政诉讼所解决的行政争议的范围应是由行政行为所引发的争议。

(3) 行政诉讼是审查行政行为的合法性。在行政诉讼中,人民法院审查的是行政行为的合法性,对其合理性一般不予考虑。关于合法性,人民法院主要从实体和程序两个方面入手,审查行政行为是否具有法律依据。

(4) 行政诉讼的当事人具有恒定性。行政诉讼的当事人(即原告和被告)的法律地位是恒定的。原告只能作为行政管理相对方的公民、法人或其他组织,被告只能是作为行政管理方的行政机关,行政诉讼的原告、被告的恒定是由行政管理活动的特点决定的。另外,行政诉讼当事人的权利、义务具有特定性。原告享有起诉权、撤诉权,而被告不享有起诉权和反诉权,并且承担行政行为合法性的举证责任。

1989年4月4日,第七届全国人大第2次会议通过《行政诉讼法》,标志着我国的行政诉讼制度的建立。该法分别于2014年和2017年进行了修改。为了更好地贯彻实施修订后的新法,2018年2月6日最高人民法院公布《关于适用〈中华人民共和国行政诉讼法〉的解释》,2019年11月27日最高人民法院又发布了《关于审理行政协议案件若干问题的规定》。行政诉讼法是调整法院、行政诉讼参加人及法律监督机关在诉讼活动中所产生的相互关系的法律规范的总称。

(二) 行政诉讼法的基本原则

行政诉讼法的基本原则可分为两大类:一类是行政诉讼法作为三大诉讼法之一,与其他诉讼法都共有的基本原则,如法院依法独立行使审判权原则、以事实为依据,以法律为准绳原则、两审终审制原则等;另一类是行政诉讼法特有的基本原则,主要包括:

(1) 对行政行为合法性审查原则。《行政诉讼法》第6条规定:"人民法院审理行政案件,对行政行为是否合法进行审查。"合法性审查原则是指法院只对被诉的行政行为是否合法进行审查,这是一种有限度的审查,其界限是合法性,而不审查被诉的行政行为是否合理。法院对被诉的行政行为进行合法性审查具体包括审查该行政行为是否依照法律规定的范围、内容、方式、程序和权限作出。行政行为的合理性是指行政主体在其享有的自由裁量权范围内作出的行政决定具有适当性。法院原则上是不审查被诉行政行为的合理性的,即对行政行为的适当性不进行审查,但存在一个例外。《行政诉讼法》第77条第1款规定:"行政处罚明显不当,或者其他行政行为涉及对款额的确定、认定确有错误的,人民法院可以判决变更。"

(2) 行政行为不因诉讼停止执行原则。这是由行政行为具有先定力的性质决定的,即行政行为一旦作出便推定其为合法,产生约束力、确定力和执行力。因此,在法院作出的予以撤销判决生效之前,行政行为仍要执行,以保证国家行政管理活动的正常进行。但是,《行政诉讼法》规定,以下4种特殊情形之下行政行为应停止执行:① 被告认为需要停止执行的;② 原告或者利害关系人申请停止执行,人民法院认为该行政行为的执行会造成难以弥补的损失,并且停止执行不损害国家利益、社会公共利益的;③ 人民法院认为该行政行为的执行会给国家利益、社会公共利益造成重大损害的;④ 法律、法规规定停止执行的。如《治安管理处罚法》第107条规定:"被处罚人不服行政拘留处罚决定,申请行政复议、提起行政诉讼的,可以向公安机关提出暂缓执行行政拘留的申请。公安机关认为暂缓执行行政拘留不致发生社会危险的,由被处罚人或者其近亲属提出符合本法第一百零八条规定条件的担保人,或者按每日行政拘留二百元的标准交纳保证金,行政拘留的处罚决定暂缓执行。"

二、行政诉讼的受案范围与管辖

(一) 行政诉讼的受案范围

行政诉讼的受案范围是指人民法院受理行政案件的权限范围,即法院依法对哪些行政案件有权受理,或者说,公民、法人或其他组织依法就哪些行政争议可以向人民法院提起诉讼。

我国行政诉讼法关于受案范围的规定采取了混合式立法,即列举式与概括式相结合的方式。《行政诉讼法》第2条以概括方式确定了行政诉讼受案范围的基本界限:"公民、法人或者其他组织认为行政机关和行政机关工作人员的行政行为侵犯其合法权益,有权依照本法向人民法院提起诉讼。前款所称行政行为,包括法律、法规、规章授权的组织作出的行政行为。"《行政诉讼法》第12条第1款以列举的方式规定行政诉讼的具体受案范围:"对行政拘留、暂扣或者吊销许可证和执照、责令停产停业、没收违法所得、没收非法财物、罚款、警告等行政处罚不服的;对限制人身自由或者对财产的查封、扣押、冻结等行政强制措施和行政强制执行不服的;申请行政许可,行政机关拒绝或者在法定期限内不予答复,或者对行政机关作出的有关行政许可的其他决定不服的;对行政机关作出的关于确认土地、矿藏、水流、森林、山岭、草原、荒地、滩涂、海域等自然资源的所有权或者使用权的决定不服的;对征收、征用决定及其补偿决定不服的;申请行政机关履行保护人身权、财产权等合法权益的法定职责,行政机关拒绝履行或者不予答复的;认为行政机关侵犯其经营自主权或者农村土地承包经营权、农村土地经营权的;认为行政机关滥用行政权力排除或者限制竞争的;认为行政机关违法集资、摊派费用或者违法要求履行其他义务的;认为行政机关没有依法支付抚恤金、最低生活保障待遇或者社会保险待遇的;认为行政机关不依法履行、未按照约定履行或者违法变更、解除政府特许经营协议、土地房屋征收补偿协议等协议的;认为行政机关侵犯其他人身权、财产权等合法权益的。"该条第2款又以概括的方式作了补充规定:"人民法院受理法律、法规规定可以提起诉讼的其他行政案件。"在此采取概括方式立法主要是由于行政实践活动的复杂性使法律难以全面列举,并且随着我国法治进程的推进,我国行政诉讼法的受案范围将会进一步扩大,会有新的行政案件依法被纳入受案范围。

上述《行政诉讼法》规定的具体受案范围中提及了特许经营协议和土地房屋征收补偿协议等行政协议是引发行政诉讼争议的重要事由之一。由于行政协议是一种较为特殊的行政管理活动,2019年最高人民法院出台的司法解释对行政协议进行了较为细致和全面的规定。该司法解释第1条明确了行政协议的内涵:"行政机关为了实现行政管理或者公共服务目标,与公民、法人或者其他组织协商订立的具有行政法上权利义务内容的协议,属于行政诉讼法第十二条第一款第十一项规定的行政协议。"该司法解释第2条明确了行政协议的范围:政府特许经营协议;土地房屋征收补偿协议;矿业权出让协议等国有自然资源使用权出让协议;政府投资的保障性住房的租赁、买卖等协议;符合司法解释第1条规定的政府与社会资本合作协议等协议属于行政协议范围。

为使行政诉讼的受案范围更为明确、清楚,《行政诉讼法》规定了4种不属于法院受案范围的事项:① 国防、外交等国家行为。国家行为是指涉及国防、外交、军政等方面的具有高度政治性的行为,如与他国建交、断交的决定以及宣布国家进入战争状态的决定等。② 行政法规、规章或行政机关制定、发布的具有普遍约束力的决定、命令。上述为抽象行政行为,在我国有不可诉性。抽象行政行为被排除在受案范围之外的主要原因是,抽象行政行为对象的广泛性使其不宜采用司法审查方式以及宪法和有关组织法确定了对抽象行政行为的立法监督模式。③ 行政机关对其工作人员的奖惩、任免等决定。上述属于内部行政行为,不宜由法院介入处理,可通过向行政监督机构控告等方式解决。④ 法律规定由行政机关最终裁决的行政行为。此处的"法律"特指全国人民代表大会及其常委会通过的法规性文件,其授予行政机关对行政行为的最终裁决权主要是因为某些行政行为具有较强的技术性或紧急性或政治性因素,这主要是指《商标法》《专利法》《外国人入境出境管理法》及《公民出境入境管理法》的有关规定。此外,2019年最高人民法院出台的关于行政协议的司法解释第3条规定:对于行政机关之间因公务协助等事由而订立的协议、行政机关与其工作人员订立的劳动人事协议,不属于人民法院行政诉讼的受案范围。

(二)行政诉讼的管辖

行政诉讼的管辖是指不同级别和不同地区的人民法院之间受理第一审行政案件的分工和权限。我国行政诉讼法对管辖权的规定基于以下原则:① 便于原告或被告参加诉讼的原则;② 有利于法院及时、公正地审理案件的原则;③ 法院之间分工合理、负担均衡的原则。

（1）级别管辖。这是指人民法院上下级之间受理第一审行政案件的分工和权限。在我国，行政诉讼的级别管辖分为4级：① 一般第一审行政案件都由基层人民法院管辖，但法律规定由上级人民法院管辖的第一审行政案件除外。② 中级人民法院管辖的第一审行政案件有：海关处理的案件；对国务院部门或者县级以上地方人民政府所作的行政行为提起诉讼的案件；本辖区内重大、复杂的案件；其他法律规定由中级人民法院管辖的案件。③ 高级人民法院管辖本辖区内重大、复杂的第一审行政案件。④ 最高人民法院管辖全国范围内重大、复杂的第一审行政案件。

（2）地域管辖。这是指同级人民法院之间受理第一审行政案件的分工和权限，它又分为一般地域管辖、特殊地域管辖。《行政诉讼法》第18条规定："行政案件由最初作出行政行为的行政机关所在地人民法院管辖。经复议的案件，也可以由复议机关所在地人民法院管辖。"经最高人民法院批准，高级人民法院可以根据审判工作的实际情况，确定若干人民法院跨行政区域管辖行政案件。《行政诉讼法》对特殊地域管辖的规定分两种情形：① 对限制人身自由的行政强制措施不服提起的诉讼，由被告所在地或者原告所在地人民法院管辖；② 因不动产提起的行政诉讼，由不动产所在地人民法院管辖。此外，两个以上人民法院都有管辖权的案件，原告可以选择其中一个人民法院提起诉讼。原告向两个以上有管辖权的人民法院提起诉讼的，由最先立案的人民法院管辖。

此外，为了创造良好的营商环境，减少行政干预，保护包括民营企业等行政协议相对人一方的合法权益，2019年最高院出台的司法解释以民事合同案件的管辖规定为参照，明确行政协议当事人可以书面协议的形式约定案件管辖的法院。其第7条规定："当事人书面协议约定选择被告所在地、原告所在地、协议履行地、协议订立地、标的物所在地等与争议有实际联系地点的人民法院管辖的，人民法院从其约定，但违反级别管辖和专属管辖的除外。"

（3）裁定管辖。这是指由法院以裁定的方式来确定诉讼管辖法院。裁定管辖包括移送管辖、指定管辖、移转管辖。《行政诉讼法》第22条规定了移送管辖："人民法院发现受理的案件不属于自己管辖时，应当移送有管辖权的人民法院。受移送的人民法院应当受理。受移送的人民法院认为移送的案件按照规定不属于本院管辖的，应当报请上级人民法院指定管辖，不得再自行移送。"《行政诉讼法》第23条规定了指定管辖的两种情形：① 有管辖权的人民法院由于特殊原因不能行使管辖权的，由上级人民法院指定管辖。② 人民法院对管辖权发生争议的，由争议双方协商解决。协商不成的，报它们的共同上级人民法院指定管辖。《行政诉讼法》第24条规定："上级人民法院有权审判下级人民法院管辖的第一审行政案件。下级人民法院对其管辖的第一审行政案件,认为需要由上级人民法院审理或者指定管辖的,可以报请上级人民法院决定。"这是确定移转管辖权的法律依据。

三、行政诉讼的参加人

行政诉讼的参加人包括当事人(原告、被告、第三人)和诉讼代理人。在不同的行政诉讼程序中,当事人的称谓有所不同,在一审程序中,称原告、被告、第三人;在二审程序中,称上诉人和被上诉人;在执行程序中,称申请执行人和被申请执行人。

(一)原告

行政诉讼的原告是指行政行为的相对人以及其他与行政行为有利害关系的公民、法人或者其他组织。为了切实保障公民、法人或其他组织的合法权益以及更好地监督行政机关依法行政,《行政诉讼法》规定在下列情形下,原告的资格可以转移:① 有权提起诉讼的公民死亡,其近亲属可以提起诉讼;② 有权提起诉讼的法人或者其他组织终止,承受其权利的法人或者其他组织可以提起诉讼。上述两种情形中,承受原告资格的公民或者组织以自己的名义提起诉讼,参加诉讼活动。

此外,人民检察院在一些特殊情况下也可以作为原告提起行政诉讼。《行政诉讼法》第 25 条第 3 款规定:"人民检察院在履行职责中发现生态环境和资源保护、食品药品安全、国有财产保护、国有土地使用权出让等领域负有监督管理职责的行政机关违法行使职权或者不作为,致使国家利益或者社会公共利益受到侵害的,应当向行政机关提出检察建议,督促其依法履行职责。行政机关不依法履行职责的,人民检察院依法向人民法院提起诉讼。"由于行政协议的订立和履行会涉及行政协议当事人之外的相关利害关系的公民、法人或其他组织的权利和义务,因此 2019 年最高院出台的司法解释打破了民事合同相对性原则,其第 5 条规定了行政协议中的一些利害关系人可作为原告提起行政诉讼,包括:参与招标、拍卖、挂牌等竞争性活动,认为行政机关应当依法与其订立行政协议但行政机关拒绝订立,或者认为行政机关与他人订立行政协议损害其合法权益的公民、法人或者其他组织;认为征收征用补偿协议损害其合法权益的被征收征用土地、房屋等不动产的用益物权人、公房承租人;其他认为行政协议的订立、履行、变更、终止等行为损害其合法权益的公民、法人或者其他组织。

(二)被告

行政诉讼的被告是指被控其行政行为侵犯了原告的合法权益,由人民法院通知应诉的行政机关。依照行政诉讼法的规定,并结合审判实践,行政诉讼的被告包括:① 公民、法人或者其他组织不经行政复议直接向人民法院起诉,作出行政行为的行政机关是被告;② 经复议的案件,复议机关决定维持原行政行为的,作出原行政行为的行政机关和复议机关是共同被告,复议机关改变了原行政行为的,复议机关是被告;③ 复议机关在法定期限内未作出复议决定,公民、法人或者其他组织起诉原行政行为的,作出原行政行为的行政机关是被告;起诉复议机关不作为的,复议机关是被告;④ 两个以上行政机关作出同一行政行为的,共同作出行政行为的行政机关是共同被告;⑤ 由行政机关委托的组织所作的行政行为,委托的行政机关是被告;⑥ 行政机关被撤销的或者职权变更的,继续行使其职权的行政机关是被告。

(三) 第三人

行政诉讼的第三人是指公民、法人或者其他组织同被诉行政行为有利害关系但没有提起诉讼的,或者同案件处理结果有利害关系的,可以作为第三人申请参加诉讼或者由人民法院通知其参加诉讼。法律规定第三人制度,有利于法院公正、及时地解决行政争议,同时保障了第三人的合法权益。与民事诉讼第三人相比,行政诉讼第三人不作有独立请求权第三人与无独立请求权第三人的划分,由于行政诉讼的特殊性,可以说行政诉讼第三人都是有独立请求权的第三人。如人民法院判决第三人承担义务或者减损第三人权益的,第三人有权依法提起诉讼。

依照法律的规定并结合司法实践,行政诉讼第三人主要可分为以下 6 种类型。

(1) 行政处罚案件的受害人或被处罚人。在行政处罚案件中,受害人不服行政处罚提起诉讼的,被处罚人可作为第三人参加诉讼;如果被处罚人不服而作为原告起诉至法院的,受害人可作为第三人参加诉讼。

(2) 行政处罚案件中的共同被处罚人。在一个行政处罚案件中,行政机关处罚了两个以上的违法行为人,其中一部分被处罚人对行政行为不服提起诉讼的,没有起诉的另一部分被处罚人应作为第三人参加诉讼。

(3) 行政裁决案件中的第三人。行政裁决是行政机关依职权对非合同民事纠纷进行裁决的准司法行为。对裁决结果不服的一方提起诉讼的,另一方应作为第三人参加诉讼。

(4) 与行政机关共同署名作出行政行为的非行政组织。这种非行政组织因缺乏法律授权,不能成为被告。但在行政决定涉及赔偿问题时,该组织应作为第三人参加诉讼,以承担应有的法律责任。

(5) 两个以上的行政机关做出相互矛盾的行政行为时,公民、法人或者其他组织起诉了其中某一行政机关,其他行政机关可作为第三人参加诉讼。

(6) 应当追加被告而原告不同意追加的,法院应通知其以第三人的身份参加诉讼。

(四) 诉讼代理人

行政诉讼的代理人是指行政诉讼过程中,以当事人的名义在代理权限内进行诉讼活动的人。法律设定诉讼代理人的目的,一方面是为协助或帮助当事人更好地行使权利,保护合法权益,另一方面也有助于法院及时、公正地作出判决。行政诉讼的代理人由于代理权取得依据的不同可分为以下3种。

1. 法定代理人

这是指基于法律的直接规定享有代理权,代替无诉讼行为能力人进行行政诉讼的人。《行政诉讼法》第30条规定:"没有诉讼行为能力的公民,由其法定代理人代为诉讼。"无诉讼行为能力的人主要是指未成年人或精神病人,他们的亲属监护人作为其法定代理人代为诉讼。如果被代理人没有作为监护人的亲属,则由精神病人所在的单位或未成年人的父母所在的单位,或他们住所地的居民委员会、村民委员会以监护人的身份作为法定代理人,代为诉讼。

2. 指定代理人

这是指法定代理人互相推诿代理责任,由人民法院指定其中一人代为诉讼,被指定的人为指定代理人。另外,还包括当法定代理人不能行使代理权时,法院指定代理人。

3. 委托代理人

这是指受当事人、法定代理人的委托,代为进行诉讼活动的人。律师、基层法律服务工作者,当事人的近亲属或者工作人员,当事人所在社区、单位以及有关社会团体推荐的公民,可以受委托成为委托代理人。

四、行政诉讼的证据与法律适用

(一)行政诉讼的证据

1. 行政诉讼证据的概念与分类

行政诉讼的证据是指在行政诉讼过程中,一切用来证明行政案件真实情况的事实材料。

依照《行政诉讼法》第33条的规定,行政诉讼的证据可分为以下7类:① 书证,是指用文字、图画、符号等形式记载了人的思想的用来证明案件事实的书面材料,如书信。② 物证,是指以其形状、结构、质量、规格等证明案件事实的物品或痕迹,如被查封财产等。③ 视听资料,是指用录音、录像的方法录制的音像制品或用电子计算机存储的数据来证明案件事实的证据。④ 证人证言,是指证人就其所知道的案件事实情况向法院所作的陈述,此种陈述可以是口头形式,也可以是书面形式。⑤ 当事人的陈述,是指在诉讼过程中,当事人就其所知道的有关案件事实情况向法院所作的叙述。⑥ 鉴定意见,是指鉴定人运用自己的专业知识,利用专门的设备和材料,对与案件事实有联系的专门问题所作出的结论性意见。⑦ 勘验笔录、现场笔录,勘验笔录是指行政执法人员或人民法院在案发现场进行检验、勘查所作的书面记录;现场笔录是指行政执法人员在行政管理过程中所作的书面记录。⑧ 电子数据。依照《行政诉讼法》的规定,上述证据未经法庭质证,即法庭审查属实,不能作为认定案件事实的根据。

证据的取得既可以是当事人向人民法院提供,也可以由人民法院在必要情况下依法收集,但是在诉讼过程中被告不得自行向原告或证人收集证据。在证据可能灭失或者以后难以取得的情况下,诉讼参加人可以向人民法院申请保全证据,人民法院也可以主动采取保全措施。

2. 行政诉讼举证责任的分担

《行政诉讼法》第34条规定:"被告对作出的行政行为负有举证责任,应当提供作出该行政行为的证据和所依据的规范性文件。"由上述规定可见,在我国的行政诉讼中,被告对行政行为的合法性承担举证责任。在民事诉讼中,一般遵循"谁主张,谁举证"的举证责任分配原则,行政立法确认被告负举证责任的原因是:① 行政程序遵循"先取证,后裁决"的原则进行;② 在行政法律关系中,行政机关处于支配地位,原告处于弱势地位,行政机关举证能力与原告相比更为有力;③ 确认被告承担举证责任,可促进行政机关依法行政。

行政诉讼中被告依法对行政行为的合法性负举证责任,但是原告可以提供证明行政行为违法的证据。如2019年最高法出台的关于行政协议的司法解释第10条第2款规定:"原告主张撤销、解除行政协议的,对撤销、解除行政协议的事由承担举证责任。"原告提供的证据不成立的,不免除被告的举证责任。在起诉被告不履行法定职责的案件中,原告应当提供其向被告提出申请的证据。但有以下两种情形除外:① 被告应当依职权主动履行法定职责的;② 原告因正当理由不能提供证据的。此外,在行政赔偿、补偿的案件中,原告应当对行政行为造成的损害提供证据。因被告的原因导致原告无法举证的,由被告承担举证责任。

(二) 行政诉讼的法律适用

行政诉讼的法律适用是指人民法院依法定程序,将法律、法规或规章具体运用于行政案件,对被诉的行政行为的合法性进行审查并作出判决的活动。在我国的行政诉讼中,法律的适用应遵循依据法律、法规,参照规章的原则,对此,《行政诉讼法》作了如下规定:人民法院审理行政案件,以法律和行政法规、地方性法规为依据。地方性法规适用于本行政区域内发生的行政案件。人民法院审理民族自治地方的行政案件,并以该民族自治地方的自治条例和单行条例为依据。人民法院审理行政案件,参照国务院部、委根据法律和国务院的行政法规、决定、命令制定、发布的规章以及省、自治区、直辖市和省、自治区的人民政府所在地的市和经国务院批准的较大的市的人民政府根据法律和国务院的行政法规制定、发布的规章。

在行政诉讼中,法律的适用可能出现冲突,即人民法院在审理行政案件的过程中,发现被审查的行政行为受两个或两个以上的法律规范性文件调整,并且法院适用不同的规范性文件产生不同的裁判结果。为解决法律适用的冲突,司法实践中一般遵循优先适用高层次法律、新法效力优于旧法效力、特别法优于普通法等原则。另外,根据《行政诉讼法》第53条和64条的规定,如果公民、法人或者其他组织认为行政行为所依据的国务院部门和地方人民政府及其部门制定的规范性文件不合法,在对行政行为提起诉讼时,可以一并请求对该规范性文件进行审查。人民法院在审理行政案件中,经审查认为上述规范性文件不合法的,不作为认定行政行为合法的依据,并向制定机关提出处理建议。

五、行政诉讼的程序

(一)起诉与受理

1. 起诉

起诉与受理是行政诉讼的启动程序。起诉是指公民、法人或其他组织认为行政行为侵犯其合法权益,依法请求人民法院行使国家审判权予以保护的诉讼行为。《行政诉讼法》规定,原告提起诉讼必须符合下列条件:① 原告是符合本法第25条规定的公民、法人或者其他组织;② 有明确的被告;③ 有具体的诉讼请求和事实根据;④ 属于人民法院受案范围和受诉人民法院管辖。

《行政诉讼法》规定原告的起诉时间是,当事人不经复议直接向人民法院提起诉讼的,应当自知道或者应当知道做出行政行为之日起6个月内提出;当事人不服行政复议而提起诉讼的,可以在收到复议决定书之日起15日内向人民法院提起诉讼。复议机关逾期不作决定的,申请人可以在复议期满之日起15日内向人民法院提起诉讼。法律另有规定的除外。《行政诉讼法》还规定了特殊情况下的起诉期限,即公民、法人或者其他组织不知道行政机关作出的行政行为内容的,其起诉期限从知道或者应当知道该具体行政行为内容之日起计算。对涉及不动产的行政行为从作出之日起超过20年、其他案件自行政行为作出之日起超过5年提起诉讼的,人民法院不予受理。

2. 受理

受理是指人民法院对公民、法人或其他组织的起诉经过审查,确认其符合法定条件的,决定立案审理的诉讼行为。人民法院在接到起诉状时对符合本法规定的起诉条件的,应当登记立案。对当场不能判定是否符合本法规定的起诉条件的,应当接收起诉状,出具注明收到日期的书面凭证,并在7日内决定是否立案。不符合起诉条件的,作出不予立案的裁定。裁定书应当载明不予立案的理由。原告对裁定不服的,可以提起上诉。起诉状内容欠缺或者有其他错误的,应当给予指导和释明,并一次性告知当事人需要补正的内容。不得未经指导和释明即以起诉不符合条件为由不接收起诉状。

对于不接收起诉状、接收起诉状后不出具书面凭证,以及不一次性告知当事人需要补正的起诉状内容的,当事人可以向上级人民法院投诉,上级人民法院应当责令改正,并对直接负责的主管人员和其他直接责任人员依法给予处分。而对于人民法院既不立案,又不作出不予立案裁定的,当事人可以向上一级人民法院起诉。上一级人民法院认为符合起诉条件的,应当立案、审理,也可以指定其他下级人民法院立案、审理。

(二) 第一审程序

第一审程序是指人民法院第一次审理行政案件的程序。在我国,行政诉讼实行两审终审制,一审程序是一切行政诉讼案件的必经程序,适用广泛。

1. 审理前的准备

审理前的准备是指人民法院在受理案件后至开庭前,为保证庭审工作顺利进行而依法进行的准备工作。审理前的准备主要包括下列内容:① 组成合议庭,确定审判人员;② 发送起诉状和答辩状副本;③ 审查有关诉讼文书和证据材料;④ 更换和追加当事人;⑤ 确定开庭审理的时间、地点,并于开庭前3日内通知当事人和其他诉讼参与人等。

2. 开庭审理

开庭审理是人民法院在当事人和其他诉讼参与人的参加下,以法定的方式和程序,在法庭上对行政案件进行审理的诉讼活动。开庭审理的主要程序如下。

(1) 开庭前准备。由书记员查明当事人和其他诉讼参与人是否到庭,并宣布法庭纪律。

(2) 宣布开庭。审判长宣布开庭并核对当事人,宣布案由、审理人员、书记员名单,告知当事人的权利义务,询问当事人是否提出回避申请。

(3) 法庭调查。在法庭主持下全面查清案件事实,当庭审核各种证据。

(4) 法庭辩论。在审判人员主持下,当事人及其诉讼代理人对案件的事实认定、证据及法律适用阐述自己的意见,反驳对方的主张的一种诉讼活动。

(5) 合议庭评议。合议庭成员在法庭辩论结束,审判长宣布暂时休庭后,对行政案件分析研究,对各方当事人的主张进行评价、确认,依据少数服从多数的原则做出裁决的活动。

(6) 宣读判决。合议庭评议后,审判长宣布继续开庭并当庭宣布裁决,如不能当庭宣判的,则应定期宣判。当庭宣判的应在10日内发送判决书;定期宣判的,宣判后立即发给判决书。

(三) 第二审程序

第二审程序是指上级人民法院对下级人民法院就第一审行政案件所作出的裁判,在未发生法律效力前,因当事人上诉而进行重新审理的程序。设定二审程序,是为了保护当事人的合法权益,实现上级法院对下级法院的监督。其具体规定与民事诉讼的审判监督程序基本相同（详见本书第二十四章，此处略）。

（四）审判监督程序

审判监督程序是指人民法院发现已发生法律效力的裁判违反法律、法规的规定，依法对案件进行再次审理的程序，又称再审程序。其具体规定与民事诉讼的审判监督程序基本相同。

（五）执行程序

行政诉讼法规定，当事人必须履行人民法院发生法律效力的判决、裁定。公民、法人或者其他组织拒绝履行判决、裁定的，行政机关可以向第一审人民法院申请强制执行，或者依法强制执行。行政机关拒绝履行判决、裁定的，第一审人民法院可以采取以下措施：① 对应当归还的罚款或者应当给付的款额，通知银行从该行政机关的账户内划拨；② 在规定期限内不履行的，从期满之日起，对该行政机关负责人按日处50元至100元的罚款；③ 将行政机关拒绝履行的情况予以公告；④ 向监察机关或者该行政机关的上一级行政机关提出司法建议，接受司法建议的机关，根据有关规定进行处理，并将处理情况告知人民法院；⑤ 拒不履行判决、裁定、调解书，社会影响恶劣的，可以对该行政机关直接负责的主管人员和其他直接责任人员予以拘留；情节严重，构成犯罪的，依法追究刑事责任。

本章复习思考题

1. 什么是行政复议？其有哪些特点？
2. 简述行政复议的受案范围。
3. 简述行政复议的申请条件。
4. 什么是行政诉讼？其有哪些特点？
5. 简述行政诉讼的受案范围。
6. 简述行政诉讼证据的种类。

第二十二章　民事诉讼法

第一节　民事诉讼法概述

一、民事诉讼法的概念和任务

民事诉讼是指人民法院为解决民事争议,在当事人和其他诉讼参与人的参加下,所进行的各种诉讼活动,以及由此所产生的各种诉讼关系的总和。民事诉讼法则是规定人民法院和一切诉讼参与人在审理民事案件的过程中所进行的各种诉讼活动,以及由此而产生的各种诉讼关系的法律规范的总称。

我国于1991年4月9日第七届全国人大第4次会议通过了《民事诉讼法》,并分别于2007年、2012年、2017年作了修改。2012年该法的修改具有里程碑意义:完善了调解与诉讼相衔接的机制,对充分发挥调解作用,尽量将矛盾纠纷解决在基层、解决在当地具有现实意义;完善了起诉和受理程序及当事人举证制度,增加了公益诉讼制度,对进一步保障当事人的诉讼权利发挥重要作用;完善了简易程序,增设了小额诉讼制度,对提高审判效率、合理利用司法资源具有重要意义;强化了法律监督,增加了监督方式,扩大了监督范围;进一步完善了审判监督程序和执行程序。2017年该法的修改又新增了关于公益诉讼的规定:"人民检察院在履行职责中发现破坏生态环境和资源保护、食品药品安全领域侵害众多消费者合法权益等损害社会公共利益的行为,在没有前款规定的机关和组织或者前款规定的机关和组织不提起诉讼的情况下,可以向人民法院提起诉讼。前款规定的机关或者组织提起诉讼的,人民检察院可以支持起诉。"

二、我国民事诉讼法的基本原则

民事诉讼法的基本原则是指导人民法院和诉讼参与人开展民事诉讼活动的基本准则。民事诉讼除了与刑事诉讼、行政诉讼共同遵循诸如独立审判、公开审判、以事实为根据、以法律为准绳、两审终审等原则外,还有自己特有的原则,包括调解原则、处分原则、支持起诉原则等。

1. 调解原则

民事诉讼法规定,人民法院审理民事案件,应当根据自愿和合法的原则进行调解;调解不成的,应当及时判决。调解原则包括以下内容:① 调解是民事审判的一种工作方法;② 调解也是一种结案方式;③ 人民法院对于案件调解不成的,应当及时判决,不应"久调不决"。

2. 处分原则

民事诉讼法规定,当事人有权在法律规定的范围内处分自己的民事权利和诉讼权利。处分原则的内容包括:① 当事人有权主张、变更或者放弃所享有的民事权利;② 当事人也有权依法处分自己的诉讼权利,如当事人有权决定是否起诉,原告可以撤回起诉或者变更诉讼请求,被告可以全部或者部分承认原告的诉讼请求,也可以反驳诉讼请求,有权决定是否同意调解、对一审判决、裁定是否上诉,有权决定是否申请执行已生效的一审判决等。应当注意的是,当事人的处分行为必须合法,并不得损害国家、集体或者他人的合法权益。

3. 支持起诉原则

支持起诉原则又称社会干预原则,是指机关、社会团体、企业事业单位对损害国家、集体或者个人民事权益的行为,可以支持受损害的单位或者个人向人民法院起诉。应当注意的是,支持起诉者只限于单位,不包括个人,并且支持起诉者不能以自己的名义起诉。此外,支持起诉只适用于对侵权行为提起的诉讼。

第二节 管 辖

一、管辖的概念

管辖是指人民法院系统内各级人民法院之间以及同级的各个人民法院之间受理第一审民事案件的分工和权限。管辖与主管不同。主管是人民法院与其他国家机关、社会团体在处理民事纠纷方面的分工,人民法院对其主管的案件有管辖权。

二、管辖的种类

管辖一般分为级别管辖、地域管辖、移送管辖和指定管辖。级别管辖是从纵的方面划分各级人民法院对第一审案件的管辖分工;地域管辖则是从横的方面确定同一级法院之间对管辖案件的分工。

(一)级别管辖

级别管辖是上下级人民法院受理第一审民事案件的分工和权限。它是依案件的性质、繁简程度和影响范围的大小来确定的。我国人民法院共分四级,分级管辖民事案件使得每一级法院均有机会管辖一审案件,但绝大多数案件仍由基层人民法院作为第一审法院。按照民事诉讼法规定,原则上第一审民事案件应由基层人民法院管辖;但本法另有规定的除外。中级人民法院管辖以下案件：① 重大的涉外案件；② 在本辖区内有重大影响的案件；③ 最高人民法院确定由中级人民法院管辖的案件。高级人民法院管辖本辖区内有重大影响的案件。最高人民法院管辖下列第一审民事案件：① 在全国有重大影响的案件；② 认为应当由本院审理的案件。

（二）地域管辖

地域管辖是指按照地域标准（也即按照人民法院的辖区和民事案件的隶属关系）所划分的管辖。它是同一级的法院之间的分工。地域管辖又分为一般地域管辖、特殊地域管辖和专属管辖，以及由共同管辖所产生的选择管辖和依当事人协议产生的协议管辖等。

一般地域管辖又称普通管辖，是指按照当事人所在地与法院辖区的隶属关系所确定的管辖。其通常适用的原则是"原告就被告"，即原告向被告住所地的人民法院起诉。确立"原告就被告"原则，既有利于被告应诉，又便于法院行使审判权，还有利于人民法院采取财产保全和执行措施，同时也可在一定程度上防止原告滥用起诉权。根据民事诉讼法规定，有下列情况之一的，不适用"原告就被告"，而由原告住所地人民法院管辖：① 对不在中华人民共和国领域内居住的人提起的有关身份关系的诉讼；② 对下落不明或者宣告失踪的人提起的有关身份关系的诉讼；③ 对被劳动教养的人提起的诉讼；④ 对被监禁的人提起的诉讼。

特殊地域管辖又称特别管辖，是指以诉讼标的所在地、法律事实所在地以及被告住所地为标准确定的管辖。特殊地域管辖的案件主要有以下10种：① 因合同纠纷提起的诉讼，由被告住所地或者合同履行地法院管辖；② 因保险合同纠纷提起的诉讼，由被告住所地或者保险标的物所在地法院管辖；③ 因票据纠纷提起的诉讼，由票据支付地或者被告住所地法院管辖；④ 因公司设立、确认股东资格、分配利润、解散等纠纷提起的诉讼，由公司住所地人民法院管辖；⑤ 因铁路、公路、水上、航空运输和联合运输合同纠纷提起的诉讼，由运输始发地、目的地或者被告住所地法院管辖；⑥ 因侵权行为提起的诉讼，由侵权行为地或者被告住所地法院管辖；⑦ 因铁路、公路、水上和航空事故请求损害赔偿提起的诉讼，由事故发生地或者车辆、船舶最先到达地、航空器最先降落地或者被告住所地法院管辖；⑧ 因船舶碰撞或者其他海事损害事故请求损害赔偿提起的诉讼，由碰撞发生地、碰撞船舶最先到达地、加害船舶被扣留地或者被告住所地法院管辖；⑨ 因海难救助费用提起的诉讼，由救助地或者被救助船舶最先到达地法院管辖；⑩ 因共同海损提起的诉讼，由船舶最先到达地、共同海损理算地或者航程终止地法院管辖。

专属管辖是指法律规定某些案件必须由特定的人民法院管辖的，其他法院无权管辖，当事人也不得协议变更管辖。专属管辖的案件主要包括：① 因不动产纠纷提起的诉讼，由不动产所在地法院管辖；② 因港口作业发生的纠纷提起的诉讼，由港口所在地法院管辖；③因继承遗产纠纷提起的诉讼，由被继承人死亡时住所地或者主要遗产所在地法院管辖。

共同管辖是指对同一案件，两个以上人民法院都有管辖权。此时，就产生所谓的管辖权的积极冲突。按照规定，管辖权发生冲突时，当事人可以选择向其中一个人民法院起诉，称为选择管辖。如果原告向两个以上有管辖权的法院起诉的，由最先立案的人民法院管辖。

协议管辖是指允许当事人用协议的方式选择其间争议的管辖法院。民事诉讼法规定，合同或者其他财产权益纠纷的当事人可以书面协议选择被告住所地、合同履行地、合同签订地、原告住所地、标的物所在地等与争议有实际联系的地点的人民法院管辖，但不得违反本法对级别管辖和专属管辖的规定。

（三）移送管辖和指定管辖

移送管辖是指人民法院发现受理的案件不属于本院管辖的，应当移送有管辖权的人民法院，受移送的人民法院应当受理。受移送的人民法院认为受移送的案件依照规定不属于本院管辖的，应当报请上级人民法院指定管辖，不得再自行移送。

指定管辖是指有管辖权的人民法院由于特殊原因，不能行使管辖权的，由上级人民法院指定管辖。或者人民法院之间因管辖权发生争议，由争议双方协商解决；协商解决不了的，报请它们的共同上级人民法院指定管辖。

上级人民法院有权审理下级人民法院管辖的第一审民事案件；确有必要将本院管辖的第一审民事案件交下级人民法院审理的，应当报请其上级人民法院批准。下级人民法院对它所管辖的第一审民事案件，认为需要由上级人民法院审理的，可以报请上级人民法院审理。

三、管辖权异议

管辖权异议是指当事人认为受诉法院或者受诉法院移送后的法院对案件无管辖权的，向受诉法院提出的不服管辖的意见或主张。民事诉讼法规定，人民法院受理案件后，当事人对管辖权有异议的，应当在提交答辩状期间提出。人民法院对当事人提出的异议，应当审查。异议成立的，裁定将案件移送有管辖权的人民法院；异议不成立的，裁定驳回。当事人未提出管辖异议并应诉答辩的，视为受诉人民法院有管辖权，但违反级别管辖和专属管辖规定的除外。

第三节 诉讼参加人

一、当事人

当事人是指因民事权利、义务关系发生争议，为保护自己的民事权益，以自己的名义起诉、应诉,并受人民法院裁判约束的人。当事人在第一审程序中称为原告和被告,在第二审程序中称为上诉人和被上诉人,在执行程序中称为申请执行人和被执行人。当事人如果亲自进行诉讼活动,必须具有诉讼行为能力。按照规定,无民事行为能力人和限制民事行为能力人进行诉讼,应由其法定代理人或者指定代理人代为进行;法人应由其法定代表人进行诉讼;不具有法人地位的其他组织则应由其主要负责人进行诉讼。

民事诉讼法规定,当事人在民事诉讼中享有以下诉讼权利:请求司法保护的权利;委托代理人进行诉讼的权利;申请回避的权利;收集和提供证据的权利;进行辩论的权利;请求调解的权利;自行和解的权利;提起上诉的权利;申请执行的权利;查阅和复制本案有关材料的权利等。

二、共同诉讼人

当事人一方或者双方为两人以上,其诉讼标的是共同的,或者诉讼标的是同一种类、人民法院认为可以合并审理并经当事人同意的,为共同诉讼。共同诉讼的一方当事人对诉讼标的有共同权利义务的,其中一人的诉讼行为经其他共同诉讼人承认,对其他共同诉讼人发生效力;对诉讼标的没有共同权利义务的,其中一人的诉讼行为对其他共同诉讼人不发生效力。

三、代表人诉讼

代表人诉讼又称群体诉讼,是指具有共同或者同种类法律利益的一方当事人人数众多,且不能进行共同诉讼时,由其代表人进行诉讼的一种制度。对此,民事诉讼法规定了如下两种情况。

1. 选定代表人

当事人一方人数众多的共同诉讼,可以由当事人推选代表人进行诉讼。代表人的诉讼行为对其所代表的当事人发生效力,但代表人变更、放弃诉讼请求或者承认对方当事人的诉讼请求、进行和解,必须经被代表的当事人同意。

2. 集团诉讼

诉讼标的是同一种类、当事人一方人数众多而在起诉时人数尚未确定的,人民法院可以发出公告,说明案件情况和诉讼请求,通知权利人在一定期间向人民法院登记。登记的权利人可以推选代表人进行诉讼;推选不出代表人的,人民法院可以与参加登记的权利人商定代表人。代表人的诉讼行为对其所代表的当事人发生效力,但代表人变更、放弃诉讼请求或者承认对方当事人的诉讼请求、进行和解,必须经被代表的当事人同意。人民法院作出的判决、裁定,对参加登记的全体权利人发生效力。未参加登记的权利人在诉讼时效期间提起诉讼的,适用该判决、裁定。

四、公益诉讼

对污染环境、侵害众多消费者合法权益等损害社会公共利益的行为,法律规定的机关和有关组织可以向人民法院提起诉讼①。

五、第三人

民事诉讼的第三人是指对他人争议的诉讼标的有独立请求权,或者虽无独立的请求权,但案件的处理结果与其有法律上的利害关系,而参加到原告、被告已经开始的诉讼中进行诉讼的人。对当事人双方的诉讼标的,认为有独立请求权的第三人,有权提起诉讼;没有独立请求权的第三人,可以申请参加诉讼,或者由人民法院通知他参加诉讼。人民法院判决承担民事责任的第三人,有当事人的诉讼权利义务。

第三人因不能归责于本人的事由未参加诉讼,但有证据证明发生法律效力的判决、裁定、调解书的部分或者全部内容错误,损害其民事权益的,可以自知道或者应当知道其民事权益受到损害之日起6个月内,向作出该判决、裁定、调解书的人民法院提起诉讼。人民法院经审理,诉讼请求成立的,应当改变或者撤销原判决、裁定、调解书;诉讼请求不成立的,驳回诉讼请求。

六、诉讼代理人

诉讼代理人是指在民事诉讼中,根据法律的规定或者当事人的授权,代理当事人一方,以被代理人的名义进行诉讼活动的人。我国民事诉讼法规定的诉讼代理人分为法定代理人和委托代理人两种。

法定代理人是指依照法律的规定代无诉讼行为能力的当事人行使诉讼权利、承担诉讼义务的人。我国民事诉讼法规定,无诉讼行为能力人由他的监护人作为法定代理人代为诉讼。法定代理人之间互相推诿代理责任的,由人民法院指定其中一人代为诉讼。

委托代理人是指受当事人、法定代表人、法定代理人和诉讼代表人的委托,代为实施诉讼行为的人。关于委托代理人的范围,民事诉讼法规定,当事人、法定代理人可以委托一至二人作为诉讼代理人。律师、基层法律服务工作者、当事人的近亲属或者工作人员、当事人所在社区、单位以及有关社会团体推荐的公民都可以被委托为诉

---

① 公益诉讼是指有关国家机关、社会团体和公民个人,对侵犯国家利益、社会公共利益的行为,请求人民法院进行纠正和制裁的诉讼活动,包括公益公诉、公益私诉两类诉讼形式。公益诉讼是没有直接利益的关联者也有资格对侵害社会或者公共品的行为提起诉讼,它强调社会存在一种隐形且共同关联的利益,这是对"谁受害、谁起诉"的私权诉讼的深化。

讼代理人。委托他人代为诉讼，必须向人民法院提交由委托人签名或者盖章的授权委托书，并须记明委托事项和权限。诉讼代理人代为承认、放弃、变更诉讼请求，进行和解，提起反诉或者上诉，必须有委托人的特别授权。侨居在国外的中华人民共和国公民从国外寄交或者托交的授权委托书，必须经中华人民共和国驻该国的使领馆证明；没有使领馆的，由与中华人民共和国有外交关系的第三国驻该国的使领馆证明，再转由中华人民共和国驻该第三国使领馆证明，或者由当地的爱国华侨团体证明。诉讼代理人的权限如果变更或者解除，当事人应当书面告知人民法院，并由人民法院通知对方当事人。代理诉讼的律师和其他诉讼代理人有权调查收集证据，可以查阅本案有关材料。

第四节 第一审普通程序

一、第一审普通程序的概念和特征

第一审普通程序是指人民法院审理第一审民事案件时通常所适用的程序。第一审程序包括普通程序和简易程序。第一审普通程序是全部民事审判程序的基础，是民事诉讼程序的集中体现。与其他诉讼程序相比，它具有以下特征：① 普通程序是我国民事诉讼法中规定最完备的一种诉讼程序；② 普通程序是民事诉讼审判中的基础程序；③ 普通程序在适用中具有独立性和广泛性；④ 普通程序的适用具有排他性。

二、起诉与受理

起诉是指原告向人民法院提起诉讼，请求司法保护的诉讼行为。当事人起诉到人民法院的民事纠纷，适宜调解的，先行调解，但当事人拒绝调解的除外。

起诉必须符合以下条件：① 原告是与本案有直接利害关系的公民、法人和其他组织；② 有明确的被告；③ 有具体的诉讼请求和事实、理由；④ 属于人民法院受理民事诉讼的范围和受诉人民法院管辖。起诉应当向人民法院递交起诉状，并按照被告人数提出副本。起诉状应当记明下列事项：① 原告的姓名、性别、年龄、民族、职业、工作单位、住所、联系方式，法人或者其他组织的名称、住所和法定代表人或者主要负责人的姓名、职务、联系方式；② 被告的姓名、性别、工作单位、住所等信息，法人或者其他组织的名称、住所等信息；③ 诉讼请求和所根据的事实与理由；④ 证据和证据来源，证人姓名和住所。

人民法院应当保障当事人依照法律规定享有的起诉权利。对符合《民事诉讼法》第 119 条的起诉，必须受理。符合起诉条件的，应当在 7 日内立案，并通知当事人；不符合起诉条件的，应当在 7 日内作出裁定书，不予受理；原告对裁定不服的，可以提起上诉。

人民法院对下列起诉,分别情形,予以处理:① 依照行政诉讼法的规定,属于行政诉讼受案范围的,告知原告提起行政诉讼;② 依照法律规定,双方当事人达成书面仲裁协议申请仲裁、不得向人民法院起诉的,告知原告向仲裁机构申请仲裁;③ 依照法律规定,应当由其他机关处理的争议,告知原告向有关机关申请解决;④ 对不属于本院管辖的案件,告知原告向有管辖权的人民法院起诉;⑤ 对判决、裁定、调解书已经发生法律效力的案件,当事人又起诉的,告知原告申请再审,但人民法院准许撤诉的裁定除外;⑥ 依照法律规定,在一定期限内不得起诉的案件,在不得起诉的期限内起诉的,不予受理;⑦ 判决不准离婚和调解和好的离婚案件,判决、调解维持收养关系的案件,没有新情况、新理由,原告在六个月内又起诉的,不予受理。

所谓反诉,是指原告起诉后,被告于同一诉讼程序针对原告提起保护或者实现自己民事权益的请求和诉讼。提起反诉是本诉被告享有的诉讼权利。反诉与本诉可以合并审理。反诉除了具备一般的诉讼要素之外,还须具备如下条件:① 必须是本诉的被告向本诉的原告提起;② 必须向本诉的受诉法院提起;③ 必须在本诉提起之后,审理终结之前提起;④ 必须与本诉基于同一诉讼标的,从而使两个诉讼请求可以合并审理。应当指出,反诉的目的虽然在于抵消、吞并本诉或者使本诉失去作用,但它是独立的诉讼,本诉撤回并不影响对反诉的继续审理。

三、审理前的准备

人民法院受理案件后,应当在立案之日起5日内将起诉状副本发送被告,被告可在收到之日起15日内提出答辩状。被告提出答辩状的,人民法院应当在收到之日起5日内将答辩状副本发送原告。被告不提出答辩状的,不影响人民法院对案件的审理。

人民法院在受理案件通知书和应诉通知书中,应当向当事人告知有关的诉讼权利和义务,或者口头告知。此外,合议庭组成人员确定后,应当在3日内告知当事人。审判人员必须认真审核诉讼材料,调查收集必要的证据。人民法院经过审查,认为有必须共同进行诉讼的当事人没有参加诉讼的,应当通知其参加诉讼。

人民法院对受理的案件,应分别情形予以处理:① 当事人没有争议,符合督促程序规定条件的,可以转入督促程序;② 开庭前可以调解的,采取调解方式及时解决纠纷;③ 根据案件情况,确定适用简易程序或者普通程序;④ 需要开庭审理的,通过要求当事人交换证据等方式,明确争议焦点。

四、开庭审理

开庭审理是指人民法院在当事人和其他诉讼参与人的参加下,对案件进行实体审理的诉讼活动过程。人民法院审理民事案件,除涉及国家秘密、个人隐私或者法律另有规定的以外,应当公开进行;离婚案件及涉及商业秘密的案件,当事人申请不公开审理的,可以不公开审理。人民法院审理民事案件,根据需要进行巡回审理,就地办案。

开庭审理分为预备、法庭调查、法庭辩论、评议宣判四个阶段。

人民法院审理案件,应当在开庭3日前通知当事人和其他诉讼参与人。公开审理的,应当公告当事人姓名、案由和开庭的时间、地点。开庭审理前,书记员应当查明当事人和其他诉讼参与人是否到庭,宣布法庭纪律。开始审理时,由审判长核对当事人,宣布案由,宣布审判人员、书记员名单,告知当事人有关的诉讼权利和义务,询问当事人是否提出回避申请。有下列情形之一的,可以延期开庭审理:① 必须到庭的当事人和其他诉讼参与人有正当理由没有到庭的;② 当事人临时提出回避申请的;③ 需要通知新的证人到庭,调取新的证据,重新鉴定、勘验,或者需要补充调查的;④ 其他应当延期的情形。

法庭调查阶段又称实体审理阶段,是开庭审理的中心阶段,其主要任务是审查核实各种诉讼证据,直接、全面地对案情进行调查。民事诉讼法规定,法庭调查按下列顺序进行:① 当事人陈述;② 告知证人的权利和义务,证人作证,宣读未到庭的证人证言;③ 出示书证、物证和视听资料;④ 宣读鉴定结论;⑤ 宣读勘验笔录。当事人在法庭上可以提出新的证据。当事人经法庭许可,可以向证人、鉴定人、勘验人发问。当事人要求重新进行调查、鉴定或者勘验的,是否准许,由人民法院决定。审判人员认为案情已经查清时,即可终结法庭调查,转入法庭辩论。

法庭辩论是指当事人就如何认定事实和适用法律进行辩论。民事诉讼法规定,法庭辩论按下列顺序进行:① 原告及其诉讼代理人发言;② 被告及其诉讼代理人答辩;③ 第三人及其诉讼代理人发言或者答辩;④ 互相辩论。法庭辩论终结,由审判长按照原告、被告、第三人的先后顺序征询各方的最后意见。

评议宣判阶段是开庭审理的最后阶段。民事诉讼法规定,法庭辩论终结,应当依法作成判决。判决前能够调解的,还可以进行调解,调解不成的,应当及时判决。原告经传票传唤,无正当理由拒不到庭的,或者未经法庭许可中途退庭的,可以按撤诉处理;被告反诉的,可以缺席判决。被告经传票传唤,无正当理由拒不到庭的,或者未经法庭许可中途退庭的,可以缺席判决。宣判前,原告申请撤诉的,是否准许,由人民法院裁定。人民法院裁定不准许撤诉的,原告经传票传唤,无正当理由拒不到庭的,可以缺席判决。

五、民事判决、裁定和决定

民事判决是人民法院对受理的案件,经过审理终结后,根据已经查明和确认的事实,依法作出的在实体法上解决当事人权利、义务争议的决定。人民法院对公开审理或者不公开审理的案件,一律公开宣告判决。当庭宣判的,应当在10日内发送判决书;定期宣判的,宣判后立即发给判决书。宣告判决时,必须告知当事人上诉权利、上诉期限和上诉的法院。

判决书应当写明判决结果和作出该判决的理由。判决书的内容包括:① 案由、诉讼请求、争议的事实和理由;② 判决认定的事实、理由和适用的法律依据;③ 判决结果和诉讼费用的承担;④ 上诉期间和上诉法院。判决书由审判人员、书记员签名,加盖人民法院印章。人民法院审理案件,其中一部分事实已经清楚,可以就该部分先行判决。

民事裁定是人民法院在审理案件或者执行判决过程中,对程序上发生的问题或某些必须在判决前先行及时解决的问题所做的判定。裁定与判决不同,裁定解决的主要是诉讼中的程序问题,判决解决的是案件的实体问题;裁定依据的是民事程序法,判决依据的是民事实体法;裁定可以是书面的,也可以是口头的,判决必须是书面的;裁定除了"不予受理的裁定、对管辖权异议的裁定、驳回起诉的裁定"允许当事人上诉外,其他裁定一律不允许上诉,而判决除了按特别程序审理的案件外,适用普通程序、简易程序审理的一审案件一般都允许上诉。裁定适用于下列范围:不予受理;对管辖权有异议的;驳回起诉;财产保全和先予执行;准许或者不准许撤诉;中止或者终结诉讼;补正判决书中的笔误;中止或者终结执行;不予执行仲裁裁决;不予执行公证机关赋予强制执行效力的债权文书;其他需要裁定解决的事项。裁定书由审判人员、书记员署名,加盖人民法院印章;口头裁定的,记入笔录。

民事决定是指人民法院为保证民事诉讼活动的顺利进行,对诉讼程序中发生的特殊事项所做出的判定。它既不解决实体问题,也不解决程序问题,只解决在诉讼活动中遇到的特殊事项。民事决定一经作出或送达,立即生效,不允许当事人上诉。民事决定适用于对当事人申请回避的处理、对妨碍民事诉讼行为的处理、对当事人申请顺延诉讼期间的处理、对人民法院提起再审案件的处理以及对缓、减、免交诉讼费用的处理。

六、诉讼中止、终结及审期

有下列情形之一的,中止诉讼:① 一方当事人死亡,需要等待继承人表明是否参加诉讼的;② 一方当事人丧失诉讼行为能力,尚未确定法定代理人的;③ 作为一方当事人的法人或者其他组织终止,尚未确定权利义务承受人的;④ 一方当事人因不可抗拒的事由,不能参加诉讼的;⑤ 本案必须以另一案的审理结果为依据,而另一案尚未审结的;⑥ 其他应当中止诉讼的情形。

有下列情形之一的,终结诉讼:① 原告死亡,没有继承人,或者继承人放弃诉讼权利的;② 被告死亡,没有遗产,也没有应当承担义务的人的;③ 离婚案件一方当事人死亡的；④追索赡养费、扶养费、抚育费以及解除收养关系案件的一方当事人死亡的。

人民法院适用普通程序审理的案件，应当在立案之日起6个月内审结。有特殊情况需要延长的，由本院院长批准，可以延长6个月；还需要延长的，报请上级人民法院批准。适用简易程序审理的案件，应当在立案之日起3个月内审结。

第五节 第二审程序与审判监督程序

一、第二审程序

我国民事诉讼实行两审终审制度，也即一个民事案件经过两级法院审判就告终结。我国人民法院共分四级，所以我国民事案件的审级制度可称为四级二审制。当事人不服地方一审人民法院所作出的未发生法律效力的判决或裁定，在法定期间内向上一级人民法院提起上诉，由上一级人民法院对案件进行审理所适用的程序，称为第二审程序。由于第二审程序是由于上诉引起的，并且经过二审后即宣告终结，故又称为上诉审程序或终审程序。

民事诉讼法规定，上诉应当具备以下条件：① 上诉的主体限于有上诉权的当事人。包括原告、被告、共同诉讼人，群体诉讼中的诉讼代表人，有独立请求权的第三人以及判决其承担责任的无独立请求权的第三人。② 上诉的客体限于依法允许上诉的判决或裁定。也即地方各级人民法院适用普通程序、简易程序作出的判决以及法律明确规定可以上诉的裁定，除此之外，当事人对其他判决、裁定不许上诉。新修订的民事诉讼法规定，基层人民法院和它派出的法庭审理符合本法第157条第一款规定的简单的民事案件，标的额为各省、自治区、直辖市上年度就业人员年平均工资30%以下的，实行一审终审，不得上诉。③ 上诉必须在法定的上诉期限内提起。对判决上诉的期限为15日，对裁定提起上诉的期限为10日。从判决书、裁定书送达当事人的第二日起算。④ 向法院递交上诉状。上诉状的内容包括：当事人的姓名；法人的名称及其法定代表人的姓名或者其他组织的名称及其主要负责人的姓名；原审法院名称、案件的编号和案由；上诉的请求和理由。

当事人提起上诉，原则上应通过原审人民法院提出上诉状，并按照对方当事人或代表人的人数提出上诉状副本。当事人直接向第二审人民法院提交上诉状的，二审法院应当接受，并依法将收到的上诉状及其副本在5日内移交原审人民法院。原审人民法院收到上诉状以后，应当在5日内将上诉状副本送达对方当事人，并告知其在15日内提出答辩状，对方当事人在15日内提出答辩状的，人民法院应当在收到答辩状之日起5日内将答辩状副本送达上诉人。原审人民法院收到上诉状、答辩状后，应在 5 日内连同全部案卷和证据报送第二审人民法院。二审法院收到全部案卷、书状和证据后,认为符合法定条件的,应予受理。

第二审人民法院对上诉案件,应当组成合议庭,开庭审理。经过阅卷、调查和询问当事人,对没有提出新的事实、证据或者理由,合议庭认为不需要开庭审理的,可以不开庭审理。二审法院原则上只须对上诉请求的有关事实和适用的法律进行审查,不必就原审判决进行全面的审查。但是,如果非上诉部分审理有错误,并且违反国家法律,损害国家、集体和他人的合法权益的,二审法院应予纠正而不受上诉范围的限制。二审法院审理上诉案件,也可以进行调解;在作出判决前,上诉人可以申请撤回上诉,是否准许,由二审人民法院合议庭裁定。

第二审人民法院对于上诉案件经过审理,应按照下列情形分别处理:① 判决、裁定认定事实清楚,适用法律正确的,以判决、裁定方式驳回上诉,维持原判决、裁定;② 原判决、裁定认定事实错误或者适用法律错误的,以判决、裁定方式依法改判、撤销或者变更;③ 原判决认定基本事实不清的,裁定撤销原判决,发回原审人民法院重审,或者查清事实后改判;④ 原判决遗漏当事人或者违法缺席判决等严重违反法定程序的,裁定撤销原判决,发回原审人民法院重审。原审人民法院对发回重审的案件作出判决后,当事人提起上诉的,第二审人民法院不得再次发回重审。第二审人民法院对不服第一审人民法院裁定的上诉案件的处理,一律使用裁定。第二审人民法院审理上诉案件,可以进行调解。调解达成协议,应当制作调解书,由审判人员、书记员署名,加盖人民法院印章。调解书送达后,原审人民法院的判决即视为撤销。第二审人民法院的判决、裁定是终审的判决、裁定。

就上诉案件的审理期限,民事诉讼法规定,对判决的上诉案件,应当在第二审立案之日起 3 个月内审结。有特殊情况需要延长的,由本院院长批准。对裁定的上诉案件,应当在立案之日起 30 日内作出终审裁定,不得申请延长。

二、审判监督程序

审判监督程序是指当事人或者有审判监督权的法定机关、组织和人员,认为人民法院已经发生法律效力的判决、裁定、调解书确有错误,而依法提起的由人民法院对案件进行再次审理的程序,因而也称再审程序。

审判监督程序的提起有以下三种方式。

1. 人民法院决定的再审

最高人民法院对地方各级人民法院已经发生法律效力的判决、裁定,上级人民法院对下级人民法院已经发生法律效力的判决、裁定,发现确有错误的,有权提审或者指令下级人民法院再审。各级人民法院院长对本院已经发生法律效力的判决、裁定,发现确有错误,认为需要再审的,应当提交审判委员会讨论决定。

2. 人民检察院抗诉的再审

最高人民检察院对各级人民法院、上级人民检察院对下级人民法院已经发生法律效力的判决或裁定,发现有本法第 200 条规定情形之一的,或者发现调解书损害国家利益、社会公共利益的,应当提出抗诉。地方各级人民检察院对同级人民法院已经发生法律效力的判决、裁定,发现有本法第 200 条规定情形之一的,或者发现调解书损害国家利益、社会公共利益的,可以向同级人民法院提出检察建议,并报上级人民检察院备案;也可以提请上级人民检察院向同级人民法院提出抗诉。有下列情形之一的,当事人可以向人民检察院申请检察建议或者抗诉:① 人民法院驳回再审申请的;② 人民法院逾期未对再审申请作出裁定的;③ 再审判决、裁定有明显错误的。人民检察院对当事人的申请应当在 3 个月内进行审查,作出提出或者不予提出检察建议或者抗诉的决定。当事人不得再次向人民检察院申请检察建议或者抗诉。人民检察院提出抗诉的案件,接受抗诉的人民法院应当自收到抗诉书之日起 30 日内作出再审的裁定;有本法第 200 条第一项至第五项规定情形之一的,可以交下一级人民法院再审,但经该下一级人民法院再审的除外。

3. 当事人申请的再审

当事人对已经发生法律效力的判决、裁定,认为有错误的,可以向上一级人民法院申请再审;当事人一方人数众多或者当事人双方为公民的案件,也可以向原审人民法院申请再审。当事人申请再审的,不停止判决、裁定的执行。当事人的申请符合下列情形之一的,人民法院应当再审:① 有新的证据,足以推翻原判决、裁定的;② 原判决、裁定认定的基本事实缺乏证据证明的;③ 原判决、裁定认定事实的主要证据是伪造的;④ 原判决、裁定认定事实的主要证据未经质证的;⑤ 对审理案件需要主要证据,当事人因客观原因不能自行收集,书面申请人民法院调查收集,人民法院未调查收集的;⑥ 原判决、裁定适用法律有错误的;⑦ 审判组织的组成不合法或者依法应当回避的审判人员没有回避的;⑧ 无诉讼行为能力人未经法定代理人代为诉讼,或者应当参加诉讼的当事人因不能归责于本人或者其诉讼代理人的事由未参加诉讼的;⑨ 违反法律规定,剥夺当事人辩论权利的;⑩ 未经传票传唤,缺席判决的;⑪ 原判决、裁定遗漏或者超出诉讼请求的;⑫ 据以作出原判决、裁定的法律文书被撤销或者变更的;⑬ 审判人员审理该案件时有贪污受贿,徇私舞弊,枉法裁判行为的。

当事人对已经发生法律效力的调解书,提出证据证明调解违反自愿原则或者调解协议的内容违反法律的,可以申请再审。经人民法院审查属实的,应当再审。

当事人申请再审,应当在判决、裁定发生法律效力后 6 个月内提出;有本法第 200 条第一项、第三项、第十二项、第十三项规定情形的,自知道或者应当知道之日起 6 个月内提出。

当事人申请再审的,应当提交再审申请书等材料。人民法院应当自收到再审申请书之日起 5 日内将再审申请书副本发送对方当事人。对方当事人应当自收到再审申请书副本之日起 15 日内提交书面意见,不提交书面意见的,不影响人民法院审查。人民法院可以要求申请人和对方当事人补充有关材料,询问有关事项。人民法院应当自收到再审申请书之日起 3 个月内审查,对符合上述法定情形之一的,裁定再审;不符合的,裁定驳回申请。有特殊情况需要延长的,由本院院长批准。

因当事人申请裁定再审的案件由中级人民法院以上的人民法院审理,但当事人依照本法第 199 条的规定选择向基层人民法院申请再审的除外。最高人民法院、高级人民法院裁定再审的案件,由本院再审或者交其他人民法院再审,也可以交原审人民法院再审。

按照审判监督程序决定再审的案件,裁定中止原判决、裁定、调解书的执行;但追索赡养费、扶养费、抚育费、抚恤金、医疗费用、劳动报酬等案件,可以不中止执行。

人民法院按照审判监督程序再审的案件,发生法律效力的判决、裁定是由第一审法院作出的,按照第一审程序审理,所作的判决、裁定当事人可以上诉;发生法律效力的判决、裁定是由第二审法院作出的,按照第二审程序审理,所作的判决、裁定是发生法律效力的判决、裁定;上级人民法院按照审判监督程序提审的,按照第二审程序审理,所作的判决、裁定是发生法律效力的判决、裁定。

第六节 督促程序与公示催告程序

一、督促程序

督促程序是指债权人向人民法院申请向债务人发出支付令,督促债务人给付以金钱、有价证券为内容的债务而采用的一种程序。

根据民事诉讼法规定,债权人请求债务人给付金钱、有价证券的,如果债权人与债务人没有其他债务纠纷并且支付令能够送达债务人的,债权人可以向有管辖权的人民法院申请支付令,债务人应当自收到支付令之日起 15 日内清偿债务或者向人民法院提出书面异议。债务人在法定期间不提出异议又不履行支付令的,债权人可以向人民法院申请执行。

依照法律规定,申请支付令应当符合下列条件:① 须为请求给付金钱或者汇票、本票、支票以及股票、债券、国库券、可转让的存单等有价证券;② 请求给付的金钱或有价证券已经到期且数额确定,并且申请书已经载明请求所依据的事实和根据;③ 债权人和债务人没有其他债务纠纷;④ 支付令能够送达债务人。

申请支付令只能采用书面申请的方式。债权人提出申请后,人民法院应当在 5 日内通知债权人是否受理。人民法院对债权人的支付令申请应当加以审查,经审查债权人提供的事实和证据,债权债务关系明确、合法的,人民法院应当在15日内向债务人发出支付令;经审查申请不成立的,应当在15日内裁定驳回申请,驳回申请的裁定不得上诉。

债务人应当自收到支付令之日起15日内清偿债务,或者向人民法院提出书面异议。债务人在规定的期间不提出异议又不履行支付令的,债权人可以向人民法院申请执行。债权人向人民法院申请执行支付令的期间,双方或者一方是公民的为1年,双方是法人或者其他组织的为6个月。债务人在收到支付令之日起向人民法院提出书面异议的,人民法院应当自收到书面异议后,裁定终结督促程序。此时,支付令自行失效,债权人可以按一般诉讼程序向人民法院起诉。

二、公示催告程序

公示催告程序是指法院依据当事人的申请,以公示的方式催告可能存在而又身份不明的利害关系人,在法定期间内向法院申报权利并在逾期无人申报时作出除权判决的程序。

公示催告程序的适用范围包括以下两类:① 按照规定可以背书转让的票据;② 依照法律规定可以申请公示催告的其他事项。

民事诉讼法对可以转让的票据的公示催告作了具体的规定,按照规定,可以背书转让的票据持有人因票据被盗、遗失或者灭失可以向票据支付地的基层人民法院申请公示催告。由于持有票据是行使票据权利的前提,失去票据的持有,权利人便无法行使权利,并且可能面临非法持票人或者其他人盗用权利的危险。此时,权利人除了可以向付款人及时通知挂失外,还须向法院申请公示催告。

申请人向法院申请公示催告,应向法院递交申请书。申请书应当写明票面金额、发票人、持票人、背书人等票据主要内容和申请的理由、事实。人民法院决定受理申请的,应当同时通知支付人停止支付,并在3日内发出公告,催促利害关系人申报权利。公示催告的期间,由人民法院根据情况决定,但不得少于60日。支付人收到人民法院停止支付的通知后,应当停止支付,至公示催告程序终结。公示催告期间,转让票据权利的行为无效。利害关系人应当在公示催告期间向人民法院申报权利,人民法院收到利害关系人的申报后,应当裁定终结公示催告程序,并通知申请人和支付人,此时,申请人或者申报人可以向人民法院起诉,转入正常的诉讼程序。如果在公示催告期间无人申报权利的,人民法院应当根据申请人的申请作出判决,宣告票据无效。判决应当公告,并通知支付人。自判决公告之日起,申请人有权向支付人请求支付。利害关系人因正当理由不能在判决前向人民法院申报的,自知道或者应当知道判决公告之日起1年内,可以向作出判决的人民法院提起诉讼。

第七节 执行程序

一、执行程序的含义及其依据

执行是指人民法院的执行组织依照法律规定的程序,对生效法律文书确定的内容,依法采取强制措施,强制负有义务的当事人履行义务的行为。人民法院对不履行已经生效的判决、裁定、调解书等确定的义务的当事人,依法强制其履行义务的程序,称为执行程序。

执行须有执行依据,并且执行依据必须有给付的内容。作为执行依据的法律文书包括两类:一类是已经生效的具有执行内容的民事判决、裁定、调解书以及刑事判决或裁定中的财产部分,还有承认和执行外国法院判决或仲裁机构裁决的裁定书;另一类是依法应由人民法院执行的其他法律文书,包括仲裁机关作出的仲裁裁决、公证机关依法赋予强制执行效力的债权文书以及行政机关作出的应当由人民法院执行的行政处罚书等。

二、执行申请与管辖

发生法律效力的民事判决、裁定以及刑事判决、裁定中的财产部分,由第一审人民法院或者与第一审人民法院同级的被执行的财产所在地人民法院执行。法律规定由人民法院执行的其他法律文书,由被执行人住所地或者被执行的财产所在地人民法院执行。被执行人或者被执行的财产在外地的,可以委托当地人民法院代为执行。受委托人民法院收到委托函件后,必须在15日内开始执行,不得拒绝。执行完毕后,应当将执行结果及时函复委托人民法院;在30日内如果还未执行完毕,也应当将执行情况函告委托人民法院。受委托人民法院自收到委托函件之日起15日内不执行的,委托人民法院可以请求受委托人民法院的上级人民法院指令受委托人民法院执行。

发生法律效力的民事判决、裁定,当事人必须履行。一方拒绝履行的,对方当事人可以向人民法院申请执行,也可以由审判员移送执行员执行。调解书和其他应当由人民法院执行的法律文书,当事人必须履行。一方拒绝履行的,对方当事人可以向人民法院申请执行。对依法设立的仲裁机构的裁决,一方当事人不履行的,对方当事人可以向有管辖权的人民法院申请执行。受申请的人民法院应当执行。对公证机关依法赋予强制执行效力的债权文书,一方当事人不履行的,对方当事人可以向有管辖权的人民法院申请执行,受申请的人民法院应当执行。公证债权文书确有错误的,人民法院裁定不予执行,并将裁定书送达双方当事人和公证机关。

申请执行的期间为两年,从法律文书规定履行期间的最后一日起计算;法律文书规定分期履行的,从规定的每次履行期间的最后一日起计算;法律文书未规定履行期间的,从法律文书生效之日起计算。申请执行时效的中止、中断,适用法律有关诉讼时效中止、中断的规定。

执行员接到申请执行书或者移交执行书,应当向被执行人发出执行通知,并可以立即采取强制执行措施。

三、执行措施

(1) 被执行人未按执行通知履行法律文书确定的义务,应当报告当前以及收到执行通知之日前一年的财产情况。被执行人拒绝报告或者虚假报告的,人民法院可以根据情节轻重对被执行人或者其法定代理人、有关单位的主要负责人或者直接责任人员予以罚款、拘留。

(2) 被执行人未按执行通知履行法律文书确定的义务,人民法院有权向有关单位查询被执行人的存款、债券、股票、基金份额等财产情况。人民法院有权根据不同情形扣押、冻结、划拨、变价被执行人的财产。人民法院查询、扣押、冻结、划拨、变价的财产不得超出被执行人应当履行义务的范围。人民法院决定扣押、冻结、划拨、变价财产,应当作出裁定,并发出协助执行通知书,有关单位必须办理。

(3) 被执行人未按执行通知履行法律文书确定的义务,人民法院有权扣留、提取被执行人应当履行义务部分的收入。但是,应当保留被执行人及其所扶养家属的生活必需费用。人民法院扣留、提取收入时,应当作出裁定,并发出协助执行通知书,被执行人所在单位、银行、信用合作社和其他有储蓄业务的单位必须办理。

(4) 被执行人未按执行通知履行法律文书确定的义务,人民法院有权查封、扣押、冻结、拍卖、变卖被执行人应当履行义务部分的财产。但是,应当保留被执行人及其所扶养家属的生活必需品。采取前款措施,人民法院应当作出裁定。人民法院查封、扣押财产时,被执行人是公民的,应当通知被执行人或者他的成年家属到场;被执行人是法人或者其他组织的,应当通知其法定代表人或者主要负责人到场。拒不到场的,不影响执行。被执行人是公民的,其工作单位或者财产所在地的基层组织应当派人参加。对被查封、扣押的财产,执行员必须造具清单,由在场人签名或者盖章后,交被执行人一份。被执行人是公民的,也可以交他的成年家属一份。被查封的财产,执行员可以指定被执行人负责保管。因被执行人的过错造成的损失,由被执行人承担。财产被查封、扣押后,执行员应当责令被执行人在指定期间履行法律文书确定的义务。被执行人逾期不履行的,人民法院应当拍卖被查封、扣押的财产;不适于拍卖或者当事人双方同意不进行拍卖的,人民法院可以委托有关单位变卖或者自行变卖。国家禁止自由买卖的物品,交有关单位按照国家规定的价格收购。

(5) 被执行人不履行法律文书确定的义务并隐匿财产的,人民法院有权发出搜查令,对被执行人及其住所或者财产隐匿地进行搜查。采取前款措施,由院长签发搜查令。法律文书指定交付的财物或者票证,由执行员传唤双方当事人当面交付,或者由执行员转交,并由被交付人签收。有关单位持有该项财物或者票证的,应当根据人民法院的协助执行通知书转交,并由被交付人签收。有关公民持有该项财物或者票证的,人民法院通知其交出。拒不交出的,强制执行。

(6) 强制迁出房屋或者强制退出土地,由院长签发公告,责令被执行人在指定期间履行。被执行人逾期不履行的,由执行员强制执行。强制执行时,被执行人是公民的,应当通知被执行人或者他的成年家属到场;被执行人是法人或者其他组织的,应当通知其法定代表人或者主要负责人到场。拒不到场的,不影响执行。被执行人是公民的,其工作单位或者房屋、土地所在地的基层组织应当派人参加。执行员应当将强制执行情况记入笔录,由在场人签名或者盖章。强制迁出房屋被搬出的财物,由人民法院派人运至指定处所,交给被执行人。被执行人是公民的,也可以交给他的成年家属。因拒绝接收而造成的损失,由被执行人承担。在执行中,需要办理有关财产权证照转移手续的,人民法院可以向有关单位发出协助执行通知书,有关单位必须办理。

(7) 对判决、裁定和其他法律文书指定的行为,被执行人未按执行通知履行的,人民法院可以强制执行或者委托有关单位或者其他人完成,费用由被执行人承担。

(8) 被执行人未按判决、裁定和其他法律文书指定的期间履行给付金钱义务的,应当加倍支付迟延履行期间的债务利息。

(9) 被执行人未按判决、裁定和其他法律文书指定的期间履行其他义务的,应当支付迟延履行金。人民法院采取执行措施后,被执行人仍不能偿还债务的,应当继续履行义务。债权人发现被执行人有其他财产的,可以随时请求人民法院执行。

(10) 被执行人不履行法律文书确定的义务的,人民法院可以对其采取或者通知有关单位协助采取限制出境,在征信系统记录、通过媒体公布不履行义务信息以及法律规定的其他措施。

四、执行异议与监督

当事人、利害关系人认为执行行为违反法律规定的,可以向负责执行的人民法院提出书面异议。当事人、利害关系人提出书面异议的,人民法院应当自收到书面异议之日起 15 日内审查,理由成立的,裁定撤销或者改正;理由不成立的,裁定驳回。当事人、利害关系人对裁定不服的,可以自裁定送达之日起 10 日内向上一级人民法院申请复议。

人民法院自收到申请执行书之日起超过 6 个月未执行的,申请执行人可以向上一级人民法院申请执行。上一级人民法院经审查,可以责令原人民法院在一定期限内执行,也可以决定由本院执行或者指令其他人民法院执行。执行过程中,案外人对执行标的提出书面异议的,人民法院应当自收到书面异议之日起 15 日内审查,理由成立的,裁定中止对该标的的执行;理由不成立的,裁定驳回。案外人、当事人对裁定不服,认为原判决、裁定错误的,依照审判监督程序办理;与原判决、裁定无关的,可以自裁定送达之日起15日内向人民法院提起诉讼。在执行中,双方当事人自行和解达成协议的,执行员应当将协议内容记入笔录,由双方当事人签名或者盖章。申请执行人因受欺诈、胁迫与被执行人达成和解协议,或者当事人不履行和解协议的,人民法院可以根据当事人的申请,恢复对原生效法律文书的执行。在执行中,被执行人向人民法院提供担保,并经申请执行人同意的,人民法院可以决定暂缓执行及暂缓执行的期限。被执行人逾期仍不履行的,人民法院有权执行被执行人的担保财产或者担保人的财产。作为被执行人的公民死亡的,以其遗产偿还债务。作为被执行人的法人或者其他组织终止的,由其权利义务承受人履行义务。执行完毕后,据以执行的判决、裁定和其他法律文书确有错误,被人民法院撤销的,对已被执行的财产,人民法院应当作出裁定,责令取得财产的人返还;拒不返还的,强制执行。人民法院制作的调解书的执行,适用上述规定。

人民检察院有权对民事执行活动实行法律监督。

五、执行中止和终结

在执行过程中,出现下列情形之一的,人民法院应当裁定中止执行:① 申请人表示可以延期执行的;② 案外人对执行标的提出确有理由的异议的;③ 作为一方当事人的公民死亡,需要等待继承人继承权利或者承担义务的;④ 作为一方当事人的法人或者其他组织终止,尚未确定权利、义务承受人的;⑤ 人民法院认为应当中止执行的其他情形。中止的情形消失后,恢复执行。

在执行过程中,因出现下列情形之一致使执行无法继续或者没有继续进行的必要的,人民法院应当裁定终结执行:① 申请人撤销申请的;② 据以执行的法律文书被撤销的;③ 作为被执行人的公民死亡,无遗产可供执行又无义务承担人的;④ 追索赡养费、抚育费案件的权利人死亡的;⑤ 作为被执行人的公民因生活困难无力偿还借款,无收入来源,又丧失劳动能力的;⑥ 人民法院认为应当终结执行的其他情形。

本章复习思考题

1. 民事诉讼的原则有哪些?
2. 试述管辖的基本内容。
3. 民事诉讼的参加人有哪些?
4. 如何理解反诉?
5. 如何理解上诉?
6. 审判监督程序与二审程序有何区别?

第二十三章 仲 裁 法

第一节 仲裁法概述

一、仲裁的概念及特征

仲裁是指发生争议的双方当事人,根据争议发生前或者争议发生后达成的协议或者有关规定,将该争议提交作为第三人的仲裁机构依照法律和仲裁规则对纠纷居中裁断,并承认其作出有约束力的、明确双方权利和义务的裁决的一种活动。

仲裁具有民间性质,是一种非诉讼解决纠纷的方式,具有以下法律特征。

1. 自愿性

自愿性是当事人意思自治原则的具体体现。意思自治原则的核心是允许当事人选择适用于他们之间法律关系的法律。反映在仲裁方面,表现为双方当事人可以通过仲裁协议在一定程度上根据自己的意愿决定需要仲裁的事项、仲裁的地点、仲裁的程序、仲裁的机构、仲裁的人员,甚至可以自主地选择所适用的实体法,有助于消除当事人之间及当事人与仲裁者之间的敌对情绪,有利于纠纷的解决。

2. 便利性

仲裁的程序简便、方式灵活,解决纠纷讲求效率与公正,而且一般是不公开审理,这对保守商业秘密和维护商业信誉是十分重要的,有利于当事人之间以及当事人与仲裁者之间的沟通。

3. 经济性

仲裁的经济性主要体现在以下方面:一是时间上的快捷性;二是所需费用相对比较低廉;三是由于自愿性特点,当事人之间通常没有激烈的对抗情绪,因而对于主要分歧在事实方面而非法律方面的纠纷,当事人更趋向于采用仲裁方式。

4. 专业性

由于仲裁的对象大都是民商事纠纷,常常涉及复杂的法律、经济贸易和技术性问题,而这些事实判别又需要相当丰富的专业知识,这正是既具有社会威望又具备权威的相关专业知识且熟悉法律规范的专家仲裁人员的优势。因此,审理案件更具有权威性和说服力,有利于这些纠纷的顺利解决。

5. 国际性

仲裁较之于司法主权而言更具有国际性,它可以更多地参照国际间的有关公约、条约、议定书乃至国际惯例,相容性较大,适合于不同制度、不同国家与民族、不同社会政治经济文化传统背景下的当事人。

6. 独立性

各国有关仲裁的法律都规定,仲裁机构独立于行政机关,仲裁机构之间也无隶属关系,仲裁独立进行,不受任何机关、社会团体和个人的干涉,甚至在机构仲裁下,仲裁庭审理案件的时候,也不受仲裁机构的干涉,显示出巨大的独立性。

二、仲裁法的基本原则

为了规范仲裁活动,保证公正、及时地仲裁经济纠纷,保护当事人的合法权益,1994年8月31日第八届全国人大常委会第9次会议通过了《仲裁法》,并于2009年和2017年做了两次修正。该法确定了以下仲裁活动的基本原则。

1. 协议仲裁原则

当事人采用仲裁方式解决纠纷,应当双方自愿,达成仲裁协议。没有仲裁协议,一方申请仲裁的,仲裁委员会不予受理。仲裁协议是仲裁委员会产生管辖权的根据,没有仲裁协议,仲裁委员会就丧失了管辖有关争议的资格,并且因为仲裁不实行级别管辖和地域管辖的规定,没有仲裁协议选定的仲裁机构,也就无法确定行使管辖权的仲裁组织。

2. 独立公正仲裁原则

仲裁依法独立进行,不受行政机关、社会团体和个人的干预。仲裁法还规定,仲裁委员会独立于行政机关,与行政机关没有隶属关系。

3. 根据事实、符合法律规定、公平合理解决纠纷的原则

当事人将争议提交仲裁的目的是希望争议得到公平合理的解决,仲裁组织只有以事实为根据,并在符合法律规定的前提下作出裁决,才能达此目的。这就要求仲裁组织必须忠实于事实真相,掌握足够的证据材料,除了责令当事人提供必要的证据外,仲裁庭认为有必要收集的证据,可以自行收集证据。裁决的作出应当符合法律的规定,并不得违反社会公共利益。如果裁决所依据的事实是伪造的,或者当事人隐瞒了足以影响公正裁决的证据,或者仲裁员作出枉法裁决的,均构成撤销裁决的理由。

4. 一裁终局原则

仲裁实行一裁终局的制度,仲裁裁决具有终局效力。仲裁裁决作出后,当事人就同一纠纷再申请仲裁或者向人民法院起诉的,仲裁委员会或者人民法院不予受理。仲裁的优越性之一在于具有简便、迅捷解决纠纷的特点,一裁终局既是国际上关于仲裁的习惯做法,又是决定仲裁便捷性的关键所在。

三、仲裁的范围

仲裁作为一种解决纠纷的方式，并非适用于任何纠纷。依照我国《仲裁法》，平等主体的公民、法人和其他组织之间发生的合同纠纷和其他财产权益纠纷，可以仲裁。下列纠纷则不能通过仲裁解决：① 婚姻、收养、监护、扶养、继承纠纷；② 依法应当由行政机关处理的行政争议。

第二节 仲裁机构

一、仲裁委员会

我国目前的仲裁分为国内仲裁和涉外（即国际）仲裁两套机制。涉外仲裁机构是设立在中国国际商会内的中国国际经济贸易仲裁委员会和中国海事仲裁委员会。关于国内仲裁，《仲裁法》规定，由仲裁委员会作为仲裁组织受理仲裁案件。

仲裁委员会是经司法行政部门登记成立的受理和组织仲裁的民间组织。它可以在直辖市和省、自治区人民政府所在地的市设立，也可以根据需要在其他设区的市设立，不按行政区划层层设立。仲裁委员会独立于行政机关之外，与行政机关没有隶属关系，各仲裁委员会之间也没有隶属关系。仲裁委员会由所在地的人民政府组织有关部门和商会统一组建。

仲裁委员会由主任 1 人、副主任 2 至 4 人和委员 7 至 11 人组成。主任、副主任和委员由法律、经济贸易专家和有实际工作经验的人员组成，其中，法律、经济贸易专家不得少于 2/3。

为保证仲裁公正合理，仲裁法规定，仲裁委员会应当从公道正派的人员中聘任仲裁员。仲裁员应当符合下列条件之一：① 通过国家统一法律职业资格考试取得法律职业资格，从事仲裁工作满 8 年的；② 从事律师工作满 8 年的；③ 曾任法官满 8 年的；④ 从事法律研究、教学工作并具有高级职称的；⑤ 具有法律知识，从事经济贸易等专业工作并具有高级职称或具有同等专业水平的。

二、中国仲裁协会

中国仲裁协会是仲裁委员会的自律性组织，是一个社会团体法人。其设立须依照有关规定到民政部门办理法人设立登记手续。中国仲裁协会实行会员制，各仲裁委员会是中国仲裁协会的当然会员。除团体会员外，中国仲裁协会也可以吸收个人会员。中国仲裁协会的章程由全国会员大会制定。仲裁协会章程对仲裁委员会及其组成人员具有法律拘束力。仲裁协会根据章程对各个仲裁委员会及其组成人员、仲裁员的违法、违纪行为进行监督。

仲裁协会可以在业务上指导、管理各地仲裁委员会的仲裁工作,如制定全国统一的仲裁收费标准等。国家可以委托中国仲裁协会组织仲裁员资格的统一考试,除具有高级职称的专业技术人员外,其他人员担任仲裁员的,均应通过考试取得仲裁员资格并被某一仲裁机构列入仲裁员名册。仲裁规则也由仲裁协会依照仲裁法和民事诉讼法的有关规定制定。

中国仲裁协会本身不得直接从事仲裁业务,也不得干涉仲裁员的仲裁工作,但其驻会工作人员可以接受某个仲裁机构的聘任担任仲裁员。

第三节 仲裁协议

一、仲裁协议的形式与内容

仲裁协议是指纠纷双方当事人自愿将他们之间可能发生或者已经发生的纠纷提交仲裁机构进行裁决的书面协议。仲裁协议是仲裁的前提和基础。只有有效的仲裁协议,当事人才有权申请仲裁,仲裁委员会才会受理。

仲裁协议应以书面形式订立。依《仲裁法》规定,书面仲裁协议可以是载于主合同中的作为该合同争议解决办法的仲裁条款,也可以是在主合同之外而专门订立的仲裁协议书,二者具有同等的效力。

仲裁协议应具备以下3项主要内容:① 请求仲裁的意思表示。是双方当事人在订立仲裁条款或仲裁协议书时,自愿选择仲裁方式解决纠纷的共同意思表示。② 仲裁事项。是双方当事人提交仲裁的争议范围,即将何种性质的争议提交仲裁机关仲裁。仲裁事项应当具体、全面、准确表达,不能遗漏。仲裁事项的约定,应当符合法律关于可仲裁事项的规定,不得超出仲裁机构的主管范围。③ 选定的仲裁委员会。双方当事人在订立仲裁协议时,必须明确规定仲裁事项由哪一个仲裁委员会进行仲裁,否则仲裁协议就无法执行。由于仲裁委员会不按照行政区划层层设立,仲裁也不实行级别管辖和地域管辖,因此,当事人必须选定管辖。

二、仲裁协议的效力

仲裁协议内容的实现是以仲裁协议的法律效力为保证的,因此仲裁协议的有效就成为仲裁开始的前提。《仲裁法》规定:"有下列情形之一的,仲裁协议无效:① 约定的仲裁事项超出法律规定的仲裁范围的;② 无民事行为能力人或者限制民事行为能力人订立的仲裁协议;③ 一方采取胁迫手段迫使对方订立仲裁协议的。"仲裁协议对仲裁事项或者仲裁委员会没有约定或者约定不明确的,当事人可以补充协议;

达不成补充协议的,仲裁协议无效。

仲裁协议有效成立之后,产生如下效力:① 诉权不发生的效力;② 仲裁权发生的效力;③ 保证仲裁裁决实现的效力。当事人对仲裁协议的效力有异议的,可以请求仲裁委员会作出决定或者请求人民法院作出裁定。一方请求仲裁委员会作出决定,另一方请求人民法院作出裁定的,由人民法院裁定。对仲裁协议的效力异议,应当在仲裁庭首次开庭前提出。

仲裁协议具有独立的效力特性,也即仲裁协议一经有效订立,不受合同是否有效的影响。合同的变更、解除、终止或者无效,不影响仲裁协议的效力。

仲裁协议因为以下3个原因而失效:① 仲裁裁决得以履行或者得到执行。仲裁裁决作出后,当事人就同一纠纷再申请仲裁或者向人民法院起诉的,仲裁委员会或者人民法院不予受理。② 当事人放弃仲裁协议的。《仲裁法》规定,当事人达成仲裁协议,一方向人民法院起诉未声明有仲裁协议,人民法院受理后,另一方在首次开庭前提交仲裁协议的,人民法院应当驳回起诉,但仲裁协议无效的除外;另一方在首次开庭前未对人民法院受理该案提出异议的,视为放弃仲裁协议,人民法院应当继续审理。此时,可视为当事人放弃仲裁协议。③ 仲裁裁决被人民法院裁定撤销或者不予执行的,《仲裁法》规定:"裁决被人民法院依法裁定撤销或者不予执行的,当事人就该纠纷可以根据双方重新达成的仲裁协议申请仲裁,也可以向人民法院起诉。"

第四节 仲 裁 程 序

仲裁程序是指仲裁机构对平等主体的公民、法人和其他组织之间的合同纠纷和其他财产权益纠纷进行仲裁所适用的程序。仲裁机构、当事人和其他仲裁参与人在仲裁活动中都必须遵守仲裁程序,以确保仲裁活动能够顺利、公正地进行,从而使纠纷能够得以公正解决。

一、仲裁的申请和受理

仲裁的申请是指平等主体的公民、法人和其他组织就他们之间发生的合同纠纷和其他财产权益纠纷,根据有效仲裁协议,请求仲裁委员会进行裁决的行为。依据《仲裁法》第21条的规定,当事人申请仲裁应当符合下列条件:① 有仲裁协议;② 有具体的仲裁请求和事实、理由;③ 属于仲裁委员会的受理范围。以上3个条件,申请仲裁时必须同时具备,缺一不可。当事人申请仲裁,应当向仲裁委员会递交仲裁协议、仲裁申请书及副本,经审查认为仲裁申请符合法定条件的,应予以受理。

仲裁的受理是指仲裁委员会对申请人提出的仲裁申请,经过审查,认为符合法律规定的条件,决定予以仲裁的行为。仲裁程序始于申请,但仅有申请还不能开始仲裁程序,只有经过仲裁委员会受理以后,仲裁程序才能真正开始。申请是受理的前提,受理是申请的结果。申请和受理的结合标志着仲裁程序的开始。

仲裁委员会受理仲裁申请后,应当在规定期限内将仲裁规则和仲裁员名册送达双方当事人,并将仲裁申请书副本送达被申请人。被申请人应在规定期限内提交答辩书,未提交答辩书不影响仲裁程序的进行。一方当事人因另一方当事人的行为或者其他原因,可能使裁决不能执行或难以执行的,可以申请财产保全。

二、仲裁庭的组成

仲裁委员会并不直接仲裁案件,而是组成仲裁庭负责审理裁决案件。仲裁庭是代表仲裁委员会行使仲裁权,对具体案件进行仲裁而设置的临时性组织。一旦案件仲裁完毕,这一组织就不再存在了。

仲裁庭有合议庭和独任庭两种形式。当事人可以约定采取合议庭或独任庭。当事人没有在仲裁规则规定的期限内约定仲裁庭形式的,由仲裁委员会主任指定。独任庭是由一名仲裁员组成的仲裁庭。采用独任庭形式的,仲裁员应由双方当事人共同选定或共同委托仲裁委员会主任指定。合议庭是由三名仲裁员组成的仲裁庭。其产生由双方当事人在仲裁规则规定的期限内各自选定或各自委托仲裁委员会主任指定一名仲裁员,再由双方当事人共同选定或共同委托仲裁委员会主任指定另外一名仲裁员担任首席仲裁员。合议庭较独任庭更适合于比较复杂、疑难的案件。

三、开庭和裁决

开庭是指在仲裁庭的主持下和在当事人及其他仲裁参与人的参加下,依法对纠纷进行审理和裁决的活动。开庭是仲裁员、当事人和其他仲裁参与人同时参加的仲裁活动。通过开庭审查和核实案件的全部证据,能保证当事人依法充分行使其权利,从而查明事实、分清是非,正确适用法律,解决纠纷,保护当事人的合法权益。

我国《仲裁法》第40条规定:"仲裁不公开进行。当事人协议公开的,可以公开进行,但涉及国家秘密的除外。"由此可见,在仲裁活动中,实行不公开审理为原则,公开审理为例外。这和人民法院行使审判权不同,人民法院开庭以公开审判为原则,因为人民法院是代表国家行使审判权,是行使国家权力,所以应当接受人民群众的监督。此外,仲裁案件往往涉及商业秘密,因而也不便公开开庭。

关于仲裁庭开庭审理的程序,仲裁法的规定比较灵活,不像《民事诉讼法》对法院开庭规定的那么明确具体。一般来说,在正式开庭前,应当宣布仲裁庭组成人员,核对当事人及代理人,询问当事人是否申请回避。在必要的准备工作后,可由首席仲裁员或独任仲裁员宣布开庭。开庭后,一般要经过调查阶段、辩论阶段、当事人最后陈述阶段、调解阶段和评议阶段,最后作出裁决。

仲裁裁决是指仲裁庭通过对当事人之间纠纷的审理,根据已查明的案件事实和法律规定而作出的、确认当事人之间的权利和义务关系的实体处理决定。裁决应当按照多数仲裁员的意见作出,仲裁庭不能形成多数意见时,裁决应当按照首席仲裁员的意见作出。仲裁裁决为终局裁决,裁决书自作出之日起发生法律效力。仲裁裁决大多是在查明整个案件事实后依法作出的,但在有些情况下,对其中一部分事实已经查清,则可以先就案件的这部分事实和当事人的这部分请求作出裁决,这就是先行裁决。先行裁决一经作出即具有法律约束力。仲裁庭在裁决前,可以依照自愿原则先行调解。调解不成的,应及时作出裁决。调解达成协议的,仲裁庭应当制作调解书。调解书与裁决书具有同等法律效力。

第五节 仲裁裁决的撤销和执行

一、仲裁裁决的撤销

撤销仲裁裁决是指仲裁机关依法作出裁决后,由于出现法定情形,人民法院根据仲裁当事人的申请,裁定终止仲裁裁决效力的法律行为。由于仲裁实行一裁终局的制度,仲裁裁决一经作出,即发生法律效力;它与人民法院作出的判决一样,对争议各方当事人都具有法律约束力和强制执行力。因此,当事人应当在裁决规定的期限内自觉履行仲裁裁决所确定的义务;如不自觉履行,另一方当事人则可以申请人民法院强制执行。

我国《仲裁法》第58条规定,当事人提出证据证明裁决有下列情形之一的,可以向仲裁委员会所在地的中级人民法院申请撤销裁决:① 没有仲裁协议的;② 裁决的事项不属于仲裁协议的范围或者仲裁委员会无权仲裁的;③ 仲裁庭的组成或者仲裁的程序违反法定程序的;④ 裁决所根据的证据是伪造的;⑤ 对方当事人隐瞒了足以影响公正裁决的证据的;⑥ 仲裁员在仲裁该案时有索贿受贿、徇私舞弊、枉法裁判行为的。

由于仲裁裁决是仲裁机关依法作出的,是具有终局法律效力的文书,因此,为了维护仲裁裁决的法律稳定性,《仲裁法》对当事人申请撤销仲裁裁决规定了时效限制,即当事人申请撤销裁决的,应当自收到裁决书之日起6个月内提出。

二、仲裁裁决的执行

在通常情况下,当事人协商一致将纠纷提交仲裁,将会自觉履行仲裁裁决。但是,由于种种原因,败诉方不主动履行仲裁裁决的情况并不鲜见。对此,胜诉方可以请求法院执行仲裁裁决。

仲裁裁决的执行是指法院经当事人的申请，依照法定的程序，将裁决书的内容付诸实现，以保障当事人的权利的行为。对依法设立的仲裁机构的裁决，一方当事人不履行的，对方当事人可以向有管辖权的人民法院申请执行，受申请的人民法院应当执行。

一项有效的仲裁裁决，要想得到人民法院的执行，必须具备3个条件：① 必须有胜诉方当事人的申请；② 当事人必须在一定的期限内提出申请；③ 当事人必须向有管辖权的人民法院提出申请。被申请人提出证据证明仲裁裁决有下列情形之一的，经人民法院组成合议庭审查核实，裁定不予执行：① 当事人在合同中没有订有仲裁条款或者事后没有达成书面仲裁协议的；② 裁决的事项不属于仲裁协议的范围或者仲裁机构无权仲裁的；③ 仲裁庭的组成或者仲裁的程序违反法定程序的；④ 裁决所根据的证据是伪造的；⑤ 对方当事人向仲裁机构隐瞒了足以影响公正裁决的证据的；⑥ 仲裁员在仲裁该案时有贪污受贿，徇私舞弊，枉法裁决行为的。人民法院认定执行该裁决违背社会公共利益的，裁定不予执行。

仲裁裁决被人民法院裁定不予执行的，当事人可以根据双方达成的书面仲裁协议重新申请仲裁，也可以向人民法院起诉。

本章复习思考题

1. 仲裁有哪些特征？
2. 仲裁的基本原则有哪些？
3. 试述仲裁协议的内容与效力。
4. 如何组成仲裁庭？如何形成仲裁裁决？
5. 怎样撤销仲裁裁决？
6. 仲裁裁决如何执行？

参 考 文 献

1. 李昌麒主编：《经济法学》（第五版），中国政法大学出版社2017年版。
2. 《经济法学》编写组：《经济法学》（第二版），高等教育出版社2018年版。
3. 朱慈蕴主编：《经济法律教程》，中国财政经济出版社2002年版。
4. 刘文华、肖乾刚主编：《经济法律通论》，高等教育出版社2000年版。
5. 邱本著：《市场法治论》，中国检察出版社2002年版。
6. 史际春著：《探究经济和法互动的真谛》，法律出版社2002年版。
7. 刘文华主编：《经济法》（第五版），中国人民大学出版社2017年版。
8. 史际春著：《企业和公司法》（第五版），中国人民大学出版社2018年版。
9. 《中华人民共和国合伙企业法(实用版)》，中国法制出版社2018年版。
10. 田燕苗主编：《新合伙企业法讲读》，中国工人出版社、人民法院出版社2006年版。
11. 施天涛著：《公司法论》（第四版），法律出版社2018年版。
12. 刘俊海著：《现代公司法》（第三版），法律出版社2015年版。
13. 周友苏著：《公司法通论》，四川人民出版社2002年版。
14. 卞耀武主编：《当代外国公司法》，法律出版社1995年版。
15. 覃有土主编：《商法学》（第五版），中国政法大学出版社2011年版。
16. 法律出版社法规中心编：《中华人民共和国企业破产法注释全书：配套解析与应用实例》，法律出版社2015年版。
17. 徐根才著：《破产法实践指南》（第二版），法律出版社2018年版。
18. 王利明著：《合同法》，中国人民大学出版社2015年版。
19. 崔建远著：《合同法学》，法律出版社2015年版。
20. 杨立新主编：《合同法典型案例与法律适用》，中国法制出版社2014年版。
21. 曹士兵：《中国担保制度与担保方法》（第四版），中国法制出版社2017年版。
22. 高圣平：《担保法前沿问题与判解研究》（第三卷），人民法院出版社2019年版。
23. 吴汉东主编：《知识产权法》（第三版），北京大学出版社2011年版。
24. 张耕、蒙洪勇主编：《知识产权法实务教程》，中国人民大学出版社2012年出版。
25. 冯晓青主编：《知识产权法》，中国政法大学出版社2008年版。

26. 杨忠孝主编：《知识产权热点问题研究：理论、规则与实践》，北京大学出版社 2014 年版。
27. 薛虹主编：《十字路口的国际知识产权法》，法律出版社 2012 年版。
28. 万国华主编：《证券法学》，清华大学出版社 2010 年版。
29. 朱锦清著：《证券法学》（第四版），北京大学出版社 2019 年版。
30. 吴弘主编：《证券法教程》（第二版），北京大学出版社 2017 年版。
31. 叶林著：《证券法》（第四版），中国人民大学出版社 2013 年版。
32. 周友苏著：《证券法通论》，四川人民出版社 1999 年版。
33. 温世扬主编：《保险法》（第三版），法律出版社 2016 年版。
34. 贾林青著：《保险法》（第五版），中国人民大学出版社 2014 年版。
35. 樊启荣著：《保险法》，北京大学出版社 2011 年版。
36. 詹昊著：《新保险法实务热点详释与案例精解》，法律出版社 2010 年版。
37. 陆爱勤著：《新保险法精解教程》，上海财经大学出版社 2009 年版。
38. 王小能著：《票据法教程》（第二版），北京大学出版社 2001 年版。
39. 董安生主编：《票据法》（第三版），中国人民大学出版社 2009 年版。
40. 刘心稳著：《票据法》（第三版），中国政法大学出版社 2010 年版。
41. 吕明瑜著：《竞争法》，法律出版社 2004 年版。
42. 时建中：《反垄断法：法典释评与学理探源》，中国人民大学出版社 2008 年版。
43. 刘宁元、司平平、林燕萍著：《国际反垄断法》（第二版），上海人民出版社 2009 年版。
44. 林文著：《反不正当竞争法律制度与实务技能》（修订版），法律出版社 2018 年版。
45. 江帆主编：《竞争法》，法律出版社 2019 年版。
46. 国务院法制办公室编：《中华人民共和国产品质量法：注解与配套》（第二版），中国法制出版社 2012 年版。
47. 张云、徐楠轩编著：《产品质量法教程》，厦门大学出版社 2011 年版。
48. 房维廉、赵惜兵主编：《新产品质量法释义与问答》，工商出版社 2000 年版。
49. 何宗泽编著：《消费者权益保护法教程》，中央广播电视大学出版社 2012 年版。
50. 吴宏伟主编：《消费者权益保护法》，中国人民大学出版社 2014 年版。
51. 何山主编：《〈中华人民共和国消费者权益保护法〉释义及实用指南》，民主法制出版社 2013 年版。
52. 吴志攀著：《金融法概论》（第五版），北京大学出版社 2011 年版。
53. 朱崇实、刘志云著：《金融法教程》（第四版），法律出版社 2017 年版。
54. 丁邦开、周仲飞主编：《金融监管学原理》，北京大学出版社 2004 年版。

55. 孔祥毅著：《中央银行通论》（第二版），中国金融出版社 2002 年版。
56. 阎庆民著：《中国银行业监管问题研究》，中国金融出版社 2002 年版。
57. 徐孟洲、徐阳光著：《税法》（第六版），中国人民大学出版社 2017 年版。
58. 刘剑文著：《税法专题研究》，北京大学出版社 2002 年版。
59. 刘剑文著：《税法学》（第五版），北京大学出版社 2017 年版。
60. 施正文著：《税收程序法论：监控征税权运行的法理与立法研究》，北京大学出版社 2003 年版。
61. 翟继光主编：《中华人民共和国企业所得税法与实施条例释义及案例精解》，立信会计出版社 2017 年版。
62. 卞耀武主编：《中华人民共和国价格法释义》，法律出版社 1998 年版。
63. 李瑞超主编：《价格法及其关联法规》，法律出版社 2002 年版。
64. 万解秋、李慧中主编：《价格机制论》，上海三联书店 1989 年版。
65. 程子林主编：《统计法基础知识》，中国统计出版社 2012 年版。
66. 孙茂强、李建国主编：《新会计法释解与财会错弊监控》，中国审计出版社 1999 年版。
67. 中华人民共和国审计署法制司：《审计法修订释义读本》，中国时代经济出版社 2006 年版。
68. 于庆华主编：《审计学与审计法》，中国政法大学出版社 2005 年版。
69. 对外贸易经济合作部编：《中国对外贸易法培训教材》，对外经济贸易大学出版社 1994 年版。
70. 沈四宝、王秉乾编著：《中国对外贸易法》，法律出版社 2006 年版。
71. 陈安著：《国际经济法学》（第六版），北京大学出版社 2013 年版。
72. 赵相林、曹俊主编：《外商投资法律实务》，中信出版社 2002 年版。
73. 余劲松主编：《国际投资法》（第四版），法律出版社 2014 年版。
74. 吴宏伟主编：《涉外经济法》，法律出版社 2014 年版。
75. 王全兴主编：《劳动法学》（第二版），高等教育出版社 2008 年版。
76. 《劳动与社会保障法学》编写组：《劳动与社会保障法学》（第二版），高等教育出版社 2018 年版。
77. 黎建飞著：《劳动法与社会保障法：原理、材料与案例》，北京大学出版社 2015 年版。
78. 国务院法制办公室编：《中华人民共和国劳动和社会保障法律法规全书（含相关政策及典型案例）》，中国法制出版社 2019 年版。
79. 郭成伟主编：《中国社会保障法学》，中国法制出版社 2001 年版。
80. 孙光德、董克用主编：《社会保障概论》（修订版），中国人民大学出版社 2000 年版。

81. 章晓懿主编：《社会保障概论》，上海交通大学出版社 2010 年版。
82. 方世荣主编：《行政复议法学》，中国法制出版社 2000 年版。
83. 方世荣主编：《行政法与行政诉讼法》，中国政法大学出版社 1999 年版。
84. 姜明安主编：《行政法与行政诉讼法》（第六版），北京大学出版社、高等教育出版社 2015 年版。
85. 应松年主编：《行政法与行政诉讼法》（第三版），中国政法大学出版社 2017 年版。
86. 梁凤云编著：《新行政诉讼法逐条注释》，中国法制出版社 2017 年版。
87. 马怀德主编：《行政诉讼法学》（第五版），北京大学出版社 2019 年版。
88. 胡建淼著：《行政诉讼法学》，法律出版社 2019 年版。
89. 张卫平主编：《新民事诉讼法专题讲座》，中国法制出版社 2012 年版。
90. 《民事诉讼法学》编写组：《民事诉讼法学》（第二版），高等教育出版社 2018 年版。
91. 潘剑峰主编：《民事诉讼法》，清华大学出版社 2008 年版。
92. 江伟、肖建国编：《民事诉讼法》（第七版），中国人民大学出版社 2015 年版。
93. 江必新等编著：《新民事诉讼法配套规则适用指引（总则卷）》，法律出版社 2016 年版。
94. 韩健主编：《现代国际商事仲裁法的理论与实践》（修订本），法律出版社 2000 年版。
95. 尚永平主编：《中国仲裁法教程》，武汉大学出版社 1997 年版。
96. 江伟主编：《仲裁法》（第二版），中国人民大学出版社 2012 年版。

图书在版编目(CIP)数据

市场经济法律教程/田立军主编. —7版. —上海：复旦大学出版社，2020.4
(复旦卓越.经济学系列)
ISBN 978-7-309-14854-1

Ⅰ.①市… Ⅱ.①田… Ⅲ.①市场经济-经济法-中国-高等学校-教材 Ⅳ.①D922.29

中国版本图书馆 CIP 数据核字(2020)第 026334 号

市场经济法律教程
田立军　主编
责任编辑/张　炼　方毅超

复旦大学出版社有限公司出版发行
上海市国权路 579 号　邮编：200433
网址：fupnet@fudanpress.com　http://www.fudanpress.com
门市零售：86-21-65642857　团体订购：86-21-65118853
外埠邮购：86-21-65109143
常熟市华顺印刷有限公司

开本 787×960　1/16　印张 35.25　字数 655 千
2020 年 4 月第 7 版第 1 次印刷

ISBN 978-7-309-14854-1/D·1019
定价：69.00 元

如有印装质量问题，请向复旦大学出版社有限公司发行部调换。
版权所有　侵权必究